U0577945

劉波撰

趙萬里先生年譜長編

中華書局

以平江磧砂藏本大般涅槃經殘卷每開六行，行十七字，與先刊河西
字藏經晉寧寺藏經行款均同，疑始於宋理宗紹定四年西紀二
三一斷本校元武宗至大二年（一三〇九）前後歷八十載姚竟成書自
杭此鈔本餘所見殘狀元釋明本之中峯語錄亦預與校刊之列卷中蓋
語錄初未入藏元統二年（一三三四）宣政院下杭州普寧寺住持劉文方
奉聖旨敕刊版入藏經真如今依先例將道文字但有藏經印板處
敕刊敕入藏經是廣錄「藏」已在元末其刊入鈔磧藏亦當與元既
三年普寧藏本得前後則嘗蓄金藏乏刊貲與元代相竢始不得謂
其止校至大初也蓋浮元之姓磧砂藏與杭州南…之晉寧藏並行於南藏
此行者與行杭西陸之河他宇藏墾先後輝映洪武中金陵之南藏

此卷編號為「輔九」，殊不可解。宋以後刻經
多以千字文編號，而此海無「輔」字，當另考之。

胡適　一九五三…

〔印：胡適的書〕

圖書在版編目(CIP)數據

趙萬里先生年譜長編/劉波撰. —北京:中華書局,2018.8
ISBN 978-7-101-12555-9

Ⅰ.趙… Ⅱ.劉… Ⅲ.趙萬里(1905~1980)-年譜
Ⅳ.K825.41

中國版本圖書館 CIP 數據核字(2017)第 094722 號

書　　名	趙萬里先生年譜長編
撰　　者	劉　波
責任編輯	劉　明
出版發行	中華書局
	(北京市豐臺區太平橋西里 38 號　100073)
	http://www.zhbc.com.cn
	E-mail:zhbc@ zhbc.com.cn
印　　刷	北京瑞古冠中印刷廠
版　　次	2018 年 8 月北京第 1 版
	2018 年 8 月北京第 1 次印刷
規　　格	開本/787×1092 毫米　1/16
	印張 32¾　插頁 6　字數 550 千字
印　　數	1-1500 册
國際書號	ISBN 978-7-101-12555-9
定　　價	158.00 元

趙萬里先生（1905—1980）

先生與夫人張勁先合影（摄于20世纪30年代）

先生證件照（摄于20世纪40年代）

先生與夫人、子女合影（摄于1946年）

先生與陳垣合影于北京圖書館文津樓前（攝于1960年8月9日）

明抄無數字
保作口國者三字
六與問明抄同
無四字　大與問明抄同
劃去行旁國下宋于
辰照一葉內行廿三爲
小世金陵本本余畫
華旁行四字乃校當人
每□可笑甚

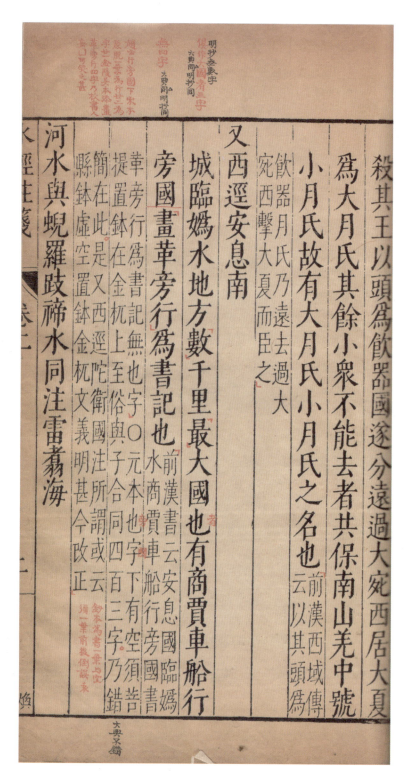

殺其王以頭爲飮器國遂分遠過大宛西居大夏

爲大月氏其餘小衆不能去者共保南山羌中號

小月氏故有大月氏小月氏之名也〔云以其頭爲〕〔前漢西域傳〕

〔飮器月氏乃遠去過大宛西擊大夏而臣之〕

又西逕安息南

城臨嬀水地方數千里最大國也有商賈車船行〔者〕

旁國畫革旁行爲書記也〔前漢書云安息國臨嬀水商賈車船行旁國書〕

〔革旁行爲書記無也字〇元本也字下有空須芟與子合同四百三字乃錯〕〔鈔本爲書一葉內空須一葉前敎倒破衣〕

提置鉢在金杌上至俗與子合同

簡在此是又西逕陀衛國注所謂或云

縣鉢虛空置鉢金杌文義明甚今改正

河水與蜺羅跂禘水同注雷翥海

水經注箋　卷二　二

先生臨王國維校明萬曆刻本《水經注箋》書影

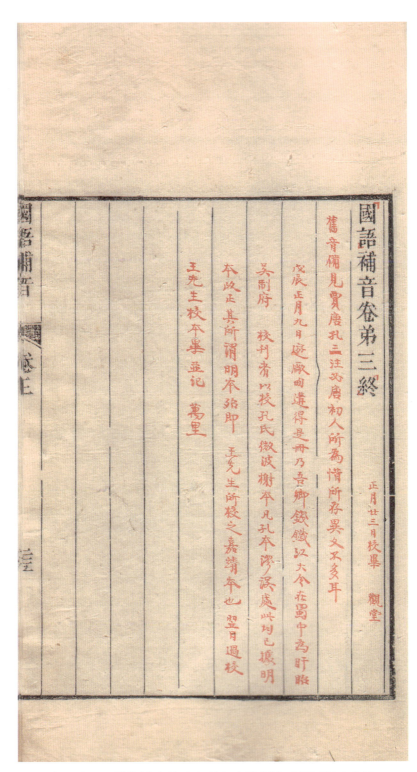

先生臨王國維校清光緒成都尊經書院刻本《國語補音》跋

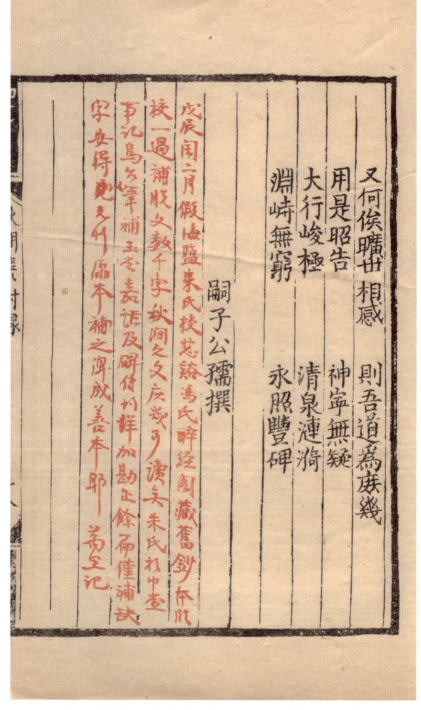

又何俟曠世相感　則吾道為庶幾

用是昭告　神寧無疑

大行峻極　清泉連漪

淵崎無窮　永照豐碑

嗣子公孺撰

戊辰閏二月假海臨朱氏校芯絡馮氏醉經閣藏舊鈔本眂
校一過補脫文數千字秋澗之文庶幾乎讀矣朱氏扎巾壺
事汇烏多字補玉臺嘉話及硏侍竹祥加勘正餘而僅補缺
字安得起九原原本補之洵成善本耶　芄空記

先生校《四部叢刊》影印明弘治翻元本《秋澗先生大全集》跋

目　録

編　例

一、本書所録資料，以與趙萬里先生直接相關者爲主，時代背景資料僅録與先生關係尤爲密切者。

二、譜條以時日爲綱編排，僅能確認月份者繫於當月之末，僅能確認年份者繫於當年之末。

三、民國時期各機構多以年度爲工作週期，年度一般指上年之七月至次年之六月，本譜將年度資料繫於次年六月之末。

四、每則譜條包括譜文、史料、按語三部分，史料、按語按需撰録，不求齊備。

五、爲便行文，譜文以“先生”指代譜主，其他人物則徑書姓名；所徵引史料不在此限。

六、徵引史料注明出處。爲簡潔起見，僅列書名、頁碼，出版信息詳見書後所附參考文獻。

七、作爲時代背景的史實不再詳細徵引，以避繁瑣。

趙萬里先生年譜長編卷一

譜　前

海寧趙氏爲趙宋宗裔,靖康之變南渡,遂定居海寧。

趙芳瑛、趙深《趙萬里先生傳略》:傳説趙氏家族原籍甘肅天水,後到河南,又隨北宋南遷,遂定居浙江。家中藏有舊時名家篆刻"天水扶風氏"和"南渡世家"兩方印。(《趙萬里文集》第一卷,第 1 頁)

祖父趙承鼎,廩生,以坐館授徒爲生。

趙芳瑛、趙深《趙萬里先生傳略》:祖父趙承鼎,字鑑齋,號耐庵。清代廩生。因摯友陳六笙的勸説,感到仕途艱危,遂不再參加科考應試,多年在上海坐館授徒。他喜篆刻,善書法,家鄉許多街道橋梁的牌匾,都出於他的手筆。他將自己家鄉的書房命名爲"吟秋草堂"。(《趙萬里文集》第一卷,第 1 頁)

父親趙宗孟(1881—1955),字純夫,號塵俯。室名卍廬。寓居上海。以書法著稱,尤擅隸、行二體。著有詩集《卍廬吟草》。

趙芳瑛、趙深《趙萬里先生傳略》:父親趙宗孟(1881—1955),字純夫,號塵俯。在上海商界任職。他喜吟詩,也善書法,精行、隸體,是上海書法界名人。後來他將自己多年的詩作集録成《塵俯詩鈔》六册。(《趙萬里文集》第一卷,第 1 頁)

母親張順媛(1882—1961),海寧縣硤石鎮人。

1905 年　先生一歲

5 月 7 日(農曆四月初四),出生於浙江省海寧縣城内(今海寧市鹽官鎮)嘯園。

張勁先《趙萬里》:1905 年 4 月 4 日生於海寧縣鹽官鎮(舊縣治)嘯園。嘯園是清大學士陳元龍的私家花園——安瀾園(占地百畝,乾隆帝南巡曾四度駐蹕)的一部分,雖荒廢已久,當時仍有許多花木;在住房的屋前屋後,還有不少桃樹和十多株枇杷樹,這就培養了他對植物的濃厚興趣和深深的愛好。(《海寧人物資料》第 1 輯,第 280 頁)

[民國]《海寧州志稿》卷八:安瀾園,原名隅園,在治北,明太常陳與

郊建。據管庭芬《日譜》云：六舟上人言及安瀾園，本安化郡王家園故址，其中樹木半皆南宋所遺，明之中葉陳太常與郊得之，署曰隅園。地遠闤闠，池週二十餘畝。有竹堂、月閣、流香亭、紫芝樓、金波橋諸勝。後爲相國陳文簡公別業，復擴而充之，名遂初園。中曰環碧堂，迤西曰静觀齋，又西曰天香陼、瀲月軒，稍北曰賜安堂，東則九曲梁、十二樓。計地廣六十餘畝，池半之。泉石深邃，卉木古茂，爲浙西園林之冠。乾隆二十七年三月高宗臨幸海寧，駐蹕園内，賜名安瀾。有御製詩六首，並題匾額、對聯。三十年閏二月翠華重幸，復疊前韻，並題聯，一時稱盛。咸豐七八年間毀廢，千餘年老樹參天，砍伐殆盡。（《中國地方志集成・浙江府縣志輯》第 22 册，第 243 頁）

　　按：清高宗御題詩、聯、匾額，明葛徵奇《晚眺隅園》詩、清舒瞻《游遂初園》詩、袁枚《安瀾園席上》詩，及陳瑊卿《安瀾園記》（詳載園内景觀風物），均載［民國］《海寧州志稿》，以文繁不備録。

1908 年　先生四歲

12 月（農曆十一月），長妹趙茀因出生。

　　按：趙茀因長期居住於上海，曾任上海女子中學教師、私立正中中學校長。1949 年後曾任上海市向新中學副校長。

1909 年　先生五歲

9 月 9 日（農曆七月二十五日），清廷准學部《奏籌建京師圖書館折》。此日後被視爲中國國家圖書館成立紀念日。

1910 年　先生六歲

7 月 7 日（農曆六月一日），京師圖書館啓用“京師圖書館之關防”、“學部圖書之印”二印。

11 月 17 日（農曆十月十六日），京師圖書館於什刹海北側廣化寺分科辦事。

1911 年　先生七歲

5 月，二妹趙端瑛生。

　　按：趙端瑛（1912—2007），1936 年畢業於浙江大學教育系，任教於松江女子中學。1939 年赴英國倫敦大學教育學院留學，主攻兒童發展心理學。1947 年回國，歷任浙江大學、浙江師範學院、杭州大學教育系副教授，1979 年任杭州大學心理學系教授。1985 至 1986 年赴美國南加利福尼亞州大學做訪問學者，研究老年心理學，是我國最早從事這一領域研究的學者之一。著有《中老年心理學》等，合譯有佩西·能《教育原理》、克羅齊《心理學綱要》、利伯特《發展心理學》。其夫爲教育學家、浙江大學教育學院教授王承緒（1912—2013）。1983 年榮獲"全國五好家庭"。（《中華人民共和國享受政府特殊津貼專家、學者、技術人員名錄〔1992 年卷〕》第 1 分冊，第 774 頁；《杭州大學教授志》，第 263—264 頁）

本年秋，先生就讀於海寧達材小學堂。入學前已在母親張順媛教導下認識千餘字，背誦幾十首唐詩。入學後頗知勤學，文章出色。

張勁先《趙萬里》：入學以前他在母親教導下已認識了千餘字，能背誦幾十首唐詩。七歲進海寧達才小學讀書，十分用功，成績很好。上小學時，他每天很早就去學校，這曾引起過祖父的懷疑。有一次祖父跟蹤窺視，見他到校後從缸中取水，磨墨習字。在少年時期，他的作文就十分出色，老師曾在他的作文《海寧觀潮記》後寫了長篇評語，讚揚備至。（《海寧人物資料》第 1 輯，第 280 頁）

按：達材小學堂（高等）由海寧人錢鴻寶等應清廷興學詔，勸集商捐，於光緒二十八年（1902）開辦，校址位於鹽官鎮西北隅，1911 年有學生 70 人。1912 年改爲縣立第一高等小學校。（《海寧市教育志》，第 65、69 頁）

1912 年　先生八歲

1 月 1 日，孫中山在南京就任中華民國臨時大總統。

2 月 12 日，溥儀退位，清朝統治結束。

4 月，中華民國臨時政府遷往北京。教育部接管京師圖書館。

1916 年　先生十二歲

本年，三妹趙芳瑛生。

按：趙芳瑛（1916—2003），於 1933 年 8 月考入國立浙江大學物理學系，1935 年 9 月轉入清華大學物理學系。西南聯大畢業後任職於中日戰事史料徵集會，負責編輯中文雜誌索引。後曾任上海市第一女子中學副校長、華東師範大學物理系副主任，是物理教材教法專家、全國中學物理教材編者之一。其夫馮契（1915—1995），爲著名哲學史專家、華東師範大學哲學系教授；其子馮棉爲華東師範大學哲學系教授，馮象爲清華大學法學院梅汝璈法學講席教授。

1917 年　先生十三歲

本年秋,考入浙江省立第二中學,赴嘉興求學。中學期間,致力於研習中國文學與史學,對書籍尤爲珍愛。

張勁先《趙萬里》:小學畢業後,他以優異成績考入浙江省立第二中學(嘉興),在校時用功學習,各科均列前茅,尤致力於中國文學和史學。有一個下雨的星期日,他向人家借得一部《三國志》,高興地捧回家,足穿釘鞋,不意跌了一跤,左邊眉心碰破,但書却高高舉着,沒有損壞。(《海寧人物資料》第 1 輯,第 280—281 頁)

虞坤林《趙萬里先生活動簡表》:受業于陸頌襄、劉毓盤兩位宿儒。先生受他們的影響,開始對國學發生興趣。(《出版史料》2006 年第 1 期,第 104 頁)

按:陸祖穀(1874—1944),字文達,號仲襄、頌襄、稼孫,浙江嘉興人。拔貢。通經學、算學。光緒三十二年(1906)應聘任教於嘉興府學堂,次年轉任嘉興高等小學堂堂長,三十四年(1908)任教於秀水高等小學校。宣統二年(1910)入京應期考,以一等第一名分發郵傳部電政司行走,到部辦公一月即告假出都,回嘉興秀水高等小學校及省立第二中學繼續任教。民國初年任浙江省立第二中學國文及文字學教員,前後歷時十五年。1912 年 4 月起,任統一黨、共和黨、進步黨嘉興分部長。1915 年出任嘉興圖書館館長,主持館務至抗戰爆發。1919 年當選嘉興教育會會長,連任至 1927 年。1923 年 5 月當選嘉興平民教育會會長。1927 年受聘爲浙江省圖書館指導員。晚年致力於整理鄉邦文獻。編有《浙江省善本書類要》,撰有《浙江省圖書館善本書目題識》、《周禮札記》、《漢書霍光傳補注》、《字例大凡》、《正弦表》、《八綫圖解》等。

劉毓盤(1867—1927),字子庚,號嘯椒,浙江江山人。劉履芬之子。拔貢,授雲陽知縣。民國初年執教於嘉興省立第二中學、浙江省立第一師範學校。1919 年秋任北京大學國文系教授。精通詞學。著有《詞史》、《中國文學史略》、《詩心雕龍》、《詞話》、《詞學斠注》、《詞律斠注》等,輯有《唐五代宋遼金元名家詞集六十種輯》,詞作結集爲《濯絳宦詞》。

少年時期,先生喜愛植物,製作了數百種植物標本,後贈與海寧縣中山中學。

張勁先《趙萬里》:從上小學時起,他到處采集植物,分類分目地製作標本。江南草木茂盛,逐年積累,他能識別許多植物,能隨口説出其名稱科目。他少年時製作精良的植物標本,積存達數百種,後來全部贈給海寧縣中山中學。這所學校於 1932 年與海寧商校合併，改稱海寧縣立初級中學，在抗戰中被毀。（《海寧人物資料》第 1 輯，第 280 頁）

趙芳瑛、趙深《趙萬里先生傳略》：對植物甚感興趣，曾將自製的標本送校參展。展後，又將標本贈與海寧縣中山中學，作爲教學參考之用。（《趙萬里文集》第一卷，第 3 頁）

按：先生終生保持對植物的愛好。趙芳瑛、趙深《趙萬里先生傳略》描述其中年生活：“他仍喜愛植物，在庭院裏種植了果樹盆花。在早晨他常哼着吟誦調漫步其間，聽鳥唱枝頭，賞紅梅報春、杏花天映、海棠紅綠交織、榴花似火、紫藤低重、棗花飄香、秋實累累。……假日，他喜歡帶家人去公園小坐品茗，觀古木名花。”（《趙萬里文集》第一卷，第 18 頁）

又按：海寧縣立中山初級中學係 1927 年海寧縣政府於平民習藝所舊址興辦，位於鹽官鎮堰瓦壩東，許燮章、居葆輝、虞爾昌歷任校長。1932 年 8 月，奉令與縣立初級商科職業學校合併爲海寧縣立初級中學，首任校長爲虞爾昌。（《海寧市教育志》，第 106 頁）

1920 年　先生十六歲

本年，二弟趙萬鵬生。

按：趙萬鵬，畢業於國立交通大學，專業爲鐵路工程。

1921 年　先生十七歲

本年，手鈔海昌張兆棻（墨林）《五十學詩齋初稿》《味詩草堂稿》。

按：此鈔本卷首鈐“虛度十七”、“斐雲”、“萬里手鈔”朱印三枚，行間偶有批校、校語。

又按：先生早年鈔書甚多，所鈔書籍現仍有部分存於趙府，總數不下二十種。

少年時代，手鈔《康熙字典》等書多種。

盛巽昌《趙萬里：當之無愧的善本目錄學大師》：在中學期間，趙萬里也喜歡跑圖書館。他和同學唐蘭、王遽常常常出入的是嘉興圖書館。唐蘭專攻金石文字之學，王遽常鑽研四部中的子部和史部，而趙萬里則精研《康熙字典》，且恭楷謄鈔，極爲認真，旁人多爲竊笑，但他就此積累了學問，日後當他文字學才華顯露時，方才認爲“其小學根厚之原，淵源於此”。（《出版人：圖書館與閱讀》2011 年第 7 期，第 2 頁）

按：丁瑜《悼念趙萬里先生》載，二十世紀五六十年代先生在北京圖書館爲館員授課時，曾講述青少年時代的鈔書舊事：“我年輕時没有

錢買書,曾向同鄉借鈔《康熙字典》和《三國志》。"(《北圖通訊》1980 年第 3 期,第 14 頁)

1922 年　先生十八歲

8 月,考入國立東南大學國文系。

　　按:1922 年 8 月 29 日、30 日、31 日,《申報》第一版連續三日登載國立東南大學錄取九十五位新生名單,趙萬里、浦江清等名列其中。

10 月 13 日,東南大學成立國學研究會,先生爲該會會員。

　　按:該會係教授指導學生成立,分經學、小學、史學、諸子學、詩文學五部;擔任指導員的有國文系教授陳鍾凡、顧實、吳梅、陳去病和歷史系教授柳詒徵,總幹事爲李萬育。該會主要活動有:組織演講,編印演講集;舉辦佛學課、歌曲班;刊行《國學叢刊》;整理出版國學著作,如俞樾《古書疑義舉例》、劉師培《古書疑義舉例補》等,並計劃出版劉師培遺著《左盦遺稿》。(《國學研究會記事》,載《國學論叢》第一卷第一期,第147—149 頁)

12 月 7 日,東南大學國學研究會邀請柳詒徵演講《漢學與宋學》,先生擔任記錄。

　　按:李萬育《國學研究會演講錄第一集小識》謂:"國學研究會是十一年十月十三日成立的,成立的時候,原就定每星期請人演講一次。"(《國學研究會演講錄》第一集,第 1 頁)柳詒徵之演講爲第八次,先生之記錄稿刊載於《國學研究會演講錄》第一集。

在東南大學求學期間,先生勤學苦讀,曾獲准入丁氏八千卷樓讀書一年。

　　按:二十世紀五六十年代先生在北京圖書館爲館員授課時,曾憶述當年讀書生涯:"在南京讀書時,費盡千辛萬苦得到機會,允許到丁氏八千卷樓內看書,中午不返校吃飯,只吃一兩個炊餅,這樣堅持了一年時間。"(丁瑜《悼念趙萬里先生》,《北圖通訊》1980 年第 3 期,第 14 頁)

大學期間,先生生活簡樸,省錢買書,手自鈔書,所得已頗豐。

　　張勁先《趙萬里》:他在學生時代,生活十分節儉,把零用錢省下來買了書,每次回家都帶回很多綫裝書。到後來,他的卧房幾乎成了小書庫。書的積累日多,排列也井然有序,可惜這些書後來在抗戰時全部散失了。(《海寧人物資料》第 1 輯,第 281 頁)

　　趙芳瑛、趙深《趙萬里先生傳略》:在大學期間,他生活儉樸,用節省下來的生活費買書。幾年間得書頗豐,愛書藏書的癖好逐漸養成。其間還手鈔了不少自己喜愛的書籍,如《水雲樓》(自跋)、《煙霞萬古樓詩》(吳

梅跋）、《黼黻圖回文詩》（王國維題簽，吳梅跋）等。（《趙萬里文集》第一卷，第3頁）

大學期間，手鈔劉師培校勘學著作多種，及陶鴻慶《墨子札記》等。

按：此批鈔本現存趙府，計十冊，所鈔爲《揚子法言校補》、《公羊解詁誤字》、《周明堂考》、《群書治要引賈子新書校文》、《賈子新書佚文輯補》、《校讎通義箋言》、《春秋繁露斟補》、《周書補正》、《老子斟補》、《莊子校補》、《墨子拾補》、《荀子斟補》、《晏子春秋校補》、《白虎通義斟補》等十四種。詳目見《趙萬里文集》第三卷所附《趙萬里校本批本目錄》。各冊或鈐“趙”、“萬里手鈔”二朱印，又往往有先生批校。如《老子斟補》第六葉，“《文子·道原篇》引作‘明白四達能無爲乎’（當作知，係後人據《老子》俗本改）”一句，天頭有先生朱筆批注：“武英殿本《文子》‘能無爲乎’正作‘能無知乎’。”爲劉師培説補充版本依據。又如，同葉末行“以字同，且《韓非子·解老》篇引‘夫道者，忠信之薄’句”一句，天頭有朱筆批注二則，其一曰“‘且’疑‘耳’字”，校正《大盦叢書》的誤字；其二曰“下‘大道者’句‘道’字當是‘禮’字”，校正劉師培引文誤字。又如《晏子春秋校補》“治國之患”條，先生批注：“《治要》引此節入《問上篇》，劉氏失校，蓋偶遺也。其異同今具見蘇氏《集解》。”補正劉師培失校。再如《莊子校補》第四葉“兀倪、倪仉，僉訓弗安”句，先生批注曰：“兀倪，亦作杌隉，見《尚書》。”援引他書，補證劉師培論述。凡此種種，均於研考劉師培著作不無裨益。

又按：《墨子札記》爲陶鴻慶《讀諸子札記》之一種。先生鈔本之書眉有朱筆批校五則，對陶説及所引諸説略加評議或補充。如“號令篇嚴令吏民無敢讙囂三最並行相視坐泣流涕”條，陶鴻慶以“坐”爲“哭”之訛，引“哭”隸書字形與“坐”相近爲證，先生批注則謂：“‘坐’亦或作‘坒’。”從“坐”之異體“坒”與“哭”字形相近的角度，補充説明認定“坐”爲“哭”之訛字的依據。諸如此類，均不無參考價值。鈔本末葉以朱筆迻錄劉師培跋文一則：“鹽城陳君鍾凡出示陶君鴻慶所撰《墨子札記》。《墨子》自孫先生撰《閒詁》，發疑正讀，若祛霧霿。今陶君復於孫説而外，發正數十事，其説之至精碻者，如《尚賢》中篇‘故古聖王以審以尚賢使能爲政’，君謂上‘以’字當作‘能’，與上文合；《明鬼》下篇‘是以莫放幽間’，君謂‘放’當作‘夜’，‘夜’‘放’形近；《經説》下‘偏俱一無變’，君以‘偏俱’爲句，二字對文，與《荀子》義合。若是之屬，均屬墨書定解，其釋《備城門》以下各篇，亦多創獲，足與孫説並傳云。丁巳年初夏，儀徵劉師培記。”丁巳即1917年，當年秋，劉師培受聘爲北京大學教授。此跋文《劉申叔先生遺書》、萬仕國輯校《劉申叔遺書補遺》

（廣陵書社,2008）、陳奇《劉師培年譜長編》（貴州人民出版社,2009.7）均未載。

又按:周作人《左盦詩》謂:"……後與趙斐雲君談及,則所云抄本即是趙君手筆,昔年在南京據刻本移寫者。"（《周作人散文全集》8,第821頁）可知先生大學期間即潛心古籍校訂之學。

1923 年　先生十九歲

2月中下旬,王國維因事返鄉,先生於親戚家謁見。王國維諭以治學必先通《説文》,而後治《詩》、《書》、三《禮》。

《王静安先生年譜》:（癸亥正月）是月,先生因事返里,里於戚氏家謁見先生。先生以治學必先通《説文》,而後治《詩》、《書》、三《禮》相詔。（《國學論叢》第一卷第三號;《趙萬里文集》第一卷,第49頁）

王東明《王國維家事》:趙萬里先生與我家本來就是親戚,他是母親表姊的長子,平時各處一方,很少往來。他有一個弟弟,三個妹妹,在家鄉都是學習成績優異的學生。（《王國維家事》,第67頁）

按:王國維元配莫夫人因產褥熱於光緒三十三年（1907）六月二十二日去世,光緒三十四年（1908）正月二十九日娶繼室潘麗正。潘夫人為先生母親張順媛之表妹,王國維於先生為表姨父。又,先生之父趙宗孟與王國維為遠房表兄弟,倆人居留上海時,住處相距不遠,過從甚多。本年春,開始編輯劉師培著述目録。

《劉申叔先生著述目録》:余草此目,始於癸亥之春。（《趙萬里文集》第一卷,第442頁）

按:至1928年,先生編成《劉申叔先生著述目録》,載《北平北海圖書館月刊》第一卷第六號。

本年春,作《鷓鴣天·癸亥春感》二闋。

其一:暫借花陰作翠屏,未須金彈打流鶯。那知雪夜瓊宫裏,已有霜天曉角聲。　風悄悄,雨泠泠,洞簫零亂可曾聽。絶憐衾冷闌干熱,春占窗紗第幾檑。

其二:未負燈華剗地寒,夢回翠羽説春殘。尊前還有飄裙路,袖底終無息影闌。　明鏡裏,兩眉彎,紅桑不許度屏山。餐霞休問人間世,到處斜陽作意難。（《趙萬里文集》第二卷,第2頁）

6月,所撰《述"录"、"方"二字義》刊載於國立東南大學《國學叢刊》第一卷第二期。

按:此文係轉述東南大學顧實（1878—1956,字鐵僧）教授之觀點。金文"录"與"方"同頭,"'方'為刻畫以象四方,'录'亦與同意,則上蓋象方版，下蓋象刻畫之器，旁四注者，象鑴刻之文字，‘录’實‘録’之古文也”，許慎《説文解字》訓“录”爲“刻木录录也”，原因是“录”與“克”古文下半相似，故同訓刻木，“訓刻木良不誤，然於字形則無所説明也”；“方”下部從刀，“上蓋象用刀規畫四方之形也，故方之本義當訓四方”，許慎《説文解字》訓“方”爲“併船也”，原因在於“‘方’、‘併’聲訓，是以‘方’、‘併’爲古今字也，然實假方爲併爲迶耳”，另有“汸”字，當爲訓“併船也”之專字，許慎誤將“方”、“汸”混而爲一（《趙萬里文集》第二卷，第 443—444 頁）。觀此文，可知先生早年頗致力於文字聲韻之學。

8 月，東南大學、南京高師國學研究會編《國學研究會演講録》第一集由上海商務印書館出版，内收先生與王漢記録之柳詒徵講演詞《漢學與宋學》。

本年秋，赴江南圖書館觀覽書籍，得讀舊刻殘本《元明雜劇》二十七種。

《舊刻〈元明雜劇〉二十七種序録》：癸亥（1923）秋，余觀書於江南圖書館，開卷即驚爲秘笈！……吾鄉楊梓《豫讓吞炭》一劇亦在焉，即手寫其目以歸。（《清華學報》第二卷第二期；《趙萬里文集》第二卷，第 152 頁）

　　　按：先生所鈔該書目録，後經詳加考訂，撰成《舊刻〈元明雜劇〉二十七種序録》，1925 年刊載於《清華學報》第二卷第二期。

本年，填《石州慢·十九感懷》一闋寄慨。

《石州慢·十九感懷》：陌上西風，吹老鏡絲，珍重吟力。琴花夢入南朝，惟有畫屏知得。零箏欲語，還是墜影滄波，鷗邊今後紅情窄。攜淚看斜暉，正蘆中人寂。　休憶，莫天衰草，故國狂香，自憐遥夕。唱徹橫塘，流水蘋洲如昔。微雲不見，誰信一夜高樓？新妝消與愁千尺。雁影滿天涯，問銅仙消息。（《趙萬里文集》第二卷，第 7 頁）

本年，三弟趙萬程生。

1924 年　　先生二十歲

先生於大學期間從吳梅研究詞曲，且愛好作詞，頗得吳梅器重。

王季思《回憶吳梅先生的教誨》：有一次，我向先生呈上一篇習作，不久，先生將作業還給我，打開一看，只見上面批下這樣一行字：“自萬里（趙萬里）、雨庭（孫雨亭）、維釗（陸維釗）之後，復得斯才，我心喜極。”我心裏頓時一陣激動，我明白這是先生對後學者的鼓勵。（《吳梅和他的世界》，第 119 頁）

張勁先《趙萬里》：一九二一年中學畢業，考入東南大學中文系。曾從吳瞿安（梅）先生學習，研究詞曲頗有心得。對詞的愛好尤深，這期間填詞較多,在家裏常常繞着桌子邊走邊吟,反復推敲。後來研究轉向戲曲,詞也不多作了,保留的一些作品雖是少作,仍可見其造詣之深。(《海寧人物資料》第 1 輯,第 281 頁)

　　按:先生早年詞作,僅少部分曾刊於報章雜誌。近年據稿本整理爲《斐雲詞録》,收入《趙萬里文集》第二卷。先生詞作多不記創作時間,今將部分創作年代明確者繫於各年之下。

　　又按:先生對戲曲的愛好,貫穿終生。趙芳瑛、趙深《趙萬里先生傳略》描述其中年生活:"他對戲劇有很深的研究,也抽空去劇場欣賞名角演出。"(《趙萬里文集》第一卷,第 18 頁)

2 月 11 日,吳梅跋先生手鈔《黼黻圖回文詩》。

　　吳梅跋:右《黼黻圖》稿爲趙君萬里手鈔張公束本。公束久寓吳下,其稿曾一見之。其全錦一圖陳雲伯嘗有刻本,猶記丁未在黃君慕韓(振元)齋頭亦得寓目,忽忽已十八年。慕韓久歸道山,遺書星散,此圖不知入誰氏之手。即公束寒松閣庋架諸物,亦亡佚殆盡。今復得萬里本,展玩數過,如遇舊識,不禁神王,而回念舊交,又不勝隣笛山陽之痛矣。因題數語,歸諸萬里云。甲子人日長洲吳梅。(原書藏國家圖書館)

3 月至 4 月間,加入吳梅組織的潛社。

　　吳梅 1931 年 11 月 2 日(農曆九月二十三日)日記:潛社者,余自甲子、乙丑間,偕東南大學諸生,結社習詞也。月二集,集必在多麗舫,舫泊秦淮,集時各賦一詞,詞畢即暢飲,然後散。至丁卯春,此社不廢。刊有《潛社》一集,亦有可觀處。……社有規條三:一、不標榜;二、不逃課;三、潛修爲主。(《吳梅全集·日記卷》,第 28 頁)

　　按:甲子即 1924 年。東南大學時期,潛社學生社員有先生、陸維釗、孫雨霆、王起(季思)、王玉章、袁鴻壽、唐圭璋、張世禄、葉光球、龔慕蘭、周惠專、濮舜卿等。"《潛社》一集",指 1929 年美吉印刷社印行的《潛社詞刊》,録丙寅(1926)年潛社詞作,當時先生已離開東南大學北上,故該集中無先生詞作。

　　陸昭徽、陸昭懷《書如其人——回憶父親陸維釗》:父親和趙萬里、孫雨霆、王季思、唐圭璋等都是"潛社"的積極成員。(第 53 頁)

　　王季思《憶潛社》:當民國十三年的二、三月間,我才是東南大學一年級生,選讀了吳瞿安先生的詞選課。先生以同學們多數不會填詞,爲增加我們的練習機會和寫作興趣起見,在某一個星期日的下午,找我們到他的寓處去。他備了一些茶、瓜子,拿出一本歸玄莊的《萬古愁》曲本給我們看。隨出一個題目,叫大家試作,他更從書架上拿下萬紅友的《詞律》、戈順卿的《詞韻》,給我們翻檢。初學填詞,困難是很多的,有了老師在旁邊隨時指點,隨時改正,居然在三四個鐘頭裏,各人都填成了一闋。……第二個星期上課的時候,便有同學提議,請求先生定期的給我們這樣的練習,有的同學更主張組織個詞社。先生答應了,定社名爲潛社。至於爲什麼用這個潛字,先生當時没説起。後來我私人問他,他説當時東大教授中,實不免有借學術的組織,作其他種種企圖的,他不願意因此而引起其他的糾紛,所以用這個名字,希望大家埋頭學習,暫時不要牽入政治的漩渦。(《吴梅和他的世界》,第72—73頁)

本年春,作詞多首。

《虞美人·甲子正月稿》:闌干西北浮雲起,四面春聲裏。一江花氣淡成秋,似有西風相約要登樓。　夕陽飛絮涼如水,水味濃於淚。側身天地費相思,無那斷腸終是女兒詞。(《趙萬里文集》第二卷,第5頁)

《鷓鴣天·甲子二月稿》:一片笙歌散綺塵,孤明樓角也曾春。誰知翠錦簾前水,辜負紅羅夢裏人。　雲有信,月無痕,東風難得小温存。明朝陌上花應發,知否斜陽直到門。(《趙萬里文集》第二卷,第3頁)

大學期間,先生與同學浦江清、陸維釗(微昭)、趙思伯(祥瑗)、孫雨廷(爲霆)、胡士瑩(宛春)等友善,諸君詩詞作品中屢見其交游事跡,並有聯句之作。

陸維釗《與孫雨廷(爲霆)趙斐雲(萬里)登鼓樓暢觀閣》:樓外山光接市塵,樓前孤月大於輪。一春自愛天容净,片語誰憐國是新。論世詎能甘憒憒,著書今已愧陳陳。從知懷抱消磨盡,那向桃源説避秦。(《陸維釗詩詞選》,第16葉)

陸維釗《浣溪沙·與斐雲自臺城信步至覆釜山下一路多舊苑遺蹤賦此誌慨》:寂寞山鄰又水鄰,蕭蕭紅葉女郎墳,隔年聲似曲中人。　薤露自傷寒食雨,宮花如説秣陵春,銅仙成夢淚成塵。(《陸維釗詩詞選》,第80葉)

陸維釗《浣溪沙·與斐雲宛春游東湖》:萬感今年履此洲,推窗面面水悠悠,夕陽呼月共西流。　夢偈當歌和淚涌,知交成戀儘情留,後期能得果來否。(《陸維釗詩詞選》,第83葉)

陸維釗《卜算子·與思伯斐雲合攝一影即題其後》:生計酒杯寬,形影今年又。漫怨韶華慣棄人,先睹誰消瘦。　一樣笑啼難,那問交新舊。化得真吾作幻吾,此意人知否?(《陸維釗詩詞選》,第92葉)

陸維釗《哨遍·江清雨淳斐雲思伯集掃葉樓作》:一片江潮,浣盡征塵,回首滄洲暮。惜嫩紅,驚唤綠雲浮。指長亭短亭休駐。更幾處,離離又歌禾黍。神州滿眼紛煙霧。問江左南朝,美人名士,風流鉛淚誰鑄。枉年年坊陌自鈿車,道故國傷心景亦殊。海外蓬萊,洞中雞犬,避秦那許。　　吁！日月乘除，承平簫鼓今無主。事事東流去，賸亂葉飄殘雨。灑滿地荊榛，漫天烽火，帝城愁入銅駝語。怎雁字樓頭，山僧不見，數峰相約清苦。倚斜陽消得一悲無，便夢裏蘧然蝶化吾。祇華髮，青青堪數。看來芳事都歇，王氣猶龍虎。與君策杖登高撫劍，俯仰蒼茫今古。英雄豎子底相傾，漫呵天，石壁題句。（《陸維釗詩詞選》，第 104—105 葉）

趙萬里《壽樓春·和維釗》：招西園客魂，歎嫣香落盡，空翠煙昏。休旁烏衣歸去，夢秋先春。還記否，搴芳人，寄絳裙、天邊王孫。怎燕草微茫，楚雲狼藉，心事一櫳塵。　　西洲恨，飄青尊。問迴波可念，風雨當門。前度香蘭如笑，玉璫誰溫。流不盡，襟題痕。況白蘋，瀟湘愁恨。甚杜宇聲聲，斜陽半身，紅滿巾。（《趙萬里文集》第二卷，第 8 頁）

趙萬里《鷓鴣天·用元韻奉答維釗》：迢遞春程憶別時，玉璫緘札護新詞。而今思與花俱發，西北高樓夢豈知。　　塵漠漠，淚絲絲，夕陽琴語下簾遲。荒江杜若無聲老，空谷靈均莫自癡。（附陸維釗原詞：舊帕淒涼記別時，調箏聲厭鷓鴣詞。自從秋冷鈿車路，花落江湖只自知。　　塵歷歷，雨絲絲，閉門絃索上燈遲。此身不分分明在，底事靈蕕又入痴。）（《趙萬里文集》第二卷，第 8 頁）

［聯句］《壽樓春·雨淳江清思伯斐雲微昭聯句掃葉樓》：尋南朝鐘聲（昭）。倚頹陽古寺，吟思淒清（雨）。況是樓臺無主，局中棋枰（江）。江草暗，鶯花明（斐）。念故鄉，烽煙堪驚（思）。自畫劫星飛，深龕火冷，愁與暮雲平（昭）。　　長堤樹，年年青（雨）。早飄風落絮，偷換離情（江）。送客衰蘭無恙，又登新亭（斐）。桑海淚，日飄零（思）。咽萬笳，垂楊空城（昭）。更杜宇催歸，千山四甲如畫屏（雨）。

又：看千山雲飄（江）。正荒江送晚，歌哭吳橈（斐）。一別朋曹如雨，故園人遥（思）。來往路，淒運抵消（昭）。又幾番，啼鶯南朝（雨）。任側帽尋詩，擎杯聽葉，心緒暗如潮（江）。　　樓頭燕，曾相邀（斐）。怎年年悵盡，舊日青袍（思）。可有斜風送客，亂香凝簫（昭）。滄海夢，空迢迢（雨）。憶舊情，垂楊溪橋（江）。更遼鶴歸來，吟鞭寂寥（斐）。愁共招（思）。（《陸維釗詩詞選》，第 105—106 葉）

［聯句］《壽樓春·思伯自揚州來余與維釗雨廷江清小敍莫愁湖上昔年朋舊今日主賓江南江北落絮飛花無限惆悵也倚此題壁並送思伯歸》：拍湖心閒鷗（思伯）。共平量棋局，淒宴層樓（維釗）。檻外垂楊如許，有誰臨流（雨廷）。春老矣，春知否（江清）？況故人煙花揚州（萬里）。早試酒情荒，調鶯語澀，猶自暗綢繆（思伯）。　　長堤路，今淹留（維釗）。指雕梁燕子，曾伴清游（雨廷）。可念落梅風裏，笛中西洲（江清）。君欲去，思悠悠（萬里）。更夕陽，三山雲浮（思伯）。空目斷江南，青青陌頭（維釗）。

無莫愁（雨廷）。

[聯句]《浣溪沙·雞鳴寺聯句》：片石支機欲化霞（萬里），心香一瓣座前花（維釗），青衫何必笑袈裟（祥瑗）。　漫向人間窺色相（祥瑗），要從天外握靈蛇（萬里），眾生成佛即成家（維釗）。

又：樓外青山似畫裙（萬里），夕陽鐘定上方雲（維釗），香添佛國又成春（祥瑗）。　未必慈航能普渡（祥瑗），也曾觀世作情僧（維釗），拈花草草是塵根（萬里）。

[聯句]《浣溪沙·衫青闇與維釗聯句》：录曲闌干燕景涼，層層花雨濕斜陽（釗），玉河清淺是他鄉。　梧井西風人似雁（里），雲亭秋夢月如霜（釗），舊家池館孰棲香（里）。（以上見《趙萬里文集》第二卷，第8—9頁）

按：《壽樓春·思伯自揚州來》聯句一闋，又見《陸維釗詩詞選》第106葉，字句略有不同。

5月19日（農曆四月十六日），校民國十二年（1923）商務印書館鉛印本劉义典《淮南鴻烈集解》。

按：此書卷首夾籤條，有題識：“《劉氏遺書》卷五《淮南子補校》（盧校莊本），今移録於眉端，以便省覽。甲子四月十六日。”此校本現由先生哲嗣趙深保藏（下文校本同）。

6月，先生與同學陸維釗、趙祥瑗雞鳴寺聯句《浣溪沙》二闋刊於《國學叢刊》第二卷第二號。

按：即上文所引“片石支機欲化霞”、“樓外青山似畫裙”二闋。收入《趙萬里文集》第二卷《斐雲詞録》，題爲《浣溪沙·雞鳴寺聯句》。

本年夏，校讀明崇禎毛氏汲古閣刻《宋名家詞》本《小山詞》一卷。

按：此本封面題識：“甲子夏點讀一過。以貽琹妹存念。丙寅中秋節後七日。”承先生哲嗣趙深告知，琹妹即先生表妹張勁先。

9月4日（農曆八月初六），校光緒三年（1876）浙江書局刻本《文子纘義》。

按：卷末有題識：“甲子八月六日以《群書治要》校《文子》，竟日而畢，間有所訂，亦附見焉。萬里記，時年二十。”

趙萬里先生年譜長編卷二

1925 年　先生二十一歲

1 月中下旬（農曆甲子年十二月下旬），校讀光緒十八年（1892）思賢講舍刻本《晏子春秋》。

> 按：卷末有題識：“甲子冬十二月下旬圈讀一過，時江浙方有事，小樓冥坐弄鉛丹，殊無聊也。萬里記，時年二十。”

1 月 6 日，北京政府教育部次長馬叙倫發布 1925 年第一號訓令，免去郭秉文東南大學校長職務，由上海大同大學校長胡敦復接任。此舉引發東南大學易長風潮。（《南大百年實録》上卷，第 181 頁）

1 月 8 日，《東南大學全體學生宣言》發布，指教育部罷免校長“事出無端，理無所據”，“絶難承認”。（《南大百年實録》上卷，第 181—182 頁）

2 月，吳宓由東北大學轉任清華學校研究院籌備委員會主任。

3 月 7 日，教育部次長馬叙倫發布第五十五號、第五十六號訓令，指令東南大學“剋日成立評議會”，校董會“應即暫行停止行使職務”。（《南大百年實録》上卷，第 182 頁）

3 月 9 日，胡敦復赴東南大學就職視事，在圖書館樓下張貼就職視事通知和視職宣言，數百名學生群情激奮，包圍校長辦公室並破窗而入，打傷胡敦復，迫使其交出校長印信，寫下“以後永不就東南大學校長之職”保證書，從後門離開。（李娟：《黨化教育、大學自治與人事糾葛——1925 年東南大學易長風潮研究》，第 19—39 頁；許小青《從東南大學到中央大學》，第 35—48 頁）

3 月 11 日，東南大學二十五位學生聯名致函東南大學緊急維持委員會，要求解釋 3 月 9 日騷亂處置不力之故。先生爲聯署人之一。

> 《東大學生張宗蠡等致東大維持委員會書》：維持委員會全體公鑒：諸君屢次宣言對內對外擔負責任，三月九日之暴動，騰笑中外，貽恥士林，同人有請貴會答覆之必要。當日暴動，貴會委員臨場主持是何理由？經過多少人之具名負責？如貴會無法制止，則何不宣布真相，懲辦暴徒，爲學校雪此奇恥？而借全體同學名義，發電欺人，欲蓋彌彰，恥上加恥，究何居心？同人等愛校心切，求學情殷，不忍以十年令名敗於一旦。請貴會收

到之後，於十二小時內明白答復，是所至盼。此請，公鑒。張宗蘇、趙世盛、劉隨藩、厲德寅、袁昌、莊誠、周慶祥、張寶望、孫增光、胡愸風、徐曼英、汪阮、胡光岳、何芝園、謝煥文、李樂三、廖昌熾、顧培元、趙萬里、李善邦、張其時、王勤埼、羅運榘、蕭宗訓、沈价雙同啓，三月十一日。（1925 年 3 月 14 日《申報》第 12 版）

3 月 15 日，《申報》刊登《東大學生厲德寅等之啓事》，批評 3 月 9 日暴力驅離校長的不當行爲，指責東南大學緊急維持會以全校學生名義發布通電滑稽無恥，並提出四點聲明。先生爲聯署人之一。

《東大學生厲德寅等之啓事》：自校長問題發生之後，意見紛歧，是非混淆，同人疾首未發一言，非徒自好，誠恐治絲而益棼也。乃不意怪劇叢生，愈演愈烈，長此以往，不知伊於何底。同人受良心之驅使，不能不爲同學諸君一陳之。三月九日胡敦復先生貿然來校，意見不同，拒之可也，但必爲軌內之行動。乃一二教授及少數同學紛擁至校長辦公室，拳足交加，唾罵備至，胡敦復、胡剛復二先生一併受傷。遂勒令簽字，威逼指印，強拍照相，復燃鞭炮，驅出後門，以示侮辱。當時同人以勢甚洶洶，不可理論，未能制止，心竊恥之，以爲非身受教育者之所爲，而乃出於自稱最高學府之東南大學，豈不令人齒冷。昨閱滬報，記載本校維持學校委員會通電，強詞掩飾，行同滑稽，舉動無恥，於斯已極。遂致教授解體，示不合污，哲學系主任湯用彤、教授蔡瑞岐，數學系主任熊迪之、教授段調元，地學系主任竺可楨、教授徐韋曼、徐淵摩，化學系主任王季梁，物理系主任胡剛復、教授葉企孫、熊正理，歷史系主任柳翼謀、教授劉金波等諸先生，紛紛宣布罷教，停止授課，孫洪芬先生不負文理科責任，過探先生辭去農科副主任，任鴻雋先生辭去校長辦公處主任，生物系主任秉農山先生亦不到校。同人等負笈東南，原以求學爲前提，今既如此，校將不校，同人等天良未昧，義難緘默，謹陳四端，希垂察鑒：（一）三月九日之暴動，乃一二教授及少數同學之所爲，同人等未與其事，其餘同學之不與其事者，請各自爲表白。（二）根據自治會會章第五五條，同人等反對百零二票通過之不法議案"以全體學生名義致函柳翼謀、胡剛復、蕭叔絅三教授請其自動辭職"；（三）誠意挽留辭職諸教授，必達目的而後止。（四）自三月九日起，任何團體之行爲及文電假借全體同學名義者，同人等一概否認。厲德寅、張宗蘇、趙世盛、孫增光、鄭鶴聲、趙萬里、謝煥文、沈孝凰、羅運榘、李善邦、汪阮、徐曼英、胡光岳、廖昌熾、張其時、劉隨藩、沈價雙、蕭宗訓、李樂三、李琢仁、張寶堃、沈壽恒、何芝園、顧培源、胡愸風、袁昌、俞慶賚、壽介星、祝光信、解士杰、王廷瑞、袁家庸、周通聲、徐造英、湯肇武、張懷樸、陳怡、王鏡第、李秀峰、蕭彝、任覺五、呂炯、張右源、王秉鐸、朱熙人、茅祖榮、李慶華、張樹星、龔之英、周懋、張大焯、陳壽同、陳家歐、王恒守、蔡賓王、嚴屏江、鄭沛霖、陸維昭同啓。（1925年3月15日《申報》第12版）

按：東南大學易長風潮此後綿延數年，學校秩序不寧，先生因此心生退志，別謀出路。

4月（農曆三月），孫雨廷賦《壽樓春·乙丑三月維釗斐雲將去白下倩內子畫可離花贈之因題此解》一闋，贈別先生與陸維釗。

孫雨廷《壽樓春·乙丑三月維釗斐雲將去白下倩內子畫可離花贈之因題此解》：聽千山鵑啼。望垂楊院落，空翠煙迷。幾度秦淮沽酒，莫愁尋詩。曾記得，題襟時。又一番、春來春歸。歎畫扇橋荒，敲棋墅冷，回首夢依稀。　長亭路，風淒淒。有衰蘭送客，殘笛歌驪。更倩纖纖蟾影，伴君天涯。揮手去，還相思。怕唱他、陽關新詞。只寫入冰綃，窗前可離三兩枝。

按：乙丑即1925年。此詞載南京東方公學校刊《東方季刊》1926年12月號第27頁。

5月下旬至6月中旬（農曆夏四月），迻錄劉臺拱校記並校自藏清光緒十七年（1891）思賢講舍刻本《方言》，此本卷末題識中有“時客白下成賢學舍”語（詳見下文）。

6月19日（農曆閏四月二十九），王國維族叔祖王豫熙致函王國維，推薦先生從其受學。

王豫熙致王國維函：再者，趙君萬里爲鑑齋兄之孫，年二十歲，文采斐然，現在東南大學國文系肄業，十一二歲時即見其肆力讀書，近於詞章、經術、小學均有門徑，爲吳瞿安諸君所深賞。現因東南學校風激，頗思北游，欲就學於我賢。此優秀分子爲家鄉所不可多得。如能長侍左右，日後成就必可觀。且趙君小楷諸好而速，曾見其以課餘時間，僅二十黃昏抄《莊子》一部，可謂勤矣。日後抄寫文字、檢查書籍，亦著席間一極快樂之友生也。（孫俊惠示）

按：王豫熙，字欣甫，浙江海鹽人，清末曾任贛榆、上海等縣知縣。承孫俊告知，此係中華書局朱兆虎考出。

又按：馮象謂：“大舅拜觀堂爲師，聽母親說是瞿安先生寫信推薦的。好像華東師大歷史系研究觀堂的劉寅生先生曾告訴她，見過原信。”（《趙萬里：其志甚壯，其言甚哀》，2010年11月28日《東方早報》）虞坤林《趙萬里先生活動簡表》亦謂先生由吳梅介紹離開南京，到北京師從王國維（《出版史料》2006年第1期，第105頁）。可知先生受學於王國維，實經多人推介。

7月，先生由蔣復璁陪同，在北京謁見王國維。

蔣復璁《追念逝世五十年的王靜安先生》：（民國）十四年七月，我回到北平，同鄉張樹棠先生，亦是曲友，他與趙萬里君的尊人是結拜朋友，説在海寧接洽過的，趙萬里是東南大學讀完二年級，本從吳瞿安（梅）先生治曲學的，要到北平來從靜安先生讀書，因他不認識靜安先生，托我介紹進謁。於是我陪趙萬里君至王家晉見，拿了兩條大前門香煙，進門就叩頭行禮。因爲靜安先生不肯任清華研究院的主任，所以清華請吳雨僧（宓）先生擔任主任，專管行政事務，吳先生來自東大，於是除了梁任公先生由他堂侄廷燦擔任助教外，其餘各位教授的助教及幫吳先生辦事務的助教都爲東大畢業的學生。分配給靜安先生的助教是陸維釗君，陸君因病不能趕到，先請趙萬里代理，後來就由趙萬里擔任。（《追憶王國維》，第145—146頁）

按：蔣復璁之回憶多有不確處：先生1923年初已在親戚家拜謁過王國維，且當時已讀完三年級，並非僅讀完二年級；陸維釗回南方原因是其祖父病重，而非其本人生病。

8月21日，入清華學校。

吳宓日記：趙萬里到校，代陸維釗。（《吳宓日記：1925—1927》，第64頁）

9月1日，清華學校研究院主任吳宓會晤校長曹雲祥，請以先生代替因祖父病重而不在校的陸維釗擔任王國維助教，獲得批准。

吳宓日記：見校長。……（三）以趙萬里代陸維釗職務，批准。（《吳宓日記：1925—1927》，第64頁）

按：9月11日出版的《清華週刊》有國學院教職員表，在其後的注中説明，陸維釗請假，請先生代理。

先生擔任王國維助教，執弟子禮甚恭。

王東明《王國維家事》：父親就任清華研究院，原已聘定平湖陸維釗先生爲助教，當時陸先生因祖父喪未能履任，趙先生即由人推薦給父親。民國十四年（1925年）冬天，我到清華不久，趙先生即到職了。想到他第一天見父親的情形，我們談起來仍不禁莞爾一笑。他畢恭畢敬遠遠地站在父親面前，身體成一百五十度向前躬着，兩手貼身靠攏，父親説一句，他答一句"是"。問他什麼話，他輕聲回答，在遠處根本不知他説些什麼。話説完了，倒退着出來，頭也不抬一下。我想這個情形，大概就是所謂"執禮甚恭"吧。他對母親不稱"表姨母"而稱"師母"，態度也是恭恭敬敬的。（《王國維家事》，第67—68頁）

先生寓居清華西院第12號，距第16、18號王國維宅頗近，便於請益。

王東明《王國維家事》：他是父親得力的助手，也是受益最多的學生。

他家住在西院 12 號，與我們家相距很近，早晚都可前來向父親請益。父親有事，只要派人去請一下，他馬上就到。父親交代什麼事，他都做得很好，因此對他敬業勤奮的態度，很是器重。（《王國維家事》，第 67—68 頁）

先生協助王國維處理教學與研究事務，並辦理研究院購書事宜。

唐蘭《古史新證序》：時先生爲院中導師，余友趙君斐雲爲其助教。先生每發一稿，斐雲爲錄副昪鈔胥，使謄寫印行，而藏弄其手迹。（《唐蘭全集》第一册，第 411 頁）

姜亮夫《憶清華國學研究院》：静安先生看了我的卷子以後，便説："你可是章太炎先生的學生？"我説："不是，我是四川來的。"他説："四川來的，怎麼説的都是章太炎先生的話呢？"我説因爲假期要升學，所以我突擊看了一部《章氏叢書》。"《章氏叢書》你看得懂嗎？"我説："只有一、二篇我看不懂，别的還可以看得懂。"王先生連聲説："好的，好的，你等一會兒。"他的辦公室和任公先生的辦公室只隔一道板壁，中間有一道門相通，他就告訴他的助手趙萬里先生説："你去跟任公先生講，姜亮夫這個學生我看可以取。"趙先生向任公先生轉告了王先生的意見，任公先生不表態，只説："對不起，現在考完了，你回去聽消息。"（《姜亮夫全集》第 24 卷，第 71 頁）

蔣復璁《追念逝世五十年的王静安先生》：清華研究院的購書在原則上是由梁任公及王静安先生決定，在實際上是由静安先生主持，於是由趙萬里君幫辦，而趙君亦就向静安先生學得了目錄學。（《追憶王國維》，第 146 頁）

按：爲添購國學書籍，清華學校成立"國學書籍審查購置委員會"，以王國維爲主席，吳宓、吳漢章等爲委員。

又按：先生協助王國維購書，從其修習版本目錄之學，終以此爲終生事業。倫明《辛亥以來藏書紀事詩》以先生附於王國維之下："絶代蛾眉王静安，趙商傳業鄭君門。手中何限名山副，眼底無涯滄海觀。"注云："十餘年來，故都言國學者靡不曰王静安，幾如言漢學者之尊鄭康成、言宋學者之稱朱子也。然君讀書最精細，凡過目者多有精密校本，所糾訛文、闡新義多諦當。海寧趙斐雲萬里親炙静安久，凡静安手校本多逐錄存副，屢次南下爲圖書館訪書，又得造天一閣觀其所藏，宜目無餘子矣。"（《辛亥以來藏書紀事詩》，第 68 頁）

9 月 5 日，清華學校本年度新生入校，報到注册。

吳宓日記：是日，新生入校，報到注册。（《吳宓日記：1925—1927》，第 66 頁）

9月8日，中午十二時，吳宓在清華學校工字廳宴請王國維、梁啓超、趙元任、梁漱溟、李濟、戴元齡與先生等。

吳宓日記：正午十二時，宓在工字廳宴客（10元）。客如下：（一）王國維。（二）梁啓超。（三）梁漱溟。（四）趙元任。（五）李濟。（六）戴元齡。（七）趙萬里。（八）梁廷燦（未到）。（九）章詔煌（未到）。（十）衛士生。（十一）周光午。（《吳宓日記：1925—1927》，第69頁）

9月13日，隨王國維、吳宓至琉璃廠爲清華學校購書。

吳宓日記：十時，至琉璃廠文友堂，晤王靜安先生及趙萬里君，爲校中購書（另有詳帳，共費二百二十四元五角六分）。在薄玉堂及中華書局等處細行檢閲。王先生請在青雲閣玉壺春午飯，進果面。（《吳宓日記：1925—1927》，第71頁）

《添購書籍》：該院教授王靜安先生，曾偕同吳宓先生及助教趙萬里君入城，在琉璃廠各書肆中訪尋中國書籍，游觀多家，爲校中圖書館選購若干種，皆研究院目前開課所必需讀者，十三經、二十四史皆在内云。（《清華週刊》第24卷第3號，1925年9月25日）

9月14日，晚，訪吳宓，述陸維釗身世情形。吳宓遂決意留先生任王國維助教，命陸維釗不必再來清華學校，以求兩全其美。

吳宓日記：晚趙萬里來，細述陸維釗之身世情形。決即永遠留趙，命陸不必來此，所謂兩全其美也。（《吳宓日記：1925—1927》，第71頁）

陸昭徽、陸昭懷《書如其人——回憶父親陸維釗》：然而不幸的是，父親到清華研究院不久，由於祖父病危，不得不請假南歸。臨行前，他請南高師的同班同學趙萬里暫時代理助教之職。當時兩人約定，待祖父病情稍有好轉，他便返回學校。但後來他接到趙萬里來信，告知教職已由趙正式接替，也就是説，他失去了清華研究院的職位。最近，我們查到了父親1951年在華東革命大學學習時寫的自傳，其中注明："1925年6月，南京高師畢業（代理校長蔣維喬），清華大學任爲國學研究院王靜安先生助教（介紹吳宓），9月以祖病中途召回，由趙萬里代。"對父親來説，失去的不僅僅是助教工作，他還失去了向國學大師王國維先生繼續求教的機會，爲此遺憾終身。……直至晚年，每當言及清華研究院，父親都會歎息不止。但是，他不後悔，他説："我是遺腹子，在我出生前四個月，父親便不幸患傷寒病逝，我是祖父一手撫養大，也是祖父手把手教育成長的。祖父病重，我必須回來服侍；祖父病故，我必須留下守孝。否則，我將内疚一輩子，後悔一輩子。"確實，離開清華研究院使他感到終生遺憾，但盡了孝道，他不内疚，也不後悔。（第82—84頁）

10月25日至27日，校羅振玉輯《敦煌石室碎金》之《毛詩豳風殘卷》、

《漢書匡衡張禹孔光傳殘卷》、《春秋左傳昭公殘卷》等三篇。

　　按：此本爲嘉德藝術中心李經國藏。此册中《毛詩豳風殘卷》行間有朱筆校語、天頭有朱筆批注，後有題識“乙丑重陽前一日以影宋本校”；《春秋左傳昭公殘卷》行間、天頭均有朱筆校語，後有題識“乙丑重陽後一日以影宋本校”；《漢書匡衡張禹孔光傳殘卷》行間有朱筆校語、天頭有墨筆批注，後有題識“乙丑重九前一日以汲古閣本《漢書》校，萬里”；《靈棋經》後有墨筆題識“此殘卷王先生有跋，見《觀堂集林》卷十七”。（李經國惠示）

10 月，詞作《鷓鴣天·癸亥春感》二闋載《學衡》第四十六期。

11 月 3 日，北洋政府教育部與中華教育文化基金董事會公布《合辦國立京師圖書館契約》、《國立京師圖書館委員會章程》。

11 月 7 日，赴北京大學研究所訪顧頡剛。

　　顧頡剛日記：到研究所，看《週刊》第五期初校稿。趙萬里來談。（《顧頡剛日記》第一卷，第 678 頁）

11 月 20 日，開單致吳宓，請購金石書，約值四百元。

　　吳宓日記：趙萬里開單購金石之書，約值四百元。（《吳宓日記：1925—1927》，第 98 頁）

11 月中旬至 12 月中旬（農曆冬十月），迻録洪頤煊《讀書叢録》（九）校記並校自藏清光緒十七年（1891）思賢講舍刻本《方言》；此後又迻録王國維校語。

　　按：此本卷末有題識三行：“劉臺拱校記校（乙丑夏四月自劉端臨遺書中録出，時客白下成賢學舍）；洪頤煊《讀書叢録》（九）校（乙丑冬十月録出，時寓京西清華園）；王先生讀《方言》校。”

12 月 5 日，隨同王國維、吳宓入城至琉璃廠爲清華學校圖書館選購書籍十餘種。

　　吳宓日記：晨九時，偕王國維、趙萬里乘人力車入城。至琉璃廠，在文德堂、述古堂、文友堂，爲校中檢定書籍十餘種（交圖書館購買）。下午一時，至東安市場森隆飯店午餐，宓作東。然後分散。（《吳宓日記：1925—1927》，第 105 頁）

12 月 26 日（農曆十一月十一日），着手校清光緒元年（1875）浙江書局刻本《賈誼新書》。此後多次校此書。

　　按：此本卷末有題識五行：“洪頤煊《讀書叢録》（卷五十）校（乙丑十一月十一日録出）；王紹蘭《讀書雜記》校；俞樾《諸子平議》（卷）校；孫詒讓《札迻》（卷）校；劉師培《賈子新書校補》校。”

12 月，所撰《舊刻〈元明雜劇〉二十七種序録》刊載於《清華學報》第二卷第二期。

　　按：該文爲舊刻殘本《元明雜劇》二十七種之叙録。其書原藏錢塘
惠嘉堂丁氏，後歸金陵江南圖書館（即今南京圖書館古籍部）。卷首未
署撰輯人，且無序跋，先生據編中收葉憲祖（1566—1641）雜劇二本，指
出其編刻之年當與葉憲祖同時或更晚；又據其刊工精緻，而序次人名往
往前後顛倒譌謬，推定其爲崇禎間（1628—1644）坊刻本，正當江南刊曲
之風全盛時代。所收雜劇中十六種見於臧晉叔《元曲選》，文字往往有
差異，足資校勘；其他五種元劇均爲海內孤本，對於元明雜劇研究，極具
文獻價值。先生此文考訂該書二十七種雜劇之作者、內容，比勘不同劇
集的收録情況，便利雜劇研究者參考利用。

本年下半年，東南大學同學胡士瑩寄贈詞作多首。

　　胡士瑩《鷓鴣天·讀彊村先生和元裕之宮詞書後寄示斐雲》：早是心
灰一點丹，仙娥珍重笑啼難。玉樓環佩聲初斷，銅輦秋衾夢不還。　將進
酒，勸加餐，那堪憔悴鏡中鸞。恩情恰似中庭樹，一日西風一日寒。（《宛
春雜著》，第 299 頁）

　　胡士瑩《琵琶仙·寄懷斐雲北京》：千里相思，問誰寄、舊日江南梅
萼。應念風雪天寒，關河正蕭索。荳帽底、京塵滿目。枉吟遍、故宮花藥。
覆水年華，奔波歲月，心事都錯。　漫回首、韋曲清游，怕年少風情黯非
昨。知否笛邊簫外，已無多哀樂。空望盡、千山萬水，伴十年、幾度漂泊。
更奈西北高樓，亂雲迷着。（《宛春雜著》，第 299—300 頁）

1926 年　先生二十二歲

本年，先生任清華學校研究院助教。

1 月，詞作《菩薩蠻》"瓊華不駐遙山景"等四闋載《學衡》第四十九期。

　　其一：瓊華不駐遙山景，月明幾度蕭心冷。起舞換新聲，重來無此情。
一枝和淚送，煙雨秦鬟重。羅襪托微波，鏡天人奈何。

　　其二：晚鶯消息愁如霧，東風豈是繁華主。柳綫繫斜陽，一絲春夢長。
漫憐芳草色，不減羅衣碧。雲影欲平池，倚闌君未知。

　　其三：十三箏雁雙飛去，回頭綠到屏山樹。不信落花飛，西園春未歸。
生憎江上水，斷送尊前淚。難得夕陽溫，鏡臺山外雲。

　　其四：畫堂舊有銷魂地，銜花燕子真知未。悵望玉簾衣，日高風又微。
翠屏天共遠，月氣和愁亂。空谷惜香心，費他長短吟。（《趙萬里文集》
第二卷，第 3 頁）

2 月 11 日，吳宓辭研究院主任職。

3 月 1 日，中華教育文化基金董事會創辦北京圖書館，聘梁啓超爲館長、

李四光爲副館長、袁同禮爲圖書部主任。

3月15日，清華學校公告接受吳宓辭職，研究院主任由校長曹雲祥代理。

3月22日，致函容庚，詢《滿鮮歷史地理報告》，並告以願任《古籀餘論》校字之役。

> 致容庚函：手示并《殷虚類編》均已收悉。《滿鮮歷史地理報告》如已借來，請即派人帶下爲叩。王先生《金代長城考》一文須俟參考《滿鮮史地報告》後再行謄出也。《古籀餘論》已付梓未？兄如少暇，弟亦願代兄任校字之役，何如？（《廣東省立中山圖書館館藏名人手札選萃》，第185頁）

> 按：此函使用"清華學校研究院用牋"書寫，落款爲"三月廿二日上午十時"，先生任王國維助教爲1925年9月，則此函不能早於1926年；又，函中談及爲王國維《金界壕考》查找資料事，據先生所撰《王靜安先生年譜》，《金界壕考》"初名《金長城考》"，撰成於1927年2月（《趙萬里文集》第一卷，第60頁），則此函不能晚於1927年初。綜上可知其撰寫時間爲1926年無疑。

> 又按：《殷虚類編》即商承祚《殷虚文字類編》，有民國十二年（1923）番禺商承祚決定不移軒刻本、民國十五年（1926）番禺商承祚契齋刻本。

> 又按：陳寅恪曾致函容庚謂："頃斐雲兄來言刻《古籀餘論》，弟近況極窘，無力刻書，又校對奇字亦無能爲役。若公能刊行，天下最善之事莫過於是。惟須得孫氏許允後方可從事，不然恐有轇轕也。"（《陳寅恪集·書信集》，第13頁）此函《陳寅恪集》未考訂年代，據此應即撰於1926年。民國十八年（1929）燕京大學刊印孫詒讓《古籀餘論》，此函所謂"校字之役"即指該書而言。

3月25日（農曆二月十二花朝節），撰成《唐寫本〈文心雕龍〉殘卷校記》。

3月，《學衡》第五十一期載胡士瑩詞作《菩薩蠻·斐雲以手錄秀水王仲瞿（曇）繡黻圖回文詩徵題爲賦此解》。

> 胡士瑩《菩薩蠻·斐雲以手錄秀水王仲瞿（曇）繡黻圖回文詩徵題爲賦此解》：玉環連句題牋綠，綠牋題句連環玉。心字錦屏深，深屏錦字心。　夢銷香枕鳳，鳳枕香銷夢。將寄漫回腸，腸回漫寄將。

4月6日，校自藏《四部叢刊》影印金刻本《李賀歌詩編》畢。

> 按：此書卷端題："臨王先生北宋刊南宋剜改本校。郭茂倩《樂府詩集》（汲古閣本）校（乙丑仲冬月校畢）；《唐文粹》校；明刻《文苑英

華》校（丙寅清明後一日校畢）。"此本卷末録王國維跋多則。此書眉
端、葉脚、行間並有朱墨批校、校語，墨筆爲臨王國維校，朱筆爲先生校；
書後據《樂府詩集》補《少年樂》、《静女春曙曲》二首。

4月，梅貽琦接任清華學校教務長。

5月30日，陪同顧頡剛訪王國維，並參觀清華學校研究院。午後，與顧
頡剛、朱自清等同游圓明園。

顧頡剛日記：趙萬里先生來，同到静安先生處，談片刻，到研究院參
觀。到萬里處小坐。到宴會廳。……與佩弦、萬里、謝君同游圓明園，四
時許出，别歸。（《顧頡剛日記》第一卷，第751—752頁）

5月，《學衡》第五十三期載胡士瑩詞作《鷓鴣天·讀疆村先生和元裕之
宫詞書後寄示斐雲》。

同月，清華學校教務長梅貽琦兼任研究院主任。

6月2日，梅貽琦主持清華國學研究院第十次教務會議，王國維、梁啓
超、趙元任出席。議決購置圖書之手續爲：學生介紹待購書籍，由所從業研
究之教授審定；書局送來書單，由王國維審查，決定購置及批價。議定由王
國維審查取捨歷史古物陳列室所須拓本，先生與梁廷燦辦理整理編目等
事務。

6月，所撰《唐寫本〈文心雕龍〉殘卷校記》載於《清華學報》第三卷第
一期。

《唐寫本〈文心雕龍〉殘卷校記》序：敦煌所出唐人草書《文心雕龍》殘
卷，今藏英京博物館之東方圖書室。起《徵聖篇》，訖《雜文篇》，《原道篇》
存"讚曰"末十三字，《諧讔篇》僅見篇題，餘均亡佚。每葉二十行至二十
二行不等。卷中"淵"字、"世"字、"民"字均闕筆。筆勢遒勁，蓋出中唐學
士大夫所書，西陲所出古卷軸，未能或之先也。據以迻校嘉靖本，其勝處
殆不可勝數，又與《太平御覽》所引及黄注本所改輒合，而黄本妄訂臆改
之處亦得據以取正。彦和一書傳誦於人世者殆遍，然未有如此卷之完善
者也。去年秋，余既假友人容君校本臨寫一過，以其有遺漏也，復假原影
本重勘之，其見於《御覽》者亦附著焉。即以三夕之力，彙録成校記一卷，
序而刊之，以質並世之讀彦和書者。丙寅花朝日記。（《趙萬里文集》第
二卷，第358頁）

《清華週刊》第25卷第16號"雜聞"：趙萬里先生所作唐寫本《文心
雕龍》校記，登《清華學報》三卷一號中，其唐寫本乃從友人容希白君處假
觀移録者，頃容君此書乃從其友人黄仲良君假來者，實非北大研究所國學
門物也。緣黄君此書乃託友人於倫敦博物館幾經交涉，始得攝影，而黄君
於此書用力甚勠，曾校宋本、元本、明本及何義門、顧千里、譚復堂諸人手

校本，與類書所引合校全書，業已脱稿，付印有日，并擬將唐本另用珂羅版影印流傳。而趙先生因事先未悉此書原委，遽將唐本異同寫爲校記刊出，良用歉然，想黄君全書出後，于學術界當更有絶大之貢獻也。（《清華週刊》第 25 卷第 16 號，1926 年 6 月 11 日）

王世民《所謂黄文弼先生藏唐寫本〈文心雕龍〉究竟是怎麽一回事》：黄文弼先生早年師事黄侃，受其影響，曾治《文心雕龍》。爲此，1925 年度函請當時留學英國的友人黄建中，設法曬印收藏在大不列顛博物館東方圖書館的敦煌寫本《文心雕龍》殘卷。黄建中於當年 2 月 5 日將曬印本郵寄黄文弼。此即大家熟知的斯坦因竊取本。該曬印件的眉端，有黄建中所寫題識：“敦煌《文心雕龍》殘卷，藏倫敦博物館之東方圖書室。完者自《徵聖》至《雜文》，爲篇十有三。《原道》篇存贊文，纔十三字。《諧隱》篇僅存其目。予嘗於館中據余、黄兩家刻本校其異文，善者圈之，疑者乙之，既已哀然成帙矣。今年春，復爲友人黄仲良命人影其書，凡二十有二葉，負一而正二，予得其一，唯首葉前十一行宜在末葉，勢難易厥位，其字跡模糊者則令重影 紙而州益之。爰識數語於此，郵致仲良，俾便參稽焉。”由此看來，這是該寫本殘卷的複製件首次傳入國内，當時自應彌足珍貴。黄建中所作校記，不知是否見於發表。黄文弼獲得此本後，曾據以補入所校《文心雕龍》。由於此後不久黄先生參加西北科學考察團的考察活動，長期從事新疆考古及所獲資料的整理研究，校勘《文心雕龍》的成果未暇定稿刊布。（《文物天地》1990 年第 5 期；王世民《商周銅器與考古學史論集》，第 668—669 頁）

按：此文所校敦煌唐寫本《文心雕龍》，即英國國家圖書館所藏斯坦因所獲 Or.8210/S.5478 號。

又按：此文又收入甘肅文化出版社 1999 年出版之《中國敦煌學百年文庫·文學卷（一）》，及國家圖書館出版社 2009 年 4 月出版之《民國期刊資料分類彙編·敦煌學研究》。

本年夏，助王國維整理校印《蒙古史料四種校注》。

《蒙古史料四種校注》跋：丙寅夏，清華學校研究院印行觀堂師所撰《聖武親征録校注》及《長春真人西游記注》，萬里實任校刊之役，嗣見師案頭有《蒙韃備録》、《黑韃事略》二書，師箋識其上，蠅頭細書殆逾萬字，因假録之。念此二書世鮮善本，師所箋證復博大精密，遠出順德李氏之上，因請並刊之，以爲讀元史者之一助云。五月五日受業趙萬里敬識。

7 月，陳寅恪至清華園，就任清華學校研究院教授。

按：先生與陳寅恪交往頗多。曾贈其王雨藻玉堂 1927 年鉛印本《古文舊書考》一種。此書見於孔夫子舊書網小阿慶書店，書前有題識:"寅恪先生賜存。後學趙萬里謹呈。"圖版見:http://www.kongfz.cn/20415826/[2017.3.29]。

8月1日,訪吳宓。

　　吳宓日記:趙萬里來。(《吳宓日記:1925—1927》,第199頁)

8月18日,導浦江清訪吳宓。

　　吳宓日記:趙萬里導浦江清(薦爲陳寅恪助教)來。趙先去。(《吳宓日記:1925—1927》,第208頁)

8月,清華學校研究院新聘助教浦江清、楊時逢、蔣善國到職。秋季前,新聘講師馬衡、林志鈞亦到任。

9月28日,贈自校明崇禎毛氏汲古閣刻《宋名家詞》本《小山詞》與表妹張勁先。

　　按:此本封面題識:"甲子夏點讀一過。以貽棐妹存念。丙寅中秋節後七日。"

11月上旬至12月上旬(農曆十月),迻錄王國維《流沙墜簡》訂補於自藏民國三年(1914)羅振玉宸翰樓印本。

　　按:此本卷末有先生手跋:"王先生於此書成後,續有補苴,已刊《補正》一卷,入《廣倉叢刊》中。繼又修訂若干篇,別出爲《漢晉木簡跋》,入《觀堂集林》。此依先生原本眉注過錄,字句則與《補正》稍異,蓋《補正》爲寫定本,此尚是第一次底稿也。丙寅十月萬里錄畢謹識。"

11月上旬至12月上旬(農曆十月),迻錄王國維《匡謬正俗》校語於自藏乾隆丙子(1756)雅雨堂刻本。

　　按:此本卷首題名下錄王國維題識:"戊午臘月國維讀於海上寓居之永觀堂並訂正諸題。"後有題識:"丙寅十月,萬里假錄。"

12月上旬至1927年1月上旬(農曆十一月),以釋藏本校清光緒二十九年(1903)說劍齋刻本《洛陽伽藍記》序、卷一、卷二。

　　按:此本卷首有題識:"偶閱楊惺吾《晦明軒稿》,有《伽藍記跋》,云隋費長房《歷代三寶記》卷九載此序,因檢釋藏迻校其異同如左。丙寅仲冬萬里記。"

1927年　先生二十三歲

本年,清華大學梅貽琦教務長重新調配清華學校大學部及研究院師資,王國維任研究院暨國文系教授,先生任研究院暨國文系助教。(《清華校友通訊》復五期,第81—82頁)

3月21日(農曆二月十八日),王國維跋先生臨校本《水經注箋》。

　　按:王國維跋歷述其校《水經注》經過,末云:"門人趙斐雲酷嗜校書，見余有此校，乃覓購朱王孫本，照臨一過，並囑識其顛末。余近歲方治他業，未能用力此書，憶初校此書時，距今纔六閱寒暑，而人事之盛衰、文游之存亡聚散、書籍之流轉，已不勝今夕之感。然則斐雲以數月之力，爲余校本留此副墨，亦未始非塵劫中一段因緣也。"此跋收入《觀堂別集》卷三，擬題爲《水經注箋跋》；影本刊於《趙萬里文集》第一卷第4頁。

又按：此臨校本後曾多次借予學者迻錄、研究。如1936年9月10日余遜致傅斯年函謂："王觀堂校《水經注》，前年生嘗爲熊固之先生會貞假趙斐雲先生過錄本，實以朱箋爲底本。不審師是否即假斐雲先生本迻寫，若假趙本，不識尚須購朱箋本否也。"（原函存傅斯年圖書館）

4月4日（農曆三月初三），浦江清贈詩。

浦江清《三月三日示斐雲》：新茶濃亦似江南，佳節坐看三月三。虛閣但來風細細，長堤稍見柳䰐䰐。閉門春色渾同夢，繞屋梅香漸可貪。一卷丹黃消白晝，羨君心緒太平涵。（《浦江清文錄》，第298頁）

4月25日，偕周光午訪吳宓，商談結婚辦法，並請吳宓爲證婚人。

吳宓日記：又夕，趙萬里偕周光午來，商趙萬里結婚之辦法。並擬請宓爲證婚人云。（《吳宓日記：1925—1927》，第333頁）

5月24日，晚與陳寅恪、吳宓、周光午散步，並至陳寅恪家中座談，改約梅貽琦爲證婚人。

吳宓日記：夕，與陳寅恪、趙萬里、周光午散步，並至寅恪家中坐談。趙萬里不日結婚，本已約定宓爲證婚人，旋以寅恪言，改請梅貽琦，蓋以職位之關係云。（《吳宓日記：1925—1927》，第342頁）

5月，《清華大學一覽（1927年）》出版，教師名錄載先生爲中國文學系講師。（《清華人文學科年譜》，第48頁）

6月2日，王國維投頤和園昆明湖自盡。事發前後，先生爲尋找王國維，四處奔走。

吳宓日記：晚飯後，陳寅恪在此閒談。趙萬里來，尋覓王靜安先生（國維）。以王先生晨出，至今未歸，家人驚疑故也。宓以王先生獨赴頤和園，恐即效屈靈均故事。已而侯厚培米報，知王先生已於今日上午十時至十一時之間，投頤和園之昆明湖中自盡。痛哉！（《吳宓日記：1925—1927》，第344頁）

衛聚賢《王靜安的死》：第二天上午十一點多，同學陸侃如叫我同他到王先生辦公室去看王先生，請王先生給他題簽。我們去了，看見房內尚有吸煙吐出的煙尚存，我們以爲王先生到廁所去了，我們等了好久不見王先生，我們吃午飯去了。午飯吃完，王先生家中打電話到辦公室，問王先生何以尚未回家吃飯。時趙萬里急向門口問,黃包車夫云:"王先生坐車往西走了。"趙立即去追,我隨後也趕去。到達後,門房説:"一位老人跳湖自殺。"我們進去,王静安先生的屍體放在湖邊亭子下。據掃亭子的人説:"這位老人在石船上坐了許久,吸紙煙不停,到湖邊走來走去,我掃地没有留意,聽見撲通一聲,不見了人。我跑到湖邊,見他跳下水去,我也跳下去,抱他上來,已經死了。"水深約二尺,王先生撲下去,頭先入水,故死的快。等了兩個鐘頭,才用蓆子將王先生屍體蓋了。(袁英光、劉寅生《王國維年譜長編:1877—1927》,第 502 頁)

柏生(劉節)《記王静安先生自沉事始末》:次日下午,隱約中聞先生走蹤消息,然不甚注意,以爲避亂他處耳。至傍晚,浙江同鄉會歡送畢業同人,先生在校絶少參加交際宴會,是日未到,人亦不之怪。迨席將散,一人約曹校長出座私語。有間,校長返入語衆人曰"頃聞同鄉王静安先生自沉頤和園昆明湖,蓋先生與清室關係甚深也"云云。合座聞之大驚,莫知所措。某猶不之信,即與同學吳其昌馳往各處探問。途遇趙助教萬里,得先生死耗屬實。其昌不禁大慟,某亦相對唏噓不置。時校中人已周悉其事。(《追憶王國維》,第 207 頁)

戴家祥《王國維先生》:第二天夜晚,我們浙江同鄉會也在同一地方(工字廳)舉行聚餐會,人數大約有七八桌。吃完飯以後,我同大學部的一個同學聊天,李濟之的助教王庸(以中)匆匆來找,問"王先生有没有在這裏",下一句話我没聽見,只見劉節站起來講:"不會的,不會的。"我問:"什麽事情不會的?"他説:"有人説王先生到頤和園去了,我説不會的。"劉節接着低聲地説:"昨天我同衛聚賢去看王先生,衛聚賢勸他到山西去住家。王先生説:'可怎麽辦?'衛聚賢説:'在這裏總不大好。'王先生説:'我要想辦法。'大概到園裏想辦法去了。"不管他會不會,我馬上衝出工字廳,朝清華西院的方向跑。半路看到王先生的助教趙萬里,便問説:"聽説王先生到頤和園去了,真的麽?"趙萬里説:"真的嘛。"一陣心酸,不知不覺撲向趙萬里的懷裏,放聲大哭起來。趙萬里攜起我推向相反的方向,根本不知道自己足踏在什麽上面。在黃昏的燈光下,看見迎面而來兩個人。吳其昌聽到我的哭聲,也停着脚步,放聲大哭。劉節也啜變泣矣。劉節攬着吳其昌哭,趙萬里攬着我,找到校門口。幾十個師生擠上校車,直奔頤和園。校長曹雲祥亦開了自己的小汽車去,時間已是晚上十一點鐘樣子。頤和園的管門人不許我們進去,經過兩位校警再三交涉,只允許校長、家屬和一個校警進去,後來兩個校警都進去了,一看已經死了,轉身回來。……那天回來在教室裏開會,組織治喪委員會,實際上是哭成一團。那天晚上,我到趙萬里的宿舍,做的第一件事就是報喪,刻臘紙寫訃告。

（《戴家祥集》，第217—218頁）

　　按：先生所撰《王靜安先生年譜》詳載王國維自盡前後事："去秋以來，世變益亟，先生時時以津園爲念。新正赴津覲見，見園中夷然如常，亦無以安危爲念者，先生覯狀至憤。返京後，憂傷過甚，致患咯血之症。四月中，豫魯間兵事方亟，京中一夕數驚。先生以禍雖且至，或有更甚於甲子之變者，乃益危懼。五月初二日夜，閱試卷畢，草遺書懷之。是夜熟眠如常，翌晨盥洗飲食赴研究院視事亦如常，忽於友人處假銀餅五枚，獨行出校門，雇車至頤和園。步行至排雲殿西魚藻軒前，臨流獨立，盡紙煙一枝，園丁曾見之。忽聞有落水聲，爭往援起，不及二分鐘，已氣絕矣。時正巳正也。家人候先生歸，至午後尚未至，乃大疑。其公子急蹤跡之，至申刻，始得噩耗。次日入殮，友生集哭。奉尸出園，始於裏衣中得致三子貞明遺書一紙。紙已濕透，惟字跡完好。書曰：'五十之年，只欠一死，經此世變，義無再辱。我死後當草草棺殮，即行槀葬於清華塋地。汝等不能南歸，亦可暫於城內居住。汝兄亦不必奔喪，固道路不通，梁又不曾出門故也。書籍可托陳吳二先生處理。家人自有料理，必不至不能南歸。我雖然無財産分文遺汝等，然苟謹慎勤儉，亦必不至餓死也。五月初二日，父字。'云云。"

　　又按：1927年6月6日《順天時報》載《王國維在頤和園投湖自盡之詳情》一文，述王國維自盡經過甚悉。王國維當日清晨八點左右離家，赴研究院教授室，撰寫遺囑一通。隨後至研究院辦公室，與事務員侯厚培交談甚久，並向其借銀五元。步行出校門，乘人力車赴頤和園。十點至十一點之間，至魚藻軒附近，躍入昆明湖中自盡。至下午三點左右，王國維三子貞明在家久候不至，四點左右追蹤至頤和園，得知其父自沉。侯厚培隨後亦尋到頤和園，於是清華學校同仁於晚間七點左右，得知此訊。該文爲吳宓所撰，並匿名投寄《順天時報》，事見《吳宓日記：1925—1927》，第349頁。

　　又按：衛聚賢回憶稱其與先生一同趕赴頤和園，與先生所撰《王靜安先生年譜》、王貞明致王高明函、柏生（劉節）文、吳宓《王國維在頤和園投河自盡之詳情》等所記不合，當係回憶失實，誤將清華學校研究院事務員侯厚培與先生相混。

當晚，先生致電羅振玉，告知王國維死訊。

戴家祥《論王國維學術》：1927年6月2日，先生自沉頤和園昆明湖，其姨甥、清華研究院助教趙斐雲（萬里）電告天津羅振玉："師於今晨在頤和園自沉，乞代奏。"（《戴家祥學述》，第50頁）

戴家祥《王國維先生》：那天晚上，我到趙萬里的宿舍，做的第一件事就是報喪,刻臘紙寫訃告。趙萬里起了個電報稿子,準備打給天津羅振玉。"爲什麽不打長途電話",我問。他説:"打長途電話還要慢,電報快。"電文是:"師今晨在頤和園自沉,請代奏。"奏給誰? 向溥儀代奏。稿子我看了以後,就由清華學校郵政局專人去發了。(《戴家祥集》,第217—218頁)

王國維去世後,先生奉命處理書籍、遺稿等相關事務。

王東明《王國維家事》:父親去世後,所有書籍、遺作都是他處理的。書籍方面,後來由陳寅恪、吳宓、趙元任三位先生建議,捐贈北京圖書館(今國家圖書館),由趙萬里先生整理編目。至於遺作方面,有已刊、未刊及未完稿三類,編爲《海寧王静安先生遺書》,並撰寫《王静安先生年譜》(後來由上海商務印書館出版)。(《王國維家事》,第68頁)

戴家祥回憶:王先生遺囑,遺書請陳、吳兩先生整理,陳即指寅恪師,吳指吳宓。陳師把王先生遺著托趙萬里整理,趙又把經學、小學一部分材料托戴家祥校對,送交天津羅振玉,即所謂《王忠慤公遺書》。又和北京圖書館館長袁同禮商量,由北京圖書館買進王先生所有藏書,以免散失,議價一萬圓。袁氏檢查其中一部分爲市面通行本,館中已有複本,提議折價剔除,出價五千圓。陳師最後裁定,由袁氏先選,所遺部分讓研究院同人及王先生親友選購,留作紀念。不管得值多少,北京圖書館負責補足萬元,因其中多王先生眉批校語存焉,蓋大學問家之書,足以啓迪學者,固不以多少計值也。(《陳寅恪先生年譜長編》,第102頁)

王慶山《追憶父親王仲聞》:祖父去世後,第二年家眷南歸,父親雖然很想繼承祖父的藏書,但爲了解決家人的生活資費,祖父手批手校的190餘種書,經清華國學院同事陳寅恪、吳宓、趙元任諸先生商議和斡旋,最終讓售北平北海圖書館,館方給價五千元。(《博覽群書》2011年第5期,第124頁)

戴家祥《人生和學術》:王先生遺囑,遺書托陳(寅恪)吳(宓)二先生整理。陳老師把任務交助教趙萬里(斐雲),趙把有關經學、文字訓詁部分交我校對,並托我把全部遺稿送交天津貞松堂。羅振玉組織出版委員會,編成《王忠慤公遺書》四集,共印500部。(《戴家祥學述》,第13頁)

6月5日,與表妹張勁先結婚,下午兩點半在報子街聚賢堂舉行婚禮。吳宓代王國維以介紹人身份致辭,梅貽琦、陳寅恪等出席。

吳宓日記:下午二時半,微雨。偕心一、學淑至報子街聚賢堂,趙萬里與張勁先女士婚禮。宓代王先生(静安)爲介紹人之一,並演説,略謂古今文學家皆有美人以引其情而助成其詩文著作,欲知今日新郎新娘之戀愛、訂婚以迄結婚之歷史者,請俟趙萬里君所作詞集《夕陽琴語》出版,取一册讀之,便知其詳云云。旋即入席,宓與梅貽琦、陳寅恪等同桌,食半飽。(《吳宓日記:1925—1927》,第 348 頁)

　　馮象《趙萬里:其志甚壯,其言甚哀》:大舅同表妹原先沒見過面,是到了北京纔相識的。之前,父母給他訂過一門親事,女方是同邑(海寧城區)一士紳家的姑娘。雙方交換了照片,家長看了都覺得滿意。那年大舅十八歲,正在南京上學,相片是在乾隆朝大學士陳閣老的私家花園嘯園的九曲橋上拍的,"長衫馬褂,西式分頭,眉清目秀,翩翩一少年"(母親語)。他同表妹時常往來,兩人就戀愛了,不久即寫信回家,提出解除婚約。這事讓父母大傷腦筋。起初對方堅決不同意,認爲解約有損女兒的名譽。後來托人居中調解,商定男方出錢在女方家門前修一條路,這纔避免了一場糾紛。(2010 年 11 月 28 日《東方早報》)

　　夫人張勁先(1905—1996),張勵石之女,生於浙江省海寧縣硤石鎮(今海寧市市區),畢業于浙江省立女子師範學校,時任北平孔德學校教師。

　　馮象《趙萬里:其志甚壯,其言甚哀》:大舅與大舅媽是表兄妹。據母親的文章,大舅媽的父親(即母親的舅舅)名張勵石,是前清舉人,曾在外地做官,民國初年任《浙江日報》主筆,筆鋒銳利。他思想開明,反對纏足。家人給大妹纏足,只要他看到,就一把將妹妹搶下,不許再纏。但小妹即我的外婆纏足時他不在家,因而外婆的腳就成了"三寸金蓮"。他爲兩個女兒取名智揚、勁先,意在鼓勵與男兒一樣力爭上游,獨立生活。稍長,即帶去杭州讀書;中學畢業,又遠送北京。智揚進北京女師大讀書,勁先則當了孔德中學的教員。(2010 年 11 月 28 日《東方早報》)

　　按:浙江省立女子師範學校由杭州教育會於 1904 年 5 月 2 日創辦,初名杭州女學校,1907 年改名杭州女子師範學堂,1911 年改名浙江官立女子師範學堂,1912 年改名浙江省立女子師範學校,1923 年秋改名浙江省立女子中學校。其後校名屢經變更,至 1971 年 9 月定名杭州市第十四中學,沿襲至今。

　　婚後,先生夫婦依然住清華學校西院 12 號,與住 16 號的朱自清夫婦比鄰,交往甚密。

　　按:朱自清與先生交誼甚篤,曾作《贈斐雲》詩曰:"聽子一神王,滔滔舌有瀾。訪書誇秘帙,經眼數精刊。歷落盤珠走,沉吟坐客看。盛年飛動意,不覺夜將闌。"(《朱自清全集》第五卷,第 183 頁)此詩當作於 1930 年代,但具體年代不明,姑錄於此,以略見二人之友情。

　　6 月 12 日,偕夫人張勁先訪吳宓。

　　吳宓日記:夕趙萬里偕其新夫人張勁先來。(《吳宓日記:1925—1927》,第 353 頁)

6月13日,陳寅恪、吳宓邀宴,張智揚(愚亭)、周光午、浦江清、王庸、楊時逢、侯厚培等同席。

吳宓日記:下午讀書,而陳寅恪來,議定共宴趙萬里夫婦等。晚八時,至寅恪宅,而彼等來拜。旋即赴小橋食社,寅恪及宓爲主人(每人費六元二角,合十二元四角)。客如下:趙萬里及其新夫人張勁先,新夫人之姊張愚亭女士、周光午、浦江清、王庸、楊時逢、侯厚培(夫人未到)。席散後,又同至宓室中茗叙。九時半散。(《吳宓日記:1925—1927》,第354頁)

按:張勁先之姊張智揚,字愚亭。其夫爲圖書館學家、上海圖書館首任館長李芳馥(1902—1997)。

6月17日,浙江旅京人士於全浙會館公祭王國維,先生應酬甚力。

《悼惜》:六月十七日(夏歷五月十七日),旅京同鄉舊友假座北京下斜街全浙會館開弔。壇中置先生遺照,並陳遺囑。哀哀遺族,侍於其側。挽聯滿座,四壁香花。羅雪堂先生等又自津來京治館。趙萬里先生等因同鄉及師弟之關係,周旋悲傷慘安之場,應酬甚力。弔客中有清使,有遺老,有新舊學者、教授、官吏,有日本歐美之故人,頗極一時之盛。茲得弔客名單(是日弔客甚多,匆促不免漏記),列示如下:顧振權、金梁、霍朝斌、郭晋壽、羅振玉、蘇寶德、沈玉楨、王濱、姚漢章、趙元任、姜寅清、容庚、張蔭麟、周之潮、袁勵準、袁行寬、馮恕、劉景福、福開森、姚雲亭、董學全、費行簡、郝更生、李濟之、楊宗翰、莊肇一、孔昭炎、黃節、松浦嘉三郎、陳杭、陳達、賀嗣章、董濟川、朱益藩、趙椿年、胡先春、郭曾、橋川時雄、陳桂蓀、譚祖任、莊嚴、吳其昌、謝國楨、羅述禪、陸哀、衡永、載潤、西田畊一、有野學、溥儒、耆齡、范兆昌、闞鐸、曹經沅、張維勤、沈兼士、高步瀛、柯劭忞、朱大年、文準、周壽麐、胡維德、王式通、金兆蕃、黃立猷、楊懿、林世燾、吳道晋、關同寅、梅貽琦、陳寅恪、朱文炳、吳忠本、曹雲祥、楊鍾羲、彬熙、張勁先、張智揚、方賢起、錢浚、袁金鎧、寶熙、世傑、謝介石、姚貴、陳漢第、戴家祥、蔣尊褘、蔣錫韓、曾克崸、劉子植、馬衡、杜宴、倫鸞、范迪襄、王祖綱、張鶴、廖世倫、陳任中、周作民、中島比多吉、小平總治、徐鴻寶、司秋澐、馮國瑞、吳山立、周漢章、林開譽、張文祁、趙萬里。(《文字同盟》第四號,第8頁)

6月22日,致函上海大東書局發行所所長陳乃乾,告知王國維著作整理出版情形,並商議校本影印出版事宜,附寄王國維遺著及校本目錄。

致陳乃乾函:静師遺著及校本書目,里均一一編目,附上備閲。校本書目油印未畢,稍遲即寄上。此次開弔所收入之哀挽詩文,均在金息侯先生處,即當印成哀挽錄。墓誌銘擬請柯鳳老爲之,行述或小傳則羅雪堂任之。遺著擬編爲觀堂先生遺書,或名王忠愨公遺書。體裁如何,另議,決非短時間所可竣事。已寫定之稿，里已整理完畢，即由其家人繕録寄天津羅氏貽安堂次第印行。其第一種即《觀堂集林》補編，均爲三四年精心之作。至其刊落之文，則另編爲别集也。……此間諸友人議遺書全部編成後即捐募鉅款爲之印刷，作爲遺産之一。其法甚良，然非半年以上之力不能成也。静師校本書用力最深者爲《水經注》、《唐六典》、《廣韻》、《元朝秘史》等，尊處如能影印，亦盛事也。（陳乃乾《關於王静庵先生逝世的史料》，載上海書店 1984 年影印本《文學週報》第 5 卷，第 56—57 頁）

按：函中所述"哀挽録"，即王高明所輯《王忠愨公哀挽録》，1927 年鉛印。又，陳乃乾編有《觀堂遺墨》二卷（又名《王忠愨公遺墨》），1930 年影印行世。

7 月 13 日，中華教育文化基金董事會聘范源濂爲北京圖書館館長、袁同禮爲副館長。

7 月 16 日（農曆六月十八），迻録王國維《聖武親征録校注》訂補於自藏民國十五年（1926）清華學校研究院《蒙古史料校注四種》本。

按：此本卷末有題識："丁卯六月十八日假忠愨師重訂本補録一過。萬里。"

7 月，所撰《王静安遺著目録》載《文字同盟》第四號。

按：此目著録"已刊行者"29 種、"已寫定未刊者"2 種、"未寫定者"14 種、"補遺"3 種。

8 月 2 日（農曆七月初五），迻録王國維《蒙韃備録箋證　黑韃事略箋證》訂補於自藏民國十五年（1926）清華學校研究院刊《蒙古史料校注四種》本。

按：此本卷末有題識："丁卯七月初五日録畢，時距忠愨師之没已兩月矣。萬里客硤川舅家時記。"

8 月 14 日（農曆七月十七），王國維入葬，塋地位於清華園東二里西柳村七間房。

同日，迻録王國維《穆天子傳》校語於自藏清道光間東萊翟氏《五經歲徧齋校書三種》本。

按：王國維校本並録有盧文弨校。此本卷末録盧文弨識語三則："乾隆二十一年丙子嘉平月盧文弨校。""己亥三月廿八日得鈔本，又看一過。弓父記於崇文書院。""癸卯八月庚申朔，以道藏本校記。弓父記於山右之三立書院。"又録王國維識語一則："庚申三月見盧抱經先生校本，無甚異同，摘其要録之。瞿校多與盧合，似曾見盧本也。國維記。"後有先生題識："丁卯七月十七日，萬里過校，時客滬上。"此書卷首鈐"桂廎"朱印，蓋爲清人陳其榮（桂廎）舊藏。

8月27日，臨王國維校《湛然居士文集》十四卷。

　　按：此書係清光緒二十一年漸西村舍刻本，存十一卷，現藏大連圖書館。眉端、行間墨筆迻録王國維批注，行間朱筆校語。後有先生題識："丁卯八月朔日，萬里過録。"（翟艷芳《趙萬里過録王國維批校之〈湛然居士文集〉》，《圖書館學刊》2014年第6期，第122—124頁）

9月15日，訪楊樹達。

　　楊樹達《積微翁回憶録》：在清華，趙斐雲（萬里）來談，雲南新刻沈欽韓《王荆公文集注》上海可得。（第32頁）

9月19日，吳宓、馮友蘭來訪。

　　吳宓日記：下午三時，馮友蘭來。……又訪趙萬里夫婦。（《吳宓日記：1925—1927》，第407頁）

9月20日，清華學校研究院1927—1928年度第二次教務會議議決，《國學論叢》第一卷第三號爲"王國維先生紀念號"，由陳寅恪主持，先生承擔具體編輯工作；時先生兼任圖書館編目登録工作，負責研究院購買圖書事務。

　　劉桂生、歐陽軍喜《陳寅恪先生編年事輯補》：……民國十六年至十七年度第二次研究院教務會議議決：《國學論叢》因趙萬里兼任圖書館編目登録、本院購買圖書事務，梁先生又不能常住校内，請陳先生暫時代爲主持。（《紀念陳寅恪先生百年誕辰學術論文集》，第433—434頁）

　　戴家祥回憶：《國學論叢》……自第三號起改由陳師負責，具體工作改由王先生助教趙萬里。（《陳寅恪先生年譜長編》，第117頁）

10月10日（農曆九月十五），迻録王國維《孔子家語》校語於自藏《四部叢刊》影印明翻宋本。

　　按：此本卷末有題識："丁卯九月望日過校。萬里。"並録王國維題識："庚申短至以日本寬永活字本校一過。國維。"

10月31日（農曆十月初七），迻録王國維《名原》批校於自藏清光緒刊本。

　　按：此本卷末有題識："此書王先生有眉識數處。丁卯十月初七日漏下三鼓録畢。萬里。"

10月，所撰《王觀堂先生校本批本書目》載北京述學社《國學月報》第二卷第八、九、十期合刊。

　　《王觀堂先生校本批本書目》文後識語：觀堂先生逝世後，里爲整理遺書，因檢出手披手校各書，凡一百五十餘種，並草此目，以備檢索。會《國學月報》索稿甚亟，即以此付之。假後歸校，又檢出三十餘種，合第一次檢出者，排比入《國學論叢》中刊之，而此目排印將成，已不及補正矣。萬里謹識。

按：該文係《國學論叢》第一卷第三號"王靜安先生紀念號"所載《王靜安先生手校手批書目》之初稿，收 155 種，每條下注明版本、册數、所用校本及批注情況等。

11 月 1 日（農曆十月八日），迻録王國維《韓詩外傳》批校於自藏商務印書館 1917 年據望三益齋本重排鉛印本。

按：此本卷末録王國維跋："癸亥八月朔日讀一過，凡有韻處，皆規其外以識之。觀翁。"後有先生題識："丁卯十月八日以一夕之力手録於此本上（王先生依《四部叢刊》景明本）。"先生此後又以朱筆校此書。本年秋，着手編纂《校輯宋金元人詞》。

按：《校輯宋金元人詞》例言末條謂："此編草創於十六年之秋，至十九年冬蔵事。"

12 月 5 日，訪吳宓，告知外交部委員三人已抵達清華學校，將校長、研究院學生、王省分別傳見查詢。

吳宓日記：夕趙萬里來，知外交部委員三人，今日已來校。將校長、研究院學生及王省，分別傳見查詢。朱君毅則避匿云。（《吳宓日記：1925—1927》，第 447 頁）

按：本年 10 月，清華學校研究院新生王省受大學部朱君毅教授影響，上書評議會批評梁啓超長期請假不授課，要求學校添聘教授，否則應解散研究院。評議會議決，要求梁啓超回校上課，不然則應設法請人代課。王省對此不滿，11 月 7 日於《世界日報》發表宣言，要求評議會作出決定。梁啓超因此提出辭職，研究院學生則群起責問王省，而前往天津挽留梁啓超，並要求教育部撤換校長曹雲祥。此次外交部委員到校，目的即爲處理王省事件。不久，曹雲祥、朱君毅提出辭職。1928 年 1 月 12 日，清華學校評議會議決，王省攻訐師長，撥弄是非，令其退學。（《從清華學堂到清華大學：1911—1929》，第 84—86、319 頁）

12 月 8 日（農曆十一月十五日），撰成《王靜安先生手校手批書目》。

《王靜安先生手校手批書目》文後識語：靜安先生逝世後，里與其公子等整理遺書，共檢得先生手校手批書一百九十餘種，録目如右，實皆先生畢生精力之所在也。蓋先生之治一學，必先有一步預備工夫。如治甲骨文字，則先釋《鐵雲藏龜》及《書契前後編》文字。治音韻學，則遍校《切韻》《廣韻》。撰蔣氏藏書志，則遍校《周禮》《儀禮》《禮記》等書不下數十種。其他遇一佳槧，必移録其佳處或異同於先生自藏本上。間有心得，則必識於書之眉端。自宣統初元以迄於今，二十年間，無或間斷（詳見《年譜》）。求之三百年間，實與高郵二王爲近，然方面之多，又非懷祖、伯申兩先生所可及也。先生逝世前夕，嘗語人曰："余畢生惟與書册爲伴，故最愛而最難捨去者,亦惟此耳。"嗚呼! 此可以見先生之微意矣。……又先生於詞曲各書,亦多有校勘。如《元曲選》則校以《雍熙樂府》,《樂章集》則校以宋槧。因原書早歸上虞羅氏,今多不知流歸何氏,未見原書,故未收入,至爲憾也。(《國學論叢》第一卷第三號;《趙萬里文集》第一卷,第 96 頁)

　　按:該文收 192 種,以四部分類法序次,較初稿《王觀堂先生校本批本書目》更爲詳備明晰。

12 月 14 日,吳宓於清華學校西院 12 號先生宅,宴請先生與浦江清、張蔭麟,商請三人助編《大公報·文學副刊》。

　　吳宓日記:晚 5—8,假座西院 12 號趙萬里宅,宴趙萬里、浦江清、張蔭麟(售品公社＄4.00),談《大公報·文學副刊》事。擬景昌極不來時,則每月以＄40(共一百二十元)給三君爲酬庸,俾共合力,助宓以辦此副刊。三君皆欣諾之。(《吳宓日記:1925—1927》,第 451 頁)

　　按:此前,吳宓於 12 月 9 日赴天津,與《大公報》館商談創辦《文學副刊》事,議定報館每月向吳宓支付 200 元,爲每星期一期《文學副刊》的所有經費(《吳宓日記:1925—1927》,第 451 頁)。吳宓初擬聘景昌極助編,於 12 月 14 日下午得景函,以體弱多病爲由推辭,遂轉請三人助編。

12 月 20 日,與浦江清訪吳宓。

　　吳宓日記:上午浦、趙二君來。宓編理《大公報·文學副刊》第一期稿件,於正午發出。(《吳宓日記:1925—1927》,第 453 頁)

12 月 26 日,午間訪吳宓。

　　吳宓日記:午趙萬里來。晚浦江清、王庸來。王庸對於編《副刊》事,願從旁贊助,而不加入團體云。(《吳宓日記:1925—1927》,第 457 頁)

12 月 27 日,晚吳宓借先生宅宴請先生與張蔭麟、浦江清、王庸,談《大公報·文學副刊》編輯事宜,商定五人分別按期閱覽圖書館數十種重要中西文雜誌以搜集材料。

　　吳宓日記:晚 6—9 宴趙萬里、張蔭麟、浦江清、王庸於西院十二號趙萬里宅(5.00),談《文學副刊》事,並將圖書館重要之中西雜誌數十種,開成一單,由宓及浦、張、王、趙諸君分任按期閱覽之事,以多得材料而求無遺漏云。(《吳宓日記:1925—1927》,第 457 頁)

12 月 28 日,清華學校校長曹雲祥向外交部提出辭呈。

12 月 31 日(農曆十二月初八),羅振玉來函,談編印《海寧王忠慤公遺書》事宜。

　　羅振玉函:頃奉到致小兒函,已悉一切。此間刊行忠慤遺著,初集下

月初告竣,大約裝訂等事歲闌可畢。上旬刊行會發起開會議,進行各事別
具報告,前奉一紙,希檢存。此次並由發起人推舉董事,共選五人,並於下
走總其成,另單開奉。至此次集股,共收二千一百元,初集印費三千一百
餘元,除散處捐任校理寫定一切費用外,淨墊印刷紙張(內有預買印二集
紙張)等費一千七百餘元,俟捐款有續到者,即行扣除。大約歲末,捐款諸
君即可分書。下月董事應開會議,接洽一切,屆時望赴會爲幸。王府贏
利,可得息一分(再版時則得利更厚)。至其詳細辦法,下次開會時商定。
在滬各書稿,散處可專人往取。但須開單寄來,以便加□前往。又忠慤所
校《廣韻》,聞尊處有過錄本,若易於轉錄,將加入《遺書》中,望復示爲盼。
承示《霜紅龕集》流入廠肆,乃在辛亥冬初,當時攜家東行,書物被盜者甚
多,此其一也。此書乃弟爲丁中丞編訂付梓,年譜亦弟所撰。此往事已成
陳跡,此書亦不願收回矣。報告中大略,望陳明貴師母及諸世兄可
也。……選舉董事名單:趙斐翁、商雲翁、金頌翁、金復翁、羅叔言。趙任
檢查書稿及校理各事,商、金任評議,金頌翁任南方售書事,羅總任校理一
切事。(原函存趙府)

本年,所撰《王静安先生著作目錄》載《中華圖書館協會會報》第二卷第
五期。

按:此目著錄"已刊行者"30種、"已寫定未刊者"3種、"未寫定者"
14種、"補遺"3種,較《文字同盟》第四號所載《王静安遺著目錄》略有
增補。附《觀堂集林補編子目》、先生所撰《觀堂集林校記》。

本年,胡士瑩填《蝶戀花》四首,和先生之作。

胡士瑩《蝶戀花·和斐雲》:細數年時哀與樂。燕語春寒,人在深深
幕。留取春衫雲樣薄,不辭辛苦爲君着。 弄粉調朱渾棄却。夢裏依稀,
相見還疑錯。隔岸杜鵑聲不惡,可堪行路傷飄泊。

又:眼底清明時節近。日日思量,日日愁和悶。不信梅花憔悴損,無
情蜂蝶還相趁。 明鏡那堪欺綠鬢。商略清游,無復年時俊。朝暮浮沉
青鳥信,爲誰衣帶都寬盡。

又:落盡香紅飄盡絮。密約鸞釵,惆悵無憑據。贏得今生腸斷處,分
明一笑牽帷語。 此夜芳悰應更苦。新月娟娟,恐被眉彎妒。翠幕銀燈
深幾許,綠楊樓外天涯路。

又:花謝花開誰與説。紅是相思,綠是愁時節。鏡裏容光看易歇,春
風處處聞鶗鴂。 可奈相思成刻骨。未死爐灰,總作回腸熱。夢後樓臺
終隔絕,昨宵花雨今宵月。(《宛春雜著》,第305頁)

1928 年　先生二十四歲

本年上半年,先生任清華大學助教;下半年轉任北京圖書館館員。

1月1日,訪浦江清閒談。

　　浦江清日記:下午趙君斐雲來閒談。彼於明日須往天津出席羅振玉等所辦之《海寧王忠愨公遺書》刊行會。(《清華園日記　西行日記》,第3頁)

1月2日,赴天津出席《海寧王忠愨公遺書》刊行會。

同日,撰成《王靜安先生年譜》。

　　按:《王靜安先生年譜》末署:"丁卯十二月十日初稿寫畢。"此文乃應梁啓超、陳寅恪之請而作。文末跋語謂:"《國學論叢》將刊行王先生紀念號,新會梁先生、義寧陳先生均以里與先生有戚誼且侍先生講席久,知先生學行或較他人爲多,因囑草《年譜》以實之。里辭不獲命,以一月之力,寫爲此編。其遺漏疏略之病,在在遇之。海內外學人,幸匡其不逮焉。又先生手校書之存滬上者,尚有數十種。其校書歲月,與其他行事之未詳者,當續行補入,以俟寫定。"(《國學論叢》第一卷第三號;《趙萬里文集》第一卷,第61頁)

同日,《大公報·文學副刊》刊出第一期。

　　按:本期登載吳宓所撰《本副刊之宗旨及體例》,闡述辦刊宗旨,稱該刊"言論及批評,力求中正無偏,毫無黨派及個人之成見。其立論以文學之全部真理爲標準,以絕對之真善美爲歸宿,……重真理而不重事實,論大體而不論枝節,評其書而不評其人",又謂"對於中西文學,新舊道理,文言白話之體,浪漫寫實各派,以及其他凡百分別,亦一例平視,毫無畛域之見,偏袒之私,惟美爲歸,惟真是求,惟善是從"(《大公報·文學副刊》第一期,1928年1月2日)。

　　又按:據付佳考證,本期所載《芸窗隨筆》(署名"雲")當爲先生作品(《版本目錄學研究》第七輯,第38頁),內容爲從《永樂大典》中輯錄出的周邦彥佚詩,與《北平北海圖書館月刊》第二卷第三、四號合刊發表的《〈永樂大典〉內之周美成佚詩》部分內容一致。此刊創辦之初,吳宓要求作者不署真名。此舉在編輯同人中引發過爭議,浦江清在1928年9月2日的日記中記載:"與吳先生爭《文學副刊》署名不署名問題,先生成見甚深,全不采納他人意見。"(《清華園日記·西行日記》,第21頁)1929年初編務改組,議決此後作者署真名,但並未嚴格執行,文章署名仍以筆名居多,或仍不署名。故而確定文章作者便頗爲困難。據付佳考證,先生在該刊所用筆名,除蠡舟外,尚有芸、鏡等,1929年後所闢“學術界雜訊”專欄，亦均爲先生之作（《版本目録學研究》第七輯，第36—38 頁）。

1 月 6 日，上午訪吳宓。

吳宓日記：上午編稿。趙萬里來。（《吳宓日記：1928—1929》，第 5 頁）

1 月 17 日，吳宓午間發給先生與浦江清、張蔭麟《文學副刊》一月份酬金各二十元；晚吳宓於小橋食社宴請先生與浦江清、張蔭麟、王庸，談《文學副刊》事，約定每星期二會餐聚談。

吳宓日記：夕 6—9 宴趙萬里、浦江清、張蔭麟、王庸於小巧食社（4.00），又來室中茶叙。是日午間，發給趙、浦、張三君一月份《文學副刊》酬金各二十元。（《吳宓日記：1928—1929》，第 10—11 頁）

浦江清日記：晚上，吳雨僧先生（宓）招飲小橋食社。自今年起天津《大公報》增幾種副刊，其中《文學副刊》報館中人聘吳先生總撰，吳先生復請趙斐雲君（萬里）、張蔭麟君、王以中君（庸）及余四人爲助。每星期一出一張，故亦定每星期二聚餐一次。蓋五人除趙、王與余三人在研究院外，餘各以事牽，不相謀面，非借聚餐以聚談不可也。（《清華園日記　西行日記》，第 5 頁）

按：小橋食社爲趙元任夫人楊步偉與另兩位教授太太合辦的餐館，以供應南方菜點爲主。位於清華園大門前右方，南院對面的小河邊，因河上有橋，故名“小橋食社”。王東明《懷念我的父親王國維先生》一文中《趙元任夫婦二三事》一節（《追憶王國維》，第 491—492 頁）、《王國維家事》中《清華人物》一節（《王國維家事》，第 27—28 頁）均有詳細記述。小橋食社的開辦緣起及經營情況，楊步偉自傳《雜記趙家》中《四年的清華園》一章亦有詳細記述（楊步偉《一個女人的自傳　雜記趙家》，第 276—280 頁）。

1 月 19 日（農曆十二月二十七），迻録王國維《史記索隱》第二十九、三十卷校語於自藏明末清初毛氏汲古閣刻本。

按：此本卷末有題識：“丁卯歲不盡二月漏二鼓過校畢。萬里。”

同日，迻録王國維《鄧析子》校語於自藏《四部叢刊》影印明初刻本。

按：卷末有題識：“丁卯歲不盡三日，萬里迻校。”並録王國維題識：“癸亥正月明初黑口本校。觀翁。”

1 月 21 日，臨校王國維校本《千頃堂書目》於自藏《適園叢書》本畢。

按：王國維校《千頃堂書目》，著録於先生所編《王静安先生手校手批書目》：“校烏程蔣氏藏吾鄉陳仲魚舊藏鈔本。陳本較此本多出數百條，均於眉端録之；又以《明史·藝文志》校之，其見於《藝文志》者，以硃筆爲識,復據烏程蔣氏密韻樓所藏書比勘其書名卷數異同,丹黃滿卷,自爲先生手校書中之最精者。"此本眉端、行間以朱墨二色迻録王國維批校。後録王國維跋三則。又有趙萬里跋:"丁卯歲不盡二日,臨觀堂先生校本畢。自夏徂冬,中又別治他業,時作時輟,然終得校成。感歲月之侵尋,歎華年之非昔,掩卷喟然,爲之歔歙。萬里謹記。"

1月22日,農曆除夕,邀浦江清、王庸、朱自清及夫人張勁先之姊張智揚吃年夜飯。

浦江清日記:斐雲招余至其家吃年夜飯。是晚客僅余及王以中君、朱佩弦君及斐雲夫人之姊張女士四人。斐雲以新夫人勁先女士出招待,甚殷勤。(《清華園日記　西行日記》,第5頁)

1月25日(農曆正月初三),迻録王國維《容齋隨筆》校語於自藏乾隆五十九年(1794)掃葉山房刻本成。

按:《隨筆》卷末題識:"戊辰正月初三日黃昏臨校此十三卷畢。萬里。"

1月27日,下午訪吳宓。

吳宓日記:下午,趙萬里來。(《吳宓日記:1928—1929》,第15頁)

1月31日(農曆正月初九),游廠甸,購得清光緒間成都尊經書院刻本《國語補音》一書。先生即參校微波榭本,2月下旬至3月中旬(農曆二月)又過録王國維校語。

按:卷末有先生手跋:"戊辰正月九日游廠甸,購得是冊,乃吾鄉錢鐵江大令在蜀中爲盱眙吳制府校刊者。以校孔氏微波榭本,凡孔本謬誤處,此均已據明本改正,其所謂明本殆即王先生所校之嘉靖本也。翌月過校王先生校本畢並記。萬里。"並録王國維題識二則:"正月廿三日校畢。觀堂。""舊音備見賈、唐、孔三注,必唐初人所爲,惜所存異文不多耳。"

2月6日,所撰《評羅莊女士〈初日樓詞〉》刊於《大公報·文學副刊》第六期。

2月9日,輯成《〈人間詞話〉未刊稿及其它》。

按:該文據王國維手稿、書籍眉批、扇面及先生日記所載王國維論學語等,輯録《人間詞話》未刊稿、《文學小言》及其他有關論述。此後的《人間詞話》整理本,多將此文所輯條目收入其中。

2月14日,下午吳宓於成府燕林春閩菜館宴請先生與張蔭麟、浦江清、王庸;接羅振玉函,謂《大公報·文學副刊》議論明通。

吳宓日記:夕五時半,宴張蔭麟、趙萬里、浦江清、王庸於成府燕林春閩菜館(4.20),至八時半始步歸。(《吳宓日記:1928—1929》,第23頁)

吳宓日記：（2 月 15 日）昨羅振玉致函趙萬里，謂《大公報·文學副刊》議論明通云云。（《吳宓日記：1928—1929》，第 23 頁）

2 月 20 日，下午訪吳宓。

吳宓日記：3—4 趙萬里來。（《吳宓日記：1928—1929》，第 26 頁）

同日，所撰《評〈小說月報·中國文學研究專號〉》刊於《大公報·文學副刊》第八期。

2 月 28 日，晚吳宓於燕林春菜館宴請先生與張蔭麟、浦江清、王庸。

吳宓日記：晚 6—9 宴張蔭麟、趙萬里、浦江清、王庸於燕林春菜館（4.20）。（《吳宓日記：1928—1929》，第 28 頁）

3 月 3 日（農曆二月十二日），撰成《〈永樂大典〉七皆臺字韻殘帙跋》。

按：此文末署：“戊辰二月花朝日記。”

3 月 7 日，下午訪吳宓。

吳宓日記：下午張蔭麟來，趙萬里來。（《吳宓日記：1928—1929》，第 31 頁）

3 月 12 日，訪吳宓。

吳宓日記：夕張蔭麟、趙萬里、浦江清先後來。（《吳宓日記：1928—1929》，第 34 頁）

3 月 13 日，星期二，吳宓依例於成府燕林春菜館宴請先生與張蔭麟、浦江清、王庸。

吳宓日記：夕 6—9 宴張蔭麟、趙萬里、浦江清、王庸於成府燕林春菜館（4.20）。（《吳宓日記：1928—1929》，第 34 頁）

按：此日爲星期二。此前，3 月 6 日晚吳宓與浦江清、王庸商談《文學副刊》事，議定每星期二聚餐，傳閱該期編成待發稿件，並指定次期分工（《吳宓日記：1928—1929》，第 31 頁）。

3 月 14 日，訪吳宓。

吳宓日記：夕張蔭麟、趙萬里、浦江清先後來。（《吳宓日記：1928—1929》，第 34 頁）

3 月 20 日，星期一，吳宓依例於成府燕林春菜館宴請先生與張蔭麟、浦江清、王庸，談《大公報·文學副刊》事。

吳宓日記：夕 5—9 宴趙萬里、浦江清、張蔭麟、王庸於成府燕林春（4.00）。近頃爲《大公報》事，每星期會餐一次，以爲常例云。（《吳宓日記：1928—1929》，第 37 頁）

3 月 26 日，所撰《論商務印書館出版之〈四部叢刊〉》載《大公報·文學副刊》第十二期。

按：此文首先讚揚商務印書館“影印舊本書，使數百載以來未通行之珍籍,得人手一編,此其功至不可没者",然後從五個方面指出《四部叢刊》的不足:"所選各書之未足云備"、"所選諸書版本之可議"、"校勘記及佚文補輯之不可廢"、"版本之謬誤宜更正"、"印刷時多描改致失原本面目"。

3月,所輯《〈人間詞話〉未刊稿及其它》載於《小説月報》第十九卷號外。

3月27日,星期二,吳宓依例宴請陳寅恪與先生、浦江清、張蔭麟、王庸於成府燕林春菜館。

　　吳宓日記:晚6—9宴陳寅恪、趙萬里、浦江清、張蔭麟、王庸於燕林春菜館(費4.40)。(《吳宓日記:1928—1929》,第41頁)

4月3日,星期二,吳宓依例宴請先生與張蔭麟、浦江清、王庸於燕林春。

　　吳宓日記:夕6—9宴趙萬里、浦江清、張蔭麟、王庸於燕林春菜館(4.00)。(《吳宓日記:1928—1929》,第43頁)

同日,所撰《〈永樂大典〉七皆臺字韻殘帙跋》載於《國立中山大學語言歷史學研究所週刊》第二集第二十三期。

　　按:此文所跋《永樂大典》七皆臺字韻殘帙係傅增湘舊藏,爲卷二六一〇至二六一一,載《南臺備要》、《烏臺筆補》二書。傅增湘跋文以爲二書作者無考,但先生此文考定《南臺備要》爲劉孟琛纂,"世無他本,乃考有元官制者所不廢,其可貴固在《筆補》上矣"。《烏臺筆補》則出於元人王惲(號秋澗)之手,可補充弘治本《秋澗先生大全集》之脱文,並正其訛奪數十處,内中夾引許有壬《上都分臺題名記》、《敕賜重修陝西諸道行御史臺碑》二文與許氏《至正集》卷三十六及四十五所載亦有異文,可資校勘。

4月7日,偕清華學校同事吳公之、汪某訪朱希祖,觀字畫並便飯。

　　朱偰《仲嬭日記》:家君清華之同事吳公之、汪及趙萬里三先生來舍看字畫,因請吃便飯。(《朱希祖日記》,第1465頁)

4月10日,所撰《王子高芙蓉城故事考》載於《國立中山大學語言歷史學研究所週刊》第二集第二十四期。

　　按:此文博引胡微之《芙蓉城傳》、蘇軾《芙蓉城》詩與王安石和詩、孔毅父《呈王子高殿丞絶句》、張耒《王子開朝散早年以疾病謝事還江陰求詩爲別》、王明清《玉照新志》、趙彦衛《雲麓漫鈔》、葉夢得《避暑録話》、吳文英《惜秋華》(木芙蓉)詞等詩詞筆記,考證王子高芙蓉城遇仙傳説之流傳演變。

同日,訪吳宓。

　　吳宓日記:趙萬里來。(《吳宓日記:1928—1929》,第47頁)

顧頡剛日記：今晚同席：孟真、趙萬里、建功、予（以上客），隔卿、玄同先生（主）。（《顧頡剛日記》第二卷，第 296 頁）

6 月 26 日，下午一點吳宓來訪。

吳宓日記：1：00P.M. 訪趙萬里於其宅，然後赴西四郵局寄信，即回校。（《吳宓日記：1928—1929》，第 263 頁）

6 月，撰成《〈書目叢刻〉第一集目録》。

按：此集收明晁瑮撰《晁氏寶文堂書目》三卷，明徐燉撰《徐氏家藏書目》一卷，趙萬里撰《汲古閣珍藏秘本書目箋》一卷，清楊紹和、陸心源、朱子清合撰《季滄葦書目箋》一卷，清曹寅撰《棟亭書目》一卷，清周廣業撰《兩浙地志録》一卷，清周星詒撰《書鈔閣行篋書目》一卷，《十萬卷樓説部戲曲書目》一卷等私家書目八種十卷。後述緣起："然余歷年所見所獲，爲諸家所未見，或見而尚未刊布者，亦往往而有。顧思彙爲一編，附以考證，以續羅葉諸君未竟之業。人事旁午，未遑卒業。適余主編是刊，因擇其尤者七種及拙作《汲古閣書目箋》先付手民，顔曰《北平圖書館書目叢刻》。此外擬刊者尚多，當賡續爲第二集焉。"末署"十八年六月海寧趙萬里書於北海之慶霄樓"。

又按：此目所列書目八種，僅《晁氏寶文堂書目》、《徐氏家藏書目》在《館刊》刊出。

同月，長子趙深生。

同月，受聘爲故宮博物院圖書館專門委員。

袁同禮《北平故宮博物院圖書館概況》：民國十八年二月本院改組，新理事會正式成立。三月五日國民政府委任本院理事莊思緘（蘊寬）先生爲本館館長，袁守和（同禮）先生爲副館長；就職後，先後提出陳援庵（垣）、張庚樓（允亮）、陶蘭泉（湘）、朱逖先（希祖）、盧慎之（弼）、余季豫（嘉錫）、洪範五（有豐）、趙斐雲（萬里）、劉衡如（國鈞）、朱海濱（師轍）諸先生爲專門委員，由院延聘，凡關於專門學術之事咸由專門委員決定施行。（《袁同禮文集》，第 24 頁）

按：據鄭欣淼《故宮博物院學術史的一條綫索——以民國時期專門委員會爲中心的考察》（《故宮博物院院刊》2015 年第 4 期，第 22—23 頁）所述，先生與傅斯年、鋼和泰等於本年六月獲聘爲故宮博物院專門委員。

1928 年 7 月至 1929 年 6 月，向北平北海圖書館捐贈圖書八種十九册：《古書之真僞及其時代》一册，《戩壽堂百卅合慶壽言》八册，《古史新證》一册，《吳游片羽》一册，《國立中山大學圖書館新編中文書目》五册，《剿奴議撮》一册，《王忠慤公遺墨》一册，《霜紅詞》一册。（《贈書誌謝》，《北平北海

圖書館第三年度報告〔十七年七月至十八年六月〕》，第64—65頁）

　　7月24日，偕陳寅恪往景山故宮博物院分院，爲守護警察所阻。

　　　　陳寅恪1929年7月致中研院歷史語言研究所函：七月二十四日下午四點鐘，故宮博物院專門委員陳寅恪、趙萬里身掛該院徽章至景山故宮博物院分院，將欲入內，該門第二隊第十七號守護警察大聲喝止，形色獰惡。陳、趙君（吾等）示以徽章，彼仍不許。陳君（鄙人）即詰以本院專門委員佩有本院徽章，何以不能入內。該警謂係假冒，陳委員（鄙人）即示以名片及徽章號數，令其檢查是否假冒。該兵擲片不視，勢欲打人。方爭持間，該分院門口站立之職員出面調處。陳委員（鄙人）即跨進院門，該警大呼：「那個委員回來！徽章給我！」陳委員（鄙人）即回至院門該警站立處，該兵用力將陳委員（鄙人）所佩徽章扯斷，即持扯斷之一段於手中。陳委員（鄙人）詰問以何理由扯去徽章，該兵亦無理由可答。後故宮博物分院之職員向該警將徽章索回，轉交陳委員（鄙人）。陳委員（鄙人）即將扯斷之徽章送至故宮博物院秘書長及總務長處存案備查，以爲物證，趙萬里君及同時目睹諸君爲人證。此事本係意在參看景山中陳列清帝畫像，以應本研究所前者所委托，今出此意外，擬請向故宮博物院提出一辦法。（《陳寅恪集·書信集》，第31—32頁）

　　　　按：中央研究院歷史語言研究所隨後就此事專函故宮博物院，商議解決辦法，謂：「此事一面因陳、趙二君係貴院委員，應是貴院內事，而二面陳、趙二君又係敝所所員，故亦與敝所不無關係。據敝所同人意見以爲，該警如此無禮，如不飭革嚴辦，似無以安專門學者之心。爲此函達貴院，擬請將該警斥革。若該警係公安局管理，敝所亦深願協同貴院一齊向公安局交涉，此固敝所對敝所同人應負之責任也。」（《陳寅恪集·書信集》第33頁；《傅斯年遺札》，第209頁）

　　7月，中華教育文化基金會董事會與國民政府教育部擬定《合組國立北平圖書館辦法》、《國立北平圖書館委員會組織大綱》。

　　同月，所撰《〈水滸傳〉雙漸趕蘇卿故事考》、《記明如韋館刻本〈硯箋〉》、《〈書目叢刻〉第一集目録》及輯佚之作《〈澠水燕談録〉佚文輯補》、《王伯良〈曲律〉缺文》、《宋詞搜逸（續）》（吳儆《竹洲詞》）載《國立北平圖書館月刊》第三卷第一號。

　　　　按：《〈水滸傳〉雙漸趕蘇卿故事考》廣搜雜劇、南戲等有關文獻，考證《水滸傳》第五十五回《插翅虎枷打白秀英》所提及雙漸趕蘇卿故事之源流。

　　　　《記明如韋館刻本〈硯箋〉》據故宮圖書館藏明萬曆間如韋館刻本《硯箋》校棟亭本、傅增湘所校明鈔本，舉出校記若干則，揭示其校勘價值。

《澠水燕談録佚文輯補》輯録《澠水燕談録》佚文二十三則，小序中列出先生據頌芬室刊本江少虞《皇朝事實類苑》、元刊本《事文類聚》諸書校勘該書所得校記若干則。末署“丙寅暮春海寧趙萬里書於清華園㝢廬”，丙寅爲 1927 年。

同月，先生於《國立北平圖書館月刊》第三卷第一號登載《徵求王静安先生遺文手札啓事》。

《徵求王静安先生遺文手札啓事》：現因重訂先師王静安先生年譜及完成《觀堂別集》，深懼遺漏，凡海内外學人與先生有舊，藏有題跋手札，不論已刊未刊，懇求借鈔或惠借，均所盼禱。如不能外寄，懇録副見寄，鈔資當如數寄奉。又光宣間所出《教育世界雜誌》中，多《静安文集》未收之件，公私藏家如有藏此書全帙或零帙者，倘承賜假或見讓，均所歡迎。趙萬里謹啓。（通信處北平北海圖書館）

按：此啓事又載於《圖書館學季刊》第 3 卷第 1、2 期合刊（1929年）。

8 月 8 日，晚赴周作人、馬廉、魏建功宴，晤長澤規矩也、智原喜太郎、徐耀辰。

周作人日記：六時往公園，與隅卿、建功在長美軒宴長澤、智原、趙萬里、徐耀辰諸君。十一時回家。（《周作人日記》〔影印本〕中册，第 683頁）

8 月末，教育部聘蔡元培爲國立北平圖書館館長，袁同禮爲副館長；馬叙倫、任鴻雋、陳垣、劉復、周貽春、孫洪芬、傅斯年爲國立北平圖書館委員會委員。

8 月 30 日，國立北平圖書館委員會成立。

8 月 31 日，國立北平圖書館委員會接收原國立北平圖書館、北平北海圖書館，完成合組。先生即轉任國立北平圖書館館員，協同徐森玉負責館藏善本古籍的搜集、整理、編目等工作。

按：以上改組經過，見《國立北平圖書館館務報告（民國十八年七月至十九年六月）》，第 2—3 頁。

又按：魏廣洲《悼念恩師劉盛虞》提到松筠閣向北平圖書館售書事：“約一九三二年，您買到一本《九僧詩》，說用了兩元，乃是明汲古閣毛子晋精鈔本。（笠）〔翌〕日，可巧北京圖書館徐森玉先生來咱店，您讓他看。徐云：毛鈔太好了。叫送圖書館。次日，您囑我送去，並說售價叁百五十元。送去經趙萬里手收下，說留下研究（以）〔一〕下。叫過幾天去。我回來後向您報告。過了幾天，您叫我去北圖，並囑少一元亦不售,不要就拿回來。我拿着蘭布包袱即時行至北圖。趙云:徐老没來哩。給一百多元。我跟趙云:少一元亦不售。就包好取回來了。適當館門,徐老(住北長街三時學會內)坐着人力車從東來了,剛下車,正碰上此書,價格略叙,徐老云:別拿走,館裏要了。"(此文手稿見於孔夫子舊書網 zgz0601 書店,圖版網址爲 http://www.kongfz.cn/20145316/〔2017.3.29〕)可略見這一時期先生協助徐森玉購書情形之一斑。

8月,先生兼任北京大學史學系教職,講授《中國史料目録學》課程。

尚小明《北大史學系早期發展史研究:1899—1937》:年輕教師中,也不乏出類拔萃者,如趙萬里,1929 年 8 月到史學系任教的時候,只有 24 歲。他是一位版本目録學家,史學系的必修科"中國史料目録學"一直由他講授,很受學生歡迎。(《北大史學系早期發展史研究:1899—1937》,第 57 頁)

夏岩《關於北大的兩個青年教師》:趙先生是教"中國史料目録學"的,年紀在二十幾至三十左右,蓬蓬勃勃的神氣,嚴肅而帶有刺激性的面孔,會教你見而生畏。每當講書時,用一種緊急的聲調,"煙士披里純"的口吻,滔滔不絕的演述着。每一個同學,屏着氣息,不敢説話,不敢笑,不敢斜視。側耳静聽,除寫字的颼颼聲外,一切都在沉默着。趙先生也常鼓勵我們,譏刺我們。有時我們問趙先生一個稍幼稚的問題,他先説得你面紅耳赤,然後才詳細告訴你,而我們没有一個不是心悦誠服的接受。有時,趙先生未免太年青氣盛了,説一些感情用事的話。他説某某名博士還參考《通志》(因《通志》爲間接史料)來撰講義;又説某某在留學時,請他爲搜集材料,作博士論文。此外,他還説:王國維(他外祖)以前的學者,知道七八分説十分十二分,王國維先生知道十分十二分説七八分,現今學者知一分兩分説十分二十分。其痛罵當今的學者可謂不留餘地,不知當今的學者有何反感否?(《大學新聞週報》第 2 卷第 18 期,1935 年 1 月 14 日)

朱海濤《北大與北大人——課程與圖書》:例如趙萬里先生的"中國史料目録學",雖然只是史學入門的課程,但他將幾千年來中國歷史史料的來源、内容、演變、分散情形、重現經過、可靠性等等……原原本本,一五一十的介紹給這班青年史學家。也不知道他怎麽對於史料這樣熟,真所謂"如數家珍"。就憑這一課就使人不能不羡慕北大史學生的幸福。(《東方雜誌》第 40 卷第 23 號,1944 年 12 月)

按:尚小明《北大史學系早期發展史研究:1899—1937》第二章《史學系的確立與師資陣容》所列"1917—1937 年國立北京大學史學系教授、講師"表中,載先生在北京大學史學系任教時間爲 1929 至 1937 年,

“由講師而副教授”，所任課程爲“中國雕版史、宋史、中國史料目録學”。（第 38 頁）

又按：先生編有《中國史料目録學講義》，由北京大學出版組印行。目録列十三章，第一章爲總類，第二至十二章以中國歷史時代爲序，第十三章爲餘論。前有凡例六條：（一）史料有直接與間接之別，此講義唐以前二者兼著並重，唐以後者則於間接的略之；（二）史料又有紙上與地下之別，此講義專重紙上材料；（三）《四庫全書總目》分史籍爲十五類，未爲允當，此講義分爲紀傳類（舊時正史類全部及別史、載記之一部皆屬之）、編年類（舊時雜史類、載記類之一部亦屬之）、紀事本末類（舊時雜史類、載記類之一部亦屬之）、會要類（舊時職官類、政書類及子部類書類之一部分皆屬之）、傳記類（舊時子部雜家類、小説家類之一部亦屬之）、地理類、雜類（凡不入上列諸類者屬之）等計七類；（四）版本學爲目録學之先河，而校勘學又與版本學相輔而行，此講義於一書之體制内容詳爲闡發外，於版本源流亦略加論列；（五）此講義所述先通史（即總類），後斷代，均以中國史籍爲主，日本、高麗人所著書涉及中國史事者亦擇要著録；（六）輯佚書與現存書並重，傳疑者不録。末稱：“所草提要除少數參考《四庫總目提要》、《鄭堂讀書記》及海内外各家藏書志、題跋、説部外，大多采自編者自著之《北平圖書館善本書志》及《舜盦經眼書録》甲乙丙丁四編。”據此可知先生有《舜盦經眼書録》一稿，分甲乙丙丁四編，惜今已不見全璧。此講義現僅存第一章之前半。已收入《趙萬里文集》第一卷。

又按：據《國立北京大學教員支薪表（民國二四年四月份）》，先生在北京大學史學系授《中國史料目録學》課程，每週二小時，每月支薪四〇元。

9 月，先生協同徐森玉着手整理北平圖書館第一館善本書庫。

《館訊（十八年九月）》：善本書庫之整理：第一館善本書庫内，往往藏有普通性質之書籍，而普通書庫亦多可提入善本書庫者，已由徐森玉、趙萬里二君從事審查，分別優劣後，另行插架云。（《國立北平圖書館月刊》第三卷第三號，第 455 頁）

10 月 6 日（農曆九月初三），偕徐森玉訪傅增湘，受其委托代校《大戴禮記》、王念孫手校本《山海經》；赴顧頡剛宴。

傅增湘日記：森玉及趙萬里來，以王石臞手校《山海經》付之，屬代續校。又《大戴禮記》二册亦令補校，以便還菊生也。（《〈藏園日記鈔〉摘録》，《文獻》2004 年第 2 期，第 254 頁）

按：先生與傅增湘結識，常往傅宅看書談論。丁瑜回憶：“先生早年訪書用力之艱難，用心之堅持，更使人欽羨。他曾講到，北京某藏書家是很有造詣的知名學者，又是國内主持教育的高官。趙先生與之結識後，定期登府看書並討論有關流略之學。一次遵約到藏書家處，僕役說：'主人尚未起牀，請在門房稍候。'原來藏書家有阿芙蓉之嗜，等他收拾好，休息好，整裝待客時，院中積雪已經數寸有餘了。"（丁瑜《緬懷趙萬里先生》，載《文津學志》第八輯，第 41 頁）

又按：本日顧頡剛日記載宴客名單，有先生之名。（《顧頡剛日記》第二卷，第 330 頁）

10 月 9 日（農曆九月初七），偕徐森玉訪傅增湘，取明鈔本《春秋繁露》。

傅增湘日記：森玉及趙萬里來，以明鈔《繁露》四册付之。（《〈藏園日記鈔〉摘録》，《文獻》2004 年第 2 期，第 254 頁）

10 月 10 日至 13 日，北平圖書館在中南海居仁堂館舍舉辦圖書展覽會，展出善本古籍文獻八百一十三種。

按：據國立北平圖書館編印的《國立北平圖書館圖書展覽會陳列目録》，此次展覽共展出唐及唐以前寫本十七種、宋刊本八十三種、宋鈔本三種、金刊本二種、元刊本一百零四種、明刊本一百九十四種、明鈔本三十三種、清刊本五十種、清鈔本三十六種、稿本十七種、批校本四十一種、滿蒙藏回文本二十六種、方志六十種、詞曲小說六十七種、清乾隆間禁書四十五種、古器物拓本八種、輿圖二十七種，共計八百一十三種。

11 月 30 日，顧頡剛來函。

顧頡剛日記：寫趙萬里信。（《顧頡剛日記》第二卷，第 348 頁）

11 月，所撰《〈花月痕〉小説的作者》與輯佚之作《李德裕遺文》（《滑州瑶臺觀女真徐氏墓誌銘並序》）載《國立北平圖書館月刊》第三卷第五號。該號卷首所刊"俄境伊爾庫次克所出唐鏡二品"圖及《貴陽陳氏書目》一文之後，並有先生所撰識語。

按：《〈花月痕〉小説的作者》自謝章鋌《賭棋山莊集》卷五録出《花月痕》作者魏子安的墓誌銘。

唐鏡識語謂："十五年夏，西伯利亞貝加爾湖北岸古丁令地出土。駐伊爾庫茨克總領事張君（瑋）見之，亟令人錘拓，即此本是也。傳世唐鏡如此者甚罕，爰爲製版，以公同好。"此文收入《趙萬里文集》第二卷，編者擬名《俄境伊爾庫次克所出唐鏡二品跋》。

《貴陽陳氏書目》識語謂："貴陽陳松山（田）給諫撰《明詩紀事》，刻未竣而辛亥事起，給諫倉皇出都，以其版及所藏書爲質於廠肆文友堂。文友堂留其版，而以其藏書轉售於日本東京文求堂田中氏，僅值三千五百金，以視近年書價，直不可同日而語，然在當日，固已爲善價矣。時上虞羅叔言丈僑居西京，聞之，慨然以巨貲購歸。後又轉入吳興蔣氏密韻樓，今蔣氏書散，大半歸上海涵芬樓。給諫舊藏書，未知尚存否？此目乃當時底簿，前後無序次，從文友堂估人處假來，亟爲印行，而志其始末於此。"此文收入《趙萬里文集》第二卷，編者擬名《〈貴陽陳氏書目〉跋》。

本年仲冬，跋傅增湘藏《漢魏叢書》本《春秋繁露》、《楝亭十二種》本《硯箋》。

《春秋繁露》跋：己巳仲冬校涵芬樓藏明鈔本，凡旬日而畢。明鈔本每半葉十行行十八字，其勝處與《永樂大典》本合者約十之七八，蓋出於宋槧無疑。海寧趙萬里記於北平寓廬之舜盦。（《藏園群書校勘跋識錄》，第 337 頁）

《硯箋》跋：己巳仲冬校。内府藏明萬曆間如葦館刻本，大抵與明鈔本合，其勝處亦有出諸本上者。校畢並記。萬里。（《藏園群書校勘跋識錄》，第 369 頁）

按：據《藏園群書校勘跋識錄》介紹，《硯箋》卷二末葉有先生據《浮溪集》出校記一則。又，此二書今藏中國國家圖書館。

又按：傅增湘藏書間有先生跋識，此外如《涵芬樓秘笈》本《山房集》八卷《後稿》二卷，卷三後補錄遺文九篇，空白處有先生識語："'經解'一文收入文津閣本《山房集》卷四之末，此文從文瀾閣本出，不知何以遺之。萬里謹記。"（《藏園群書校勘跋識錄》，第 565 頁）

12 月，《國立北平圖書館月刊》第三卷第六號《晁氏寶文堂書目》一文之後，刊有先生所撰識語。

按：此則識語收入《趙萬里文集》第二卷，編者擬名爲《明鈔本〈晁氏寶文堂書目〉跋》。

同月，《馬子嚴〈古洲詞〉校輯》載《北京大學圖書部月刊》第一卷第二期。

本年下半年起，兼任中央研究院歷史語言研究所特約編輯員，着手校勘《廣韻》等研究工作。

傅斯年《歷史語言研究所概況》：特約編輯員趙萬里關於《廣韻》之校勘，即於最近開始工作。（《國立中央研究院院務月報》第一卷第一期，1929 年 7 月；《傅斯年全集》第六卷，第 47 頁）

傅斯年《國立中央研究院歷史語言研究所十七年度報告》：特約編輯員趙萬里校勘《廣韻》，已開始工作。……附件（五）趙萬里校疏《廣韻》計劃。《廣韻》一書，傳世者以澤存堂本爲較善，然訛奪亦頗不乏；兹本劉毓崧校勘《漢書》之例，擬定校勘大綱如左。書成時定名爲"廣韻校疏"，蓋所注重者固不僅在各本之比勘已也。（一）傳世《廣韻》刻本，澤存堂本外，有江安傅氏藏北宋槧本、海鹽張氏藏宋刻本、《古逸叢書》影宋本及曹棟亭影宋刻本。宜以張氏藏本爲底本，與各本細勘一過，著其異同，擇善而從，如阮氏《十三經注疏校勘記》例。（二）《廣韻》者，即廣《唐韻》而成，傳世唐寫本《唐韻》殘卷，可以正今本《廣韻》之訛脫者，亦時時遇之。而《唐韻》祖本之陸氏《切韻》及王仁煦《切韻》，亦宜詳加比勘，以還其舊。即丁氏《集韻》及《和名類聚抄》、三部《經音義》諸書所引之唐人《切韻》，亦可據以互校，以見異文，而諸家《切韻》佚文，亦當輯存之，入附錄中。（三）《廣韻》注釋中所引各書，有已佚者，宜據其他類書所引比勘之；其未佚諸書，與今本亦時有異同；且所注訓詁，均出《切韻》、《唐韻》，亦各有所本；宜並疏之，以求所出，如孔廣陶之校《北堂書鈔》例。（四）前人疏校《廣韻》，如段玉裁、王懋竑、桂馥諸氏，其說有可采者，當並著之，其未純者亦駁正之，如王先謙《荀子集解》例。（五）《廣韻》本文大書，校疏則雙行書之，如越本注疏例。且仿一字一行本說文，以紐爲單位，而提行書之。所隸諸紐字之古韻部聲母，當附著眉端，以便省覽。……出版。……第十種，《宋元逸詞》，趙萬里。（《傅斯年全集》第六卷，第 18 頁、25—26 頁）

按：中央研究院工作報告所謂"年度"，似指民國當年八月（或七月）至次年七月（或六月）；此十七年度報告紀事至 1929 年夏秋。先生校勘《廣韻》，未最終成書，部分稿本經整理編入《趙萬里文集》第二卷。此項工作後交周祖謨完成。1936 年 8 月 12 日羅常培致傅斯年函稱"校《廣韻》事，斐雲曾有留周之請求，得兄及元任先生函，正合趙意，擬即令周祖謨自八月十六日到職，在北大圖研究室辦公，工作爲校《廣韻》及整理他自己的論文兩事。"（原函存傅斯年圖書館）先生稿本及所得資料，悉數交周祖謨應用，周祖謨《廣韻校本序》謂："昔讀黃丕烈藏書題識，知段玉裁有《廣韻》校本。近得見王國維所臨黃丕烈過錄之段校本，書中訂正《廣韻》之誤字極多。王氏亦嘗以宋刊巾箱本校澤存堂本，後又以《切韻》、《唐韻》通勘《廣韻》，標出陸孫二家原有之字。趙斐雲先生復重校一過，益以故宮博物院所藏王仁昫《刊謬補缺切韻》，朱墨琳琅，用力甚勤。"（《文字音韻訓詁論集》，第 267 頁）至 1938 年，周祖謨所撰《廣韻校勘記》由商務印書館在長沙出版，1951 年商務印書館在上海出版周祖謨所校《廣韻校本》，1960 年中華書局始將二者合一印行。

又按："宋元逸詞"即 1931 年 2 月出版的《校輯宋金元人詞》。又，1948 年底印成的《漢魏六朝冢墓遺文圖錄》一書，亦爲先生兼任特約研究員的工作成績。

又按：中研院史語所檔案元字四五二號卷“歷史語言研究所第一組十八年度預算”草稿，載“特約工作費（趙萬里） 月支五〇元”一條。（蘇同炳《手植槙楠已成蔭——傅斯年與中研院史語所》，第 116—117 頁）

本年下半年起，先生兼任北京大學國文系講師。

按：1930 年 5 月北京大學文牘課編印的《國立北京大學職員録》，載先生職務爲國文系講師。（《北京大學史料》第二卷，第 371 頁）

本年，胡士瑩寄贈詞作與浦江清，詢及先生近況。

胡士瑩《玲瓏四犯·江清歸自北平，過余武唐寓次。聯牀話雨，塵襟灑然。仿佛七年前秣陵校齋共讀時也。別後感時賦寄，兼訊斐雲北海近居》：月婉酒襟，燈飄吟鬢，西窗無限清話。寂寥塵海客，俯仰悲歌者。支離夢痕自寫。最堪憐，故京游冶。鉛槧生涯，青氈情味，猶是少年也。王舟布帆誰借。指荒波雁外，流恨無據。杜陵家國淚，太息江河下。尊前一抹滄桑影，剩半壁江山如畫。離笛惹，驚心又，魚龍變化。（《宛春雜著》，第 131 頁）

1930 年　先生二十六歲

本年，先生任國立北平圖書館采訪部中文采訪組組長、善本部考訂組組長、金石部館員，及編纂委員會委員。時徐森玉兼任采訪部、善本部、金石部主任；中文采訪組組員有虁汝侗一人，考訂組組員有李耀南、蔡以鏡二人，金石部館員另有范騰端一人。（《本館職員一覽〔十九年六月〕》，《國立北平圖書館館務報告〔民國十八年七月至十九年六月〕》，第 80—88 頁）

按：據《國立北平圖書館組織大綱》，采訪部職責爲：“一、關於調查事項；二、關於采購事項；三、關於登録事項；四、關於校鈔事項；五、關於裝訂修補事項；六、關於入藏圖書雜誌之統計事項；七、關於徵求交換事項。”（《國立北平圖書館館務報告〔民國十八年七月至十九年六月〕》，第 45 頁）以上各項，有關中文圖書的相關事務均由中文采訪組承擔。

善本部職責爲：“一、關於善本圖書之考訂編目事項；二、關於善本圖書之影印流傳事項；三、關於善本圖書之調查訪求事項；四、關於寫經之考訂編目事項；五、關於陳列展覽事項；六、關於善本書庫及陳列室之保管事項；七、關於善本圖書及寫經之裝潢修補事項。”（《國立北平圖書館館務報告〔民國十八年七月至十九年六月〕》，第 46 頁）以上七項，除第四項寫經考訂編目之外，均爲考訂組工作範圍。

金石部職責爲：“一、關於金石拓本之采購事項；二、關於拓本之整理編目事項；三、關於拓本之閱覽及保管事項；四、關於拓本之裝潢修補

事項。"(《國立北平圖書館館務報告〔民國十八年七月至十九年六月〕》,第 46 頁)

　　綜合上述,可略見先生在館工作的具體内容。

1 月起,先生在北京大學講授《詞史》,授課時間爲每週六下午。

　　按:日本留學生倉石武四郎前往旁聽,所撰《述學齋日記》中,於 3 月 1 日、3 月 8 日、3 月 15 日、3 月 22 日、4 月 8 日、4 月 12 日、4 月 19 日並載先生授課(《倉石武四郎中國留學記》,第 81、91、94、100、116、123 頁);於 1 月 4 日、2 月 22 日載先生告假,4 月 26 日載先生病假(《倉石武四郎中國留學記》,第 9、77、128 頁)。

　　又按:倉石武四郎《留學回憶録》中《在北京學漢語》一節,亦記載先生授課情形:"在聽這類課時,我還聽到了各位老師的鄉音。其中有一位趙萬里老師,他當時在北京圖書館任職,是一位圖書方面的專家。他對書非常了解,而我和他也十分親近,我曾在北京大學聽過他講的詞的課。有一次,我突然聽他發出了 feilonggin 這樣一個音。我費了好半天,纔判斷出那是'水龍吟'(詞調名)。用現在的拼音來説,水的聲母應該是 Sh,但是他却發成了 f,不過因爲我前年去山西時,曾經聽人將'圖書館'的 Shu 發成 fu 的,因此就把這裏的 feilonggin 替換成 shuilongyin,竟然真的換對了。有了這樣的經驗,我便儘量選聽一些發音很難懂的老師的課。"(《倉石武四郎中國留學記》,第 234—235 頁)

　　又按:先生編有講義《詞概》,又名《詞史》,由北京大學出版組印行。目録列十一章:一、唐人詞概;二、五代十國人詞概;三、宋人詞概上;四、宋人詞概下;五、金人詞概;六、元人詞概;七、明人詞概;八、清人詞概上;九、清人詞概下;十、論詞韻;十一、論詞律;附録、詞學書目略。每一時代先總述總特徵,然後選擇代表性詞家若干,加以詳細論述;每一詞家均具體分析其一兩首代表作。此講義現僅存第一至第七章。此講義結構與内容脱胎於吴梅《詞學通論》,但在結構體系、詞家選擇、作品解讀及具體論述等方面,均有其獨特之處,可見先生詞學之師承與發展。此講義收入《趙萬里文集》第二卷。

1 月,撰成如韋館本《李孝美墨譜》校記。此校勘記附載於本年故宫博物院圖書館影印之《李孝美墨譜》。

　　《〈李孝美墨譜〉校記》:此明萬曆間歙縣潘膺祉如韋館刻本《李孝美墨譜》,余檢書於故宫圖書館始見之。以校《四庫全書》本,頗有異同,而文淵閣與文津閣二本間又互有違異。文津閣本提要云:"上卷八圖,圖各有説。"今惟"采松"、"造窑"有圖説,餘皆有説而佚其圖(刻本《提要》同),與文淵閣本之圖説並存者異,其提要中亦無此數語。而文淵閣本所圖者與此本亦迥殊，當出館臣臆補，其所據之祖本之天一閣本固無此六圖也。以閣本勘此本，"發火"以下六圖後，閣本別出數十字不等，其文應列在圖前，而"采松"、"造窰"二圖前後獨無之，蓋各本俱脱矣。此本出焦弱侯家藏本，與閣本之稱"墨譜法式"者異源，故互有優劣，兹取閣本之勝於此本者録爲校記如右。潘氏如韋館所刻書此外尚有高似孫《硯箋》一書，版式與此本同，並爲著録家所罕聞，因附書之。海寧趙萬里，十九年一月。（《趙萬里文集》第二卷，第410—411頁）

2月3日，農曆正月初五，游覽廠甸廟會書市，遇倉石武四郎。

倉石武四郎《述學齋日記》：下午游廠甸，楠本君不來，遇朱逷先、錢玄同、馬隅卿、趙斐雲並宛亭君。（《倉石武四郎中國留學記》，第53頁）

2月16日，倉石武四郎來訪，看盛昱批《山海經》、《鴛鴦帕》、富春堂《紫蕭記》殘本。

倉石武四郎《述學齋日記》：再訪斐雲先生，看伯兮祭酒批《山海經》、《鴛鴦帕》、富春堂《紫蕭記》殘本。（《倉石武四郎中國留學記》，第67頁）

2月，所撰《北平圖書館善本書志·明别集類》二十八種刊於《國立北平圖書館館刊》第四卷第一號。

按：該號刊登者爲《御製詩集二卷》、《大明宣宗皇帝御製集四十四卷》、《恩紀詩集七卷》、《長春競辰稿十三卷》、《西隱文集十卷》、《玉雪齋詩集三卷》、《呆齋存稿二十四卷》、《呆齋藏稿六卷》、《沈蘭軒集五卷》、《商文毅公集十卷》、《澄江别集三卷》、《懷麓堂文後稿卅卷詩後稿十卷講讀録一卷東祀録二卷集句録一卷哭子詩一卷求退録三卷》、《式齋先生文集二十七卷附録四卷》、《梅巖小稿三十卷》、《南峰楊先生松籌堂文集十二卷》、《祝氏集略三十卷》、《顧東橋全集四十一卷》、《陽明先生别録十四卷》、《崔氏洹詞十七卷附録四卷》、《嶠亭存稿十八卷續稿八卷》、《巽峰集十二卷附録一卷》、《張水南文集十一卷》、《群玉樓稿八卷困亨别稿一卷》、《潘笠江先生集十二卷》、《世經堂集二十六卷》、《衡藩重刻胥臺先生集二十卷》、《嚴居稿八卷》、《五嶽山人集三十八卷》等二十八則。

又按：此書志每則著録題名卷數、版本、著者、序跋、行款、内容與評述、其他書目著録情況、遞藏、鈐印等，内容詳細豐富。書志之版式與該刊其他文章迥然不同，有板框，爲木活字版，蓋當時擬印行單行本，而即以書版印入館刊。

3月1日，與陳寅恪、傅斯年、徐中舒、容庚等赴黄氏寓所觀所藏石刻搨本。

陳寅恪1930年2月22日致傅斯年、徐中舒函：頃接黄君立猷之弟自南開來函,言擬於三月一日(渠特因此從天津來)在渠北平寓內(前三工廠五號),候我等往觀其家所藏石刻搨本等,請即約容、趙諸公同往一看。史語所一時未必有錢,但不妨一看。弟以爲買搨本、攝照片、購實物,似較買書籍爲重要。黃家之物,不知佳否,要可以一試也。(《陳寅恪集·書信集》,第40—41頁)

3月20日,《北京大學日刊》登載《蕭山單不庵先生追悼會啓》,先生列名爲發起人。

《蕭山單不庵先生追悼會啓》:啓者,蕭山單不庵先生,性行高潔,學問閎深。前在北京大學教授多年,循循善誘,不懈不倦。後任中央研究院研究員,僑居滬瀆,閉户深研。本年一月十三日因病逝世,哲人其萎,曷勝悲惻。同人等爰議三月三十日下午二時在北京大學第三院開會,以資追悼。再,不庵先生在世時,潛心學殖,不事生產,臥病累月,負債甚鉅,棺殮之資,胥出借貸,遺孤幼弱,復鮮宗親,同人等念死者之懿德,憫生者之無怙,並議籌集賻金以充遺孤教養之資。諸君子於不庵先生或交好有素,或共事多年,諒蒙樂予贊同,共襄斯舉。此啓。發起人:王烈、馬衡、傅斯年、沈尹默、馬廉、楊樹達、沈兼士、陳大齊、趙萬里、朱希祖、陳君哲、劉復、何基鴻、張頤、劉文典、周作人、張煦、鄭奠、林損、張勁先、錢玄同、徐炳昶、張智揚、錢稻孫、馬裕藻。(《北京大學日刊》1930年3月20日)

3月22日,赴北京大學授"詞史"課,借與倉石武四郎《廣韻》校本二册。

倉石武四郎《述學齋日記》:斐雲先生課,借予《廣韻》校本兩册。(《倉石武四郎中國留學記》,第100頁)

3月,贈明寫本《貞觀政要》與傅增湘,係得諸德勝門書攤者。

傅增湘《明寫本貞觀政要跋》:此明寫本《貞觀政要》,存卷七至十,凡四卷,棉紙,畫朱絲闌,半葉十行,行十九字,筆墨精雅,當是成、弘間名人手跡,非尋常鈔胥可儗也。……此書海寧趙斐雲無意中於德勝門內冷攤獲之,審其册式,亦必舊時內閣大庫之物,使不遇真賞如斐雲者,此戔戔殘帙,異時流落不偶,不爲白紙坊造還魂紙之用,必供東直門糊油簍之材。然則今日什襲珍藏,一旦登藏園几案,使人摩挲愛玩而不忍舍者,非獨爲斐雲幸,實爲此書知遇之幸也。嗟乎!冠蓋京華,斯人憔悴,如海王城,不禁撫卷而三歎矣。庚午二月,藏園記。(《藏園群書題記》,第149—150頁)

按:先生多次向傅增湘贈書,如天一閣舊藏明鈔本《王建宮詞》,見於傅增湘《校明鈔本王建宮詞跋》:"頃承趙君斐雲以明人寫本一册相贈,因更取以對勘,次第與各本咸不同,而其中異字較之宋本轉爲佳勝,雖寥寥數葉,而珍奇秘異逾於十朋,良友之惠,當什襲以儲之。原本棉

紙,藍格,半葉九行十八字,版心有‘江村別墅’四字。末紙幅殘破,字
跡間亦有蠹損,審其冊式,當爲天一閣遺物。"(《藏園群書題記》,第 603
頁)

4月8日,倉石武四郎來訪,不值,歸還《廣韻》校本二冊。

　　倉石武四郎《述學齋日記》:訪趙斐雲、冼玉清,俱不在,《廣韻》兩本
則返璧之矣。(《倉石武四郎中國留學記》,第 111 頁)

4月19日,赴北京大學授"詞史"課,示倉石武四郎陶湘新拓漢石經《尚
書》。

　　倉石武四郎《述學齋日記》:下午斐雲先生課。……是日,斐雲先生
示陶氏新拓漢石經《尚書》,惜未及細校耳。(《倉石武四郎中國留學記》,
第 123 頁)

4月21日,下午三至五時訪吳宓,並同訪朱自清;偕朱自清訪顧頡剛。

　　吳宓日記:3—5 趙萬里來,與同訪朱自清君。(《吳宓日記:1930—
1933》,第 59 頁)

　　顧頡剛日記:佩弦、趙萬里來。(《顧頡剛日記》第二卷,第 394 頁)

4月,爲蕭綸徽轉交函件與傅斯年。

　　蕭綸徽 5 月 1 日致傅斯年函:前讀尊函,敬悉先生已定期北上,故曾
付上一函,寄到北平趙萬里先生轉交,未審已得閱否?(原函存傅斯年圖
書館)

5月16日,周作人來函。

　　　按:周作人當日日記發信欄列"趙萬里"(《周作人日記》〔影印本〕
下冊,第 61 頁),此函内容不明。

5月25日,偕徐森玉訪倉石武四郎。

　　倉石武四郎《述學齋日記》:徐森玉、趙斐雲來。(《倉石武四郎中國
留學記》,第 151 頁)

5月27日,徐森玉、錢玄同與先生於宣南廣和居宴請陳寅恪、孫人和、喬
曾劬及吉川幸次郎、加藤常賢、玉井是博、倉石武四郎等。

　　倉石武四郎《述學齋日記》:晚宣南廣和居徐、趙、錢三先生招宴,坐
者吉川、加藤、玉井而外,孫蜀丞、陳寅恪、喬□□,真一時雅會。陳氏論如
利刃斷亂麻,不愧静庵先生後起矣。(《倉石武四郎中國留學記》,第 153
頁)

　　　按:廣和居係以經營南方風味菜肴爲主,位於宣武門外菜市口附近
今北半截胡同 52 號,開業於清道光十一年(1831),民國二十一年
(1932)歇業。此條僅記姓氏諸人之姓名,均從榮新江、朱玉麒考證。

5月30日,與吳其昌、徐中舒訪顧頡剛。

顧頡剛日記：趙萬里、吳其昌、徐中舒來。（《顧頡剛日記》第二卷，第405 頁）

5 月，跋故宫博物院藏《太平清調迦陵音》。此跋附載故宫博物院圖書館 1930 年影印之《太平清調迦陵音》。

《太平清調迦陵音》跋：《太平清調迦陵音》一卷，明曲阜葉華輯。自明刊本《青蓮露》内摘出。《青蓮露》者，葉氏所撰雜著也。華字茂原，事蹟無考。但知其與陳繼儒、費元禄輩友善，蓋亦一風雅士也。此乃所編散曲集，凡套數十五，重頭、小令各二。明人散曲側艷語居多，而茂原此作獨悠然有出世之想。然其中不盡爲己作，如"百歲光陰"一套乃馬致遠所製，葉氏録之，或以其性質相近耳。前附《迦陵音指迷十六觀》，則録自張炎《詞源》卷下，葉氏於每則後僅加"製曲者當作此觀"一句，竟攘爲己作，未免有掠美之誚。《詞源》一書係後出，故前人均爲所蒙。明衛泳《枕中秘》、清曹溶《學海類編》均據以入録。《學海》本題"元顧瑛撰"，不知何據。《枕中秘》則逕題"明茂原葉華著"。以是例之，則《迦陵音》或竟逕録元明人所作爲之，未可知也。今所傳刻本《詞源》譌字頗多，以此本校之，當有所獲，兹不具書。十九年五月海寧趙萬里跋。（《趙萬里文集》第二卷，第 297 頁）

按：此跋收入《趙萬里文集》第二卷，編者擬名《〈太平清調迦陵音〉跋》。

同月，跋故宫博物院藏宋刻本《淮海居士長短句》。此跋附載於故宫博物院圖書館 1930 年影印《淮海居士長短句》。

《淮海居士長短句》跋：《淮海居士長短句》三卷，附刻宋本《淮海集後集》後。以諱字及刊工筆勢觀之，當係乾道中浙中刊本，其版至明季猶存。……故傳世此本以後印者爲習見，宋及元初印本則希如星鳳矣。並世公私藏家，如常熟之瞿、德化之李、吳興之蔣及北平圖書館所藏殘帙，均不附長短句（潘氏《滂喜齋藏書志》有宋本《淮海居士長短句》三卷，今未知存亡）。此本長短句赫然具在，雖間有鈔補，亦足寶也。持校明嘉靖間南湖張綖校刻《淮海集》附刻本，此本即張刻所自出，合者固十之八九，然亦有足訂張刻誤者。……其他《廣陵懷古》、《越州懷古》、《別意春思》諸題，宋本皆無之。張刻殆涉諸選本而誤，並當據以删。昔歸安朱氏校刊《淮海詞》，據松江韓氏讀有用書齋藏黄蕘圃校鈔本入録，欲求宋槧一校，苦不可得，且並張綖刊本亦未迻校。今此本出，亦足彌朱氏之缺憾矣！（《趙萬里文集》第二卷，第 298—299 頁）

按：此跋收入北京圖書館善本組輯《影印善本書序跋集録：一九一一——一九八四》（中華書局 1995 年出版），編者擬名《宋刻〈淮海居士長短句〉跋》,收入《趙萬里文集》時沿用此擬名。

6月9日,赴倉石武四郎忠信堂宴,吳承仕、高步瀛、楊樹達、孫人和、馬廉、徐森玉、錢稻孫及吉川幸次郎等同席。

倉石武四郎《述學齋日記》:六點於忠信堂請吳檢齋、高閬仙、楊遇夫、孫蜀丞、馬隅卿、徐森玉、錢稻孫、趙斐雲並宛亭小酌。菜蔬案排悉出陳濟川。主客盡歡,十點散。(《倉石武四郎中國留學記》,第 161 頁)

6月12日,赴孫人和於慶林春餞別倉石武四郎之宴,吳承仕、高步瀛、楊樹達、徐森玉、錢稻孫、陳垣、駱紹賓及吉川幸次郎等同席。

倉石武四郎《述學齋日記》:赴慶林春蜀丞先生送宴。坐者檢齋、閬仙、遇夫、森玉、稻孫、斐雲、援庵、紹賓並宛亭。(《倉石武四郎中國留學記》,第 163 頁)

同日,傅增湘致函張元濟,介紹先生往商務印書館涵芬樓觀書。

傅增湘致張元濟函:趙君萬里將回南一行,欲求觀涵芬藏書。此後生之最英特者,屆時當令持函奉謁,以慰其望。其人方任中海采訪科、清宮專門員,於版本校勘均在行,可喜也。……京館所藏《册府元龜》擬加入日本者印之,此即趙萬里所主張。云願以相借,可增出數十卷也。敝處亦有五卷,亦可加入。《史記》黃本潘氏確有四五卷,侍之零卷《河渠書》即袁公子在此册内拆出相貽者也。增湘附言。(《張元濟傅增湘論書尺牘》,第 233—234 頁)

6月13日,倉石武四郎來訪,觀暖紅室舊藏元刻本《琵琶記》、徐青藤評《西廂記》、羅懋登刻《西廂記》、王伯良刻《西廂記》、柳浪館《南柯記》、《丹青記》、《周憲王樂府》等戲曲類古籍。

倉石武四郎《述學齋日記》:雨中赴圖書館,見錢、趙兩先生,觀暖紅室舊藏戲曲傳元槧《琵琶記》、徐青藤評《西廂記》(評軟體字)、羅懋登刻《西廂記》、王伯良刻《西廂記》、柳浪館《南柯記》。另有《丹青記》,印工極精,貫目全與《牡丹亭》合,惜前後不完,無所考著者。《周憲王樂府》比吳瞿安藏本多幾種。(《倉石武四郎中國留學記》,第 164 頁)

6月14日,倉石武四郎離平回日,先生贈《載花船》一種,並與師友多人前往火車站送行。

倉石武四郎《述學齋日記》:援庵送□□□,斐雲送《載花船》,均遣使來也。……四點到站檢查行李。送行者楊鑒資、孫蜀丞、朱逖先、陳援庵、徐森玉、錢稻孫、趙斐雲、唐孟超、張運鵬、謝剛主、中江、橋川、杉村、加藤、玉井、吉川、水野、原、奧村並陳、趙、劉三書友也。(《倉石武四郎中國留學記》,第 167 頁)

6月21日,傅增湘致函徐乃昌,介紹先生南下拜訪。

傅增湘致徐乃昌函：兹懇者，友人趙君萬里，現任北平圖書館事，兼充北平大學教授，夙研求版本目錄之學，聞見賅博，與弟至契，刻以事來申，素仰我公宿學高明，欲奉謁臺堦，叩聆教益，敢以尺素爲介，敬祈延接，指示一切，無任感荷。再者，趙君久聞劉君惠之收藏三代彝器極富，館中欲得其搨本全部，此事業有人接洽，趙君竊欲奉訪惠翁一談，並擬拜觀一二，擬奉煩我公介於惠公，俾得進謁。深知執事獎成後進，必不吝齒牙餘論也。（《藏園遺札附題跋二則》，載《歷史文獻》第十五輯，第 264 頁）

6 月 22 日，張元濟覆傅增湘函，詢問先生南下日期，並允善爲接待。

張元濟致傅增湘函：趙萬里未知何日南下？甚思一見。涵芬樓書現均裝箱寄存銀行，然其所欲見者，必當取出若干示之，以饜其望，且副諄屬。（《張元濟全集》第三卷，第 373 頁）

6 月 23 日，傅增湘致函張元濟，再次介紹先生往商務印書館涵芬樓觀書。

傅增湘致張元濟函：兹因趙君萬里南歸之便，寄呈高麗紙九百張，敬希查收。趙君前函曾爲介紹，此次來滬，欲求觀涵芬及鄡架藏書，務祈我公推愛延接，俾慰其渴忱。宋刻各書如存不在樓中者，可能設法擇要提取一觀。此君爲王靜庵之戚，精研版本目錄校勘之學，皆有心得，洵爲後來之英秀。刻在北平、故宮兩館任事，兼有南來采訪之任，公若能助其搜訪，尤爲心感。印行《册府元龜》公可與趙君面商亦可也。北歸期亦不遠，若有書籍亦可托其攜來也。（《張元濟傅增湘論書尺牘》，第 237 頁）

本年上半年，曾借校"存海學社"購存於天津鹽業銀行的海源閣舊藏善本。

傅斯年 6 月 29 日致王獻唐函：又一部分書陸續由斐雲借校，弟亦得一觀焉。（《近代史資料文庫》第 9 卷，第 527 頁；《傅斯年全集》第 7 卷，第 88 頁）

1929—1930 年度，先生在館職司中文書籍采訪事務，所獲甚豐。

《國立北平圖書館館務報告（民國十八年七月至十九年六月）》：自兩館合併後，將中文采訪組集中於第一館，由徐森玉、趙萬里兩君主持其事。兩君學問淹博，精於鑒別，於簿錄之學造詣至深。惟年來書價騰貴，舊槧益稀，以云采訪，洵屬匪易。兹將本年度蒐求較重要之珍本約略述之如左：（一）清乾隆間禁書。此項禁書現時流傳除極少數有刻本外，餘率罕見，其有裨於明清之間史事及滿洲先世事者甚大。計前後收得徐芳之《懸榻編》、陳仁錫之《無夢園集》、許國之《文穆公集》、陳邦瞻之《荷花山房詩稿》、何汝賓之《兵錄》、王思任之《王季重全集》、郭正域之《黃離草》、喻龍德之《秘書兵衡》、楊循吉之《遼金小史》、陳際泰之《巳吾集》、徐如翰之

《檀燕山藏稿》、譚綸之《譚襄敏公奏議》、陳建之《皇明通紀》、岳和聲之《餐微子集》、朱健之《古今治平略》、張一龍之《武庫纂略》、范允臨之《輸寥館集》、茅元儀之《三戍叢譚》、葉向高之《蒼霞草》等,均係明刻原本,甚可寶也。(二)珍本戲曲小說書。明刻通俗文學書現時流傳甚少,此一年間四出搜訪,計得鄧忠謨《五種爭奇》、無名氏《弁而釵》、萬曆本《春秋列國志》及《殘唐五代傳》、崇禎本《皇明英烈傳》、嘉靖本《三國演義》(以上小說),及李卓吾評本《西廂記》、《吳歈萃雅》、《月露音》、《步雪初聲》、繼忠齋本《香囊記》、富春堂本《目蓮記》及陳與郊《續古名家雜劇》殘本、凌刻朱墨本《琵琶記》、《墨憨齋十種曲》,近又收得黑口本《誠齋樂府》二十五種,較長洲吳氏藏本多出七種,可稱秘笈矣。(三)近代史料書。計有鴉片戰爭及拳匪史料六十餘種,其重要者有李圭之《鴉牙事略》、《醇親王使德始末恭紀》、《庚子拳亂上諭宮門鈔彙訂》、《天津拳匪變亂紀事》、《庚子交涉偶錄》等,均罕見之史料書也。(四)宋元明善本書。宋刻有史浩之《周禮講義》,爲宋以後久佚之書;元刻有白文《周禮》,爲阮元校勘記所未收;其他宋本殘帙如《册府元龜》、《蘇文忠公集》、《陳書》等,均可補本館舊藏本之缺;元本有至正間寫本《徐仙翰藻》,明本有汪諒本及白鹿書院本《史記》、嘉靖黃省曾本《水經注》、嘉靖本《楚紀》,均今日不可多得之佳本也;近又收得明成化間寫本道書十九種,足徵明代諸帝夙奉道教,於宗教史所關至鉅,故不惜重值收之,且均係內閣大庫書,與館藏善本同出一源,尤不應輕易放過也。(五)影鈔《永樂大典》。本館以《永樂大典》爲有明一代鉅製,罕見之書賴之以傳,今雖散佚,亟應將現存他處者分別錄副,藉廣流傳。疊與國內外公私藏家往復函商,大致業已就緒。茲將本年六月以前收到影照或影鈔之卷數開列如左:卷三千九百四十四至五,十寒,榮;卷一萬一百十五至六,二低,旨;卷一萬三千六百二十九,二寘,世,以上三册倫敦東方語言學校影照。卷一萬六千三百四十三至四,十翰,算;卷一萬九千七百三十七至九,一屋,錄,以上四卷英國劍橋大學影照。卷一萬一千八百八十七至八,十八養,黨;卷一萬三千八百七十六至八,三末,賈痺庫;卷二萬零八百五十至一,二質,檄,以上三册倫敦大英博物院影照。卷七千三百二十五至六,十八陽,郎;卷七千五百零六,十八陽,倉;卷二千二百七十五至六,六模,湖,以上三册借上海東方圖書館影鈔(原書係五册)。(第11—14頁)

　　按:北平圖書館大事訪求,曾致北京書價上漲。張涵銳《北京琉璃廠書肆逸乘》謂:"北京圖書館成立後,在民國十五六年間,極力搜集清代禁書,書價亦遂因之而漲。"(孫殿起輯《琉璃廠小志》,第49頁)本年度,北平圖書館采購金石拓本甚多。

《國立北平圖書館館務報告(民國十八年七月至十九年六月)》:本館鑒於地下物之材料有時較書本爲重要,而其相互之關係尤爲密切,特設金石部,以處理該項實物及墨本。本年在洛陽購入漢《熹平石經》後記一方,寬尺餘,長二尺許,兩面存字凡一百四十餘,於經學所裨至鉅。又購得陳壽卿氏手輯金文二十巨冊、王廉卿舊藏南北朝碑志八百餘種,均可寶貴。此外,又聘定郭玉堂君在洛陽方面廣收新出土金石墨本,前後寄到者已在六百種以上,可稱大觀矣。(第18頁)

本年度,先生從事館藏明別集類書志撰寫工作。

《國立北平圖書館館務報告(民國十八年七月至十九年六月)》:本館所藏善本書約三千種,爰擬合編爲館藏善本書志,詳考板刻時代、著者仕歷及與今本或他刻本異同之故,關於集部明別集類之書業已編竣,將依其體裁,編録其他各類云。(第24頁)

本年度,向國立北平圖書館捐贈圖書六種十六冊:《知稼軒詩》一冊,《吳郡通典》一冊,《洄溪醫案》一冊,《春星草堂詩》一冊,《金榜山》六冊,《外科正宗》六冊。(《贈書人名録》,《國立北平圖書館館務報告〔民國十八年七月至十九年六月〕》,第61頁)

7月初,先生奉派南下江浙一帶訪書。

《國立北平圖書館之新藏與新預算》:國立北平圖書館以江南書價較廉,且多善本,於七月派員趙萬里君赴寧滬蘇杭各地采訪古書,所獲甚多,業經運平,編目後即可供衆閲覽。(《中華圖書館協會會報》第六卷第一期,第31—32頁)

7月上旬,赴松江洽購韓氏讀有用書齋藏書。

張元濟7月8日致傅增湘函:高麗紙由郵局寄來五百張,又由楊君帶來一千五百張,均已收到。惟趙斐雲帶來九百張未到。其尺寸略大者已屬選印版心寬大之書,破碎者當剔去。……韓氏書京館能獨力舉之最妙。有人言趙君萬里已過上海赴松江,度必爲此事。其照片原主催索甚急,務乞索還,由快件寄還。(《張元濟全集》第三卷,第374頁)

　　按:此次先生探訪韓氏藏書,並未達成購藏協議。《趙萬里文集》第三卷所收《雲盦群書經眼録》中有五種標注爲松江韓氏讀有用書齋藏書,蓋即此次探訪所見。此五種爲宋刻宋印本《詩説》十二卷、北宋刻南宋補本《禮記注》二十卷(殘)、宋蜀刻本《三國志》六十五卷(殘)、明洪武墨格寫本《唐李嶠詩》一卷、明洪武墨格寫本《雲臺編》三卷(殘)。

7月15日,傅增湘函告張元濟,先生曾函告明刻《四川總志》二種已爲北平圖書館購得。

傅增湘致張元濟函:四川兩明志聞已爲北平館購得,趙萬里有信來告也。韓氏照片趙萬里取去,渠南行不知置何所,或亦攜之行篋耶。(《張元濟傅增湘論書尺牘》,第242頁)

7月上中旬,在蟫隱廬購明本《全遼志》等。

張元濟7月17日致傅斯年函:承詢明本《全遼志》。是日別後,至蟫隱廬閱書,即見是本。乃知爲羅叔韞兄購得,今正待賈而沽,索價三百四十圓,弟亦不嫌其昂。惟聞先已爲趙君萬里選定,不欲相爭。度趙君北旋,此書必可仰邀青睞也。(《張元濟全集》第三卷,第269頁)

7月23日,交傅增湘所托帶高麗紙九百張與商務印書館。

商務印書館内部記録:十九年七月二十三日又交去九百張,係趙君萬里攜來者。次日補送回單,經丁君英桂簽收。元濟記。(《張元濟傅增湘論書尺牘》,第241頁)

7月25日,張元濟覆傅增湘函,告以接待先生觀書之安排。

張元濟致傅增湘函:七月十七日曾復寸函,計先達到。續又接得六月廿三日手書,係趙君萬里攜來者。同時又交到高麗紙九百張,已送與編譯所出版部矣。……趙君於版本目録之學,確有心得。承公紹介,弟已切托同人,在館之書,恣其翻閲。至寄存銀行之書,俟其赴南京歸來,再往啓篋,自必竭我之能,以饜其意。但時日無多,撿取不易,恐不能盡見所欲耳。……《四川總志》兩部,均由趙萬里爲北平圖書館購去矣。韓氏書片問趙君,云已交還,乞再查。(《張元濟全集》第三卷,第375—376頁)

　　按:韓氏讀有用書齋藏書照片先生實未交還,當時尚存先生家中。傅增湘8月9日致張元濟函謂"韓氏照片頃始從趙斐雲家尋得郵呈"(《張元濟傅增湘論書尺牘》,第244頁)。

7月29日,赴南京國學圖書館鈔書三日。

《江蘇省立國學圖書館第四年刊·紀事》:(十九年七月)二十九日,北平圖書館職員趙萬里來館鈔書三日。(第1頁)

7月,在滬訪劉承幹,擬洽購《宋會要》輯稿,未晤。

劉承幹12月19日(十月三十日)日記:建甫談及從周於子美處聽得,有北京圖書館趙萬里,因前番來滬,余失招待,大不滿意,痛詆余擺牌子。而其同事謝剛主則力爲余辯白,謂劉某待人甚好,毫無脾氣。因此二人斷斷爭論云云。余記得七月間至董授經房間,董說今日有趙萬里來會伊,並留片候余,因北京圖書館囑趙向余處商讓《宋會要》一書。余曰:然則余須往答候乎?董謂趙已赴杭,似可從緩。迨趙由杭回滬會董,又留片候余,董轉達余,並出示北京致趙之電。余又欲往候,則云趙已登輪回京。行色匆匆,遂爾未果。不料趙誤會,謂余不肯見,竟相詆如此。謝剛主於八月間來滬,余曾接談,並邀膳,盡地主之誼,故論余與趙相反。但當時趙來時,係會授經,乘便候余而已,乃因未往答訪,貽人口實,信乎爲人之難也。(《求恕齋日記》,第 9 冊第 493—494 頁)

7 月,所輯《校輯宋金元人詞》付印。

傅斯年《歷史語言研究所十九年度七月份工作報告》:特約編輯員趙萬里輯校《宋元逸詞》,本月內已付印。(《傅斯年全集》第六卷,第 157 頁)

7 月下旬至 8 月下旬間,途經蘇州,訪潘承厚,觀其所藏蜀本《後山集》、黃丕烈校抱經堂本《新書》等,並撰《新書》跋。

《新書》跋:余所見黃復翁校本《汪水雲集》、《淮南子》與此本前四卷所校字體正合,其爲復翁校本殆無疑義。庚午閏六月道過吳門,觀博山道兄藏書,以蜀本《後山居士集》爲最精,此雖抱經堂刊本,然經復翁校過,亦未可等閒視之也。海寧趙萬里記。(《上海圖書館善本題跋真跡》,第 8 冊 50—51 頁)

按:此黃校本《新書》經莫友芝、潘承厚、傅增湘遞藏,今存上海圖書館(索書號 783766-67)。此跋又載《藏園群書校勘跋識錄》,第 186 頁。

盛夏,在滬訪書於商務印書館涵芬樓;又曾訪鄭振鐸,觀新收天一閣舊藏明刻本詞集。

《從天一閣說到東方圖書館》:1930 年的盛夏,蒙張菊生先生熱誠的招待,在上海寶山路商務印書館東方圖書館涵芬樓參觀兩個整天的書。涵芬樓要算當時江南惟一的大藏書庫,方面之廣,質量之多,無論宋元舊槧明清舊鈔,足足塞滿了幾十個大木櫃子。雖然其中名貴的已經盛了幾十個大衣箱,運到租界裏金城銀行內庫避風火去了,剩下的一部分,據我看來,還是值得羨慕。事實上商務印書館藏書庫,並無涵芬樓其名。所謂涵芬樓大約就是東方圖書館第三層樓上的一角。那天我就在這樓中做了七小時以上的工作。祇是累了那招待我的館員某君,將書搬上搬下忙個不了。他曾對我説:這是他進館以來招待外人看舊書的第一遭,以前很少有此一例,就是底下編譯所裏的先生們,也不能輕易進來看書或借書。當時我聽了這話,非常驚奇。(《趙萬里文集》第二卷,第 479 頁)

《〈西諦書目〉序》:記得 1930 年夏天,我在他上海虹口東寶興路寓所中,看到他新收的天一閣舊藏的幾種明版詞集。中有明人夏言的《桂洲詞》、夏暘的《葵軒詞》、陳德文的《建安詩餘》,紙墨俱佳,十分漂亮,但作品功力不深,風格不高,值得一讀的寥寥無幾。引得我注意的,倒是那厚厚的一册明嘉靖間四川嘉定九峰書院刻本元遺山編的《中州樂府》,字大

如錢,刻工於粗獷中寓有質樸氣息,後來毛氏汲古閣本、朱氏《彊村叢書》本都以此爲祖本。(《趙萬里文集》第二卷,第291頁)

8月2日,周作人來函。

　　按:周作人當日日記發信欄列"趙萬里"(《周作人日記(影印本)》下册,第98頁)。

8月10日,啓程返回北平,爲張元濟帶鈔本《五百家播芳大全》與傅增湘。

　　張元濟致傅增湘函:本月十日趙君萬里北旋,托帶呈鈔本《五百家播芳大全》一部,計當達到。(《張元濟全集》第三卷,第376頁)

8月18日,與朱自清、浦江清宴請吳宓,爲其游歐餞行。

　　吳宓日記:6—9再至中央公園長美軒,赴朱自清、浦江清、趙萬里三君餞宴,並見黃節先生,而葉君亦至。(《吳宓日記:1930—1933》,第98頁)

8月20日,傅增湘致函張元濟,謝招待先生觀書,并告知先生托帶之《五百家播芳大全》次日即可送到。

　　傅增湘致張元濟函:頃趙萬里回平,道及在申縱覽珍儲,飽飫眼福,極感盛意。攜來《播芳大全》,明日即送到(八十册照收)。(《張元濟傅增湘論書尺牘》,第245—246頁)

8月22日,午赴傅斯年仿膳宴,徐中舒、毛準、顧頡剛同席。

　　顧頡剛日記:到仿膳吃飯。……今午同席:趙萬里、徐中舒、毛子水、予(以上客),孟真(主)。(《顧頡剛日記》第二卷,第432頁)

8月,所撰《記長樂鄭氏影印〈新編南九宮詞〉》載《國立北平圖書館館刊》第四卷第四號。

　　《記長樂鄭氏影印〈新編南九宮詞〉》:鄭振鐸君近出其所藏明刻《新編南九宮詞》影印行世。鄭君並有跋文,附於卷末。跋云:"《六如居士集》引《三徑詞選》,未知即此書否?勾吳圻山山人有《新刻三徑閒題》,自當別係一書。毗陵蔣孝曾編《南九宮譜》,爲沈璟《南譜》所本,書雖不存,序文猶在。《南詞新譜》,其書爲曲譜,且譜刊於嘉靖己酉,與此迥别也。"案:君説非是。《三徑詞選》實即《三徑閒題》,余所見《明三徑閒題》下卷有唐寅散曲,正與《六如居士集》合,可證也。此書題曰"新編"者,實對《舊編南九宮譜》言之。《舊編南九宮譜》題三徑草堂刊,與此舊題曰三徑草堂編者正同。余嘗於平中友人案頭見之。據其卷首序文,知即蔣孝《南曲譜》。蔣譜明季已罕見,徐天池《南詞叙錄》中叙之甚明。今乃知其明代有重刻本,且尚有此書與之輔翼而行,至可喜也。此書每半葉十二行,行二十四字,與蔣譜行款不同,然其刊工體勢固無稍異。三徑草堂未詳爲何人別署，据舊編序文"友人蔣君盈甫手録《南九宮詞》"一語觀之，似此書即盈甫所輯。鄭君舉蔣之翹所刻書題三徑草堂，謂此書乃蔣姓所編，至此始得其證矣。(《趙萬里文集》第二卷，第 244 頁)

同月，所撰《北平圖書館善本書志·明別集類》十四種刊於《國立北平圖書館館刊》第四卷第四號。

　　按：該號刊登者爲《龍谿王先生全集二十二卷》、《水部稿三卷》、《趙文肅公文集二十三卷》、《方山薛先生全集六十八卷》、《王鶴泉集八卷》、《無聞堂稿十七卷》、《東岱山房詩録二卷外集一卷》、《李文定公貽安堂集十卷》、《副墨八卷》、《弇州山人續稿二百零七卷目録十卷》、《天目先生集二十一卷》、《緑波樓集十卷》、《西征稿八卷》、《王奉常集六十九卷目録五卷》等十四則。

9 月 12 日，吴宓啓程赴歐，與朱自清、浦江清等至火車站送行。

　　吴宓日記：老姨太及張生送宓登火車，姑母一家則有碩、顒、潤諸表兄弟妹來送。友朋則有張奚若、錢端升，又遇楊震文、徐祖正、趙文珉等。至平日知友之來送者，則浦江清、趙萬里、朱自清諸君。(《吴宓日記：1930—1933》，第 120 頁)

9 月 16 日，顧頡剛來函。

　　顧頡剛日記：寫鄭介石、趙萬里信。(《顧頡剛日記》第二卷，第 439 頁)

10 月 10 日至 12 日，北平圖書館在中南海居仁堂館舍舉辦圖書展覽會，展出近兩年新入藏善本書六百零五種。

10 月，所撰《國立北平圖書館圖書展覽會目録》載於《國立北平圖書館館刊》第四卷第五號。

　　《國立北平圖書館圖書展覽會目録》引言：此届展覽各書純係十七年至十九年此二年間所購置者，而舊有之書不與焉。年來舊槧益稀，書價騰貴，以云探訪，洵屬匪易。又復限於經濟，捉襟見肘，其間辛苦備嘗，夤夜奔走，遠窮海外，近出南中。本客觀態度，求多方發展，不蔽於一見，不局於一隅。此同人所斤斤自勵，應請社會人士鑒原者也。兹所選列，雖不及全數之半，然其精華，實萃於是。並世方家，幸督政之。十九年十月。(《趙萬里文集》第一卷，第 403 頁)

　　按：此目以四部分類法編排，著録經部書十一種、史部書一百七十二種、子部書一百五十二種、集部書二百七十種，總計六百零五種。

　　又按：此目又有單行本，名爲《國立北平圖書館圖書展覽會目録》，由北平圖書館於本月印行。單行本引言與《館刊》本同，惟落款署"十九年雙十節國立北平圖書館識"。

同月，所撰《北平圖書館善本書志·明別集類》三十種刊於《國立北平圖書館館刊》第四卷第五號。

　　按：刊登於該號者爲《雲邨先生文集十四卷》、《東洲集二十卷》、《龍湖先生文集十四卷》、《田叔禾小集十二卷》、《趙氏家藏集八卷》、《李中麓閒居集十二卷》、《西村詩集二卷附補遺》、《何翰林集二十八卷》、《吉陽山房摘稿十卷》、《十嶽山人詩集四卷》、《徐文長文集三十卷》、《黄淳父先生全集二十四卷》、《鶴鳴集三十五卷》、《蟬衣生粤草十七卷蜀草七卷》、《馮元成選集三十卷》、《貝葉齋稿四卷》、《消暍集二十二卷》、《幔亭集二十卷》、《周季平先生青藜館集四卷》、《容臺文集十卷詩集四卷別集六卷》、《歇庵集十六卷》、《鄭侯升集四十卷》、《妙遠堂全集四十卷》、《青棠集八卷》、《銅馬編二卷》、《牆東集二十二卷》、《鹿裘石室集六十五卷》、《小築遍言十六卷》、《悟香集三十卷附四課》、《南枝草一卷》等三十則。

　　又按：《北平圖書館善本書志·明別集類》一書本年刊於《國立北平圖書館館刊》者共計七十二種，此後未見續刊。後先生參撰《續修四庫全書總目提要》，明別集類大多出自先生之手，此七十餘則多收入其中。

初冬，擬爲北平圖書館購宋本《揚子法言》，與邢之襄相争不下，經傅增湘斡旋，終以之相讓。

　　傅增湘《宋本揚子法言跋》：庚午初冬，文友書坊收書於順德，獲海源閣所儲殆數十部。余急往觀之，大率多鈔校之本，而殘佚居其半。宋刊獨有此書，惜只存二、三兩册。留置案頭者匝月。余語主人魏經脄，謂：“此乃蜀賢名著，於理當歸余，俾與豫章本《方言》爲侣，亦大佳事。”經脄言：“此殘帙無人過問，可暫置此，終當爲君致之。”歲杪，經脄之弟慎甫在津門聞有《法言》二册在肆中，急取重金令會文李賈爲物色之。嗣李詗知蹤跡，反金於慎甫，而陰自取書以歸。同學邢君贊庭聞其事，亟挾此二册去，而争論自兹起矣。方余之返書於文友也，趙君斐雲知之，走肆中索是書。經脄告以余已有夙約矣，斐雲堅欲爲館中收此書，便詣會文取其半，李佁以邢捷足先得告之，斐雲意不無稍望，乃堅持之不釋。贊庭亦頻過廠市督促經脄，終不得要領。於是趙與邢各挾其半不相下，賈人且乘此機以要高價，而余以最先約定者轉若毫無關係，且咸浼余斡旋其間。余乃商於斐雲，爲完成是書計，宜讓贊庭收之，且余已不復追理最初之約矣。斐雲亦欣然慨諾，緣是而兩方之書重集於吾齋，余得以從容勘讀者又百餘日焉。爰詳考同異而志於册，且兼述交涉之顛末，以見二君愛書之摯，癖古之深，展轉遲回，終使豐城劍合，合浦珠還，爲書林留一段佳話。顧余以創獲之

人,乃交臂而無所獲,撫卷之餘,又惘然若失矣。(《藏園群書題記》,第293—294 頁)

11 月 11 日,錢玄同借去《殷虚書契後編》一書。

　　錢玄同日記:向趙斐雲借王釋之《殷虚後編》來,擬逐録之。(《錢玄同日記》〔整理本〕,第 771 頁)

　　　按:此書於 1916 年由倉聖明智大學印行,收入"藝術叢編",署名爲"羅振玉輯"。錢玄同日記中稱該書爲王國維釋。

11 月 15 日,顧頡剛來訪,未遇。

　　顧頡剛日記:到斐雲處,未晤。(《顧頡剛日記》第二卷,第 459 頁)

12 月 6 日,午後顧頡剛來訪;晚赴商承祚宴,容庚、顧頡剛同席。

　　顧頡剛日記:到趙斐雲處,到市場吃飯,錫永所請。……今晚同席:趙斐雲、容希白、予(以上客),商錫永(主)。(《顧頡剛日記》第二卷,第 466 頁)

12 月 17 日,赴米糧庫四號賀胡適四十壽辰。

　　　按:次日《晨報》刊出趙元任作《胡適之先生四十正壽賀詩》,開列拜壽人名單,中有先生之名。

同日,顧頡剛來函。

　　顧頡剛日記:到書社,寫父大人、范仲澐、趙斐雲、嚴既澄信。(《顧頡剛日記》第二卷,第 469 頁)

12 月,獲聘爲國立清華大學中文系講師,擔任目録學、校勘學二門,月薪百元。

　　　按:清華大學校務會議 12 月 12 日致各委員函件稱:"項據中國文學系主任函稱,該系研究所導師傅沅叔先生業經因病辭職,所授目録學、校勘學兩科亟需有人接替,擬聘趙萬里先生繼任爲講師。趙先生前在北海圖書館編輯月刊,現任北平圖書館采訪部事,學殖見聞俱甚廣博,自去年起在北大兼課,本年並加授校勘學,本校聘爲目録、校勘兩科講師,頗爲相宜。待遇因授課四小時,按該系本年新聘講師例,擬定月薪百元,以十月計。自本月起薪。"(清華大學檔案《推薦趙萬里爲中文系講師》)

本年冬,《校輯宋金元人詞》編成。

　　　按:《校輯宋金元人詞》例言末條謂:"此編草創於十六年之秋,至十九年冬竣事。宋元人所著說部別集繙閱殆徧,易稿凡三四次,然所得僅此。"

本年,上海中國書店發現明萬曆刻本《西游記》一頁,此頁後由先生轉贈鄭振鐸。

鄭振鐸《西游記的演化》：三年前，上海中國書店在某書封皮的背面，發現明刻本《西游記》的一頁，詫爲奇遇。後此頁由趙斐雲先生送給了我。這一頁萬曆寫刻本《西游記》的發現，便是這四大套吳本全書發現的先聲。（《西諦書話》，第 59 頁）

本年，先生兼任北平中國大學國學系講師。

　　按：1930 年 12 月編印的《北平中國大學教職員録》載先生爲國學系講師，地址爲“東安門宗人府西夾道一號”。（《北平中國大學教職員録〔民國十九年十二月編印〕》，第 20 頁）

1931 年　先生二十七歲

本年，先生任國立北平圖書館采訪部中文采訪組組長、善本部考訂組組長、金石部館員及編纂委員會委員。時徐森玉兼任采訪部、善本部、金石部主任；中文采訪組組員有爨汝僖、張恩龍二人，書記有韓公遠、趙静和二人；考訂組組員有李耀南、陳恩惠二人；金石部館員另有范騰端一人。（《本館職員一覽〔二十年六月〕》，《國立北平圖書館館務報告〔民國十九年七月至二十年六月〕》，第 67—76 頁）

1 月 2 日，訪馬廉，晤錢玄同。

　　錢玄同日記：晚在隅卿處晤趙斐雲。（《錢玄同日記》〔整理本〕，第 780 頁）

1 月 4 日，夜，浦江清來訪，留宿。

　　浦江清日記：五時半與孫氏一群人同進城，夜宿斐雲家。（《清華園日記　西行日記》，第 44 頁）

1 月 5 日，與浦江清赴西四姚家胡同訪陳寅恪，不值。

　　浦江清日記：晨八時半起。與斐雲同謁陳寅恪先生（西四姚家胡同），不在。……至北海静心齋中央研究院歷史語言研究所訪徐中舒、趙良翰兩君。……是夜欲回斐雲寓所，以中舒堅留，遂止。（《清華園日記　西行日記》，第 44 頁）

1 月 6 日，浦江清來訪，不值。

　　浦江清日記：晨八時半起，回斐雲寓所，斐雲已出，遂出，獨游廠甸。（《清華園日記　西行日記》，第 45 頁）

1 月 8 日，晚七時赴浦江清清華學校西客廳宴，顧隨、俞平伯、葉石蓀、錢稻孫、葉公超、畢樹棠、朱自清、劉廷藩同席。席散後，與錢稻孫、浦江清於西客廳長談。

　　浦江清日記：今晚要請客。下午邀葉石蓀、俞平伯諸人。斐雲來。晚七時在西客廳宴客，到者有顧羨季（隨）、趙斐雲（萬里）、俞平伯（衡）、葉石蓀(廥)、錢稻孫、葉公超(崇智)、畢樹棠、朱佩弦(自清)、劉廷藩,客共九人,湘喬與梁遇春二人邀而未至。席上多能詞者,談鋒由詞而崑曲,而皮簧,而新劇,而新文學。錢先生略有醉意,興甚高。客散後,錢先生與斐雲留余於西客廳談,燈熄繼之以燭。斐雲即宿西客廳。(《清華園日記西行日記》,第45—46頁)

1月9日,回城。

浦江清日記:風仍不止。斐雲與錢先生晨即回城。(《清華園日記西行日記》,第46頁)

1月18日,錢玄同交《廣韻》與先生複寫影印。

錢玄同日記:午前將《廣韻》交趙斐雲去複寫影印,據説中研院可出此錢。(《錢玄同日記》〔整理本〕,第783頁)

按:同月23日錢玄同日記載:"韻書已照來,決由中央研究院出錢照,而我們印之。照得甚佳,勝於原照。十一時項再改計劃書。"(《錢玄同日記》〔整理本〕,第784頁)

1月,致函傅斯年,談翻拍敦煌刻本《切韻》、印行《校輯宋金元人詞》、爲《慶祝蔡元培先生六十五歲論文集》撰稿等事。

致傅斯年函:兹將應陳者四事條舉如下:(一)前日忽於友人處(錢玄同先生)見巴黎國民圖書館藏五代刻本《切韻》照片十六葉,云自日人處得來,此實校(韻)〔勘〕《廣韻》及研究韻學之無上材料,因即轉交鑄新照相館重照一次,攝影費擬由所中擔任,未知可否。(二)弟之《校輯宋金元人詞》已印成五之四,全書五厚冊,得約四百葉,都七十卷。俟"自序""凡例""引用書目""總目"印成後,即可裝訂,封皮擬請沈尹默先生書之。關於定價等事,擬日內來所與先生一商。(三)蔡孑民先生還歷紀念所中擬出專刊,弟擬定題目凡二,(1)跋金刊本《劉知遠傳》,(2)校輯《大元一統志》序録,未知先生以爲如何。(原函存傅斯年圖書館)

按:蔡孑民先生還歷紀念專刊,即國立中央研究院歷史語言研究所1933年編印之《慶祝蔡元培先生六十五歲論文集》,趙萬里爲該書撰《兩宋諸史監本存佚考》一文。此函提及的"跋金刊本《劉知遠傳》",未見發表,至1958年撰有《崇高的友誼——記蘇聯政府贈送的〈劉知遠諸宮調〉和〈聊齋圖説〉》一文,刊於《文物參考資料》1958年第7期;《元一統志》輯本則遲至1966年始由中華書局出版。

2月4日(農曆庚午年臘月二十八日),偕袁同禮、徐森玉攜北平圖書館藏書九種參加傅增湘祭書會。

許寶蘅日記:赴沅叔約祭書會,至者柯鳳孫、夏閏庵、章式之、陳仲騫、陳援庵、徐森玉、沈羹梅、張庚樓、袁守和、趙萬里、劉詩孫、傅治薌,主客十四人,羹梅作記,余書之。主人所陳列者:鈔《永樂大典》玄字韻;《太玄經》,有陳仁子輯注、胡次和集注兩種,乃當世孤本;又舊鈔《詩話總龜》,上下兩編,上編原爲莫氏所藏,下編沅叔得之南方,乃得延津之合,誠異事也;援庵攜示王懷祖《廣雅疏證》手稿三册,原稿每字下皆有音切,均删去,或有附見於疏證末者,疏證中於習見之字原有引據,輒復删去,或有先引《史記》,後引《漢書》而同義者,輒删後説,足見當時之矜慎,並不以炫博爲貴,若有以爲漏略而議補綴者,不知皆作者所棄之餘也;又有宋本數種,惟《吕氏童蒙訓》二册乃紹定刻本,最可愛。(《許寶蘅日記》,第1372—1373頁)

許寶蘅《藏園祭書會記》:歲庚午小除夕,藏園主人爲祭書之會,循曩例也。時微雪晚霽,園亭清絶,盆梅綻萼,新香襲裾。與會者爲江夿夏閏庵、長樂林夷叔、汾陽王志盦、嘉定徐星曙、武進陶蘭泉、杭邵倬盦、袁文藪、江夏傅治薌、武進陶心如、新會陳援庵、蕭山朱翼盦、南宮邢贊庭、吴興徐森玉、武陵余季豫、豐潤張孟嘉、徐水袁守和、興文何小葛、海寧趙斐雲,期而未至者膠西柯鳳孫、長白彦明允、江夏楊祇庵、豐潤張庾樓、侯官邵幼實。芳醪既設,簡編襍陳,主人出今歲所得宋本,有《歐陽居士集》廿九卷、《文苑英華》十卷、《禮部韻略》五卷、《魏書》一百十四卷、《後漢書》四十九卷、《咸淳臨安志》十卷,皆銘心絶品也。其餘舊刻明抄,如黄蕘圃校《劉子新論》、陳仲遵校《邵氏聞見録》、影宋本《北山小集》、涂楨本《鹽鐵論》、明抄《孔毅父集》、周松藩《西夏書》稿本,亦爲罕秘。諸客則各攜所藏,以饜矜賞,最録其目,列於後方,以誌今年會事之盛。余新自齊齊哈爾歸,獲預座末,既翫珍秘,復共雅談,羈旅離索之懷,爲之一洗。爰記其事,以貽主人。杭許寶蘅記。

北平圖書館北宋蜀刻《李太白集》三十卷、元至正本《草堂詩餘》二卷、明鈔本《大金國志》四十卷、錢遵王藏明鈔《安南圖志》一卷、黄蕘圃校明鈔《李群玉集》、又校宋本《剡録》、馮竇伯鈔《支遁集》一卷、又《貞白集》二卷、又《追昔游》一卷;徐星曙藏宋岳氏刻《左傳》一卷、明周忠介公手札卷子;邵伯絅藏明拓石鼓文、董文敏書册、邵半廬先生致曾文正手札卷子;袁文藪藏唐人寫《妙法蓮華經陀羅尼品二十六》卷子;傅治薌藏舊鈔《東觀餘論》三卷、舊鈔《九僧詩》;陳援庵藏魯監國五年《大統曆》、舊鈔《元典章》四種、自著《元典章校記》稿;陶心如藏黄縣丁氏舊藏七字古鈢(舊釋爲單佑越南王之鈢)、翁宜泉校大典本《泉志》、黄小松《載書圖》;邢贊庭藏宋治平本《揚子法言》、黄蕘圃校《湘山野録續録》。(俞國林惠示;前半圖版又載《許寶蘅日記》書前)

2月7日,影印《廣韻》成書。

錢玄同日記:韻書已印來,每部八元,由八人(錢、馬二、四、九、趙萬、趙憨、劉半、魏)分攤。送一分給吉川氏。(《錢玄同日記》〔整理本〕,第787頁)

2月14日,顧頡剛來訪,未晤。

顧頡剛日記:訪趙斐雲,未遇。(《顧頡剛日記》第二卷,第494頁)

2月25日,寄漢熹平石經《周易》照片與錢玄同。

錢玄同日記:趙萬里寄來漢石經《周易》兩大塊照片,字甚多,即前年年底所見之塊之上(?)半,係于右任之物,他將拓本贈森玉者也。(《錢玄同日記》〔整理本〕,第790頁)

2月,所輯《校輯宋金元人詞》七十三卷由中央研究院歷史語言研究所出版。

按:該書自一百三十餘種四千多卷古書中輯得七十家詞作一千五百餘首,大規模輯錄久已散佚之宋金元人詞集,大多爲毛晉、王鵬運、江標、朱孝臧、吳昌綬諸家彙刻詞集所未收。附《宋金元名家詞補遺》一卷,收詞人三十家,詞作一百四十二首。該書輯佚方法細密、體例謹嚴,輯佚書必詳舉出處,便於翻檢原書、覆核文字,並有助於從原書之可靠程度判斷所引文字真僞。每詞皆注明引用原書,一詞下往往注明六七種來源,多者達十二三種,均以時代爲次。異文亦一一夾注於行間,校勘縝密。贗作或前人誤題者作爲附錄列於卷後,並詳加考校。書中以點表示逗頓,以圈表示韻脚,略依前人詞譜之例,頗便研究參考。全書引證之豐,校輯之精,遠過前人。書前有胡適序,謂先生自序中"彙刻宋人樂章,以長沙《百家詞》開始,至余此編乃告一段落"一語,"不是自誇,乃是很平實的估計";又有自序,"詳著宋世湘浙閩各地刊詞始末";書後有自跋,補正書中之說五條。

又按:此書出版後,隨即得到詞學界的重視。胡適在序中說:"這部書的長處,不僅在材料之多,而在方法和體例的謹嚴細密。"將其長處歸納爲五點:"第一,輯佚書的方法,清朝學者用在各種方面,收效都極大。但詞集的方面,王鵬運、朱孝臧諸人都不曾充分試用過;有時偶爾用它,如四印齋的《漱玉集》,又都苟簡不細密。到萬里先生才大規模地采用輯佚的方法來輯已散佚的詞集。他這書的成績,便是這方法有效的鐵證。第二,輯佚書必須詳舉出處,使人可以復檢原書,不但爲校勘文字而已,並且使人從原書的可靠程度上判斷所引文字的真僞。……萬里先生此書每詞注明引用的原書,往往一首詞之下注明六七種來源,有時竟列舉十二三種來源,每書又各注明卷數。這種不避煩細的精神,是最可敬又最有用的。第三,輯佚書的來源不同,文字上也往往有異同。萬里先生此書把每首詞的各本異文都一一注出，這是校書的常法，而在文學史料上這種方法的功用最大，因爲文學作品裏一個字的推敲都不可輕易放過。……第四，此書於可疑的詞，都列爲附錄，詳加考校，功力最勤。……第五，向來王、朱諸刻都不加句讀，此書略采前人詞譜之例，用點表逗頓，用圈表韻腳，都可爲讀者增加不少便利，節省不少精力。”

龍榆生《〈唐宋金元詞鉤沉〉序》謂：“晚近之專精於此者，則有江山劉子庚氏之《唐五代遼金元名家詞輯》，輯録失傳已久之唐宋元詞集近六十家，采摭之勤，有足多者，而真贋雜採，抉擇未精，識者憾焉。海寧趙斐雲君，繼兹有作，遂成《校輯宋金元人詞》七十三卷，謹嚴縝密，遠勝劉書，詞林輯佚之功，於是粲然大備矣。”（施蟄存主編《詞籍序跋萃編》，第 747 頁）

唐圭璋《〈全宋詞〉緣起》謂：“近日海寧趙斐雲復於諸叢集外輯得宋詞五十六家，考校精審，突過前賢，增補遺佚，創獲尤多。”（《全宋詞》，第 1 頁）唐圭璋《讀詞三記》謂：“1931 年萬里自己所撰《校輯宋金元人詞》七十三崒出版，計收宋詞別集五十六家、金詞別集二家、元詞別集七家、宋元總集二家、宋人詞話三種、宋金元名家補遺一卷，既補晚清諸家彙刻詞集之遺，又一掃清以來詞選真僞不分、妄增妄刪之弊。關於宋代各地刻詞之情況，所引書之版本來源，俱叙述詳盡，指陳明確，有條不紊，有卷可查，豐富詞學之知識，顯示科學之謹嚴，其影響極其深遠。”評價先生“對詞學貢獻尤巨，繼承先修，啓迪後學，實事求是，多所發明，開一代之風氣，爲學術之典範”。（《南京師院學報》〔社會科學版〕1982 年第 4 期，第 47 頁）

夏承燾《天風閣學詞日記》1931 年 10 月 8 日、10 日分別評論：“閱趙萬里《校輯宋金元人詞》共七十三卷，王庭珪《盧溪詞》（明抄本）、稼軒詞丁集（明抄本）、劉子寰《篁嶁詞》（典雅本）、馬廷鸞《碧梧玩芳詩餘》（大典本）、袁易《静春詞》（明抄）、楊宏道《小亨詩餘》（大典本）、魏初《青崖詩餘》（大典本）、張之翰《西崖詞》（大典本）、劉敏中《中庵樂府》（元刻本）、洪希文《去華山人詩》（舊抄本）十種，皆各家彙刻詞所未收。其餘輯本，亦用力甚勤，見書甚多。此編出，劉子庚所輯六十家可廢矣。”“趙君在國内，得見《永樂大典》百餘册，搜得佚詞甚多，此等勤勞，益人不少。”（《夏承燾集》，第 5 册第 237 頁）

3 月 2 日，晚訪馬廉，晤魏建功、錢玄同。

錢玄同日記：晚在隅卿處晤建功、斐雲。（《錢玄同日記》〔整理本〕，第 791 頁）

3 月 13 日，車中遇俞平伯。

　　俞平伯《秋荔亭日記（一）》：至北大上課，取薪水，歸途車中遇趙澄、趙萬里。（《俞平伯全集》第十卷，第 219 頁）

　　3 月 17 日，與俞平伯同車赴清華。

　　俞平伯《秋荔亭日記（一）》：返清華時與趙斐雲同車。（《俞平伯全集》第十卷，第 220 頁）

　　4 月 3 日，顧頡剛撰致先生函，引見朱士嘉。

　　顧頡剛日記：士嘉來，爲士嘉寫趙斐雲信。（《顧頡剛日記》第二卷，第 514 頁）

　　4 月 9 日，晚訪馬廉，晤錢玄同。

　　錢玄同日記：晚餐在隅卿處，趙斐雲同食。（《錢玄同日記》〔整理本〕，第 796 頁）

　　4 月 15 日，清華大學國文系《清華中國文學會月刊》出版創刊號，先生擔任顧問。

　　《清華中國文學會月刊》顧問名表：朱佩弦、俞平伯、陳寅恪、徐祖正、浦江清、郭紹虞、黃暉聞、商承祚、張怡蓀、馮友蘭、楊遇夫、趙元任、趙萬里、羅莘田、劉叔雅。（《水木清華：二三十年代的清華校園文化》，第 367 頁）

　　按：《清華中國文學會月刊》自第二卷第一期起改名爲《文學月刊》，至 1932 年 5 年停刊，共出版 3 卷 9 期。

　　4 月 24 日（農曆三月初七），校清康熙四十一年席啓寓琴川書屋刻《唐詩百名家全集》本《姚少監詩集》。

　　按：此本見於北京德寶國際拍賣有限公司 2008 年春季藝術品拍賣會古籍文獻專場、2017 年夏季拍賣會古籍專場，現存國家圖書館。存《姚少監詩集》、《羊士諤詩集》、《臺閣集》、《溫庭筠詩集》、《張司業詩集》、《孟東野詩集》等六種。《姚少監詩集》臨黃丕烈校，有題識“辛未三月上巳後四日臨於喜福堂之東廡時”。

　　又按，《臺閣集》題“辛未三月校明銅活字本”，校畢日期不詳。《溫庭筠詩集》題“十月初七夜校明刻黑口本訖”，校勘時間亦在本年前後。附記於此。

　　4 月 26 日，任中敏向先生贈送所輯《散曲叢刊十五種》。

　　按：此書見於 2015 年 11 月 22 日北京泰和嘉成拍賣有限公司 2015 年秋季藝術品拍賣會古籍文獻專場，編號 1278。圖版見泰和嘉成拍賣有限公司網站：http://www.thjc.cn/web/auctionShow/viewAuctionItem?auctionItemId＝63989&fromPage＝auctionShow［2017.3.29］。書前有任中敏題識：“斐雲學兄指謬。弟任中敏手贈。廿、四、廿六。”鈐“任中敏印"朱文方印。據拍賣公司介紹,趙萬里批校一過。

4月29日(農曆三月十二日),校畢清康熙四十一年席啓寓琴川書屋刻《唐詩百名家全集》本《羊士諤詩集》。

按:有題識"辛未三月十二日校明活字本畢"。

4月,女兒趙虹生。

5月,所撰《舜盦經眼書録之一》載於《清華中國文學會月刊》第一卷第二期。

按:此文收"改定元賢傳奇十六本"、"衆香詞六卷"、"史記索隱集解正義一百三十卷"等書志三則。

6月5日,傅斯年致函王獻唐,謂先生可借校海源閣舊藏明嘉靖銅活字藍印本《墨子》。

傅斯年致王獻唐函:又嘉靖藍印本趙斐雲有法借校。(《近代史資料文庫》第9卷,第539頁;《傅斯年全集》第7卷,第102頁)

按:據王獻唐《海源閣藏書之損失與善後處置》(《山東圖書館季刊》第一集第一期,1931年3月)中"海源閣藏書中,近年國人多注意其明藍印銅活字本《墨子》"一語,知傅函所謂"嘉靖藍印本"即此書。

6月7日,上午與徐森玉訪馬廉,晤錢玄同,受錢之托代訂《貞松堂集古遺文》。

錢玄同日記:上午至隅卿處,晤趙、徐。趙謂羅遺老之《貞松堂集古遺文》已付印,價卅元,現預約十五元,因即托趙訂購一部。(《錢玄同日記》〔整理本〕,第805頁)

6月14日,顧頡剛來訪。

顧頡剛日記:予與履安分路,到趙斐雲處,到玄同先生處,並晤建功、隅卿。(《顧頡剛日記》第二卷,第536頁)

6月中旬,蔣夢麟致函傅斯年,商議聘先生爲北大副教授及待遇。

蔣夢麟致傅斯年函:頃致趙萬里先生一信曰:"承先生惠允執教北京大學,至感。另函奉上副教授聘書,敬乞接收。從此北大多一光寵,何勝欣幸。薪俸爲三百元,依教授副教授例得依北大校長之同意在外兼課四小時以內,北平圖書館袁副館長表示願聘先生爲名譽編纂,月送津貼五十元,而先生亦告傅孟真先生深願爲北平圖書館成就其善本書目,此待遇當以兼課二小時論。又先生在中央研究院歷史語言研究所擔任之特約編輯員,據傅孟真先生述云待遇亦與袁副館長所談之條件相同,亦應以兼課二小時計。一切如荷同意,敬乞惠復。"此中關於貴所之件,乞查照見復爲荷。(原函存傅斯年圖書館)

6月15日,傅斯年復蔣夢麟函,告以北京大學聘先生任教與該所規則並無不合。

　　傅斯年致蔣夢麟函:關於趙萬里先生在敝所擔任事,查來函所開與敝所規則並無不合。(《傅斯年遺札》,第370頁)

　　同日,傅斯年來函,談津貼、板稅支取辦法,及校輯墓誌之編印事務。

　　傅斯年函:日前中舒先生以尊恉見示,旋承先生親告以下半年不領津貼事。適弟正在算下半年的賬目中,匆匆未以奉答爲歉。兹算賬三星期,薪水成數之支配,始終未能如院所限定,不得已之餘,恐只能遵命矣。特約員之津貼事,二年前由院取消,故去年先生待遇之辦法,已改爲一次計算而分月付給,故每月有一臨時收據。兹截至本月份止,可以合來寫一收據,俾將臨時收據奉還,以便報銷。此總收據即注明係校定《廣均》工作費收據,似爲便也。《宋元詞》與《廣均》兩書之板稅辦法,前年先生言,《廣均》爲在所工作,《宋詞》等於代印,故似乎《宋詞》應計版稅,而《廣均》則否。然如需版稅(《廣均》),亦可照辦,當於定價中照加,所加恐不能多耳。至《魏墓誌輯》一書,如已編就目録,當可付印。好在此書巨大,一時印不出,故陸續尚有辦法也。(印式亦求省錢爲宜。)又于右任處之藏石,如需用即煩森玉先生一索,或托蔡先生一索,如何?《唐人墓誌輯》,弟自極樂觀厥成。惟此時正在裁書記(已裁數人),如將此件分期送所抄寫,尚可布置。撥一書記,則此時無此力量矣。經費絀損,凡百艱困,如何如何!(《傅斯年遺札》,第371—372頁)

　　6月25日,國立北平圖書館文津街新館舍舉行落成典禮,並舉辦善本古籍展覽。

　　6月30日,午赴錢玄同、黎錦熙等十一位教授宴,蔡元培、李石曾、胡適、任鴻雋、翁文灝、蔣夢麟、周寄梅、袁同禮、徐森玉等同席。

　　錢玄同日記:午至擷英,今日以十一人請十一人吃飯。被請十一人:蔡、李、胡、任、翁、趙、蔣、周(家梅)、袁守、徐僧、趙萬。請者十一人:錢、黎、沈、陳、魏、白、汪、趙、蕭、孫、劉也。(《錢玄同日記》〔整理本〕,第809頁)

　　本年初夏,張爾田借先生臨王國維校本《欽定蒙古源流》,逐録王國維校語補充沈曾植《蒙古源流箋證》。

　　張爾田《蒙古源流箋證》序:此書寫成,復從趙君萬里假得傳録亡友王靜安本。靜安自識云:"乙丑重九假沈庵宮保所藏蔣楂書屋鈔本比勘竟,鈔本亦有脱落,文字頗勝於此本也。永觀堂記。"細審其本,脱誤亦與通行本同,實未大遠於先生所據諸本。惟靜安簡端籤語邨精,頗可與斯箋印合處,今遴其碻當及小有意者都載箋中,稱王靜安校以别之。原稿仍歸趙氏。辛未首夏孟劬再記。

趙萬里臨王國維校本《欽定蒙古源流》張爾田跋：此亡友王靜安據瓻楂書室舊鈔校本而趙君萬里迻録者也。今春理董沈乙盦尚書《蒙古源流事證》，從趙君假得此本，據以入録。瓻楂舊鈔較之通行各本，雖間有是正，文字劣而脱落亦未能盡補，末卷闕字至數行，其尤著也。惟靜安簡端時列籤語，精碻殊多，頗有與乙盦丈暗合者，足見學者讀書之不苟。趙君爲靜安入室弟子，遺書皆出其手定。欣斯道之有傳，悲故人之長往，泫然書之。辛未首夏張爾田題記。（趙深惠示）

1930—1931 年度，先生在館職司中文書籍采訪事務，所獲甚豐。

《國立北平圖書館館務報告（民國十九年七月至二十年六月）》：本年度所采購之中文書籍，其豐美直開以前所未有之紀録，兹分下列諸方面略述之：（一）詞曲小説書。此項書籍本館前此所收已多，然罕見者尚少。此次得武進董氏藏書之半，始蔚然爲大觀。舉其要者，如息機子輯《古今雜劇》二十五種、鄒式金《雜劇三集》殘本十種、傳奇《櫻桃夢》、《箜篌記》、《題紅記》、《玉環記》、《大成麒麟記》、《浣紗記》、《南柯記》、《花筵賺》等俱係明刻本，間有附精圖者。此外在平中所購得者，如《繡刻演劇》五十二種，内富春堂刻本凡十餘種，又收得明刻《靈寶刀》，凌刻《繡襦》、《拜月》、《紅梨》三種，均今日極罕見之戲曲也。綜本館前後收得明刻戲曲書，約得百六十種。合之清刻，當在三百種以上，而尋常習見之本尚不在内，可謂盛矣。詞學書以元刻《草堂詩餘》爲最著，題建安何士信編選，爲別本所未具，可稱驚人秘笈。此外又星鳳閣趙氏鈔本宋人詞六册，多足正俗本訛誤。説部書有萬曆本《三國演義》、明末刻《生綃剪》、《警世通言》等，均今日治通俗文學者所必讀之要籍也。（二）古地志書。宇内所藏古地志書向以内閣大庫及范氏天一閣舊藏爲最富，内閣書早歸本館，而天一閣書則散落各處，無從糾結。此次本館在南中收得不少，最可驚人者爲嘉靖《四川總志》八十卷、萬曆《四川總志》二十七卷、嘉靖《保寧府志》十四卷三書，宇内殆無第二帙，當時川中流傳者早燬於明末匪亂，則范氏保存古籍之功誠不可没矣。此外有萬曆《西寧縣志》、萬曆《順德縣志》、萬曆《無錫縣志》、嘉靖《吳江縣志》、嘉靖《葉縣志》、嘉靖《陝西通志》及《全遼志》、《八閩通志》，除無錫、吳江、陝西三志外，均范氏故物也。（三）乾隆間禁書。此次收得之乾隆間禁書，均較前此所購者尤爲罕見可貴，舉其著者如毛瑞徵《皇明象胥録》、諸葛元聲《兩朝平攘録》、焦竑《獻徵録》、譚元春《譚子詩歸》、吕留良《晚村集》、陳繼儒《眉公十種藏書》、曾異撰《紡授堂集》、韓四維《叢桂堂集》、無名氏《喜逢春傳奇》、丁耀元《全集》、范景文《昭代武功編》、郭增光《緯弢》、沈承《即山集》、葉向高《蒼霞草七集》、潘檉章《松陵文獻》、鄧原岳《西樓集》、張采知《采堂集》、陸可教《學士遺稿》等,俱今日極名貴之書也。(四)海源閣藏書。海源閣藏書近時散出甚多,迄今所收得者如永樂本《歐陽修撰集》、嘉靖本《雪牎集》、叢書樓鈔本《宋遺民錄》、嘉靖本《蔡中郎集》、明覆宋本《梁溪漫志》、楊慎等校刻本《梁昭明集》、正德刻本《水經》白文、萬曆本《兩京遺編》、嘉靖本《春秋繁露》、《閩南道學源流》等均是。此後所續得者或當倍蓰於是,然就已收得者論之,亦非無可觀矣。(五)《永樂大典》。本館自上年度即與國內外公私藏家商請以所藏《大典》錄副,藉廣流傳,茲將本年六月三十日以前收到影攝或影鈔之卷數開列如左:卷六六四一、卷七五一五之七五一六、卷七六七七、卷八〇二一、卷一〇一三五之一〇一三六、卷一〇四六〇、卷一四三八五、卷一四六〇七之一四六〇九、卷一四六二二、卷一四六二七、卷一九七三五、卷二〇一三九,以上十六卷由牛津大學藏本影照;卷一一三六八之一一三六九,以上二卷由倫敦圖書館藏本影照;卷一一九〇三之一一九〇四、卷一三四九八之一三四九九、卷一九七八九之一九七九〇,以上六卷由英倫博物院藏本影照;卷一三四五三,以上一卷由美國康南爾大學藏本影照;卷二二六〇之二二六一、卷二二六六之二二六七、卷二四〇四之二四〇五、卷八六二八之八六二九,以上八卷由安南河內遠東學院藏本影照;卷一三一九三之一三一九四,以上二卷由英倫某君藏本影照;卷一〇四八三之一〇四八四,以上二卷由德國漢堡大學藏本影照;卷三六一四、卷五三四五、卷八九七九、卷二二五七〇之二二五七一、卷二二七六〇,以上七卷借吳興丁氏百一齋藏本影鈔;卷四八〇之四八一、卷五五一之五五三,以上五卷借南京國學圖書館藏本影鈔;卷二五三五之二五三六、卷二五三九之二五四〇、卷六五五八之六五五九、卷七五一〇、卷七五一三之七五一四、卷二二七四九之二二七五〇,以上十三卷借上海涵芬樓藏本影鈔;卷一四九四九、卷二〇五七三,以上二卷借坎拿大葛思德文庫藏本影鈔;卷四八九之四九〇、卷二二五七之二二五九、卷七三九三之七三九四、卷一八二〇七之一八二〇九,以上十卷經高曙青公使介紹由巴黎購得;卷八〇九一之八〇九三,以上三卷由美國 John Inglis 夫婦捐贈。本年共收七十七卷,計四十四冊,合舊藏共一百五十三冊。此外明人別集、雜著及明鈔、舊鈔、影宋鈔約得一百餘種,具詳本年度圖書展覽會目錄,茲不復贅。(第19—25頁)

　　本年度,先生繼續從事善本書庫整理及編目工作。

　　《國立北平圖書館館務報告(民國十九年七月至二十年六月)》:本館自去歲制定《中文編目條例》後,即着手進行編目事務。今已完成者有:(一)叢書五百餘部;(二)清代志書四千六百餘部;(三)經子集三部普通書一千六百餘部。製成卡片約三萬張,依著者、書名、類別詳細著錄。他

日告成，定予學人以極省時間之檢查而得至大之便利也。善本書目先從
明代文集着手，已編就者暫名善本書志，陸續在館刊中發表。（第 28 頁）

本年度，先生向國立北平圖書館捐贈圖書九種十册：《論曲絶句》一册，
《爾室文鈔》一册，《惺莽焚餘稿》一册，《尚書義粹》一册，《客人叢書》二册，
《潛社詞曲刊》一册，《金學士國史循吏傳稿》一册，《金正希先生年譜》一册，
《胡氏宗支紀略》一册。（《贈書人名録》，《國立北平圖書館館務報告〔民國
十九年七月至二十年六月〕》，第 51 頁）

本年度，先生繼續擔任中研院史語所特約編輯員，從事《廣韻》校勘等
研究工作，並擬編纂《漢魏六朝冢墓遺文圖録》。

傅斯年《國立中央研究院歷史語言研究所十九年度報告》：特約編輯
員趙萬里本擬於年内完成《廣韻》定本之編輯，嗣因一部分校勘材料須至
日本攝製宋版《廣韻》，費時甚久，故須下年方能完畢。（《傅斯年全集》第
六卷，第 192—193 頁）

按：此報告第五章《下年度研究計劃大綱》内開列"趙萬里　編纂
《魏齊周隋之墓誌》"一條（《傅斯年全集》第六卷，第 199 頁），即指《漢
魏六朝冢墓遺文圖録》。

7 月 1 日，晚赴趙蔭棠宴，同席有錢玄同、馬裕藻、馬廉、張鴻來、李益華、
盧逮曾、劉半農、顧頡剛等。

顧頡剛日記：到西長安街廣和飯莊，應趙憩之邀宴。……今晚同席：
錢玄同、馬幼漁、馬隅卿、張鴻來（號少元，天津人，住琉璃廠西門外北極閣
九號）、李益華、盧逮曾、劉半農、趙斐雲、予（以上客），趙蔭棠（主）。（《顧
頡剛日記》第二卷，第 542 頁）

7 月 12 日，午黎錦熙、孫楷第、徐森玉宴請馬廉，錢玄同、先生作陪。

錢玄同日記：午，黎劭西、孫子書、徐森玉三人賞隅卿在福生吃飯，陪
客爲錢玄同、趙萬里、魏建功，魏因事未至。食畢同至孔德，下午建功亦
來。（《錢玄同日記》〔整理本〕，第 811 頁）

7 月 16 日，致函張元濟，介紹馬廉赴涵芬樓閱天一閣舊藏古籍。

致張元濟函：敝友鄞縣馬隅卿先生，乃幼漁先生季弟，于明清通俗文
學及簿録之學，均有研究。此次南歸，擬一觀涵芬樓所藏天一閣舊物，敬
請賜予方便，至禱至禱。新得元刻《大元一統志》殘本一册，記海鹽縣名
跡至詳，可備參考，日内即寫影寄呈，到請賜收爲叩。（《張元濟全集》第
二卷，第 531 頁）

按：據《張元濟全集》，此函有張元濟批注兩則，其一爲："敬祈岫
廬、柏丞先生臺閱。如蒙允許，即乞就近告知鄭振鐸君爲荷。張元濟。
20/7/21。"其二繫於"涵芬樓所藏天一閣舊物"處："皆蔣氏所藏。"有王

雲五批注:"請柏翁先事核奪辦理,並復菊翁。雲。"

7月21日,夏承燾致函劉節,詢及先生所校輯宋金元佚詞,並告知其正從事編輯全宋詞癸集。

夏承燾《天風閣學詞日記》:發劉子植北平圖書館書,托雇鈔陳元龍白石詞鈔。……並問趙斐雲(萬里)之宋元佚詞,告近從事全宋詞癸集。(《夏承燾集》,第5冊第218頁)

8月4日,傅增湘致函張元濟,告知托先生帶還《播芳大全》七十九冊等事。

傅增湘致張元濟函:兹乘趙君萬里南來之便,特將前假館藏之鈔本《播芳大全》七十九冊寄還,敬祈照收(前次曾還一冊,共全書八十冊)。再檢館中有顧曲軒雜劇一書,侍刻需用考查,如易檢尋,可否就交趙君攜回,尤荷。……《雩史》一書要否,歐集印成否?《郡齋讀書志》盼先睹,乞先寄一部,價即照奉。此二書如交趙君攜北,尤荷。……前言照宋版《文苑英華》,刻劉翰臣有十卷在敝處,已爲裝訂成。若須照印此冊,可先付照,乞就近通知京華辦理。若交還再借,則爲難矣。乞示及。欲照館藏之百卷,可便與趙君一言之。(《張元濟傅增湘論書尺牘》,第265—266頁)

8月7日,導朱自清參觀北平圖書館。

朱自清8月8日致陳竹隱函:昨天早上冒雨和趙君參觀北平圖書館,看得很詳細,覺得極有意思。後來上中國旅行社打聽車票的事。因爲早上喝粥太多(最愛喝趙家的粥),便到青雲閣吃蘿蔔絲餅。(《朱自清全集》第十一卷,第43頁)

8月上旬,啓程南赴滬杭。

按:傅增湘8月13日致張元濟函稱:"前日交趙萬里寄呈《播芳大全》七十九冊,計已達覽矣。"(《張元濟傅增湘論書尺牘》,第266頁)據此函及上引傅增湘8月4日致張元濟函,則此次先生南下,啓程時間當在8月上旬。

8月10日,午於鄭振鐸宅晤何柏丞、王伯祥、陳乃乾等;擬下午赴寧波,客輪因風停駛,未成行。

王伯祥日記:午時因振鐸見招,勉過其家喫飯,晤斐雲,一悃愊少年也,初識者不知其爲目錄版本專家也。(《王伯祥日記》,第8冊第240頁)

陳乃乾日記:至振鐸家午餐,同座有趙斐雲、何柏丞、王伯祥諸人。斐雲、振鐸本定今日赴甬,飯後同赴寧紹碼頭,知甬輪阻風不開,因折回惠中旅館,同晚餐於皇宮。(稿本影印件存海寧市檔案館)

8月11日,偕鄭振鐸離滬赴寧波。

陳乃乾日記:至惠中訪斐雲,知已赴甬矣。(稿本影印件存海寧市檔案館)

8月中旬,在寧波探訪天一閣,因范氏家族主事者下鄉收租,未能登樓閲書。

《重整范氏天一閣藏書記略》:民國二十年的夏天,我從北平去上海。目的在訪問廬江劉晦之先生,預備跟着我的朋友容希白、徐中舒先生,一同去參觀劉先生自藏的青銅器。及至到了上海,結果和我預定的計劃完全相反。在商務印書館遇見鄭振鐸先生,無意中談起天一閣。我提議乘着朋友們未到上海的當兒,不妨先赴寧波一游。立時決定了應走的路綫,從杭州渡江,乘公路汽車出發。那時馬隅卿先生正在原籍休假,我們到了寧波,馬先生歡迎我們到他家裏去住。在寧波勾留了一星期,天一閣去了二次。閣前一泓清水,有小橋可通前後假山。青藤和不知名的羊齒類植物,蔭蓋着全部的山石。石上小亭搖搖欲墜。回視閣的全部,僅有五樓五底的容積。西邊一間,有梯可達閣之上層;東邊一間,租給閒人住着,炊煙正從窗縫裏吹向閣的上空,那時住家的媳婦正在預備晚餐。閣的東西柱上,懸着薛叔耘的對聯。旁外的柱上,掛着范氏傳統的戒條,"不准子孫無故開門入閣,罰不與祭"等等條例。樓上的窗戶,關的像鐵桶一般的嚴緊。細察閣的建築方式,和其他寧波住宅並無多少不同之點。所用材料,簡陋非凡。消防設備,簡直等於零。和藏《四庫全書》的文淵閣規模相比,真有天淵之別了。我不信文淵閣是模仿着天一閣蓋的。我們本想直奔閣上參觀,因爲范氏族長不在,無人負責招待而罷。後來請鄞縣縣長陳冠靈先生和小學校長范鹿其先生交涉,又因范氏族中主事者到鄉下收租去了,一時不得回來,我們急於離甬,參觀閣書之議遂無形擱置。這一次到甬的成績,除了在一位新認識的朋友家發現了一部天一閣舊藏明藍格鈔本鍾嗣成原本《錄鬼簿》和賈仲名《續錄鬼簿》,合隅卿、振鐸和我三個人的力量,以二日一夜之力,鈔了一部副本以外,沒有其他驚人的發現可以值得稱道。(《趙萬里文集》第二卷,第470—471頁)

8月16日至18日,與鄭振鐸、馬廉在寧波訪書,鈔得《錄鬼簿》、《續錄鬼簿》二書,並訪得明本《忠義水滸傳》殘本八回。

《明鈔本〈錄鬼簿〉跋》:事情已經過去整整三十年了。現在回想起來,還恍如目前。一九三一年夏天,我計劃去寧波參觀范氏天一閣的藏書,並會晤那時在原籍養病的馬隅卿先生。約鄭西諦先生同行,西諦一諾無辭。我們乘了一輛大汽車從杭州對岸西興直開曹娥,再轉火車去寧波。到後,就和西諦同寓隅卿月湖老宅東廂房中,良友重逢,歡喜逾常。其時我別西諦已一年,別隅卿且二年矣。一日,往訪孫祥熊先生,孫先生正在庭前曝書,我們在書堆中發現《錄鬼簿》和《續錄鬼簿》一册,明鈔藍格,一望而知爲范氏天一閣故物。借歸以校康熙間曹棟亭刻本,始知無名氏編《錄鬼簿續編》確爲孤本,向所未見,並發現明鈔本《錄鬼簿》之特點有三:一、兩本人數多寡不一。明鈔本卷上前輩名公四十五人,曹本四十一人;明鈔本卷下方今才人五十一人,曹本則增至五十五人。二、卷下方今才人《凌波仙》弔曲,曹本僅有官天挺等十九人,明鈔本弔曲不缺。《凌波仙》,就是北雙調《水仙子》曲牌的別名。三、兩本著録不僅雜劇多寡、名稱、序次不同,文字亦多不同。例如王實甫名德信,曹本就脱去"名德信"三字。劇目下題目正名,非常重要,曹本全脱。粗粗對校一過,我們很快就發現了這些特點,大家高興得跳起來。隅卿特地叫人在樓下裝了一隻一百支光的大燈泡,我們三人立即動手影鈔,我鈔上卷,西諦鈔下卷,隅卿鈔《錄鬼簿續編》,費了一夜和一個上午的時間,終於鈔成了。那一次我們在寧波,除了鈔得明鈔本《錄鬼簿》外,還在林集虛大酉山房發現姚梅伯手稿《今樂考證》六册。這二書,都是研究中國戲曲史的重要參考文獻。一九三七年五月,距隅卿去世已經兩年多,北京大學爲了悼念他,特地把《錄鬼簿》影印出來,這就是我們三人合鈔的本子。一九四六年十月,明鈔本《錄鬼簿》從寧波孫祥熊先生家散出,西諦舉債得之,大喜過望,寫信給我報告這件事,我覆信爲他得一奇書致賀,並云願爲一跋以記我三人訪書因緣。一九四九年,西諦北來,行篋中攜有此書,我們朝夕聚首,晴窗展讀,其樂無窮。(《趙萬里文集》第二卷,第322—323頁)

鄭振鐸明刊本《新鐫女貞觀重會玉簪記》跋:當我第一次見到這部書的時候,離開現在將近三十年了。那時,趙斐雲將赴寧波訪書,馬隅卿恰好閒居在家鄉,斐雲約我同行,我少年好事,一諾無辭。海上颶風適大作,不能作海行,乃經杭州、紹興,乘大汽車達寧波。我們住在隅卿老宅的東廂,晝夜豪談。謀登天一閣不得,則訪書於馮孟顓、朱鬷卿、孫祥熊之家。孟顓、鬷卿皆盡出所有,以資探討。孫君獨吝,遲遲乃出明藍格鈔本《錄鬼簿》,後附有續編者,及明白棉紙刻本《女貞觀重會玉簪記》二書。二書出,他書皆暗然失色。我們相顧動容,細細翻閱數過,於《玉簪記》的插圖,尤爲欣賞不已,然終不得不捧書還之。獨於《錄鬼簿》則不忍一釋手,以其中的戲劇資料皆爲第一手的,少縱即逝。乃向主人力請一假,約以次日歸趙。孫氏慨允我們之請。我們心滿意足,抱書而回。就在當夜,拆書爲三,由我們三人分寫之,這是值得通夜無眠地來抄寫的。這部抄本後來由北京大學付之影印,人人均可得見之了。(《西諦書目·西諦題跋》,第27—28頁;《鄭振鐸全集》第17卷,第634頁)

鄭振鐸明鈔本《錄鬼簿》跋:十七八年前,趙斐雲先生自北平南下訪書。時馬隅卿先生方歸四明，杜門讀書，我輩偶發豪興，欲至甬訪之，藉以登天一閣觀未見書。海上颱風適大作，未能成行。便先至杭州，轉紹興，至寧波。中途趕車，獨雇大汽車一，飛馳而去。西湖、鑒湖之勝，皆不暇攬之矣。至則與隅卿先生日夕歡談，意興豪甚。隅卿出札記數冊相示，皆有關小說戲曲之掌故與史料也。予與斐雲大喜過望，竟鈔數十則。又有《明代版畫刻工姓氏錄》一冊，予睹之如獲異寶。隅卿云：此錄創始於陳大鐙氏，王孝慈得之，復加增補若干人。隅卿從孝慈處鈔出，又就所知補入若干。予請於隅卿，窮半日之力，復傳錄之。就所憶及者，又補入若干。隅卿更就予所補者補入焉。此數日放誕高論，旁若無人，自以爲樂甚。夜寓隅卿老宅東廂，屋頂作半穹形，大似明代版畫中之圖式，古趣盎然。予嘗笑謂二君曰：是入王伯良校注《西廂記》之畫中矣。隅卿日奔走謀一登天一閣，而終格于范氏族規，不得遂所願。蓋范氏嘗相約，非曝書日，即子孫亦不得登閣也。於是我輩乃謀訪鄞地各藏書家，盡數日之力，于馮孟顒、朱鬱卿、孫蝸廬諸氏所藏，皆得睹其精英焉。孟顒所藏姚梅伯稿本甚多，予鈔得姚氏《今樂府選》全日，殊爲得意。鬱卿藏曲子亦不少。蝸廬於書深藏秘錮，而於我輩則盡出其佳品。《女貞觀重會玉簪記》是白綿紙本，劫中曾出現於滬市，予無力收之，爲徐君伯郊所得。而爲余輩所最驚心動魄，相視莫逆於心者，乃是明藍格鈔本《錄鬼簿》一書，後附無名氏《續錄鬼簿》一卷，爲研究元明間文學史最重要之未發現史料。余輩丐求攜歸細閱一過，蝸廬慨然見允，他書遂亦無心相賞矣。立攜書歸，竭三人之力，於燈下一夕鈔畢。後此鈔本北大曾付之影印。又于大酉山房見姚氏之《今樂考證》，亦矜爲秘笈。後爲隅卿所得，北大亦嘗爲之覆印。此行所獲良多，歸裝固不儉也。今者世事大變，隅卿墓木已拱，蝸廬亦已下世。隅卿所藏書盡散。蝸廬所藏，頃亦爲杭賈挾之滬上求售。予見此明藍格鈔本《錄鬼簿》，不能不動心，索六十萬金，乃舉債如其數得之。亟函告斐雲，斐雲云：將爲一跋以記之。予乃述我輩訪書經過，以貽斐雲。嗚呼！當時少年氣盛，豪邁不可一世，今友朋之樂盡矣。誰復具好書之癖如我輩者，而斐雲與予亦垂垂老矣。（《西諦書目·西諦題跋》，第31—32頁；《鄭振鐸全集》第17卷，第640—641頁）

按：此鈔本現藏趙府，封面題：“錄鬼簿二卷續編一卷。影寫天一閣舊藏明藍格鈔本。二十年八月十六日海寧趙萬里、長樂鄭振鐸、鄞馬廉同寫，十八日畢。”眉端、葉脚並有先生批校。此鈔本所據之底本今存中國國家圖書館。

《〈西諦書目〉序》：記得1931年8月，我們同到寧波訪書，偶然在林集虛大酉山房的書架上發現棉紙印本《忠義水滸傳》殘本八回，西諦大喜過望,認爲這就是嘉靖年間武定侯郭勛的校刊本,在現存《水滸傳》版刻中,再没有比它更早的了,是一個新的重大的發現。當時我就表示異議,覺得嘉靖刊本是十分可能的,但武定侯郭勛刊的可能性並不大,因爲它和郭勛刊的《元次山文集》、《白樂天文集》字形和版式都不相同,和嘉靖本《雍熙樂府》比較,也有顯著的差別。(《趙萬里文集》第二卷,第293頁)

8月24日,在滬訪劉承幹,不值。

劉承幹日記:趙萬里來,未見。(《求恕齋日記》,第10冊第105頁)

8月25日,上午訪徐乃昌;午劉承幹來訪;晚董康邀宴,晤鄭振鐸、劉承幹、陳乃乾、瞿濟蒼等。

徐乃昌日記:趙斐雲(萬里,北京大學副教授,北平圖書館編纂委員,海寧人)持沅叔介紹書來。鄭振鐸、陳乃乾先後至,出觀明萬曆《縉紳》,舊鈔《注坡詞》《史記法語》,宋巾箱本《九經》、鎵斐軒《詞林韻釋》,元刻本《説文韻譜》《朱淑真集注》。斐雲屬介紹劉晦之,當即往商,答以午後一時至二時,又五時後均可接見。……兩訪趙斐雲未遇,留字條告晦之接見時間。(《徐乃昌日記》,第8冊第19頁)

劉承幹日記:午後至新惠中答趙萬里,坐談片刻。萬里贈予《校輯宋金元詞》一部,係萬里手輯新出版者。晚七時至威海路中社,應授經之招,到者萬里、鄭振鐸、陳乃乾、瞿濟蒼(名熾邦,良士三子)、授經及予六人。是時風雨大作,宴後予與諸人同車,送彼等回寓。雨向窗間射入車中,衣稍沾濕。(《求恕齋日記》,第10冊第106頁)

陳乃乾日記:晚間授經約余及趙萬里、鄭振鐸、劉翰怡、瞿□□飯於中社。是夕疾風驟雨,止宿於惠中旅舍。(稿本影印件存海寧市檔案館)

8月26日,徐乃昌來訪,偕訪劉體智;與陳乃乾共進午餐。

徐乃昌日記:訪趙斐雲于新惠中旅館,水阻不得入。……趙斐雲來,同訪劉晦之,觀藏書宋本《文苑英華》十卷(北宋江西刻本,宋印)、東坡《制誥集》(徐行可藏巾箱本,北宋本,宋印)、《陸宣公集》,元刻大字《孟子》、《禮部韻略》、《詩傳通釋》,宋殘本《咸淳臨安志》二冊(海源閣舊藏),又觀矢尊(已贈揚本)、𠁥雨盂(晦之尚未購成,程秉泉已贈揚本),又一卣,器極佳,未得拓本也。……趙斐雲允假《新安大好紀麗》刻入《安徽叢書》。(《徐乃昌日記》,第8冊第21—22頁)

陳乃乾日記:午刻與萬里飯於皇宮,午後歸。(稿本影印件存海寧市檔案館)

8月27日,訪陳乃乾;晤徐乃昌,洽購其所藏《詩觀》;劉承幹來函,交付《宋會要》稿本、清本;晚赴劉承幹宴,張元濟、鄭振鐸、張宗祥、張乃熊、瞿濟蒼、黄公渚等作陪。

陳乃乾日記：萬里來。（稿本影印件存海寧市檔案館）

徐乃昌日記：至中國書店。趙斐雲購《詩觀》，擬一百八十元，允之。……訪趙斐雲未遇。（《徐乃昌日記》，第 8 冊第 22—23 頁）

劉承幹 8 月 26 日日記：囑剛甫作書致姬覺彌、趙萬里、賀性存。（《求恕齋日記》，第 10 冊第 107 頁）

劉承幹函：《宋會要》稿本、清本今特裝兩木箱送上，另坿細單，請察入。刑法二十冊，現在授經丈處，俟檢還再行寄奉，至序文及續編四十卷，大約一月之後可以奉上。今晚小酌，務請光降，萬勿見却爲盼。（上海圖書館藏《求恕齋信稿》稿本）

劉承幹日記：今晚讌趙萬里，陪者張菊生、鄭振鐸、張冷僧、張芹伯、瞿濟蒼、公渚，九時半散席。（《求恕齋日記》，第 10 冊第 107—108 頁）

　　按：據次日劉承幹函，當日劉承幹將《宋會要》稿本、清本交與先生。此書北平圖書館以四千元購得。

8 月 28 日，與徐乃昌互贈書籍；劉承幹來函，向北平圖書館贈嘉業堂所刊書十八種。

徐乃昌日記：中國書店交來代售《詩觀》洋一百八十元。贈趙斐雲《玉臺新詠》（棉連紙印）、《宋元科舉三録》（連史紙印），斐雲亦贈我《永樂大典戲文三種》、《校輯宋金元人詞》五冊。（《徐乃昌日記》，第 8 冊第 25 頁）

劉承幹日記：囑剛甫作書致趙萬里（托帶送北平圖書館書十八種，送伊二種）。（《求恕齋日記》，第 10 冊第 109 頁）

劉承幹函：昨蒙光降，蓬蓽增輝，祇以盤飧草草，有褻嘉賓，殊深歉仄。茲奉上拙刊十八種，係贈貴館者，敬坿行旌以往。又送上書影《聖學宗傳》兩種，藉備執事瀏覽。昨日奉上《宋會要》稿本、清本兩種，稿本議定歸貴館，清本則將來編次之後仍還敝處，敬希臺洽。明日榮行，不及走送，至歉。（國家圖書館檔案）

同日，午赴鄭振鐸宅宴，晤馬廉、周越然、周予同、王伯祥等。

王伯祥日記：午飯於振鐸家，晤隅卿、蜚雲及實學通藝館經理張伯岸（之銘），餘客則越然、予同、愈之、仲雲、調孚也。（《王伯祥日記》，第 8 冊第 258 頁）

8 月 29 日，午赴徐乃昌宴，晤董康、鄭振鐸、黃賓虹、陳乃乾等。

徐乃昌日記：午刻約趙斐雲、董綬經、鮑扶九、黃賓虹、陳乃乾、程演生、鄭振鐸素飡。約而未至者許際唐、汪鞠卣、劉晦之。（《徐乃昌日記》，第 8 冊第 25 頁）

陳乃乾日記：積餘招午餐，到萬里、授經、振鐸、賓虹、演生諸人。（稿

本影印件存海寧市檔案館)

8月30日,張元濟致函傅增湘,告知托先生帶書數種。

　　張元濟致傅增湘函:托趙斐雲帶去顧曲齋本傳奇八册,又春間所購《藝文類聚》四十本、《春秋纂例》十二本,合一包。(《張元濟全集》第三卷,第385頁)

9月4日,午魏建功邀飲,錢玄同同席。

　　錢玄同日記:午建功約飲於雨花臺,因趙斐雲自南來也(僅此三人)。(《錢玄同日記》〔整理本〕,第821頁)

9月13日,徐乃昌致函陳乃乾,談與先生借書事。

　　徐乃昌日記:覆陳乃乾書(趙斐雲借《注坡詞》,日内將提要錄出交來青閣轉呈李元之。《三禮便蒙》、《江蘇石刻文編》改讓價一百廿元。借趙斐雲《新安大好紀麗》,借乃乾《姚仲虞集》)。(《徐乃昌日記》,第8册第45頁)

9月14日,天津《大公報·文學副刊》第192期報道先生將影印珍本詞集多種。

　　《學術界雜訊》:海寧趙萬里君既校輯宋金元人詞爲巨編以餉學者(全書七十三卷,實價四元,中央研究院歷史語言研究所出版),近又出其於南北藏家歷年搜羅所得古刊本及舊鈔本多種,次第影印以廣流傳。兹探得其暫定之目錄如下:(一)南唐二主詞一卷,明萬曆間虞山吕氏刻本;(二)樂章集三卷,明趙元度手寫本;(三)東坡詞注十二卷,宋傅榦撰,舊鈔本(此書宋以後久佚);(四)梅苑十卷,酈宋樓舊藏汲古閣影鈔本;(五)草堂詩餘二卷,元刻元印本。以上各書無一非驚人秘笈,爲三百年詞人從未得見之奇書,一旦合爲一編,豈非快舉。爰誌之並以祝趙君之成功。

9月19至20日,北平圖書館於文津街館舍舉辦水災籌賑圖書展覽會。展品以北平館舊藏與新購的善本古籍爲主,共七百餘種。此外還有營造學社、西北科學考察團、東方文化會圖書籌備處、清華大學圖書館、文禄堂書店、孫伯恒、鄭振鐸、傅增湘、周暹、朱幼屏、朱希祖、邢贊庭等機構與藏書家藏書二百五十餘種。(《國立北平圖書館水災籌賑圖書展覽會目錄(二十年九月十九日)》;王致翔《國家圖書館早期(1929—1936)舉辦的文獻展覽》,《國家圖書館學刊》2005年第2期,第78頁)

9月19日,顧頡剛等赴北平圖書館參觀賑災展覽會,晤先生、錢稻孫、徐森玉等。

　　顧頡剛日記:振鐸來,同到北大三院看明清史料,到北平圖書館看賑災展覽會,書甚多,晤斐雲、稻孫、森玉等。(《顧頡剛日記》第二卷,第564頁)

同日，傅增湘致函張元濟，告知收到先生所帶書。

傅增湘致張元濟函：斐雲寄到顧曲軒雜劇，已收到。其《藝文類聚》二書因交車上包寄後到，今日爲館中水災展覽開會，尚未付來，必不誤也。（《張元濟傅增湘論書尺牘》，第267頁）

9月23日至25日，《北京大學日刊》載《史學系教授會通告》，公布該系選課辦法，先生爲指導教師之一。

《史學系教授會通告》：本系選課事宜，蔣夢麟先生委托馬衡、傅斯年、陳受頤、趙萬里四先生擔任指導。茲由四先生商定關於選課辦法三條，望本系同學查照。（一）一年級選乙類功課者，以一種爲限。（二）二三四年級選他系功課以代乙類科目者，以與史學有關係者爲限。（三）第一外國語在二年級爲必修科，以三單位計算。（四）第二外國語作爲選修科目，單位照每週授課鐘點數折半。

9月起，繼續在北京大學史學系講授本學年本科一年級《中國史料目錄學》課程，同時另開《中國雕版史》課程。

吴相湘《胡適之先生身教言傳的啓示》：一九三三年九月初，我負笈北上入學。當時是蔣夢麟先生主持"新北大"。胡適之先生擔任文學院院長，陳受頤先生任史學系主任教授，相湘按報考第一志願入史學系肄業。史學系一年級課程中，"中國史料目錄學"是趙萬里先生講授，將史料分別爲"地下史料"、"紙上史料"兩大類。殷墟甲骨、商周銅器、漢代簡牘、敦煌寫經、明清檔案等講授完畢後，對歷代史籍內容大要、版本流別等分別舉述。加以趙萬里先生時任國立北平圖書館善本組主任，在一學年每週三小時課堂講授以外，又幾次帶領我們同學入北平圖書館陳列室及書庫參觀，實地解説。我們得見許多一般人難得一見的文物珍品，如原藏熱河省避暑山莊文津閣的《四庫全書》以及鐘鼎銅器、甲骨文、漢簡和明清兩代學人名士的手稿函札、清代著名營造大匠雷氏歷代製作的"樣子"（模型）等。不僅引起我們對歷史研究的興趣，也稍稍知曉治史的門徑：中國歷史史料如此豐富、國史研修的範圍如此廣闊，一切正是我們要努力以赴的。每一回憶及此，深感這一"中國史料目錄學"安排於史學系一年級，對於初窺史學門徑的青年學生如相湘等裨益深遠。後來，南京國民政府教育部制訂大學各院系課程標準，史學系四年級學生才有"中國史部目錄學"課程。不僅時間延後三年，"史部"範圍又只是經史子集四部之一，是指紙上史料，遠不如"史料"含容的廣闊。（《回憶胡適之先生文集》，第17—18頁）

吴相湘《賢父名師教誨恩》：北大史學系一年級有"中國史料目錄學"課程，趙萬里先生講授。趙先生是國立北平圖書館善本組主任，過眼文物極繁多。這一課程名稱"史料",而不采鄭鶴聲撰"中國史部目錄學"的習用名稱,顯然是將範圍擴大,不局限於傳統的經史子集四"部",而放眼於紙上史料與地下材料,即對於紙上材料如史籍等也詳其版本源流與異同,更注意宫廷檔案、私人文獻等。趙先生常帶同學去北平圖書館參觀各種善本書、梁啓超個人文獻、故宫博物院檔案、鐘鼎彝器、甲骨、漢簡等,這對初入史學系的學生是最富吸引力與啓發性的,許多同學都深感興趣,我個人受益尤多。(吴相湘《三生有幸》,第 23 頁)

按:據尚小明《北大史學系早期發展史研究:1899—1937》第四章《新史學課程體系的建立與演變》所列"1931—1932 年度北大史學系開設課程"表,本年度先生所開《中國史料目錄學》爲甲類課程,即"史學之一般科目",每週三小時;《中國雕版史》爲乙類課程,即"近於專題研究者",每週二小時。(第 106—107 頁)

又按:據同書"1931—1937 各年度北大史學系課程開設情况"表,《中國史料目錄學》各學年均列爲必修科,同樣每學年均列爲必修科的僅有《歷史研究法》一科,足見此課程在北京大學史學系課程體系中的重要地位;《中國雕版史》則僅在 1931—1932 學年開設一次。(第 108—109 頁)

10 月 2 日,晚錢玄同、馬裕藻、鄭振鐸來訪。

錢玄同日記:晚訪萬里,與幼漁約在其家會西諦也。(《錢玄同日記》〔整理本〕,第 825 頁)

10 月 6 日,傅斯年致王獻唐函提及北平學者影印《泉屋清賞》,由先生編纂目錄。

傅斯年致王獻唐函:住友之《泉屋清賞》,平中友人集中一全份,而影照之,由趙斐雲兄編一目。三集照像,約五十餘元,不知貴館要一份否?(《近代史資料文庫》第 9 卷,第 540 頁;《傅斯年全集》第 7 卷,第 103 頁)

10 月 9 日,國立北平圖書館委員會議決館購書委員會組織,先生受聘爲中文組委員兼書記。

國立北平圖書館委員會會議記録(第二次):關於購書委員會之組織,議決分中文、西文二組,每組設書記一人,分組開會,但遇必要時得開聯席會議。推定陳垣、胡適、顧頡剛、陳寅恪、傅斯年、徐鴻寶、趙萬里七人爲中文組委員,丁文江、胡先驌、陳寅恪、傅斯年、孫洪芬、王守競、顧子剛七人爲西文組委員,並指定趙萬里爲中文組書記,顧子剛爲西文組書記。(《北京圖書館館史資料彙編:1909—1949》,第 335 頁)

10 月 10 日,午錢玄同、馬裕藻宴請鄭振鐸,先生與魏建功作陪。

錢玄同日記:午至趙萬里家,今日馬幼漁與我請西諦吃飯,約趙、魏二

人作陪也。在趙家取齊，同至東興樓吃。（《錢玄同日記》〔整理本〕，第826頁）

10月30日，朱自清自倫敦致函浦江清，托其便中向先生致候，並代還二十元。

朱自清致浦江清函：平中舊友有何消息？斐雲處弟實荒謬之至，尚未寄信，明日當寄去。他教書情形，想必甚佳。第二小趙公想來長得很胖，而第一小趙公必能走了。見面時乞向他們伉儷致意。……趙宗堯君在此，曾同游數次，他不久歸國，我將托他帶四磅英金回去交給吾兄，請換成中國錢，還趙公二十元。（《朱自清全集》第十一卷，第148頁）

按：第一小趙公，指先生之長子趙深，時年二歲。第二小趙公，指先生之女趙虹，時年半歲。

10月，所撰《海源閣遺書經眼錄》（一）載於《國立北平圖書館館刊》第五卷第五號。

按：該文收《經典釋文三十卷》、《國語補音三卷》、《史記法語八卷》、《宋遺民錄十五卷》、《珊瑚木難八卷》、《武林舊事十卷二冊》、《毘陵集二十卷》、《玉楮詩稿八卷》、《湖山類稿五卷附亡宋舊宮人詩詞》、《燕喜詞一卷》等書志十則。

又按：該文標題標明序號一，當爲未完之作，但此後未見刊出二、三等。

11月12日，午後顧頡剛來訪。

顧頡剛日記：飯後到景山書社，到趙斐雲處，並晤徐森玉。（《顧頡剛日記》第二卷，第580頁）

11月14日，午後參加北平圖書館購書委員會會議，議購藏蔣汝藻所藏明人文集三千餘冊事。

顧頡剛日記：到北平圖書館，謁覺明、以中等，參加購書委員會，五時半先退席。……北平圖書館購書委員會爲下列諸人：陳援庵（主席）、胡適之、陳寅恪、傅孟真、袁守和、任叔永、趙萬里、徐森玉、予。今日所討論者爲買蔣夢蘋所藏明人文集三千餘冊事。（《顧頡剛日記》第二卷，第590頁）

12月9日，撰成《兩宋諸史監本存佚考》。

按：此文結論謂："宋時諸史監本，顯有三大統系。《南雍志》以小字《史記》當元饒州路刊本，知明中葉間已無人能剖別矣。如謂不然，則請引群經正義宋刻本以證之。群經正義中單疏本、越州本及閩中附釋音本鼎足而立，亦可謂之小字、大字、中字三種，與諸史無異。惟附釋音本（即群經正義之中字本）乃閩中所刊，而非南宋監本，此其異於諸史者耳。"此文載國立中央研究院歷史語言研究所 1933 年編印《慶祝蔡元培先生六十五歲論文集》上册。

12 月 16 日,傅增湘致函張元濟,請其接待先生觀善本書,並托帶書。

傅增湘致張元濟函:兹因趙萬里南來,如《通鑑紀事本末》取到時,可交其攜回爲叩。再館藏之宋本《魏志》、《左傳正義》趙君未寓目,欲求拜觀,敬祈推愛,俾得一閲,以慰其遠來渴慕之思。(《張元濟傅增湘論書尺牘》,第 277 頁)

12 月中下旬,在滬爲北平圖書館定購天一閣舊藏多種。

徐乃昌十一月十四日(12.22)日記:觀楊壽祺、孫仲淵新得蔣孟蘋書,大都天一閣故物也。皆爲趙萬里所定取。(《徐乃昌日記》,第 8 册第 132 頁)

12 月 24 日,偕董康、沈駿聲訪劉承幹。

劉承幹日記:董授經、沈駿聲(紹興人,大東書局經理)、趙萬里(北平圖書館館員)同來。(《求恕齋日記》,第 10 册第 173 頁)

12 月 25 日,於汲古齋晤徐乃昌。

徐乃昌日記:在汲古齋先後晤吴湖帆、趙萬里。(《徐乃昌日記》,第 8 册第 135 頁)

同日,傅增湘致函張元濟,請其托先生帶書。

傅增湘致張元濟函:前函曾請就趙萬里北上攜來,敬祈執事與之約定,瀕行再付之。渠似便往浙蘇一行。(《張元濟傅增湘論書尺牘》,第 277 頁)

12 月 26 日,張元濟致函王同愈,介紹先生往觀宋本五臣注《文選》。

張元濟致王同愈函:敝友趙君斐雲,供職北京圖書館有年,於版本極有心得。聞鄴架有宋刊五臣注《文選》,亟思一睹,屬爲介紹。倘蒙推愛延見,發篋相示,俾拓眼界,感如身受。(《張元濟全集》第一卷,第 231 頁)

12 月 26 日,張元濟來函,談 28 日接待先生看涵芬樓存金城銀行善本書事宜。

張元濟函:前日辱承枉顧,獲聆教益,欣快不已。宋刊《春秋正義》現在金城銀行保險庫中,已向敝公司接洽,訂於本月廿八日下午二點鐘派徐君蓮僧在該行拱候,届時請移駕前往。弟因病未全愈,不能偕行,甚以爲歉。即以此信出際徐君,便可發篋。尚有宋裝《國語》,亦值得一看,亦已轉知徐君檢呈矣。《宋會要》全稿約估當有一千萬字弱,已送至敝公司閲看,卷帙過巨,尚在籌畫。外附致王勝之先生信一件,即祈瞽入。(《張元濟全集》第二卷,第 531 頁)

12月28日，至金城銀行看涵芬樓所存宋本《春秋正義》、《國語》等善本書。

本月底，托郭石麒洽購徐乃昌明萬曆十二年刻本《新刊真楷大字全號縉紳便覽》，未果。

徐乃昌十一月二十三日（12.31）日記：至來青閣、中國書店。（郭石麒告我，趙萬里欲購余萬曆《縉紳》，却之。）（《徐乃昌日記》，第8冊第139頁）

按：此書現藏中國國家圖書館古籍館，索書號02490。

本年，得識顧廷龍。

顧廷龍《紀念袁同禮先生百齡冥壽》：文津街新館開幕之後，余時往閱覽，先後得識王庸君、胡鳴盛君、向達君、趙萬里君、謝國楨君、劉節君、賀昌群君、王重民君、孫楷第君。諸子皆學識淵博，而各有專長，可稱一時之盛。（《顧廷龍文集》，第575頁）

顧廷龍《回憶瓜蒂盦主謝國楨教授》：一九三一年夏我上燕京大學研究院肄業，有時即至北平圖書館閱書，由王以中先生之介，得識先生及向達、賀昌群、劉節、趙萬里、胡文玉諸先生，相談甚得，從目録版本、金石文字、輿圖水利，導牗見聞，獲益良多。（《顧廷龍文集》，第585頁）

本年，陸維釗寄贈《金縷曲》一闋。

陸維釗《金縷曲·九一八後覺明江清斐雲碧湘先後枉過松江寓廬別後成此分寄》：相見翻悲咤。閱風塵，尊前抵掌，中原如畫。棘地荊天歌不得，一慟平生稱快。賸斷續、斯文舊社。絲竹中年胸懷惡，枉高軒、誰是知音者。更誰慰，漫長夜。　承平不羨春游冶。況無端，長城自壞，腥氛四野。家國妻孥知何了，歷歷深哀怕寫。換一局、一回非昨。似此蒼涼人間世，總後歡、難繼今番也。看白日，江湖下。（《陸維釗詩詞選》，第76—77葉）

本年，先生與袁同禮、徐森玉等集資1800元，爲北平圖書館購入孤本明萬曆丁巳刻《金瓶梅詞話》一部，隨後以古佚小説刊行社的名義影印該書，以所得利潤補償書價。

雷夢水《爲了保存古籍》：抗戰前，琉璃廠舊書同行多循舊例，常去山西各縣購書，那裏是小説、戲曲等舊書的流散地。自清代以來，山西各縣商人多經營銀錢莊行業，富於財，購書亦多精品。但其後人多敗落，子弟也不知重視古籍，廉價售出。北平舊書行業不斷去訪求，常有重大收穫。1931年左右，琉璃廠的張修德，以廉價購得明萬曆丁巳（1617年）刻本《金瓶梅詞話》一部，計一百回，原題明蘭陵笑笑生撰，半頁十一行，行二十四字，不見諸家著録，蓋孤本也。以五百元售歸文友堂。文友堂得此書

後，轟動了文化界，北平圖書館館長徐森玉先生聞訊捷足先至，而該店主
人將書隱藏，並編造謊言，詭稱書主已將原書索回，並談及此書曾攝影兩
張，以代書樣，實售二千元，而且要求先付款，後取書。當時北平圖書館購
書費不足，文友堂一向又同日本文化界有來往，遇有善本便以高價售歸日
本，因而激起了文化界的公憤。後有人以愛國鋤奸的名義書寫字條貼在
一枚炸彈上，置於該店門首，以示警告。該店主人畏懼闖禍，經過再三磋
商，終於以一千八百元之高價成交。北平圖書館雖是國家單位，竟籌款困
難，乃由袁同禮、徐森玉、趙萬里諸先生籌資購入，遂以古佚小說刊行社的
名義將它影印出來，每部定價一百元，以所得利潤補償書價。當時魯迅先
生在上海亦定購一部。不久琉璃廠富晉書社爲了謀利，暗將此書影印，被
北平圖書館查覺，該館爲維護版權利益而興訟，經判予以處罰，並封門停
業數日，方才解決。舊社會書商重利不重義，專門爲外國服務的書商更可
恥。至於一些爲保存古籍而奔走的文化人又多無權無力，但是他們還是
盡其可能地爲了民族利益做了一些好事，這是值得一記的。（雷夢水《書
林瑣記》，第 11—12 頁）

　　按：此明本《金瓶梅詞話》，一說係得自王雨藻玉堂。王書燕《我的
祖父》：“祖父版本鑒定水平非常高，他曾發現并鑒定出明版《金瓶梅詞
話》，並花鉅資買了下來，被當時的大文豪鄭振鐸、趙萬里等人認同。如
此佳本實屬難尋，祖父本想自己收藏。但是，鄭振鐸、趙萬里均是嗜好
書如命之人，均想收購、收藏。據說當時祖父把此書定價一萬元大洋出
售。鄭、趙兩位先生均因一時囊中羞澀不能如願。之後幾人商量出一
個解決的辦法。辦法之巧妙體現出幾位大家的智慧。那就是他們把明
本《金瓶梅》這部稀世珍寶先行影印 500 本出售，以饗愛書之人，然後把
珍本送歸國家圖書館保存。事情圓滿解決，一時傳爲佳話。”（《王子霖
古籍版本學文集》第 3 冊，第 163 頁）此說與雷夢水說有較大差異，錄此
備考。

　　本年，爲北平圖書館購明嘉靖本《梁昭明太子集》、四庫館輯本《則堂
集》、天一閣舊藏嘉靖任氏刻本《前唐十二家詩》等，並爲傅增湘借校。

　　傅增湘《明嘉靖本梁昭明太子集跋》：《梁昭明太子集》五卷，嘉靖周
滿刻本，半葉九行，行二十字，白口，四周雙闌，字作軟體。……此本爲北
平館中新收，余取閩漳張燮本勘正一過，訂正凡五百一十五字。……至升
庵以意訂補，則英雄欺人語也。吾又意楊氏早登禁近，獲窺中秘，且有“偷
書官兒”之號，其行篋中必有副本，秘不示人，故取皇甫氏之訛闕者，發篋
陳書，逐加勘補，而托言出於己意，以炫奇侈博耳。不然余二十年來手校
古書多矣，凡文字奪失，經後人填補，往往百無一合，何楊氏獨於此集乃能

冥契巧合，無一差舛，如此其神異耶？此可不煩言而知其妄矣。此書爲斐雲所手收，斐雲劬學媚古，精力邁人，試沈思細玩，或有以張吾説乎。……辛未九月二十日，藏園記。（《藏園群書題記》，第560—561頁）

傅增湘《校鈔本則堂集跋》：家鉉翁文集二十卷亡佚已久，乾隆時從《永樂大典》中輯出，定爲六卷，收入《四庫全書》，未嘗刊版行世。……余從文津閣中鈔出，頗有訛舛，苦無別本可校。頃趙君斐雲自南中搜得四庫館當日原編清本，每册均鈐有翰林院大官印，因以所録閣本攜入頤和園中，坐湖西臨河殿對校一過。凡改正一百一十八字，其卷第先後及文字篇數一切皆同，惟字句小有參差耳。異時刊蜀賢文集可據以審定也。辛未九月二十一日，藏園記。（《藏園群書題記》，第761頁）

傅增湘《前唐十二家詩跋》：此嘉靖任氏刻本，分三卷，九行十五字，前有楊萬里序，每卷目録連正文。趙萬里新自南方收來，亦天一閣之物也。取校此本，訂正三十有二字，以視予前校活字本爲佳勝也。辛未東坡生日，藏園記。（《藏園群書校勘跋識録》，第665頁）

　　按：傅增湘常得先生之助，由北平圖書館借書校勘，如《校明劉大昌刻本華陽國志跋》謂：“頃北平館中新收得嘉靖甲子劉大昌刻本，極爲罕覯，因從趙君斐雲許假歸，以廖刻對勘一過。自八月二十二日起，至十月二十三日止，凡兩閲月，僅乃訖功。”（《藏園群書題記》，第142頁）又《校鈔本山房集跋》謂：“近頃北平館趙萬里君自南中搜得四庫館原稿本，因假歸校勘，改訂殆千餘事，補文九首，蓋青詞疏文之類爲當時奉命所刪削，經解一首，緣中多觸忌之語，故不得不概從刊落也。”（《藏園群書題記》，第747頁）此數跋未署年月，故附識於此。

　　又按：先生還曾將《永樂大典》輯佚所得借予傅增湘用於校勘，傅增湘《校四庫館鈔本雙溪醉隱集跋》謂：“余謂凡《大典》輯録之書，往往明知其謬紊，而苦無舊本可資校正。然舊本既不可得，儻得初輯底本，則尋繹文字，恒勝於武英之聚珍、文淵所著録，蓋以其未經館臣之更訂，寫官之傳訛，去古未遠，面目猶未全失。余頻年所校，如《舊五代史》、《雪山集》、《山房集》、《敝帚稿略》等，皆補正不勘，斯亦可以推見矣。又頗聞當時奉敕蒐檢《大典》，程限嚴急，纂修官不盡精能，視爲奉行故事，以致遺漏滋多。即以此集言之，今北平館中所存《永樂大典》，爲册祇二百有餘，然偶爾披尋，見所引《雙溪醉隱集》其詩詞多出今本之外。趙君斐雲嘗就所得詩四首、詞三首、文一首別鈔成册，持以相示，余因録存，附之此本，後異時儻有重刊兹集者，曷廣肆尋求，悉心補訂，勿謂珊網之外，遂無遺珠也。”（《藏園群書題記》，第785—786頁）

本年冬，爲北平圖書館購得天一閣舊藏明鈔本《鮑溶詩集》。

傅增湘《鮑溶詩集跋》：此明鈔本出天一閣舊藏，不分卷第，其式甚古，疑即歐公相傳之本。……原本自天一閣散出，後歸蔣氏密韻樓，今爲北平圖書館所得，蓋辛未冬趙君萬里在南中所獲者也。（《藏園群書題記》，第 618 頁）

本年，請陳巨來刻善本館藏印。

《印人陳巨來：一枝鐵筆馳譽藝壇，安貧樂道精神尤堪欽佩》：民國二十年北平國立圖書館遍求治印名家篆刻珍藏印，用以專鈐於宋元善本。當時各大名家應徵者不少，但主持者都認爲未能滿意。最後由趙萬里君自平郵寄長方牙章一方，請陳先生仿元朱文刻後寄平，獨予采用，並匯一百元作潤。這是陳先生認爲平生唯一得意之事。（1948 年 7 月 26 日《申報》第四版）

約本年，訪朱文鈞（翼庵），借閱宋本《嘯堂集古錄》，得識朱家濂。

朱家濂《憶趙萬里先生》：我和趙萬里先生開始相識，是在三十年代。有兩次會晤，至今我還記得很清楚。一次在一九三一或三二年，趙先生到我家來，訪問我的父親，主要是想看一部宋本《嘯堂集古錄》。看過以後，就和我父親長談起來。那時趙先生還不到三十歲，可是他學問已成，特別是在目錄、版本方面的研究，更是知名於世。這次聽他談話，使我感受很深。（《北圖通訊》1982 年第 3 期，第 17 頁）

1932 年　先生二十八歲

本年，先生任國立北平圖書館善本部考訂組組長，兼編纂委員會特約編纂員、購書委員會委員（兼書記）；時徐森玉兼任善本部、金石部、采訪部主任；考訂組組員有李耀南、陳恩惠、張孟平三人。（《本館職員一覽（二十一年六月）》，《國立北平圖書館館務報告（民國二十年七月至二十一年六月）》，第 1—13 頁）

1 月 4 日（農曆十一月二十七日），赴滬途中至蘇州訪吳梅，參預消寒詞社之集；下午五時別去，訪許厚基觀書。

吳梅日記：早起欲改靜之詩，適東南大學舊徒趙萬里自北京至滬過蘇見訪。是日爲詞社第二集，由余作主，遂留午飯。詞社共十四人，除前次十一人外，新加者爲黃曉圃（思履）、吳湖帆（翼燕）及萬里也。……傍晚人散，余亦未出。萬里於酉初即去，云訪許博明看書也。（《吳梅全集·日記卷》，第 67—68 頁）

按：所謂前次十一人，即當月十六日集於鄧邦述宅之鄧邦述、蔡寶善、吳曾源、陳威、楊俊、林肖崙、亢惟恭、張茂炯、顧建勳、吳梅、王謇。（《吳梅全集·日記卷》，第 62—63 頁）

又按：王賽《續補藏書記事詩》將先生與海寧同鄉陳乃乾並列，詩云："海昌今有兩學者，南轅北轍去家園。恂恂儒雅陳仲子，虎虎生氣趙王孫。"其自注載先生訪吳梅事："萬里佐理北京圖書館，宋槧元刻如數家珍。二十餘年前來蘇，主瞿庵師家，見其入門下馬，行氣如虹，頭角嶄然，睥睨一切。師設宴，命余陪座，余性迂瑣，蜷蜷座隅，竟席未敢通一語。後讀萬里所著《說苑斠補》，見其出入宋元精本，揮斥諸校勘家不遺餘力，乃幡然曰：學問之道，其如是耶！"（《續補藏書記事詩》，第56—57頁）王賽所記未標明時日，或即此日事，姑附於此。

1月6日，傅增湘致張元濟函，請其托先生帶書。

傅增湘致張元濟函：趙萬里當已晤及。中孚兌款一千元想照收。原書務交趙君攜回，但渠若詢買值，不必告之。北平館《文苑英華》一百卷已面與袁守和商定借照，日內當告伯恒即往辦，若久延又恐生枝節矣。守和極慷慨。報酬以鄙意告之，言印行時以全部一部奉贈，渠頗欣然。叔弢一冊亦詢報酬，告以侍亦有一冊，將來亦有辦法也。渠不願寄平，侍月內赴津，或可攜回，若津地照片恐不便也。（《張元濟傅增湘論書尺牘》，第278—279頁）

1月9日，張元濟致函傅增湘，告知先生前日來訪，曾商談托帶所購書事。

張元濟致傅增湘函：去年尾先後奉十二月十六日（趙斐雲攜來）、廿五日兩次手書，展誦祇悉。……前日趙君過訪，弟詢以能否將書帶去，渠稱臨行再告。揣其意似恐南北多事，不敢冒險也。如允帶，擬將前次借閱之《南》《北史》（元刊）首本各二冊，又奉贈之《北史》列傳第四十二卷一併裝入，並祈察收。（《張元濟全集》第三卷，第389頁）

1月14日，赴吳湖帆梅景書屋觀書，閱宋本《淮海居士長短句》、《梅花喜神譜》、汲古閣景宋本《梅屋詩餘》、《石屏長短句》及明正德本《歷代帝王法帖釋文考異》並作跋。

吳湖帆《醜簃日記》：趙萬里來，觀吾家《梅花喜神譜》及《淮海詞》。（《吳湖帆文稿》，第14頁）

明正德顧從義刻本《歷代帝王法帖釋文考異》跋：此正德本《法帖釋文考異》，半葉九行，行十九字，明時爲崑山葉文莊藏書，有"葉氏菉竹堂藏書"一印，可寶也。平生所見凡三帙：一藏清內府，即天祿琳琅著録之本；一藏吳興許氏懷辛齋；一即此本。辛未冬，道出淞濱，過湖帆先生梅景書屋，觀所藏宋槧《淮海居士長短句》、《梅花喜神譜》、汲古閣景宋本《梅屋詩餘》、《石屏長短句》，並此書而五，皆希世之珍。謹誌數語於此書後，以記一時之奇遇云爾。海寧趙萬里。（鈐"萬里江山供燕几"朱文楷圓

印）。（《上海圖書館善本題跋真跡》,第 8 册 367 頁）

　　按:此明正德本《歷代帝王法帖釋文考異》現藏上海圖書館（索書號 782390－91）。

　　同日,訪徐乃昌,未晤。

　　徐乃昌日記:趙萬里、潘博山、潘景鄭來,未晤。（《徐乃昌日記》,第 8 册第 150 頁）

　　1 月 15 日,在滬與陳乃乾洽購蔣氏舊藏明人別集六百餘種三千餘册,訂立合同,鄭振鐸、王伯祥爲證人。

　　王伯祥日記:上午入館,振鐸旋至,蓋昨日由平到此矣。近午與功甫、覺敷、調孚、徑三同出,公宴振鐸、予同、乃乾、斐雲於小有天。鐸初歸,予今晚暫返瑞安,故叙談;乾、雲則邀來陪客者也。飯後散,予即未到館,偕鐸、雲、乾共歸乾所,爲北平圖書館購買蔣氏所藏明人別集事,予與鐸力爲説合於乾、雲之間,卒以三萬五千元成交,先付三千元爲定,立約限至四月底以前書款當交。予被拉作證人,竟署券焉。旋偕往庋書之姚石子家看書,如入瑯環之府,計六百十四家,三千三百餘本,白皮紙居多,且五之二爲天一閣舊物也。以時促,匆匆即行。（《王伯祥日記》,第 9 册第 33 頁）

　　按:本月 26 日王伯祥日記載:“覺明書來,謂斐雲已歸,頗感謝調停購得明人別集云。”（《王伯祥日記》,第 9 册第 44 頁）

　　同日,徐乃昌回訪,未晤。

　　徐乃昌日記:答拜趙萬里,未遇。（《徐乃昌日記》,第 8 册第 151 頁）

　　1 月 16 日,晚赴周越然宴,鄭振鐸、王伯祥等同席。

　　王伯祥日記:散館後赴越然約,與調孚同去。既而振鐸、斐雲、如榮、伯新俱至。至七時半,開飲。將終,乃乾始來。飲酒甚多,振鐸當場醉吐。（《王伯祥日記》,第 9 册第 34 頁）

　　1 月 18 日,午於皇宫菜社宴請周越然、鄭振鐸、王伯祥等。

　　王伯祥日記:上午入館,近午與越然、振鐸共出,赴斐雲皇宫菜社之宴。飯罷已三時。（《王伯祥日記》,第 9 册第 36 頁）

　　1 月 20 日晨,啓程返平,因故未能替張元濟帶書。

　　張元濟致傅增湘函:月之九日復上寸函,計蒙察及。續又得本月六日手書,以欲得趙君萬里能否將《紀事本末》確音再復,詎去信無回音,往訪又不遇。今日又去信詢問,館人謂一早已行,將原信送回。今附去,乞便中飭送。《通鑑紀事本末》並前借《南》《北史》各二册又贈送《北史》一册均已打包,只可另覓妥便矣。宋刻《文苑英華》百卷蒙代向袁君守和借妥,極感。今日得伯恒來信,謂向圖書館領借,云已由趙君攜至南中,伯恒以爲必已交與本館照相矣。然趙君絕未提及,但初見時曾問一聲,謂商務擬借影此書,請先開示條件。弟以已托我兄就商袁氏,故漫應之,迄未開去,而不知其葫蘆中固有藥出賣也。此事兄可勿必道破,將來仍由伯恒往商袁氏可耳。圖書館酬書一部自必照辦,即兄與叔弢亦必以全部相酬。但此不過是空支票,付款不知何日。一歎。(《張元濟全集》第三卷,第389頁)

按:張元濟托帶各書,最終於4月先生再次南下返平時帶至北平交與傅增湘。

1月23日,返回北平,訪傅增湘。

傅增湘致張元濟函:再者,今日趙萬里旋平,言臨行時往取《紀事本末》,適臺駕赴海鹽,未得取攜。此書甚盼早寄,以備歲暮祭書陳覽。不知近日有熟人北來否?千乞費神探詢爲幸。(《張元濟傅增湘論書尺牘》,第281頁)

1月25日,浦江清聞先生已返回北平,遂往北平圖書館及東安門寓所探訪,均不值。

浦江清日記:聞斐雲已返平,訪之於北平圖書館及其東安門寓所,均不值,悵悵。(《清華園日記 西行日記》,第67頁)

1月30日,浦江清來訪。

浦江清日記:至北平圖書館閱報。我軍勝,日軍未得逞。東方圖書館、商務印書館總廠有被焚訊。見斐雲。(《清華園日記 西行日記》,第68頁)

2月7日,偕劉節訪王庸,遇浦江清。下午力邀浦江清至寓所。

浦江清日記:晨九時起。方欲出以中寓,而斐雲、子植來談,遂又留。在賓四處吃麵。下午斐雲力邀余至其家,至則彼一邊閱報一邊與其夫人吵嘴,嘿然而出。(《清華園日記 西行日記》,第71頁)

2月11日,攜《中原音韻》曬藍本訪錢玄同,談及擬爲北平圖書館購宋本《切韻指掌圖》事。

錢玄同日記:晚趙萬里來,給我《中原音韻》的鈔本曬出,每份價一元二毛。他説近有某遺老出售宋本《切韻指掌圖》,二千元,擬運動北平圖買之,云的係南宋紹定本,然則我的話要打倒一半了——不過一半。(《錢玄同日記》〔整理本〕,第846頁)

3月28日,張元濟來函,商借王國維《傳書堂藏善本書志》稿本,歸還校本《水經注》,並催還校本《廣韻》。

張元濟函:敝館此次被日軍炸毀,損失殊重,唯對於舊日商妥承印各書,若能復業,仍想勉力設法出版。前承惠允整理之静安遺集,關係學術甚鉅,願早日出書,未知何日可以就緒?再静公曾爲蔣夢蘋君編輯藏書目録，其書大多歸於涵芬樓，四年之前，曾檢取二三千册寄存金城銀行庫中，其餘盡付一炬，言之痛心。現擬編一目録，留待後來紀念。尊處當有存稿，極思乞假一閲。倘蒙俯允，曷勝感幸。承假校本《水經注》，於戰前二月亦已移存銀行庫中，未被毀，足慰後存。現時無暇校閲，遇便即行寄繳。又借去段氏校本《廣韻》，幸逃劫火，校閲既畢，即望擲還。瑣瑣奉陳，諸希亮鑒。(《張元濟全集》第十卷，第 414 頁)

3月31日，傅增湘致張元濟函，告知先生將南下，請其將存書托先生帶回北平。

傅增湘致張元濟函：知劫餘之書尚爲蔚然大國，且喜且悲，其目盼早録示，以便撰一文記之。兹因趙君萬里南來之便，特囑詣府一晤。渠數日即北旋，請公將所存敝藏之書交趙君攜回是荷，最好預爲訂明日期，以便臨行往取也。(《張元濟傅增湘論書尺牘》，第 284 頁)

仲春，贈章鈺《左棻墓誌》拓片。

章鈺《左棻墓誌》跋：誌爲趙君萬里所藏，壬申仲春攜贈。(《國家圖書館章鈺藏拓題跋集録》，第 12 頁)

按：左棻爲西晉文學家左思之妹，晉武帝司馬炎之妃。此誌係西晉永康元年(300)刻石，出土於河南偃師。此誌一份二張，國圖索書號爲章專 1531。

4月4日(寒食節)，訪吳湖帆，跋所藏明萬曆四年舒伯明刻本《唐宋諸賢絶妙詞選·中興以來絶妙詞選》。

明萬曆四年舒伯明刻本《唐宋諸賢絶妙詞選·中興以來絶妙詞選》跋：《花庵詞選》此本外以毛氏《詞苑英華》本最通行，此自宋本出，實遠勝毛本。《中興詞選》世尚有淳祐原本，前年自清内廷流出，歸南海潘氏。至《唐宋諸賢詞選》，宋本已佚，此本終當推甲選，所謂下宋本一等是也。壬申寒食道出淞濱，湖帆先生出此屬題，因拉雜書之。海寧趙萬里。(《上海圖書館善本題跋真跡》，第 17 册 158 頁)

按：此書現藏上海圖書館(索書號 858815-22)。

4月7日，在滬夜訪王伯祥。

王伯祥日記：十時，萬里來，談至十一時許乃去。(《王伯祥日記》，第 9 册第 116 頁)

4月8日，夜訪王伯祥長談。

王伯祥日記：夜十時，將睡，蜚雲來，又談至十二時始去。(《王伯祥日記》，第 9 册第 117 頁)

4月10日(農曆三月初五日)，在滬訪吳梅，晤潘景鄭、龍榆生，長談版本。

吳梅日記：午間赴伯元之招，在座十五人，皆舊識，中如潘景鄭、龍楡生則爲我招致者也。湖帆爲言趙萬里在此，欲造我廬，因偕潘、龍兩君歸。……四時許，萬里來，長談版本，云新得汲古鈔本《草堂詩餘》，知編輯者爲何士信，此又爲歷來詞家所未悉矣。又云所得地志有萬曆《長洲縣志》、嘉靖《安徽通志》，更聞所未聞也。六時去。（《吳梅全集·日記卷》，第121頁）

4月13日，張元濟致函傅增湘，告知先生當日來訪，且已托帶《通鑑紀事本末》、《歐陽文忠集》等書。

張元濟致傅增湘函：趙斐雲來，奉手教，展誦祇悉。前代買宋本《紀事本末》及假印之《歐陽文忠集》、零本《晋書》、《南北史》、《金史》等，遵托趙君帶還，另開清帳，即祈察入。……涵芬樓善本尚存五千餘册，僅有草帳一份，未能寄呈。斐兄亟欲一睹，已交去，云將照抄一份，帶回北平後當可奉覽也。（《張元濟全集》第三卷，第391頁）

傅增湘《宋淳熙刊小字本通鑑紀事本末跋》：辛未春薄游吳中，市賈傳言有小字《通鑑紀事本末》一書，多方探索，蹤跡渺然。因訪之菊生前輩，亦言似曾寓目，惜一瞥即逝，無可追尋。……迄秋九月，菊生郵筒見告，知爲宗君子戴所藏，然未嘗有讓出之意也。……爰浼菊生作緣，婉辭商之，往返數四，其議始定。……子戴旋以全書致之菊生許，並加題識於卷尾，詳考此書本末，及往還商榷之事，凡數百言。至是此書乃歸余所有，然始終未嘗入目也。荏苒數月，遇朋好中北旋者，輒以此相誆諑，然終以千金重寶，舟車行旅，阻滯時虞，審慮傍徨，卒未能致。俄而閘北戰爭突起，涵芬樓藏書數十萬卷一夕化爲劫灰，飛機藥彈，紛落市廛，心繫此書，聞之膽落。幸賴菊生嚴扃慎守，得以無虞。洎今歲仲春，趙君萬里以訪書之便，于役申江，備致懇忱，乃乘便載以俱還。（《藏園羣書題記》，第128—129頁）

4月14日，午赴陳乃乾宴，晤胡樸安、徐乃昌、高基、周越然、王伯祥等。

王伯祥日記：復赴乃乾宴，同席爲樸安、積餘、君定、斐雲、越然及吳昌碩之子，主客凡八人，二時許散。（《王伯祥日記》，第9册第123頁）

徐乃昌日記：午刻陳乃乾約陪趙萬里西飡。萬里新得劉基《寫情集》四卷（詞集），疑明洪武刻本，誠罕見之秘笈也。陳子準稽瑞樓藏書，有印，蝴蝶裝。（《徐乃昌日記》，第8册第218頁）

同日，致函張元濟，談托帶傅增湘書事。

致張元濟函：沅老《歐陽文忠集》包件過大，過江時稽查至嚴，恐途中或有疏失，故仍遣人送上，俟時局平靖後再托妥便帶去何如。至《通鑑本末》當遵命帶去，已裝入行篋中矣。《密韻樓書志》返平後即寄奉不誤。

（《張元濟傅增湘論書尺牘》，第 284 頁）

　　按：據此數函，知先生此次南下時在 4 月上中旬，爲期不足半月。

　　4 月 29 日，張元濟致函傅增湘，托其轉致先生一函。

　　張元濟致傅增湘函：外致趙斐雲信，祈飭交。《紀事本末》等書已交
到否？（《張元濟全集》第三卷，第 391 頁）

　　4 月，《國立北平圖書館館刊》第六卷第二號卷首刊出洛陽出土古象棋
盤圖，附先生所撰識語。

　　《洛陽出土古象棋盤》：洛陽新出土磚製古象棋盤一具，成六角形，分
爲三方。每方具將一，仕象馬車旗炮火各二，卒三，共十八子。案：吾國象
棋，在隋唐以前其式與今行者殊科。孟心史先生以爲與今日歐洲通行之
象棋相近，大致可信也。現行象棋之逐漸形成爲三十二子二人對奕，其時
間最早不能出北宋。至南渡初，乃有文獻可徵。此局三人對奕，蓋仿溫公
七國象棋格局爲之，易七國爲三國。觀於炮字從火不從石，疑出於南宋以
後。或亦受有當時平話方面説三國之影響，亦未可知。謂爲漢魏間物，似
過早也。（《趙萬里文集》第二卷，第 274 頁）

　　　按：此識語收入《趙萬里文集》第二卷，編者擬名《洛陽出土古象棋
　　盤》。

　　4 月，致函傅斯年，談商借劉承幹藏明鈔本《明實録》、謄録《廣韻》校本
諸事。

　　致傅斯年函：關於《明實録》事，在滬時已與劉君談過，渠表示全書均
在南潯，一時不克攜來，如圖書館願從事整理，當可次第奉借。渠又云，前
次攜去《宋會要》，迄未有具體出版計畫，今又要從事校訂《明實録》，不亦
太忙乎，言下頗有譏諷館中失信之意（館中曾允於短期内出版《宋會
要》）。弟只得唯唯應之。臨行時又重托董授金先生代爲婉商，想可得一
結果也。弟所校《廣均》本早已完工，因上月赴滬，故又停止謄録，現正早
夕趕録，下月底前必可了，六月中可付印，暑假内當可出版矣。印費大約
要二千元，乞列入預算内爲荷。圖書館新購明志事，擬開購書委員會追認
之。此事不日由森玉先生造府奉陳，請鑒詧爲叩。前借去《三國史記》，
記宋以前海東史事，至宋以後事則詳見於鄭麟趾《高麗史》。此書日本有
排印本，弟處有之，如需參考，當奉呈不惧。（原函存傅斯年圖書館）

　　　按：此函提及的《明實録》，後由中研院歷史語言研究所購藏。

　　5 月 9 日，傅增湘致函張元濟，告知其托先生帶回北平之《通鑑紀事
末》已送到。

　　致張元濟函：斐雲交來宋本《通鑑紀事》，精善完整，可謂瑰寶。拜公
嘉惠至無量也。（《張元濟傅增湘論書尺牘》，第 286 頁）

6月9日，校吳興劉氏嘉業堂刻本陳霆《渚山堂詞話》三卷。

　　按：卷末有題識："廿一年六月九日校明嘉靖刻本。萬里。"此書現存趙府。

6月22日，晚與劉節、謝國楨於來今雨軒宴請陸侃如、馮沅君夫婦與顧頡剛。

　　顧頡剛日記：六時，建功別去，予至來今雨軒赴宴。……今晚同席：（一）侃如夫婦、予（以上客），子植、斐雲、剛主（以上主）。（《顧頡剛日記》第二卷，第652—653頁）

6月30日，顧頡剛來訪。

　　顧頡剛日記：到斐雲處，與玄同先生談至十一時半別，到市場東興樓吃飯。（《顧頡剛日記》第二卷，第656頁）

1931—1932年度，先生在館職司中文書籍采訪事務。因采訪經費充足，善本書入藏衆多，頗多孤刊原稿，其中最爲重要者，爲海源閣遺書六十餘種、天一閣等舊藏明地志六十一種、宋元明別集、《宋會要》稿本等。

　　《國立北平圖書館館務報告（民國二十年七月至二十一年六月）》：本年度中文采訪事業，因經費特增，實力充足，入藏之書頗多孤刊原稿，茲舉其最著者述之如左。（一）海源閣遺書。聊城楊氏藏書爲魯西冠冕。前年慘遭寇劫，大半流落市肆。本館竭力搜羅，共得六十餘種，皆精校本也。館藏爲之生色不少。其尤著者，宋刻本《童蒙訓》、黃丕烈校本《文房四譜》、《蜀檮杌》、《建炎時政記》、《宋遺民錄》、《武林舊事》、《林和靖集》、《國朝名臣事略》、《紹興登科錄》、《賓退錄》、《唐僧弘秀集》、《寶晉英光集》、《鹽鐵論》、《詩律武庫》、《輿地廣記》、《姚少監集》、《劉子新論》、《毗陵集》、《清塞詩》、《吕衡州集》、《鳴鶴餘音》、《錦里耆舊傳》、《李校書集》、《王摩詰集》，均詳著於《楹書隅錄》。諸書丹黃雜錯，精美絶倫。此外又收得元刻本《劉文簡公集》二十四冊，較四庫本録自《永樂大典》者增出詩文數百首，乃清怡府舊藏，楊氏書目亦失載。此書本館竭月餘之力，始全部購得，洵可寶也。（二）明地志。本館舊藏明地志乃清康熙間修《大清一統志》時所徵集，多爲萬曆前後修本。且大多殘脱，未厭人意。本年度前後收得范氏天一閣、毛氏汲古閣、陳氏稽瑞樓舊藏明地志六十餘種，無一非孤本舊槧。舉其著者有嘉靖《西關志》、萬曆《四鎮三關志》、洪武《蘇州府志》、弘治《吴江縣志》、《長樂縣志》、《溧陽縣志》、《桐城縣志》、《休寧志》、成化《内鄉縣志》、正德《池州府志》、《建寧縣志》、《中牟縣志》、《富春志》、《金山衛志》、嘉靖《寧德縣志》、《崞縣志》、《公安縣志》、《荆州府志》、《六合縣志》、《清豐縣志》、《邠州志》、《新安志》、《補石埭縣志》、《黄陂縣志》、《郃陽縣志》、《湘潭縣志》、《廣德州志》、《龍巖縣志》、《高唐州志》、《山西通志》、《嘉興府圖記》、《鄒縣志》、《大理府志》、萬曆《廬州府志》、《霍邱縣志》、《興化縣志》等,開海内外藏家未有之著錄。然稽瑞樓所藏精本尚不止此,是有待於後此之努力也。(三)宋元明別集。明人別集著録於《千頃堂書目》者不可勝數,而見收於四庫者百不及一,遂使一代文獻未由考見,至可憾也。本館有見於此,特多方搜訪,以彌此憾。計前後所收者已達三百餘種。舉其著者,則有弘治活字本孫賁《西庵集》、舊抄足本《史鑒》、《西邨集》、成化本朱善繼《一齋集》、葉文莊手抄《危太素集》、稿本顔木《爐餘稿》、嘉靖鈔祝允明《枝山集》、永樂本管時敏《蚓竅集》、嘉靖本藍仁、藍智《二藍集》、明初本劉璟《易齋集》、劉璉《自怡集》、劉薦《盤谷集》、明鈔本顧紹芳(亭林本生祖父)《寶庵集》,皆孤本也。此外,本年度所收明以前別集亦復不少,於六朝則有嘉靖黄省曾刻陶弘景《貞白集》、蕭統《昭明太子集》、正統刻《何水部集》、嘉靖刻阮籍《嗣宗集》。於唐則有明鈔不分卷本《鮑溶詩集》、正統刻《崔顥詩集》、嘉靖刻《杜審言集》、嘉靖桂林府刊曹鄴《祠部集》。於宋則有嘉靖刻七卷本《唐子西集》、明鈔足本李之儀《姑溪居士集》、嘉靖刻崔與之《清獻公集》、汪晫《康範集》、黄仲元《黄四如先生集》,大半皆天一閣藏書,瞿、楊、丁、陸諸藏家所未及收者,畢萃於此,洵盛事也。此外又收得四庫館底鈔本宋元人別集多種,皆當時館臣輯自《永樂大典》者,今四庫所收已加删節,絶非本來面目。宋別集者則有《周南山房集》、李吕《澹軒集》、家鉉翁《則堂集》、舒嶽祥《閬風集》、金君卿《金氏文集》、包恢《敝帚齋稿》。元則有劉仁本《羽庭集》、程端學《積齋集》、滕安上《東庵集》,皆翰林院鈔本也。此外四明范氏、貴陽陳氏舊藏明别集六百餘種,本館亦於南中輾轉設法購得,其詳當於下年度報告中述之。自是以後,本館所藏明刻舊抄、明別集已近千種,開從來未有之紀録,實致力明代史事者之絶好參考資料也。(四)《宋會要》。《宋會要》一書成自宋代,至明代散失泰半。成祖纂修《永樂大典》,《宋會要》全部網羅於内,遂克倖存。然《大典》藏之天府,亦非普通學者所得而窺。清嘉慶十五六年,大興徐松(星伯)先生承命纂修《全唐文》,縱覽《大典》,輯成《宋會要》,得五百卷。於是天水一朝之《會要》湮沉數百年者,至是始克復見於人間。徐氏稿本輾轉歸華陽王秉恩氏,光緒間張之洞爲兩廣總督兼長廣雅書院,思以徐氏《會要》稿付之匠氏,卒以卷帙過巨而罷。自是以後,此五百卷之原稿流傳於各藏書家之手,近年入吳興劉氏嘉業堂。劉氏思爲刊行,卒亦未果。民國二十年,承劉氏之盛意,以此稿歸諸本館。查此書中所具天水一代珍貴史料殊爲豐富,今《永樂大典》既罹庚子之浩劫,此稿不能不謂爲史學之瑰寶,天壤之秘笈也矣。此外本年度所收四部書尚有爲上列四節中未及者,如經則有宋刻大字本《詩集傳》全部。史則有萬曆本程開祜《籌遼碩畫》、萬曆修本趙官《後湖志》、舊鈔足本《千頃堂書目》、勞氏丹鉛精舍鈔本《萬卷堂書目》、萬曆本《行人司書目》、弘治成化本《進士登科錄》。子則有稿本焦循《里堂視聽錄》，汪曰楨手寫全部《廿一史日月考》及《長術輯要》，徐虹亭家鈔本晏殊《類要詞》。曲類則有明刻屠隆《修文記》、無名氏《磨忠記》及成化本《西廂駐雲飛小曲五種》。皆極罕見之珍本也。（第5—8頁）

　　謝國楨《悔餘詩存》：佞宋無如黃蕘圃，校宋無如顧澗蘋。我得黃批書數卷，琳琅朱墨見情深。余曾服務於北京圖書館，正鐵琴銅劍樓瞿氏、海源閣楊氏藏書散出之時，趙君斐雲在海上曾訪得黃批顧校舊抄善本書籍約十九種，余曾借黃校劉祁《歸潛志》。（《謝國楨全集》第九冊，第643—644頁）

　　本年度，北平圖書館采購拓片爲數頗豐。

　　《國立北平圖書館館務報告（民國二十年七月至二十一年六月）》：本年度購入之金石拓片有：（一）北平孫氏雪園所藏匋器拓片一百九十三種；（二）嵩山少林寺石刻全份三十二種；（三）居貞草堂藏石拓片二份各百三十一種；（四）河南博物館藏石拓片二份各六百七十三種；（五）北平各祠宇碑碣拓片三百零六種；（六）濰縣陳氏藏十鐘拓片十張，藏泉範拓片四冊，藏瓦當拓片十八冊，藏封泥拓片五百七十張，藏塼拓片七冊；（七）伏廬印譜十二冊；（八）善齋彝器錄照片三百四十一種；（九）上匋室磚瓦文攈十二冊；（十）洛陽各村現存墓誌拓片四百八十張；（十一）司密斯藏甲骨文字拓片八十一張；（十二）何遂藏甲骨文字拓片七十一張。此外並購入隋盧文構墓誌、唐□夫人月相墓誌、唐張犖墓誌各一方，皆涿縣新出土者。（第14頁）

　　本年度，先生在館從事善本書庫整理、善本書目編纂工作。

　　《國立北平圖書館館務報告（民國二十年七月至二十一年六月）》：館藏善本書籍合前京師圖書館、前北海圖書館所藏，已不下二千餘種，更益以普通書庫提入及歷年新購諸書，約得五千餘種。舊目編製時，不明版刻源流，舛訛之處在所不免，覽者病焉。茲由趙萬里君重加甄別，嚴定去取，通常習見之書則提歸普通書庫，版刻重複之書則改入另存書庫。仍以四部分類，詳注卷數、撰人、版刻，釐爲四卷，總得四千五百餘種，前後歷五閱月，始克成書。其最大特點有三：一曰明刻志乘，共得五百餘種；二曰明刻明代別集，共得七百八十餘種；三曰舊本元明劇曲，共得二百餘種。孤槧名刻，萃於一編，開自來公私藏家未有之記錄，覽者無不歎爲觀止。他如正史類之宋元本、唐別集類之活字本、傳記類之宋鈔本，皆今日最名貴之秘籍也。全書現已付諸木刻，預料出版後定可博得海內外學術界之美譽

也。(第 15—16 頁)

本年度,繼續從事館藏善本書志撰寫工作。

《國立北平圖書館館務報告(民國二十年七月至二十一年六月)》:館藏善本書大半爲内閣大庫舊藏,近五年來入藏之書亦不尠,除去重複者,將近四千五百餘種,蔚爲大觀,除簡目業已告竣,付諸木刻外,並由趙萬里君編一善本書志,詳述每書之版本及收藏源流,已完成全數五分之二,擬次第刊行,以補簡目之未備云。(第 21—22 頁)

本年度,向國立北平圖書館捐贈書刊九種十一册:《生活》一册,《國際聯合會之目的及其組織》一册,《北大學生週刊》三册,《北大三十三週年紀念特刊》一册,《燕大國學研究所第一次考古旅行團照片目録》一册,《北周毁佛主謀者衛元嵩》一册、《艮盧詞》一册、《寶硯齋詩集》一册、《謝樓詩草》一册。(《贈書人名録》,《國立北平圖書館館務報告〔民國二十年七月至二十一年六月〕》,第 20 頁)

本年度,先生繼續擔任中研院史語所特約編輯員,從事《廣韻》校勘等研究工作,並擬編纂《漢魏六朝冢墓遺文圖録》。

傅斯年《國立中央研究院歷史語言研究所二十年度報告》:特約編輯員趙萬里除校寫《廣韻》定本外,成論文一篇《兩宋諸史監本存佚考》(蔡先生慶祝論文集)。……第六章　下年度研究計劃……特約編輯員趙萬里擬將以前所得芒洛、鄴下、關中、山右出土之唐五代墓碣墓誌,從事編輯,仿《明清史料》例,次第印行。(《傅斯年全集》第六卷,第 291、301 頁)

本年度,先生兼任國立北京大學中國文學系講師,授《詞史》;兼任國立北京大學史學系副教授,授《中國史料目録學》、《中國雕板史》。

按:《國立北京大學中國文學系課程指導書(民國二十年九月訂)》載先生所授《詞史》每週三課時(第 10 頁),課程内容爲:"本學程歷述詞的起源、詞調之變遷、詞與曲的關係、各作家作風之特色、各家專集之存佚、詞律的研究等。"(第 24 頁)

又按:《國立北京大學史學系課程指導書(民國二十年九月至二十一年六月)》列先生爲副教授,所授課程爲《中國史料目録學》、《中國雕板史》,介紹如下:"中國史料目録學:本學程所包涵之空間性爲中國及高麗、安南等舊屬國,時間性爲史後迄近代,舊史料如正史、編年史、傳記、實録、志乘,新史料如甲骨金石文字、檔案等並重,圖表注重板本。中國雕板史:本學程雖名爲雕板史,然寫本書及未有雕板前之簡册與卷子本亦論及之,以近世新出及舊有之材料爲有系統之研究,注重目驗。"(第 15 頁)《國立北京大學民國二十一年畢業同學紀念册》亦載先生爲

史學系副教授，地址爲“東華門宗人府西夾道”。（第 223 頁）

7月2日，午赴來今雨軒吳其昌宴。

　　顧頡剛日記：到來今雨軒赴宴。……今午同席：馬叔平、陳寅恪、徐森玉、劉子植、向覺明、侯芸圻、于思泊、容希白、商錫永、劉盼遂、唐立厂、徐中舒、趙斐雲、予（以上客），吳子馨（主）。（《顧頡剛日記》第二卷，第 657 頁）

7月8日，午赴來今雨軒徐中舒宴。

　　顧頡剛日記：到玉華臺赴宴。……今午同席：馬叔平、李濟之、商錫永、劉子植、唐立厂、方壯猷、王以中、趙斐雲、予（以上客），徐中舒（主）。（《顧頡剛日記》第二卷，第 660 頁）

7月，閱清鈔本《明史鈔略》並題寫識語。

　　按：此書爲潘承厚（博山）所藏，先生借觀並題識：“此石門呂無黨家抄本，卷中‘留’字缺末筆可證。海寧趙萬里敬觀並記。廿一年七月。”先生又代北平圖書館攝影，攝影本今存中國國家圖書館（索書號2829）。1935年商務印書館《四部叢刊三編》影印該書。原本於1950年代初入藏中國國家圖書館（索書號04556）。

本年夏，托鄭振鐸向周越然借鈔《林寶劍》一書，未果。

　　周越然《林寶劍》：余家藏明中麓放容（即李開先）撰《林沖寶劍記》二卷五十二出，嘉靖中刊本，半葉十行，行二十字，大黑口，白魚尾。前有嘉靖丁未雪蓑漁者真草兩序，後有同歲姜人真草兩後序，又嘉靖己酉王九思後序。真草兩序者，一序用兩種文字寫而刻之也，此爲自有刻本以來所未有之奇事。此書“一·二八”難中未被焚，去歲夏季，曾有友人、今燕大鄭振鐸君來信，謂欲借抄一副。原信云：“……兹有懇者，先生處家藏《寶劍記》，北平圖書館蚩雲（即趙萬里）及弟皆欲得一副本，不知先生能交蚩雲兄便中帶到北平錄副否？弟八月間必南下，當躬自帶上奉還也。……”余接信後，遍尋不獲，是否借出，一時失記。鄭君處無從報命，爰書此以代函復。（《言言齋古籍叢談》，第32—33頁）

8月27日，午赴容庚宴。

　　顧頡剛日記：到希白處吃飯。……今午同席：吳子馨、趙斐雲、羅莘田、劉子植、商錫永、唐立厂、于思泊、予（以上客），容希白（主）。（《顧頡剛日記》第二卷，第 679—680 頁）

8月30日，晚於玉華臺公宴吳其昌等。

　　顧頡剛日記：到北平圖書館，晤以中、斐雲、森玉、子植等。到玉華臺，公宴子馨夫婦，餞別。……今晚同席：吳子馨夫婦、子植、芸圻、剛主、希白（以上客），斐雲、錫永、賓四、以中、立厂、予、森玉（以上主）。（《顧頡剛日

記》第二卷,第 680—681 頁)

9 月 11 日,顧頡剛來訪,未晤。

顧頡剛日記:到斐雲處,未晤。(《顧頡剛日記》第二卷,第 685 頁)

9 月 12 日,顧頡剛來函。

顧頡剛日記:寫彥堂、斐雲、玄同先生信。(《顧頡剛日記》第二卷,第 686 頁)

9 月 13 日,浦江清赴歐訪學途中,船行上海與香港之間,致函先生等友人。

浦江清日記:船行南海中,風平浪靜。午飯後作書與以中、覺明、斐雲、子植、雲圻、翔聲、平伯、稻孫、瀾弟、賓四、寅恪、公超、壽民,因明日將抵香港也。(《清華園日記　西行日記》,第 91 頁)

9 月 28 日,在北京大學晤顧頡剛等。

顧頡剛日記:到北大,晤讓之、賓四、斐雲、福慶。(《顧頡剛日記》第二卷,第 692 頁)

10 月 5 日,朱希祖南赴廣州就任國立中山大學史學系主任,先生與徐森玉、吳季筌、傅振倫等赴北平東車站送別。

朱希祖日記:余將就廣東中山大學史學系主任之職,於下午五時十分由北平東車站起程。……送行者……弟子則有李振鄭、傅振倫,朋友則有徐森玉、趙萬里、吳寄筌及其子。(《朱希祖日記》,第 147 頁)

10 月 22 日,朱希祖來函。

朱希祖日記:燈下寫徐森玉、趙萬里二君信。(《朱希祖日記》,第 161 頁)

11 月 13 日,午赴鄭振鐸宅宴,晚赴唐蘭宅宴。

顧頡剛日記:與履安到振鐸家赴宴。邀佩弦夫婦及江清到吾家小坐。與履安同乘五點半車進城,予赴立廠宴。……今午同席:佩弦夫婦、平伯、紹虞、江清、斐雲、予夫婦(以上客),振鐸夫婦(主)。今晚同席:玄同、叔平、楊仲子、潘鳧公、雲圻、子植、盼遂、斐雲、森玉、中舒、錫永、余(以上客),唐立庵(主)。(《顧頡剛日記》第二卷,第 709 頁)

錢玄同日記:晚唐立庵賞飯於其家中,共十三人:玄同、叔平、仲舒、子植、芸圻、斐雲、楊仲子、森玉、潘鳧公、錫永、劉盼遂、頡剛、唐立庵也(幼漁未到,到則十四人)。(《錢玄同日記》〔整理本〕,第 889 頁)

11 月 16 日,在北京大學晤顧頡剛等。

顧頡剛日記:乘一時半車進城。到北大上課二小時(九州總説)。遇賓四、斐雲。(《顧頡剛日記》第二卷,第 710 頁)

11 月 30 日,在北京大學晤顧頡剛等。

顧頡剛日記:乘一時半車進城。到北大,遇向奎、季善、賓四、受頤、斐雲、讓之等。(《顧頡剛日記》第二卷,第 715 頁)

11 月,國立北平圖書館編印《國立北平圖書館職員録》,載先生住址爲東安門孔德西巷 1 號。(《清末民國圖書館史料彙編》第七册,第 22 頁)

12 月 3 日,周作人來函。

　　按:周作人當日日記發信欄列"斐雲"(《周作人日記》〔影印本〕下册,第 345 頁)。

12 月 4 日,參加北平圖書館購書委員會會議,會後委員聚餐。

顧頡剛日記:到北平圖書館開購書委員會。吃飯。……今午同席:陳援庵、陳寅恪、傅孟真、趙萬里、徐鴻寶、袁同禮、予。(《顧頡剛日記》第二卷,第 716 頁)

12 月 8 日,陳寅恪致函傅斯年,談先生、容庚與商承祚薪水差異事。

陳寅恪致傅斯年函:微聞容、趙二君知商君六十元月薪事,以渠等五十元較,待遇差異,有不平牢騷之意。弟近日尚未見二君,不知究如何?十元事極小,當不訐量至此,或渠等心中以爲吾等有軒輊之意於其間也。此事便中奉告,乞垂意。(《陳寅恪集·書信集》,第 44 頁)

12 月 11 日,與鄭振鐸訪朱自清。

朱自清日記:早鐸與斐公來訪。斐公日肥,腹有便便之相,殊令人太息。(《朱自清全集》第九卷,第 176 頁)

12 月 14 日,顧頡剛來函。

顧頡剛日記:寫其驤、佩弦、剛主、斐雲信。(《顧頡剛日記》第二卷,第 720 頁)

12 月 18 日,赴西四同和居侯雲圻、謝國楨、劉節宴。

顧頡剛日記:在孟真處進點後出,到書社,遇振鐸,同到覺明處,參觀其房屋。同出,到西四同和居赴宴。……今午同席:幼漁、叔平、森玉、思泊、王力(了一)、覺明、静之、錫永、立厂、欣庵、盼遂、雨亭、斐雲、紹虞、振鐸、宰平、予(以上客),雲圻、剛主、子植(以上主)。(《顧頡剛日記》第二卷,第 721 頁)

12 月 24 日,國立北平圖書館委員會議决組織《宋會要》編印委員會,先生被聘爲委員。

國立北平圖書館委員會會議記録(第七次):編印《宋會要》案,議决:(一)用劉承幹編定付印,以徐松底本供校勘上之參考;(二)組織《宋會要》編印委員會,推定陳垣、傅增湘、章鈺、余嘉錫、葉渭清、徐鴻寶、趙萬里七人爲委員,並推陳垣爲委員長,由委員會聘請之;(三)關於刊印費及發售預約事,由圖擬具詳細計劃,下次再議。(《北京圖書館館史資料彙編:

1909—1949》,第 338 頁）

12 月 29 日,清華聘任委員會通過先生聘任案。

朱自清日記:芝生來云,趙斐雲通過聘任委員會,范仲澐有問題,擬改提羅根澤。(《朱自清全集》第九卷,第 181 頁)

本年,周明泰選輯《元明樂府套數舉略》出版,先生爲撰序文。

《〈元明樂府套數舉略〉序》:考自來南北詞宫譜雖多注明宫調格式,然率略而不備,不足爲初學者準則。試舉北黄鐘宫、南正宫言之,《醉花陰》、《喜遷鶯》、《出隊子》、《刮地風》、《四門子》、《水仙子》、《尾聲》,因爲北黄鐘通用正格,然如白仁甫散套以《醉花陰》、《喜遷鶯》、《六么令》、《九條龍》、《尾聲》成套,關漢卿散套以《侍香金童》、《降黄龍衮》、《出隊子》、《神仗兒》、《煞》成套。元明間人亦多用之。今此書所載乃增至二十四式,以是知李玄玉輩所舉者未爲備也。《錦纏道》、《普天樂》、《古輪臺》、《尾聲》,固爲南正宫通用格式;然四支同牌者,《玉芙蓉》、《雙鸂鶒》之類,概可省尾。明人以《傾杯賞芙蓉》、《刷子玉芙蓉》、《錦芙蓉》、《雁芙蓉》、《小桃映芙蓉》、《普天賞芙蓉》、《朱奴插芙蓉》諸集曲加尾成套者,尤爲別開生面之式。今此書所載乃增至五十五格,而集曲之例尚未盡焉。以是知沈寧庵、沈自晋輩所舉實百無一二,而君於此學有探驪得珠之妙。世之治斯學者,得此書提綱挈領,如讀千百古人劇曲,其爲便可勝道哉。他日君更用此法兼録元明雜劇、傳奇、套曲令式,與此書相發明,驗其變化之跡與劇情角色間相互之關係,各宫調四聲陰陽必守之定則,觀其會通,勒爲定譜,則斯學之昌明可立而待。(《趙萬里文集》第二卷,第 289 頁)

本年前後,指導北京大學學生王輝曾撰《淮海詞箋注》。

王輝曾《淮海詞箋注》自序:這本小册子的完成,得許之衡先生和趙萬里先生的指教。(《淮海詞箋注》,第 5 頁)

趙萬里先生年譜長編卷四

1933 年　先生二十九歲

本年,先生任國立北平圖書館善本部考訂組組長,兼編纂委員會特約編纂委員、購書委員會委員(兼書記)。時徐森玉兼任善本部、金石部、采訪部主任,考訂組組員有李耀南、陳恩惠、張孟平三人。(《本館職員一覽(二十二年六月)》,《國立北平圖書館館務報告〔民國二十一年七月至二十二年六月〕》,第 44—55 頁)

1 月 12 日,國立北平圖書館委員會決定館藏善本書籍應暫寄存于安全地點,以應對日趨緊張的華北局勢。

國立北平圖書館委員會會議記録(第八次):因時局關係,下列各項善本書籍應暫寄存於安全地點:(一)善本中之罕傳本,(二)唐人寫經,(三)方志稀見本,(四)四庫罕傳之本,(五)内閣大庫輿圖。裝箱手續,各箱一律貼本館專條,並由裝箱人負責簽名,開列裝箱清單,以備存查。存放時應將存放人(公推胡適、任鴻雋、袁同禮爲存放人)簽名印鑒送交保管之銀行,憑簽名信件提取書籍。(《北京圖書館館史資料彙編:1909—1949》,第 339 頁)

1 月 26 日,朱自清來訪。

朱自清日記:早訪斐雲、黄先生及穆臣。(《朱自清全集》第九卷,第 188 頁)

1 月,北平圖書館委員會延請陳垣、傅增湘、章鈺、余嘉錫、徐森玉、葉渭清及先生爲《宋會要》編印委員,並推定陳垣爲委員長,負責編印事務;編校整理工作則由葉渭清承擔。

2 月 16 日,訪朱自清,談輯佚漢唐詩文等。

朱自清日記:斐雲談全漢三國晋南北朝詩可重輯,來源計有類書、總集(如《文苑英華》等)、別集(宋本)、唐宋人詩話、金石刻(如《鏡上詩》)、《文館詞林》及日人著作如《文鏡秘府論》等,每詩下須逐一注明所有出處,所收書可以明爲限。又謂《全唐詩》亦可重輯,新材料更多。又《全唐文》材料尤多於此,因近年出土唐墓誌恐在一萬通以上也。斐雲今日攜來《珠英集》殘本影片數紙,皆唐詩,本一千卷,敦煌僅存少許,現在巴黎,文字與現行唐詩頗有異同。又持韓退之作某墓銘拓片一通（原在于右任處），謂與集所載有七八字不同，皆此爲善。古代及唐代詩文所以異同甚多，緣南宋刻書多由書鋪，不求精善也。斐雲又謂晏殊《類要》，原藏烏程蔣家，乃彼以八百元爲圖書館購得者。（《朱自清全集》第九卷，第197—198頁）

2月19日，朱自清宴蔣復璁，先生同席。

朱自清日記：午宴慰堂于同和居，座有匯臣、斐雲。談話甚痛快，論時局，論徐森玉，皆可聽。他們論及作事之難，令余悚然。（《朱自清全集》第九卷，第198頁）

約本年新春，偕徐森玉、謝國楨、浦江清游覽盧溝橋。

浦江清《走訪盧溝橋》：余憶民國二十一二年時，新春大雪，曾隨徐森玉先生及斐雲、剛住等在京乘小車來游。憩茶店吃拉麵，沙沙難下口，得雞子數枚，森老云此間可爲珍品矣。我的印象中覺得盧溝橋是很冷落的。又附近居民很窮苦，當時雪中，見路旁小孩尚着單褲。北京繁華，近郊居民如此窮苦，見之流淚！此爲近廿年前事。（《無涯集》，第216頁）

3月4日，晚赴東興樓鄭振鐸宴。

顧頡剛日記：到東興樓赴宴，談至九時半散。今晚同席：李伯嘉、陶希聖、趙斐雲、予（以上客），鄭振鐸（主）。（《顧頡剛日記》第三卷，第20頁）

3月5日，午赴五道廟春華樓于省吾宴。

顧頡剛日記：到五道廟春華樓吃飯。……今午同席：馬叔平、徐森玉、謝剛主、侯雲圻、容希白、商錫永、趙斐雲、唐立庵、予（以上客），于思泊（省吾）（主）。（《顧頡剛日記》第三卷，第21頁）

同日，朱自清請蔣復璁轉托先生查《四庫》目。

朱自清日記：訪慰堂，談托趙斐雲查《四庫》目及托梁廷燦作文事。（《朱自清全集》第九卷，第203頁）

3月16日，晤顧頡剛。

顧頡剛日記：到振鐸處吃飯，並晤斐雲、江清。（《顧頡剛日記》第三卷，第24頁）

3月19日（農曆二月二十四日），攜明正統刻本《海叟集》訪傅增湘。

傅增湘《藏園群書經眼錄》：《海叟集》四卷，明袁凱撰。明正統刊本，十二行二十一字，黑口，四周雙闌。……（癸酉二月二十四日趙萬里攜來，因校一過。）（《藏園群書經眼錄》，第1165頁）

傅增湘《校明初刊本袁海叟集跋》：頃趙斐雲來訪藏園，出舊刊本見示，半葉十行，行二十一字，版心三黑口，四周雙闌，刊工極爲粗率，然古致盎然，絕非成、弘以後所及。……癸酉二月二十五日，藏園居士識。（《藏

園群書題記》,第 839—841 頁)

3 月 23 日,訪顧頡剛。

顧頡剛日記:趙斐雲來。(《顧頡剛日記》第三卷,第 27 頁)

3 月 31 日,午赴同和居趙録綽、牟傳楷宴。

顧頡剛日記:到同和居吃飯。……今午同席:徐森玉、趙蜚雲、向覺明、謝剛主、劉子植、王以中、朱士嘉、孫子書、王有三、予(以上客),趙録綽、牟傳楷(以上主)。(《顧頡剛日記》第三卷,第 29 頁)

4 月 22 日,擬定清華大學講義《目録學十四講綱目》。

按:此爲先生在清華大學講授目録學的講義綱目,内容包括:目録學之範圍及其使命、叢書與類書、群經、古文字音韻書、前四史、秦漢諸子、《詩經》與《楚辭》、漢魏六朝文學、唐代文學、宋詞、南北曲、小説、不屬於上列範圍中之其他問題、餘論。此課程體系與一般理論性的目録學課程不同,而針對各專門研究領域的文獻典籍加以探討,屬於應用型目録學。

又按:先生 1930 年代在清華大學、北京大學等校兼任教職,各撰有講義或綱目,現存者有多種,部分已見於上文;但大多並未署擬訂或講授時間,兹於此一併略作介紹:

《版本學綱目》,係在清華大學授課之講義,由國立清華大學印行。分二十八節:述近世西域及敦煌塞上新出之漢晉簡牘、述魏晉迄李唐寫本書及其形制、論雕刻書籍始於馮道、論五代監本、論北宋監本、論南宋監本多取諸州郡、論兩宋刻書以閩浙蜀爲最盛、述兩宋浙刻書之概況及其特徵、述兩宋蜀刻書之概況及其特徵、論前人所謂蜀刻之不可靠、述宋元明三代閩中刻書之盛及其影響、述元西湖書院與明南監書版之沿革、述明經廠刻書之盛及其優劣、述明代文淵閣藏書之盛及其沿革、述《永樂大典》及清代自《大典》搜輯逸書事、述明藩府刻書之盛、論明季刊行小説戲曲以金陵吳郡爲最盛、述明季刻書附圖之精美、論明人覆刻舊本書之優劣、述明代活字本、述明代鈔本書及其特徵、述明季坊間刻書之陋習、述明末毛子晉家刻書及其鈔校宋元本之精、論《四庫全書》内容之優劣、論清代江南藏書之盛及其變遷、述清代名家鈔本書之優劣、述古籍裝治款式之變遷、古書畫例述。

以上均收入《趙萬里文集》第一卷。

《校勘學綱要》,係在清華大學授課之講義,由國立清華大學印行。分材料論、方法論兩大部分。材料論包括:論古彝器文字之有禆於比勘詩書、論近世出土之碑銘石刻之有禆於校勘及輯逸書、論類書之有禆於校勘及輯逸書、述歷代石經之沿革、述校訂諸經注疏之新材料、述校訂諸史之新材料、述校訂先秦諸子之新材料、述校訂唐人詩集之新材料、述校訂元曲之新材料、述搜輯元明散曲之新材料、論輯逸書之新開展及前人輯逸書之優劣。方法論包括：死校、活校。

《中國通史綱要》，係在北京大學授課之講義，由北京大學出版組印行，現僅存四講：第十九講"九品中正與六朝門閥"、第二十四講"宋初中央集權之政治"、第二十五講"王安石變法與新舊黨爭"、第二十六講"宋代之史學"。

另有清華大學授課講義《金石學綱目》，擬於 1936 年 9 月，詳見下文。

以上四種收入《趙萬里文集》第二卷。

4 月 22 日，晚赴東興樓鄭振鐸、劉廷芳宴。

顧頡剛日記：到東興樓赴宴。……今晚同席：陸志韋、陳受頤、梁宗岱、嚴既澄、俞平伯、朱佩弦、趙萬里、郭紹虞、魏建功、許地山、予、楊丙辰（以上客），鄭振鐸、劉廷芳（以上主）。（《顧頡剛日記》第三卷，第 37 頁）

4 月 24 日，朱希祖來函。

朱希祖日記：十時半回寓，寫袁守和、趙萬里、倫哲如三信。（《朱希祖日記》，第 255 頁）

5 月 11 日，訪朱自清。

朱自清日記：下午，斐雲來告日本飛機今早擲彈於齊化門外，又在安定門上放機槍。晚間消息，擲彈乃在西城也。斐雲談近代詞家當推況爲最，邵次之，朱又次之。又疑《詞源》是僞書，因此書發現於嘉、道間，正詞家宗姜、張之時，其書始刻于秦恩復《詞學叢書》中，云據明抄本，然明人《青蓮路》中語與書中下卷同而不言張炎作。又其所引詞皆今日通常易見之詞，亦是一罅隙。秦眼光不同，其刻菉斐軒《詞韻》，以爲係宋代詞韻，實則菉斐軒乃明人，其書乃南曲韻，曾見原本口上後加一木印曰紹興某年，秦不察，遂謂宋刊耳。又謂《事林廣記》故宮藏刻本最精，李木齋亦藏一本，亦元刊，較後；元刊永樂有翻刻，內容稍有增減；日本復據永樂本翻刻，甚少見。（《朱自清全集》第九卷，第 219—220 頁）

5 月 13 日，先生岳父（舅父）病逝於南京。

5 月 19 日，致函父親趙宗孟，告知家人暫不歸家奔喪，並談及北平局勢。

致趙宗孟函：驚悉舅父於本月十三日病卒於京廠，至今靈柩尚寄厝南京僧寺中。噩耗傳來，有如青天霹靂。想大人必已知之矣。勁弟本應星夜奔喪，奈以小孩尚幼，而車票近以時局關係，不易購到，故一時不擬南返，到暑假中再說。念舅大人此數年來雖與男不通音問，然其景況實至窘苦，予以經濟上援助，是爲至要。一切情形，請隨時諭知，至叩至叩。北平今午雖有日機開來，然近時調解空氣甚濃，一時必無問題也。智揚亦暫不返南。男雖處危境，然身安心泰，一切有準備。

按："勁弟"即先生夫人張勁先，"智揚"即張勁先之姊張智揚。

又按：此函見於中國嘉德國際拍賣有限公司 2015 年 11 月 16 日中國嘉德 2015 秋季拍賣會"筆墨文章——信札寫本專場"，拍品編號 2336。圖版見《中國嘉德 2015 秋季拍賣會·筆墨文章——信札寫本專場》，第 2336 號；又見雅昌藝術網：http://auction. artron. net/paimai-art0051062336/［2017.3.29］。信封署："上海白克路成都路口世述里五百六十三號龐泰裕號趙塵俯先生台收。快函。北平東安門孔德西巷一號趙斐雲寄。"有北平、上海郵戳，上海郵戳日期爲 22.5.27。

初夏，跋胡適舊藏磧砂藏本《大般涅槃經》卷第二十九。

按：此卷有胡適識語，謂："此卷編號爲'輔九'，殊不可解。宋以後刻經多以《千字文》編號，而《千字文》無'輔'字。當另考之。胡適。一九三一、一、三一。"先生跋文則謂："此書刊於南宋之末，尚遵用宋本《千字文》舊式。此卷編號爲'輔九'，以'輔'字代'匡'字，蓋避宋太祖諱。《三希堂法帖》載宋高宗御書《千字文》，'桓公匡合'作'輔合'，其明證也。二十一年初夏，於適之先生書齋見此帙，假歸讀一過，謹書數語於卷尾，以誌眼福。"

又按：此件磧砂藏本《大般涅槃經》今藏於中國國家圖書館。先生此跋收入《趙萬里文集》第二卷，編者擬名《胡適舊藏磧砂藏本〈大般涅槃經〉卷第二十九跋》，並附刊原跋書影。

5 月，國立北平圖書館藏珍本書籍 233 箱分四批寄存於北京德華銀行、天津大陸銀行、華語學校三處，其中善本甲庫書存北京德華銀行者 86 箱、存天津大陸銀行者 30 箱、存華語學校者 16 箱。

6 月 3 日，朱希祖來函。

朱希祖日記：九時寫叔範、趙萬里信。（《朱希祖日記》，第 276 頁）

6 月 9 日，晚錢玄同、黎錦熙等宴請胡適，先生等作陪。

錢玄同日記：六時至廣和飯莊，今日錢、黎、孫三人賞胡適之吃飯也（胡將於十一日晨離開至申赴美），陪客爲傅沅叔、魏建功、劉半農、王静如、趙萬里、任叔永、袁同禮也，任、袁未來。（《錢玄同日記》〔整理本〕，第 933 頁）

6 月 12 日，朱自清來訪，談北京大學史學系教職事。

朱自清日記：早入城訪斐雲。斐雲仍在史系爲講師，惟北大當局對渠殊不甚敬，有至輔仁設法意。趙太太勸其休息，實爲有理。江公意斐雲太驕，受受挫折於彼甚有益。（《朱自清全集》第九卷，第 232 頁）

約本年夏，陳寅恪商請陳垣爲先生謀求輔仁大學教職。

陳寅恪致傅斯年函：趙斐雲兄失去北大教授之職，弟日來爲之奔走於陳公援庵處，雖竭力，究不知其結果如何。其所編晋南北朝墓誌中隋宮人墓誌一卷，披閱之，殊令人發思古之幽情，不知兄已見之否？（《陳寅恪集·書信集》，第 46 頁）

按：王汎森推測撰寫此函時間爲 1933 年，與朱自清本年 6 月 12 日記所載恰相印證，可從。

6 月 18 日，朱自清來訪。

朱自清日記：下午入城，訪周豈明、朱匯五、趙斐雲。趙借《李賀歌詩編校本》一册。謂尚有《錦囊計》可校，又《陶集》恐非《隋書·經籍志》之舊，可重編。謂有《彈棊寶本》甚佳。又謂將影印善本詞集十種。又謂將影印《唐崔氏墓誌》若干通。（《朱自清全集》第九卷，第 233 頁）

6 月 22 日，撰趙尊嶽輯刻《明詞彙刊》本吳敏道《觀槿長短句》、胡文煥《全庵詩餘》跋。

《觀槿長短句》跋：敏道，號南莘，又號射陽畸人。以孝名鄉黨間，不樂仕進，以布衣終老。隆慶庚午自刊其集，名《觀槿稿》，凡詩賦六卷，長短句殿焉。兹爲輯録，俾叔雍兄校刊明人詞集之一助。癸酉長至，海寧趙萬里記。

《全庵詩餘》跋：文煥，字德甫，號全庵，一號抱琴居士。詩文詞曲無所不通，於萬曆中設文會堂於虎林，廣刊四部典籍，並手輯《琴譜》、《古器具名》、《詩家彙選》諸書，又以雜著數十種合梓行世，所謂《格致叢書》者是也。此從所編《游覽粹編》中輯出，以備明詞之一家。何當得其全璧，用行於世，庶與南宋陳道人後先踵美云。癸酉長至，趙萬里識。（《明詞彙刊》，第 1654、1670 頁）

按：趙尊嶽輯刻《明詞彙刊》（即《惜陰堂彙刻明詞》），先生助力頗多。所刻各家詞集，吳敏道《觀槿長短句》、胡文煥《全庵詩餘》、王越《黎陽王太傅詩集》、顧起綸《九霞山人詞》、楊琢《心遠樓詞》等共五種跋文出於先生之手，《趙萬里文集》失收。此外，趙尊嶽跋文有十二則談及先生助其校輯事，臚列如下：

（1）楊慎《升庵長短句升庵長短句續集》跋："……惟傳本不廣，蜀中雖有《升庵全集》，不足盡其流播也。《天一閣書目》有《長短句》三卷、《玲瓏唱和》三卷、附刻一卷，《樂府拾遺》一卷，合之適《正續集》三卷，錢塘丁松生徵君丙得之於武林，訏爲單傳。既而所藏率歸江寧盋山書藏，余因得往讀，並録福本。惟《正集》卷三有缺葉，末由校補，乃懇諸斐雲宗兄，據所經見，以萬曆福刻本補正見示。萬曆本共三卷，無《續集》，然其卷三多至此本《續集》卷二《西江月·畫觀音壽意》一首，則知其淵源有自。祖本早出，迨後升庵續有所作，遂分襄刻卷三之詞爲《續集》一二，以合成《正》、《續》六卷之數耳。於此不特得所正是，且因譜前後二刻之不同，殊快事矣。……癸酉三月，高梧軒。"

（2）楊循吉《松籌堂詞》跋："北海書藏得原刊本，斐雲宗兄過録見惠，因輯入明詞別集云。癸酉長至日，叔雍。"

（3）祝允明《枝山先生詞》跋："案《静志居詩話》，有《祝氏集略》，又有《金縷》、《醉紅》、《窺簾》、《暢哉》、《擲果》、《拂絃》、《玉期》等集。今存殘本四卷，詞附見集中。余得讀於江寧盍山書藏，因飭胥録副，重付剞氏。迨刻成，又得斐雲宗兄函，謂北海書藏有嘉靖甲辰謝雍手鈔《枝山集》，可以互校，遂復寄勘正，此書庶可爲善本矣。癸酉臘月，珍重閣。"

（3）陳如綸《二餘詞》跋："斐雲宗兄於京師見明刊本，即以寫寄，爲付繡梓。如綸蓋不僅以詞傳也。甲戌上巳，客樂清雁蕩靈巖寺，長夜校訖並記。武進趙尊嶽。"甲戌爲1934年。

（4）夏暘《葵軒詞》跋："甲戌仲春，海寧趙斐雲宗兄得傳鈔本，蓋猶明刻所孳乳，以之惠寄，廣吾所藏，稱快何似，亟以授梓，爲廣其傳。斐雲兼治南北曲，堅屬勿爲删乙，故併存之。是歲天中節，高梧軒書。"

（6）盧維楨《瑞峰詩餘》跋："按黄虞稷《千頃堂書目》，載盧維楨《瑞峰集》六卷，實即《醒後集》，集五卷，續一卷，故云六卷。維楨號瑞峰，又號水竹居士。《醒後集》題水竹居士而不著姓氏。既考集中奏疏題名及《漳州府志》，始得舉其行誼。斐雲宗兄就北海藏本録詞見貽，爲刊存之。乙亥仲春，尊嶽跋記。"乙亥爲1935年。

（7）王祖嫡《師竹堂詞》跋："乙亥仲春，北游京師，得見《三怡堂叢書》本，迻録一過，斐雲宗兄復以雍正間其裔孫兊之手鈔本校正數字，爲付剞人。高梧跋記。"

（8）李濂《乙巳春游詩餘》跋："丙子仲春，斐雲宗兄自京師寫示，爲付墨板。叔雍記。"丙子爲1936年。

（9）朱東陽《濯纓餘響詞》跋："朱清谿以布衣終老，事蹟無可考見。子南雍，則登隆慶戊辰進士，官至太僕寺卿。斐雲宗兄得見明萬曆刊本《濯纓餘響》，附詞十三首，知爲拙藏所未備，因以寫示，彌可感已。丙子天中節，珍重閣記。"

（10）張萱《西園詩餘》跋："斐雲宗兄於京師見明刊集本，録詞見貽，即以授梓焉。丙子新秋，高梧軒識。"

（11）莫雲卿《小雅堂詞》跋："曩歲余得其子秉清《采隱詩餘》，付之剞氏,獨惜莫氏何以不合《小雅堂集》同刊。茲者北游,斐雲宗兄乃以明刊集本過録見示,合之爲一家之言,喜不自勝,秉燭爲跋。時丙子之秋七月既望,珍重閣識。"

(12)劉芳《清唤齋詞》跋:"丙子仲冬,珍重閣得斐雲宗兄傳鈔本校記。"(以上十二則均載《明詞彙刊》上海古籍出版社1997年影印本,吴格《惜陰堂彙刻明詞跋〔附校跋〕》全文引述)

同日,顧頡剛來訪。

顧頡剛日記:予至圖書館訪子植、以中、其驤、文玉、蜚雲等。(《顧頡剛日記》第三卷,第60頁)

6月26日,訪朱自清。

朱自清日記:早斐公來,談故宫反對中央圖書館印《四庫全書》,因未提及他們。袁守和擬調停,已囑彼定一目,約三百部,半用《四庫》本,半用善本。又謂《四庫》罕傳本,謂清代無刻本者,然有些甚無聊,有些有明本易得。又謂傅沅叔將有文論此事。渠表示要印《四庫》,須全印方有價值。又談江、雨二公事,甚多可笑,然江公意見佳。(《朱自清全集》第九卷,第235頁)

6月,國民政府教育部令中央圖書館籌備處與商務印書館訂立合同,影印故宫博物院所藏文淵閣《四庫全書》中的未刊本。

按:此事在文化教育界引發激烈争論。先生曾致函商務印書館,表達北平圖書館的意見,願以館藏善本代替經館臣竄改的四庫本,並擬聯合各地學者及學術團體具公函呈文教育部,争取當局的支持。張元濟8月14日致傅增湘函謂:"影印《四庫全書》此中有人蓄意破壞,公等殆未深知。昨見報章授經領銜致教部公函,公名列第二,謹剪呈,乞察入(鄙見書籍出版不厭其多,武英殿聚珍版叢書均出庫本,世人亦甚珍之也)。弟前日晤授經,談及此事。渠謂趙萬里方持一信來,已簽名去矣。弟復告以個中曲折,授經乃恍然。我兄七月廿九日來示亦主張閣本、善本可以並印,然則上教部函又似未之知也。以鄙見度之,教部震於公等大名,恐不免將此事打消。商務捨此可並力印厚利之書,固亦合算,惟影印《四庫》一事,一而再,再而三,亦可謂磨折多矣。"(《張元濟全集》第三卷,第396頁)蔡元培、陳垣、劉復、傅增湘、李盛鐸等,均持相同觀點,主張以善本代庫本;商務印書館方面則認爲善本、庫本可以並行不悖。

又按:蔣復璁晚年口述回憶録,對此事經過亦有所涉及:"向各國交換圖書要有交換的憑藉,我向朱家驊先生建議影印《四庫全書》用以交換,得到支持。此書曾籌印四次未成,一方面有人要敲商務印書館的竹槙，還有一些人則是想出風頭，使此事多所阻礙。當時有位趙萬里先生（1905—1980），是王國維（1887—1927）的學生，王國維是我的同鄉，他死後，我介紹趙先生到北平工作，趙先生和我很要好。我把印《四庫全書》的事告訴他，他説你不要把這件事告訴袁先生，袁先生做事很快，你告訴他此事，你還没回南京他事情就辦好了，我聽了他的話没有把這件事告訴袁（没想到後來趙先生卻幫袁先生來反對我）。自北平考察回來之後，我將情形報告朱先生，朱先生立刻報請行政院通過影印《四庫全書》。後來我到上海找商務印書館，交涉好了，再將消息登於報上。袁同禮看到後十分不高興，因爲他也要出這個風頭，覺得讓我辦成此事很没面子，乃在北平找了許多人來反對此事，使我騎虎難下，而南方中央大學的一批人就幫助我，結果南北雙方打起筆墨官司。這時政府發表王世傑（1891—1981）爲教育部長，王先生很支持我，他告訴我'不要説話，所有的話由教育部來講，而實際上由你來作文章'。後來教育部回答他們的信都是我寫的，這些信現在還保存在中央圖書館。袁之所以失敗，實由於他反對教育部。此外還有兩個人暗中幫助我，一個是教育部次長段錫朋（1897—1948），另一個是傅孟真。傅孟真與袁同禮在北大同班，兩人交情頗好，但是這件事他站在我這一邊。經過多方努力，影印文淵閣本《四庫全書》終於完成，名稱定爲《四庫全書珍本初集》，計二百二十一種近二千册，大多屬明前書籍。《初集》於民國二十三年共印一千部，中央圖書館得到一百部作爲版稅，用以開展國際交換，從而獲得不少西文書，中央圖書館因此在國際間逐漸知名。民國二十四年，中央圖書館又選出經史子集圖册各一種六册，由商務印書館按原樣影印、裝訂，用於交換。"（《蔣復璁口述回憶録》，第52—54頁）

1932—1933年度，先生在館職司中文書籍采訪事務，所獲甚豐。

《國立北平圖書館館務報告（民國二十一年七月至二十二年六月）》：本年度承購書委員會之指導，采購中文書共一千七百六十四種計一萬零三百十册又一千五百九十張，其中珍本秘籍頗多，得未曾有之佳品。略舉其犖犖大者如下：（一）四明范氏（欽）天一閣、貴陽陳氏（田）詩聽閣舊藏之明代別集六百種。其中約五之三不見四庫著録，五之一並黄虞稷《千頃堂書目》亦未收，其爲秘笈可知矣。内中如嘉靖刻遼藩朱憲㸅之《種蓮歲稿》、寧藩朱棋樋之《瑞龍堂近稿》、成化刻魏觀之《蒲山牧唱》、劉如孫《坦齋集》、許繼觀《樂生詩集》、曹義《默庵詩集》、劉球《兩溪文集》、童軒《清風亭稿》、景泰刻王直《抑齋集》、李時勉《古廉集》、周榘《溪園集》、弘治刻張泰《滄州詩集》、史傑《襪綫集》、沈周《石田稿》，皆天一閣現存書目所著録者（天一閣藏書凡二百五十餘種，此略舉其一斑耳）。益以館中舊藏，總得明別集九百餘種，開公私藏家未有之紀録，朱明文獻彙萃於斯，誠學術界之盛事也。（二）常熟毛氏汲古閣、陳氏稽瑞樓舊藏之明清地志一百五十餘種。考館藏舊地志大率殘缺不全，且多係明刻清印本，覽者病焉。此次新購諸志，無一非絶無僅有之秘笈，如景泰刻《雲南圖經》、成化刻《杭州府志》、《處州府志》，洪武刻《寰宇通衢》，嘉靖刻《臨江府志》、《興國州志》、《亳州志》、《無爲州志》、《開州志》、《含山邑乘》、《羅川志》，正德刻《江寧縣志》、《丹徒縣志》、《松江府志》，正統刻《和州志》、《嘉魚縣志》，嘉靖刻《南宮縣志》、《德化縣志》、《進賢縣志》、《内黄縣志》、《蒲州志》，弘治刻《貴州圖經》、《邵武府志》，隆慶刻《巢縣志》，萬曆刻《辰州府志》、《惠州府志》、《舒城縣志》、《滁陽志》、《雲門志略》、《雁山志》、《牛首山志》等，皆錢塘吳氏繡古亭舊物。吳氏得之汲古閣者，其珍貴可知。此外清地志如康熙《桐城縣志》、《遂寧縣志》、《安吉州志》、《諸暨縣志》、《仙居縣志》，乾隆《長洲縣志》、《陽湖縣志》、《龍游縣志》、《奉化縣志》、《桐廬縣志》等，其罕見不亞於明志。自是，館藏明地志總得五百五十餘種，實從來未有之新紀録也。（三）海鹽朱氏舊藏之明清戲曲書。海鹽朱遏先（希祖）先生舊藏戲曲書籍抄本居半，乃清季昇平署舊物，大小名劇凡五百餘種，近代戲曲史之重要史料也。其他明清刻本亦多罕見之品。如明刻《祝髮記》、《紅梅記》、《白蛇記》、《縮春園》，南北樂府時調、青昆等，此外又有明鈔《樂府群珠》一帙，純收元明人小令套數，與《太平樂府》有同等價值，爲明季周天球藏書，至可寶也。（四）朝鮮李朝實録。是書爲研究近代朝鮮史最翔實之資料，李朝正當我國明清兩代，關係我國之史料甚多。自朝鮮京城大學爲之影印，本館即擬購藏，嗣以所印爲非賣品，且部數有限，不易搜求，因轉托彼邦學者多方斡旋，去歲十二月始經多人之贊助，特讓與本館一部，於本年二月底全書到館，共計八百四十八册，實治近代史之重要資料也。其他零星短帙，獲於廠肆或私家者，數已與上舉三者相埒。如宋刻宋印本《陳書》，可補館藏宋本之缺，校以殿本，改正謬誤不少。又於鄂中藏家搜得《永樂大典》善字、花字韻各一册，内容豐美，頗有裨於史事。其他於小説則有萬曆刻《金瓶梅詞話》、《三國志演義》、《後三國志演義》、《西游記》等。於詔令奏議則有《皇明詔志》及畢自嚴《度支奏議》、《撫津疏草》、黄嘉善《撫夏疏草》、李起元《計部奏疏》、王國光《司銓奏草》等。於明季政書則有黄儒炳《續南雍志》、畢自嚴《户部題名記》、《成化山東鄉試録》、《萬曆浙江雲南鄉試録》。於目録學則有吳騫手校本《千頃堂書目》、鮑以文手抄本《傳是樓書目》，與通行本内容大異。又有述古堂抄本《内閣書目》，劉喜海批本《四書簡明書目》，皆足爲館藏生色。於編年史則有陳均《中興兩朝編年綱目》，記南宋高孝兩朝史事，體例與《九朝綱要》體例相同,《四庫》失收,此本從宋本傳錄,彌可珍貴也。於宋元明別集則有余闕《青陽集》、袁凱《海叟集》、王達《天游雜稿》、董良史《西郊笑端集》、臧懋循《負苞堂集》、鄭若庸《蛣蜣集》、顧清《東江家藏稿》、劉大夏《東山詩集》、楊慎《升庵雜著》等。於明地志則有萬曆《崇明縣志》、《嘉定縣志》、《河間府志》、《豐縣志》、《延綏鎮志》等。於詞曲書則有《浣紗記》、《詞林逸響》、《草堂餘意》等。於明清史料則有《憲章外史續編》、《職方地圖》、《臺灣基隆戰績圖》等。(第5—9頁)

本年度,先生從事戲曲目錄編纂。

《國立北平圖書館館務報告(民國二十一年七月至二十二年六月)》:戲曲目錄。本年開始編輯,第一步先就見存本著錄,全書體例尚待訂定。(第26頁)

本年度,先生向國立北平圖書館捐贈《孔德圖書館匯刻書書目》一種一冊。(《贈書人名錄》,《國立北平圖書館館務報告〔民國二十一年七月至二十二年六月〕》,第33頁)

本年度,先生繼續擔任中研院史語所特約編輯員,從事編撰《漢魏六朝冢墓遺文圖錄》等研究工作。

傅斯年《國立中央研究院歷史語言研究所二十一年度報告》:特約編輯員趙萬里編撰《漢魏六朝冢墓遺文》一書,在印刷中。(《傅斯年全集》第六卷,第381頁)

> 按:先生所撰《漢魏六朝冢墓遺文圖錄後記》謂:"余草此書考證,始事於二十四年夏,至翌年冬日草稿粗具。"可知1932—1933年度所印,當爲圖版部分,考證部分則晚至1935年始着手從事。

本年度,先生兼任國立北京大學中國文學系《詞史》課程,每週二課時,上下學期各二學分;史學系《中國史料目錄學》課程,每週四課時,上下學期各四學分;《宋史》課程,每週三課時,上下學期各三學分。(《國立北京大學文學院課程一覽〔民國二十一年至二十二年度〕》,第18、35頁)

> 按:《國立北京大學史學系課程指導書(民國二十一年八月至二十二年七月適用)》介紹:"宋史:本學程注重介紹新材料以補充舊材料,而尤致力於典制、學術、藝術、風俗、文學諸方面。"(第7頁)

7月3日,致函父親趙宗孟,告知歸家奔喪行程。

致趙宗孟函:舅大人開弔期近,爲女者不能不返家以盡孝,且世無喪父而其女不奔喪者,故毅然成行。此次智揚、小毛隨行(二毛留平,有人照應,可無虞),大約即下星期,月之九、十號可抵滬(乘平浦車),智、勁等即日轉車去硤。男因在蘇滬甬等處均有事務,故須於到滬一星期後方能赴硤,接勁及小毛返家。勁等久離膝下,此次返南,母大人必喜歡無量也。

端、芳妹想已返家矣。男在南京擬作小勾留，故到滬無確期。到滬後當即以電話奉告也。芳妹升學甚佳，男當惟力是視，請釋念。

　　按："小毛"指先生長子趙深，"二毛"指先生之女趙虹，"端、芳妹"指先生之妹趙端瑛、趙芳瑛，"硤"指先生故鄉海寧縣硤石鎮。

　　又按：此函見於中國嘉德國際拍賣有限公司 2015 年 11 月 16 日中國嘉德 2015 秋季拍賣會"筆墨文章——信札寫本專場"，拍品編號2336。圖版見《中國嘉德 2015 秋季拍賣會·筆墨文章——信札寫本專場》，第 2336 號；又見雅昌藝術網：http://auction.artron.net/paimai-art0051062336/［2017.3.29］。信封署："上海白克路成都路口世述里（五六三）號龐裕泰號趙塵俯先生台收。北平趙寄。"

7 月 10 日，訪徐乃昌，談影印《四庫全書》及借印常醜奴墓誌二事。

　　徐乃昌日記：趙萬里來譚（一反對教部景印《四庫全書》〔訪罕傳本〕擬目，一影印墓誌借印常醜奴志）。（《徐乃昌日記》，第 9 冊第 130 頁）

7 月 13 日，張元濟致函袁同禮與先生，談對影印《四庫全書》未刊本及以善本代庫本的意見，認爲善本難遇，乞假尤難，往返商榷，更多耽擱，兩者不妨兼營並進。

　　張元濟函：昨得斐雲兄十一日手書，展誦祗悉。影印《四庫未刊本》，二公主張擬用善本替代，並聯合南北各學術團體及各地學者即日草具公函向教育部當局建議。甚盛，甚盛。惟弟竊以爲茲二事者不妨兼營並進，而不必併爲一談。《四庫》所收，非盡善本，且有殘缺、訛誤，無庸諱言。但其間頗有未經刊行，或雖已刊行而原本不易購求者，如能及早影印，俾得流傳，當亦大雅之所許。曩者敝公司兩次陳請借印《四庫全書》，業奉正式批示，裝箱待發，忽生阻梗，事敗垂成。流光荏苒，今已十餘年矣。此十餘年來，歷劫無算。是書巋然尚存，可稱萬幸。過此以往，殆不可知。此次承教部以印事見委，敝公司灰爐之餘，雖喘息未定，不敢稍有推諉。固爲自身了夙願，亦爲學術效微勞也。至流通善本，尤爲弟之素志，今得二公提倡，海内公私藏家苟願出其所藏，贊成茲舉，撫衷欣幸，豈可言喻。二十餘年來，先後輯印《續古逸叢書》、《四部叢刊》、《百衲本二十四史》者，皆此意也。若無"一·二八"之變，《四部叢刊》續集又早已發行矣。至以善本代庫本，則鄙見竊以爲不必，且於事勢亦有所不能。善本難遇，乞假尤難，往返商榷，更多耽閣，如是則觀成無期。且善本亦正無窮，先得一明本，以爲可以替代矣，未幾而有元本出，又未幾而有宋本出。若以明本自畫，則於目的有違；若必進而求元本，更進而求宋本，則觀成更無期。故弟竊以爲二公高見與教部原意分之兩利，合之兩妨。方台駕蒞滬之初，辱承見教，弟均以此意上答。今斐兄復傳述守兄雅意，殷殷垂詢，當與王、李二君商酌，均以爲於印行庫本外，所有公私善本允假敝館影印者，苟於照相製板在技術上認爲可能，極當勉力承印，與庫本並行不悖。此則敝公司願竭其綿薄，而與各學術團體及學者通力合作者也。謹布區區，伏維亮察。（《張元濟全集》第三卷，第5頁）

　　　　按：此函另載1933年8月10日《申報》。當日該報所載《張元濟對於影印四庫全書意見》附有此函全文。

　7月25日至31日，由蔡元培具函介紹，經鄞縣縣長陳寶麟（冠靈）接洽，獲范氏家族允准，登天一閣觀書，編輯閣書目録。

　　《重整范氏天一閣藏書記略》：去年七月初旬，我又從北平去上海，在四馬路振華旅館邂逅着馬隅卿先生，那時他正從寧波到上海來醫宿疾。我們見面以後，無非談些關於小説戲曲書和其他書本的問題。忽而又提到天一閣，很想去替天一閣作一次徹底的整理工作。我們鼓着勇氣，同船去寧波。幾經接洽，由鄞縣縣長陳冠靈先生、鄞縣文獻委員會長馮孟顒先生，和范氏族中成立了一種諒解。相約七月二十五日起，以一星期爲限，開閣觀書。在此期間，所有監視我們的范氏族人的伙食費，都由我負責籌款擔任。但須向鄞縣縣政府補遞一封公函，以便據以備案。我於是又回到上海，用中央研究院和北平圖書館雙方特派的名義，面請蔡子民先生署名，發函給鄞縣縣政府，請求予以方便。公函備好了，我於二十五日黎明又在寧波登岸，那天寒暑表在百度左右，正是實行開閣的第一天。聞訊來觀光的人，紛至沓來，把一個小小的閣樓，擠得水洩不通。那前清乾隆御賜的毛裝的殘本《圖書集成》放在正中間五個櫃子裏。所謂《歷代帝王名賢圖》鈔本，早已成了贗鼎，比北平廊房頭條三等貨還不如。范文正的墨蹟，也是後人僞造的。而范氏族人珍之如拱璧，豈不可笑。此外東西二間共有十個大櫃，裏面足足裝了二千多種破的、爛的、完整的、殘缺的種種不同時代的書，這是我十幾年來夢想神游的目標之一。我最注意的，是明代方志和一切明朝官書。孟顒、隅卿二位先生，和大律師朱鄮卿先生，竹洲女子中學校長楊菊庭先生，都來幫忙。又在法院裏請來了幾位書記，來做謄寫的工作。北京大學史學系同學張美餘先生看了日報，知道我在寧波，也趕到閣裏來幫着編目。我一個人負全部提調之責，旁人整理過的書籍，總得經我審查一次纔算完事。我從上午六時起到閣工作，下午七時纔出閣休息。晚上如無應酬，也得和隅卿或其他熟人，乘風涼閒談。所以每天睡眠時間，最多不過五小時，但是精神並不覺得疲倦。這二千多種的書，到現在我還能默憶出大部分來。我們整理的步驟，是用預定的一種較精密的統計法。無論行款、邊口、版心大小，屬於機械方面的，固非一一記載不可。就是序跋和内容的特點，也得在極短時間内縮寫下來，以便日後作書志時參考。我們發現好幾個櫃子裏都有蠹蟲,因此對於傳統的保存閣書的秘訣,發生疑問。故老相傳閣裏的書全都夾着芸草,可以防蠹;櫃子下鎮着浮石,可以吸收水分。這完全是神話。其實天一閣所謂芸草,乃是白花除蟲菊的別名,是一種菊科植物,早已失去了它的除蟲的作用。浮石不知從郭外那個山裏搬來的一種水成巖的碎塊,並無什麼吸收空中水分的能力。現在閣裏的書,遭蟲蛀的,數不在少。東邊一個櫃子裏,裝着六部不全的成化本《宋史》,沒有一部不遭蟲蛀。所以科學防蠹的工作,實是今後保存閣書最要的一着。到了第七天,我們想瞻仰閣主人范東明的遺像,特地請縣長陳冠靈先生來一同舉行公祭,並攝影以留紀念。編製書目的工作,即於次日完成。一共發現了二百多種書超出阮、薛二目之外,這是我們引爲最快意的。(《趙萬里文集》第二卷,471—473 頁)

《中央研究院派員赴甬會編天一閣書目錄》:國立中央研究院院長蔡元培以寧波天一閣范氏藏書爲浙東冠,其中明季史料尤多,現欲保全國粹、研究文化起見,特派北平圖書館編輯委員趙萬里,攜同蔡氏致縣長陳寶麟一函,於昨日抵甬後,當即分赴縣府文獻委員會、鄞縣通志館有所接洽,并邀同北平中法大學教授馬隅卿、鄞縣通志館協纂馬涯民、文獻委員長馮孟顓等協助編訂書目。新新社記者頃晤該院負責人聲稱,趙君抵甬後已與馬、馮諸君於二十六日偕同范鹿其等至天一閣入手檢查,惟該閣所有藏書迭經被劫,已殘缺不全,故各種書目尚須數次之整理,始能會編云。(1933 年 7 月 28 日《申報》第十五版)

按:1933 年 7 月 26 日寧波《時事公報》亦刊載《中央研究院派員來甬會編范氏天一閣書目》一文,報導此事(饒國慶《趙萬里與馮孟顓》,載《天一閣文叢》第 11 輯,第 198—199 頁)。《申報》此消息內容與之基本相同。

《范氏天一閣藏書》:此次趙氏來甬編訂圖書目錄,所費實達二百元。蓋該閣爲范氏六房所公有,每房長管鑰匙一把,而六房中子姓大半式微,故每日之伙食不得不由趙氏供給。(1933 年 8 月 15 日《寧波日報》)

又按:馮貞群評先生此次登閣閱書所編目錄"體大思精,校編周密"(馮貞群編《鄞范氏天一閣書目內編》附三《舊目考略》,寧波重修天一閣委員會 1937 年鉛印本,附三第 36 頁);另據馮貞群外孫陳伯龍轉述,此目稿本"在抗戰期間全都散佚了"(饒國慶《趙萬里與馮孟顓》,載《天一閣文叢》第 11 輯,第 200 頁)。2016 年 11 月 20 日北京泰和嘉成拍賣有限公司 2016 秋季藝術品拍賣會"古籍善本·金石碑版"專場第 2583 號拍品"趙萬里、馬廉等人登天一閣觀書筆記稿本",其主體部分即爲此次觀書之筆記,各書著錄書名、著者、行款、序跋、尺寸等項,並往往抄録目録及序跋中重要文字。

  又按：先生於 25 日致函其父："父親大人膝下，敬稟者，男於今早抵甬，仍寓友人馬先生家。今日起即可看書，約月底可返，屆時是否由滬轉，尚可定。匆匆不盡萬一。敬叩金安。男里叩上。廿五日早。"此函爲鉛筆所書。見於孔夫子舊書網墨篆樓書店，圖片網址爲：http://www.kongfz.cn/19622360/[2017.3.29]。

7 月，所編《影印〈四庫全書〉罕傳本擬目》載於《國風》半月刊第三卷第二期。

  按：此目收經部書二十四種、史部書三十種、子部書三十六種、集部書一百七十種，附《宛委別藏》四十種，總計三百種。前有例言，謂：《四庫全書》校寫時，館臣將原書大事竄改塗乙，宋元人文集、奏議及史籍尤甚，故凡有宋元明舊刻或舊鈔者，應廢庫本改用他本；輯自《永樂大典》各書，有原本尚存而庫本乃輯本者，應廢庫本改用舊本；據殘本録入者，當改用舊刻全本；因經館臣竄改失其本來面目者，如有《四庫》底本可據，應廢庫本，改用原底本；文津閣本鈔成最晚，並經校改，訛誤較少，卷前提要亦有與文淵閣本不同之處，重印《四庫全書》時，應先行比勘文淵、文津二本，擇善而從；故宮圖書館藏《宛委別藏》，係阮元所呈《四庫》未收書，其中罕傳本當一併印行；此目分寄海內專門名家徵求意見，以一月爲期，函復北平圖書館編纂委員會。

  又按：此目另刊於《國立北平圖書館館刊》第七卷第五號。

7 月，受聘爲輔仁大學國文系講師。此後一直任職至 1951 年 6 月。

  按：先生在輔仁，1933 年 7 月至 1950 年 6 月爲兼任講師，1950 年下半年陞爲兼任教授。

本年夏，由內閣大庫故紙堆中發現明洪武刻本《華夷譯語》、《元朝秘史》二書殘頁。

  陳垣《〈元秘史〉譯音用字考》：今年夏，北平圖書館趙萬里先生從內閣大庫故紙堆中發見《華夷譯語》與《元朝秘史》殘頁，計《譯語》二十六頁，《秘史》四十五頁，此洪武槧本也。何以知爲洪武槧本，則以與《華夷譯語》板式紙色相同故。（《陳垣史學論著選》，第 359 頁）

  8 月 3 日，袁同禮對《大公報》記者發表談話，表達北平圖書館對影印《四庫全書》的意見，並稱已派先生南下接洽。

  《蔡元培等向教部貢獻影印四庫全書意見》：此次政府決定選印《四庫全書》，北平圖書館同人曾提出兩種主張：（一）文津閣本抄寫最晚，且據善本重校，故卷中譌誤較少。乾隆在熱河行宮時每日翻閱，屢飭館臣詳校，遇有錯字罰令重寫，故卷中剗改之處甚多。——比勘，擇善而從，每書之後並附校勘記。不得置文津本於不顧。(二)四庫本經館臣竄改,已大失原書面目,內中以宋元人文集奏議及史部各書爲尤甚。此次影印,凡公私所藏舊刻或舊鈔可用以代替庫本者應采用最古之本而廢庫本,以存其真,本館並擔任向各藏書家商借影印,彙爲大觀。爲學術前途計,雖采訪稍費時日,亦所不惜。換言之,非至不得已時,不用庫本。本館爲貫徹此項學術上主張起見,特印行《景印四庫全書罕傳本擬目》,分寄國內外學術機關及藏書家徵求意見。一月以來,各方覆信一致贊同,足徵本館之主張已成全國學術界之共同主張。本人在滬時,曾與館長蔡子民先生聯名上教育部一呈。申述吾人立場。滬上精通目錄版本之學者,如董康、張元濟、徐乃昌、劉翰怡、葉恭綽、□光生諸先生均力贊此項主張,並由葉君主稿,聯名致函教部,貢獻同樣之意見。誠以此項工作決非機械式之影印便可了事,內中如版本之校勘、目錄序跋之增補,工作繁重,亦非短時期所能舉辦。吾人爲國家文化事業,似不宜草率從事也。近接王部長覆函,對於吾人之主張,似未能容納。但本人既負典守之責,見聞所及,自當力圖補救。現又派本館編纂趙萬里先生南下接洽,作最後之努力。如當局仍主張以機械方式——景印,則北平圖書館之參加尚待考慮云。(1933 年 8 月 5 日《申報》第十六版)

8 月 6 日,致函傅斯年,談整理朱希祖舊藏明清戲曲文獻、謄錄《廣韻》校本諸事。

致傅斯年函:朱藏戲曲書,正在整理中。"四夢"已改本得二種,至未改本則無重本可讓,其餘重本俟采訪科編目後當先首送奉請選購不誤。藏改"四夢"近亦難得,未知先生願留否? 近得罕見北朝墓誌拓本多種,花紋之離奇爲向所未見。又《廣均》校記寫官已錄成二卷(共五卷),得一百二十頁(一天只能錄八九頁,故遲之至今)。全數當在三百頁以上。擬將已錄成之二卷先交京華影印,餘則隨鈔隨交,未知公意何如。(原函存傅斯年圖書館)

按:朱希祖舊藏明清戲曲文獻係北平圖書館 1932—1933 年度購得。

8 月 14 日,受教育部之聘擔任編訂四庫未刊珍本目錄委員會委員。

《教部聘請編訂四庫珍本委員》:教部十四日發出聘書,聘陳垣、傅增湘、李盛鐸、袁同禮、徐鴻寶、趙萬里、張允亮、張元濟、董康、劉承幹、徐乃昌、傅斯年、顧頡剛、柳詒徵、張宗祥、葉恭綽、馬衡等十七人爲編訂四庫未刊珍本目錄委員會委員。(1933 年 8 月 15 日《申報》第十八版)

8 月,撰趙尊嶽輯刻《明詞彙刊》本王越《黎陽王太傅詩集》跋。

《黎陽王太傅詩集》跋:越,字昌世,濬縣人。景泰進士,官至兵部尚書,以功封威寧伯。事誼具見國史本傳。集稱土太傅者,蓋贈官也。今年仲夏,得正德刊本於海上,乃四明范氏天一閣故物。中附詩餘十五首,亟錄出以貽叔雍宗兄,聊備明詞一格焉。癸酉八月,海寧趙萬里記。(《明詞彙刊》,第 1676 頁)

8月,《詞學季刊》第一卷第二號報導先生將刊行善本詞集十種。

《趙萬里將刊善本詞集十種》:海寧趙萬里先生精於版本目錄之學,於詞集搜討特勤,前有《校輯宋金元人詞》,由中央研究院出版,本刊已爲介紹。比復擬出所得元槧精鈔名家詞集十種,影刊行世,已出版者有明刻《南唐二主詞》,餘將次第續出云。

按:先生委托來薰閣影印之《南唐二主詞》,係 1934 年出版,此書序署款"民國二十三年甲戌初夏德清俞平伯識於北平"。

9月1日,考古學社成立,先生爲首批會員。

《社務紀要》:民國廿二年六月,由容庚、徐中舒、董作賓、顧廷龍、邵子風、商承祚、王辰、周一良、容肇祖、張蔭麟、鄭師許、孫海波諸人發起金石學會,徵求會員。九月一日在北平人美餐館開成立大會,會員到者三十五人,將舊擬金石學會名稱改爲考古學社,票選容庚、徐中舒、劉節、唐蘭、魏建功五人爲執行委員,負責修定社章,編輯社刊。(《考古學社社刊》第一期,第 52—53 頁)

按:《考古學社社刊》第一期所載《考古學社簡章》謂,"本社以我國古器物學之研究、纂輯及其重要材料之流通爲主旨"(第 1 頁);《第一期社員名錄〔二十三年度〕》,有"趙萬里,號斐雲,浙江海寧人,年三十歲。北京大學、清華大學講師。通訊處北平景山西街陟山門大街七號"條(第 37 頁);《社員著作一覽表》有"趙萬里 漢魏六朝塚墓遺文圖錄(印刷中)"條(第 42 頁)。

又按:先生 1933 至 1937 年爲該社社員。

9月20日,攜南宋刻巾箱本《尚書傳》訪傅增湘。

傅增湘《藏園群書經眼錄》:《尚書傳》十三卷,題漢孔安國撰。南宋刊巾箱本,版式半葉十行,每行十九二十字不等,注雙行二十五字,細黑口,左右雙闌。……(癸酉八月朔趙萬里持來。索三千元,無力收之。)(《藏園群書經眼錄》,第 20 頁)

同日,朱希祖撰致先生函。

朱希祖日記:寫趙萬里信。(《朱希祖日記》,第 309 頁)

9月21日(農曆八月初二),朱希祖自廣州寄出致先生函,及《經傳闕疑》鈔本六册。

朱希祖日記:寄趙、張二信,并寄趙《經傳闕疑》鈔本六册。(《朱希祖

日記》，第 309 頁）

　　　按：張指張叔範。

　　同日，吳梅托酈承銓帶藏曲目錄與先生。

　　　　吳梅日記：衡三來，云有北平之游，即將藏曲目托其帶交趙萬里，並言
　　價值雖大，可以商量。（《吳梅全集·日記卷》，第 345 頁）

　　9 月 23 日，影印《四庫全書》選目一百八十種公布。

　　　　《影印四庫全書目錄正式發表》：教育部自發表影印《四庫全書》計劃
　　後，南北學者無不極端贊助，惟選印方法事關專門研究，亟待共同商討。
　　教育部爲集思廣益起見，爰於八月十五日函聘李盛鐸、董康、傅增湘、陳
　　垣、袁同禮、徐乃昌、劉翰怡、張宗祥、徐鴻寶、傅斯年、柳詒徵、張元濟、馬
　　衡、趙萬里、顧頡剛十五人爲編訂目錄委員會委員，指定專審查中央圖書
　　館所編之《未刊本草目》，并定以一月爲討論時期、兩月爲編訂時期。各
　　委往復函商，業將選印書目編製告竣，各委在中央圖書館草目三百六十六
　　種中選出一百四十二種，又將該目遺漏者加入三十八種，凡有善本可代者
　　一律剔出，以待另印，選擇極爲謹嚴，已於昨日聯名致王部長一函，説明原
　　委，並附辦法三條，極有見地。此項書目京平滬三處昨日同時發表。
　　（1933 年 9 月 24 日《申報》第十六版）

　　9 月下旬至 10 月中旬（農曆八月），攜宋刻《咸淳臨安志》訪傅增湘。

　　　　傅增湘《藏園群書經眼錄》：《咸淳臨安志》一百卷，宋潛説友撰。殘
　　本，存十六卷。宋刊本，十行二十字，注雙行同，白口，左右雙闌，版心上方
　　記字數（大小分左右），下記刊工姓名。……（癸酉八月趙萬里持售，索八
　　百元。）（《藏園群書經眼錄》，第 341 頁）

　　9 月 28 日，所撰《芸盦群書題記·蔡中郎文集十卷外傳一卷》載《大公
　報·圖書副刊》創刊號。

　　9 月起，兼任清華大學中國文學系講師。

　　　　按：《國立清華大學教職員錄（民國廿二年十月）》、《國立清華大學
　　教職員錄（民國廿三年十月）》均記錄先生到校時間爲民國二十二年
　　九月。

　　10 月 2 日，天津《大公報·文學副刊》第 300 期報道先生助陶湘影印珍
　本詞集多種。

　　　　《學術界雜訊》：武進陶蘭泉（湘）氏以刊書聞於海內外。……茲聞陶
　　氏又覓得明洪武刻劉基《寫情集》（四卷本，與通行本分卷異）、隆慶刻邵
　　亨貞《蟻術詞選》、宋刻本米芾《寶晉英光詞》、明初本劉學箕《方是間居士
　　詞》，擬影刻爲一編以竟舊業。聞此次編校乃其友人趙萬里氏所設計。自
　　是以後習詞者又多一種讀物矣。

10月8日，赴朱自清宴。

朱自清日記：午宴客。斐公似頗窘。（《朱自清全集》第九卷，第 254 頁）

10月10日，午與于省吾等共宴容庚夫婦，祝賀其四十歲生日。

顧頡剛日記：出，予獨到東興樓赴宴。……今午同席：（爲希白祝四十壽）容希白夫婦及容琬（以上客），于思泊、商錫永、趙蜚雲、徐中舒、孫海波、劉子植、胡文玉、魏建功、唐立厂、予（以上主）。（《顧頡剛日記》第三卷，第 96 頁）

10月10日至12日，北平圖書館舉辦輿圖版畫展覽會，展出先生所藏清康熙刻本《揚州夢傳奇》二卷一種。

按：據 1933 年 10 月編印的《國立北平圖書館輿圖版畫展覽目錄》，此次展覽展覽分爲三大部分：甲、輿圖部，館藏宋元明輿圖二十八種、清代各省區舊式地圖四十三種、清代各種雜圖十四種、清代計里畫方地圖十三種、清經緯線地圖十八種、清季邊界圖十八種、宋以來歷史地圖十六種、宋明清城市宮室圖十一種、明清驛鋪道里圖十種、明清邊防圖五十一種、明清地球圖六種、明清河流水利圖四十九種、近今政府各機關測繪地圖八十七種、近今各縣政府測繪地圖三十種、近代國內各輿地學社及私人編印地圖二十六種、外國人測繪中國地圖三十七種、名勝古跡圖十二種、天文圖三種，以及王希隱藏圖九種、汪申伯藏圖一種、張景蘇藏圖七種、歷史博物館藏圖五種、國立北平研究院測製之地圖二十六種、西北科學考察團藏圖三種，附館藏工程圖十二種；乙、版畫部，館藏明刻本二十九種、明畫本及金刻本五種、清刻本及銅版武功圖（附職貢圖）二十種，以及鄭振鐸藏本三十九種、王孝慈藏本九種、朱桂莘藏本二種、趙萬里藏本一種；丙、佛道經部，館藏敦煌本四種、西夏文本十四種、明刻珍本十四種、鄭振鐸藏宋元明單刊佛道經一百三十六種，附松坡圖書館藏宋藏、鄭振鐸藏宋磧砂藏、山西趙城廣勝寺藏全藏等十種作爲"參考品"，共計八百一十八種。

10月12日，所撰《芸盦群書題記·中吳紀聞六卷》載《大公報·圖書副刊》第二期，同期《學術界消息》欄目報道"中央研究院歷史語言研究所最近將出版趙萬里編著之《漢魏六朝冢墓遺文圖錄》"。

10月26日，所撰《芸盦群書題記·禮記二十卷》載《大公報·圖書副刊》第三期。

同日，訪顧頡剛。

顧頡剛日記：趙斐雲來。（《顧頡剛日記》第三卷，第 102 頁）

10月29日，赴新陸春馬裕藻宴。

　　顧頡剛日記：到新陸春赴宴。……今午同席：劉半農、徐祖正、楊興棟、楊金甫、朱佩弦、趙斐雲、紹虞、予（以上客），幼漁先生（主）。（《顧頡剛日記》第三卷，第 104 頁）

　　10 月，先生撰集《北平圖書館善本書目》四卷刊行。此目以經史子集四部分類，收宋元明刊本及精校、名鈔、稿本總計 3796 種，其中經部 200 種、史部 1256 種、子部 707 種、集部 1633 種，詳細著錄各書書名、卷數、著者、版本、完缺及批校題跋者。

　　傅增湘《序》：顧草創之初，所恃以充架者，惟內閣大庫舊藏，其中宋元秘籍殆數百種，惜其年湮代遠，闕失弘多。其後端忠愍自江南奏進有歸安姚氏、南陵徐氏、海虞瞿氏諸家之書，舊槧精鈔，往往而在。……袁君守和以專門名家領館政伊始，即延趙君斐雲專司徵訪纂校之職。趙君夙通流略，尤擅鑑裁，陳農之使，斯為妙選。頻年奔走，苦索冥搜，南泛苕船，北游厰肆，奮其勇銳，擷取精英，且能別啓恒蹊，自抒獨見，於方志、禁書、詞曲三者，蒐采尤勤。……若夫宋槧元刊、秘鈔名校，所在求之若渴，時拔其尤。苟曠世之稀逢，斥兼金而勿卹，至如天一、海源及南北舊家近歲流出者，亦復惜其散亡，廣為羅致。或一書而兼收數本，或殘帙而竟獲重完。綜計先後所得，合以舊儲，審定入善本庫者，為書凡三千七百九十有六部，以卷計者凡七萬八千一百九十有九，而乙庫所藏者尚不與焉。溯自闢館以來，編目之役凡經數舉。繆君藝風，以宿彥耆儒，首膺館職，手自屬草，排比粗定。會經鼎革，不及付雕，坊肆流行，僅存初稿。嗣則江君叔海、王君懋鎔，續加葺錄。已而夏彭二君，重事修正，於舊目訛奪，頗肆抨彈，然第工於糾人，而所撰未為賅備。今乃擬定體例，將欲輯為書影，錄為書志，次第刊布，以便編摩。先成簡目四卷，授之梓人。……或以茲目依類標名，未參序論，微傷簡略，豈饜群情。不知尤氏《遂初》題版本，此編之作，例屬初枕，逮及《直齋解題》，備詳考訂，要竢削稿，正可合鑴，鉅製鴻編，照耀宇內。吾知太液池畔，必有慶雲之采，虹月之輝，輪囷糺縵，上與東壁爭光，昔人所侈為群玉之府、二酉之山者，庶幾旦暮遇之矣。（載《國立北平圖書館善本書目》卷首）

　　《本館善本書目新舊二目異同表》：本館善本書目最早出版者，當推繆荃孫編之《學部圖書館善本書目》，印在《古學叢刻》中。民國五年夏曾佑重加修訂，成《京師圖書館善本書目》四冊，即世所行鉛印本是也。其後張宗祥氏就任京師圖書館主任，又據夏目重編，改正夏目繆誤不少。其時午門歷史博物館整理內閣大庫遺藏，送來宋元以下舊槧舊抄可補館藏之缺者為數甚多，故以張氏草目與夏目較，實有增無減。顧張目迄未出版，只憑稿本存館備案。民國十八年，北海圖書館與京師圖書館實行合併,於是編目之事重起。不特北海圖書館藏書有可入善本庫者,即京師圖書館普通書庫中,頗有外間絶不經見之本,亟應提歸善本庫者,又所在皆是。而新購之善本書籍,年增月累,數亦盈千。書庫之容積有限,而圖籍之增量無窮,於是不得不重加甄別,以示限制。當時擬定之原則如下:(一)善本書庫舊存書,凡印本拙劣,及其本尚非罕見者,一律退歸普通書庫,以省容積(本館普通書庫中文舊籍,亦照章不得外借,與善本書同)。(二)别善本書庫爲甲乙二庫。甲庫藏宋元明刻本鈔本或名賢手校手鈔本。至清人著述,無論鈔本稿本,或精刻初印本,則概歸乙庫收藏。(新刻善本書目所收,皆甲庫藏書,然如劇曲類、金石類、目録類亦時有清人著述混入,因刊此數類書目時,乙庫尚未正式成立,故删之有未盡也。)(三)京師圖書館、北海圖書館舊藏善本書,有重複至數帙至數十帙而雕印時代完全相同者,則於新刻簡目中著録一部或二部,而以餘者别藏善本重複書庫。至其書並非罕見而殘脱過甚者,亦附存焉。准此三例,故前京師圖書館《善本書目》中著録之書,有退歸普通書庫者,有改歸善本乙庫者,亦有别藏善本重複書庫者。善本書庫中減去之容積,則以普通書庫中提升之書及新購善本書承其乏。於是新目著録之書,無不精湛整潔,與舊目較,劃然不可同日語矣。至編目之際,時時發見舊目對於審定版刻時代亦不盡可靠。蓋版本之學,至於今日而極其盛。昔人每因比較研究之方法與資料之不足,於審定版刻之時間性與空間性,時有主觀之沿誤。故新目編製時,於舊目亦多加彈正。有原題宋刻而審定爲元刻者,如《資治通鑑》、《易林》是(《四部叢刊》借印《易林》時已改題元刻);有原題明刻,而審定爲宋元刻者,如《四史外戚傳》是。——無不以審慎之態度出之。一二人之意見不足憑,必就正於專門名家,或檢得客觀之條件,始敢寫定。此又新目之特色,而爲閲者所不可不知也。(《國立北平圖書館館刊》第八卷(1934)第一號,第89—90頁)

　　按:此目以校訂精審著稱,先生由此揚名學界,爲論版本目録之學者所重。《本館善本書目新舊二目異同表》並未署名,但可確定出自先生之手無疑。此文之序,概述編目過程,强調比較方法、就正專家、客觀條件等,鮮明地體現了先生版本目録學思想的特點。2011年人民文學出版社編輯部在該書與《舊京書影》的影印出版説明中,對此目作了高度評價:"此目與張宗祥稿本京師圖書館善本書目等體例不同,記載不如張目詳細,但若論其著録之完整,鑑定之精準,文字之嚴謹,則此目可謂空前。"(第4頁)又謂:"一九三三年《北平圖書館善本書目》是版本研究告别主觀性版本鑑定,邁向客觀性版本研究的金字塔式的里程碑。拿一九三三年《北平圖書館善本書目》與早期目録相對照,看到過去模糊不準確的鑑定被趙先生的版本研究一條一條改訂,讀者會感到快刀亂麻的痛快,同時對趙先生的工作油然產生敬慕之心。"(第10—11頁)

又按:此書收入北京圖書館出版社2008年影印之《明清以來公藏書目彙刊》;人民文學出版社2011年1月將此書與倉石武四郎所編拍之《舊京書影》一並影印。

10月,所撰《景印〈四庫全書〉罕傳本擬目》轉載於《國立北平圖書館館刊》第七卷第五號。

11月5日,赴來今雨軒郭紹虞、顧頡剛宴。

顧頡剛日記:到來今雨軒宴客(《文學》月刊之會)。……今午同席:廷芳、平伯、建功、宗岱、振鐸、既澄、蜚雲、受頤、楊丙辰(以上客),紹虞、予(主)。(《顧頡剛日記》第三卷,第104頁)

11月9日,所撰《芸盦群書題記・大戴禮記十三卷》載《大公報・圖書副刊》第四期。

11月18日前後,向馮孟顓寄出爲重修天一閣委員會所撰《天一閣募捐啓》。

按:據饒國慶介紹,1933年9月18、19二日,寧波遭遇颶風,天一閣東牆傾頹。鄞縣文獻委員會馮孟顓等成立重修天一閣委員會,計劃全面修繕天一閣,將寧波尊經閣所藏石碑遷至閣內,在閣北建新樓藏書,並編撰天一閣書目內外編。馮孟顓將此事告知先生,並請先生撰募捐啓。後因馮孟顓等起草的募捐啓於此前已刊登發布,先生之啓並未真正使用。(饒國慶《趙萬里與馮孟顓》,載《天一閣文叢》第11輯,第201—202頁)

11月23日,所撰《芸盦群書題記・程幼博墨苑十二卷附錄人文爵里九卷》載《大公報・圖書副刊》第五期。

12月3日,覆羅香林函。

致羅香林函:大著提要已代登《大公報・文學副刊》,此星期可出版,想已見之矣。憨山大師文集語錄總名《夢游錄》,一刻於錢牧齋,再刻於徑山藏,三刻於金陵刻經處,四刻於日本續藏,未知兄所見舊鈔本究爲何本也。尊編《文史月刊》均拜收,此後仍望續寄,至荷至荷。《大公報・圖書副刊》弟不過負投稿之責,與編輯無關也。數年前開掘廣九路,得隋徐智竦墓誌(有陰),現歸羊城某氏,貴研究所有此誌拓本否?市上有拓本寄售否?便請設法代覓一份爲荷。需款若干,亦祈示知,以便照匯。(《羅香林論學書札》,第354—355頁)

按:《羅香林論學書札》考訂其年代爲1940年,不確。《大公報・文學副刊》自1928年1月2日創刊,先後歷時六年,共出313期,至1934

年 1 月 1 日停刊，而《大公報·圖書副刊》創刊於 1933 年 9 月（參《中國國家圖書館館史：1909—2009》第 93 頁），二者同時刊出的時間僅爲 1933 年 9 月至次年元旦之間的四個月而已。該函同時提到這兩個副刊，其撰寫時間當在 1933 年無疑。

12 月 7 日，所撰《芸盦群書題記·孫子算經三卷、張邱建算經三卷、殘本九章算術五卷、五曹算經五卷、數術記遺一卷》載《大公報·圖書副刊》第六期。

12 月 22 日，訪傅增湘，談及松江韓氏讀有用書齋藏鈔校本流入市肆事。

　　傅增湘 12 月 23 日致張元濟函：頃奉手教，知韓氏書已入肆中。昨趙萬里來亦言及。惟聞宋元本押存銀行，今所出者只鈔校本。（《張元濟傅增湘論書尺牘》，第 311 頁）

本年，所撰《兩宋諸史監本存佚考》載國立中央研究院歷史語言研究所編印《慶祝蔡元培先生六十五歲論文集》上冊。

　　按：該文收入北京大學出版社 1998 年出版之《北京大學百年國學文粹·史學卷》。

本年，撰趙尊嶽輯刻《明詞彙刊》本顧起綸《九霞山人詞》跋。

　　《九霞山人詞》跋：顧玄緯，起元弟，字更生，別號元言。從父可學挈之京師，代爲祝釐應制之文，多稱帝意。以國學生累官鬱林州同知，致仕。玄緯豪於文酒，善書法。其昆季於嘉靖間，以校輯《王右丞詩》、《會真記》等書名於世，顧其所著《九霞山人集》獨罕傳。今年盛暑，觀書於四明范氏天一閣，《山人集》赫然在焉，然前後蟲傷殘破，不忍觸手。卷一後附詞三闋，幸未損字，亟命胥錄於閣中，以貽我叔雍詞長，刊入明人詞輯中，備一格焉。宗弟萬里記。（《明詞彙刊》，第 1648 頁）

1934 年　先生三十歲

本年，先生任國立北平圖書館善本部考訂組組長、采訪部中文采訪組組長，及編纂委員會特約編纂員、購書委員會委員（兼書記）。時徐森玉兼任善本部、采訪部主任；考訂組組員有李耀南、陳恩惠、張孟平三人；中文采訪組組員有爨汝僖、劉藜光、趙静和三人，書記有鄔占元一人。（《本館職員一覽〔二十三年六月〕》，《國立北平圖書館館務報告〔民國二十二年七月至二十三年六月〕》，第 1—14 頁）

1 月初，影印《四庫全書》選目確定。

　　《教育部影印四庫全書選目已決定》：教育部前爲宣揚中國文化、傳播《四庫全書》珍本起見，特將北平圖書館所藏《四庫全書》委托商務印書館影印，但以全書冊數甚多，整部影印殊費工本，且大部分坊間流通精刻亦多,故無全部影印之必要。該部决將外間少見之珍本選印行世,並已與商務印書館訂立合同,開始攝影。各情誌次。選目委會:教育部爲精選四庫珍本起見,特函聘對於國學素有研究之專家,專負編訂選目之責,並組織一編訂四庫全書未刊珍本目錄委員會,委員爲李盛鐸、董康、傅增湘、陳垣、袁同禮、徐乃昌、劉承幹、張宗祥、徐鴻寶、傅斯年、柳詒徵、張元濟、馬衡、趙萬里、顧頡剛等十五人。决定目錄:該委員會成立後,對於影印之選目大致已經决定。計經部六十一種、史部二十種、子部三十四種、集部一百十七種,總共二百三十二種。均爲外間未易收集之珍本,頗可寶貴。並由各委員另編四庫珍本書目一種,詳述每種版本源流、學術宗派、全書概要,以供參考。開印時期:選印各書現已運來上海,由商務印書館另在天主堂街二十六號故宮博物院上海儲存處空地建築臨時攝影工場,於去年十一月十七日開始攝影。全書約七個半月可以攝竣,大約本年六月間即可開始影印,發售預約。預約價目現未能决定,大約每部當在五六百元之譜。(1934 年 1 月 8 日《申報》第十五版)

1 月 5 日,劉半農推薦先生指導北大研究生研究宋元詞史。

劉半農日記:下午到研究所,四時開文史部部務會議。有一研究生欲研究宋元詞史,余以爲可請趙萬里指導,而萬里本年已改爲講師,□□以爲不可,然按之院章,講師亦可任研究生導師,余檢出院務會議議案相示。□□遂大鬧,狀如發狂,余惟有冷笑置之,想此君一生,無學問事業之可言,唯欲以發脾氣自成一家耳,亦可憐矣。(《父親劉半農》,第 237—238頁)

1 月 6 日,所撰《芸盦群書題記·劉向新序十卷》載《大公報·圖書副刊》第八期。

1 月 13 日,所撰《芸盦群書題記·高常侍詩》載《大公報·圖書副刊》第九期。

1 月 14 日,與馬廉、孫楷第宴請劉半農等,議國立北平圖書館舉辦戲曲音樂展覽會事。

劉半農日記:午,赴擷英馬隅卿、趙萬里、孫子書之宴,爲北平圖書館擬開戲曲音樂展覽會事也。(《父親劉半農》,第 240 頁)

1 月 16 日,劉半農來訪。

劉半農日記:到北平圖書館,看袁守和、徐森玉、趙萬里,森玉贈通學齋影印《二洪遺書》一部,又自印《因明論理門十四過類疏》一卷。(《父親劉半農》,第 240 頁)

1 月 21 日,朱自清來訪。

朱自清日記:訪斐雲,接洽授課事。(《朱自清全集》第九卷,第 276

頁）

1月，立達書局出版《文學季刊》創刊號，卷首有"特約撰稿人"名單，先生列名其中。

2月3日，所撰《重整范氏天一閣藏書記略》、《從天一閣説到東方圖書館》載《大公報·圖書副刊》第十二期。

　　按：《重整范氏天一閣藏書記略》，首先敘述先生1931年、1933年兩次探訪天一閣並編目經過，其次評述明代方志、明代登科録等珍貴文獻，最後介紹編寫提要目録計劃，提出擬將由於修《四庫全書》奉命進呈的、乾隆後陸續散出的與民國初年爲巨盜薛某竊去的天一閣舊藏一併編目，作爲外編。

　　又按：《從天一閣説到東方圖書館》據1930年訪書商務印書館所得，著録涵芬樓所存天一閣舊藏明季史料，其中傳記類十種、邊防類四種、地志類十二種。文末云："我在涵芬樓觀書北返後，曾向友人建議，此項富有史料性的紙上材料，似乎在北方有留一册副本的必要。我祇是一種泛論，所要傳鈔的，不單是涵芬樓的天一閣遺書，凡是天一閣以外的書，無論屬於誰的，如認爲罕見而富有史料價值者，都應當在請求傳鈔之列。此項建議當然没有人起來反對，但總以爲這是不急之務，三四年後再辦，也無關緊要。那裏知道不測之禍，公然降生於兩年前的今日。涵芬樓東方圖書館，就整個犧牲在這次空前的國難裏。涵芬樓到今日，在藏書界尚未失掉它的尊嚴與價值。但剩下的，祇是一些版本性質的書，像上面所舉的，縱有千金萬金也找不到同樣的一葉半葉。我謝謝張菊生先生和其他當時招待我的幾位先生，到今天我還能寫這篇稿子，都是他們給我的。"

2月6日，朱自清聽聞劉盼遂、鄭振鐸與先生皆曾私攝圖書館書影。

　　朱自清日記：早聞劉盼遂、趙斐雲、鄭振鐸皆有私攝圖書館書影事。（《朱自清全集》第九卷，第280頁）

2月11日，晚赴哈爾飛大戲院觀弋昆社演戲。

　　季羨林日記：過午，長之送我一張票，弋昆社在哈爾飛演戲，叫我非去不行，結果是去了。到場名流甚多，劉半農、鄭振鐸、楊丙辰、盛成、冰心、吳文藻、陶希聖、趙萬里等全到。演者是韓世昌、白雲生、侯益隆與馬祥麟等，印象不十分太好。（《清華園日記》，第215頁）

　　按：哈爾飛大戲院位於西單，開辦於1930年，1938年改爲瑞園茶社，1940年開辦大光明影院，1954年改制爲西單劇場，1994年拆除。

2月15日，訪朱自清。

　　朱自清日記：斐雲來，暢論戲劇，以爲皮黃之盛確有其理由：1.打破宮調之繁;2.廢合唱,又吸收崑曲好處。又論崑曲興於明末,實係迴光返照。
謂吳瞿庵力斥皮黃,鄭振鐸亦爾,皆偏見,唯皮黃亦難長存。又論陳寅恪
治學與王靜安異,其愛好太博也。又謂宣城本《李賀集》始由杭州抱經堂
估人向吳興鄉間以三元購得;抱經堂售於海寧費學韓,百數十元;費售于
袁寒雲,八百元;袁售于董康,二千元;董康售于吳興張乃熊,三千元。
(《朱自清全集》第九卷,第 281 頁)

2 月 17 日,朱自清來訪。

　　朱自清日記:晚本定寓健吾處,因其夫婦俱不在而罷,至斐雲處。斐
雲談現在學術界大勢,謂如董晏堂之治龜甲文、徐中舒之論狩獵圖像,皆
不免鑽牛角尖之病,其故蓋材料不多而又思突過古人,故不得不至此也。
至音韻一道,古韻中已無多路,趙蔭堂之究今韻,自是新路,但亦無第二人
能走矣。又謂唐蘭論金文,都有切實見解,大抵吾輩生也晚,已無多門路
可開矣。日本人則甚聰慧,不論上古史而獨埋首唐宋元諸史,故創獲獨多
也。又謂徐中舒《未耜考》意實發自丁山,丁山以此事離開中央語史所
也。(《朱自清全集》第九卷,第 282 頁)

2 月 18 日至 20 日,國立北平圖書館於文津街館舍舉辦戲曲音樂展覽
會,先生藏書四種參與展出,爲清康熙刻本《南音三籟》、明鈔本《北曲拾
遺》、金刊本《劉智遠諸宮調》照像、清康熙刻本《揚州夢傳奇》。

　　按:據 1934 年 2 月編印的《國立北平圖書館戲曲音樂展覽會目
錄》,此展覽分四部分:一、戲曲撰著部,館藏元雜劇及南戲十二種、元雜
劇叢書八種、明雜劇傳奇八十一種、清雜劇傳奇二百三十二種、明清雜
劇傳奇叢書十二種、近人所著傳奇十種、散曲別集總集五十七種、雜劇
傳奇總集四種、宮譜曲譜十六種、曲律曲話三十三種、曲韻十五種、曲目
十六種、戲曲史四種、戲曲伶工傳載十六種、俗曲劇本十三種、戲曲期刊
十種,以及孔德圖書館藏書四十四種、燕大圖書館藏書二種、馬隅卿藏
書三十六種、梅畹華藏書二十種、傅惜華藏書一百六十七種、王孝慈藏
書九種、趙斐雲藏書四種、劉半農藏書十種、鄭穎孫藏書一種、杜穎陶藏
書十四種、胡適之藏書一種;二、戲曲文獻部,館藏九種、國劇陳列館藏
書七種、方問溪藏書一種、古物陳列所一種、故宮博物院一種、鮑仲嚴藏
一種、陸建勳藏一種、歷史博物館一種;三、樂書部,館藏六十六種、鄭穎
孫藏書十四種、劉半農藏書及著作十六種;四、樂器部,鄭穎孫藏品四十
件、劉半農造並藏四種。總計展出圖書、實物一千零九種。

　　又按:此次展覽,先生與馬廉、傅惜華等爲籌備人員。傅惜華《平妖
堂所藏明代善本戲曲》謂:"余與隅卿相識於民國十七年,時隅卿方總
理北平孔德學校事務。迨二十三年春間,復同供職於國立北平圖書館,

與孫子書（楷第）、趙斐雲（萬里）二兄，辦理'戲曲音樂展覽會'，日相往還，研討戲曲小説之版本問題。"（《文史雜誌》第六卷第一期，第54頁）

2月20日，赴鄭裕孚宴，錢玄同、高步瀛、黎錦熙、吳曉芝等同席，商議編印《劉申叔先生遺書》事。

錢玄同日記：六時至"淮陽天寶城"，鄭友漁賞飯，爲申叔遺著事也，同座者爲高閬仙、曹△△、黎劭西、王△△、趙斐雲、吳小之也，叔雅雖請而未到也。（《錢玄同日記》〔整理本〕，第992頁）

按：1934年，南桂馨出資刊印劉師培著作，委托鄭裕孚校勘，吳曉芝印銷。經黎錦熙介紹，錢玄同參與搜集、編纂等工作。該書編印先生多有襄助：先生此前刊有《劉申叔先生著述目録》，錢、鄭編訂過程中用作參考；先生大學期間手鈔劉師培校勘學著作多種，用作排印底本。

2月25日，傅斯年於静心齋宴請Hughes、胡適、陳寅恪、陳受頤、董作賓、徐中舒、錢穆及先生作陪。

胡適日記：到静心齋，孟真請Mr. Hughes（休士先生）吃飯，約我和陳寅恪、陳受頤、董作賓、徐中舒、錢穆、趙萬里諸人作陪。Hughes現將往Oxford（牛津）爲Reader in Chinese Philosophy & Religion（中國哲學和宗教學的講師）。（《胡適日記全編》第6册，第334頁；《胡適日記全集》第7册，第70頁）

2月，所撰《重整范氏天一閣藏書記略》、《從天一閣説到東方圖書館》轉載於《國立北平圖書館館刊》第八卷第一號。

3月6日，訪劉半農，借予其《北詞廣正譜》一部供北大影印。

劉半農日記：趙斐雲來談，見假《北詞廣正譜》一部，借北大影印之用。（《父親劉半農》，第252頁）

3月15日，朱希祖得先生函。

朱希祖日記：得北平趙萬里來信，張叔範亦來信。（《朱希祖日記》，第319頁）

3月21日，午赴劉半農、鄭穎孫宴。

劉半農日記：中午到東興樓與鄭穎孫同請傅芸子、惜華兄弟及杜博思、徐森玉、孫子書、馬隅卿、趙萬里等。（《父親劉半農》，第252頁）

3月22日，訪朱自清。

朱自清日記：晚斐雲來談劉盼遂事，謂陳公頗發感慨，陳評研所卒業生以劉爲最。（《朱自清全集》第九卷，第286頁）

按：陳公指陳寅恪。

4月7日，所撰《芸盦群書題記·頤庵居士集二卷》載《大公報·圖書副刊》第二十一期。

4月21日,所撰《〈四部叢刊續編〉的評價》(上)載《大公報·圖書副刊》第二十三期。

4月25日,顧頡剛來訪。

顧頡剛日記:到北平圖書館訪其驤,並晤蜚雲、覺明等。(《顧頡剛日記》第三卷,第181頁)

4月28日,所撰《〈四部叢刊續編〉的評價》(下)載《大公報·圖書副刊》第二十四期。

按:此文認爲《四部叢刊續編》在質與量兩方面都勝過正編,且多收舊刻殘本書,甚爲可取;繼而指出其缺點,如版本考證尚有疏誤、宋刻諸經正義宜刊入、所用底本應盡可能改善;最後提出《太平廣記》等富於資料性的書,建議選入。

5月9日,赴新陸春王重民宴。

顧頡剛日記:到新陸春赴宴。……今晚同席:高步瀛、倫哲如、孫人和、劉盼遂、適之先生、玄同先生、胡文玉、趙蜚雲、孫子書、張西堂、劉儒霖、劉半農、予等(以上客),王有三(主)。(《顧頡剛日記》第三卷,第187頁)

5月28日,赴鄭裕孚宴,錢玄同、吳曉芝等同席。

錢玄同日記:晚鄭友漁賞飯於森隆西餐,客止四人:錢、趙○○、吳曉芝、張○○也。(《錢玄同日記》〔整理本〕,第1014頁)

5月31日,訪朱自清。

朱自清日記:晚斐雲來談(擬聘徐中舒或唐蘭教金文)。(《朱自清全集》第九卷,第294頁)

5月,《國立清華大學一覽(1934—1935年度)》出版,載先生爲中國文學系講師,講授選修科目《金石學》,爲三學分。(《清華人文學科年譜》,第145—146頁)

6月20日,國立北平圖書館委員會議決本年度館購書委員會組織,續聘先生爲中文組委員兼書記。

國立北平圖書館委員會會議記録(第十四次):關於推舉本年度購書委員會案,議決購書委員會此後分爲中西文兩組,委員人選不得互兼,本年度之購書委員推聘左列諸君擔任:中文組陳垣、孟森、顧頡剛、傅斯年、胡適、徐森玉、趙萬里,西文組張子高、胡先驌、陳寅恪、葉企孫、陳受頤、江澤涵、嚴文郁、顧子剛。並指定陳垣君爲中文組主席,趙萬里君爲中文組書記;張子高君爲西文組主席,顧子剛君爲西文組書記。又議決購書委員會章程交代理副館長擬具草案,提交購書委員會中西文兩組聯席會議討論決定。(《北京圖書館館史資料彙編:1909—1949》,第345頁)

《國立北平圖書館購書委員會組織大綱》：第二條，本委員會之職權如左：(一)決定購書方針及進行計劃，(二)審核圖書館擬定之每年分組分類購書費概算，(三)介紹及審核圖書。第三條，本委員會委員皆屬名譽職，由圖書館委員會推選聘任，任期一年，連選得連任，圖書館館長及副館長均爲本委員會當然委員。第四條，本委員會分中文、西文二組，各設主席一人，執行本組一切事務，書記一人，掌理一切文件，主席及書記均由圖書館委員會推定。第五條，本委員會每組至少每三個月開常會一次，臨時會無定期，均由組主席召集之，必要時得開兩組聯席會議。(《北京圖書館館史資料彙編：1909—1949》，第 1073—1074 頁)

6 月 22 日，朱希祖收到先生寄贈《北平圖書館善本書目》四卷。

朱希祖日記：又接北平趙萬里贈所撰《北平圖書館善本書目》四卷(海寧趙萬里撰，廿三年刊本)四冊。(《朱希祖日記》，第 363 頁)

6 月，《散曲的歷史觀》載於《文學》第二卷第六號。

按：此文概述散曲由曲子詞中脫胎並興盛，最後被時曲取代的歷史過程。

1933—1934 年度，先生在館職司中文書采購事務，所獲甚豐。

《國立北平圖書館館務報告(民國二十二年七月至二十三年六月)》：本年度承購書委員會中文組之指導，購入中文書二千餘種二萬餘冊，其中三之二爲天津李氏延古堂舊物，餘則零星購自各方者。延古堂藏書方面廣博，甚合圖書館購藏之用，就中宋金舊本、鈔校精刻者無不俱備。宋本則有項安石《周易玩辭》，乃元季俞琰讀易樓舊物，宇内應無第二帙。金本則有平陽府刻本《證類本草》，乃顧氏水東館、毛氏汲古閣舊物，雖略有殘脱，亦自可珍。明本尤不可勝舉，其最著者如《唐語林》、《顏氏家訓》、《詩話總龜》，皆嘉靖刻本。張炯《華陽集》、鄭若曾《江南經略》，皆萬曆刻本，並可補館藏之缺。此外，宋蘭暉友竹軒抄本宋元人別集，亦得二十餘種，可據以移校四庫本。今善本書目集部補遺所載者，皆此類也。至清代叢書及近人著述，亦皆應有盡有。本館普通書庫爲之生色不少，茲不詳及。其零星購者，地志則有徐昌祚之《燕山叢録》、陳鈞之《正統和州志》、張涅之《天順安慶郡志》、陳沂之《金陵世紀》、孟徽年之《嘉靖徽郡志》；明季史料則有王瓊之《晉漢本兵敷奏》、張師顏之《萬曆會計録》、俞憲之《皇明進士登科録》、畢自嚴之《度支奏議》、《撫津疏草》、黃家孫之《撫夏奏議》及天一閣舊藏之明季各省鄉試録及會試進士諸録；明別集則有《馮時可全集》、張鼐《寶日堂集》、沈愷《環溪集》、張泰《滄州集》；戲曲書則有張禄《詞林摘豔》、沖和居士《樂府纏頭二集》，皆一時之選。此外又得王石臞父子《經義述聞》手改本十六冊，名賢遺墨，茲可寶也。(第 5—6 頁)

本年度,先生從事重修《曲録》等戲曲目録編纂等工作。

《國立北平圖書館館務報告(民國二十二年七月至二十三年六月)》:
四、戲曲目録。本年仍系分類,基本工作可分曲目、作家小傳、佚曲索引、
戲曲掌故索引,等將來以版本卡片與目録合併,則現存未見已佚之曲皆備
印爲戲曲總目,附以曲家小傳,並將佚曲故實附注於本編某曲之後,即爲
本編曲目解題。五、元明清戲曲總目。就鍾嗣成《録鬼簿》、賈仲明《續録
鬼簿》,參照最近發現之材料,詳加箋注,成爲底本,再進行編纂,現在箋注
中。(第 18—19 頁)

本年度,向國立北平圖書館捐贈圖書三種七册:《高臺縣志》二册、《勸
賑唱和詩》四册、《陳少鹿首創回文畫》一册。(《贈書人名録》,《國立北平圖
書館館務報告〔民國二十二年七月至二十三年六月〕》,第 23 頁)

本年度,先生擔任中研院史語所通信編輯員。(傅斯年《歷史語言研究
所二十二年度工作報告》,《傅斯年全集》第六卷,第 420 頁)

　　　　按:史語所於 1931 年九一八事變後陸續由北平遷往上海,1934 年
　　　中央研究院南京建築陸續竣工,該所亦由上海遷至南京。先生自此轉
　　　任該所通信編輯員。

本年度,先生兼任國立北京大學教職,在史學系講授《中國史料目録
學》,在中國文學系講授《詞史》。(《國立北京大學文學院課程一覽〔民國二
十二年至二十三年度〕》)

本年度,先生任中法大學文學院兼任講師。

　　　　按:1934 年 1 月《私立中法大學職教員同學録(中華民國二十三年
　　　一月)》,載先生爲文學院講師,地址爲東華門孔德西巷一號(第 13
　　　頁)。1934 年中法大學印行的《中法大學畢業同學録》,亦有相同記載,
　　　並附照片一幀。(《民國時期高等教育史料彙編》第十册,第 224、256
　　　頁)

7 月 1 日,下午於來薰閣晤錢玄同,贈影印明萬曆本《南唐二主詞》。

　　錢玄同日記:下午至來薰閣,晤趙萬里,見贈影印明△△刻本《南唐後
主詞》一本。又晤隅卿。(《錢玄同日記》〔整理本〕,第 1021 頁)

7 月 4 日,朱希祖致函先生。

　　朱希祖日記:晨,寫趙萬里信寄去,中言宋版《周禮》事。(《朱希祖日
記》,第 368 頁)

7 月 6 日,朱希祖寄贈萬斯同《廟製圖考》二册及宋版《周禮》照片二張。

　　朱希祖日記:上午寄贈趙萬里以萬斯同《廟制圖考》二册、宋版《周
禮》照片二張。(《朱希祖日記》,第 369 頁)

7 月 7 日,所撰《悼内藤虎次郎氏》載《大公報·圖書副刊》第三十四期。

按：此文首先列出内藤湖南著述目録，其次闡述其"以新材料引證舊材料，更以舊材料溶解新材料"的治學特色，以及對於清代開國史事研究的貢獻。文末謂："内藤氏學博而守約，接受中土多方面之文化，而各有其獨到之認識與修養。其所取之態度，一面欣賞的，一面研究的也。客有造其廬者，悦其收藏之富，鑒賞之精，無不有詞山學海之歎，其精神殆與古賢哲相默契。其於書藝，則推崇晋唐。於書工，則薄近世粗獷無含蓄之作。於古今體詩亦錚錚獨造，有唐人神味。至治學方法，則服膺於有清一代史學宗師錢宫詹大昕，蓋爲一純正之人文主義之信徒。求之並世中外，殆罕其匹。自兹而降，狹義的考據學，加速度導演於東西洋學術舞臺，而中土亦承其弊。研究所與學會，層出不已，家懷鉛槧而人務識小，研究若有餘，而欣賞則不足。"對國内學風有所針砭。

同日，與馬裕藻、馬廉、錢玄同、魏建功、沈兼士、徐森玉、陳君哲等爲周作人餞行。時周作人擬赴日。

周作人日記：七時半至東興樓飯，幼漁、隅卿、玄同、天行、兼士、森玉、斐雲、君哲共爲主人，十時返。（《周作人日記》〔影印本〕下册，第644頁）

錢玄同日記：晚七時半，下列七人：錢、沈三、馬二、馬九、陳君哲、趙萬里、徐森玉，爲啓明餞行於東興樓。（《錢玄同日記》〔整理本〕，第1022頁）

7月19日，錢南揚來訪。

錢南揚《北行日記》：上午至車站，與士華同往北平圖書館，訪趙斐雲兄，稍談即出。（《漢上宧文存續編》，第346頁）

7月21日，於至美齋宴請錢南揚、馬廉、孫楷第。

錢南揚《北行日記》：晚，斐雲宴余於至美齋，有馬隅卿、孫子書二兄。（《漢上宧文存續編》，第346頁）

7月23日，偕錢南揚訪馬廉、孫楷第。

錢南揚《北行日記》：下午，斐雲來寓，同至小甜水井馬宅訪隅卿。君富藏書，於戲曲小説尤多罕見之本，慨承出示。兹記其謎集數種如下：《群珠集》二卷《玉荷隱語》二卷，清費源編撰。源，字星田，號苕南；里居未詳。清光緒中，我鄉李夔颺選輯《文虎大觀》，曾徵引之。乾隆費氏自刻本。《春謎新集》二册，清魏湘洲選輯。湘洲，字蓍南。上元人。道光文英堂刻本。《文虎》二卷，清風篁嘯隱選。光緒北京聚珍堂刻本。以上三種，皆余《謎史》所未詳，或未收者；去秋鍾静聞兄曾以光緒刻本《三十家燈謎大成》四册見惠；《謎史》重編，均應補入也。康熙文治堂刻本《又一夕話》卷四《雅謎》，與余所藏明刻本陳繼儒編《新奇雅謎》内容全同，此又書賈故弄伎倆也。《一夕話二刊》收黄周星《廋詞》，是《昭代叢書》之外又多一版刻矣。而尤使余快意者,則《雨窗》、《欹枕》兩集也。兩集亦爲明洪楩清平山堂所刻平話;係天一閣故物;原不知何名,書根舊題如此。計存十二種。乃商諸隅卿,攜歸細讀。尋魏天行兄亦至,並遇馬幼漁師。值其太夫人病,不便久坐,遂與斐雲同出,訪子書於中海。子書宴余於公園長美軒。(《漢上宧文存續編》,第 347 頁)

　　7月30日,馮貞群來函,告知天一閣書暫不能啓閱,並請代鈔北平圖書館所藏明活字本《虞世南詩集》、寧波人著作等。

　　　馮貞群函:前展賜書並紀元編一函收到,曾於隅卿兄函中先爲致復,天一閣書皆移藏詒穀堂中,封禁極嚴,不能啓視。傳說老屋□□□□□,倘不拘時,□修閣落成後,容緩圖之。北平天一閣捐贈不知□□□券集也。全新所藏范大渚編《范氏家乘稿》五巨冊,欲讓渡與張公詠霓。弟即馳書弦問,頃得張公函復,許爲承買,其價國幣二百四十元,由工行匯奉。□乞檢入其書,即寄上海愛文義□□路覺園十一號張公館可也。足下所編北平館善本書目,詠公屬北轉乞一部,並得賜寄,不勝翹望。北平館藏明活字本《虞世南詩集》一卷,詠公欲乞足下請人傳鈔一本,以校叢書刻本異同。北平館藏四明人著作極富,詠公爲編刻叢書,擬陸續錄副。一切□求足下主持,萬望勿却。寫費若干未知,當照匯奉。(饒國慶《趙萬里與馮孟顓》,載《天一閣文叢》第 11 輯,第 204 頁)

　　本年夏,撰宋槧《周禮鄭注》跋,刊於北平文禄堂影印之《周禮鄭注》一書。

　　　按:此跋考述影印底本與岳氏之源流關係。末謂:"王君晋卿篤志好古,於建本、浙本之流別,言之不爽毫髮,蓋今之陶蘊輝、錢景開也。有鑒於《周官》舊本之難覯,將以此本付諸寫影,余亦得摩挲研翫、眼明心快者累日。因略識此本與岳本之源流以示晋卿,並以告世人此本得復傳於世,實晋卿力也。"王晋卿爲文禄堂主人,從事古書業數十年,著有《文禄堂訪書記》、《明代刊書總目》、《宋元以來刊刻年表》等。

　　　又按:此跋收入北京圖書館善本組輯《影印善本書序跋集錄:一九一一──一九八四》(中華書局 1995 年出版),編者擬名《宋槧〈周禮鄭注〉跋》,收入《趙萬里文集》時沿用此擬名。

　　本年夏,委托北平來薰閣影印明萬曆四十八年譚爾進刊本《南唐二主詞》。

　　　俞平伯序:南唐詞變五代之俳優,開兩宋之弘雅。中主詞雖僅見,而浣沙谿二闋風流可懷,獨傳千載;後主則猶孤峰拔地,倚傍俱空,柔厚之情,不由薰習,又烏可以詞盡耶? 自來二主詞佳槧至尟,以明萬曆庚申墨華齋本爲最善。斐雲我兄倚聲當家,又躭玩芸編,欲廣其傳,付諸影寫。

既成,屬言於余。夫吾輩居今之世而思古之人,是一癡也。然得遺此有涯,未爲無益,况藉永蘭之芬於異日乎。民國二十三年甲戌初夏德清俞平伯識於北平。

按:此書書名"南唐二主詞"爲沈尹默題簽,有"民國廿三年北平來薰閣景印"牌記。書前俞平伯序具述先生廣傳此書之意。

8月,贈周叔弢影印本《南唐二主詞》。

周叔弢《南唐二主詞》題識:《南唐二主詞》,甲戌七月斐雲先生見貽。弢。(《弢翁藏書題跋·年譜》,第113頁)

按:此書即先生委托來薰閣影印者。《弢翁藏書題跋·年譜》正文以此書爲清刻本,誤;但注釋稱此書爲民國間影印本,不誤。

8月8日,錢南揚來訪,觀《南音三籟》、《山中一夕話》等。

錢南揚《北行日記》:下午,孔德西巷訪斐雲,承以康熙刻本明凌蒙初《南音三籟》四册相示。所選戲曲以天籟、地籟、人籟爲等第,故名"三籟",亦罕見之書也。並得讀李卓吾《山中一夕話》。褚人獲《堅瓠集》並引呐呐夫《一夕話》及《山中一夕話》,往嘗疑是一書,而呐呐夫即李氏托名也;今乃知其非是。數載疑團,一朝冰釋,快甚!(《漢上宧文存續編》,第349頁)

8月16日,與孫楷第等爲錢南揚送行。

錢南揚《北行日記》:下午二時半登車,坤珊、斐雲、子書均來送行。(《漢上宧文存續編》,第349頁)

8月至9月,馮貞群來函,詢問張詠霓托鈔書之書款是否已匯到,回答先生所托查書事,並詢天一閣書目是否已寫定。

馮貞群函:前月晦辱手畢,知別後於十五日復抵北平,深以爲慰。適滬時,往訪張詠老,□□其請代鈔四明人著述,預計需費在二百元以上。及新訪得張東沙《芝園□》,□馳告詠老,今得其後書,言鈔書費二百元業經匯奉,不審曾達到否?手辱問明季仰先魏野余有傳鈔本否,竊疑魏野當爲魏耕之誤。耕名璧,字楚白,改名甦,號白衣,又號雪竇山人,慈溪人,歸安籍諸生,有《息賢堂詩集》,里中本已刊就,時以文禁而以他姓填之,與錢霍合爲一集(見《鮚埼亭》)。據陶四言者,刊本極罕見。清季何著菁卿,舉人,麟祥訪得舊本,不分卷數,署魏柳井田丈人著。魏柳者,白衣所居集中所云魏家浦故里,以存姓也,井田則離其名以爲隱也,由是世有傳鈔之本。今刻入《四明叢書》二集,著曰"雪翁詩集"者是也。魏野,字仲先,宋陝州人,著有《鉅鹿東觀集》七卷(一稱十卷),世行鈔本。余于曩歲向孫翔熊假其所藏盧氏抱經樓舊抄七卷本傳録一册,並輯得遺詩(九首)、著作考、傳記、遺事、酬贈詩爲二卷附於卷末,寫竟始知貴池劉氏有景宋天聖十卷本、昆山趙氏哨帆樓均有新刻本,弟均未之見也。將制召平堂集二卷(見晁氏《讀書志》《宋史·藝文志》),未見傳本。天一閣目比曾寫定未? 倘已印成,乞惠寄幾册,先睹爲快。隅卿兄時召晤面,此上無期。(饒國慶《趙萬里與馮孟顓》,載《天一閣文叢》第 11 輯,第 203—204 頁)

　　　按:饒文以此函撰寫時間爲 1933 年,不確。所述張詠霓托鈔書事,與本年 7 月 30 日馮貞群函可相印證,故此函當作於 1934 年;又,此函問及天一閣書目寫定刊印情況,距 1933 年夏先生登天一閣編目當有一定時間,決非作於 1933 年秋季。

9 月 13 日,胡適委托先生以《四庫》本《誠齋集》校《四部叢刊》本,以備將來整理編印《誠齋集》定本。

　　　胡適日記:(九月十五日)《誠齋集》全國無有佳本,《四部叢刊》所收本子是繆荃孫的影鈔宋本,每頁必有脱誤,全本校過,真是可恨。我前天把此本托趙斐雲用四庫本一校。將來我必定要編印一部《楊誠齋集》定本出來。(《胡適日記全編》第 6 册,第 414 頁;《胡適日記全集》第 7 册,第 146 頁)

9 月 22 日,致函陳垣。

　　　致陳垣函:賜書敬悉。明日中秋,善本書庫不開,《中庵集》準後日送上不悮。匆復,敬叩援庵先生道安。後學趙萬里再拜。廿二日晚。又,萬里現已遷居景山西陟山門大街七號(電話東局二〇五〇),此後如有賜函,請改寄該處爲禱。又及。(《陳垣來往書信集》(增訂本),第 655 頁)

　　　按:此函未署日期,《陳垣來往書信集》(增訂本)亦未加考訂。據函中"明日中秋"一語,查 1920 至 1960 年代,僅 1934 年中秋節爲 9 月 23 日,可知撰於 1934 年無疑。

9 月 26 日,故宫博物院第三次常務理事會議決新一届專門委員會委員名單,先生獲續聘。

　　　《故宫博物院開常務理事會,決擬在京建保存庫》:(南京)故宫博物院理事會廿六日假行政院開第三次常務理事會,到陳立夫、王世杰、羅家倫、李元鼎、傅汝霖、褚民誼、院長馬衡,主席王世杰,議決各案詳後:(一)馬衡提出該院各種專門委員人選請公決案,決議通過。……委員名單計爲朱啓鈐、汪申、梁思成、朱文鈞、郭葆昌、福開森、陳漢第、唐蘭、容庚、沈尹默、王禔、錢和泰、鄧以蟄、俞家驥、奎紹基、柯昌泗、錢葆青、狄平子、凌文淵、嚴智開、吳湖帆、葉恭綽、陳寅恪、張允亮、余嘉錫、趙萬里、盧弼、陶湘、洪有豐、江瀚、馬裕藻、蔣稼孫、錢玄同、蔣復璁、劉國鈞、陳垣、孟森、胡鳴盛、馬廉、朱希祖、徐炳昶、吳承仕、朱師轍、傅斯年、羅家倫、周明泰、齊宗康、顧頡剛、蔣廷黻、鄭穎孫、吳廷燮、姚士鰲、傅侗、張珩、徐駿烈。右列委員五十五人,大多數係舊日聘定者,分爲特約與通信二種,特約專門委員直接負審查之責,遇有疑不能決者則徵求通信委員之意見。(1934 年 9 月 27 日《申報》第七版)

9 月,遷居北平景山西陟山門大街七號。

10 月 8 日,向北平東方文化事業委員會提交第一批《續修四庫全書總目提要》。自本月至 1937 年 4 月,共提交 31 批,計 349 種,主要爲明人別集與王國維著作之提要。

吳格《東洋文庫藏〈續修四庫全書總目提要〉資料隨錄》:《續修提要》"交稿記錄"四十八冊,……第三函……第七冊　趙斐雲/研究所　書根及書背以黑色鉛字鈐印"趙萬里"題名。封底白紙籤題編號:17。著録:《唐韻佚文》起,至《擔當遺詩》止,約三百五十種。收稿日期:[二十三年]十月八日(二十三年十月份),十一月七日(廿三年十一月份),十二月一日,十二月廿六日(二十三年十二月份);[二十四年]一月二十八日(二十四年一月份),三月一日,二月三十日,五月七日,六月八日,七月一日,八月七日,九月三日,十月七日,十一月十一日,十二月七日;[二十五年]一月四日(二十五年份),二月三日,三月六日,五月二十一日,六月十九日,七月十八日,八月十七日,九月二十三日,十月二十二日,十一月二十四日,十二月二十四日;[二十六年]一月十八日(二十六年份),二月二十三日,三月二十二日,四月二十一日。格按:此冊所録以集部明別集爲主,又經史雜著數十種。檢《續修提要》原稿,趙萬里所撰提要存三百四十九篇,與此相合。封面左上紅籤鉛筆旁注年月"26.4",知趙氏此冊交稿截止於民國二十六年四月。……《續修提要》"書目記録"三函四十冊,……第三函……第三冊　趙萬里先生　書目　著録:《陳翼叔詩集》起,《王侍郎遺書》止,僅十四種(末有鉛筆記闕數:5)。格按:本冊所録均爲明別集,多鈐有"已撰"印。《續修提要》載趙萬里撰明別集提要三百四十九篇,數量較此增加。(《大連圖書館百年紀念學術論文集》,第 234—284 頁)

按:臺灣商務印書館 1972 年出版排印本《續修四庫全書提要》,齊魯書社 1996 年影印《續修四庫全書總目提要稿本》,均收入先生所撰提要。另,《古本尚書孔氏傳彙校不分卷》等王國維著述提要曾以《靜安先生遺著選跋》爲題刊於華東師範大學出版社 1983 年版《王國維學術研究論集》一;部分明別集類提要曾以《明人文集題記》爲題,刊於《文史》第 52 至 55 輯。全部提要稿經整理,收入《趙萬里文集》第一、第三卷。

10 月 24 日,朱自清題贈《歐游雜記》一冊。

按:先生此書藏書票收入賈俊學《衣帶書香:藏書票與版權票收

藏》一書(杭州:浙江大學出版社,2004年,第100—101頁)。

10月,故宫博物院組織書畫審定、陶瓷審定、銅器審定、美術品審定、圖書審定、史料審查、戲曲樂器審查、建築物保存設計、宗教經像法器審查等9個專門委員會。(鄭欣淼《故宫博物院學術史的一條綫索——以民國時期專門委員會爲中心的考察》,《故宫博物院院刊》2015年第4期,第22頁)

約11月上旬,贈傅增湘明寫本《三家宫詞》。

傅增湘《三家宫詞》跋:頃者趙君斐雲以明人寫本相貽,因更從事校勘。次第與各本皆不同,而篇中異字較之宋本轉爲佳勝,雖寥寥祇十數番,而珍奇秘異乃逾於十朋,良友之惠我良多矣。原本棉紙藍格,半葉九行行十八字,版心有"江村別墅"四字,紙幅頗有破損,字跡間多剥蝕,審其册式,當爲天一閣遺籍。卷末數番載有"小游仙詩"四十六首,未知爲何人之作,竢更考之。甲戌立冬次日,藏園老人書於鐙右。(《藏園群書校勘跋識録》,第664頁)

本年秋,助趙尊嶽購得《支機集》。

《明詞彙刊》本《支機集》趙尊嶽跋:甲戌秋日斐雲宗兄獲睹於廠肆間,估人謂自山左攜歸,索值至百金。少殘缺,第三卷佚去末葉,少《踏莎行》一首,然尚不足爲疵累。斐雲亟以見告,展轉得之。即付重鋟,用識墨緣。(《明詞彙刊》,第580頁)

12月20日,傅斯年來函,力促早日完成《廣韻》校本。

傅斯年函:上月廿三日莘田先生致元任先生信云,兄云"當時曾受所中報酬,後恐《廣韻》校不出來,所以改作了《宋金元人詞》及《六朝墓誌圖録》,自問可以抵得過所中之報酬。現在因事很忙,而且對於音韻學又是門外漢,恐一時校不出來。即使匆忙校出來,也難免受人指摘。最好是把搜集之材料,如北宋《廣均》、宋本《集韻》,及已成之工作,交出來,由所中指定一個專人工作,如'劉半農共李家瑞'之例,似乎可以計時結束"云云。先生爲事業之早就,不惜變更方法,曷勝感佩!理當一切如命,惟弟意其中尚有待斟酌之處,分述如左:一、如於校此書中兼作音韻學之探討,自非一時所能濟事,或非一人所能竟功。然校此書之本恉,原爲會集衆本成一定本,固以版本爲限,不涉音韻學範圍。設不越此限制,音韻學外行之説,自無關係,況先生並非外行乎?二、先生作此事,數年前已去殺青不遠,祇緣繼續獲得善本,故愈做愈多。先生自不妨找人幫忙,惟主其事當仍爲先生,只須序中提明,不隱人之功爾,似不必用"共編"之例也。三、弟以爲此書之工作,雖是版本學,不是音韻學,然無限音韻學之工作正當依此爲憑藉。如《廣韻》有一定本,誠研究音韻學者莫大之助。此係弟在未遇先生即有此願也,十年來夢想樂觀厥成之事,故弟仍懇吾兄能提前完成此事,以後作音韻學者,受賜多矣。基此推論,弟謹提議下列辦法:一、先生各種工作中,除不能停者(如教課)以外,其餘各事,暫時設法延後三數月,此期中由研究所支薪,以補北平圖書館等處及撰目録學文之收入,並可覓一書記助之。二、此時即由先生自行指定一人,照先生之法工作之,由研究所給以薪水。以上二法乞擇其一。研究所樂於早觀厥成,凡可成就此事者,自無不盡力也。如荷考慮,感曷有極!又芋田先生轉述先生所説各節中,弟猶有未盡意,分述如左:一、研究所之目的,本爲助成一事業之成功,絶非買賣性質,故遇有弟等以爲可作之事,皆願盡力助成,工作之費由此而起,與編學報買稿子者非一用意。此爲學術機關應有之分際,必久在洞鑒中。二、若干年前,寅恪先生提及在所完成《廣韻》之校本,弟不勝欣喜。五載以來,弟心中念念在此,以爲此是不朽之事業。若功虧一簣,未免可惜。至於《宋元逸詞》、《北朝墓誌》二書,自是名山之作,而後者尤爲史學之絶大貢獻,承先生交研究所出版,自是弟之欣榮。然其用意與此不同。兹檢到數年前寄先生一書,抄呈清覽。中注明六月十五日,當是二十年也。三、關於此三書之版税事,兹因與商務有契約(抄奉),宜分別辦理如下:一、《宋元詞》之版税,可即結算奉上。再版當由商務,弟要求其照契約第四條乙項辦理,即抽 15% 歸作者。二、《元魏墓誌》印費甚大,恐須照丙項,即由研究所貼印費也。三、《廣均》一書,將來即由商務印行,自當照乙項辦理,即作者有版税。(《傅斯年遺札》,第 641—644 頁)

　　按:本年 12 月 28 日傅斯年致趙元任、李方桂函,謂"弟尚未晤趙斐雲,據中舒云,彼趨向第二辦法,晤後即當解決耳"(《傅斯年遺札》,第 647 頁),當即指此事而言。所謂"第二辦法",即此函所稱"由先生自行指定一人,照先生之法工作之,由研究所給以薪水"。

12 月 30 日,晚與馬廉、徐森玉共宴周作人、董康、陶湘兄弟、鄭振鐸、魏建功、徐耀辰等。

　　周作人日記:六時半至司法部街福禄壽,應隅卿、森玉、斐雲之招,來者董授經、陶蘭泉兄弟及西諦、天行、耀辰等。十時回家。(《周作人日記》〔影印本〕下册,第 731 頁)

本年及次年,錢玄同、鄭裕孚等編校《劉申叔先生遺書》,先生多方襄助,《周書補正》、《老子校補》、《墨子拾補》等即以先生手鈔本爲底本校排。

　　按:錢玄同、鄭裕孚通信多次提及使用先生鈔本爲底本。如 1934年 3 月 30 日錢致鄭函謂:"《左盦集》弟所見者,亦只有張伯英重刻本,其原刻本弟從未見過。閲趙萬里之目,彼似曾見之,不知彼有此書否,請一詢之何如?"(《錢玄同文集》第六卷,第 186 頁)4 月 18 日函謂:

“《老子校補》,趙萬里説他有全書鈔本,先生此次所據以刊印者是否即係用趙鈔本?”(《錢玄同文集》第六卷,第 195 頁)5 月 5 日函謂:“趙鈔《老子校補》與《墨子拾補》一本,先遵示奉還,即希檢收爲荷。……《白虎通義校補》(摘録,未完)全書凡二卷,趙萬里先生有鈔本。”(《錢玄同文集》第六卷,第 200—201 頁)1935 年 3 月 22 日函謂:“正擬修書,忽得手教並劉著四本,敬悉。此四本經趙先生再四校閲,誤字已改正不少。弟當再閲一過,如有疑義,自當簽出也。”(《錢玄同文集》第六卷,第 219 頁)

　　又按:周作人《左盦詩》謂:“買到《遺書》之後,無意中却又得到幾種申叔著作的刻本。其一是《周書補正》六卷,後附《周書略説》一卷,板心下端刻‘左盦叢書’四字,題葉爲秦樹聲著,未記刻書年月。案《遺書》中所收《周書補正》,據總目注明係用抄本,在後記中亦未説及曾經刊刻,但取兩本比較,別無大異。後與趙斐雲君談及,則所云抄本即是趙君手筆,昔年在南京據刻本移寫者,乃知此刻本實是祖本,其無異同宜也(其偶異處恐是遺書校字者之誤)。”(《周作人散文全集》8,第 821 頁)又,據《劉申叔先生遺書》總目,丙類“群書校釋”諸書中,《周書補正》、《老子斠補》、《墨子拾補》之外,尚有《晏子春秋斠補》、《荀子斠補》、《群書治要引賈子新書校文》、《春秋繁露斠補》等亦注明以鈔本爲底本或底本之一,疑所用即先生手鈔本。

1935 年　　先生三十一歲

　　本年,先生任國立北平圖書館善本部考訂組組長、采訪部中文采訪組組長,及購書委員會中文組委員兼書記。時徐森玉兼任善本部、采訪部主任;考訂組組員有李耀南、陳恩惠、張孟平、趙録綽四人;中文采訪組組員有欒汝僖、胡英、宋友英、趙静和、韓公遠五人,助理有鄔占元一人,書記有趙耆康一人。(《本館職員一覽〔二十四年六月〕》,《國立北平圖書館館務報告〔民國二十三年七月至二十四年六月〕》,第 1—7 頁)

　　2 月 8 日,國立北平圖書館委員會議決取消編纂委員會,編纂委員改稱編纂,此後先生即不再兼任編纂委員。

　　國立北平圖書館委員會會議記録(第十七次):袁副館長提議取消編纂委員會及期刊部,編纂委員改稱編纂,期刊部歸併於采訪部,改稱期刊組,編纂部改稱編目部。議決通過。(《北京圖書館館史資料彙編:1909—1949》,第 350 頁)

　　2 月 11 日,顧頡剛在杭州撰致先生函。

　　顧頡剛日記:予與士嘉到抱經堂與遂翔談至五時許,爲遂翔寫斐雲

信。(《顧頡剛日記》第三卷,第 306 頁)

2 月 13 日,於來薰閣晤馬廉、錢玄同。

錢玄同日記:至來薰閣看,晤馬九與趙斐雲,時已過五點。(《錢玄同日記》〔整理本〕,第 1073 頁)

2 月 19 日,馬廉逝世。

2 月 24 日,朱希祖接先生函,獲悉許之衡、馬廉辭世。

朱希祖日記:接趙萬里信,言許守白及馬隅卿皆逝世。(《朱希祖日記》,第 469 頁)

2 月 26 日,朱希祖來函。

朱希祖日記:下午寫趙萬里、張菊生、家蓬仙叔祖、調生叔、黃仰旃及杭州文藝書店信。(《朱希祖日記》,第 469—470 頁)

2 月下旬,致函馮貞群,告知馬廉逝世消息。

馮貞群 3 月 5 日復先生函:前辱手書,驚悉隅卿兄仙作古人,別僅一載,竟成永訣。(饒國慶《趙萬里與馮孟顒》,載《天一閣文叢》第 11 輯,第 204 頁)

3 月 5 日,訪張元濟,商借《雲齋廣録》毛樣。

張元濟 3 月 6 日致丁英桂函:昨趙君萬里來,欲借閱向蘇州潘氏[借照]之《雲齋廣録》,如有毛樣,便中乞檢付。(《張元濟全集》第一卷,第 57 頁)

3 月 7 日,朱希祖接先生函,隨即覆函。

朱希祖日記:下午接趙萬里信,即寫回信。(《朱希祖日記》,第 472 頁)

3 月 14 日,朱希祖接先生函。同日,朱希祖寄北平圖書館《山海關志》八卷等書十種。

朱希祖日記:接趙萬里信。……又寄北平圖書館書十種,中有《山海關志》八卷(明戶部郎中詹榮輯,嘉靖乙未刻本)二册。(《朱希祖日記》,第 475—476 頁)

3 月中旬,偕同徐森玉、魏建功整理馬廉藏書。

錢玄同日記:午後電天行,知彼與徐僧、趙萬里於禮拜一、五、六午後三時後往清理隅卿書。隅卿書將爲沈所没而付黎,以便抵押,彼早知之,故來此幹此點查之傻事也。且沈欲移置於孔院,與老章購賣係一事。因促其速理速編目,速售與北大,以息彼等之奸謀也。(《錢玄同日記》〔整理本〕,第 1084 頁)

《北大二教授遺書之歸宿》:北京大學文學院最近逝世之國文系講師馬隅卿先生,爲當代國學專家,對小説戲劇尤深有研究,生平於名著蒐集極爲努力,所藏關於國學之名貴典籍,卷帙極多,而外間不經見之小説及名劇之珍本,尤爲國内外學者所珍視。馬氏家境清寒,其所藏之書籍幸尚未遺散,近由其家屬延聘北大國文系教授魏建功、趙萬里及故宮博物院徐君負責整理。現北京大學圖書館爲紀念馬氏在該校講學之成績,及防避該項藏書之失散,決將馬氏藏書盡行購買,庋藏於該館,並於書面加蓋紀念鈐記,以垂永久云。(《浙江圖書館館刊》第 4 卷第 2 號,第 37 頁)

按:馬廉不登大雅之堂藏書後於 1937 年由北京大學圖書館購藏。馬廉藏書主體爲小説、戲曲等通俗文學作品,計 928 種 5386 册(叢編未計)。北京大學圖書館編有《不登大雅文庫藏珍本戲曲叢刊》,2003 年 4 月由學苑出版社影印出版。

3 月,國立北平圖書館編印《國立北平圖書館職員録》,載先生住址爲陟山門大街七號。(《清末民國圖書館史料彙編》第七册,第 33 頁)

按:1936 年 1 月所編《國立北平圖書館職員録》所載先生住址與此同。(《清末民國圖書館史料彙編》第七册,第 59 頁)

4 月 13 日,朱希祖來函。

朱希祖日記:上午寫趙萬里、謝剛主信。(《朱希祖日記》,第 492 頁)

4 月 18 日,與朱自清談圖書展覽會設計。

朱自清日記:與斐雲及錢談圖書展覽會之設計。(《朱自清全集》第九卷,第 353 頁)

4 月 23 日,訪朱自清,選展品。朱自清來訪。

朱自清日記:晨,趙來訪。一起到圖書館選展品,四名學生協助寫標籤,擬星期日展出。忙碌終日。訪趙、錢,在古月堂午飯。進食及飲酒過多,致半夜仍在胃痛。在趙家晚飯。(《朱自清全集》第九卷,第 355 頁)

4 月,開明書店“二十五史補編委員會”向先生及其他二十餘位學者寄贈擬目,徵求意見。(李雅《王伯祥與〈二十五史〉及〈二十五史補編〉》,《山東圖書館學刊》2010 年第 1 期,第 38 頁)

按:1935 年 4 月 14 日,開明書店於《申報》刊登《二十五史補編》預約廣告稱:“敝店爲供應讀史者的需求,搜輯歷來史學家關於補訂各史表志的重要著作,刊行《二十五史補編》,與開明版《二十五史》相輔而行。全書總目的擬訂,爲慎重起見,曾與各地專家商討,經他們鑒定,然後發表。發表以後,他們還源源指教,並且繼續代我們采訪。這種好意是很可感激的。現在把鑒定本書總目諸家的姓氏和決定增輯的九種書名刊布如下。鑒定本書總目諸家:顧頡剛先生、顧起潛先生(廷龍)、鄭振鐸先生、鄧文如先生(之誠)、趙斐雲先生(萬里)、賀昌群先生、章武之先生(鈺)、張慕騫先生(鋆)、陳叔諒先生(訓慈)、陳乃乾先生、徐積餘先生(乃昌)、徐中舒先生、柳翼謀先生(詒徵)、姚石子先生(光)、胡樸安先生、周予同先生、吳向之先生(廷燮)、呂誠之先生(思勉)、牟潤孫先生(傳楷)、向覺明先生(達)、丁稼民先生(錫田)。增輯各書一覽:《補晋書藝文志》,近人黄逢元;《補宋書藝文志》,近人聶崇歧;《補南齊書藝文志》,近人陳述;《南北史補志未刊稿》,清汪士鐸;《補南北史藝文志》,近人徐崇;《唐折衝府考校補》,近人谷霽光;《建文遜國之際月表》,清劉廷;《殘明宰輔表》,清傅以禮;《殘明大統歷》,清傅以禮。上列九書中,《補宋書藝文志》、《補南齊書藝文志》、《南北史補志》、《補南北史藝文志》等四種都是稿本。《南北史補志》尤其名貴,原書共三十卷,稿本在太平天國時散失。同治年間給定遠方氏買到,交淮南書局刊行,但止刊出十四卷。未刊稿有十三卷歸江都李氏收藏著,獨有《藝文志》三卷不知去向。現在這十三卷未刊稿已給我們訪求到,並收得近人徐子高所補《南北史藝文志》,跟淮南本十四卷合在一起,可算是完璧了。"5月13日開明書店又於《申報》刊登該書廣告,鑒定總目諸家增加傅斯年等數人。

5月1日,午後與徐森玉、馬裕藻、錢玄同、魏建功聚會於馬廉宅,完成馬廉藏書估價。

　　錢玄同日記:午後二時頃電魏,云在隅卿處,往則徐僧、馬二、趙斐均在。隅卿書估價今日畢事,故群英會也。(《錢玄同日記》〔整理本〕,第1099頁)

5月11日,午赴魏建功宴,馬裕藻、馬衡、徐森玉、錢玄同等同席。

　　錢玄同日記:午魏天行爲隅卿書事請客,馬二、四、徐僧、趙斐、錢玄也,徐往天津未到也。(《錢玄同日記》〔整理本〕,第1102頁)

5月18日,赴歐美同學會傅斯年、陳寅恪宴,晤伯希和、胡適等。

　　顧頡剛日記:乘七時車進城,到歐美同學會吃飯。十一時散。……今晚同席:伯希和、適之先生、李聖章、徐森玉、沈兼士、馬叔平、李濟之、陸懋德、蕭一山、馮芝生、陳受頤、孟心史、袁守和、錢賓四、王以中、劉子植、容希白、孫子書、趙蜚雲、向覺明、賀昌群、徐中舒、鄭天挺、羅莘田、姚從吾、魏建功、陶希聖、容元胎、陳援庵、唐立厂、余季豫、余讓之、羅膺中凡四十人(客),傅孟真、陳寅恪(主)。(《顧頡剛日記》第三卷,第344頁)

5月22日,朱自清致函清華大學校長梅貽琦、文學院長馮友蘭,請續聘先生爲清華大學中文系講師,講授《金石學》。

　　朱自清致梅貽琦、馮友蘭函:又敝系講師趙斐雲、唐立庵二先生下年度仍擬續聘。所任功課擬改動如次:趙　版本目録學,本年度任金石學;唐　甲骨文研究,本年度任金文研究。並乞酌核。(《朱自清全集》第十

一卷,第 243 頁)

5 月 27 日,偕徐森玉、劉節前往安陽。

劉節致陳垣函:節今日追隨徐森玉、趙斐雲二公赴安陽參觀殷虛出土各物,本星期四可回平。(《陳垣來往書信集》,第 620 頁)

5 月 29 日,偕徐森玉、劉節參觀殷墟發掘,晤夏鼐。

夏鼐日記:上午劉子植偕趙斐雲、徐森玉三君來參觀。(《夏鼐日記》卷一,第 327 頁)

6 月 3 日,出席國立故宮博物院文獻館專門委員會會議。

按:此次會議消息《故宮文獻館定期開專門委員會》載本年 5 月 31 日天津《大公報》第四版。

6 月 17 日,朱希祖來函。

朱希祖日記:晨寫……趙萬里信(贈《楊幺事蹟考證》一部,又附一部贈謝國楨)。(《朱希祖日記》,第 513—514 頁)

6 月 18 日,致函父親趙宗孟,談時局及長妹趙茀因就事已託人。

致趙宗孟函:此間時局消息見之報端者,反不如滬報之詳確。平津實質上已成化外,僅名義上尚仍其舊,故學校及圖書館均有遷地之議。且看以後推衍如何耳。平津此後決無戰事,治安亦決無問題,請釋遠念。孫氏之書,即願速售,一時亦無辦法,蓋現時公私俱窮,縱落價亦無濟於事矣。聞家鄉民生困苦,已至絕境,滬上經融情形亦危急萬狀,而教育界尤感毫無出路,故馥妹就事至感困難。男本擬七月初返滬,如屆時華北情勢甚佳,當可成行。……馥妹就事問題,已四處託人,俟男返南後再定辦法。

按:此函見於中國嘉德 2017 年秋季拍賣會“筆墨文章——信札寫本專場”。

6 月 20 日,所撰《〈叢書集成初編〉樣本觀後感》載《益世報·讀書週刊》第三期。

按:此文對《叢書集成初編》之選目提出批評,末謂:“商務主事諸公不妨按各種學術單位,將中國古書分成若干門類,再分成若干目,登報公開徵求各門類所必要或次要之工具書或參考書目錄。然後再延聘各部分專門名家,詳加審查。除各省通志、各府州縣志或可按某種原則,一律覆印外,其他各門類之書,可擇其材料性較直接或較豐富者,不論罕見易見,是叢書本或單刊本,一律精校標點印行。結果必較任何叢書為精博而切實。”

6 月 30 日,赴東興樓徐中舒、羅常培宴。

顧頡剛日記:乘十一時車進城,到東興樓赴宴。……今午同席:孟真、寅恪、援庵、兼士、子植、森玉、斐雲、希白、思永、予(以上客),中舒、莘田

（主）。（《顧頡剛日記》第三卷,第 361 頁）

6 月,所撰《芸盦群書題記》載於《國立北平圖書館館刊》第八卷第三號。

　按:此文收《蔡中郎文集十卷外傳一卷》、《中吳紀聞六卷》、《大戴禮記十三卷》、《程幼博墨苑十二卷附錄人文爵里九卷》、《禮記二十卷》、《孫子算經三卷》、《張邱建算經三卷》、《殘本九章算術五卷》、《五曹算經五卷》、《數術記遺一卷》、《劉向新序十卷》、《高常侍詩》、《頤庵居士集二卷》等十三篇,係《大公報·圖書副刊》創刊號至第 21 期(1933 年 9 月至 1934 年 4 月)“芸盦群書題記”專欄之結集。此後,《大公報·圖書副刊》該專欄並未停止,繼續刊登提要、跋文多篇。

1934—1935 年度,先生在館職司中文書采購事務,所得頗豐。

《國立北平圖書館館務報告(民國二十三年七月至二十四年六月)》:本年度購書仍承購書委員會之指導努力進行,雖經費銳減而成績尚無遜色,共購入中文書籍計一千四百七十五種,就中如元大德九路本《後漢書》、閩刻《續宋中興編年資治通鑑》、《宋季三朝政要》皆內閣大庫舊物,可配補館藏之缺。又購入《無冤錄》一書,乃季振宜舊藏,後附宋傅林《刑統賦》一卷,亦秘笈也。明刻本則名目繁多,美不勝指。史料書則有王士琦之《三雲籌俎考》、徐世模之《世廟識餘錄》(本書爲木活字印第一印本)、張元汴之《館閣漫錄》、葉盛之《西垣奏草》、張瓚之《安南奏議》、趙世卿之《司農奏議》、潘塤之《淮郡文獻志》等。章回小說則有《東西漢志傳》、《三國志傳》,皆可與通行本供校勘之用。戲曲則以屠隆校刻之王、董《西廂》爲最名貴。此外鈔校本亦多罕傳之帙,如劉鎮所撰《識大錄》五十二巨冊,以紀傳體裁載明初至隆慶間史事,乃法式善存素齋舊物。又李文田手校明鈔《國朝典故》三十冊,亦較其他抄本爲完善。又歷朝方志爲社會史料之淵泉,本年度銳意搜求,所得甚多,舉其最罕見者,如嘉靖《山海關志》、萬曆《應天府志》、《嚴州府志》、順治《太湖縣志》、康熙《雲南通志》、《平陽府志》、《夔州府志》、《安州志》、《鳳陽府志》、《興國縣志》,雍正《廣西通志》,乾隆《西寧府志》、《寧夏府志》、《金山縣志》、《福山縣志》、《盱眙縣志》等,館藏爲之生色不少。又善本乙庫所收,如周廣業撰之《孟子四考》、《動植小志》、《寧志餘聞》、《讀相臺五經隨筆》各書稿本,管廷芬《海昌叢載》稿本,及精刻本何治運《何氏學》,鍾裹《敔匡考古錄》、董豐垣《識小編》、石蘊玉《多識錄》、張聰咸《經史質疑錄》、姚配中《周易通論月令》、莊綬甲《拾遺補藝齋遺書》、徐璈《詩經廣詁》等,殿本《萬年中興更錄》、《三垣恒星圖說》、《各省北極高度偏度表》以及華廣生之《白雪遺音》等書,亦名貴之本。(第 5—6 頁)

本年度,先生組織《永樂大典》輯佚工作。

《國立北平圖書館館務報告(民國二十三年七月至二十四年六月)》：其編製未竣者有《永樂大典書名通檢》一種,已編成《大典》五十餘册,約得子目四千一百餘條。(第20頁)

本年度,向國立北平圖書館捐贈圖書四種五册:《國立中央研究院十九年度總報告》一册、《漢魏六朝詩研究》一册、《窺園留草》一册、《寸草廬贈言》二册。(《贈書人名録》,《國立北平圖書館館務報告〔民國二十三年七月至二十四年六月〕》,第21頁)

本年度,先生繼續兼任北京大學史學系講師,月俸四十元。(《北京大學史料》第二卷,第511頁)

　　按:據《國立北京大學文學院課程一覽(民國二十三年至二十四年度)》,本年度先生在北大史學系所授課程仍爲《中國史料目録學》,每週二學時,上下二學期各二學分。(《北京大學史料》第二卷,第1169頁)

本年夏,着手撰集《漢魏六朝冢墓遺文圖録》一書之考證部分。

　　按:先生所撰《漢魏六朝冢墓遺文圖録後記》謂:"余草此書考證,始事於二十四年夏,至翌年冬日草稿粗具。"

7月6日,在滬,晚與王伯祥、鄭振鐸、吳文藻、胡愈之等餐叙。

　　王伯祥日記:接振鐸、斐雲電話,知將來訪,予因約五時在福店相候。至時去,先晤斐雲,繼晤煦先。振鐸未至,六時半同過小有天待之,未幾,渠來。有頃,吳文藻(冰心之夫)來。最後愈之來。且喫且談,至十時乃各散歸。(《王伯祥日記》,第12册第219頁)

7月8日,訪張元濟,談及傅增湘足疾。

　　張元濟致傅增湘函:趙斐雲來,言我兄足疾尚未痊瘳,知係皮膚擦損,想無礙也。(《張元濟全集》第三卷,第404頁)

7月下旬,向商務印書館借用《雲齋廣録》照片。

　　張元濟7月20日致丁英桂函:《雲齋廣録》既翻照不宜。則即以此照片借與趙君萬里。請即送交任君心白先行收存。俟趙君到館面交。(《張元濟全集》第一卷,第59頁)

本年7—8月間,爲傅增湘借閱北平圖書館藏明洪武刻本《貞觀政要》。

　　傅增湘《洪武本貞觀政要跋》:癸丑春,盛氏意園遺書散出,余從景朴孫都護得此洪武小字本,展卷一觀,審其不附論注,心頗憙之。……余昔年得舊刻本,爲葉潤臣故物,審爲乾嘉間所梓,喜其不附注釋,曾假趙斐雲家藏明鈔殘本四卷手勘一過,頗多是正。……抑余更有感者,余自獲此本後,私自珍秘,游南中時曾持以示沈君乙庵,君謂版刻雖古,惟其書無足重輕,雖不存焉可也。嗣有肆賈來索,即以重金易去,倉卒未遑一校。嗣是二十餘年,南北流觀,迄未再逢,始自悔恨,縈繞於懷。春初忽聞廠估自鄂中捆載劉氏藏書北來,此書乃赫然在目,私幸楚弓之失,或爲趙璧之歸。適迫於南游,未遑蹤跡,洎台、蕩歸來,聞已入文津官庫。因從趙君斐雲假出,留此校本,以彌生平疏失之憾。……乙亥七月,逭暑盧師山,宿于秘魔崖者三日,校讀既畢,因詳志之。(《藏園群書題記》,第148—149頁)

按:"台、蕩歸來",指傅增湘於本年四月二十一至二十五日游雁蕩山,隨後游天台山。(《藏園游記》,第257—267頁、第215頁)

8月8日,朱希祖來訪,以吳晗著《明成祖生母考》一文贈朱希祖。

朱希祖日記:……乃至北平圖書館訪趙萬里,談二小時,贈我以吳晗所作《明成祖生母考》一篇。(《朱希祖日記》,第530—531頁)

8月11日,赴北大二院閱入學考試中國歷史試卷。

顧頡剛日記:到北大二院,看入學考試中國歷史卷數百本。……今日同閱卷者:適之先生、孟真、受頤、心史先生、貞一、羅爾綱、賓四、讓之、燕飴、蜚雲、子水,又介泉等若干人。(《顧頡剛日記》第三卷,第377頁)

8月20日,王伯祥來函,贈開明書局所刊《二十五史》樣本並托代爲宣傳。

王伯祥日記:寫信分寄頡剛、覺明、昌群、斐雲、叔諒、鞠侯、福崇、乃乾,送《廿五史》樣本托宣傳。(《王伯祥日記》,第11冊第256頁)

8月29日,朱希祖來訪;晚,赴歐美同學會傅斯年宴,晤朱希祖、胡適、陳受頤、向達、顧頡剛、錢穆、羅常培等。

朱希祖日記:十時半至北平圖書館訪趙萬里,托其在館裝訂《啓禎兩朝遺詩》八冊。……八時至歐美同學會,赴傅斯年讌,同席有胡適之、陳受頤、趙萬里、向達、顧頡剛、錢穆、羅常培等。(《朱希祖日記》,第539頁)

顧頡剛日記:到歐美同學會吃飯。……今晚同席:戴聞達、莘田、適之先生、蜚雲、朱逷先、覺明、賓四、陳受頤、庸莘、予(以上客),孟真(主)。(《顧頡剛日記》第三卷,第384頁)

8月至9月,章氏國學講習會徵求會員,先生列名爲贊助人之一。

按:8月14日、16日、18日及9月1日、3日、5日《申報》所載《章氏國學講習會徵求會員》,列贊助人若干,先生爲其中之一。

9月2日,致函傅斯年,請爲向達曬藍李盛鐸藏敦煌卷子目錄。

致傅斯年函:昨日晤譚爲快。李氏燉煌卷子目請多曬一份,因友人向覺明兄願得一份研究也。昨檢《古書叢刻》本《燉煌寫經藏外目》,因多種可與李目配合,且有多種可與北平館藏卷目銜接,洵秘笈也。昨日《大公報》載李盛鐸第五妾張淑珍下堂求去,索贍養費五萬元事甚詳,李氏家庭之黑暗可知矣。(原函存傅斯年圖書館)

按:《古書叢刻》本《燉煌寫經藏外目》,指李翊灼《敦煌石室經卷中未入藏經論著述目錄》一卷,收入鄧實編《古學彙刊》第一集,上海國粹學報社 1912 年鉛印出版。此目又載《佛學叢報》第八期(1913 年 10 月),後收入《大正藏》卷五十五目錄部。

同日,傅斯年來函,主張《漢魏六朝冢墓遺文圖錄》之圖版先行出版,並促近期校勘《廣韻》。

傅斯年函:昨獲侍教,欣慰之至。李某盜賣國寶事,弟實爲之數日寢食不寧,可謂癡絶,然亦不知所以然也。聞森老另有可圖,乞兄便中鼓勵一下,如萬一有成,亦大不幸後之幸事也。京華印書館函催面催無數次,勉以結束一切,因彼營業上甚感不便也。大著《魏隋墓誌》如考證需時,弟主張先將本文出版,如此則但需一目錄,想督書記爲之,一週便可了事。其補遺若干,弟甚盼一併附入,想能辦到。至於考證,聲明續出,似無不可。明知此非至善之策,然亦無如何耳。又,《廣均》一事,前先生云九、十兩月可在北平圖書館請假,盛意至感!弟以九月爲北大各處開學之始,先生必不清閒,故未敢提及。兹學校事當已就緒,先生如覺原意可行,弟當贊助一切也。(《傅斯年遺札》,第 684 頁)

按:此函所謂"李某盜賣國寶事",指李盛鐸家族擬出售李氏 1910 年攫取的甘肅解京敦煌遺書四百餘卷。這批寫卷最後流入日本,今藏於武田科學振興財團杏雨書屋。

9 月 4 日,致函父親趙宗孟,告知三妹趙芳瑛已安抵北平,即將入清華大學物理系就讀。

致趙宗孟函:一日下午六時許接賜電,三日早又接一日發之快諭,均悉一一。昨日上午十時男偕媳婦、二毛(小毛入學了)及智揚赴車站迎候,伴同返寓。伊等一路平安,且因坐二等車,亦不覺長途勞累,堪慰遠注。當於十一時拍一電,想早收悉矣。芳芳與徐八暫寓男處,休息游玩數日,下星期一(即九日)再由男伴往清華入學。昨晚智揚假座酒樓爲伊等洗塵,並游逛東安門附近,至爲滿意。馥弟托帶之函,已悉一一。一切請釋念。男與媳婦自能竭力照管芳弟也。日内尚須爲芳弟配眼鏡。男之書籍有便即寄,不急之也。

按:此函見於 2018 年 1 月 3 日至 10 日北京華夏天禧綫上專場拍賣"紙短情長—莊蘊寬、鄭振鐸、陶孟和、徐祖正、梁實秋等珍貴家書專場"。

9 月 19 日,訪朱自清。

朱自清日記:趙斐雲來,告稻孫甚不喜劉子植。(《朱自清全集》第九卷,第 383 頁)

9月25日（農曆八月二十八日），攜北平圖書館新入藏明活字本《鶴林玉露》訪傅增湘。

傅增湘《藏園群書經眼錄》：《鶴林玉露》六卷，宋羅大經撰。明活字印本，十行二十字。……（乙亥八月廿八日趙萬里攜來，北京圖書館新收書。）（《藏園群書經眼錄》，第598頁）

10月6日，赴擷英番菜館《讀書》週刊社宴。

顧頡剛日記：到擷英番菜館，應《讀書》週刊社之約。……《讀書》週刊社同席：周啓明、孟心史、羅莘田、趙萬里、唐立庵、錢賓四、鄭毅生、張公量、傅樂煥、鄧廣銘、毛子水等。（《顧頡剛日記》第三卷，第397頁）

10月18日，致函張元濟，談爲商務印書館《四部叢刊》三編配補底本缺葉事，並商借《涵芬樓燼餘書錄》。

致張元濟函：日前在申，備承教益，至爲忻快。比來台駕想已安抵滬濱，維道履康勝爲頌。《叢刊》三編業已出版中，其宋刊《御覽》全帙足慰海內學人之望，其中缺卷想已補全。如未訪得，請賜寄影本一冊，當據以測定此間明抄何本與宋刊相近，以此標準補配，未知尊意何如？大著《涵芬燼餘》，目前在旅舍匆匆拜讀，未克細籀爲憾。如有副冊，可否賜假數日，藉窺全豹，敢請破格俯允爲幸。百衲本《隋書》、《元史》等缺葉，可補者均已次第交伯恒先生影照矣。《宋史》亦一併付照，請釋廑念。静安先生蔣氏書志稿如不用，請便中擲還，因此間友人亦擬借閱也。（《張元濟全集》第二卷，第531—532頁）

　按：據《張元濟全集》整理者介紹，此函末有張元濟批注："24/10/21復"。

10月20日，於孔德學校晤錢玄同。

錢玄同日記：於孔德晤趙萬里，云南氏有允續住意。下午有李朝鳳者來接洽此事（南方經手購房之人），云稍緩當再談（有略加房租之説）。（《錢玄同日記》〔整理本〕，第1146頁）

　按：錢玄同原租住之房舍，房東售與南氏，錢擬續租，先生與徐森玉受錢委托，代其聯絡商議。10月22日錢日記載："下午四時至北京圖書館訪徐僧，托他再訪南某商房事（不加租錢，從十一月十二月起）。"後議定不加租金續住。

10月21日，張元濟來函，談《太平御覽》底本缺葉配補事，並告知《涵芬樓燼餘書錄》稍後奉寄。

張元濟函：昨奉本月十八日手教，謹誦悉。備荷關垂，曷勝銘感。《御覽》宋刻尚缺廿六卷及零葉十餘張，祗得借用貴館所藏明抄本補配。已於月之十七日檢齊所缺，開具清單，並附樣本，函托孫伯恒兄趨前奉商，計荷垂察。務懇玉成,無任禱企之至。補照宋、元史各葉均已收到,敬庵先生書録稿暨《涵芬爐餘書録》,稍暇即寄奉。(《張元濟全集》第二卷,第532頁)

10月23日,晚赴謝國楨母暖壽宴。

顧頡剛日記:到剛主處吃飯。……今晚同席:譚新嘉、蚩雲、曉三、以中、午生、李□□、鄧君、蕭君、予(以上客),謝剛主(主)。剛主母六十生辰,今夜暖壽。(《顧頡剛日記》第三卷,第403頁)

10月29日,朱希祖在南京接先生函及代裝《啓禎兩朝遺詩》八册。

朱希祖日記:是日接得北平趙萬里來信,並代裝《啓禎兩朝遺詩》八册。(《朱希祖日記》,第561—562頁)

10月31日,朱希祖來函。

朱希祖日記:晨覆趙萬里信。(《朱希祖日記》,第562頁)

10月,《國立清華大學一覽(二十四年十月)》出版。内《二十四年度教職員一覽表》載先生爲中國文學系講師,《中國文學系學程一覽(民國廿四年至廿五年度)》載先生講授國227、228《版本目録學》課程,介紹謂:"版本之部講述審定版本之方法及各時代版刻(寫本書亦連類及之)之特徵。目録之部講述搜求中國文學、史學新舊材料之途徑。全學年,四學分。"(第5頁)

11月4日,晚赴泰豐樓謝國楨、徐森玉、王庸宴。

顧頡剛日記:到煤市街泰豐樓吃飯。九時半歸。……今晚同席:吳向之、孟心史、胡石青、袁守和、趙蚩雲、孫海波、劉盼遂、容希白、予(以上客),謝剛主、徐森玉、王以中(主)。(《顧頡剛日記》第三卷,第407頁)

11月20日,赴容庚等宴,商議金石展覽會事。後此事因時局不靖停止進行。

《社訊二》:籌備金石展覽會事,由容庚、于省吾、柯昌泗、劉節四人作東,於十一月二十日宴請馬衡、卓定謀、徐鴻寶、徐炳昶、孫壯、趙萬里、謝國楨、魏建功、周進、邵鋭等討論一切。擬以字體變遷爲主,分甲骨文、金文、篆碑、隸碑、三體石經、鳥篆、章草、飛白、木簡、專瓦、匋文、正書、行草書各類拓本,副以實物,罕見者取其備,多見者取其精。社員之考古著作(無論已未出版)及書畫均在徵求之列。後以時局嚴重,保管徵求均不易負責,展覽會停止進行,特此通告。(《考古》第三期,第247頁)

按:此展覽會擬由考古學社與國立北平圖書館合辦。《考古》第三期所載《社訊一》謂:"本社擬與國立北平圖書館合作,籌備金石展覽會。展覽範圍:(一)金石、甲骨、匋木,各類古物之罕見者;(二)前類之拓本;(三)前類之書籍;(四)金石家書畫;(五)本社社員之考古著作及

書畫。會期由廿五年一月一日起,展覽一星期。地址:北平文津街北平
圖書館。同人有何意見及應徵物品,請先期示知。所售門券除臨時布
置費用外,悉數捐贈救濟水災之用。"(第246頁)

12月13日,訪顧頡剛。

顧頡剛日記:趙斐雲來。(《顧頡剛日記》第三卷,第419頁)

12月26日,所撰《元龍墓誌跋》、《彭城王元勰妃李瑗華墓誌跋》載於
《益世報·讀書週刊》第三十期。

按:此二跋各據墓誌補正史籍缺載。

12月,國立北平圖書館寄存京津珍本書籍南運京滬,善本甲庫書、敦煌
遺書寄存於上海商業儲蓄銀行第一倉庫。

本年,委托北平來薰閣影印王國維《古史新證》手稿。

《靜安先生遺著選跋·古史新證一卷》:此編作於乙丑之秋,時先生
方就清華學校研究院之聘,任經史小學導師,每周爲諸生講授古史一小
時,此即當時講稿也。初印於《國學月報》中,以多誤字,讀者苦之。此據
海寧趙氏藏原稿本付印,以校《月報》本,不可同日語矣。(《趙萬里文集》
第一卷,第106—107頁)

1936年　先生三十二歲

本年,先生任國立北平圖書館善本部考訂組組長、采訪部中文采訪組組
長,及購書委員會中文組委員兼書記。時徐森玉兼任善本部、采訪部主任;
考訂組組員有李耀南、趙録綽、陳恩惠、張孟平四人,臨時書記有赫景祥一
人;中文采訪組組員有爨汝僖、胡英、宋友英、趙靜和、向伸、侯植忠六人,助
理有劉樹楷一人。(《本館職員一覽〔二十五年六月〕》,《國立北平圖書館館
務報告〔民國二十四年七月至二十五年六月〕》,第1—10頁)

1月6日,張元濟來函,寄贈《四部叢刊》三編《太平御覽》一種。

張元濟函:上年七月廿一日奉寄寸緘,諒邀鑒察。忽忽改歲,維道履
沖和爲頌。敝館輯印《四部叢刊》三編内有《太平御覽》一種,訪求補配,
轉展經時,又承吾兄贊助物色之勞,始成完帙。拜惠非勘,感荷勿諼。兹
書已告成,特寄奉一部,藉備鑒賞,即希莞納爲幸。(《張元濟全集》第二
卷,第532頁)

2月15日,撰成稿本《今樂考證》跋文。

《今樂考證》跋:我最早得知此書原委,是老友平湖錢南揚先生貽書
告我的。那是民國十八年的事,南揚在寧波竹洲女子中學教書,課暇輒往
當地資格最老的舊書肆大酉山房巡視,在店主人林集虚處,得見此書手
稿,驚爲奇蹟。即就肆中節鈔一些目録以歸,但知其部居與《曲録》相似,

未能質言其得失也。二十年夏,我和鄭西諦先生從上海迂道赴寧波,作四明訪書之游。那時馬隅卿先生正在原籍養疴。我們三人志同道合,想用整個力量將《曲錄》重新加以修正。因此想起南揚的話,同赴林集虛處訪問此書下落。五冊毛裝藍格的《今樂考證》,頓時呈現於我們眼前。纔知道這是一部未曾完工的稿子,體例不盡邃密,所收劇曲的類別未必能多於《曲錄》,但頗有《曲錄》所失收的。隅卿與西諦即時有問鼎之意。林集虛表示,這不是尋常營業品,非千兒八百的善價,決不輕於脫手,我們措大聞之,頓時氣沮。後來朱鬵卿先生出來調停,說可設法傳錄一部,以供我們參考。這一次在寧波,無意中發現了鍾嗣成的原本《錄鬼簿》和賈仲名的《續錄鬼簿》,這都是從來不見著錄的,於元明戲曲史的研究關係至大。新資料的不斷發現,使我們愈覺得《曲錄》有從速改編的必要了。

那時西諦的情緒最緊張,最熱烈,又邀我們到鎮江和任中敏先生會面。中敏致力於北雜劇與北散曲,歷有所年,自號曰二北以見志。曾在《國聞週報》發表過一篇《曲錄補遺》,重編《曲錄》的呼聲,可算是中敏首先提出的,因此我們有和他商榷合作的必要。隅卿因故留在蘇州獨逛虎丘,祇有我和西諦同行。那晚正是新秋天氣,下了火車,踏着月色,到了中敏寓舍。彼此交換意見的結果,中敏願把全部稿子送給我們做參考。相約等到《今樂考證》不論正本副本到手時,大家便可開始做排比材料的初步工作。

暑假過後,我和西諦都在北平,隅卿仍留滯故鄉。一日忽來書謂林集虛有將《今樂考證》出讓的意思,惟須我們替他找到宋刻《廣韻》爲先決條件。這話太離奇了,《廣韻》與《今樂考證》真是風馬牛不相及。原來那林集虛生平有一弘願,費了半世工力,想把《康熙字典》加以修正出版,這是不可思議的事,所以牽連到宋本《廣韻》上去。事有湊巧,我那時正籌備做點校勘《廣韻》的工作,從江安傅先生處借到半部宋刻《廣韻》,就順手曬了一卷寄去,聊以塞責。這回隅卿在寧波,一因《廣韻》曬片發生了神秘的效力,二因朱鬵卿先生代爲疏通,居然以三百圓的代價,全書歸於隅卿。西諦提議此書應由我們三人公有,後來終於由隅卿一人承受。不登大雅文庫(隅卿藏書之處)頓時爲之生色不少。

廿三年秋間,隅卿纔由原籍返平。行篋中攜有此書,幾次想設法將它出版,終於因循未果。那時隅卿和我重編《曲錄》的興趣,還是相當濃厚。隅卿在到平後的一年裏,編了一部原本《錄鬼簿》的校注。我也收集了不少明清散曲的新資料,又把隅卿所發現的湯舜民《筆花集》細細校勘補輯一過。工作始終沒有停頓着。不幸的很,隅卿竟於北返後的第二年——即廿四年——二月十九日,以腦溢血症病歿於協和醫院。隅卿畢生的精力,大家都知道他全部寄托在戲曲小説的史料堆裏。豈料著述未成,遽歸長夜。國立北京大學爲悼念他起見,特將他的遺書中通俗文學的一部分購歸公有,《今樂考證》從此就進了北大的圖書館。因爲幼漁先生和鄭毅生、魏天行兩位先生的提倡,得由北京大學影印出版。可惜隅卿已作古人,看不見這椿盛舉了!(《趙萬里文集》第二卷,第311—312頁)

　　按:此書爲姚燮(梅伯)所著,跋文中推許爲"近代劇曲史料的一個總結集",對其優缺點均有所評述,末叙此書發現、流傳經過,已見上引。此跋載國立北京大學出版組1936年影印本《今樂考證》,又載《大公報·圖書副刊》第122期(1936年3月19日)。

2月20日,所撰《芸盦群書題記·蚓竅集十卷》載於《大公報·圖書副刊》第一一八期。

2月27日,所撰《芸盦群書題記·野菜博録》、《華陽集》二篇載於《大公報·圖書副刊》第一一九期。

同日,國立北平圖書館委員會第二十二次會議,討論補助先生撰著《四部考》事宜。

　　委員會會議記録:傅委員提議,趙萬里君現編《四部考》一書,爲目録學重要貢獻,應如何補助,以便早日完成案。議決:此書爲圖工作之一,其編輯費及雜費由圖擔任,遇必要時可約故宫博物院合作,自下年度起限兩年完成。(《北京圖書館館史資料彙編:1909—1966》,第353頁)

2月,次子趙源生。

3月3日,致函張元濟,寄《蚓竅集》、《華陽集》二書跋,供商務印書館印入《四部叢刊》三編。

　　致張元濟函:頃奉賜書,敬悉一切。《蚓竅》、《華陽》二集仗鼎力代爲補訂,至深感荷。各書跋文匆匆草就,多未愜意,如有不妥之處,請賜加斧削,即付排版,以免郵遞延誤時日。至禱至禱。原稿及尊擬修正節文附上,請詧及。(《張元濟全集》第二卷,第532頁)

　　按:據《張元濟全集》,此函有張元濟批注:"請英桂先生覆看兩跋,照所修發排。張元濟。25/3/5。"又有丁英桂批注:"寄回《華陽集》、《蚓竅集》跋稿二葉,修正節文一葉,及《蚓竅集》毛樣、清樣共三葉,均收存,分別遵辦。丁英桂謹注。25/3/6。"

3月11日,張元濟來函,談對勘北平圖書館藏明初刊本《元朝秘史》殘葉事。

　　張元濟函:得本月三日手書,謹誦悉。《華陽》、《蚓竅》後跋修正文字,辱荷采擇,曷勝寵倖。遵示即將改稿付印,本月杪可以出書矣。前聞見示北平圖書館藏有明初刊本《元朝秘史》殘葉,敝館近印張古餘影抄本,甚欲得刻本一對。不知共存多少葉? 兹托孫伯恒兄詣商。如蒙慨允攝照,俾得插入,感荷之私,匪言可罄。(《張元濟全集》第二卷,第532頁)

3月19日,所撰《稿本〈今樂考證〉跋》載《大公報·圖書副刊》第一二二期。

4月,《評〈河南金石志圖〉第一集》載《清華學報》第十一卷第二號。

> 按:此書爲關百益編,先生書評推許其"條理精審,頗具規模",同時指出疏誤之處八條。

4月,《國立清華大學一覽(1936—1937年度)》出版,載先生講授選修科程《金石學》,爲四學分。(《清華人文學科年譜》,第181頁)

4月,傅斯年提議影印國立機構所藏善本古籍,編爲《國藏善本叢書》。(林世田、劉波:《編印〈國藏善本叢刊〉史事勾沉》,見《袁同禮紀念文集》第170—171頁)此提議得到北平圖書館、故宮博物院、北京大學、中央研究院歷史語言研究所與商務印書館及其主事者袁同禮、張元濟等的支持。

6月26日,朱自清致函清華大學文學院長馮友蘭,請續聘先生爲清華大學中文系講師,講授金石學。

> 朱自清致梅貽琦、馮友蘭函:芝生院長:中國文學系下年度擬續聘之講師、教員、助教名單如另紙,乞酌核並轉陳梅校長爲感。……講師:趙萬里先生,金石學二小時。(《朱自清全集》第十一卷,第244頁)

6月27日,致函傅斯年,談換趙城藏卷子、《漢魏六朝冢墓遺文圖録》出版、《廣韻》校勘諸事。

> 致傅斯年函:此間所存趙城藏各卷亦多破損,請將擬換之《華嚴經》飭役送下,當遵示設法修補,或另換他卷。《崇文叢書》三集至今未寄到,殆尚未出版也。弟四月中因舍妹被逮,忙於營救,故各事因之停頓,墓誌題跋僅隋志有三之一未寫成,餘均早已脱稿,次第付印,七月中無論如何必可結束,大約八月中可出版也。至《廣均》俟周君校畢,再竭全力整理。(原函存傅斯年圖書館)

6月29日,傅斯年來函,寄趙城藏卷子款一百一十元,並告知周祖謨校《廣韻》已大致完成。

> 傅斯年函:兹將卷子款壹百壹拾元奉上,乞檢收。又,卷子如可換(無更餘者即作罷也),乞一換;如無更餘者,乞即將原卷子交還本所程霖君收下,最感感。承示《南北朝墓誌》八月准可出版,至慰至感! 昨晤周祖模君,知校録工作大致已完,完後當送先生處,以便匯成之也。弟本星期四、五南行,有暇再走謁一次。先生編《文籍源流考索》一事,既已決定,想無問題。(《傅斯年遺札》,第724—725頁)

6 月，所撰《〈宋會要〉稿略説》載《圖書季刊》第三卷第一、二期合刊。

《〈宋會要〉稿略説》：民國二十年，國立北平圖書館因董授經先生介紹，斥巨資四千元，從劉翰怡先生處，購歸徐氏原稿。復假得劉富曾氏改編本（即所稱爲清本者），以便互相比勘，俾明劉氏改編之旨趣。由圖書館委託蘭谿葉左文先生從事研究，結果證明改編本分類隸事頗多失檢。且發現有少數篇幅，確係《大典》原文，見於清本，而覆檢原稿，遍覓不得者。……民國二十二年一月，北平圖書館委員會以編印《宋會要》事關流通故籍，因延請傅沅叔、陳援庵、章式之、余季豫、徐森玉、趙斐雲、葉左文諸先生爲編印委員，專司其事，並推定陳援庵先生爲委員長。籌備數載，至去年秋季始以原稿委託上海大東書局印刷所代爲影印。哈佛燕京社以此舉關係宋史學之研究至鉅，特補助美金二千五百元爲印費。預計今年三四月間，即可全部出版。此真學術界之盛舉，吾人引爲無限欣幸者也。（《趙萬里文集》第一卷，第 472—473 頁）

按：此文著名“齊成”。

1935—1936 年度，先生在館職司中文書采訪事務，所獲頗豐。

《國立北平圖書館館務報告（民國二十四年七月至二十五年六月）》：本年度購書仍稟承購書委員會之指導，銳意搜羅，購入之書頗多精美或罕傳之本。計購入中文舊籍一〇七種六〇四二册三張一八捲。就中如宋刻宋印本大字《晋書》，雖僅三十七卷，實爲海内孤本。又宋内府舊藏《文苑英華》可補館藏之缺。金刻本則有《趙城藏》經四十餘卷，爲近年之新發現。《分門字苑撮要》乃平水舊刻，亦係久佚不傳之秘笈。明活字本有弘治會通館印本《錦繡萬花谷》，五川書舍印本《王岐公宫詞》。明刻本則有洪武刻《貞觀政要》、明初刻《折疑論》、弘治刻《秋澗大全集》、正德刻《賈子新書》及《劉海叟集》、嘉靖刻《宋逸民録》、萬曆刻《自警編》等。舊抄本有明沈辨之野竹齋抄《太平廣記》、明仿宋抄《容齋五筆》、明抄本《征南録》《戎幕聞談》，潛采堂抄《古梅吟稿》、謙牧堂抄《楊誠齋集》、曹棟亭抄《樂圃餘稿》《灤京雜詠》等。名校本有毛子晋校《忠義集》、宋賓王校《燕石集》、鮑以文校《郭天錫日記》、陳仲魚校《太平廣記》等等。明季史料則有吕本之《館閣類録》、蔡士順之《傃庵野抄》、雷夢麟之《讀律瑣言》、商大節之《治河事宜》及《皇明琬琰廣録》等，皆係名槧精抄罕見之帙，堪爲館藏增色。此外，如明清方志、敦煌佚書，近現代史料等多種，不及備録。中文新書共購入五五四五册。（第 4—5 頁）

本年度，先生繼續從事善本書目甲編續編工作。

《國立北平圖書館館務報告（民國二十四年七月至二十五年六月）》：善本書目甲編出版以來，已歷三年，此三年中，整理内閣大庫殘本以及新購之書,已積至七八百種,茲仿初編體例編成續目四卷,計經部約三十種,史部約二百種,子部約一百餘種,集部約四百種,俟增至一千種時即行付印。(第 12 頁)

本年度,先生繼續組織《永樂大典》輯佚工作。

《國立北平圖書館館務報告(民國二十四年七月至二十五年六月)》:《永樂大典》引用古書名目繁多,可備輯佚及校勘之助。爰自上年度起纂輯《永樂大典書名通檢》,已將館藏各本纂輯竣事。現正檢校傳抄本及照相本約一百餘冊,將來所得,成績必有可觀。(第 12—13 頁)

本年度,先生繼續從事重修《曲錄》工作。

《國立北平圖書館館務報告(民國二十四年七月至二十五年六月)》:重修《曲錄》,仍繼續以前之工作。凡現存各曲之版本,經詳加調查者,有北京大學圖書館、孔德圖書館、戲曲音樂研究院、王孝慈先生遺書及傅惜華先生藏書,此後加以整理即可成書。(第 13 頁)

本年度,先生兼任國立北京大學文學院史學系講師,授《中國史料目錄學》,每週二課時,上下學期各二學分。(《國立北京大學文學院課程一覽〔民國二十四年至二十五年度〕》,129 頁)

按:1936 年 4 月編印的《國立北京大學職教員錄》,載先生職務爲史學系講師。(《北京大學史料》第二卷,第 409 頁)

本年度,先生兼任輔仁大學文學院中國文學系講師,授《校勘學》、《劇曲與散曲》。

按:《北平輔仁大學文學院概況(民國二十四年度)》載先生所授《校勘學》爲中國文學系必修科,每週二小時,四學分(第 9 頁),課程內容爲:"本學程講述校勘中國古籍之方法,並舉例以明之。至校勘範圍,兼及四部。所用材料,亦新舊兼取,以便初學。"(第 21 頁)《劇曲與散曲》爲選修科,每週二小時,四學分(第 10 頁),課程內容爲:"本課程講授之要目如下:(甲)1.元明劇曲作風之派別。2.元明劇曲組織之異同(兼論南北曲律)。3.元明劇曲名作舉例。(乙)1.元以來散曲作風之派別。2.元以來散曲作家小史。3.元以來散曲名作舉例。"(第 22—23 頁)1936 年編印的《北平輔仁大學民二五級畢業紀念刊》,載先生職務爲中國文學系講師。

本年度,先生爲考古學社第二期社員。

按:《考古學社第二期社員名錄(二十四年七月至二十五年六月)》載先生姓名,通訊處爲"北平景山西街陟山門大街七號",著作列"漢魏六朝塚墓遺文圖錄十卷,中央研究院出版,印刷中"。(《考古》第三期,第 234 頁)

7月2日,致函傅斯年,談換趙城藏等事。

致傅斯年函:前日奉手教,欣悉一一。趙城藏換得二卷較完整者,覓工代爲裝修送上,請詧及。會文齋送來之發單及收據,另由北平圖書館備函送所,到請歸賬爲荷。(原函存傅斯年圖書館)

7月16日,所撰《芸盦群書題記·校筆花集跋》載於《大公報·圖書副刊》第一三九期。

按:此文之修訂本《筆花集跋》載於《民國日報·圖書副刊》第三期(1946年4月24日),又以《跋湯舜民〈筆花集〉》爲題轉載於《圖書季刊》新第八卷第三、四期合刊(1947年12月)。

7月18日,清華大學發出先生本年度聘書,任金石學,每週二小時。(清華大學檔案《請續聘中國文學系講師趙萬里、唐蘭》)

8月中旬,周祖謨入職史語所,在北大圖書館辦公,繼續在先生等指導下校勘《廣韻》。

羅常培8月12日致傅斯年函:校《廣韻》事,斐雲曾有留周之請求,得兄及元任先生函,正台趨意。擬即令周祖謨自八月十六日到職,在北大圖研究室辦公,工作爲校《廣韻》及整理他自己的論文兩事,何如?(原函存傅斯年圖書館)

8月22日,朱希祖來訪。

朱希祖日記:至北平圖書館訪徐森玉、趙萬里、謝剛主。(《朱希祖日記》,第690頁)

8月24日,午後訪朱希祖。

朱希祖日記:是日午後謝剛主、趙萬里、戴雨農來,各談約半小時去。(《朱希祖日記》,第690頁)

8月26日,晚與謝國楨於東單牌樓福生食堂宴請朱希祖、徐森玉等;復赴張國淦寓宴,傅增湘、謝國楨、徐森玉、金毓黻等同席。

朱希祖日記:晚至東單牌樓福生食堂赴趙萬里、謝剛主讌,同席有徐森玉。(《朱希祖日記》,第691頁)

金毓黻日記:晚間張乾若先生邀飲其寓宅,座有傅沅叔、趙萬里、謝剛主、徐森玉。(《靜晤室日記》,第3909頁)

8月28日,赴徐森玉、袁同禮泰豐樓宴,朱希祖、沈兼士、金毓黻、謝國楨、傅振倫等同席。

朱希祖日記:七時至煤市橋泰豐樓赴徐森玉讌,袁守和臨時加入爲主人,同席者有沈兼士、金毓黻、趙萬里、謝剛主、傅振倫。九時回家。(《朱希祖日記》,第692頁)

金毓黻日記:晚,徐森玉、袁守和邀飯於泰豐樓,餚饌極精。座有朱逷先先生,談及楊惺吾《水經注疏》八十卷已經其弟子熊會貞輯成,清稿存漢陽徐行可手。此書亟宜刊行,而無人過問,何也? ……傅沅叔先生藏《大元一統志》一頁,爲卷六百三十四之第五頁,云尚有一頁轉贈沈乙庵,與此頁相銜,當爲第六頁;日本杉村氏所藏爲同卷第七頁;大連圖書館所藏爲第八頁,皆先後相銜。一卷四頁之書,散至四處,而吾見其三,抑何幸也。前日張乾若爲余言之,今日趙萬里爲寫以見示。聞趙君亦有意輯《大一統志》,已將見《大典》者抄出,晤余而未嘗一言及之,何也? (《静晤室日記》,第 3909—3910 頁)

9 月 2 日,朱希祖來訪,並贈《緑衫野屋集》稿本三册。

朱希祖日記:至北平圖書館訪趙萬里,贈以海寧朱氏《緑衫野屋集》三册未刻稿本,道光時人也。(《朱希祖日記》,第 695 頁)

9 月 10 日,葉恭綽撰成《歷代藏經考略》,撰文過程中曾承先生協助搜集資料。

葉恭綽《歷代藏經考略》:"此文雖簡陋,但采集資料承範成法師、歐陽竟無、徐森玉、王獻唐、屈萬里、趙萬里、費範九諸先生之助,經月始就。……中華民國二十五年九月十日。"(《張菊生先生七十生日紀念論文集》,第 42 頁)

9 月 15 日,致函傅斯年,談校勘《廣韻》及購金石拓片等事。

致傅斯年函:校勘《廣均》一節,迭與周君及莘田、建功諸兄商議,意見條款已由周君遵弟等之意,擬就寄呈,想蒙詧及。前日又於周君處得讀元任先生手書,自當盡量采納,以副雅望。現時周君在北大圖書館闢專室工作,自早至晚,悉心從事。弟每星期一上午北大下課後,即赴周君處商譚一切,大約校記長篇周君艸就後即交弟審閱,再由周君攜奉,請諸公評定。至於卷首序錄一文,弟擬自爲之(關於《廣均》版刻之流變),此外唐人韻書輯逸一部分材料亦已集中矣。《太平廣記》、《集韻》二書,半月前已由研究所送到,當即覓人代校,《廣記》可先成,《集韻》則頗費時日,因係韻書,且多奇字故也。(至於《三國志》殿本尚未買到。)博物院擬購金石拓本一節,已告森翁,當代爲留意不誤。此間咸傳邃雅齋以三萬元(?)購得宿遷王氏(王氏藏書在嘉道時)全部藏書(共有一百餘大木箱),頗多好書(有排印本書目可查),不日可開箱。然該齋尚在否認中,不知是何把戲也。(原函存傅斯年圖書館)

按:周君即周祖謨。

9 月 21 日,余遜致函傅斯年,報告先生指導史語所購書情形。

余遜致傅斯年函:生前日曾走訪趙斐雲先生,詢以《兩京遺編》暨《世廟識餘錄》價格,據云《兩京遺編》白棉紙書品好者可值三百至四百,如稍差則價亦遞減。《世廟識餘録》有二本,一爲其孫以活字板白棉紙印者,當時印書不多,加以近時崇尚木活字之風氣,價必甚昂(趙未言能值若干);一則其後刊木竹紙印者,北平圖、孔德學校皆後一本,不過數十元。(原函存傅斯年圖書館)

9月,擬定清華大學授課講義《金石學綱目》。

　　按:此講義由清華大學印行,分十章:序論(金石學之使命、自宋以來金石學之流變、今後之展望、與其他學科之關係、參考書舉要);金屬器(殷周之禮器、殷周之樂器、兩漢之服御器、古兵器、歷代錢幣、歷代度量衡、歷代璽印);石刻(石經、碑碣、冢墓遺文、畫象、造象、題名、其他);陶器(古陶器、明器、瓦當、專);玉器;漆器;瓷器;竹木;不屬於前列範圍之器物(甲骨、唐代服御器、古絲織物、壁畫);餘論。

仲秋,範成法師攜宋本《慈悲道場懺法》赴北平,與傅增湘、徐森玉、張允亮、周叔弢及先生共賞,並集資一千二百元影印行世。

　　範成《慈悲道場懺法》跋:民國二十年春季,因影印宋刻本《磧砂藏經》,偕工人赴關中製版。見西安開元寺佛龕後塵土堆中有殘本《慈悲道場懺法》一巨册,觀其楮質乃北宋麻紙無疑。每開三行,行十字,刊工古樸。頗似龍門始平公造像,愛不忍釋,寺主即以相贈。二十二年在滬付裝池,於書背忽發現有中統年涼州稅票,彌可珍異。書共十卷,完好者僅三卷,餘皆殘破,計三百四十開,分裝三册,較現行本分卷及文字均有異處。頃攜來平,以示江安傅沅叔、吳興徐森玉、浭陽張庾樓、至德周叔弢、海寧趙斐雲諸君子,共相欣賞,歎爲得未曾有。因集資一千二百元,用遷安紙影印二百部行世,略紀始末,以示來者。丙子仲秋如皋釋範成識於柏林寺。

　　按:此書即於 1936 年印行。

10月8日,余遜致函傅斯年,報告先生往邃雅齋爲史語所購書情形。

　　余遜致傅斯年函:斐雲先生處函已送達,前晚接其電話,謂圖書館所挑書大半已購定(聞多係四庫底本,來薰閣言),退回者不多,且係無甚關係之書。趙擬於次日往邃雅齋爲所中挑選後,令邃雅直接開單寄呈,則是其所選者恐多半在文禄寫本目録兩册之中矣。(原函存傅斯年圖書館)

同日,考古學社執行委員會改選,先生當選爲候補執行委員。

　　《社訊七》:本社執行委員會選舉票截至十月八日止,共收到四十六票,計容庚得四十四票,唐蘭得三十票,于省吾得二十八票,徐中舒、孫海波各得二十四票,以上五人當選爲執行委員。劉節得二十三票,顧廷龍得十七票,趙萬里得十四票,爲候補執行委員。(《考古》第五期,第383頁)

10月16日,致函傅斯年,談影印古書選目事。

致傅斯年函：此數日因雙十節放假，繼以遷居事又告假，至今晨到館，得讀手書。……鄧氏書目檢閱數過，幾有無書可擇之歎。佳者非印過，即本無可取，且頗有明刻充宋元本者，抄本亦多可疑（原書弟未見）。其中《新刻四名臣琬琰》三集（此書恐是後印，多缺頁），《書學會編》（均稱宋刻），《盡言集》、《西瀆大河志》（均明刻），此數者或尚可一印，統請卓裁。邃雅之書代選二單，附上，請加圈定，以便代爲折衝（開價太高，不易辦也）。北平館選書百四十餘種，至今未講價。（原函存傅斯年圖書館）

同日，致函橋川時雄，請其將通學齋書店出售之《詩經廣詁》一書讓與傅斯年購買。

致橋川時雄函：通學齋書店有《詩經廣詁》一帙，已爲先生看定。敝友傅孟真（斯年）先生需用良亟。可否讓歸傅君購之？謹百拜以請，便祈示復爲荷。（《文津學志》第八輯，第 8 頁）

　　按：通學齋主人孫殿起所撰《販書偶記》卷一載有《詩經廣詁》三十卷，著錄爲“桐城徐璈撰，道光十年刊，第二十三卷分上下”（孫殿起：《販書偶記》，北京：中華書局，1959 年 8 月，第 21 頁）。查中央研究院歷史語言研究所傅斯年圖書館書目，該館藏有《詩經廣詁》三十卷一種，著錄爲清道光刻本，八冊，索書號爲 091.3775 404 ；中國科學院文獻情報中心所藏東方文化委員會舊藏圖書中，亦有清道光刻本《詩經廣詁》三十卷一種（此承薩仁高娃告知）。二者之一，或即此本。

10 月 23 日，余遜致函傅斯年，報告爲史語所購書情形。

　　余遜致傅斯年函：趙斐雲先生約生於本星期三四日同往邃雅齋觀書，且謂當以電話相約。今日已星期五，尚無電話來，故尚未往。《天下一統名勝志》據傅沅叔跋，謂所引《寰宇記》與今本殊，孫淵如甚譽其書，日前斐雲先生及文禄見告，謂已爲他書肆持去，不知已售妥否也。（原函存傅斯年圖書館）

10 月 31 日，赴于省吾寓所賀其遷居。

　　顧頡剛日記：到思泊處賀其遷居。……今晚同席：趙斐雲、子臧、海波、希白、立庵、剛主、孫伯恒等（客兩桌），思泊（主）。（《顧頡剛日記》第三卷，第 549 頁）

10 月，《國立清華大學 1936 年度教職員一覽表》公布，載先生爲中國文學系講師。（《清華人文學科年譜》，第 192 頁）

11 月 7 日，余遜致函傅斯年，報告先生指導史語所購書情形。

　　余遜致傅斯年函：二、邃雅、文禄之書，《江南經略》暨《士禮居叢書》已送來。生今日持書單往商趙斐雲先生，趙謂《江南經略》甚少見，《士禮居叢書》向來名貴，此二書均易售出，恐邃雅未必肯於七折之外再事貶値。

《孤樹裒談》書尚好，以時值論之，亦可值百數十元。此數書並《西清古鑑》可先還五五折，徐徐商議，一面將樣本寄京，請師鑑定，由師示以最高價格，生即照此辦法辦理。其餘數書，趙謂《于山奏牘》、《南州草堂集》、《安東縣志》、正續《滇南詩略》則可不留；《九家注杜詩》，此本頗不易得，且紙張印刷甚好，定值亦不昂，以研究杜詩立場而論，亦在可留之列。趙言如此，敬爲轉達。三、《續通鑑長編》百八卷鈔本，趙謂尚不難得。北平圖書館所藏，鈔甚早，且有名家印識，亦衹以百數十元得之，此本自可不議。《抱經堂叢書》，趙謂通體不漫漶者恐不易得（其不漫漶者每係以若干部單種配齊）。《經典釋文》印刷較多，更難免此病。擬囑文禄將其餘部分送來，細看再説。四、寶銘堂送來元張鉉《金陵新志》樣本一本（元刻明印，有明補版），索價三百四十元，趙謂此書甚難得，可值二百數十元，可先償以二百元，未審師意奚若？（樣本次日即取去，寶銘夥友謂所中如願購，當再送來，以書係他人托售，不肯久留故也。）（蘇同炳《手植楨楠已成蔭──傅斯年與中研院史語所》，第264—265頁）

　　按：此後余遜致傅斯年函，還曾多次提到購書事，如11月12日函："遜雅、文禄之書，生依趙斐雲先生所議，償以五五折，並囑其送《抱經堂叢書》來審視。……今日文禄遂送全書及發票來。"11月23日函："遜雅所購書中，有《晏公類要》一部，索值四百餘元，已送往清華。朱佩弦嘗以告趙斐雲，趙勸其留購，大約將歸清華。其書抄在北平圖藏本之後，趙疑其即四庫底本。"（原函均存傅斯年圖書館）據此數函可知，1936年左右，余遜在平辦理史語所購書事，先生則承擔顧問之責，加以指導協助。

11月9日，致函顧頡剛，鈔示王禹偁《唱山歌》詩。

　　致顧頡剛函：頃讀大著《吳歌小史》，至爲欽佩。《辭源》所載王元之"唱山歌詩"見王禹偁（字元之）《小畜集》卷五，其詞曰：滁民帶楚俗，下里同巴音。歲稔又時安，春來恣歌吟。接臂轉若環，聚首叢如林。男女互相調，其詞事奢淫。修教不易俗，吾也弗之禁。夜闌尚未闋，其樂何愔愔。用此散楚兵，子房謀計深。乃知國家事，成敗因人心。兹録出以供參考。（趙萬里、李家瑞《兩封討論吳歌的信》，載《顧頡剛民俗學論集》，第344頁）

秋，撰趙尊嶽輯刻《明詞彙刊》本楊琢《心遠樓詞》跋。

　　《心遠樓詞》跋：季成，元時隱居不仕，自號放鶴翁。與趙東山、朱楓林爲友，而私淑於陳定宇。洪武初，以儒行任本縣儒學教諭。弘治中，其裔孫鳳梓其遺書，題《心遠樓存稿》，凡八卷。其書久佚不傳。《明史藝文志》及《千頃堂書目》均未著録。余得見漢陽葉氏所藏舊鈔本，彌可珍秘，

因傳録其詞,以示叔雍焉。丙子秋日,萬里附記。(《明詞彙刊》,第 1877 頁)

12 月 9 日,國立北平圖書館建立館務會議制度,主任、組長均出席。

本年冬,建議朱自清爲清華大學購《晏公類要》鈔本。

　　余遜 11 月 23 日致傅斯年函:遼雅所購書中,有《晏公類要》一部,索值四百餘元,已送往清華。朱佩弦嘗以告趙斐雲,趙勸其留購,大約將歸清華。其書鈔在北平圖書館藏本之後,趙疑其即四庫底本。(蘇同炳《手植楨楠已成蔭——傅斯年與中研院史語所》,第 266—267 頁)

本年,《四部叢刊》三編影印《蚓竅集》、《野菜博録》、《華陽集》、《默堂先生文集》、《莆陽黄仲元四如先生文稿》五書均附先生跋文。

　　按:前三書跋文又分別載於《大公報·圖書副刊》第 118 期(1936 年 2 月 20 日)、119 期(1936 年 2 月 27 日)之"芸盫群書題記"專欄。此五跋均收入北京圖書館善本組輯《影印善本書序跋集録:一九一一—一九八四》(中華書局 1995 年出版),編者分別擬名《明永樂本〈蚓竅集〉跋》、《明本〈野菜博録〉跋》、《明萬曆本〈華陽集〉跋》、《影宋鈔本〈默堂先生文集〉跋》、《明嘉靖本〈莆陽黄仲元四如先生文稿〉跋》;又收入《趙萬里文集》第二卷,沿用《影印善本書序跋集録:一九一一—一九八四》擬名。

本年,所撰稿本《今樂考證》跋載北京大學出版組影印本《今樂考證》。

　　按:此跋收入北京圖書館善本組輯《影印善本書序跋集録:一九一一—一九八四》(中華書局 1995 年出版),編者擬名《稿本〈今樂考證〉跋》;又收入《趙萬里文集》,沿用此擬名。

本年,曾訪朱文鈞,借校其所藏六朝隋唐墓誌。

　　朱家溍《憶趙萬里先生》:又一次是在一九三六或三七年,趙先生到我家來。他知道先父所藏清朝一代出土的六朝隋唐墓誌多有畫石初拓的本子,想要參校一下。我即取出他需要看的拓本,順便帶出一些名人鈔校的元代詩文集請他鑒定。這次談的時間很長,直到日暮才興辭而去。這兩次長談,等於給我上了兩堂課,今天回憶起來,彷彿就在眼前一樣。(《北圖通訊》1982 年第 3 期,第 17 頁)

本年,曾率北京大學學生參觀故宮博物院所藏内閣大庫檔案。

　　按:故宮博物院 1936 年工作報告於"本年内向文獻館閱覽及借抄檔册者"項下,列"北京大學趙萬里先生偕學生參觀内閣大庫檔案"一條。(《故宮博物院檔案彙編·工作報告〔一九二八至一九四九年〕》,第 2 册第 734 頁)

趙萬里先生年譜長編卷五

1937 年　先生三十三歲

本年，先生兼任國立北平圖書館善本部考訂組組長、采訪部中文采訪組組長，及購書委員會中文組委員兼書記。時徐森玉兼任善本部、采訪部主任；考訂組組員有李耀南、趙録綽、陳恩惠、張孟平四人；中文采訪組組員有爨汝僖、楊殿珣、趙静和三人，助理有劉樹楷、孫長振、袁佩如三人。（《本館職員一覽〔二十六年六月〕》，《國立北平圖書館館務報告〔民國二十五年七月至二十六年六月〕》，第 1—10 頁）

1 月，國立北平圖書館編印《國立北平圖書館職員録》，載先生住址爲府右街達子營乙 11 號。（《清末民國圖書館史料彙編》第七册，第 83 頁）

2 月 2 日，致函傅斯年，談《國藏善本叢刊》選目等事。

致傅斯年函：所藏善本經徐（森翁）、傅（沅老）諸先生選得八種（其中《琬琰集》因與《四部叢刊》四編重複，故臨時删去），所定擬目（第二次改本）已由袁先生寄上，想已收到矣。元刊《名賢詩話》精美絶倫，似當列入，請與其他八種一併寄交張菊生先生，因最後決定權仍在張先生也。《絶島新編》當一遵劉抄原式，代爲影抄。日本影宋本《世説新語》另由館中掛號寄奉，到請詧收爲荷。近聞劉翰怡所藏《永樂大典》四十餘册以三萬元（?）代價售與大連滿鐵，爲之不歡者累日。（原函存傅斯年圖書館）

2 月 16 日，晚赴東興樓馬衡等宴。

顧頡剛日記：到東興樓吃飯。……今晚同席：援庵、演群、從吾、心史、福開森、蜚雲、席慈、立庵、沅叔、向之、如山、希白、燕佇……凡三桌（以上客），叔平、兼士、森玉、守和、柱中（主）。（《顧頡剛日記》第三卷，第 602 頁）

2 月 27 日，致函張元濟，請指正所編《國藏善本叢書》擬目，建議《四部叢刊》四編收入汲古閣抄張小山《北曲聯樂府》，並催還王國維《傳書堂藏善本書志》稿本。

致張元濟函：《國藏善本叢書》由袁、傅諸公發起，囑里代擬草目，不過就諸家所藏擇其精要者，備尊處參考而已，未敢以爲有當也。聞有油印本寄呈，請賜加斧正爲幸。瞿目有汲古閣抄張小山《北曲聯樂府》，似出元本，且屬罕見（友人任君輯《散曲叢刊》，所見似不及此本之善）。可否影入《四部叢刊》四編，以廣流傳？此間各學校友好治元明散曲者多以此相詢，故里有此請也。里近代北平館編輯《善本書志》，亟需静安先生所著蔣氏書志參考，公如不用，便請寄還爲禱。（《張元濟全集》第二卷，第533頁）

　　按：據《張元濟全集》，此函有張元濟批注："26/3/3復"。據此函可知，《國藏善本叢刊》擬目實出先生之手。

2月，輯佚之作《〈清真集〉校輯》載於《國立北平圖書館館刊》第十一卷第一號。

3月2日，張元濟得先生函。

　　張元濟日記：得趙斐雲信。（《張元濟日記》，第1169頁；《張元濟全集》第七卷，第342頁）

　　按：所得即先生2月27日寄出之函，已見上引。

3月3日，張元濟來函，談爲編印《國藏善本叢刊》選看北平圖書館存滬善本書事，並寄還王國維《傳書堂藏善本書志》稿本。

　　張元濟函：久疏音問，時動遐思。昨奉二月廿七日手教，捧誦祇悉。静安先生所撰蔣氏書目稿本久假未歸，甚用悚歉。兹交郵局全部柒册掛號繳還，敬祈察入。承示瞿氏所藏張小山《北曲聯樂府》，甚屬罕見。遵當與書主商假印入《四部叢刊》四編。惟擬先行《國藏善本叢刊》，恐須稍遲。善本書目前由守和先生寄到，因滬上典書者李君前月請假回平，近始返滬，昨日前往展閱，已看過四十餘種，尚需三四次方能完了也。（《張元濟全集》第二卷，第533頁）

　　張元濟日記：復趙斐雲信。又寄還王静安蔣氏書録稿七册，托心白封寄。（《張元濟日記》，第1169頁；《張元濟全集》第七卷，第342頁）

3月8日，致函傅斯年，談《漢魏六朝冢墓遺文圖録》刊印、寄送劉晦之書目等事。

　　致傅斯年函：墓誌考證因隋志内容複雜，初稿寫定後又將《新唐書》及初唐墓誌細細籀讀，頗有改易，因而交稿稍遲。有勞我公垂念，至深歉仄。自上月（二月）下旬起陸續交京華趕速排版，現又印得一卷矣（每卷考證文約十五六大版，可得七八萬字。有二三卷篇幅較少）。劉晦翁書目披沙揀金，頗有采獲，如求之七八年不得之法梧門舊藏宋元人集，均在此目中，如以校通行本，必多異文，未知能借來一校否。便請先生圖之。書目十册，另郵掛號寄上。（原函存傅斯年圖書館）

3月20日，張元濟收到先生所寄王國維《傳書堂藏善本書志》稿本寄達回執。

張元濟日記：寄回趙斐雲蔣氏書錄稿本（王靜安撰），本日郵局寄還收到回執，存入朋友往來信袋中。（《張元濟日記》，第 1173 頁；《張元濟全集》第七卷，第 345 頁）

3 月，北平圖書館、故宮博物院、北京大學、中央研究院歷史語言研究所（以上甲方）與商務印書館（乙方）簽訂編印《國藏善本叢書》契約。

按：此契約主要内容爲：書名定爲“國藏善本叢刊”，第一輯計一千册；選目由甲方決定，本年四月底前完成，但乙方已藏或已攝影者及底本模糊不易攝影者則删除之；甲方爲各書撰寫考訂性質之序跋；開本爲小六開，用連史紙印刷；選定各書由甲方寄至上海，乙方攝影完成後歸還甲方；攝影印刷費用由乙方承擔；乙方向甲方酬贈一定比例的印本，第一千部百分之五，第二千部百分之七點五，第三千部以後百分之十；第一輯兩年内出齊。（林世田、劉波《編印〈國藏善本叢刊〉史事勾沉》，《袁同禮紀念文集》，第 176—177 頁）

又按：此契約後刊載於 1937 年 5 月 19 日《益世報》第 3 版。

約 4 月（農曆二月），先生邀其父趙宗孟游北平，趙端瑛、趙芳瑛陪同。

趙宗孟《憶客歲北游》：家人各自一方天，游子函催到古燕。婦女恭迎趨站畔，兒孫歡笑舞庭前。藏書滿架資瀏覽，疊錦盈牀供醉眠。山谷多情邀度曲，舉杯對飲意纏綿（在平時曾往黄君介壽處晚飯，兼以度曲）。

去春三月豔陽天，游覽京華喜欲顛。金闕繞廊評古物，湯山下榻浴温泉。看花未選名園勝，登塔先參玉佛前。臨别兒孫共餞飲，重來相約待明年。

趙宗孟《憶北游（其三）》：回思去歲麥秋初，小叙天倫在客居。兩女伴游名勝地，長兒任輯古藏書。聽經未踐山僧約（西山未能去游），評帖曾過舊友廬（黄介壽處）。有婦承歡親進膳，一堂喜笑樂何如。

趙宗孟《感時》：回思客歲暮春天，攜女乘車到北燕。游罷歸來無幾月，盧溝橋畔起烽煙。（趙宗孟《卍廬吟草》卷一。趙深惠示）

按：此卷封面所署撰著時間爲“戊寅暮春”，戊寅即 1938 年。

4 月 11 日，遇楊樹達。

楊樹達《積微翁回憶錄》：遇趙斐雲（萬里），見告：“日前從朱佩弦處假得《小學金石論叢》，在歸途汽車中讀之，竟遺失錢袋於車中而不自覺，幸爲車役拾得，乃免損失。君書引人入勝，吸力之大如此，故特以相告。”（第 132 頁）

4 月 24 日（農曆三月十四日），孫楷第持先生介紹函訪吳梅。

吳梅日記：下午有孫楷第者，持趙生萬里函，介紹相見，而洪範五亦有介紹信，遂延入。詢其來意，欲視我藏曲，余答以書在蘇第，俟以他日。渠贈我《北平圖書館善本書目》及所作《小説旁證》、《李笠翁十二樓考》、《唱喏考》、《敦煌本張義潮變文跋》四文,亦斐然可觀。談至五時去。(《吳梅全集·日記卷》,第 873 頁)

4 月 27 日,致函傅斯年,談《國藏善本叢書》選目、借閲《元一統志》殘葉等事。

致傅斯年函:張菊老剔去之書,如《皇明列卿記》(此書陳援老主印甚力)、《西游記小説》(明萬曆本,此本中土久佚,前年從日本購回)、《龍虎山志》(元元明善撰,四庫不收,元槧孤本)、足本《千頃堂目》等,皆非力爭不可。已另函守和先生條陳意見,請公予以贊助爲幸。菊翁論版刻不辨菽麥,所編《四部叢刻》三編笑話不少,弟去年曾去函供獻意見,而彼不聽,奈何奈何。先生所提及之《五行大義論》是否係隋人蕭吉所撰? 刊入《佚存叢書》(商務景印本),近日人有古抄殘帙精印本,可訂《佚存》本之誤。《五百家播芳文粹》四庫本百十卷不足,瞿氏本一百五十卷最佳,此書係出建本,如係舊抄,當是小字本,大約可值二三百元(此書涵芬樓有宋刻〔略殘〕孤本,菊翁至今未印,何耶)。六朝墓誌續編約可得五十種,材料均已收齊(聞最近有新出土者),暑假内即可交京華,其前仍附考證,俾與前編一律也。所中有《元一統志》殘葉,敬請惠寄一閲(短期内即寄還不誤)爲禱。李書無新消息,聞冀察最高當局有收購設想,未必能成事實也。(原函存傅斯年圖書館)

5 月 8 日,傅斯年來函,談《國藏善本叢刊》選目修改意見。

傅斯年函:《大元一統志》業已檢出,裱成大張(兩葉一張),無法郵寄,兹影鈔寄上。另照像一頁,後來如再有便,當帶去也。商務印書館弟大覺大妥,已函張、王二位抗議。盼守和先生返後,大家商量一下,再回彼一信。弟之熱心此事,全爲向北平圖書館捧場,今彼竟以編《天禄琳瑯續編》爲趣,仍是宣傳滿清,弟深覺無謂也。弟意可取下列方式:一、北平圖書館之所謂"小品"、"戲劇"、"平話小説"及史料書,可選成一單,多多益善。二、故宫者可多擇觀海堂書,少擇清室舊有之書。三、加入書單開成後,函告以係大家公意。如覺卷頁太多,可減少大部頭也。四、北大似太少,可以馬隅卿舊藏秘本加入。(《傅斯年遺札》,第 806—807 頁)

5 月 10 日,與傅增湘、袁同禮、徐森玉、張允亮在北平圖書館商議《國藏善本叢刊》目録事。

傅增湘 5 月 11 日致張元濟函:昨日守和、森玉、庚樓、斐雲諸人集於館中,商定《國藏叢書》目録事,决定删去大部者數種,加入十數種,以冀仍符千册之數,兹述其大略,祈酌采定是幸。(《張元濟傅增湘論書尺牘》,第 353 頁)

6月15日晚飯後，會同袁同禮、徐森玉、胡適至李盛鐸宅，看李氏所藏善本書，先生負責記錄，至半夜始散。

胡適日記：下課後，上車到天津。袁守和到車站接我。晚飯後同到李木齋宅去看他的遺書。李氏兄弟子侄搬出他家善本書，趙斐雲記錄，守和、徐森玉與我同看。到半夜始散。寓裕中飯店。（《胡適的日記》，第568頁；《胡適日記全編》第6冊，第691頁；《胡適日記全集》第7冊，第418頁）

按：此前，5月26日，袁同禮爲購李盛鐸藏書事宴請李氏三子及董康等，李家索價80萬元，政府許價30萬元，李家減至50萬元，胡適提議以40萬元爲折中之價，迄未成議。（《胡適日記全編》第6冊，第689頁）

6月16日，上午繼續在李家看書。

胡適日記：早九點又到李宅看書，到十一點，趕快車回家。（《胡適的日記》，第568頁；《胡適日記全編》第6冊，第691頁；《胡適日記全集》第7冊，第418頁）

6月24日，致函傅斯年，談購劉承幹藏書、撰寫《國藏善本叢書》説明、購李盛鐸藏書、編纂《四部考》計劃等事。

致傅斯年函：劉氏書目四冊，直寄研究所圖書室，想早收到。加○者皆森老與弟認爲希見之品。明集佳者居半（明集清刻本太多，價格因之減低），其餘四部書平平無奇，抄本佳者尤少。因歛翰怡兩眼漆黑，能有此若干成績，繆藝風、葉鞠裳二老之功爲多。乃二老學識本不高明，且又私心自用，故所得僅止於此也。翰怡書之特色有三：《大典》、《實録》、明集。今《大典》遠走大連，《實録》幸歸國有，可垂念者惟此明代文獻一大堆耳。先生盍勸慰堂圖之。劉藏宋元本最劣，惟宋寫本（與南宋監本、淮南漕司本合配）《史記》、建大字本兩《漢書》、元池州路本《三國志》（劉氏目爲宋刊）可稱尤物，既然已歸劉晦之，今日我輩無由問津矣。《國藏善本叢書》公所擬議之點，商務大半采納，惟不印《西游記》，實一憾事。故官、北平館、北大之書，説明（實係廣告，非正式之提要或解題也）均弟與張庚樓先生合擬。因原書都不在北平，只得以空泛之語出之。囑擬永樂本《名臣奏議》説明，亦已擬就寄滬，諸請釋念。李木齋善本目共六冊，經多人費旬日力細細估價，可值三十三萬五千餘元。益以普通本目六冊，則全部四十萬元之數，自非過昂。上星期偕同胡、袁、傅、徐諸公赴津看書，共開三十大箱，佳品甚多，堪稱滿意。惟其中原委曲折，有非楮墨所能盡宣者。故守和先生擬派弟攜審查書來京，向先生直陳一切，以利進行。（弟且轉轉探得尚有特種卷子本，此事甚秘，亦須面陳。在李少微手中，與其他弟兄無涉。請暫勿告人爲幸。知此事者惟森老耳。)上月北平館因種種客觀事實,造成一小風潮。有一同事因私人行爲浪漫被裁(此人昨日暴病而死),於是其他有被裁之資格者爲之大恐,結成聯合戰綫,突以剛主、子書及弟等三人過去之事爲口實,在小報上亂造謠言,大肆攻擊(此三人被視爲袁黨,故先攻之,以示威於袁公也)。幸經胡袁二先生自動發表談話,得以大白於世。弟經此巨痛,寢饋難安,叨在愛末,當能曲諒。現擬自本年六月起結束一切雜事(如《六朝墓誌》等工作皆在九月前結束),辭却所有兼課(下學期可有課八小時),及圖書館一部分行政事務,以全部時間精力從事編纂"大書目",期以二年或二年半先將初稿出版,此項資料已收得者約萬餘事(十年心力盡萃於此),尚待訪求補充者不知凡幾。惟編纂費及旅行調查雜費殊無着落,去年委員會之議決案,現爲事實所限,不能充分實行。此事全仗先生提倡指示,故守和先生囑赴京時得便與先生熟商一切。現擬七月初來京,並擬拜觀所中新購之《實錄》。如何之處,敬請酌示爲禱爲叩。子書兄已就北大專任之聘。周祖謨兄到平,亦已晤見。(原函存傅斯年圖書館)

6月25日,朱自清致函清華大學校長梅貽琦、文學院長馮友蘭,請續聘先生爲清華大學中文系講師,講授《版本目錄學》。

朱自清致梅貽琦、馮友蘭函:本系下年度講師擬續聘唐蘭、趙萬里兩先生。唐先生擔任甲骨文研究,每週二小時。趙先生擔任版本目錄學,每週二小時。月薪水各六十元(每年各六百元)。倘承同意,即請囑文書科辦聘書爲感。(清華大學檔案《請續聘講師唐蘭先生、趙萬里先生》;《朱自清全集》第十一卷,第248頁)

本年度,先生在館職司中文書采訪事務,所獲甚豐。

《國立北平圖書館館務報告(民國二十五年七月至二十六年六月)》:本年承購書委員會之指導,購入各種書擇要披露如左:中文舊書購入九七七種四〇七五冊一四七捲,新書一九五九種九三三冊,滿蒙文二〇種四三六冊,雜誌三九種。就中罕見秘笈爲數頗多,舉其要者有下列數項:(一)明清史料類則有嘉靖刻《軍政條例類考》,萬曆刻《讀律私箋》,舊抄本《交黎撫剿事略》、《革朝志》、《倭患考原》、《倭情考略》,康熙刻《永年曆法》、《洛西平寇紀略》,乾隆刻《平定準噶爾方略》等,此外又收得康熙抄本清太祖世祖《實錄》七十巨冊。按:《世祖實錄》係由康熙中第二次修本錄出,北平故宮博物院僅有初修及三修本,此本可彌其缺,洵可寶貴。(二)方志則有萬曆刻《杞乘》、《襄城縣志》,康熙刻《神州志》、《烏城縣志》、《寧國縣志》、《吳郡甫里志》、《紹興府志》,乾隆刻《涇州志》、《東明縣志》、《石泉縣志》、《無爲州志》、《金溪縣志》等,皆爲罕覯。(三)通俗文學則有明崇禎尚友堂原刊《二刻拍案驚奇》及舊抄本《南曲九宮正始》，前者僅日本内閣文庫有之，後書則治南戲文學者必修之本也。（四）明賢等手稿有吳大澂致陳簠齋手札六巨册及《石門訪碑記》等，前未刊行，可供金石家之參考。（五）手校本則有顧千里校宋本《輿地廣記》、何義門校明抄本《法書要録》、葉石君校明刻本《述異記》，先賢手澤，用貽後生，可以資爲考證。（六）《永樂大典》除向南京國學圖書館借影吳興劉氏藏本外，復於平市購得倉字韻原本一册，爲袁氏《現存卷目表》所未收，尤足珍貴。（七）《趙城金藏》又先後購得百餘卷，皆存卷子本舊式，古色古香，至足珍貴。所刊經文以校通行本異文甚多，此後仍當廣事搜集，俾作有系統之研究云。（第3—4頁）

本年度，先生繼續組織《永樂大典》輯佚工作。

《國立北平圖書館館務報告（民國二十五年七月至二十六年六月）》：《永樂大典書名通檢》，此項工作繼續進行，曾輯出宋元久佚之方志十餘種得十余萬字。如《淳祐江州圖經》、《開慶臨汀志》及《大元一統志》等皆是，此外《四庫全書》由《大典》輯出之宋元別集，每多遺珠之感，此項佚文近亦輯出甚多，當匯爲專集，以與庫本並行。（第12頁）

本年度，先生繼續從事重修《曲録》工作。

《國立北平圖書館館務報告（民國二十五年七月至二十六年六月）》：重修《曲録》，關於資料收集及調查已大致完畢，平京滬杭公私藏書均已查閱至曲家始末事蹟，本年度特在元明人集百餘種内節抄有關資料數百條，其卡片已就曲目分類完畢，但先後次序尚需重檢排定，而新得之資料亦須增補，稍遲當可寫定。（第12—13頁）

本年度，先生仍兼任北京大學史學系講師，講授《中國史料目録學》。（《國立北京大學職教員録〔二十五年十一月編印〕》，第29頁；國立北京大學文學院課程一覽〔民國二十五年至二十六年度〕》）

7月初，赴南京。

　　按：余遜1937年7月9日致傅斯年函謂："《國朝典彙》（缺五本，索四百元）及《紀録彙編》（抄配一册餘，索五百元），即進行商購，擬訪徐森玉先生，詢其能值幾何（趙斐雲已南歸，徐前游山東，不知已還平否也）。"（原函存傅斯年圖書館）此函提到先生"南歸"，與先生6月24日致傅斯年函所言"擬七月初來京"相合。

7月7日，日本侵略軍製造盧溝橋事件，發動全面侵華戰争。

7月19日，上海文獻會發起刊印蘇松太叢書，先生被推舉爲上海文獻展覽會出版委員會委員。（《上海文獻會發起刊印蘇松太叢書定八月十日起發回出品》，1937年7月20日《申報》第十四版）

7月22日，天津《大公報·圖書副刊》出版第一九一期，至此停刊。

7月30日，國立北平圖書館召開第四次館務會議，要求員工在時局混亂時期不得擅離職守。

7月31日，國立北平圖書館召開第五次館務會議，決定自當日起照常開館。

8月10日，國立北平圖書館召開第六次館務會議，宣布副館長袁同禮奉命離平，在長沙設立辦事處。

8月，張允亮任國立北平圖書館善本、編目二部主任。

7月至9月，先生繼續進行中文舊籍采訪工作。

《國立北平圖書館館務報告(民國二十六年七月至二十七年六月)》：二十六年九月以前，采購事務仍繼續辦理，計購入中文舊籍一六六種一一五五冊又卷子十卷，就中屬於善本部分者計七二種四零九冊又卷子十卷。(第2頁)

本年下半年至次年上半年，鄧廣銘在北平圖書館進行辛棄疾研究，先生擔任指導人。

《鄧廣銘先生學術年表》：七月盧溝橋事變後，北平爲日寇占領，北京大學決定南遷。轉往北平圖書館繼續研究工作，受到趙萬里先生多方幫助。(《鄧廣銘全集》第十卷，第491頁)

鄧廣銘《自傳》：盧溝橋事變之後不久，北平即爲日寇所占領，北大決定南遷時，因目的地未能確定，故暫定只許正副教探南遷，講師助教暫留北平或家鄉待命。這時沙灘周圍的北京大學已被日寇接管，我自不能再到北大圖書館去讀書作業。而北平圖書館的經費却因全由中華教育基金董事會撥付，在珍珠港事件前，日美邦交未生變化，故日寇對北圖的一切均不干預。我隨即轉而以北圖作爲我的研究基地。(《鄧廣銘全集》第十卷，第415頁)

按：據劉浦江《鄧廣銘與二十世紀的宋代史學》所述，鄧廣銘受中華教育文化基金會資助，進行辛棄疾研究，指導人最初是胡適和姚從吾，“七七事變”後胡適赴美，姚從吾南遷昆明，因此1938年鄧廣銘在申請延長一年研究期限時將“研究指導人”改成先生(《歷史研究》1999年5期，第118頁)。鄧廣銘在《辛稼軒詩文鈔存》(古典文學出版社，1957年)的“弁言”中寫道：“凡此校輯工作，所得趙斐雲萬里先生之指教及協助極多。”

本年冬，撰《漢魏六朝冢墓遺文圖録後記》。

《漢魏六朝冢墓遺文圖録後記》：余草此書考證，始事於二十四年夏，至翌年冬日草稿粗具。魏誌五卷先成，付刊最早，故未愜意處亦最多，續有補苴，已不及刊入。今年季秋，鍵戶蟄居，無以攄憂，廼重理故業，日繙南北朝諸史以自遣。久之，於《魏書》紀傳得見元襲、元固事蹟，而元暐之名適在今本《魏書》缺葉中。因思北宋初葉王欽若輩撰次《冊府元龜》時所見本必不缺，檢之，果得佚文二則，與誌石所載歷官及死難事正合，爲之忻快累日。而其他條舉各事，亦間有可取。因擇有關史事者若干事，輯爲後記，以誌余疏漏之咎，且將藉此以自贖焉。又，余力不能多蓄書，行篋所攜金石文字書籍尤少，編中移録前人及時賢題記，類皆假之朋輩所藏，遺珠之憾，在所不免。茲一併補輯如左，以便觀覽。並世方雅，幸再政之。二十六年十二月萬里記。（第一葉）

本年，借閱周叔弢所藏《昔昔鹽》。

周叔弢致王晉卿函：斐雲先生取去之《昔昔鹽》如已閱畢，便中祈一問，可否交尊處攜津。遲約陰曆廿前後返津也。（《弢翁藏書題跋·年譜》，第 153 頁）

本年，由先生經手，中央研究院歷史語言研究所助理員周祖謨從國立北平圖書館借去敦煌卷子《刊謬補缺切韻》照片七十葉。

袁同禮 1940 年 1 月 19 日致王訪漁、顧子剛函：二十六年趙斐雲先生經手由中央研究院歷史語言研究所借去敦煌卷子《刊謬補缺切韻》照片，計七十葉，日前致函該所，即予收回。嗣得覆云，“此項照片前敝所係爲助理員周祖謨君所借，現仍存周君手。周君住北平前門外茶兒胡同三號，請派人設法向周君收回”云云。查此項照片既仍在平，擬請尊處即派人前往周君處將該片取回，即交寫經組點收見覆爲荷。（《北京圖書館館史資料彙編：1909—1966》，第 708 頁）

按：周祖謨所借閱者，係王重民攝自法國的 P.2011《刊謬補缺切韻》殘卷照片。國家圖書館古籍館所存王重民寄回國内的“第五包照片目”，著録 P.2011《切韻》70 頁、P.3573《論語疏》38 頁兩種，共計 218 頁，右上角注“請交趙斐雲先生”，可知先生曾要求王重民拍攝這一件敦煌遺書的照片。約編纂於 1950 年代的《國立北平圖書館藏海外敦煌遺籍照片目録》（稿本未刊），著録 P.2011《刊謬補缺切韻》照片二份，其一 114 頁著録在案，另一份 70 頁注“中央研究院久借未還”，可見此份照片爲周祖謨長期留用。

又按：周祖謨在《廣韻校勘記》序中説：“本書所用宋刻《廣韻》及唐人韻書殘本照片，皆趙斐雲先生一人惠示，又承愷切指示，實可欽感。”1960 年中華書局將《廣韻校本》與《廣韻校勘記》合璧影印，周祖謨改訂序言，其中説：“校勘時復承斐雲先生懇切指示，惠借資料，受益實多。”所謂“惠借資料”，包括先生提供的自校本，也包括《廣韻》宋刻本、英法藏敦煌唐人韻書照片。

本年下半年,遷居北官場胡同 7 號。

1938 年　先生三十四歲

本年度,先生任國立北平圖書館善本部考訂組組長、購書委員會中文組委員兼書記。時張允亮任善本部主任,考訂組組員有陳恩惠、張孟平二人。(《本館職員一覽〔二十七年六月〕》,《國立北平圖書館館務報告〔民國二十六年七月至二十七年六月〕》,第 9—16 頁)

1 月 18 日,中華教育文化基金會執委會第 122 次會議決議繼續維持國立北平圖書館在平業務,派司徒雷登爲中基會駐平代表,維護北平圖書館利益。

2 月,北平圖書館總務部主任王訪漁、善本部主任張允亮、編纂顧子剛三人組成行政委員會,在袁同禮離平期間處理館務。

《國立北平圖書館館務報告(民國二十六年七月至二十七年六月)》:行政委員會之成立。本館委員會各委員及副館長多滯留南方,一時未能返平。二十七年二月,經中華教育文化基金董事會指定,總務部主任王訪漁、善本部主任張允亮、編纂顧子剛三人爲本館行政委員會委員,主持館內一切事務,其對外事項則委托基金會董事司徒雷登博士就近代爲處理云。(第 12 頁)

按:七七事變以後,袁同禮率部分同仁南下,建立上海、南京、香港、長沙、昆明、重慶等辦事處,後又以昆明辦事處爲館本部。抗戰期間,國立北平圖書館"工作集中於北平及昆明,北平部分側重編纂及整理,昆明部分側重采訪及出版"(《國立北平圖書館工作近況》,《圖書季刊》新第 2 卷〔1940 年〕第 2 期,第 262 頁)。由於經費與人員減少,在平館務受到較大影響,以采訪方面爲例,七七事變後至 1941 年,由於購書費無著,未嘗購書(《七七事變後平市圖書館狀況調查》,《中華圖書館協會會報》第 16 卷〔1941 年〕第 1、2 期合刊,第 5 頁)。

本年初,傅增湘來函,詢上年北平圖書館所購《鶴林玉露》版本及謝國楨行止。

傅增湘函:聞叔弢言館中去年收得明活字本《鶴林玉露》,果爲何本,祈示知。近方撰此書跋也。……聞剛主兄將回,已到否,至念。(原函存趙府)

按:《藏園群書題記》有《明小字本鶴林玉露跋》、《明南臺本鶴林玉露跋》,落款均爲"戊寅正月",可知此函當撰於 1938 年初。

6 月 9 日,國立北平圖書館善本部考訂組組員張孟平離職,善本甲乙庫均改由陳恩惠管理。

國立北平圖書館在平行政委員會會議記録:考訂組組員張孟平因病出缺,所有善本甲乙庫書籍均歸組員陳恩惠負責保管,另調助理劉福春在考訂組辦事。(《北京圖書館館史資料彙編:1909—1966》,第 632 頁)

1937—1938 年度,先生從事館藏宋元本殘葉整理工作。

《國立北平圖書館館務報告(民國二十六年七月至二十七年六月)》:整理宋元本殘葉。本館舊藏內閣大庫書殘葉爲數甚多,此一年間審定書名,釐訂卷數者計有宋刻《纂圖互注南華真經》,元刻《禮部韻略》、《聖濟總録》、《易學啓蒙通釋》、《春秋諸傳會通》、《春秋胡傳纂疏》、《莊子口義》、《四書通證明》,明鈔本《皇明實録》等書,此外宋元兩刻《資治通鑑》亦各有新增之葉云。(第 11 頁)

本年度,先生繼續組織《永樂大典》輯佚工作。

《國立北平圖書館館務報告(民國二十六年七月至二十七年六月)》:永樂大典書名通檢。本館所藏《永樂大典》明鈔原本及自國內外公私藏家假鈔及假影之本,截至本年正共達五三二卷,現已製成書名通檢者已達四百卷,所寫卡片不日可校録完竣,其他各卷最近期內亦可完成。(第 7 頁)

本年度,先生繼續從事重修《曲録》工作。

《國立北平圖書館館務報告(民國二十六年七月至二十七年六月)》:重修《曲録》。元代部分已編就,係用校注體裁,正訛誤,校異同,考真僞,寫成清稿二百餘頁,現正從事明代部分。(第 8 頁)

本年度,先生兼任輔仁大學文學院國文學系講師,授《校勘學》、《中國戲曲史》。

按:《私立北平輔仁大學一覽(民國二十六年)》載先生爲兼任國文講師(第 32 頁)。所授《校勘學》爲三年級必修科,每週二小時,四學分;《中國戲曲史》爲選修科,每週二小時,四學分(第 68、69 頁)。

本年夏,傅增湘來函,詢《永樂大典》輯出之《雙溪醉隱集》佚文。

傅增湘函:頃撰《雙溪醉隱集》跋,憶及兄曾言《大典》中新檢出逸詩不少,如兄録有底本,祈以見示,擬述於跋中,俾後來重刻者便於補入也。(原函存趙府)

按:傅增湘《校四庫館鈔本雙溪醉隱集跋》謂:"今北平館中所存《大典》新舊寫本,爲册祇二百有餘,然偶爾披尋,見所引《雙溪醉隱集》其詩詞多出今本之外。趙君斐雲嘗就所得詩四首、詞三首、文一首別鈔成册,持以相示,余因録存,附之此本。後異時儻有重刊茲集者,曷廣肆尋求,悉心補訂,勿謂珊網之外,遂無遺珠也。"(《藏園群書題記》,第

786頁）此跋落款爲“戊寅閏月之望”，戊寅爲1938年，當年閏七月，可知此函即撰於1938年夏。

9月（農曆閏七月），傅增湘録先生自《永樂大典》輯出詩文補所藏光緒十八年順德龍鳳鑣知服齋朱印本《雙溪醉隱集》。

傅增湘《雙溪醉隱集》跋：右佚詩五首、詞三首、文一首，皆趙君萬里自《永樂大典》鈔，兹録附於後，俟續有所得，更增補之。戊寅閏七月，藏園老人記。（《藏園群書校勘跋識録》，第599頁）

10月2日，午赴馬裕藻宴，晤周作人、沈兼士、江紹原、張稚亭、李召貽、沈令揚、繆光甫等。

錢玄同日記：午馬二賞飯於東興樓，同座者爲周二、沈三、江紹原、趙萬里、張稚亭、藍□、李召貽、沈令揚、繆光甫（張柱中未到）。（《錢玄同日記》〔整理本〕，第1354頁）

11月18日，馮世五來函，催詢《燕京學報》稿件。

馮世五函：前承慨賜大著關於書報介紹評論之文字，早經轉達容媛女士。頃據容女士稱，《燕京學報》業經付印，甚望大作早日惠寄，並囑轉達。（原函存趙府）

按：此函所提及的稿件，即《〈元明雜劇〉之新發現》一文。容媛爲容庚之妹，其時協助其兄編輯《燕京學報》。

12月1日，聞一多致函孫作雲，托其便中問候先生。

聞一多致孫作雲函：立庵、斐雲兩先生乞代致候。（《聞一多全集》第12册，第358頁）

12月29日，張允亮辭去國立北平圖書館行政委員會委員、善本部主任、編目部主任等職務。

國立北平圖書館在平行政委員會會議記録：張庚樓先生提議：本人近患神經衰弱，須遵醫囑修養，不能再任行政事務，請辭去館務行政委員會及善本兼編目部主任本兼各職。議決：張庚樓先生年來維持館務，頗費苦心，積勞致疾，殊深惋惜。應勉徇所請，俾資休養，並望張先生有暇時來館爲學術上之贊助。致送三個月薪水。（《北京圖書館館史資料彙編：1909—1966》，第640頁）

按：此後北平圖書館善本部事務即實際由先生主持；但擔任善本部主任職務的具體時間，目前未見明確資料。

12月30日，商務印書館總管理處駐港辦事處致函中研院史語所，報告先生《漢魏六朝冢墓遺文圖録》印刷情形。

商務印書館致史語所函：此稿係于廿一年九十月間開始排版，以後著作人因收集底稿未齊，常有停頓，其間每次相隔時日，有至一年或數月之久者,故迄今未能連續進行,現在内中石印部份已行印齊,鉛印部份尚有一卷在排,如無其他問題,全部不久當可藏事。(原函存傅斯年圖書館)

12 月,所撰《〈元明雜劇〉之新發現》載於《燕京學報》第二十四期。

按:該文簡要介紹當年春上海古籍市場上出現的《元明雜劇》六十四册,録有全書一百三十七種劇目之簡目,並經比勘指出其中一百三十五種係久無傳本者。

本年,周叔弢來函,詢《糖霜譜》是否可成交,托查對"四角胡王"印,並告知《師竹堂集》已歸劉静遠。

周叔弢函:前上一函,想已達覽。《糖霜譜》不知可成否?念念。頃見"四角胡王"一印,兹附上揭本,祈鑒定!圖書館中如有汪氏《集古印存》,乞一查對此印是否汪氏原印爲叩!如蒙早日示覆,尤感。《師竹堂集》已歸劉静遠,棉紙初印,乃梁蕉林藏書,可愛之至。海源閣《新序》、暹藏《毛詩》,皆有此公印記也。(《弢翁遺札》,載《中國歷史文獻研究》〔一〕,第 11 頁;《弢翁藏書題跋·年譜》,第 167 頁)

按:此函年代從李國慶《弢翁藏書年譜》一書考證。下文所引源出《弢翁遺札》的周叔弢致先生信函,如原未標出月日,則繫年均從該書考證。

本年,致函傅斯年,談刊印《漢魏六朝冢墓遺文圖録》事宜。

致傅斯年函:弟所編之《六朝冢墓遺文》,僅自序(歷叙墓誌史的源流及六朝墓誌之特點、前人著録之概況,故文甚冗長也)及封面(容希白兄之筆)尚在排製中,所有十卷考釋共五十餘萬字左右均已竣事,幸無隕越,此可告慰於公者也。現有數事,請示及,以便遵行。(1)裝訂後定價若干,在北平是否仍托來薰閣寄售。(2)封面後方是否署專刊之幾字樣。(3)補遺一卷(已編竣,大約有四十頁),是否繼續付印。(4)弟擬自留三十部,以其中十部分贈與此書有關之友人,未知可否。(5)平中熟人,如援庵先生及希白、讓之二兄,可否各贈一部。(原函存傅斯年圖書館)

1939 年　先生三十五歲

本年,先生任國立北平圖書館善本部考訂組組長。

1 月 8 日,在琉璃廠遇錢玄同。

錢玄同日記:在琉璃廠遇希白、剛主、海波、斐雲諸人,久不見之矣!(《錢玄同日記》〔整理本〕,第 1372 頁)

1 月 17 日,錢玄同逝世。

2 月,三妹趙芳瑛任中日戰事史料徵輯會助理。(《清末民國圖書館史料彙編》第七册,第 106 頁)

4月10日，國民政府教育部社會教育司致函國立北平圖書館，將該館昆明辦事處改爲館本部。

教育部社會教育司致國立北平圖書館函：奉部長發下貴館二月二十五日呈，以在滇僅設辦事處，當無組織法規等情，奉批：“該館現已遷滇，如在滇僅設辦事處，殊不足以正觀聽，亟應加以調整，將辦事處改組爲館本部，並呈送組織法規候核”等因，相應函達，即希查照遵辦爲荷。（《北京圖書館館史資料彙編：1909—1966》，第683—684頁）

本年度，先生兼任輔仁大學文學院國文學系講師，授《校勘學》、《中國戲曲史》。

按：《私立北平輔仁大學一覽（民國二十七年度）》載先生爲兼任國文講師（第30—31頁）。所授《校勘學》爲三年級必修科，每週二小時，四學分；《中國戲曲史》爲選修科，每週二小時，四學分（第45頁）。

7月26日，傅增湘致函張元濟，介紹孫楷第與先生赴滬看教育部撥款新購也是園舊藏鈔校本《古今雜劇》。

傅增湘致張元濟函：茲有門人孫子書（楷第）及館員趙斐雲來滬，欲看教部所購之元人曲抄刻各種。其書似將付印，聞公方任選擇也。此書聞原爲二百餘種，部中以高價收得，只得一半，其餘不知在何許。計陳乃乾與其事，必知其詳。（《張元濟傅增湘論書尺牘》，第371頁）

按：傅增湘7月28日致函張元濟，謂：“茲孫、趙二君來申，祈撥冗賜以顏色爲幸。”8月26日再致函張元濟，謂：“子書來信，知已相晤，校閱元曲當可如願。”（《張元濟傅增湘論書尺牘》，第372頁）

8月17日，在滬，偕袁同禮赴開明書店訪王伯祥，商議《叢書子目彙編》出版事宜等。

王伯祥日記：袁守和、趙斐雲來談，詢前排《叢書子目彙編》是否進行。當以剛主前洽之事告之，允返平接頭後，再進行。據云剛主已離北平圖書館，殆失足跨入偽戶已。（《王伯祥日記》，第16冊第126頁）

按：《國立北平圖書館館務報告（民國二十一年七月至二十二年六月）》於“編纂”項下列有“本館叢書子目類編”，謂：“館藏叢書約八九百種，按類分析，列爲四種，即：（一）叢書子目總類，（二）叢書子目分類，（三）書名索引，（四）人名索引。茲將京師圖書館舊藏與教育部撥發之書製片完畢，北海圖書館舊藏者已調查及半，正在進行。”（第25頁）《國立北平圖書館館務報告（民國二十二年七月至二十三年六月）》仍於“編纂”項下列“本館叢書子目類編”，謂：“繼續上年工作，館藏叢書已分類完畢，再就各書籍中凡含有叢書性質者逐一檢查整理，下年度當可告成。”（第18頁）《國立北平圖書館館務報告（民國二十四年七月至二十五年六月)》"纂輯"項謂:"叢書子目類編,纂輯體例共分四類:(一)彙刻,(二)類編,(三)書名通檢,(四)著者通檢,現經繼續搜集北平、南京、上海、杭州各圖書館藏書約兩千種,已將第一類彙刻之部編竣,交上海開明書店付印。"(第 12 頁)《國立北平圖書館館務報告(民國二十五年七月至二十六年六月)》則於"出版"項下列"叢書子目類編",謂"編就後曾委托上海開明書店印行,度不久可以出書"(第 17 頁)。《國立北平圖書館館務報告(民國二十六年七月至二十七年六月)》"編纂及出版"項下載:"叢書子目彙編,仍繼續上年度之工作,其彙刻之部早已編竣,委托開明書店付印,惟子目分類工作較爲繁複,雖大體告竣,而整理排比頗費時日,計整理完成者經部三七〇〇片、史部一一〇〇片、子部百餘片、集部一二〇〇片,而尤以地理一類龐雜滋甚,近已按省區詳爲分別,餘如天文、算術、藝術、農家、醫家、自然科學、社會科學、詩文總集、詩文評、詞曲等類,於最近期内均可陸續完成。"(第 7 頁)可略見該書編輯、出版經過。遺憾的是,該書最後未能正式出版。

又按:剛主即謝國楨。"失足跨入僞戶",指其受聘任僞北京大學史學系教授事(牛建强:《謝國楨先生年譜》,載《明史研究》第十一輯,第 393 頁)。"前洽之事"不詳,可能亦爲出版事務。

8 月 18 日,晚赴李拔可宴,袁同禮、孫楷第、朱師轍、錢鍾書、夏承燾、夏敬觀、冒廣生、冒孝魯等同席,談及由《永樂大典》輯佚詞、《草窗韻語》非周密手書。

夏承燾《天風閣學詞日記》:夜赴海格路李拔可先生招飲,始晤趙斐雲(萬里)、袁守和(同禮)、孫子書(楷第)、朱少濱(師轍)、錢默存(鍾書),酒饌極豐。八時席散,又坐聽映翁、疚翁談十時。默存、孝魯各健談。斐雲謂近於《永樂大典》輯得草窗《蠟屐集》詩七、八首。又謂宋元間杭州刊《施注蘇詩》板式字畫與《草窗韻語》甚相似,《韻語》或非草窗手寫。(《夏承燾集》,第 6 册第 124 頁)

8 月 19 日,晚赴朱劍心宴,夏承燾、周越然、徐一帆等同席,談及北平平民生活艱難。

夏承燾《天風閣學詞日記》:夜赴朱劍心招飲,同席趙斐雲、周越然、徐一帆諸君。斐雲述北平情況,謂平民生活之艱,三十年來所無有,物價比上海尤貴。(《夏承燾集》,第 6 册第 124 頁)

8 月 22 日,赴開明書店訪王伯祥,商議《清代文史筆記子目分類索引》出版事宜。

王伯祥日記:斐雲來,謂北平圖書館編有《清代文史論著索引》(書名記未真),包括文集及筆記,取材頗廣,欲委開明印行,詢可否。予允考量。

伊云編成卡片已由香港帶上海,托商務轉交於予,午後或可送到云。少坐,辭去。商務以怠工故,迄未送來。(《王伯祥日記》,第 16 册第 132—133 頁)

　　按:《國立北平圖書館館務報告(民國二十四年七月至二十五年六月)》"索引"項下列"清代文史筆記子目分類索引",謂:"第一輯收書三十三種,得子目二萬餘條,其編制體例略依《清代文集篇目索引》,已全部編竣,稍加增補即可付印。"(第 11 頁)《國立北平圖書館館務報告(民國二十五年七月至二十六年六月)》於"索引工作"下仍列有"清代文史筆記子目分類索引第一輯",謂:"上年度收書三十三種,本年補足五十種,得子目三萬餘條,分類略仿《清代文集篇目分類索引》之例,於本年五月編竣,委托商務印書館排印出版。"(第 10 頁)《國立北平圖書館館務報告(民國二十六年七月至二十七年六月)》"編纂及出版"項下載"清代文史筆記索引"一書"委托商務印書館發行"(第 8 頁)。此書未見正式出版。

8 月 23 日,夏承燾來函,邀 27 日午飲。

　　夏承燾《天風閣學詞日記》:發建新、斐雲柬,約廿七日午飲,與一帆同請。(《夏承燾集》,第 6 册第 126 頁)

8 月 25 日,赴開明書店訪王伯祥,詢問《清代文史筆記子目分類索引》一書卡片下落。

　　王伯祥日記:斐雲來詢卡片下落,以尚未送達答之。(《王伯祥日記》,第 16 册第 137 頁)

8 月 27 日,午赴榮康酒樓夏承燾、徐一帆宴,陳佩秋、龍榆生、王欣夫、朱劍心等同席,談及海源閣舊藏宋本《花間集》爲某友人購得。

　　夏承燾《天風閣學詞日記》:午與一帆合觴斐雲、佩秋、榆生、欣夫、劍心於榮康酒樓,費十金。席間斐雲談董綏金事甚可笑。又談明末蘇州女子吳綃情書。謂海源閣所藏宋本《花間集》,近爲其友某君以三千金購得,寫刻極精。(《夏承燾集》,第 6 册第 126 頁)

　　按:此處先生所稱友人,即周叔弢。周叔弢於 1952 年將此書連同其它善本 715 種 2672 册捐獻給國家,入藏北京圖書館。

本年夏,代傅增湘購得舊寫本《中庵集》。

　　傅增湘《鈔本劉文簡公集跋》:今夏斐雲趙君來園閑話,言及此書廠肆忽有舊寫本,因屬物色得之,而前後篇葉蠹損已甚,爰付工繕治,越百日而始成。(《藏園群書題記》,第 792 頁)

本年夏,傅增湘來函,謝先生助其校勘《文苑英華》。

　　傅增湘函:《英華》校記幸已寫完,今日由張家樾、劉樹楷二人送末卷來。此事前後三年餘，大功告竣，此公相助之力不少，至感厚誼。舫餘兄處，小盼代致謝忱。若壽鉌能通訊，亦祈致聲。面罄一切，更冀駕臨。（原函存趙府）

按：據傅增湘《校本文苑英華跋》，其校《文苑英華》於 1939 年“七月十九日幸而獲竟全功”（《藏園群書題記》，第 897 頁），可知此函撰於 1939 年夏。

又按：張家樾、劉樹楷，均爲北平圖書館助理。舫餘，即王訪漁，曾任北平圖書館閱覽部主任等職，抗戰期間爲北平圖書館在平行政委員會成員。壽鉌，指北平圖書館副館長袁同禮（字守和），時已南下昆明。

9 月 1 日，王伯祥來函，談《清代文史筆記子目分類索引》一書須增補編例及采用書目。

王伯祥日記：致斐雲書，告卡片到，但少編例及采用書目，應請補下始可入手。（《王伯祥日記》，第 16 册第 147 頁）

9 月 3 日，訪夏承燾，談《永樂大典》輯佚事；夜偕鄧廣銘再訪夏承燾。

夏承燾《天風閣學詞日記》：趙斐雲來。謂寓目《永樂大典》已三百餘册，輯四部佚書甚多，《四庫》所輯《大典》各書，亦有漏略甚多者，近補得數十種，將付印。張子野、周密詩各有輯本，承諾寫目示予。謂劉翰怡有《大典》三十餘册，以三萬金售與滿鐵圖書館；日本亦有三十餘册，皆未見。……夜九時，斐雲偕鄧恭三來，恭三昨夜到滬。聞護照未到，頗焦急。小坐去，約明日再晤。（《夏承燾集》，第 6 册第 129 頁）

9 月 4 日，夏承燾、鄧廣銘來訪，共進午餐，先生談張宗祥所鈔書在雲南被劫事；晚赴張乃熊、張珩宴，並觀其藏書。

夏承燾《天風閣學詞日記》：與恭三過青年會訪斐雲，見其札《永樂大典》洞字部。午邀二君飯於晋隆飯店。斐雲謂張冷僧數十年所手抄書，已在雲南被匪洗劫，近神經失常矣。（《夏承燾集》，第 6 册第 129 頁）

張珩日記：與芹伯父合宴趙萬里、王欣夫、瞿鳳起、潘博山、景鄭、蔣穀孫、金軼群、徐青原等，並觀予所購書。（《張蔥玉日記·詩稿》，第 100 頁）

9 月 17 日，鄭振鐸、周予同、王伯祥來訪，邀至鄭振鐸寓所午飯，晤王庸。

王伯祥日記：十時，振鐸、予同來，堅拉往鐸所午飯，謂已約斐雲、以中、鞠侯共談，義不可却，勉從之。先過八仙橋青年會，邀斐雲，於其案見《永樂大典》，正就中輯書也。又見程幼博《墨苑》初印彩色套印本，真瓌寶矣。少坐，同往鐸所。未幾，以中來。鞠侯卒不至，維電話促之，亦未見來也。午飲後即飯，飯後長談至三時，乃催人力車衝雨歸。（《王伯祥日記》，第 16 册第 172 頁）

　　按：先生此次赴滬，曾與友人談及日傷治下北平之情形。王伯祥本年11月11日日記載："泉澄來，告署中曾返平，所見寇方作爲無一非謀永久侵占者，圈地遷殖也，限期勒遷居民也，寇兵無故躍牆闖院滋鬧也，綁架式之捕人也，利用'新民會'以麻醉民衆也，不一而足，俱堪髮指。乃前晤斐雲，所談平中狀況竟反是，足見溺者不嫌濡，或且甘之矣。"（《王伯祥日記》，第16册第249頁）據此，先生當日對北平局勢觀感似不甚劣，原因或在於北平圖書館當時尚未遭日傷染指；先生與友人所談具體爲何，今已不可得知，在此僅能録王伯祥所記，以略見一斑而已。

9月下旬，由滬返平。

　　趙宗孟《卍盧吟草》卷三《兒子北返》（己卯年八月十三日）：定省歸來將兩月，整裝又復賦征程。潮平風正揚帆去，指日安然到北京。

　　《兒子安抵北平》：自別重闈賦遠行，勞勞千里幾兼程。喜傳一紙音書到，報我平安抵北京。（趙深惠示）

　　按：農曆八月十三日即公曆9月25日，可知先生北返之期當在9月下旬。此番南行，始於7月下旬，歷時二月。

10月23日，王伯祥來函，寄《叢書子目彙編》清樣。

　　王伯祥日記：致斐雲書，寄《叢書子目彙編》既成清樣多册，復北平圖書館公函一件，屬譽轉，竝希補鈔缺稿。（《王伯祥日記》，第16册第222頁）

12月11日，傅斯年呈文中央研究院院長蔡元培，因編輯員名義已經廢止，請改聘先生與郭寶鈞爲通信研究員。（原文件存傅斯年圖書館）

12月14日，王伯祥來函，寄《清代文史筆記篇目分類索引》合同。

　　王伯祥日記：致斐雲書，送北平圖書館編《清代文史筆記篇目分類索引》承印約文，竝建議當補輯俞樾、丁晏之《日知録箋注》。（《王伯祥日記》，第16册第286頁）

12月22日，中央研究院總辦事處致函史語所，批准改聘先生與郭寶鈞爲通信研究員，並填發聘書二份。（原文件存傅斯年圖書館）

本年前後，多次赴滬鑒定北平圖書館上海辦事處新購善本書。

　　虞坤林《趙萬里先生活動簡表》：是年接到上海北平圖書館辦事處來函，要求先生爲他們鑒定所收購的善本書，故經常往來於京滬之間，在此時期爲北圖收購了不少好書。（《出版史料》2006年第1期，第109頁）

約本年或次年，爲鄭振鐸集明清版畫照片集題宋詞二首。

　　按：北京泰和嘉成拍賣有限公司2015年春季藝術品拍賣會"古籍文獻·碑帖法書"專場1079號拍品爲"鄭振鐸集名人題詞集錦"二册，所輯爲明清版畫精品照片五十一開，題詞者有鄭振鐸、朱自清、冰心、龍榆生、顧頡剛、葉聖陶、夏丏尊、郭紹虞、孫祖基、王伯祥、夏承燾等。先生題詞二開,爲李清照《鳳凰臺上憶吹簫·香冷金猊》一首、黄庭堅《西江月》一首。據拍賣介紹,題詞落款時間均在民國二十八、二十九年間。此册頁部分書影見泰和嘉成網上預展。惜先生所書二開之書影未在列。

1940 年　先生三十六歲

本年,先生任國立北平圖書館善本部考訂組組長。

1 月 5 日,鄭振鐸來函。

鄭振鐸日記:晚餐後,箋回,寫致斐雲、頌清二函托其帶回去寄出。(《鄭振鐸日記全編》,第 114 頁)

1 月 7 日,鄭振鐸撰《中國版畫史序》,言及先生在北平爲之督印《中國版畫史圖録》。

鄭振鐸《中國版畫史序》:我國版畫之興起,遠在世界諸國之先。……夫以世界版畫之鼻祖,且其有一千餘年燦爛光華之歷史者,乃竟爲世界學人忽視、誤解至此,居恒未嘗不憤憤也!二十餘年來,傾全力於搜集我國版畫之書,誓欲一雪此耻。所得、所見、所知,自唐宋以來之圖籍,凡三千餘種,一萬餘册,而於晚明之作,庋藏獨多;所見民間流行之風俗畫、吉祥畫(以年畫爲主),作爲飾壁與供奉之資者,亦在千幀以上。……于時與余有同好者,在滬有魯迅、周越然、周子競諸氏;在平有王孝慈、馬隅卿、徐森玉、趙斐雲諸氏,搜訪探討,興皆甚豪。有得必以相眎,或見一奇書,獲一秘籍,則皆大喜。孝慈竟因書發癇死。隅卿授課北大,一日,僕於案上而死。魯迅亦卒於滬。森玉、子競遠在滇地,斐雲則株守北方。越然近亦不甚講收藏。辨疑質難,會心同賞者,今復有何人乎?……偶與魯迅先生同輯《北平箋譜》,及知北平尚有刻工,能刷印彩色版畫。遂假孝慈藏本《十竹齋箋譜》付刻,刻成一册,果能不損原作之秀麗,遠勝大村西崖複製之諸書。因決將彩印版畫,均覆以木,惟工程浩大,難期剋日告成耳。賴有斐雲在平,負責督印。凡有所成,皆斐雲力也。(《西諦書話》,第 488—508 頁)

1 月 10 日,王伯祥收到先生函,得知《清代文史筆記篇目分類索引》合同已寄與袁同禮。

王伯祥日記:接斐雲信,知《清代文史筆記篇目索引》契約已寄守和,待逕復。(《王伯祥日記》,第 16 册第 324 頁)

按:王伯祥 2 月 5 日日記載:"接守和滇函,寄簽署《清代文史筆記篇目索引》印行契約來,竝聲謝接受印行之忱。"(《王伯祥日記》,第 16

冊第 352 頁)

1 月(農曆己卯年十二月),助周叔弢以六百元購得宋本《衍約説》。

周叔弢《歷年收書目録》:十二月。……《衍約説》。宋本,伊墨卿、宋芝山、阮文達跋。斐雲。二本。六百元。(《周叔弢古書經眼録》,第 684 頁)

2 月 5 日,鄭振鐸經上海新華信托儲蓄銀行向先生匯寄文獻保存同志會購書款二千元。

按:匯款回條見於國家圖書館古籍館藏《西諦購書收據》(索書號 XD11275)。承蘇曉君惠示《鄭振鐸藏文獻保存同志會檔案整理與研究》課題報告,得以具知此批單據詳情,特此致謝。下文鄭振鐸向先生匯寄文獻保存同志會購書款事,資料均出自此報告。

2 月,致函鄭振鐸,告知李盛鐸藏書售與僞政府。

鄭振鐸 2 月 25 日致張壽鏞函:頃得趙萬里先生來函,天津李木齋書已以四十萬元售與僞方(北平),此大可傷心事也。(《搶救祖國文獻的珍貴記録——鄭振鐸先生書信集》,第 12 頁;《鄭振鐸全集》第十六卷,第 11 頁)

同月,致函鄭振鐸,談代購元刻本《樂府詩集》事。

鄭振鐸 3 月 1 日致張壽鏞函:趙萬里先生擬代購元刻《樂府詩集》一部,兹將趙函及菊老函附奉,乞酌覆。敝意此類書似不應任出(其)流出國外也。(《搶救祖國文獻的珍貴記録——鄭振鐸先生書信集》,第 13—14 頁;《鄭振鐸全集》第十六卷,第 12 頁)

3 月 4 日,代文獻保存同志會於北京文匯閣書店購得明嘉靖刊本《唐百家詩》一種,價六百五十元。

按:此爲先生代文獻保存同志會所購的第一部書。鄭振鐸 1940 年 2 月 16 日致張壽鏞函即已提及"在北平所購之嘉靖本《唐百家詩》",並注明"係托趙萬里先生購下"(《搶救祖國文獻的珍貴記録——鄭振鐸先生書信集》,第 8 頁;《鄭振鐸全集》第十六卷,第 8 頁)。先生於 1940 至 1941 年間,爲文獻保存同志會購書不下 20 批,種數不少於 75 種,支出購書費 3 萬餘元。

又按:發書單見於國家圖書館古籍館藏《西諦購書收據》(索書號 XD11275)。此批發書單,部分署有"鄭振鐸先生台照"字樣,係各書店與鄭振鐸直接交易之憑據;另有部分未列明呈送對象,而鄭振鐸致張壽鏞函所提及之十八種先生代購書中,《神器譜》、《杜詩箋》、《河東鹽法録》、《來集之外書》、《孟姜寶卷》、《錢氏四種》、《中庸集解》、《金雙嚴》、《西台封事》、《西河封事》、《撫郿疏稿》等十一種見於此批發書單。

由此可見，未列明呈送對象的發書單，均係先生代購。

3月15日，代文獻保存同志會於北京開明書局購得明版《神器譜》、《孟姜寶卷》二種，價二百一十元。

3月18日，王伯祥收到先生所寄嘉靖本《唐百家詩》，即轉送鄭振鐸。

王伯祥日記：斐雲寄嘉靖白皮紙朱刻《唐百家詩》三十二本來，即爲轉送振鐸。（《王伯祥日記》，第16冊第402頁）

3月上中旬，鄭振鐸匯款二千元與先生。

鄭振鐸3月7日致張壽鏞函：最近擬寄平二千元（交趙萬里先生。可逕寄支票給他，因他有友人來滬，可將僞鈔給他，而將此支票至滬提取也），何先生已開支票，請加蓋圖章。（《搶救祖國文獻的珍貴記録——鄭振鐸先生書信集》，第17頁；《鄭振鐸全集》第十六卷，第15頁）

3月25日，張元濟來函，贈《稼軒詞》一套，答謝協助商務印書館配補此書成全帙。

張元濟函：久未通問，伏想起居萬福，至爲馳念。去歲承告市上有抄本《辛稼軒詞》丁集，可與涵芬樓藏配合，當即覓到，正是析散之原書，即以重資收得。頃已將原書影印行世，弟並於後跋附誌盛意，並成校記一冊，頃已出版，敬呈上一部，伏乞蕆存，並祈錫以噓拂，冀得流通，無任感禱。（原函存趙府）

按：函中所述影印本，即商務印書館1940年出版之《稼軒詞》四集，係據明汲古閣鈔本影印，並附夏敬觀撰《稼軒詞校勘記》。張元濟《明汲古閣鈔本稼軒詞跋》述此事本末：“光緒季年，余爲涵芬樓收得太倉謏聞齋顧氏藏書，中有汲古閣毛氏精寫《稼軒詞》甲乙丙三集，詫爲罕見。取與所刊《宋六十一家詞》相校，則絕然不同：刊本以詞調長短爲次，此則以撰作先後爲次也。久思覆印，以缺丁集，不果行。未幾，雙照樓景印《宋金元明人詞》刊是三集，顧不言其所自來，而行款悉合，意必同出一源。然何以亦缺丁集，殆分散後而傳録者歟。吾友趙斐雲據鈔明吳文恪輯本補印丁集，同一舊鈔，滋多誤字，拾遺補缺，美猶有憾。去歲斐雲南來，語余：近見某估得精寫丁集，爲虞山舊山樓趙氏故物，正可配涵芬樓本，且或爲一書兩析者。余蹤跡得之，介吾友潘博山、顧起潛索觀，果如斐雲言，毛氏印記與前三集悉同，且原裝亦未改易，遂斥重金得之。龍劍必合，不可謂非書林佳話矣。”（《影印善本書序跋集録：一九一一——一九八四》，第511頁）

3月，以一百五十元代購《神器譜》一冊，寄與鄭振鐸。

鄭振鐸3月29日致張壽鏞函：趙斐雲先生由平寄來《神器譜》一冊，價一百五十元，最爲佳妙，茲奉上，乞一閱。（《搶救祖國文獻的珍貴記

録——鄭振鐸先生書信集》,第 28 頁;《鄭振鐸全集》第十六卷,第 22 頁)

　　鄭振鐸 3 月 30 日致張壽鏞函:北平趙先生寄來《神器譜》一册,價一百五十元,絕爲精妙,兹奉上,乞鑑閲。(《搶救祖國文獻的珍貴記録——鄭振鐸先生書信集》,第 29—30 頁;《鄭振鐸全集》第十六卷,第 23 頁)

　3 月底,致函鄭振鐸,告知元刻本《樂府詩集》已購妥。

　　鄭振鐸 4 月 2 日致張壽鏞函:趙斐雲先生昨有函來,説誦芬氏之元刊元代《樂府詩集》已以一千八百元購妥,不日即可寄來。(《搶救祖國文獻的珍貴記録——鄭振鐸先生書信集》,第 32 頁;《鄭振鐸全集》第十六卷,第 25 頁)

　4 月上旬,致函鄭振鐸。

　　鄭振鐸 4 月 11 日致張壽鏞函:附上趙斐雲兄來函一件。又致何先生函一件。閲後乞見還存檔。(《搶救祖國文獻的珍貴記録——鄭振鐸先生書信集》,第 67 頁;《鄭振鐸全集》第十六卷,第 48 頁)

　4 月 16 日,鄭振鐸經上海敦泰永昌記銀號向先生匯寄文獻保存同志會購書款五千元。因匯率關係,先生實收五千三百一十九元一角。

　　鄭振鐸 4 月 16 日致張壽鏞函:北平趙斐雲先生處款五千元已匯去,計共在平可取僞幣五千三百十九元餘(由敦泰永銀號匯去)。此多出之三百餘元,亦意外之收入也。如由銀行匯,則似不至有此項"升水",且尚需匯費若干。(《搶救祖國文獻的珍貴記録——鄭振鐸先生書信集》,第 68 頁;《鄭振鐸全集》第十六卷,第 49 頁)

　　　按:匯款收據見於國家圖書館古籍館藏《西諦購書收據》(索書號 XD11275)。

　4 月中旬,寄代購之"孟姜寶卷"、《神器譜或問》、《杜詩箋》等與鄭振鐸。

　　鄭振鐸 4 月 16 日致張壽鏞函:趙先生寄來之"孟姜寶卷"兹附奉。我收藏寶卷甚多,明刊者亦有不少,故擬自留,然其價殊昂,尚未能決定。(《搶救祖國文獻的珍貴記録——鄭振鐸先生書信集》,第 68 頁;《鄭振鐸全集》第十六卷,第 49 頁)

　　鄭振鐸 4 月 19 日致張壽鏞函:趙斐雲先生來函云,又有《神器譜或問》(鈔本)、《杜詩箋》(鈔本)、《河東鹽法録》及《來集之外書》等寄來,俟收到後,即當奉上請鑑閲也。(《搶救祖國文獻的珍貴記録——鄭振鐸先生書信集》,第 70 頁;《鄭振鐸全集》第十六卷,第 50 頁)

　4 月 30 日,代文獻保存同志會於北京修文堂書店購得《欣賞編》、《媛姝由筆》、《詹氏玄覽》等三種,價二百元。

　4 月,代文獻保存同志會於北京景文閣書店購得清乾隆刻本《河東鹽法調劑紀恩録》、舊鈔本《杜詩箋》、清初刻本《來集之倘湖外書》六種等三書，價二百四十五元。

5月1日，代文獻保存同志會於北京修文堂書店購得《陳後山集》、《允四家集》、《思問編》、《大觀本草》、《殿閣詞林記》、《名山藏》、《長元吳三縣志稿》、《周益國公大全集》、《謝耳伯集》、《莊義要删》、《影印永樂大典》、《明遺民詩》、《續琉球國志略》、《唐世説》、《名臣琬琰》上集、殘《毗陵志》、《王臨川集》、《杜樊川集》、明藍格鈔本《説郛》等十九種，總價三千三百三十元。

5月6日，代文獻保存同志會於北京文友堂笙記書坊購得元刻《事文類聚翰墨大全》十集一書，價七百元。

　　按：先生又曾代文獻保存同志會於北京文友堂笙記書坊購得明鈔本《聖宋名賢五百家播芳大全文粹》二十七巨册，價四百八十元，然發書單未署年月，姑繫于此。

5月8日，代文獻保存同志會於北京文匯閣書店購得稿本《同治軍務疏志》、清光緒刻本《病榻述舊録》、清康熙刻本《繆西垣先生集》、鈔本《國朝十一疏》等四種，價五百九十七元。

5月上旬，向鄭振鐸郵寄代購之元刻《樂府詩集》、《南樞志》、［嘉靖］《常熟志》等三種。

　　鄭振鐸5月8日致張壽鏞函：趙萬里先生來函云：有數書已寄出，俟寄到即奉上請鑑閲。（《搶救祖國文獻的珍貴記録——鄭振鐸先生書信集》，第85頁；《鄭振鐸全集》第十六卷，第60頁）

　　鄭振鐸5月13日致張壽鏞函：北平趙先生寄來三書，皆先已購妥者，均極佳。兹奉上數册，乞鑑閲。如需閲全書，乞示知，當補奉。（《搶救祖國文獻的珍貴記録——鄭振鐸先生書信集》，第87頁；《鄭振鐸全集》第十六卷，第62頁）

　　鄭振鐸5月14日致張壽鏞函：今日所送三書，皆趙先生寄來者。《樂府詩集》重其爲元刻元印，且傅校極多。《南樞志》凡六函四十八册，兹補奉五函，乞察收鑑閲。此書傳本極罕見，僅千頃目中有之，凡一百九十餘卷？此僅得其半，雖殘本，亦至足珍，蓋天壤間恐不至有“全書”也。［嘉靖］《常熟志》萬不可放手。前［萬曆］《興化志》，一脱手便追悔不及，不能再得。然彼書北平圖書館尚有之。此書則實國内孤本也。閲肆二十載，自信于坊賈情僞知之甚諗，我輩決不至受其欺詐，亦不至浪費浪購。惟在情理中之“利潤”，則不能不任彼輩沾之。蓋商人重利，不利何商。但過分之索詐，則斷斷不能許之耳。於“公平”、“不欺”之間，我輩可信爲十分慎審也。（《搶救祖國文獻的珍貴記録——鄭振鐸先生書信集》，第88—

89 頁；《鄭振鐸全集》第十六卷，第 62—63 頁）

5 月上中旬，致函鄭振鐸。

　　鄭振鐸 5 月 15 日致張壽鏞函：趙萬里先生昨來一函，可見其爲我們得書之苦辛，閲後乞見還。（《搶救祖國文獻的珍貴記録——鄭振鐸先生書信集》，第 89 頁；《鄭振鐸全集》第十六卷，第 63 頁）

5 月 14 日，鄭振鐸致函蔣復璁，告知已委托先生在北平搶購新發現之要籍。

　　鄭振鐸 5 月 14 日致蔣復璁函：北平方面已委托可靠之友人代爲采購，新發現之要籍當可不至流落外人手中。（沈津整理《鄭振鐸致蔣復璁信札》〔上〕，《文獻》2001 年第 3 期，第 251 頁）

　　按：陳福康指出，鄭振鐸委托在平購書的友人即先生（見陳福康《〈鄭振鐸致蔣復璁信札〉整理中的錯誤》，《學術月刊》2002 年第 7 期，第 90 頁）。

5 月中旬，致函鄭振鐸，告知有書可得，請匯款三千元。

　　鄭振鐸 5 月 22 日致張壽鏞函：北平趙萬里先生來函云，端節前有好書可得，要再匯去三千元，兹已請何先生開出支票一紙（托敦泰永匯去），兹並瞿氏款二千元支票一紙一同奉上，請加蓋圖章後交還爲荷。（《搶救祖國文獻的珍貴記録——鄭振鐸先生書信集》，第 95 頁）

　　按：《搶救祖國文獻的珍貴記録——鄭振鐸先生書信集》一書第 152 頁所收 9 月 22 日函與此函内容全同，二者必有一誤。據函中提及端節，撰寫時間當以此函爲是。《鄭振鐸全集》第十六卷删除 5 月 22 日函，保留 9 月 22 日函，有誤。

5 月 20 日，代文獻保存同志會於北京文芸閣書店購得明萬曆刻本《錢氏四種》一書，價二百八十元。

5 月 22 日，鄭振鐸經上海敦泰永昌記銀號向先生匯寄文獻保存同志會購書款三千元。因匯率關係，先生實收三千三百七十八元四角。

　　按：匯款收據見於國家圖書館古籍館藏《西諦購書收據》（索書號 XD11275）。

5 月下旬，致函鄭振鐸，告知北平書肆加價；又寄代購《續武經總要》四册。

　　鄭振鐸 6 月 1 日致張壽鏞函：聞北平邃雅齋因收書不易，已將“存”書均加價八成（趙君來函云云），可見近來書價之日漲。（《搶救祖國文獻的珍貴記録——鄭振鐸先生書信集》，第 101 頁；《鄭振鐸全集》第十六卷，第 71 頁）

　　鄭振鐸 6 月 3 日致張壽鏞函：趙萬里先生寄來俞大猷校輯之《續武經

總要》四册，天一閣舊藏，人間恐無第二本。得之大喜！先生當有同感！俞氏書之獲得，或即征"倭"得勝之先聲也！惟價昂至三百五十元，未免有些憾惜。(《搶救祖國文獻的珍貴記錄——鄭振鐸先生書信集》，第103頁;《鄭振鐸全集》第十六卷，第72頁)

5月，國立編譯館出版唐圭璋編《全宋詞》，唐圭璋於《緣起》中提及先生曾爲之補遺。

唐圭璋《〈全宋詞〉緣起》：草目寫定後，復承趙斐雲、周泳先、朱居易諸先生補遺。(《全宋詞》，第1葉)

6月10日，代文獻保存同志會於北平文芸閣書店購得清初刻本《詩觀三集》、鈔本《心遠樓稿》、明刻本《胡氏世紀》等三種，價五百二十五元。

6月19日，致函袁同禮，談叢書選目、南下滬蘇購書抄書諸事。

致袁同禮函：正馳念間，忽奉一日四日賜書，敬悉一一。善本叢書所收兩圖經、《桂林郡志》、《滇略》及《四庫》本《桂故》、《滇略》(《滇略》館藏明刻存六卷，故據庫本配補)，共十八册，均於旬日前由司徒先生親來取去，由渠轉寄商務，乞勿念。《四庫》本因此間材料太貴，無法景照，故臨時由子剛作主，與其他善本一同托司徒寄滬，較爲省事。《桂勝》、《桂故》同是張鳴鳳撰，此二書缺一不可，可視爲一書(《四庫》提要地理類即以此二書連貫書之，視爲一書也)。如此則加入沅公之《百粵風土記》，似與原數十二種相符。沅公之宣德本《桂林郡志》亦內閣大庫書，可補館本之缺，連同《百粵風土記》共四册，均已借到，即交大同寄商務(由照亭先生收轉)。尊函已面交沅公，沅公於叢書擬目頗爲稱許，蓋均爲絕無僅有之孤本也。《大典》輯佚書蒙哈佛燕京補助印費，聞之無任感奮。公之厚愛於里，可謂至矣。自當努力將事，早日完成，以符雅望。茲定下星期啓程赴滬，即在子剛處支取旅費二百元。到滬後擬住青年會。並擬於下月初赴蘇州一行(滬蘇間往返甚便)，因此半年該地出書最多且佳，平估之在該地者約七八家，且有二三家擬在滬開分店，以便收貨。今年書市之盛與書價之貴，可稱造峰造極。請即函告錢存訓兄，籌付書款五六千元(暫以此數爲度，最好能於里到滬時籌付，以免錯過機會)，以便在蘇滬各肆選購。如遇私家大批之書，自當隨時函告，再定進行辦法。今年方志、政書價格大漲，大半係受燕大景嚮。燕大曾三次出單徵志書，洋洋灑灑近二千種，幾乎將《千頃目》及吾館善本目全數抄入。損人而不利己，莫此爲甚，其愚誠不可及。估人乘機要價，康熙志須四五百元(或二三百元)，道咸以下亦可值百餘元，至明志則無論矣。聞此次燕大過節購書費約支出五六萬元。里擬九月初返館，在滬擬從事抄寫《大典》輯佚資料，仍擬錄用書記一人，月薪四十或五十元，該款請囑李先生代付。請即函告李先生，准予提用明志、總集、別集等書(即在科學社樓上檢閱),並請予以玉成爲幸。慰堂收書單太簡,就大體論,似遠勝以前所收許博明一單也。單中所列瞿氏書,以黃校《湄水燕譚錄》(來單誤作湿山漫談)最佳。去秋鳳起曾來函索六百元,里去函還價三百餘,未得覆。今乃知已歸慰堂矣。劉世珩玉海堂之《玉海》,元刊元印,素有盛名,然吾館藏本乃元裝,視劉本尤佳,故不足艷羨也。葉公之款子剛已收到。新購第五批各書頗多佳本(有明嘉靖年藍筆抄《趙氏宗譜》十大冊最佳,附圖亦明人所繪也),詳目另函寄上,乞鑒核爲禱。《糖霜譜》跋附校記須借某君藏原書一勘,故遲遲未寄,現已校竣,與書目同寄,亦請詧及。(原函存國家圖書館檔案室)

6月中旬,郵寄《今史》與鄭振鐸。

鄭振鐸6月24日致張壽鏞函:趙先生從北平寄來《今史》一部,極佳。明日當奉上。(《搶救祖國文獻的珍貴記錄——鄭振鐸先生書信集》,第110頁;《鄭振鐸全集》第十六卷,第77頁)

6月20日,代文獻保存同志會於北京景文閣書店購得明刻本《鄭郎中集》、清初刻本《金雙岩》、《西臺封事》、《理餉封事》、《西河封事》、明崇禎刻本《撫鄖疏稿》、鈔本《乾隆成案》、元刻大字本《中庸集解》等八種,總價七百元。

同日,代文獻保存同志會於北平群玉齋書坊購得清康熙刻本《滸墅關志》、清道光刻本《滸墅關志》、明許自昌刻本《甫里集》、明崇禎刻本《敬事草》等四種,總價六百元。

6月30日,抵滬,隨身攜有代文獻保存同志會所購書。

鄭振鐸7月1日致張壽鏞函:趙萬里先生昨從北平來此,已晤談,甚爲暢恰!趙先生爲我們盡力極多,似應在數日内宴請他一次,不知先生以爲如何?……先生何時有暇,乞決定一時間茶敘。或於茶敘後,再找趙先生來吃飯,如何?(《搶救祖國文獻的珍貴記錄——鄭振鐸先生書信集》,第116頁;《鄭振鐸全集》第十六卷,第81—82頁)

鄭振鐸7月12日致張壽鏞函:趙斐雲兄支票二千元,已由何先生開出,請於加蓋印章後交還,以便轉付爲荷!斐雲攜來代購書不少,多極罕見之品。俟清理後,當陸續奉上請鑑閱。(《搶救祖國文獻的珍貴記錄——鄭振鐸先生書信集》,第117頁;《鄭振鐸全集》第十六卷,第82頁)

本年度,先生兼任輔仁大學文學院國文學系講師,授《戲曲與散曲》、《校勘學》。(《私立北平輔仁大學一覽〔民國二十八年度〕》,第13頁)

7月3日,赴開明書店訪王伯祥。

王伯祥日記:斐雲見過,日前由平來,住八仙橋青年會。(《王伯祥日

記》,第 16 册第 531 頁)

7 月 12 日,晚赴鄭振鐸宴。

張珩日記:七時許赴新都鄭振鐸宴,座有趙萬里、潘博山昆季、瞿鳳起諸君。(《張蔥玉日記·詩稿》,第 146 頁)

同日,收到鄭振鐸轉付文獻保存同志會委托購書款二千元。

按:先生簽名單據之副本現存中國國家圖書館(蘇曉君、石光明:《鄭振鐸藏"文獻保存同志會"購書單據概述》,《文津學志》第六輯,第 245 頁)。

7 月 14 日,午赴鄭振鐸家宴,晤巴金、趙家璧、周予同、李健吾、徐調孚、王伯祥等。

王伯祥日記:十一時赴振鐸約,因飯其家,與坐者巴金、西和、家璧、予同、健吾、斐雲、調孚及主人伉儷,凡十人。(《王伯祥日記》,第 16 册第 545 頁)

7 月 15 日,鄭振鐸送先生代購善本書六種與張壽鏞鑑閱。

鄭振鐸 7 月 15 日致張壽鏞函:趙萬里兄續寄之書,兹奉上六種,皆絶佳之"史料"書也。先生鑑閱後,乞便中交還,以便編目。……一、《錢氏四種》,六册一函,中有《倭奴遺事》,最佳;二、《中庸集解》,一册一函,元刊本,紙背有元代物價;三、《吕氏實政録》,十册一函;四、《今史》,九册,有范景文印,極佳;五、《金雙嚴》、《西台封事》、《西河封事》等,四册一函;六、《撫郿疏稿》,二册一函。共計六種三十二册。(《搶救祖國文獻的珍貴記録——鄭振鐸先生書信集》,第 118—119 頁;《鄭振鐸全集》第十六卷,第 83 頁)

鄭振鐸 7 月 20 日致張壽鏞函:趙斐雲先生所購各書想已閱畢。(《搶救祖國文獻的珍貴記録——鄭振鐸先生書信集》,第 119 頁;《鄭振鐸全集》第十六卷,第 83 頁)

7 月 26 日,王伯祥來函,代轉北平來信。

王伯祥日記:致斐雲,代轉北平來信。(《王伯祥日記》,第 16 册第 561 頁)

7 月卜旬,偕鄭振鐸訪張壽鏞。

鄭振鐸 7 月 21 日致張壽鏞函:本星期内當偕趙斐雲兄至先生寓暢談。不知星期三四下午何時有暇?乞示知,以便轉約趙兄。(《搶救祖國文獻的珍貴記録——鄭振鐸先生書信集》,第 121 頁;《鄭振鐸全集》第十六卷,第 84 頁)

7 月,在滬抄録方志中宋人佚詩文。

按:夏承燾 9 月 14 日日記中有先生"七月間來此抄地志中宋人佚

詩文"一語,可知先生此行,着意輯録方志所載宋人詩文。

孟夏,王大隆撰其所編印《蕘圃藏書題識再續録》三卷跋,言及先生爲抄所見海源閣散出書題跋。

王大隆《蕘圃藏書題識再續録》跋:余於癸酉歲輯刻《蕘圃藏書題識續録》四卷,見聞弇陋,自視欿然。既而至德周君叔弢遷首以所藏題識十餘種自津寄讀,江安傅先生沅叔增湘、武昌徐君行可恕、長沙葉君定侯啓勳、祁陽陳君澄中清華、吳興張君蔥玉珩、同縣潘君博山承厚。亦各以所藏抄示。吳興張君芹伯乃熊又續得數十種,而高陽王君有三重民爲鈔於北平圖書館,海寧趙君斐雲萬里爲鈔所見聊城楊氏海源閣散出者,常熟瞿君鳳起熙邦重檢楗書增補數種,又爲借鈔於南海潘氏寶禮堂及上海涵芬樓,於是余得藉諸君之力,編爲《再續録》三卷,合諸繆氏所刻,雖不敢謂無遺,而蕘圃精力所聚亦略備矣。……歲在庚辰孟夏吳縣王大隆謹跋。

按:此書於1940年刻印,1962年上海古籍書店重印。

約7月至8月初,曾與鄭振鐸談及收購《聖濟總録》一書事。

鄭振鐸8月8日致張壽鏞函:原談之劉晦之宋本等書九種(《中興館閣録》及《續録》作一種計算,馬、陸《南唐書》亦作一種計算),並無《聖濟總録》在内。此次王、李二賈來談,亦欲並將《聖濟總録》合售;費了許多口舌,才分開計算。李賈紫東原談九種須五萬五千元,《聖濟總録》在外,且須先談《總録》事。現在《總録》如以三千元得之,則共計五萬六千元。施君亦曾來談,至少亦須此數也。俟馬令《南唐書》送來後,當再付三千元以購《總録》也。《總録》我輩如不要,據趙斐雲兄云,北平圖書館亦欲收之。此書凡十六套,一百六十册,較道光刊本多出二卷半(道光本缺二卷半),足供校勘之處亦多,收之亦甚值得。(《搶救祖國文獻的珍貴記録——鄭振鐸先生書信集》,第128—129頁;《鄭振鐸全集》第十六卷,第89頁)

按:《搶救祖國文獻的珍貴記録——鄭振鐸先生書信集》一書第75—76頁所收4月29日函與此函前半内容相同,《鄭振鐸全集》第十六卷不録,可從。鄭振鐸8月上旬致張壽鏞多通信函均提及劉體智擬售之宋本九種,可知此函撰於8月8日。

8月12日,收到鄭振鐸轉付文獻保存同志會委託購書款二千元。

按:先生簽名單據之副本現存中國國家圖書館(蘇曉君、石光明:《鄭振鐸藏"文獻保存同志會"購書單據概述》,《文津學志》第六輯,第245頁)。

8月23日,王伯祥來函,約爲《學林》撰稿。

王伯祥日記:致斐雲、泉澄、誠之,爲《學林》拉稿。(《王伯祥日記》,

第 16 册第 599 頁）

約 8 月，爲北平圖書館購得鐵琴銅劍樓舊藏明刻本方志七種、鈔本方志九種，以及《湛若水同人録》、李文田《元秘史注》稿本等多種。

《文獻保存同志會第四號工作報告》（一九四〇年八月廿四日）：瞿氏之明刊方志七種，又抄本方志九種，最近趙萬里君以七千五百元爲北平圖書館得之，我輩未便與之爭購，其價亦可謂昂矣。（陳福康《鄭振鐸等人致舊中央圖書館的秘密報告〔續〕》，《出版史料》2004 年第 1 期，第 107 頁）

鄭振鐸 9 月 1 日夜致張壽鏞函：北平圖書館近由趙萬里兄向羅子經處得《湛若水同人録》等書六種，堆在桌上，不及一尺高，爲册不及三十，而價在一千四百元左右。近來書價之高，可謂駭人聽聞！……近趙君從平賈某手中得到李文田稿本《元秘史注》四册（與刻出之本不同，李氏添注不少，並有文廷式及劉世珩附加案語甚多），價至六百五十元，而某賈尚齦齦不已，以爲索此價尚係因與趙先生交情深厚之故，如寄平至少可售八百元也。（《搶救祖國文獻的珍貴記録——鄭振鐸先生書信集》，第 139—140 頁；《鄭振鐸全集》第十六卷，第 97—98 頁）

9 月 8 日，夏承燾、王欣夫、陳佩秋來訪，不值。

夏承燾《天風閣學詞日記》：席散與欣夫、佩秋過青年會訪趙斐雲不值。（《夏承燾集》，第 6 册第 228 頁）

9 月上中旬，在滬曾訪張元濟。

張元濟 10 月 20 日致傅增湘函：前月趙斐雲兄北還，曾寄聲問候。（《張元濟傅增湘論書尺牘》，第 377 頁；《張元濟全集》第三卷，第 416 頁）

傅增湘 11 月 17 日張元濟致函：詩孫、斐雲二君自申北還，得詢悉起居近狀。（《張元濟傅增湘論書尺牘》，第 377 頁）

9 月 12 日，晚赴開明書店聚豐園宴，錢穆、吕思勉、施蟄存、鄭振鐸、周予同等同席。

王伯祥日記：夜在聚豐園宴賓四、誠之、斐雲、蟄存、振鐸、予同，雪村、丏尊、洗人、調孚及予與焉，蓋開明爲東道主耳。九時乃散歸。（《王伯祥日記》，第 16 册第 625 頁）

9 月 14 日，訪夏承燾，談輯佚宋人詩文集事。

夏承燾《天風閣學詞日記》：午後趙斐雲來訪，謂所輯宋人集已得千餘卷，將在商務印書館印行。七月間來此抄地志中宋人佚詩文，謂得殘宋本《客亭類稿》，有附録二卷，中有辛稼軒與冠卿書。又於某書得稼軒讀高宗詔書跋語，收録寄鄧恭三。匆匆小坐去，謂明早即乘火車返北平矣。（《夏承燾集》，第 6 册第 229 頁）

9月15日,自上海乘火車返北平。

10月7日,袁同禮致函王訪漁、顧子剛,指示以《圖書季刊》編輯費補助先生及館內同仁薪水。

　　袁同禮致王訪漁、顧子剛函:自十月份起,則由滬暫匯《圖書季刊》編輯費每月六百元(每半年匯平一次),以彌補下列諸人薪水,可在此次特款內予以撥給:趙萬里、孫楷第、楊殿珣、賈芳,以上中文;顧華,以上西文。(《北京圖書館館史資料彙編:1909—1966》,第726頁)

10月(農曆九月),助周叔弢購海源閣舊藏校本《博雅》。

　　周叔弢《歷年收書目録》:九月。……《博雅》,顧千里、黃蕘圃校跋。斐雲。一本。一千五百元。(《周叔弢古書經眼録》,第691頁)

11月23日(農曆十月二十三日),訪周叔弢,攜上月助其所購海源閣藏校本《博雅》。

　　周叔弢《楹書隅録》題識:斐雲自北平來,爲我購得校本《博雅》,諧價奇昂,其書在海源閣爲下品,實不能稱其值也,而余之浪費金錢於無用之地,益可惜矣! 庚辰十月二十三日。弢翁識。(《弢翁藏書題跋·年譜》,第71頁)

12月2日,唐圭璋自重慶致函夏承燾,告知將向夏承燾及先生寄贈《全宋詞》。

　　夏承燾《天風閣學詞日記》:接圭璋重慶沙坪壩中央大學函,謂將向國立編譯館乞得《全宋詞》贈予及斐雲,謂此書倉卒行世,尚多遺漏,互見表亦多未確,所用板本不盡善,詞人時代尚有誤,斐雲謂後見《永樂大典》數十册,宋人詞尚有在前輯外者。(《夏承燾集》,第6册第251頁)

12月31日,中央研究院代院長朱家驊簽發聘書,續聘先生爲國立中央研究院歷史語言研究所通信研究員。(原文件存傅斯年圖書館)

12月底,鄭振鐸向先生匯書款五千元。

　　鄭振鐸12月26日致張壽鏞函:茲附上支票二張,一爲寄斐雲兄者(五千元),一爲付中國書店者(一萬元,沈氏書),請於加蓋印章後交下爲荷!(《搶救祖國文獻的珍貴記録——鄭振鐸先生書信集》,第175頁;《鄭振鐸全集》第十六卷,第123頁)

本年,先生與王國華編《海寧王靜安先生遺書》由商務印書館出版。

　　按:此書編成於1930年代中後期,收王國維著述共四十三種:《觀堂集林》二十四卷、《觀堂別集》四卷、《庚辛之間讀書記》一卷、《苕華詞》一卷、《靜安文集》一卷《續編》一卷、《爾雅草木蟲魚鳥獸釋例》一卷、《兩周金石文韻讀》一卷、《觀堂古金文考釋》五卷、《史籀篇疏證》一卷、《重輯蒼頡篇》二卷、《校松江本急就篇》一卷、《唐寫本唐韻殘卷校勘記》二卷《佚文》一卷、《殷禮徵文》一卷、《聯綿字譜》三卷、《補高郵王氏諧聲譜》一卷、《釋幣》二卷、《簡牘檢署考》一卷、《魏正始石經殘石考》一卷又《附録》一卷、《宋代金文著録表》一卷、《國朝金文著録考》三十六卷、《漢魏博士題名考》二卷、《清真先生遺事》一卷、《耶律文正公年譜》一卷《餘記》一卷、《五代兩宋監本考》三卷、《兩浙古刊本考》二卷、《古本竹書紀年輯校》一卷、《今本竹書紀年疏證》二卷、《古行記四種校録》一卷、《蒙韃備録箋證》一卷、《黑韃事略箋證》一卷、《聖武親征録校注》一卷、《長春真人西游記校注》二卷、《乾隆浙江通志考異殘稿》四卷、《觀堂譯稿》二卷、《人間詞話》二卷、《宋元戲曲考》一卷、《唐宋大曲考》一卷、《戲曲考源》一卷、《古劇脚色考》一卷、《優語録》一卷、《録鬼簿校注》二卷、《録曲余談》一卷、《曲録》六卷。此書收録範圍遠大於1927 至 1928 年羅振玉主持編刊之《海寧王忠愨公遺書》四集，且文字多有訂補，成爲王國維著作集最通行版本，並於 1983 年由上海古籍書店、1996 年由上海書店出版社兩次以《王國維遺書》爲名影印出版，影響甚廣。

又按：夏承燾《天風閣學詞日記》1943 年 1 月 22 日載：“午後王哲庵過談其兄静安先生遺事，於趙□□甚不滿，謂其印静安全集時，不收古書新證講稿，又匿《教育世界》静安各文不肯出，皆無學人風度。謂静安於外國文學，皆久荒棄。”（《夏承燾集》，第 6 册第 455 頁）此處所記“趙□□”即先生，“古書新證”即《古史新證》，1935 年先生曾委托來薰閣影印王國維該講義手稿行世。觀此可知先生與王國華對編纂事務有意見不一致處。

約本年，購得北官場胡同 8 號。此後終生居住於此。

1941 年　先生三十七歲

本年，先生任國立北平圖書館善本部考訂組組長。

1 月 11 日，代文獻保存同志會於北京修綆堂書店購得明初刻《尊聖集》、《壽親養老新書》、《舒梓溪文鈔》、《圖繪寶鑒》、《譚襄敏奏議》、鈔本《夢言》、鈔本《四夷館考》、鈔本《伏莽志》、《宋三大臣匯志》等九種，價一千九百四十八元。

1 月 18 日，晚，在滬赴李宣龔宴，徐森玉、鄭振鐸、瞿鳳起、潘博山、王仲明、顧廷龍等同席，席間顧廷龍詢問王國維校《水經注》下落，先生爲詳述之。

沈津《顧廷龍年譜》：晚應李宣龔招飲，座有徐森玉、趙萬里、鄭振鐸、瞿鳳起、潘博山、王仲明。徐森玉云，清華藏書精華在北碚被燒夷彈毀盡，殊可惜。先生詢趙萬里知否王國維校《水經注》下落。趙云“有兩部，一部僅以趙一清等諸本校戴，爲張繼借失頭本；一部以朱箋校，文義最精密，原本爲羅叔藴索去，願代整理付印，卒卒無成。故後詢其子，置之不理。渠曾傳録一部，静安尚爲跋尾，則爲傅孟真借去，隨身攜行，已去西南，然已數年，不知無恙否。又静安代蔣孟蘋撰藏書志，原稿尚在斐雲所，如清稿蔣什襲終秘，可以此整理付印，不至湮没也。"（第 159 頁）

　　按：傅斯年所借先生臨王國維校本《水經注》今存趙府。

1 月，代文獻保存同志會於北京文禄堂書店購得明寫本《太古遺音》、明寫本《牡丹譜》等二種，價一千五百元。

同月（農曆十二月），助周叔弢收得海源閣舊藏校本《糖霜譜》、《都城紀勝》、《釣磯立談》及影元刻本《全相平話》。

　　周叔弢《歷年收書目録》：十二月。《糖霜譜》、《都城紀勝》、《釣磯立談》（何小山、黄蕘圃跋）。斐雲。一本。五百元。……《全相平話》，景元本。斐雲。四本。十五元。（《周叔弢古書經眼録》，第 692—693 頁）

2 月 8 日，午後，偕徐森玉赴合衆圖書館參觀。顧廷龍接待，出示顧廣圻校《史通》、《華陽國志》及惠棟校《三國志》，先生與徐森玉均認爲惠校可疑。

　　沈津《顧廷龍年譜》：午後，徐森玉、趙萬里來參觀一週，索閱善本，即出顧廣圻校《史通》、《華陽國志》及惠定宇校《三國志》，徐、趙皆以惠氏非的筆，尚待詳審。（第 163 頁）

2 月 9 日，訪鄭振鐸，談劉詩孫至滬事。

　　鄭振鐸 2 月 9 日致張壽鏞函：頃趙斐雲兄來寓，談及劉詩孫又已來滬，不知有何任務。暑假時彼來此，係爲滿使作"説客"，欲購劉氏物，此次不知是否仍爲此事。甚爲焦慮。好在款即可到，立當成交，免生枝節。（《搶救祖國文獻的珍貴記録——鄭振鐸先生書信集》，第 191 頁；《鄭振鐸全集》第十六卷，第 133 頁）

　　按："劉氏物"即指劉承幹嘉業堂藏書。本年 4 月，文獻保存同志會以二十五萬元代價，購得其中明刊本一千二百餘種、稿鈔本三十六種，轉運往香港大學馮平山圖書館保存。

2 月 14 日，午鄭振鐸、張壽鏞、何炳松於鄭宅公宴徐森玉與先生，徐鹿君、張鳳舉等作陪。

　　鄭振鐸 2 月 9 日致張壽鏞函：斐雲兄不日即將北返，何先生意擬以我輩（三人）名義，公請徐、趙一次，如何？擬在功德林，時間以下星期一二之正午（十日或十一日）爲宜，此外擬再約鳳舉及森公之弟、範成、錢重知等諸人，未知先生以爲何如？乞示知，以便遵辦。（《搶救祖國文獻的珍貴記録——鄭振鐸先生書信集》，第 190 頁；《鄭振鐸全集》第十六卷，第 133 頁）

鄭振鐸 2 月 10 日致張壽鏞函：示悉，宴局當設法改在敝處或何先生處，俟決定後當再行奉告。（《搶救祖國文獻的珍貴記録——鄭振鐸先生書信集》，第 192 頁；《鄭振鐸全集》第十六卷，第 134 頁）

鄭振鐸 2 月 13 日致張壽鏞函：兹已與徐、趙二位約定，於明日（十四日）正午十二時在敝寓午酌，請帖已發出矣，請先生準時惠臨爲感！同座者並請有徐鹿君、張鳳舉諸位作陪。（《搶救祖國文獻的珍貴記録——鄭振鐸先生書信集》，第 194 頁；《鄭振鐸全集》第十六卷，第 135 頁）

2 月 19 日，顧廷龍來函。

沈津《顧廷龍年譜》：覆沈範思、趙萬里信。（第 165 頁）

4 月 10 日，代文獻保存同志會於北京文匯閣書店購得明嘉靖刻本《天台勝蹟録》、明萬曆刻本《高文端公奏議》、明崇禎刻本《耳新》、明萬曆刻本《嶽麓書院志》、明萬曆刻本《靈山藏笨庵吟》等五種，價九百二十元。

5 月 1 日，代文獻保存同志會於北京文匯閣書店購得朝鮮刻本《莊陵志》、朝鮮刻本《璿源系譜紀略》、明刻本《玉陽稿》、清光緒刻本《金陵兵事匯略》、明初刻本《續真文忠公文章正字》等五種，價六白二十元。

5 月 4 日，代文獻保存同志會於北平文芸閣書店購得明刻本《星宿圖》、明刻本《朝鮮圖説》、金刻《集沙門不應拜俗等事》等三種，價七百元。

5 月中旬，致函鄭振鐸，囑匯書款若干。

鄭振鐸 5 月 23 日致張壽鏞函：北平趙斐雲兄昨寄來一航函，囑即匯款若干至平，以便端節時付帳。兹請何先生開出支票一張（計五千元整），擬於明晨電匯至平。乞即於加蓋印章後交還爲感！（《搶救祖國文獻的珍貴記録——鄭振鐸先生書信集》，第 226 頁；《鄭振鐸全集》第十六卷，第 156 頁）

5 月 20 日，代文獻保存同志會於北平群玉齋書坊購得明萬曆刻本《慎修堂集》、明嘉靖刻藍印本《韓襄毅家藏文集》、明刻本《石鼓文正誤》、明刻本《碧落碑文正誤》、明刻本《二老清風韓司空傳》等五種，價七百八十元。

6 月 27 日，鄭振鐸撰《覆鐫十竹齋箋譜跋》，言及先生在北平代爲籌劃聯絡。

鄭振鐸《覆鐫十竹齋箋譜跋》：古《十竹齋箋譜》重鐫之工始於民國二十三年春末，告成于三十年夏六月。……初，魯迅先生與余既輯印《北平箋譜》，余曰：嘗於馬隅卿許見王孝慈所藏胡曰從《十竹齋箋譜》，乃我國木刻之精華，繼此重鐫，庶易流傳，北平印工當能愉快勝任。魯迅先生力促其成。余北歸，乃毅然托趙斐雲先生假得孝慈藏本，付榮寶齋覆印，然覆印之工至爲繁重，榮寶齋主人楊君初有難色，强之而後可。……印成，持較原作，幾可亂真，余乃信其必有成矣。時在歲暮，第一册竣事，適孝慈至平,遂以覆本貽之,是爲余與孝慈訂交之始。未幾,隔卿亦歸,每次晤言,必語及版畫,而於《十竹齋箋譜》尤着意焉。即微疵點污,亦必指令矯改,以期盡善。斐雲與徐森玉、魏建功、向覺明諸先生,亦間有參議,友朋之樂於斯爲最。……又逾年,忽發大願,輯印《中國版畫史》,必欲遂成諸亡友之志,擬續鐫《箋譜》,收入畫史圖錄之中,姑馳書斐雲,詢其蹤跡,不意歷劫竟存,且得斐雲之助,第三冊繼付剞劂;迄今一載又半,全書畢工,微斐雲之力不及此,固不只余之私衷感荷無既也。……刊書將成,余亦得償素願,緣遇巧合,有如此者! 惟鐫工已就,所闕者未能補入耳。他日痛飲黃龍,持書北上,以與孝慈藏本相校勘,斐雲其將何以賀余耶? 補刻之舉,當在彼時。雲日重昭,此願終償,斐雲知我,必首肯也。(《西諦書話》,第 509—511 頁)

6 月 30 日,鄭振鐸向先生匯出書款三千元。

鄭振鐸 6 月 30 日致張壽鏞函:《本草圖譜》等款已由何先生開出支票,計共四紙:……(四)趙萬里,三千元。均乞於加蓋印章後即行交下,以便於今日下午分別轉付或匯出爲荷! (《搶救祖國文獻的珍貴記錄——鄭振鐸先生書信集》,第 243 頁;《鄭振鐸全集》第十六卷,第 167頁)

6 月,所撰《跋明鈔本〈糖霜譜〉》載於《圖書季刊》新第三卷第一、二期合刊。

按:此文以脈望館鈔本《糖霜譜》校曹棟亭本,撰校記四十條,並錄題跋多則。

本年度,先生兼任私立輔仁大學國文學系中國文學講師,授《校勘學》。

按:《私立輔仁大學一覽》(民國三十年度)載先生爲中國文學講師,所授課程爲《校勘學》:"本學程講述校勘古籍之方法,並舉實例以明之。至校勘範圍,兼及四部;所用資料,新舊兼收。俾初學得據以作校勘實習焉。三年級必修。每週二小時。全年四學分。"(《民國時期高等教育史料彙編》第十三冊,第 51、54 頁)《輔仁大學年刊(一九四一)》載先生照片一幀,標注職務爲國文系講師。

7 月 9 日,在滬與鄭振鐸、徐森玉赴修文堂孫實君處看宋本《尚書正義》。

鄭振鐸致蔣復璁函:今天所遇,興奮之極! 中午與森老、斐雲應孫君約,看《尚書正義》,凡二函,十六冊,中有三冊係鈔配(以舊紙抄,諒係楊守敬所補抄者),餘皆宋刻宋印,見之狂喜不禁。(沈津整理《鄭振鐸致蔣復璁信札》(下),《文獻》2002 年第 1 期,第 229 頁)

按:此函沈津文繫於 1943 年 9 月 7 日,陳福康指出應爲 1941 年 7

月 9 日(見陳福康《〈鄭振鐸致蔣復璁信札〉整理中的錯誤》,《學術月刊》2002 年第 7 期,第 92 頁),姑從陳説。

7 月 17 日,偕鄭振鐸訪開明書店,與章錫琛、王伯祥商議印行所輯《校輯宋金元佚書》。

王伯祥日記:斐雲、振鐸來,與雪村及予商印斐雲《校輯宋金元佚書》事。午飯後去(一家春叫來便餐,甚少而貴)。(《王伯祥日記》,第 17 册第 405 頁)

7 月 18 日,鄭振鐸致函張壽鏞,約公宴徐森玉與先生。

鄭振鐸致張壽鏞函:森公即將内行,趙君已來滬。何先生意:可否以我輩三人具名公請一次? 地點時間均由先生決定。地點能在先生處尤佳。(《搶救祖國文獻的珍貴記録——鄭振鐸先生書信集》,第 246 頁;《鄭振鐸全集》第十六卷,第 169 頁)

7 月 21 日,夜赴章錫琛、王伯祥宴,晤陳貫吾、錢存訓、顧廷龍、潘景鄭、鄭振鐸、徐調孚等。

王伯祥日記:夜在萬利宴斐雲、貫吾、存訓、起潛、景鄭、振鐸,雪村與予具名,調孚陪(照亭以病未到)。八時散歸。(《王伯祥日記》,第 17 册第 414 頁)

7 月 23 日,訪開明書店,與王伯祥商議印行《校輯宋金元佚書》事。

王伯祥日記:斐雲來,切商印行《校輯宋金元佚書》。允即估價議約。(《王伯祥日記》,第 17 册第 417 頁)

7 月 24 日,王伯祥收到先生所寄《國立北平圖書館藏碑目:墓誌類》之袁同禮跋。

王伯祥日記:斐雲書來,寄到《館藏碑目跋》。即交調孚速排,俾了一事。(《王伯祥日記》,第 17 册第 420 頁)

按:此書係范騰端所編,由開明書店 1941 年 8 月印行。

7 月 25 日,鄭振鐸致函蔣復璁,告知先生爲購得《開原圖説》一書事。

鄭振鐸致蔣復璁函:……頃又得七月九日來示,知各報告及“善目”卷一及卷二均已收到,至以爲慰! 此項“善目”編時至爲匆促,尚須加以補充及更正。……惟目中疏漏失誤處尚有若干,間有因原書不在手邊而誤記者。其中《咸賓録》一種,則係在北平趙君(乞秘之,至要! 恐某君不歡也)代購者,書未到即已入目。頃趙君南來,詢之,謂此書已爲某某所强奪而去,殊爲憾惜! 目中應除去此種。惟此書已有清刻本,尚不甚重要。趙君另覓得明刻本《開原圖説》爲代,書亦未到,據云較此尤佳。……北平邢贊庭處有宋蜀本唐人集四種,又《揚子法言》及黄跋等書,共十種,均上品也。曾索僞幣五千,若匯水平平,此件尚中平,然今日匯水太高,實難下手進行。北方"生坑"不時出現,近有宋本《建康實錄》,亦絕佳,擬積極奉托趙君進行(平處采購事,原托趙君,所以允守秘密者,誠恐某君知之也)。(沈津整理《鄭振鐸致蔣復璁信札》〔下〕,《文獻》2002 年第 1 期,第 220—221 頁)

　　按:此函沈津文繫於 1942 年,陳福康指出應爲 1941 年(見陳福康《〈鄭振鐸致蔣復璁信札〉整理中的錯誤》,《學術月刊》2002 年第 7 期,第 91—92 頁),兹從陳說。沈津指出,此函所稱"趙君"即先生,"某君"則係指袁同禮。

　　又按:鄭振鐸編《玄覽堂叢書》收入此書,即以先生所購得者爲底本影印。此書原本今存中國國家圖書館,索書號爲 04491。

7 月 28 日,赴開明書店訪王伯祥。

　　王伯祥日記:斐雲來洽。(《王伯祥日記》,第 17 册第 427 頁)

7 月,代文獻保存同志會於北平群玉齋書坊購得明抄稿本《萬曆崞縣志》一種,價四百元。

同月(農曆六月),周叔弢來函,委托接洽《靈寶刀》、《陳簠齋印譜》、《歷代紀年曆》諸書價格。

　　周叔弢函:前奉手書,敬悉一切。《靈寶刀》舍弟擬收,祈爲諧價也。《陳簠齋印譜》不知百元可得否? 請再商之! 前途如不肯讓,再將原書寄上也。于藏《文粹》似只一卷,首尾完具與否,已記不清。即請商之于君,說一實價,何如? 孫助廉已返京,述古堂鈔本《歷代紀年曆》想已見過,此書暹給價三百元,未知太多否? (《弢翁遺札》,載《中國歷史文獻研究》〔一〕,第 11—12 頁;《弢翁藏書題跋·年譜》,第 181 頁)

同月(農曆六月),助周叔弢收得宋版《二百家名賢文粹》。

　　周叔弢《歷年收書目錄》:六月。……《二百家名賢文粹》,宋本二卷,付玨良。斐雲。一本。二百廿元。(《周叔弢古書經眼錄》,第 700 頁)

8 月 13 日,赴開明書店訪王伯祥,商議簽訂《校輯宋金元佚書》出版合同,及出版董作賓《甲骨文研究》事。

　　王伯祥日記:斐雲來,知守和已由港來滬,前談印行《校輯宋金元佚書》事可即定局,正就此間所擬兩辦法中擇一簽定云。同時交來董作賓所撰《甲骨文研究》,商爲印行。(《王伯祥日記》,第 17 册第 455—456 頁)

8 月 15 日,赴開明書店訪王伯祥,談《校輯宋金元佚書》出版合同。

　　王伯祥日記:斐雲來,言已擇定先付兩萬元,即出售至十分之七時,提還作基金之辦法,屬爲繕約四份,便送簽訂云云。談有頃,辭去。(《王伯祥日記》,第 17 册第 460 頁)

8 月 16 日,王伯祥向先生寄送《校輯宋金元佚書》出版合同。

王伯祥日記：契約繕就，即函送斐雲。守和米訪，述感忱，竝言兩萬元後日即可送來。（《王伯祥日記》，第 17 冊第 462 頁）

8 月中旬，鄭振鐸向先生開出支票，付書款二千元。

鄭振鐸 8 月 12 日致張壽鏞函：何先生交下領取支票證一張，又付趙萬里先生書款支票二千元一張，均乞於蓋章後交下爲荷！（《搶救祖國文獻的珍貴記録——鄭振鐸先生書信集》，第 252 頁；《鄭振鐸全集》第十六卷，第 173 頁）

8 月 21 日，偕袁同禮赴開明書店訪王伯祥，商議董作賓甲骨研究著作事。

王伯祥日記：守和、斐雲來，洽印董彥堂《甲骨研究》，略有眉目。（《王伯祥日記》，第 17 冊第 472 頁）

8 月 26 日，王伯祥向先生寄送董作賓《甲骨叢編》出版合同，托轉請袁同禮簽署。

王伯祥日記：《甲骨叢編》契約繕就，函致斐雲，屬轉守和簽印。（《王伯祥日記》，第 17 冊第 482 頁）

按：8 月 25 日王伯祥日記載：“守和來，董著《甲骨叢編》決接受出版。”（《王伯祥日記》，第 17 冊第 480 頁）

8 月 29 日，赴開明書店訪王伯祥，完成董作賓《甲骨叢編》出版合同簽訂事宜。

王伯祥日記：斐雲來，董約解決。補照費八千元旋由存訓電知，即令人往取回。（《王伯祥日記》，第 17 冊第 489 頁）

按：董作賓此書出版合同雖已簽訂，但次年議定從緩。王伯祥 1942 年 5 月 28 日日記載：“存訓來，山守和書，希望解除印行《甲骨叢編》約，收回預付印費八千元，以資滬上急需云云。存訓去後，余與雪村磋商，許之，因即作書馳告存訓，屬再來面洽解決。”（《王伯祥日記》，第 18 冊第 119 頁）5 月 29 日日記載：“存訓來，洽定款交孫洪芬，稿交存訓，約暫不行（並不撤銷），俟將來再議印行。當繇孫錢出具收據，立予交割。”（《王伯祥日記》，第 18 冊第 120—121 頁）此書稿本今下落不明，恐已佚失。

又按：頗疑此書爲抗戰期間北平圖書館所編“國立北平圖書館考古學叢刊”之一種。因太平洋戰爭爆發影響，該叢刊未正式出版。現知稿本另有二種：一爲郭寶鈞撰《中國古器物學大綱——銅器篇》，成書於 1941 年，稿本現藏中國國家圖書館古籍館，該館目録標注爲“國立北平圖書館考古學叢刊第六種”；其二爲石璋如《古墓發現與發掘》，稿本現藏中國國家圖書館古籍館金石組，據曹菁菁介紹，封面題有“國立北平圖書館考古學叢刊第六種"字樣(曹菁菁:《新發現石璋如未刊書稿》,載《文津學志》第三輯,北京:國家圖書館出版社,2010 年 8 月,第 177—183 頁)。

9 月 2 日,赴開明書店訪王伯祥,催送《國立北平圖書館藏碑目:墓誌類》樣書十二册與袁同禮。

王伯祥日記:斐雲來,謂守和明日即赴港,《館藏碑目》最好能趕出十二册,俾帶去。因屬韻鏻轉催裝作,加緊趕辦。午後二時即將樣書十二册送去。(《王伯祥日記》,第 17 册第 496 頁)

9 月 6 日,下午偕鄭振鐸訪張珩,觀王晋卿所存書。

張珩日記:下午,趙萬里、鄭振鐸二兄來觀王晋卿所存書。(《張蒽玉日記·詩稿》,第 203 頁)

9 月 8 日,赴開明書店訪王伯祥辭行。

王伯祥日記:斐雲來辭行,十日北上。(《王伯祥日記》,第 17 册第 507 頁)

9 月 10 日,自滬啓程返北平。

11 月 18 日,先生之父趙宗孟來函,談接待李芳馥夫婦等事。

趙宗孟函:二毛跌傷右臂肘,經醫生醫治後,骨節按好,腫勢全消,至慰至慰。(媳婦因此定必操心逾恒,尤望格外把細,汝母囑筆,附告。)惟據年老人云,凡傷筋動骨者,非經三四個月之調理不可,現在雖已大好,恐尚須長時間之調養,其傷處不宜碰動,務囑二毛耐心毋躁,至要至要。(太太、奶奶甚懸心也。)智小姐于抵滬之次日,即來拜望,由襲駿陪來。我於再下一天,乘襲離開時,攜款前往,面交智收(爾寫與智揚之信,一併面交)。爾云叫海寧菜請智(襲夫婦一同邀在內),由爾母作主人,聊盡戚誼云云,辦法甚好。(李君抵滬時,未必一定來拜望,如果來拜謁,由我出面再請吃西餐一次,預備賓主共四人,所費亦不過廿餘元,爾意云何?)爾母亦表示同意,擬於本星期內即舉行。寓中自祖慈以下,俱各安康。爾母自服十全大補丸後體更健,胃納亦漸增。烏膏寄遞不便,可以免購。弗因課務雖忙,身體甚健,面色亦較夏季好看得多矣。延鶴赴校,中途有車可乘,不覺十分勞累。我體亦健。姨母身體,早已復原。爾所云碗筷問題,准其購換認開不誤。一切望勿念。上海米價八十元光景,肉價每斤式元左右,鷄子每枚一角六七分,煤球每擔二角七,青菜每斤二角或角半不等。爾所問鹹肉方法,由延兒另抄一紙附去,望收閱。聞得小毛入學考試居然高列前茅,太太、奶奶、大姑、叔叔等無不欣然色喜也。天氣甚冷,聞北方已裝爐子,一切萬望格外謹慎是囑。餘容再述。(端英、芳英已多時無信來,想必郵遞需時所致耳。)(虞坤林惠示)

按:此函提及的智小姐,即先生夫人張勁先的姐姐張智揚;李君即張智揚之夫李芳馥,時自美國留學歸來;鸞駿即先生內兄張鸞駿,任職於上海某會計師事務所。

11月26日,致函王伯祥,告知下月可寄送稿件。

王伯祥日記:(11月29日)接斐雲廿六日復書,稿件下月可寄來。(《王伯祥日記》,第17冊第667頁)

11月3日,傅增湘來函,托由北平圖書館借王重民所攝法藏敦煌本《劉子》照片。

傅增湘函:前者承君鈔示燉皇本《劉子》存卷表,中有館藏影本,自《韜光》第四至《法術》十四,又《鄙名》十七至《托附》廿一。此十六篇弟未曾校過,頗擬得此卷一校,不知尚存否?或君有臨校本亦可,祈示及爲幸。(原函存趙府)

按:此函提及敦煌本《劉于》二件,前者即法國國家圖書館藏P.3562號,後者即P.2546號。1930年代,國立北平圖書館委派王重民赴法國調查法藏敦煌文獻,拍攝有此什及P.2546號的照片。袁同禮《國立北平圖書館現藏海外敦煌遺籍照片總目》著錄有此二號(《圖書季刊》新二卷第四期,1940年,第615頁)。

又按:傅增湘借校此份照片之經過,又見於所撰《校敦煌卷子本劉子跋》:"其流出海外者,伯希和所得存法國博物館,同年董授經大理以考察司法,歷訪歐洲,於巴黎攝取影本以歸,余於辛未春始得見之。其在英倫者,王重民留學於彼,展轉訪得兩本,一大字卷,三百零二行,一小字卷,七十八行,攝影寄歸,藏於北平圖書館。余近日甫從門人孫子書借觀,因得傳校。"(《藏園群書題記》,上海古籍出版社,1989年,第347頁)據此跋,傅增湘借校此卷由孫楷第經手,因時孫楷第爲北平圖書館善本部寫經組組長,此份照片由其保管。所謂"在英倫者",實即此法藏二號,傅氏誤記。

又按:傅增湘此跋落款爲辛巳,即1941年,述借校照片爲當時近事,可知此函即撰寫於該年。

12月7日,日軍偷襲珍珠港。

12月8日,北平圖書館北平館舍遭日僞警憲搜查,被迫閉館。

12月12日,致函王伯祥,告知《校輯宋金元佚書》出版事從緩。

王伯祥日記:(12月17日)接十二日斐雲片,告所輯宋元佚書以參考書無由取得,惟有從緩,推知北平圖書館必已被日人接收去矣。(《王伯祥日記》,第17冊第696—697頁)

本年,先生曾爲周叔弢鑑定所購敦煌遺書。

　　周珏良《我父親和書》:1941 年辛巳在天津出現了一批頗像從敦煌出來的草書帖、書籍(如《論語》)、文書等等,往往還有李木齋的收藏印。他當時用大價錢買了近十種。後來仔細研究,看出是雙鉤偽制。並請趙萬里先生看過,也認爲不真。在看准了之後,他毫不猶豫,説這種東西不可留在世上騙人,就一火焚之,費了多少錢毫不顧惜。(《周珏良文集》,第298—299 頁)

1942 年　先生三十八歲

　　本年,先生任國立北平圖書館善本部考訂組組長。

　　1 月 2 日,僞華北政務委員會教育總署接收國立北平圖書館在平館務,改名"國立北京圖書館"。(《國立北京圖書館館務報告(三十二年度)》,第1—2 頁)

　　4 月 18 日,錢存訓赴開明書店訪王伯祥,商議撤銷《校輯宋金元佚書》出版合同。

　　　　王伯祥日記:存訓來商北平圖書館前訂印行《校輯宋元明佚書》約可否撤銷(此事爲西諦所策動,其實牽涉方面太多,非守和親來不能決也)。……晚歸,西諦來,仍申存訓之説,因明告之。(《王伯祥日記》,第18 册第 76—77 頁)

　　　　　　按:4 月 19 日王伯祥日記載:"致存訓,告俟守和有信再談。"(《王伯祥日記》,第 18 册第 78 頁)

　　4 月,僞華北政務委員會教育總署核定"國立北京圖書館"組織大綱。全館設館長一人,綜理館務;設秘書主任一人,商承館長處理事務;設總務、編目、閲覽、善本四部,善本部下設考訂、寫經、金石三組。(《國立北京圖書館館務報告(三十二年度)》,第 18—19 頁)

　　同月,僞華北政務委員會教育總署督辦周作人兼任"國立北京圖書館"館長,委任王鍾麟爲秘書主任,主持館務。(《國立北京圖書館館務報告(三十二年度)》,第 21 頁)

　　6 月,僞華北政務委員會任命祝書元爲故宮博物院代理院長。

　　　　按:祝書元在任時期,故宮博物院成立了專門委員會、文物分類委員會,先生不再擔任此二委員會職務。(鄭欣淼《故宮博物院學術史的一條綫索——以民國時期專門委員會爲中心的考察》,《故宮博物院院刊》2015 年第 4 期,第 25 頁)

　　本年度,先生兼任輔仁大學文學院國文學系講師,授《校勘學》。

　　　　按:《私立輔仁大學一覽(民國三十年度)》載先生爲兼任中國文學講師(第 29 頁)。所授課程爲《校勘學》:"本學程講述校勘古籍之方法，並舉實例以明之。至校勘範圍，兼及四部；所用資料，新舊兼收。俾初學得據以作校勘實習焉。三年級必修。每週二小時。全年四學分。"（第46頁）《輔仁大學年刊（一九四二）》載先生照片一幀，標注職務爲國文系講師。

7月9日，錢存訓攜袁同禮函赴開明書店訪王伯祥，商議暫緩《校輯宋金元佚書》出版事。

王伯祥日記：存訓來訪，出守和致余函，擬將斐雲《校輯宋金元佚書》印行約暫緩執行，希望收回前付印費兩萬元。允與雪村商後見答。（《王伯祥日記》，第18冊第164頁）

按：此後錢存訓與王伯祥之間就此事多次交涉。7月10日王伯祥日記載："致存訓，守和意可接受，惟須俟售紙後始可及此。"（《王伯祥日記》，第18冊第165頁）8月3日日記載："存訓見過，仍以暫歸北平圖書館輯佚印費爲言，開明一時無以應，允爲擔保向新華銀行借九千元濟之（訂期十月底償還，契約由李馨吾簽）。"（《王伯祥日記》，第18冊第183頁）11月24日日記載："接存訓十一月廿三日信，擬代北平圖書館收回宋金元輯佚書印費貳萬元（折付中儲萬元）。即復日內來取可也。"（《王伯祥日記》，第18冊第297頁）11月24日日記載："存訓來，憑孫洪芬收條，聲明代守和收回宋金元輯佚書印費萬元，即以儲券此數交之，竝將前出擔保新華借款之保單繳還開明銷燬。"（《王伯祥日記》，第18冊第300—301頁）有關此書的交涉至此告一段落，其後未見出版。

8月，周作人派王鍾麟赴上海探尋南運圖書。

9月（農曆八月），周叔弢來函，謂得徐森玉噩耗爲之欷歔久之，又詢袁同禮消息，並商借《涵芬樓善本書錄》及《燼餘書目》。

周叔弢函：暑熱異常，維興居清吉爲頌無量。頃聞森老噩耗，爲之欷歔久之。近曾得袁先生消息否？念念。《涵芬樓善本書錄》便中尚乞檢寄一讀爲叩！前得沅丈書，聞菊老有售書之意，以《燼餘書目》爲限（閣下如有此目，亦乞惠假一閱），恐亦非易事耳。（《弢翁遺札》，載《中國歷史文獻研究》〔一〕，第12頁；《弢翁藏書題跋·年譜》，第221頁）

按：所謂森老噩耗爲誤傳，徐森玉並未遇難。

11月3日，"國立北京圖書館"自上海運回第一批善本書抵達北平。

11月（農曆十月），周叔弢來函，托王仁楨還所借《涵芬樓書目》，並告知邃雅齋元本《閒居叢稿》未能購藏，又言及自藏《珊瑚木難》爲朱氏手稿，但文氏題簽、何氏手札皆不存。

周叔弢函：前承惠假《涵芬樓書目》，頃始閱完，特托王仁楨帶呈，感荷感荷。遼雅齋有元本《閒居叢稿》,紙印極精,索價太昂,力不能舉,奈何奈何!暹藏《珊瑚木難》爲朱氏手稿,惜翁氏手跋所稱文氏題簽、何氏手札皆不存。楊幼雲曾見之,未能璧合爲憾耳。(《弢翁遺札》,載《中國歷史文獻研究》〔一〕,第 13—14 頁;《弢翁藏書題跋·年譜》,第 221—222 頁)

12 月 16 日,"國立北京圖書館"自上海運回第二批善本書抵達北平。

按:兩批善本書共一百二十八箱,内善本甲庫書一千五百〇三種,乙庫書五百九十一種。另據傅增湘《〈"國立北京圖書館"由滬運回中文書籍金石拓本輿圖分類清册〉序》,運回者爲"中文書一百三十六箱、西文書一百四十二箱";據該《分類清册》著録,共運回館藏中文書籍二千四百八十五部三萬一千三百零四册二軸七十三包、館藏寫經十四卷、館藏佛像五十軸、館藏輿圖三百零八幅十四軸二册、館藏金石拓本一百三十七册十軸一百十七葉、館藏銅器十件石刻一方、梁啓超寄存碑帖一百八十三册又二軸、何遂寄存古器物一百八十九布匣。

本年至 1945 年,先生兼任北平中國大學文學院文學系講師。

按:1944 年編印的《中國大學概覽》載先生爲文學系講師,地址爲"東城廼玆府北官場胡同 8"。(《中國大學概覽》,第 138 頁)

1943 年　　先生三十九歲

本年,先生任國立北平圖書館善本部考訂組組長。

按:1943 年 7 月國立北平圖書館奉教育部訓令編製的《國立北平圖書館現有工作人員詳細履歷表》載先生職務爲"考訂組組長",標注原薪一三〇.〇〇;時考訂組組員有陳恩惠,助理有劉福春、劉樹凱,書記有王廷燮(《清末民國圖書館史料彙編》第七册,第 137 頁)。但僞政府控制下的"國立北京圖書館"所編《國立北京圖書館館務報告(三十二年度)》,記録先生職務爲善本部主任,時善本部下設考訂、金石、寫經三組,年終時部内工作人員如下:考訂組組長李耀南,組員陳恩惠、彭色丹,助理劉福春,書記王因;金石組組長楊殿珣;寫經組組長祝博(《國立北京圖書館館務報告(三十二年度)》,第 24—26 頁)。二者的差異表明,國立北平圖書館昆明館本部仍視先生爲考訂組組長,但北平部分的善本部事務已由先生主管。

2 月 3 日,周作人辭職,王鍾麟連帶去職。

同日,僞華北政務委員會教育總署署長張心沛兼任"國立北京圖書館"館長。

2 月 8 日,張心沛辭職。

2月27日，僞華北政務委員會教育總署簡任景耀月代理"國立北京圖書館"館長。

3月24日，景耀月因病辭職，僞華北政務委員會聘俞家驥爲"國立北京圖書館"館長。

同日，館令委任俞華君代理秘書主任。

4月15日，楊殿珣由庶務組組長調任善本部金石組組長，幫辦秘書事務顧子剛不再兼任金石組組長。

5月8日，鄭振鐸來函。

鄭振鐸日記：至斐函一。（《鄭振鐸日記全編》，第152頁）

5月，經先生提示，謝國楨贈傅增湘清刻本《知非堂稿》。

傅增湘《清刊本知非堂稿跋》：余昨歲董理手校群書，補撰題記，檢及鈔本太虛先生集，其《詩稿》六卷曾據曹倦圃本校正，而《外稿》獨無他本可勘，私意欲得刊本，以資參證，而終不可致。今春，友人徐森玉自南來，爲移家計，盡鬻其藏籍。時余方園居，未之知也，及返城訊之，則悉爲廠賈分攜俱盡矣。—曰謝君剛主袖書過訪，披函視之，正刻本《知非堂稿》，且語余曰："此森玉舊藏，趙斐雲見之，謂此爲公所夙求者，故敢以奉。"余感其意，欣然受之。發册諦視，則《詩稿》六卷、《外稿》四卷，秩然咸具。……癸未四月下浣，沅叔清華軒藏。（《藏園群書題記》，第789—790頁）

6月23日，存滬圖書保管處保管員李耀南調任善本部考訂組組長。

6月25日，鄭振鐸收到先生所寄《碧琳琅館書目》三册。

鄭振鐸日記：斐雲寄來《碧琳琅館書目》三册，甚佳，至感之也。（《鄭振鐸日記全編》，第165頁）

6月30日，鄭振鐸收到先生所贈酸梅鹵一瓶。

鄭振鐸日記：世堯送酸梅鹵二瓶，斐雲送一瓶。世堯云在平售八元一瓶，則合此間幣須四十元矣。（《鄭振鐸日記全編》，第167頁）

本年度，先生兼任輔仁大學文學院國文學系講師，授《校勘學》、《中國戲曲史》。

按：《私立輔仁大學一覽（民國三十一年度）》載先生爲兼任國文講師（第15頁）。所授《校勘學》爲三年級必修科，每週二小時，四學分；《中國戲曲史》爲選修科，每週二小時，四學分（第21頁）。

又按：葉嘉瑩曾回憶："筆者於1941至1945年在輔仁大學讀書時曾從趙萬里斐雲先生修習戲曲史，惜當日未從斐雲師一詢靜安先生生平事蹟，至今猶以爲憾。"（《王國維及其文學批評》，第45頁）

7月2日，中研院史語所致函中研院總辦事處，呈請院長鑒核關於停止先生之通信研究員名義案。

史語所致總辦事處函:近據北平來人稱,本所通信研究員容庚已在僞北京大學任教授,趙萬里亦已在○○大學僞北京圖書館任職,業經本所卅二年度第一次所務會議通過,應暫行停止其通信研究員名義。除本所於去年得到容庚就任僞職之消息後,即已函請貴處轉呈院長,將其通信研究員名義停止,並已經貴處於卅二年度職員名録中將其除名外,其關於停止趙萬里之通信研究員名義一案,敬請轉呈院長鑒核是荷。此致總辦事處。(原函存傅斯年圖書館)

8月17日,中研院總辦事處致函史語所,核准停止先生之通信研究員名義。(原函存傅斯年圖書館)

9月20日,祝博被委任爲善本部寫經組組長。

按:以上所述人事異動,均見《國立北京圖書館館務報告(三十二年度)》,第22—23頁。

9月,所撰《魏宗室東陽王榮與敦煌寫經》載於《中德學誌》第五卷第三期。

按:此文據日本書道博物館藏敦煌遺書《妙法蓮華觀世音經》、BD05850(菜50)《大智度論》題記中的東陽王榮,與史籍相印證,考定其人即《魏書·孝莊紀》永安二年封東陽王的瓜州刺史元太榮;復據《王夫人元華光墓誌》、《元禕墓誌》、《洛州刺史樂安王元緒墓誌》、《益州刺史樂安哀王元悅墓誌》等石刻史料,考證元榮家族世系;最後據李盛鐸舊藏敦煌寫經《摩訶衍經》卷第八題記,揭示元榮之婿鄧彦夫婦供養佛經的本事。

又按:此文後收入甘肅文化出版社1999年出版之《中國敦煌學百年文庫·歷史卷(一)》。

10月26日,李宗侗向鄭振鐸出示所撰贈先生詩。

鄭振鐸日記:午後玄伯來,快談久之,並示前寄斐雲詩云:"桃枝柳葉燦成堆,芳草薰風次第回。還是江南春色好,顧園樓畔待君來。"意極拳拳。(《鄭振鐸日記全編》,第130頁)

按:李宗侗詩首句《鄭振鐸日記全編》録作"桃葉柳枝燦成堆",誤,今據手稿校正。

10月,所撰《寫在〈琵琶記〉之後》載於《藝文》第一卷第四期。

按:此文討論歷來民間故事和戲劇裏不忠不孝、無情無義的蔡中郎,爲何到了高則誠筆下改造成忠孝雙全的人物形象。

11月1日,"國立北京圖書館"成立圖書目録編印委員會,先生爲當然委員。

《國立北京圖書館館務報告(三十二年度)》:本年春季,現任館長俞家驊視事後,外參衆議,內審現情,以爲編印書本目録實爲不可再緩之舉,乃於本年四五月間陳之當局,提出組織圖書目録編印委員會之計畫,得承許可,原期八月一日實施,而以經費之請領辦法之商榷,與夫事務之計畫籌備,至十一月一日始告成立。……會務以一年爲期,一俟全部編成,再謀校印。……附圖書目録編印委員會規則。……三、本委員會之職權如左:甲、督促指導本館藏書目録編輯之工作;乙、審議藏書目録之種類;丙、規定藏書目録之格式;丁、審查編目部所編之書本目録;戊、監督藏書目録之印刷。四、本委員會每月開會一次,商議編印事宜。……附委員會題名:委員傅增湘、傅嶽棻、恩華、張允亮、楊大光,當然委員、主席俞家驊,當然委員顧子剛(編目部主任)、王訪漁(閱覽部主任)、趙萬里(善本部主任)、俞華君(秘書主任)、宋琳(總務部主任),事務員張珺明,書記關振澤、俞禎、李文漵。(第8—11頁)

本年冬,"國立北京圖書館"編印《"國立北京圖書館"由滬運回中文書籍金石拓本輿圖分類清册》。

傅增湘序:洎三十一年館政改組,周公啓明以教育當局兼攝館事。時忽傳里斯本電訊,言南遷之書大半離滬他往。公以職掌所關,深系于懷,乃屬秘書主任王鍾麟莅滬檢尋,始知所餘之書卷帙尚富,恐其久而缺失,乃設法運回。於是殘存滬地者凡中文書一百三十六箱、西文書一百四十二箱,均得捆載北還。時方殘臘,爐火不溫,十指如椎,未遑啓視。今年三月,俞公涵青應當軸禮聘,來領館政,莅任伊始,即躬自督理,啓篋檢書,凡入庫上架,按次歸檔,分別部居,排比卷册,並取舊目參互考訂,務期翔實,庶免差訛。歷時數月,而書目清册編製訖功,綜計中文書二千四百八十五部三萬一千三百十四册,西文書三百三十五部九千五百三十册。敦煌寫經十四卷,其餘古今輿圖、金石拓本又各數十百種。(《"國立北京圖書館"由滬運回中文書籍金石拓本輿圖分類清册》,第1葉)

1944 年　先生四十歲

本年,先生任國立北平圖書館善本部考訂組組長。

2月10日,在滬,偕鄭振鐸赴開明書店訪王伯祥,談印行所輯《校輯宋金元佚書》事。

王伯祥日記:西諦攜斐雲見過,重提印行所輯宋金元明佚書事。起潛來。以中來。(《王伯祥日記》,第19册第169頁)

沈津《顧廷龍年譜》:訪開明書店,徐調孚言趙萬里亦在此。登樓晤章錫琛、王伯祥、郭紹虞、周予同、鄭振鐸、陳乃乾。聞不日各書均須加價。

（第 317 頁）

2 月 15 日，赴開明書店訪王伯祥，再談印行所輯《校輯宋金元佚書》事。

王伯祥日記：斐雲來洽印行所輯宋金元佚書事，約以書面來聲明前約仍行即得。（《王伯祥日記》，第 19 冊第 175 頁）

2 月 18 日，赴開明書店訪王伯祥。

王伯祥日記：午後斐雲來送信，於報酬一端頗致忸怩，余與雪村慨允照送以安之。（《王伯祥日記》，第 19 冊第 178 頁）

2 月 29 日，訪張元濟。

張元濟致傅增湘函：趙斐雲來，詢知起居健適，且比曩昔爲佳，聞之欣慰。……聞兄售去書籍不少，爲之一歎，斐雲云尚非最佳者，則氣又爲之少舒。（《張元濟全集》第三卷，第 417 頁）

2 月，所撰《談柳詞》載《藝文》第二卷第一期。

按：此文論柳永詞爲“合乎宋人心目中宋詞的代表作”，“幾乎全數是真摯的情歌”，“多數是應教坊樂工而作的，故集中前所未見之新調”最多，並論及柳詞在周邊國家的流傳與逸文。

2 月（農曆正月），周叔弢來函，詢宋本《周元公集》、《王文公集》詳情。

周叔弢函：新春維興居清吉爲頌。宋本《周元公集》客歲曾見原書否？是否有成，甚盼詳示爲幸！淮南劉氏所藏宋本《王文公集》共存若干卷？吾兄如有詳目，可否鈔示？聞傳沅叔丈與劉氏有約，此書不得售之他人，未知確否？張蔥玉君曾問鼎，不知劉氏索何價？吾兄如與劉氏相稔，便中乞漫詢之。（《弢翁遺札》，載《中國歷史文獻研究》〔一〕，第 14 頁；《弢翁藏書題跋·年譜》，第 229 頁）

2 月（農曆正月），跋清陸香圃三閒草堂鈔本洪昇《稗畦集》。

清陸香圃三閒草堂鈔本《稗畦集》跋：洪昉思詩收入乾隆《武康縣志》者僅數首，此則全帙，彌可珍矣。海寧趙萬里敬觀並記。甲申正月。（影本刊《上海圖書館善本題跋真跡》，第 14 冊 178 頁）

按：此本現藏上海圖書館（索書號 21731）。

3 月 19 日，自北平致函王伯祥，並托其帶一信與鄭振鐸。

王伯祥日記：（3 月 23 日）接斐雲三月十九日平中書，附致西諦一束。（《王伯祥日記》，第 19 冊第 220 頁）

3 月（農曆二月），周叔弢來函，托代售其亡弟周進書數種。

周叔弢函：前上一函，想已達到。茲有懇者，亡弟季木藏書不多，茲檢稍佳者數種，由兒子玨良攜呈，乞爲留意代售。價值多寡，乞全權代定爲叩！瑣瀆清神，感荷無既。（《弢翁遺札》，載《中國歷史文獻研究》〔一〕，第 14 頁；《弢翁藏書題跋·年譜》，第 229 頁）

同月,周叔弢來函,告知東萊銀行劉某藏書概況。

周叔弢函:昨奉手書並書單,收到謝謝! 亡弟之書想已由珏良交到矣。東萊之書共有幾種不得而知,大約《楊氏易傳》、《禮部韻略》、耿版《史記》、蜀本《柳文》必在渠處耳。《甲乙集》、《雲莊四六餘話》或亦在渠處,其他則非所知矣。(《弢翁遺札》,載《中國歷史文獻研究》〔一〕,第 14 頁;《弢翁藏書題跋·年譜》,第 230 頁)

4月(農曆三月),周叔弢來函,托查閱《文氏族譜續集》,並借日本書影。

周叔弢函:前寄一函,久未得復,或竟浮沈耶? 茲有懇者,文含所著《文氏族譜續集》,在李根源刊《曲石叢書》中,不知館中有此書否? 遲欲知文含之身世大略,是否停雲嫡系,書深二字是其字否? 並請在譜中一查。一笠庵是否文枬別號? 此數事若能詳復,感荷無既! 瑣事上瀆清神,惶恐惶恐! 前談日本書影,便中能假我一閱否? (《弢翁遺札》,載《中國歷史文獻研究》〔一〕,第 14—15 頁;《弢翁藏書題跋·年譜》,第 230 頁)

5月(農曆四月),周叔弢來函,談購李典臣書事,並謝先生贈詩賀其叔周學熙壽,又詢《高青丘大全集》卷數。

周叔弢函:前得暢談,私衷欣快無既。李氏書昨日成交,剛主兄今日返京矣。此事居然成功,殊出意外。遲得書三種,似皆非其至者。剛主兄得《禮部韻略》(有吳方山印),當爲四種書中翹楚也。李氏書目注單價者,晤剛主兄時乞告遲,擬鈔一份,俾略明近日書價之大概。以遲私意度之,孫氏亦不甚吃虧耳。陳簠齋手批《印譜》不知索價若干? 能寄示尤感! 遲近日略收古印,若印譜比於書之目錄,以完備爲善,然財力實不足以赴之矣。楊小樓戲單箋紙一盒,詩箋一張,由剛主兄帶呈。家叔八十生日,承允賜詩,感荷之至!《高青丘大全集》序言廿四卷,今存十八卷,想文集殘佚,不知他刻亦如是否? 乞示知爲叩! (《弢翁遺札》,載《中國歷史文獻研究》〔一〕,第 15—16 頁;《弢翁藏書題跋·年譜》,第 231 頁)

同月,赴津訪周叔弢。不久周叔弢來函,告知《積翠軒書目》已閱、《文殊圖贊》未購入,並詢李氏書目估價。

周叔弢函:前日枉駕,適遲小病,未得暢談,復多簡慢,抱歉之至,祈諒之!《積翠軒書目》展閱一過。《文殊圖贊》乃皎亭文庫舊藏,當日曾托文求堂物色之。報書云,《文殊圖贊》已改折本,不及渠卷之佳,竟交臂失之,殊可惜也! 李氏書目估價不知何日可寄下? 前途近來催促,不知何意耳。(《弢翁遺札》,載《中國歷史文獻研究》〔一〕,第 15 頁;《弢翁藏書題跋·年譜》,第 231 頁)

同月,周叔弢來函,告知《續劇説》另包郵寄,並托訪《涉園所見宋元本書影》。

　　周叔弢函:前得暢談爲快。《續劇説》一本另包寄上,祈察收是荷! 前聞陶蘭泉君有《涉園所見宋元本書影》,不知閣下有此書否? 北方不可得,上海有熟人可托購否? 當日在陶君座上,見潘氏寶禮齋宋元本照片全份,影本或據此耳。(《弢翁遺札》,載《中國歷史文獻研究》〔一〕,第 15 頁;《弢翁藏書題跋·年譜》,第 231 頁)

　　6 月(農曆五月),周叔弢來函,托接洽購書、拓片及印章。

　　周叔弢函:頃奉手書,敬悉一切。鄧光薦序抄上,祈察入。李君處尚未往談,遲意不宜急急進行,所謂一趕三不賣也。陳君處瓦當拓片曾一詢否? 再者,萬印樓銅印七千餘方,聞押馮君處,不知陳宅尚有主權否? 便中一詢示知爲叩!(《弢翁遺札》,載《中國歷史文獻研究》〔一〕,第 15 頁;《弢翁藏書題跋·年譜》,第 231 頁)

　　本年度,先生兼任輔仁大學文學院國文學系講師,授《校勘學》、《中國戲曲史》。

　　按:《私立輔仁大學一覽(民國三十二年度)》載先生爲國文講師(第 21 頁)。所授《校勘學》爲三年級必修科,每週二小時,四學分;《中國戲曲史》爲選修科,每週二小時,四學分(第 26 頁)。

　　7 月(農曆六月),周叔弢來函,托購《圖書館學季刊》、《國立北平圖書館館刊》,托與謝國楨商購其所藏《禮部韻略》。

　　周叔弢函:昨寄一書,諒已達覽矣。遲處《圖書館學季刊》至十卷第三期止,《北平館刊》至第十一卷第一期止,不知是否爲最後一期? 如有續刊(北京本),能代覓齊,曷勝感荷! 兹有懇者,剛主兄所得《禮部韻略》,遲擬乞讓。此書在剛主兄書中可謂鶴立鷄群,在遲書中尚非甲觀,惟徐氏木記爲可喜耳。千金爲壽,或嫌菲薄,乞吾兄善爲我辭焉! 此是情商,非敢豪奪也。(《弢翁遺札》,載《中國歷史文獻研究》〔一〕,第 16 頁;《弢翁藏書題跋·年譜》,第 232 頁)

　　同月,周叔弢來函,托詢陳氏印譜、謝國楨《禮部韻略》是否可相讓,又詢《玉篇》、《廣韻》類書籍中國流傳稀少而日本留存頗多之故。

　　周叔弢函:前寄兩函,想均達到。陳氏印譜、謝氏《韻略》不知可商量否? 甚念甚念。篇韻之書日本流傳元明刻本甚夥,楊氏將來已及廿部。中土則著録頗稀,殊不可解,不知吾兄能爲下一轉語否?(《弢翁遺札》,載《中國歷史文獻研究》〔一〕,第 16 頁;《弢翁藏書題跋·年譜》,第 232 頁)

　　8 月(農曆七月),周叔弢來函,托代印圖,催來薰閣代購中法學會展覽明本書目録;囑謝國楨《禮部韻略》一書不必勉强;告知疑麗澤堂《璧水群英待問會元》與《墨子》係同一活字版;又談及傅增湘病情。

　　周叔弢函：頃奉手書，敬悉一切。圖請代印，此間可任四份，印費八百元，日内由銀行匯上不誤也。報載中法學會展覽明本書，有目録當場出售，已函托來薰閣代購，便中乞再用電話促之爲叩！瓦當文估價甚不易，暹更是門外漢，不知北京帖估可一商否？元本《韻略》剛主兄既不肯讓，亦不必勉强矣。頃閲《鉢山書影》所載麗澤堂《璧水群英待問會元》，頗疑與《墨子》是同一活字版，但未得兩書對校，不敢十分肯定耳。匯文堂已寫信去，各書恐不能全有，書當直寄尊處也。沅老病殊可念，恐暫時不能出院矣。（《弢翁遺札》，載《中國歷史文獻研究》〔一〕，第 16 頁；《弢翁藏書題跋·年譜》，第 233 頁）

　　同月，周叔弢來函，托接洽購陳氏瓦當拓片。

　　周叔弢函：暑熱維興居清吉爲頌。陳氏瓦當拓片，不知何時可以帶津？暹妄擬價每張二元至三元，何如？乞酌之！若相差太鉅，即不必多此往返矣。（《弢翁遺札》，載《中國歷史文獻研究》〔一〕，第 16 頁；《弢翁藏書題跋·年譜》，第 233 頁）

　　同月，周叔弢來函，商托謝國楨帶《閨情圖》事，並談托購瓦當拓片價格事，又言及所見宋淳祐本《論語集説》特徵，詢所鈐“東宫書府”印是否爲明代官印。

　　周叔弢函：頃奉手書，敬悉一切。剛主兄日内來津，《閨情圖》可托其帶津否？前寄八百元，想早收到矣。瓦當拓片俟收到再定一價奉告。古璽極精，暹無力收之矣。前數年王子霖曾提及此鈴，價似較廉也。近見淳祐原刻《論語集説》，白紙初印，四周寬大，有李中麓藏印及“東宫書府”印。書名不佳，書品絶頂。“東宫書府”是明代官印否？乞示知！（《弢翁遺札》，載《中國歷史文獻研究》〔一〕，第 17 頁；《弢翁藏書題跋·年譜》，第 233 頁）

　　9 月（農曆八月），周叔弢來函，議陳氏瓦當拓片價格，並詢《論語集説》估價。

　　周叔弢函：《閨情圖》四份、瓦當拓片一包，均收到。瓦當重文殘缺甚多，陳氏當年似不十分經意也。現擬價每紙二元，計一千五百元，如能售，即請示知，當將款匯上，否則原件寄回也。立秋風雨，暑熱頓消，月來悶苦爲之一舒矣。前函未發，又奉手書，敬悉一切。《論語集説》聞完全無缺，暹只見首册耳。此書主人視爲至寶，無出售之意。不知市價可估若干？似應在萬金以上也。（《弢翁遺札》，載《中國歷史文獻研究》〔一〕，第 17 頁；《弢翁藏書題跋·年譜》，第 233 頁）

　　10 月 15 日，唐弢攜鄭振鐸函來訪，商議阻止魯迅藏書流散事。

　　唐弢《帝城十日》：晨八時出門，往××胡同訪×××，這是昨天早晨約定的。談魯迅藏書出售經過甚詳,當以往西三條事相告。這件事情能够解決,關切的朋友們都覺得欣慰。九時許,辭出。(《萬象》第4年第5期,第16頁)

唐弢《〈帝城十日〉解》:我不知道魯迅逝世以後,周作人要北京圖書館派人整理藏書目錄開始於哪一年,至於將藏書委托來薰閣向南方兜售,書目到達上海,却確是一九四四年。……記得首先得到那份書目的便是開明書店,而奔走呼號最爲起勁的却是鄭西諦。西諦愛書,推己及人,聽説魯迅藏書要被出賣,就象割了身上的肉一樣,緊張得寢食不安起來。……賣去藏書由北京的家屬出面。魯迅在世的時候,北京家屬的生活費用,按月由上海寄去;魯迅逝世,許廣平照常匯寄。太平洋戰事發生,她被日本憲兵逮捕,加上南北交通阻梗,接濟中斷,問題便發生了。……但據西諦見告,三八年《魯迅全集》出版之前,北方曾有編印全集之議,後來決定由上海的復社承擔,解釋工作做得不够,在京家屬似乎有過一點誤會。作爲復社負責人之一,他很想北上一次,站在第三者立場説個清楚,順便阻止藏書的出售。我認爲這是個釜底抽薪的辦法,只是北京認識他的人太多,未免冒險了一點。正在這時,哲民要伴送一位朋友的太太到北京去,找人同行,幾個熟人你一言,我一語,結果把我給推選上了。因爲我從未去過北方,在那兒没有熟人,却多少知道一點全集出版和魯迅藏書的情形。西諦寫了許多介紹信。給來薰閣,給修綆堂,還有一封給趙斐雲(萬里),他是版本專家,和舊書鋪熟識,委托他向掌櫃們打個招呼,防止魯迅藏書流散出去。許廣平寫信給在北京圖書館工作的宋紫佩。宋紫佩是魯迅的學生,在紹興府中學堂時反對過魯迅,後來師生關係很好,這在魯迅日記裏也有記載,魯迅離京南下,西三條二十一號的家屬就由他照顧,魯老太太在世的時候,他經常前去探望。爲了同魯迅在京家屬晤談,函請宋紫佩介紹,在當時條件下,確實是再合適也没有的了。……十四、十六兩次到北京圖書館訪宋紫佩,十五日清晨八時訪趙萬里,談的都是魯迅藏書出售的問題。在訪問趙萬里的時候,大概還向他瞭解過一些上海尚不十分詳細的事情。……爲了做到不牽及人事,使文章能在當時發表,不僅宋紫佩、趙萬里的姓名,都用×××代替,便是和朱夫人的對話,也完全從略,不見於公開的文字。(《新文學史料》1980年第3期,第101—103頁)

10月(農曆九月),周叔弢來函,商借陳氏《玉印譜》,托接洽商購陳氏銅印。

周叔弢函:昨奉手書,敬悉一切。陳氏《玉印譜》,神州國光社曾影印,不知相同否?若能寄下一看,尤感。此種書似不能索高價耳。陳氏銅印在馮君處,尚可商量否? 乞一詢爲叩! (《弢翁遺札》,載《中國歷史文獻研究》〔一〕,第 17 頁;《弢翁藏書題跋·年譜》,第 235 頁)

同月,周叔弢來函,告知陳氏《玉印譜》收到,並托議價。

周叔弢函:頃奉手書,敬悉一切。《玉印譜》兩部收到後,曾復一函,想浮沈矣。暹與琉璃廠久隔,估值或不得當,姑給二百五十元,祈與前途商之!《玉印譜》想是早年所鈐,趙飛燕印即不在内,所缺尚不止此也。(《弢翁遺札》,載《中國歷史文獻研究》〔一〕,第 17 頁;《弢翁藏書題跋·年譜》,第 235 頁)

11 月 25 日(農曆十月十日),校任中敏輯《散曲叢刊十五種》。

按:此書見於 2015 年 11 月 22 日北京泰和嘉成拍賣有限公司 2015年秋季藝術品拍賣會古籍文獻專場,編號 1278。圖版見泰和嘉成拍賣有限公司網站:http://www.thjc.cn/web/auctionShow/viewAuctionItem? auctionItemId = 63989&fromPage = auctionShow〔2017.3.29〕。據拍賣介紹:"趙萬里批校一過。"

又按:此書《王西樓先生樂府》後録《梁州第七》、《煞尾》二首,後有先生題跋一則:"甲申十月十日校環翠堂四詞宗合刊本,十行行二十字,共二十一葉。卷末附南湖野史和作一套,不知何人筆也。俟考。萬里記。是日天色陰沉,似有雪意。"所謂"四詞宗合刊",即明汪氏環翠堂刻本《四詞宗合刻》五卷,收《坐隱先生精訂金白嶼蕭爽齋樂府》、《坐隱先生精訂馮海浮山堂詞稿》、《坐隱先生精訂王西樓樂府》、《坐隱先生精訂梁少白江東白苧》等四種,中國國家圖書館有藏本,索書號 04379,即先生所用校本。

11 月(農曆十月),周叔弢來函,商議陳氏《玉印譜》估價。

周叔弢函:陳氏《玉印譜》兩種,暹曾估價二百五十元。第一次復函未達,第二次函或又浮沈耶? 此譜非全豹,只以陳氏手跡爲重耳。(《弢翁遺札》,載《中國歷史文獻研究》〔一〕,第 17 頁;《弢翁藏書題跋·年譜》,第 235 頁)

同月,周叔弢來函,催付日記二種書款二千五百元,並托詢來薰閣《趙清獻公集》是否出售。

周叔弢函:前得晤談爲快。日記兩種已交陳君,想早送到。書價二千五百元乞早擲下爲盼。《趙清獻集》不知來薰心意何如? 換書之念近日稍減矣。(《弢翁遺札》,載《中國歷史文獻研究》〔一〕,第 12 頁;《弢翁藏書題跋·年譜》,第 235 頁)

同月,周叔弢來函,告知日記二種書款二千五百元已收到並轉交,又托與謝國楨商購《趙清獻公集》。

　　周叔弢函:頃奉手書,敬悉一切。二千五百元已收到轉交矣。《文選》注略鈔數行,不知嫌太小否?趙元方兄來津,已晤談,《趙清獻集》渠無意收之。此書剛主兄如有主權,吾兄能爲暹一商否?翁氏他書無法進行,殊惋惜也!(《弢翁遺札》,載《中國歷史文獻研究》〔一〕,第12頁;《弢翁藏書題跋·年譜》,第235頁)

　12月1日,鄭振鐸來函,談生活近況及書市行情,托搜購清代詩文總集。

　　鄭振鐸函:久未通音問,乞恕疏懶!《閨夢圖》照片全份,早已收到,不知應如何感謝!弟售書爲活,已近二年,精神上已經麻木不仁,雖尚未能完全達觀,然大不如前之戀戀不捨,摩挲不忍放下矣。今秋又去一批,然所得恐不足以度歲,仍須"去"若干。奈何,奈何?!幸精品尚多存者,輒復自喜也。書價近甚昂,越縵堂(不帶補編)、翁文恭均至二萬,然仍趕不及其他物價之高漲。今日在外午餐一頓,略略舒適,已非五百金不辦,米價已至二萬六七千,煤球每擔二千餘元,尚燒不着。弟家中極力撙節,亦非六七萬不能度一月,將來尚不知如何,可怕也!深夜思之,往往失眠。剛主之書店,不知能成功否?然如僅二三百萬之資本,則僅足敷租屋裝修之需耳。所印"傳奇"六種,早已檢出一部,因交通不便,尚未交濟川奉上,明日必可帶出郵寄。現正與一書局接洽,擬續出第二集至第十集,如此,大可成爲"續六十種曲",亦一大快事也。《趙氏孤兒記》俟決定後,當向兄借來加入。晤惜華時,乞告之,彼處藏曲亦擬借數種加入,不知能見允否?《四詞宗合刊》是一奇書,聞乃乾云:第一種馮元敏曲,彼曾售出過,則四家之全璧,似尚不難得之也。《文淵閣書目》等二種,宋漫堂鈔本,未知尚可蹤跡否?弟當不吝高價獲之也。如必不可得,亦乞兄設法找人鈔一份(文淵閣)寄下,鈔費若干,務請不要客氣。否則,作罷可也。拜託,拜託!《趙清獻集》,濟川已談及之,恐所望不在少數。初唐寫本《文選》古注卷子,可愛之至,好在楚弓楚得,將來不難見到也。弟近擬搜購若干清代詩文總集,但佳者難得,且此間亦竟無可得,不得不求之北方,乞於閱肆時代爲留意爲荷。總計所有,不過一百餘種,如《過日》、《龍眠》之類,自極難得,然不妨請便中代爲留意,感甚!感甚!前曾從揚州得《懷舊》、《昂須》二集,已覺快意,其"寒酸"可知。日來正謀爲"卒歲"之計,欲斥售新書若干。然弟於流行競購之新書,如越縵、故宮之類,竟一無所有,蓋對此類書一無興趣,前所購者均爲自己應用之物,今日檢書欲去,乃知書生實在太不懂生意眼了。究竟商人聰明,彼輩早已購入此類書,蓋不作"書"看,實作"貨"看也。當初如多購此類書,今日豈不立可易米乎?然我輩購書如果亦是如此計算,則直是"儈"伍,全失"本色"矣。我輩俗習未望,其窮固宜,且亦自安之也。以此自慰,並以相慰。兄其無庸"悔恨"

乎！（原函存趙府）

12 月（農曆十一月），周叔弢來函，認爲《趙清獻公集》爲元覆宋本，並詢先生意見。

> 周叔弢函：昨日來薰閣送《趙清獻集》來，展閲數過，古拙有餘，精美不足。此書宋諱不缺筆，頗疑爲元覆宋本而明初補刻者。中縫刻工姓名有多至四五人者，亦宋刻所無也。鄙見如是，尚乞吾兄有以教之！（《弢翁遺札》，載《中國歷史文獻研究》〔一〕，第 18 頁；《弢翁藏書題跋·年譜》，第 235 頁）

同月，周叔弢來函，托代鈔《趙清獻公集》，又談及海源閣書、《李群玉集》動向。

> 周叔弢函：昨奉手示，敬悉一切。揭文二首已校過，無異同也。《趙清獻集》，《結一廬書目》有宋本，亦注元印，不知此翁本何如耳。陳君能代影鈔，極感。筆札之資，祈代定一最低之數爲叩！寄上鈔紙十張，中有折疊處，可否托人用水潤開？祈斟之！海源之書存鹽業者，聞以貳佰萬元售歸山東，不知確否？書已不在鹽業庫中矣。《李群玉集》十年前未購，今索五千元，真奇談也！（此批書乃章瑞庭所藏。）（《弢翁遺札》，載《中國歷史文獻研究》〔一〕，第 13 頁；《弢翁藏書題跋·年譜》，第 236 頁）

同月，周叔弢來函，歸還《珊瑚木難》及《周元公集》照片，並詢《周元公集》原書及價格。

> 周叔弢函：前承枉顧，暢談爲快。《珊瑚木難》中詩文已校畢奉上，祈察收！又《周元公集》照片前夕誤留遲處，兹特寄還。若能爲弟代曬一份，尤感荷也。《周元公集》原書曾見否？索價若干？聞蒽玉先生在津亦覓此書（《王文公集》聞蒽玉出五萬元，不知確否？），遲恐不能奪矣。（《弢翁遺札》，載《中國歷史文獻研究》〔一〕，第 14 頁；《弢翁藏書題跋·年譜》，第 236 頁）

本年及下年，仍在輔仁大學講授《校勘學》。

> 按：北京華夏鴻禧國際拍賣公司 2014 年名人墨蹟專場第 132 號拍品爲《校勘學》聽課筆記，標題右側書“1944—45 趙萬里講”。拍品圖版見：《華夏鴻禧 2014 年專場拍賣會·名人墨跡》，第 99 頁，第 132 號。拍賣公司將此筆記標爲“趙萬里手稿”，有誤。

> 又按：此筆記未見記録人、校系名稱等信息；中間部分標注“下學期”，可知此課程分兩個學期講授。據筆記可知，先生所授校勘學，除校書四法等校勘學內容外，還較多地涉及與校勘學相關的版本學、目録學的內容，講述了簡牘文化時代、雕版文化時代的特徵，對敦煌文獻等地下材料也有詳細介紹。此筆記已入藏國家圖書館。

趙萬里先生年譜長編卷六

1945 年　先生四十一歲

本年,先生任國立北平圖書館善本部考訂組組長。

　　按:1945 年 11 月國立北平圖書館昆明館本部所編《國立北平圖書館職員名册》載先生職務爲"考訂組組長",標注薪級爲二六〇·〇〇;時考訂組組員有金守淦、陳恩惠、彭色丹,助理有劉福春(《清末民國圖書館史料彙編》第七册,第 153 頁)。

2 月(農曆正月),周叔弢來函,談所購《趙清獻公集》價格、著録、補版等情形,對未能購得《王文公集》深表遺憾。

　　周叔弢函:前奉手書,敬悉一切。《趙清獻集》諧價已成(一四五〇〇),《禮記》以後無此豪舉。此事乞暫守秘密。春間舍弟出示此書時,語焉不詳,以爲只存九卷,殘缺過半,故估值三千,今乃以五倍之值收之。雖事隔七八月,物價上漲不已,恐聽者不察,以遲爲欺人,因此閒事開罪親友,殊無謂耳。頃閲《汲古閣秘本書目》,此書亦在目中,題"元板《趙清獻公集》十五卷十本舊鈔六兩"一行。"舊鈔"二字當是衍文。所佚首册中或有元時補板序記,故毛氏題元板。《秘本書目》中注售宋者四處,今此書有宋蘭揮印記,是目中之書不盡歸季氏也。書中頗有缺葉,兹將七卷以下另紙寫上,不知館本能補其缺否?倩人影鈔,工價若干?亦乞示知爲叩!《王文公集》曾重托王四,乃歸之他人,殊可恨也。此集是宋本中無上神品,恐世人所重乃在宋人書札耳。(《弢翁遺札》,載《中國歷史文獻研究》〔一〕,第 18 頁;《弢翁藏書題跋·年譜》,第 237—238 頁)

3 月 13 日,僞華北政務委員會教育總署任命張煜全爲"國立北京圖書館"館長。

3 月初(農曆二月),周叔弢來函,告知郵寄《續封泥考略》一書,並詢廠甸書市景況。

　　周叔弢函:新歲維興居清吉爲頌。《續封泥考略》志輔因存書壓積,不易檢尋。遲處適有兩部,特奉寄一部(兹由郵局寄上),祈察收是荷!今年廠甸不知情況若何?(《弢翁遺札》,載《中國歷史文獻研究》〔一〕,第 18 頁;《弢翁藏書題跋·年譜》,第 238 頁)

3月6日，周叔弢來函，詢上年托鈔《趙清獻公集》進展及廠甸書市見聞。

周叔弢函：前寄《續封泥考略》，想已收到。客歲曾托鈔《趙清獻集》，寄去之紙不知合用否？何時可以鈔完？至盼至感！今年廠甸曾見好書否？中南火災，聞郭十五磁器半毀庫中，殊可惜也！（《弢翁遺札》，載《中國歷史文獻研究》〔一〕，第 13 頁；《弢翁藏書題跋·年譜》，第 238 頁；影本載周啓乾《〈周叔弢日記〉中的祖父及其友人》，載 2015 年 4 月 10 日《文匯報》第 21 版）

6月9日，鄭振鐸來函，談書市見聞。

鄭振鐸函：此間書價較平略低，聞明活字本《春秋繁露》，售十三萬，僅合北鈔一萬餘元耳。弟以無意收書，故亦未之見。年來所得絕少，僅見到鄞來之《鏡湖游覽志》（崇禎本，有圖），及白棉紙《玉簪記》（孫祥熊舊藏，即我輩在鄞所見者），《游覽志》爲蕙玉所得，《玉簪》索十四萬，弟實無力得之。然終往來胸中，不能一日忘之也。年來所獲，亦有可一述者。嘉靖本《高東溪集》（與《四庫》本同），爲朱幼屛舊藏，有徐興公二跋，殆世所未見。武進陶氏舊藏《文淵閣書目》等三種，弟亦以二萬金購之。（此書係因兄之言而物色得之，感謝之至！）董氏所有之環翠堂《四詞宗合刻》，弟亦以七千金得之。加以裝訂，亦費七千金。惜缺《馮海浮山堂詞稿》一種，然弟在數年前，曾購得《詞稿》上卷一本，則所缺者僅下卷耳。此外則無可奉告者矣。書市零落之至，好書實難見到，而弟自藏之普通本書及明刊本書，一再斥售，幾已罄盡。蓋生活無路，不能不藉此爲生也。他日兄如南下，弟恐已無書可供披覽矣。前有宣某後人，出售廢紙，中有舊鈔本《四夷廣記》八冊（愼懋賞作），爲某人所得。二爺與弟見之驚喜，以半擔米代某君購之。此實二三年來最大之消息也。首冊有“璜川吳氏”、“四明盧氏抱經樓”印記，惟“抱經樓”書目中無此書名，不知何故。最近有人得抄本《絳雲樓書目》一部，中多莪圖手校處，亦一好書也。惟無跋，故坊賈不知，未能居奇。爲時十月，所見僅此，可知弟之儉於見聞矣。漢蒙合璧《孝經》，若果是八思巴文，真奇獲也。大可影印出版，或多曬幾份照片亦可。兄以爲如何？去歲沈仲章影印《詛楚文》三種（全），大是快事。兄見到否？如欲之，當代爲乞來一份奉上也。校談刻《太平廣記》一事，如能成功，亦不朽之業。弟前欲以談、許及活字本合校，竟未能成。今以出於宋本之野竹齋鈔本校之，則所得自必更多而可靠也。盼速成之，弟或可爲代謀出版也。（原函存趙府）

7月（農曆六月），周叔弢來函，告知《磧砂藏》尚未覓得，有《道藏》一部；《宋藏遺珍》周叔迦處可能有副本；並談商購活字本《春秋繁露》事；又托向謝國楨洽購明祁氏銅活字本《唐文選》。

周叔弢函：前奉手書，敬悉一切。裁答稽遲，抱歉之至！元方兄久未來津，尚未晤面也。《磧砂藏》尚未覓得。茲有《道藏》一部，不知能值若干？有受主否？《宋藏遺珍》舍弟叔迦處或有副本，可囑剛主兄一詢之。近得舍甥孫君上海信，新收活字本《春秋繁露》，此書良不易得也！《春秋繁露》已函商割讓，尚未得復耳。剛主來函，言有明祁氏銅活字本《唐文選》，不知是何書，曾見之否？如可收，祈爲作主也！（《弢翁遺札》，載《中國歷史文獻研究》〔一〕，第 20—21 頁；《弢翁藏書題跋·年譜》，第 239 頁）

按：舍甥孫君指孫鼎。

8 月 15 日，日本宣布無條件投降，抗日戰爭勝利。

8 月 17 日，致函徐森玉，詳談北平圖書館及北平友人近況，並探詢復員接收消息。

致徐森玉函：五月初奉到手書山谷詩一章，知大駕已離滬南行。旋葛仲勳郎君北來，談及公乘車傷足，以致出行愆期，事出意外，寢饋難安。當即函詢諦兄。嗣得書云足疾早痊，現已抵贛云云，私衷快慰，積慮頓消，惟冀吾公吉人天相，早日到達陪都耳。上月濟川來言，大駕已平安抵渝，正擬馳函詳陳近況，忽有人轉告云，某氏在渝於沈公座上得見吾公，公將因事乘機去滬。昨接諦兄函，知公果已安抵滬濱，但不知公之去滬究爲何事？以里度之，定係七八月間滬地空襲頻繁，政府軫念圖籍，挽公前往料理必要措置耳，便乞示知爲幸。茲值天開景運，日月重光，謹將平館數年來實況以前形格勢禁未便明言者略陳其概，惟先生垂詧焉。平館自卅一年重開後，先以周知堂之無能，繼以工占魯之僨事，盡人皆知，無待贅述。卅二年春季，俞某以老官僚來領館政，初時尚知愛惜羽毛，後即貪墨無度，館款除同人薪金照發外，餘款一概視同外府，舉凡辦公之文具、雜用之什物，均付缺如。會計李君乃其内戚，庶務何某乃其子之密友，均其爪牙。而何某尤爲跋扈，夥同木匠，將庫存榆木桌椅及中海舊木料數萬斤及其他電扇之類，連車取去，據爲私物（後俞去任時，爲同人舉發，索還者僅一部分耳）。今年春，俞被迫去職，將館款作成種種報銷，全數提空。何某亦連帶去職。代俞者爲粵人張煜全（張係孫洪芬之親家，但與孫似無甚交誼），此君人尚穩健，亦時有倒行逆施處，但不如俞之甚耳。里去春北返後，決心於暑期内結束各事，移家來滬。嗣因百物上漲，遷徙爲難，而館中現狀在堪慮。宋君惟圖苟安，大權旁落。王、顧雖精明强幹，高人一等，然皆病體支離，憔悴日甚。設里一旦絶裾而去，代里者必係傅某（此君有使館中要人爲其後援），此君一進書庫，李、陳諸君必不能相安。再四考慮，惟有犧牲到底，以度難關之一途耳。自後物價日高，陳君等私人經濟漸頻絕境，爲之張羅抄件，多方設法，賴以糊口，種種困苦，筆難盡述。及俞去張繼，傅遂乘機謀奪宋職，不得逞。嗣移目標於顧，引外力爲重，幾至成訟，至今年四月達最高潮。里等念同舟共濟之誼，無不同情於顧。終賴館方明達，得以化險爲夷，而傅亦自此不敢再舉矣。此中詳情不值一談，然因此可見應付環境之難，總之，舊同人年來衣敝食糲，以求苟活，無負於館而有損於己。至今平市文教界提及燕大、北大、清大圖籍之散亡，無不痛惜，而於平館圖籍之獲全（此指北平部分而言），獨無讟言，洵非偶然也。吾公視館事如己事，視館中同人如傷，如能哀其遇而諒其衷，不勝幸甚。此間春季有人傳言，守和先生去年已被任爲中央圖書館長，慰堂則改任中山文化教育館長，未知確否（里細思恐不確）？如守公任中央館，是否仍兼平館？又守公現時想仍在國外，在未返國前，未知何人前來接收？又平館與中基金會之關係是否仍如戰前？目前王、顧二君曾聯名去電促袁公早日返平，電由農林周貽春部長轉，至今未得覆，可知袁公必不在渝也。又聞教部任沈三先生爲華北文教接收專員，如此則平館暫由沈公接收亦未可知。吾公新由渝到滬，必有所聞，乞不吝見示，以便轉告同人，至盼至禱！如一時無暇作書，乞告諦兄便中代復。稻公今春喪母，且受人攻擊，三月前，幼漁先生開弔時曾晤見，語頗牢騷，且頻以吾公南行，恐不勝跋涉爲念。馬巽伯月前與張仲威鬧翻，已辭中南，改任天津自來水局新職。《秦孝王造像碑》全文從周養庵借得墨本校錄一通，附呈，乞詧及。沅老病象未見進步，但能起坐抽煙耳。剛公近因書籍交易停頓，久未晤面，想近況必尚佳也。（柳向春《趙斐雲先生致徐森玉先生函》，《文津流觴》第 35 期）

　　按：此函撰寫年份從柳向春考證。此函涉及抗戰時期北平圖書館在平職員多人：周知堂即周作人；王古魯即王鍾麟，周作人任"館長"期間擔任秘書主任，負責日常館務；俞某即俞家驥；會計李君即李肇特，俞家驥任館長期間任會計組組長；庶務何某即何士源，俞家驥任館長期間任庶務組組長；宋君指總務部主任宋琳，王、顧分別指擔任行政委員會委員綜理館務的王訪漁、顧子剛；傅某不詳。

8 月 28 日，鄭振鐸撰致先生函。

　　鄭振鐸日記：致斐雲一信。（《鄭振鐸日記全編》，第 246 頁）

8 月 29 日，鄭振鐸發出致先生函。

　　鄭振鐸日記：得舒一信，發斐及家晋信各一。（《鄭振鐸日記全編》，第 246 頁）

9 月 14 日，鄭振鐸來函，談復員接收消息，並托購《清實錄》。

鄭振鐸函：關於北平方面接收教育文化機關事，由沈兼士主持，徐公諸人協助之。但徐公在此亦正辦此事，不知何時方能動身北上也。兼士亦未來。大約先須到南京、上海一行。蔣慰堂主持上海方面接收事，弟與徐公、風舉、馬夷初、許潛夫諸人均在委員會中。此事頗爲無聊。但久已失業，且售書之款早已用罄，有了此事，亦勉强可救數月之窮困也。以中、仲章均亦有事，惜兄未能在此共聚一堂耳！言之悵惘何已！兹有懇者：前信所談購《清實錄》（東北印的）一部事，務請設法一下，書可暫藏北平，不必寄下。需款若干，懇先行通知，以便即行電匯！！！至懇！至懇！！如有好書發現，弟亦可購下。總之，此事托兄鼎力辦理，決當叩謝！適之長北大，孟真代理，東方書決定全部歸北大接收。如此，北大之古書，誠可稱洋洋大觀矣！北地諸友現狀如何，深以爲念。見時，乞代爲問候。濟川有意南下否？此間無一好書可見，殊感悶損也。（原函存趙府）

9 月 17 日，國民政府教育部派沈兼士爲特派員，赴北平接收文化教育機關。

10 月 17 日，國民政府教育部派特派員沈兼士接收"國立北京圖書館"。

王訪漁致中華教育文化基金會函：本館兹於十月十七日經教育部特派員沈兼士先生接收完畢，仍交訪○、子○暫時保管。所有職員工役，奉沈先生面囑，凡係三十年十二月八日以前到館者，准予留館；三十年十二月八日以後到館者，並皆即日離館，用符復員辦法。訪○等遵即照辦，暫行督率同人維持現狀，照常閱覽，静候袁館長回平主持一切。（《北京圖書館館史資料彙編：1909—1949》，第 801 頁）

　　按：先生時任善本部主任，部内職員共五人。據《國立北平圖書館復員情形報告》，"保管甲乙庫善本書籍者爲趙萬里、李耀南、陳恩惠、彭色丹、劉福春等五員"。（《北京圖書館館史資料彙編：1909—1949》，第 892 頁）

10 月 27 日，鄭振鐸來函，托購書。

鄭振鐸函：久未接來信，念甚！念甚！前奉上航快二函，不知有否收到？迄未得復，恐均已付了洪喬矣。兹聞北平秩序業已恢復，想兄等均甚安吉爲慰！有一批人從前活得很好的，恐將"恐慌"無已矣！好書如有出現，請代爲留意，至要，至要！需款若干，當托人奉上。《清實錄》北平有否？弟需購一部。約需款多少，乞即行示知爲荷。小説、戲曲一類的書，傅惜華他們那裏也許會散出，請兄千萬代弟留意購得。此時北平購書的人恐還不多也。弟不久也許將設法作北行，惟旅費困難，尚未十分決定耳。兄在南方有無托辦之事？乞不客氣的示知，自當照辦也。王世襄兄赴平，敬托他代候，弟的近況他比較的能够知道些。（虞坤林《鄭振鐸致

趙萬里遺札一封半》,《出版史料》2004 年第 4 期)

　　按:此函信封有鄭振鐸所書"拜煩吉便帶交廸兹府官場胡同八號趙萬里先生 34/10/27 諦敬托",信的右角下先生毛筆注"十一月廿三日從芳木園三號王宅取來"。可知鄭振鐸此函由王世襄轉交,先生得讀此函已是一月以後。

11 月 12 日,袁同禮返抵北平。

11 月 13 日,上午十時袁同禮到館視事。

12 月 1 日,教育部特設北平臨時大學補習班主任陳雪屏致送聘書,先生受聘爲北平臨時大學補習班講師,聘期自當日至 1946 年 7 月 31 日。所授課程爲《目録學》、《中國戲曲史》。

　　鄧雲鄉《書憶》:早在四十四年前,僞北大改爲"臨大"的那半年多時間裏,趙斐雲先生來教我們"目録學"。當時家中還有些破舊綫裝書,雖然沒有什麽宋、元、明版,但是清代的書不少,各種版口,各種紙,各種字形,各種裝訂,小時在鄉間私塾讀書,我學會了裱綫裝書衣、裝訂綫裝書的各道工序,再由於我小時就對木版書各種宋字感到好玩,又不知其原因……種種小問題,常和斐雲先生在兩節課間時時閒聊。斐雲先生便以爲我對"目録學"真感興趣,便讓我到北京圖書館去找他。北京圖書館早在中學時就常去,在沙灘上學,更是天天回家時必經之路,所以更是三天兩頭去的地方,而去時只是在樓上大閱覽室看普通書,然後到樓下雜誌室或報紙室隨便看看,卻從未到過善本室。老實說,當時浮淺幼稚的我,也沒有看善本書的水平。而斐雲先生卻讓我到善本部去看書,如果我是一個用功的學生,認真由目録閱讀下去,再借閱各種版本的書,學習研究,我也許成爲一個"目録家",可是當時年輕浮躁,一切憑興趣出發的我,哪裏靜得下這個心呢? 去了兩三次,就再也不去了。(《雲鄉話書》,第 397—398 頁)

　　鄧雲鄉《版本學家》:回憶幾十年前臨時大學二分班在沙灘紅樓上課時,每一下課,他總向同學們説:"你們來哪,館裏我有一間房,方便極了!你們到門口就説找我好啦。"一再叮囑同學們要常常到文津街圖書館找他去,對待同學極爲熱情。當時先生正在壯年,但剃的是光頭,穿的是藍布大褂、布鞋,外表極爲木訥,完全像一個琉璃廠書鋪跑外的夥計。而説起話來,十分健談,精力充沛,一接觸就知道是一位十分精明幹練的人。趙斐雲先生名萬里,是浙江海寧人,和目録家陳乃乾、金石家朱劍心是小同鄉,少時都是嘉興中學前後期的同學,朱劍心氏生前常談:趙斐雲在初中時即光頭不留發,而且《西廂》背的極熟,一見同學,便開玩笑,躬身一揖,念道:"小生姓張名珙字君瑞,年方二十二歲,尚未娶妻……"是一個極爲

風趣的人。(《文化古城舊事》,第278—279頁)

　　按:抗戰勝利後,教育部將北平日偽控制的幾所大學改組爲北平臨時大學補習班,偽北京大學理學院、文學院、法學院、農學院、工學院、醫學院分別爲第一至第六分班,偽北平師範大學爲第七分班,偽北京藝術專門學校爲第八分班。1946年,北京大學、北京師範大學復員,陸續接收各分班。據鄧雲鄉回憶,先生在北平臨時大學補習班所授課程爲《目錄學》。陳雪屏致先生聘書現存趙府。

　　又按:據《北平臨時大學補習班第二分班各學系課程一覽》之《中國文學系三年級課程一覽》,先生另講授《中國戲曲史》,每週二小時,四學分,爲三年級必修課(與二年級合)。

12月18日,致函朱啓鈐,介紹明萬曆刻本《循陔園集》。

　　致朱啓鈐函:日前晉謁崇階,得侍教席,無任欣幸。蒙惠賜《營造法式》一帙,厚誼高情,感何可言。容據各本校後,再行奉告。前談丘禾實《循陔園集》,頃從友人許君處覓得,書共文集八卷,萬曆刻明裝,棉紙初印,開卷有墨書“抽燬”字樣,卷中“虜”字悉塗去。細檢各文俱全,似未遭抽燬也。清初黃虞稷《千頃堂書目》稱丘氏尚有詩集四卷,則已佚矣。此爲天壤間僅存之帙。現許君擬出以易米,作價法幣三萬五千元。未知尊意如何? 乞便中賜復,以便轉告爲幸。丘氏與郭青螺同時,故卷中與青螺往返之什亦較多。青螺所著《黔記》亦丘氏爲之序。並以附聞。(《上海圖書館善本題跋真跡》,第13册381—393頁)

　　按:此函及12月28日函均附於上海圖書館藏明刻本《循陔園集》(索書號827721-28)。

　　同日,天津《民國日報》社社長卜青茂致送聘書,先生受聘主編該報副刊組《圖書》間週刊主編。

　　按:此聘書現存趙府。

12月19日,朱啓鈐回函,索閱《循陔園集》,論校勘《營造法式》,並詢《黔記》可否運平。

　　朱啓鈐函:手示敬悉。《循陔園集》既經覓得,如在尊齋,可否先假一讀? 索價甚高,非棉力所能獨任,當與鄉人商之,必悉內容始可着力。至校勘《營造法式》,敝處亦略有發見,陶本訛奪字句記在江本,然未敢遽斷。聞思成在蜀中有新釋之作(偏重於技術、尺寸及圖繪諸點),擬俟其北來再作合勘。如執事於休假時過我,一審江本記注,或有助於點勘之異同也。……郭青螺《黔記》,守和館長行前,弟曾力請到滬設法運致北平,不知果能辦到否? 邢冕之先生聞信,亦極爲起興。吾等皆六七十歲老翁,惟願於未瞑前一慰積年渴望也。(原函存趙府)

12 月 28 日,致函朱啓鈐,送《循陔園集》,並告知已請上海辦事處將《黔記》寄平。

致朱啓鈐函:《循陔園集》八冊一函已取到,兹遣人送上,請詧閲。近代藏明人集,以陳松山(田)、劉翰怡(承幹)兩家爲最多,頃檢其目,均無此書,可知其罕見矣。又張刻十三經現有人願得,此書先生亦擬出讓否?作價若干,亦請示知。《黔記》昨已函告上海辦事處覓便寄平,俟寄到當即送呈不悮。(《上海圖書館善本題跋真跡》,第 13 冊 381—393 頁)

冬,胡厚宣至北平訪購甲骨,先生爲之聯繫奔走,並借予自藏甲骨拓片八十一張供其研究。

胡厚宣《五十年甲骨文發現的總結》:慶雲堂碑帖鋪有一千多片甲骨,假的佔一多半,索價奇昂。我因其中有一片“人頭刻辭”,一片“牛肋骨刻辭”,相當重要,又有半塊骨板記四方風名,和我所作《甲骨文四方風名考證》一文有關,思之再三,終不願把機會放過。請趙斐雲、謝剛主、陳濟川幾位先生同他商談多次,結果是出高價錢,許我選擇五百片。……還有趙斐雲先生,他把所藏名貴的甲骨拓本一百多張,借我帶回成都抄録。(第 48—49、52 頁)

本年,周叔弢來函,謝代鈔《趙清獻公集》,並托洽購岳刻《左傳》。

周叔弢函:頃奉手書,並趙集鈔葉,費神,謝謝!日内當由農工匯上三百元,如不足,乞示知,再補寄也。《左傳》卷一已見過,此爲暹本所佚,已乞剛主力謀之。此書全帙藏徐梧生處(卷十九、卷廿仍是明本配補),身後分散,暹陸續收得,獨卷一先爲嘉定徐氏所獲。曾乞沅丈商之,乃言已歸閩中龔氏。繼聞毁於閩北之亂。不得已,以撫州本補之。客歲除夕,復見原本,仍出徐氏,殊不可解,惜索價奇昂,劍合珠還之願不知能遂與否?吾兄晤剛主時,乞代促之,俾得早成,弗生他變,至盼至禱!岳刻如復完,撫州本卷一、卷二當仍歸之故宫也。(《弢翁遺札》,載《中國歷史文獻研究》〔一〕,第 13 頁;《弢翁藏書題跋・年譜》,第 239 頁)

本年,周叔弢來函,詢所請代鈔《牧萊脞語》序文具體篇目。

周叔弢函:頃檢《牧萊脞語》,計有序四篇(佘恬、王夢應、鄧光廌、蕭龍友)。吾兄所需何篇,記憶不清,祈示知,當即鈔奉也。(《弢翁遺札》,載《中國歷史文獻研究》〔一〕,第 18 頁;《弢翁藏書題跋・年譜》,第 239 頁)

本年,周叔弢來函,告知所藏《歲時雜詠》詳情,詢張允亮近況,並托問候袁同禮,又問及故宫、北圖南遷文物圖書狀況及北歸計劃。

周叔弢函:前在北平,奉訪不值爲恨。翌晨返津,曾上一函,想未達也。頃奉手書,敬悉一切。暹所藏《歲時雜詠》,藍格棉紙,鈔手殊潦草,脱誤亦多。茲粗校一過，或有一二字可取耳。庾文近況如何？數年典守之辛苦，或不見諒於人。暹處境雖異，小有此感也。守和先生到平，乞爲致意！故宮古物、平館善本，當均無恙？北歸想需時日耳。（《春秋繁露》仍在上海，未帶來，只知爲趙氏舊藏耳。）（《弢翁遺札》，載《中國歷史文獻研究》〔一〕，第 19 頁；《弢翁藏書題跋·年譜》，第 239 頁）

本年，周叔弢來函，歸還《歲時雜詠》，並談及年來訪書見聞。

周叔弢函：昨奉手書，敬悉一切。《歲時雜詠》校畢奉還，其脱誤顯然者未盡注也。一年以來，除翁氏書外，未見佳槧。《論語集説》、《爾雅》曾商讓，未許。暹僅得元本《玉篇》、《廣韻》兩種（見《經籍訪古志》），但非上品耳。（《弢翁遺札》，載《中國歷史文獻研究》〔一〕，第 19 頁；《弢翁藏書題跋·年譜》，第 240 頁）

本年秋冬，曾往南京探望王國維夫人潘麗正，取遺稿等若干。

王東明《懷念我的父親王國維先生》：抗戰勝利後，他曾到南京二哥家探望母親，並攜去不少父親的遺稿，説是要拿去整理編印，以後音訊隔絕，未知此批稿件下落如何。（《追憶王國維》，第 489 頁）

蔣復璁《追念逝世五十年的王靜安先生》：抗戰勝利後，他到南京，住在中央圖書館，説要辦點事，他不肯説什麽事，我亦不便深問。幾年前，我與靜安先生令弟台大教授哲安先生閒談，才知道趙君那次到南京，取走了靜安先生與人往來書札等一千餘件，説是要代爲編輯。他根本不告訴我王家的住址，否則我要去拜訪的。這批書札等並不見發表，不知如何了。（《追憶王國維》，第 146 頁）

本年底，朱啓鈐來函，詢問購藏存海學社所藏海源閣善本書價。

朱啓鈐函：海源堂書收歸國有，昨見報載，宋院長在津似有所表示，而書價究獲得解決否？昨屬韓生探問，不得要領。便希函示。守和館長有信來否？何時出國？尤念。（原函存趙府）

本年底，周叔弢來函，詢北平圖書館本年底購入之存海學社藏海源閣遺書珍本九十二種細目。

周叔弢函：前日暢聆教益，私心快甚！海源閣書今歸北平館，可慶得所，而先生之功爲不朽也！細目能鈔一份見賜爲盼。（《弢翁遺札》，載《中國歷史文獻研究》〔一〕，第 20 頁；《弢翁藏書題跋·年譜》，第 240 頁）

1946 年　先生四十二歲

本年，先生任國立北平圖書館善本部主任。

按：1946 年 1 月編製的《國立北平圖書館北平部份職員薪額表》載先生職務爲"善本部主任"，標注薪額爲四〇〇.〇〇；時善本部組員有

李耀南、金守淦、陳恩惠、彭色丹,助理有劉福春。(《清末民國圖書館史料彙編》第七册,第 161 頁)

1 月 10 日,朱啓鈐來函,決定購藏《循陔園集》。

朱啓鈐函:百忍堂十三經前途有意承受否? 論價若何? 務望明示。《循陔園集》敝處留置,可出價三萬圓。頃售去一玩物,得美金廿四元,或即以此價付(目前美金市售價一千三百餘,約合法幣三萬二千有奇)。祈鼎力促成爲荷。(原函存趙府)

1 月 22 日,赴天津接洽購藏海源閣遺書珍本九十二種一千二百零七册。

2 月 1 日,護送海源閣遺書珍本九十二種運抵國立北平圖書館,連同原箱保藏於善本書庫内。

《北平圖書館陳報將海源閣藏書收歸國有經過呈》:查聊城楊氏海源閣藏書九十二種,前經平津士紳潘復、常朗齋、王紹賢及現任天津市市長張廷諤等組織存海學社,購存於天津鹽業銀行,已歷有年所,故上年十一月中職館以平津故家文物散失堪虞,亟應收歸國有,以資保存,曾呈請鈞部撥給專款,旋奉指令照准,並撥發專款備用各在案。竊以海源閣藏書首在擬購之中,即與該學社各股東商談辦理,適宋院長視察平津,經與張市長面洽,將原書作價一千五百萬元收歸國有,交由職館購藏,並在館特辟存海學社專室,以資紀念。職館嘗於一月廿二日派員赴津洽辦,將價款一千五百萬元交由張市長派李秘書家瑛代表到場監視,比經一一點交清楚,計原書九十二種一千二百零七册,分裝七大箱,於二月一日起運來館。(《中華民國史檔案資料彙編》第五輯第三編《文化》,第 324—325 頁)

《海源閣藏書今日運北平》:聊城楊氏海源閣藏書,前經宋院長手諭,由政府收買,運往國立北平圖書館陳列。兹悉該館主任趙萬里及組長李耀南已來津接洽運輸事宜,昨日已得張市長同意,定今日運平。將來在北平圖書館特闢陳列室。(1946 年 1 月 31 日天津《大公報》第 3 版)

《杜副市長今赴平 海源閣藏書同車運往》:聊城楊氏海源閣藏書七大箱,原定昨日運平,因接洽車輛過遲未果。兹悉,杜副市長定今日赴平,該項書籍亦同車運往,由北平圖書館主任趙萬里押運云。(1946 年 2 月 1 日天津《大公報》第 3 版)

2 月 14 日,晚赴小水青胡同謝國楨宴。

顧頡剛日記:又到小水青胡同赴剛主之宴。……今晚又同席:林宰平、法國杜、傅惜華、趙萬里、容希白、蕭一山、蕭龍泉、吳伯之(防)、張眉叔、陳濟川(以上客),謝剛主及其弟國傑。(《顧頡剛日記》第五卷,第 608 頁)

2 月,三妹趙芳瑛自中日戰事史料徵集會離職。

3月10日,午後赴來今雨軒參加北平史學界同人聚會。

顧頡剛日記:到來今雨軒,參加北平史學界同人歡迎會,自三時至六時。……今日下午同會:王嶧山、李飛生、裴文中、商鴻逵、姚晉燊、張鴻翔、劉厚滋、吳豐培、周殿福、鄭騫、張苑峰、趙豐田、余讓之、趙萬里、孫楷第、王燦如、傅吾康、趙光賢、張奠亞、魏資重、魏重慶、許道齡、楊象乾、徐宗元。(《顧頡剛日記》第五卷,第622頁)

同日,王庸來函,托鈔杜光庭文,並談滬杭友人近況。

王庸函:惠覆早悉,杜光庭文除《廣成集》外,約有三五卷(詩不要),鈔費定必不貲,不知兄近已檢過否。尚希查明後示知為幸。如鈔費較大,吾兄亦不必客氣也。玉老處已面告,且尚擬去函。圓庵先生托檢《道藏》中有否其他五代文字云,兄如有便見圓庵先生,不妨互商也。諦公每日晤見,尊函領到之日即付一閱,渠亦盼兄來書云。生活費高漲,南北同之,將來不知伊於胡底,思之不寒而慄。江清兄上月來信,謂一二月後即將飛回滬上。微昭兄前日由杭來滬,知杭垣生活之艱更甚於滬上,蓋因薪給較上海為低故耳。……圓庵先生唔乞代為請安。(原函存趙府)

3月15日,顧頡剛來訪,不值。

顧頡剛日記:到北平圖書館訪斐雲、子書,均未遇。(《顧頡剛日記》第五卷,第625頁)

3月20日,胡厚宣來函,歸還拓片八十一張。

胡厚宣函:年前重返故都,得領教益,又承多方幫忙,私心銘感,非言可宣。……尊藏甲骨拓本八十張,原骨係美人施美士所藏,已著錄於《殷契佚存》中。其另外墨淡之一片,則確係未見著錄之品,已摹下副本,茲將原件奉還。厚誼至深銘感。過渝時晤叔半、孟真、濟之先生,及其他諸前輩,曾代報先生佳況,彼等於先生皆極佩服,請勿念。賀昌群、唐圭璋兩先生函因過渝時未去中大,係返蓉後轉寄。衡叔先生係在貴州遵義浙江大學,不在中大也。此間大約於四月末可以結束,倘交通方便,則五六月間即可作東歸之計,屆時弟或先返京滬一行。惟聞邇來物價高漲,想已不似年前之往平津之易易矣。……附拓本八十一張。(原函存趙府)

按:此函提及的甲骨拓本,係1945年冬胡厚宣來平訪購甲骨時,先生借予供其研究。

3月25日,鄭振鐸來函,談在滬整理文獻保存同志會所購書籍詳情。

鄭振鐸函:此間教部工作,早已結束,我在圖書館也只是辦理"結束"、"交代"的事,把從前經手買的東西,編一份全目,把書運到南京去,我的責任便算完了。書倒不少,因此,編目的時間也不能一時結束。現在已經編了近半年了,從勝利時就開始的,還只編了一半左右。以中在此,幫忙甚多,大爲賣力,彼此相助,精神略見振作,否則,如果由我一個人動手,一定會中途而廢的。張鳳舉和李濟之兩位,最近將□去。二爺也常常在京滬道上往來,時時見面。香港失去的書,已在日本發現,這是一個最令人興奮的消息,我爲此喜而不寐者數夕。中央圖書館得回這一批書後,善本部分,當可勉强"像一個樣子"了,至於普通書,我所得的有一萬部以上,此外,同文書院及他處接收的,也有近一百萬册,也勉强可以充數。大約到了他們正式開館的時候,總盼望她能够有二百萬册左右可以陳列出來。但這不過是一個希望而已。事實上,最多不過有一百五十萬册左右而已,我們一向"爲他人作嫁衣裳",但眼見一個國家圖書館能够創立成功,能爲國家保存了那末多文物,且在劫後還能很完整的存在着,不僅保存無恙,還在擴充發展,這不能不説是"人生一樂"! 北平圖書館得海源閣書後,善本部分又可增光不少,惜一時未能赴平,不能一飽眼福耳。尤急於要看看李木齋的書,盼望暑假中,鐵路暢通,則此願必能一償也。(沈津惠示)

3月27日,先生主持的天津《民國日報·圖書副刊》出版創刊號。

　　按:此副刊初爲雙週刊,每隔週週三出版,自第五期開始改爲每隔週週五刊出,後變更爲週刊。

4月8日,向達來函,托購聚珍本《蠻書》。

　　向達函:前數年在滇,曾取樊綽《蠻書》爲作校注,初稿差可寫定,唯此間少書,《四庫》固不得見,即武英殿聚珍本以及桐華館本亦未之有。此外如沈培老校注本存已未卜,盧抱經校本猶在盋山,未能取以相校,頗以爲憾。將來北歸,復擬再詳加校改,並請教益,或可免於舛錯耳。聚珍本《蠻書》琉璃廠尚不難見否? 吾兄如見到的屬原版初印者,可否爲弟代購一部,需款若干,示知當即匯上。聯大返平恐需時日。弟於學校結束後即行返川,舍下卅一年遷居西川李莊,歸後擬小住半載,俟交通恢復再作北歸之計。閒居無俚,思將《蠻書校注》初稿重寫清本,如得聚珍本,當又可改正若干。此則不能不望老友之相助矣。不勝企盼之至。(原函存趙府)

4月24日,所撰《筆花集跋》載於天津《民國日報·圖書副刊》第三期。

　　按:該文即《大公報·圖書副刊》第139期(1936年7月16日)所刊《校筆花集跋》之修訂本;又以《跋湯舜民〈筆花集〉》爲題轉載於《圖書季刊》新第八卷第三、四期合刊(1947年12月)。文末謂:"二十三年仲夏,假平妖堂藏本手録一過,並以旬日之力爲之讎校,漫書其後。越十二年,今年三月,硯友盧君冀野自陪都來書,索閱此文,用備參考。因據《詞林白雪》及他書重加釐訂,以就正於冀野,並慰冀野旅居岑寂之思焉。三十五年四月記。"

4月25日,朱自清來函,托鈔《四唐説》一文。

朱自清函:承賜《謝康樂詩注》一册,前年中原大戰之先,平伯兄寄下半部,後半部十二月由梅先生帶回,竟得全璧,亦幸事也。盛意感感!兄多年來搜訪珍籍,全力以赴,保存文化,厥功甚偉。海源閣宋元本一事,尤其著者。佩甚佩甚!此間課業已在結束中,同人及學生即將分批離昆。弟擬六月間回蓉,將來擬由寶鷄一路赴平。希望大局穩定,屆時不致有阻耳。兹奉懇一事。戰前北平出有《北大學生》雜誌一種,其第一期有徐君著《四唐説》一文,弟未見此文,亟思參考。倘承代爲覓得,並請人抄録一通寄下,至爲感盼!鈔費若干,並乞示知,當托陳岱孫君奉還。(原函存趙府)

5月14日,致函鄭振鐸,述與蔣復璁冰釋前嫌,及購得宋本《經典釋文》。

致鄭振鐸函:慰堂兄赴東北,道出故都,晤譚多次,並同游廠甸,前嫌冰釋(即十餘年前鬧四庫珍本一事),至爲歡快。弟自去冬盡全力爲平館設法購致海源閣書後,即不願再管閒事,以便騰出時間從事寫作,偶見唐抄宋槧,毫不動心,付之一笑而已,惟最近得見宋本《經典釋文》,竟又故態復萌,不克自持,夤夜奔走,得免流歸私家,詳情弟已函告森老,想兄必已備悉矣。此項奇秘之物,或將源源而來,但弟之棉才已盡,于心已安,此後又當伏櫪,以遂私衷。(沈津惠示)

同日,浦江清來函,告知已訪得《清華學報》一本,並詳述昆明師友近況。

浦江清函:囑索《清華學報》,其第一册已得一本,第二册尚未得到,係當時在川中印刷,到滇太少,一時分缺,弟處亦未得,容日内想法,即交令妹付郵。前樹棠兄致駿齋函,得悉兄等在報端辦書報介紹之刊物,囑爲寫稿,奈書信到此,此間已是結束場面,漫卷詩書,各在作還鄉打算,心思甚浮。托一助教在整理雜誌,裝箱時抽暇寫些,其人亦漠然置之,竟無以應,抱愧不勝。《清華學報》因印刷困難,只出了三十週年紀念號之上下兩册,以後停止。川中出版物較多,有華西、金陵數大學中國文化研究所之聯合刊物,偏於語言、人類學方面;中央大學有《文史哲季刊》;顧頡剛等辦《文史雜誌》;衛聚賢《説文月刊》;中研院史語所之《集刊》;國學方面刊物寥寥可數。生活不安定,研究成績中落也。同人等在此皆苦撑,有眷者日愁米炭,孤身者愁悶焦慮。弟成爲一教書匠,不堪告人,預料他日握手重見,必爲閣下所駡也。平伯兄處雖懶未作書,時從佩公處得見其近作,清華擬續聘,將來園中重聚。北大文系添聘數人,聲越或可北來,係覺明向錫予師提出者。覺明、立庵皆在北大,現已飛川。希白文章傳致此間,甚爲可笑。故友蔭麟離婚後謝世,最可哀悼。清華文系均仍舊貫,現又由佩公主持,叔雅公早改就雲大之聘,暫留雲南。諸友皆可北返,交通尚難,弟及佩弦六七月中方能行。佩公到成都,弟擬返松一次,中秋後北來,至此時交通或較便。同人滇居已久,氣候宜人,知北方米煤皆昂,離此反有戀念也。平伯得一葡萄牙人爲婿,或爲始料所不及。佩弦之大小姐最近與一松江人、物理系助教王君訂婚。令妹在此服務,工作甚勤,其友馮君以前在鄉下文科研究所中常住看書,係馮院長之高足,研精西洋哲學,有學問上之前途,並有留學希望。王以中現在上海,並爲中央圖書館拉去。聲越、子平均在杭州浙大任教。弟在錫予師前,亦曾提及子平,惟北大已增多人,一時難説,而時局尚未澄清,到處一樣,恢復元氣,真不容易。見樹棠兄來信,知清華書籍散失過多,菁華盡去。再則舊學消沉,一般學生興味亦不在此。以前聞森玉先生言,知足下著述日富,久欲一睹爲快。令郎令嬡諒已進中學,趣味當不在綫裝書中也。嫂夫人諒操持甚勞,健康是頌。……陳先生赴英,過昆曾同暢談,患目疾到英割治,仍未愈,不久返國,仍可回清華歷史系。雨僧師在成都燕大講學,八九月中返平。周光午仍在川中任教,作詩甚多,弟竟未通信,思之歉然。(原函存趙府)

5月(農曆四月),周叔弢來函,囑將書價十一萬元交周叔迦,又告知張氏藏《陸宣公文集》爲蜀本,僅存奏議十卷。

　　周叔弢函:前奉手書,敬悉一切。書價十一萬元,乞便中交舍弟叔迦爲叩!費神感謝之至!張氏所藏《陸宣公文集》乃蜀本,僅存奏議十卷。此批書無一定價格,不易商也。(《弢翁遺札》,載《中國歷史文獻研究》〔一〕,第18頁;《弢翁藏書題跋·年譜》,第243頁)

6月9日,向達來函,告知暫時不必過録《蠻書》庫本異同,又告知英、日所藏敦煌遺書中亦有東陽王寫經。

　　向達函:四月廿七日手教及所附大著、致萬稼軒函昨日始由昆明轉到此間,迴環雒頌,如親謦欬,不勝欣慰之至。比維起居多福,閤潭均吉,下情禱祝。悼馮子衡文如荷采登,曷勝榮幸。友人朱傑勤先生亦有文有詩悼念,文已寄馮婿周君建平,詩朱君印有單張,並附呈祈瞽。弟八年來俱在北大,秋後復校,自亦北歸。唯舍下在西川,近來交通又形困難,門外長江一葦難航。而孟真先生有電,催留南同人北返。萬不得已,將來只有自渝輕身遲飛北平耳,大約七八月間即可與吾兄相晤舊都也。聚珍本《蠻書》承爲代訪,至感。閩本訛誤累累,不足據爲典要。廿八九年弟校樊氏書,即據閩本、《琳琅秘室叢書》、《漸西村舍叢書》、《雲南備徵志》四種參伍考校,寫一底本,然後再用《御覽》、兩《唐書》、唐人集、《通鑑考異》爲之是正,文字偶亦加以詮釋。只以僻處嶺嶠,得書甚難,又未見庫本及聚珍本,於所寫底本殊不敢自信。初以爲學校復課尚將有待,留居西川無以遣日,故擬煩吾兄爲覓一聚珍本,以資參證。今既須遄返舊京,則吾兄所云遄録庫本異同一舉,暫時可以不必矣。盛意感謝! 大著《論東陽王元榮與敦煌寫經》一文,亦已拜讀一過,以埋幽之貞珉補伯起之缺佚,證明元榮爲樂安王後,確鑿無疑,佩服佩服。卅一、卅三兩年,弟曾兩去敦煌,於元榮事亦曾加以鉤稽。當時□《元丕傳》"隆超母弟及餘庶兄弟皆徙敦煌"之語,臆測元榮爲元丕之後。今讀大著,鄙説可以覆瓿矣。又鄧彦篡弑,弟文推爲大統十年左右,大著引彦書《摩訶衍論》在大統八年,則瓜州之亂當在八年或八年以前。此皆因大著而後可以確定者也。至於元榮所寫經,除大著引平館所藏《大智度論》外,日本中村不折尚藏有《律藏分》第十四卷一卷,不列顚博物院藏有《佛説仁王般若波羅密經》殘卷一卷、《大般涅槃經》卷三十一一卷,所有經尾題記結銜皆可以補平館所藏之缺。他日至平,當一一寫呈,藉當芹獻也。(原函存趙府)

6月28日,國民政府核准《國立北平圖書館組織條例》,館内設采訪、編目、閲覽、善本、輿圖、特藏、研究、庶務等八組,各組設主任一人。(《國立北平圖書館組織條例》,《北京圖書館館史資料彙編:1909—1949》,第1083—1084頁)

按:其時先生擔任善本組主任。

6月(農曆五月),周叔弢來函,謂《經典釋文》爲人間瑰寶,機不可失,力促采購;又談關於訪求故宫書的意見。

周叔弢函:前奉手書並《劫存書目》,感荷之至! 此中多罕秘之籍,惜有殘缺。聞《經典釋文》首函已有人向蔣館長求售。此書萬不可失,真人間瑰寶也。遲所得《韋蘇州集》殘木(存六至十)乃書棚本,與遲舊藏却非一刻,且有宋時缺板而以他葉妄補者,坊刻之不可信如此。再者,故宫殘佚之書,當局不知是何主張? 遲意極罕秘者,無論或完或缺,皆應以重值收回。其他無足輕重者,聽其流通可也。書估出關收買,尤宜鼓勵之。不知尊意以爲然否?(《弢翁遺札》,載《中國歷史文獻研究》〔一〕,第19—20頁;《弢翁藏書題跋·年譜》,第243頁)

按:蔣館長指蔣復璁,時任中央圖書館館長。

7月22日,向達來函二通。後者談代購《居延漢簡考釋》事。

向達函:晨發一函,隨憶及尊屬代購勞君貞一作《居延漢簡·考證》,忘爲上聞,用更補陳。勞君書分釋文、考證兩部,共四册,即在李莊上石。唯史語所因準備東遷,書籍早已裝箱,是否尚能發售,不得而知。廿八日可見到勞君,當爲面詢,再以上聞。

按:此函見於2016年6月17日北京湛然國際拍賣有限公司2016

年春季藝術品拍賣會鐵畫銀鉤專場。

7月29日,中研院史語所托向達轉贈《居延漢簡考釋》一部。

　　史語所致向達函:關於贈送趙斐雲先生《居延漢簡考證》一事,頃奉彥堂先生囑,先將該書送上云云,茲隨函附上第229號《考證》及第174號《釋文》各一部,敬乞賜收,並請轉寄斐雲先生是幸。(原函存傅斯年圖書館)

　　按:7月30日向達致函那廉君,告知收到《居延漢簡考釋》一部,並謂"當將尊函轉寄趙斐雲先生一看,《考釋》則暫存敝處,俟到渝後再爲郵寄"(原函存傅斯年圖書館)。

本年夏,跋明丁守中刻本《王官谷集》。

　　《王官谷集》跋:此書所輯宋金元人詩文,均自石刻錄出,可補《宋詩紀事》、《金文最》之遺,至可寶也。丙戌夏日,啓銳兄出以見示,因書數語以歸之。海寧趙萬里。(湛盧《趙萬里跋〈王官谷集〉》,《文學遺產》2006年第5期)

　　按:據此跋,先生得閱此書,乃借自周一良之子周啓銳,跋後歸還。書後鈐"萬里藏印"白文方印,可見後又轉爲先生藏書。今藏中國社會科學院文學研究所。

8月上中旬,致函楊樹達。

　　楊樹達《積微翁回憶錄》:(8月13日)前以近著《金文跋》寄趙斐雲(萬里),今日得復云:"大著精湛淵博,段茂堂、吳清卿以還,一人而已。"友生過譽,令人增愧。(第245頁)

8月28日,周叔弢來函,告知賣明本書百種,又以賣書錢購余仁仲本《禮記》,並請評論該書與傅增湘所得蜀本《莊子》之優劣。

　　周叔弢函:昨奉手書並《燼餘書目》,感荷之至!森老無恙,聞之欣慰無既!邇春間爲衣食計,擬斥賣明本書百餘種(庾丈處有目錄,皆極精整)。適王富晉自滬攜示余仁仲本《禮記》,遂以賣書之錢買書,結習難除,可笑亦復可憐也。客歲王晉卿曾以蜀本《莊子》求售,力不能舉,遂歸沅丈。此二書孰爲優劣,吾兄可評其甲乙否?聞邢君新得《揚子法言》,是白麻紙印本。曾見之否?元本《大戴禮》曾托滬友議價未成,今歸邃雅,當更居爲奇貨矣。(《弢翁遺札》,載《中國歷史文獻研究》〔一〕,第12頁;《弢翁藏書題跋·年譜》,第244頁)

9月9日,致函徐森玉,詳述爲國立北平圖書館購宋版《經典釋文》經過。

　　致徐森玉函:……成寐,此次瀋陽接受賞溥傑各書共九十二種(書目可向慰堂兄索閱)(十九係殘帙),中有宋版《經典釋文》,僅存三函十八册，較原目四函廿四册尚缺六册。近聞人言，估人赴東北者攜歸字畫（聞有宋畫數卷，已寄滬）（里亦有所調查，容後再告）、書籍，但秘不示人，百計追尋，始得見《經典釋文》五册，係原書一至六卷，每册首尾，元崇文閣官書印、明文瀾閣印、明萬曆三十三年朱記（孫能傳編《内閣書目》時所鈐，陳澄中藏《夢溪筆談》外，僅此一見）及各御璽赫然具在，以意度之，當係絳雲樓故物，葉林宗據以影抄者也。乃不動聲色，與之理論。初索五百萬，再後落至二百。但回顧平館，不名一文，王子訪輩又蠢然不知學問爲何物。乃連夜求援於傅公孟真，渠亦稱奇不置，由里手寫借據，向北大借得現款，馳往交割，抱書歸館，爲之大快！里所以作此緊急措置者，因恐平津有力者得知後，估人大索高價，吾輩更無法問津也（某君已先知有此書，追索甚急，遲一步恐連書也看不到）。里自今春竭盡心力爲平館收得海源閣書後，自謂此後決不再管閒事，今又故態復萌，再作馮婦，吾公聞之，得毋以爲迂乎？此間亦有所謂古物保管會或文物調查會者，主其事者皆知名之士，既無常識，亦無毅力。王世襄年少好事，不知放走了多少古物（世襄近與里過從甚密），除字畫尚能通曉名目外，其他古物、書籍亦非所素習。光復後，此中甘苦，可爲知者道，難與俗人言也。此事請勿轉告滬上平估如孫助廉之流，除諦兄及其他同好外，亦勿宣揚爲幸。細思此事，與聊城兵燹後海原閣書散出一事相類，此後或當紛（？）之而來，里亦不願再管閒事矣，吾公如有所見，乞不吝紙墨，惠示數行，無任感懇。拉雜書此，不恭之至，千乞鑒諒爲禱。肅上，敬請崇安。末學萬里再拜。九月九日夜十二時。諦公均此致候。此函未發，今日又有人秘密送閲程頤《易傳》六卷（全書）（《天禄續目》經部宋本第一部），六册，一錦套，宋刻宋印，白麻紙，白口，刊工與《聖宋文選》相似，蓋婺州本也。有傳是樓印及各御璽。索八百萬，里匆匆記行款後還之。此書不足動我心，然就書論書，亦宋刻上駟也，吾公以爲何如？十日午刻又及。此函閲後付丙爲幸，里又叩。

　　按：此函録自柳向春《趙斐雲先生致徐森玉先生函一通詮解》（《中國典籍與文化》2011 年第 3 期，第 154—159 頁），函中涉及的一些人與事，柳文已有詳考。

9 月 12 日，錢南揚來函，托借《卅三種清代傳記綜合引得》、《八十九種明代傳記綜合引得》。

　　錢南揚函：揚自前年冬入通志館，南郭濫竽，聊以棲托，實不感興味也。閣下幸有以教之。燕大出版之《卅三種清代傳記綜合引得》、《八十九種明代傳記綜合引得》，不知可以設法假讀否？子書兄久無消息，近況何如，代爲致意。（原函存趙府）

10 月 7 日，李芳馥來函，談袁同禮行程及爲馮契介紹工作情形。

　　李芳馥函:守公於五日晚飛抵滬。六日來寓所,適兄外出,晚在辦事處見面。今晨離滬去京,約有一星期之勾留,擬於十五日左右飛平。前寄由辦事處轉一函已面交。所託作介紹馮君函,候渠返滬後辦理。鄭壽麟現尚留川,不必亟亟也。馮君現在原籍,據令妹云,約雙十節前後來滬。道經杭州,且看浙大方面如何。今日曾見西諦,托伊見董時再爲説項。詢及馮君之才識,以令妹學識之高,則馮君必有過人者。近日滬上物價又復暴漲,而館中五月份以後薪津皆未發清,兄之六七八月份薪津各收到十一萬餘元,而餘兒之寄養費每月需八萬元。守公此次去京,擬向教財兩部交涉加薪發現,不知結果如何。

　　按:此函見於中貿聖佳國際拍賣有限公司 2017 秋季藝術品拍賣會"新芽③——中國書畫專場"。

　10 月 10 日,北京大學在四院大禮堂舉行復員開學典禮。先生在北大復員後,任史學系兼任講師,仍講授《中國史料目録學》。

　　寧可《"北京圖書館"是我的習慣語》:1946 年我到北平上大學,第二年,在北平圖書館工作的趙萬里先生在學校開設史部目録學課。一天下午課後,他領着我們幾十個學生去參觀北平圖書館。樓上的大閲覽室一列列半人高的書架上擺着許許多多的中外工具書和大部頭叢書,展示着人類文化精華的底蘊。然後,趙萬里先生領着我們走向地下室,領略那裏收藏的各色綾子封面的《四庫全書》,並且打開一函,讓我們仔細欣賞那無可替代的文化瑰寶。(2009 年 12 月 29 日《光明日報》第 6 版)

　　戴逸《初進北大》:1946 年深秋,我從上海交通大學轉到北京大學。……我在北大兩年還聽了許多史學系的課程。……還有一位從北京圖書館請來講目録學的趙萬里,他是王國維的學生、同鄉,其讀書之廣、識斷之精、記憶之强,令人驚歎。上課不帶片紙,各種珍本、善本的特點、刊刻年代、內容、均爛熟於胸,娓娓而談,均有來歷,課堂上有問必答,略無遲滯。據説他幼年時走過幾遍街道,就能把兩旁商店招牌,暗記背誦出來。(1998 年 2 月 4 日《光明日報》第 7 版)

　　按:《國立北京大學文學院三十五年度聘任人員薪額單》載先生爲史學系兼任講師,授課時長爲每週二小時。《國立北京大學在校教員名冊(截至三十五年十二月底)》史學系名譽教授或兼任講師一項列有先生之名。(《北京大學史料》第四卷,第 171 頁)據《史學系兼任講師名單》,先生擔任課程爲《中國史料目録學》,每星期二學時,全學年兩個學期各二學分,附注"照教授級支鐘點費"。(《北京大學史料》第四卷,第 182 頁)

　10 月 15 日,朱自清來訪,不遇。

朱自清日記：訪斐雲，亦不遇。（《朱自清全集》第十卷，第 427 頁）

　　按：10 月 7 日，朱自清乘飛機返回北平。

10 月 16 日，朱自清來訪，不遇。

朱自清日記：下午訪斐雲，只見到他太太。（《朱自清全集》第十卷，第 427 頁）

10 月 18 日，偕夫人訪朱自清。

朱自清日記：上午趙萬里夫婦來。（《朱自清全集》第十卷，第 427 頁）

10 月 21 日，鄭振鐸來函，談近期購書詳情。

鄭振鐸函：勝利以來，生活日高，而收入日少。憶去歲此時，月需五六萬，便可充裕自如。今則非廿倍之不可。賣文爲活者，何處有此大筆款項可得乎？窘迫之餘，呻吟難忍，復何心從事他業乎？近借到款子數百萬元，破釜沉舟，印行《版畫史圖錄》第五輯，如獲成功，則可贏餘二三百萬，今冬明春俱可無憂矣！如失敗，則非賣去若干明刊版畫書以償債不可，此景此情，誠可憐憫矣！屢提筆，千言萬語，無從説起。蓋心緒鬱鬱，非言可盡也！聞《法言》及四蜀刊唐人集，爲傅君介紹李濟之購得，但昨又知《法言》已到了上海，則他們固未成交也。近見一驚天動地之尤物，完全是“生坑”，各家書目皆不載，完完整整的六十册，大半爲書棚本，少數爲他地所刻。弟與二爺，翻閱不忍釋手，就宋版書論，實百年來最大之發見也。書無總名，共六十種，多半爲毛鈔（不印）《南宋群賢六十家集》之祖本，惟少去七八家，多出《孝詩》、《增廣聖宋高僧詩選》等四五家，《高僧詩選》之前集即《九僧詩》，亦毛鈔《九僧詩》之所從出，末有朱竹垞跋二紙。書主索値至昂，經多方設法，或可加以截留，不至他去。兄聞之，能不動心乎？弟最近得我們在甬所合鈔之明鈔本《錄鬼簿》原本，爲價六十萬，已悉索囊中物以償之矣。又得明魯藩藍印本《畫法大成》八册，價亦甚昂。此書爲版畫史大好資料，故非收之不可。此外，則不敢多取矣。有屠隆評《金釵記》，爲程某所購，亦難得之物也。平中有所見否？盼能時時示知。世情擾擾，稍有生趣在者，賴有此耳！明春或將北上一游。（原函存趙府）

　　按：此函封面注：“十月廿六復。”

10 月 25 日，朱自清來函，談《大公報·圖書週刊》約稿事。

朱自清函：弟前日移居清華，甚忙。《圖書週刊》事，已接洽吳辰伯兄，渠愿加入特約人內，每月寫五千字，餘人待洽。弟本人恐只能每月寫一二千字，因現出一《語言與文學》週刊，弟須寫稿也。……江公已到，《副刊》事已告之，請函洽。《副刊》文字標題，弟意見另詳。（原函存趙府）

10 月 26 日,覆鄭振鐸函。

10 月 29 日,朱自清來函。

按:朱自清當日日記書信名單載"斐雲"(《朱自清全集》第十卷,第 429 頁)。

10 月 30 日,浦江清來函,告知近況。

浦江清函:自昆明奉書後,《清華學報》兩期即交令妹,聞已托人帶平,諒達。弟返鄉度暑,疎懶未作書。在松見及聲越、子平諸兄,北大擬聘聲越,而不果北來,可惜也。弟於十月十四日由滬啓程,十八日抵秦皇島,二十日抵平,二十二日遷入清華園,内子、子女同來,疲乏忙亂,刻下尚未安定就緒。擬日内進城,便可拜訪暢談。自上海之别,不覺又五年矣。囑撰稿事,畢公亦曾言及,待稍安定後再作。至歉。頃方爲米鹽瑣屑打雜之事,而下周開課,竟不知爲何,迄今尚未打開書本也。陳先生亦已到校,住新南院。弟及佩公尚住北院,晤談不遠。(原函存趙府)

按:浦江清 12 月 23 日致陸維釗函稱:"覺明兄在城中尚未晤到,斐雲已晤並道及足下。(覺明訊址是北大文學院史學系,斐雲則仍爲北平圖書館,諒切盼閣下書札也。)"(《生命無涯:浦江清隨筆》,第 182 頁)可知先生於該年 11 至 12 月間與浦江清晤面。

10 月,所撰《〈程氏墨苑〉雜考》載《中法漢學研究所圖書館館刊》第二號。

按:此文詳細比勘《程氏墨苑》與《方氏墨譜》,考證程方交惡争勝始末,並對後人之誤解加以解析。文末歎曰:"君房有傑才,宜得身後名,乃後人妄加雌黄,以與墨匠方氏並稱,惜哉!"

11 月 16 日,訪朱自清。

朱自清日記:上午斐雲來。(《朱自清全集》第十卷,第 431 頁)

11 月 26 日,鄭振鐸來函,談購書情形。

鄭振鐸函:濟川來滬,已見到。因弟在病中,躺在牀上已將一月,百事皆廢,精神不振,故未能多談。現已痊愈,可下牀矣,乞勿念!馮兄曾來過,亦以弟正在發燒,故未面談,殊爲不安!馮兄欲教國、英文,爲時過晚,未能多所盡力,歉甚!紹虞兄處,已介紹他去面談矣。小兒患病,仍未好。此"富貴病"也,窮人得之,除静養外,實毫無辦法也。《版畫史》預約出者僅有百部左右,仍須虧本數百萬元,但出版後,想可多銷些,承鼎力介紹,感甚,感甚!《録鬼簿》未他讓,兄的跋文盼能早日見到。弟曾有一跋,刊於《文藝春秋》五號上,不知兄見之否?《群賢小集》因索價過昂,枝節横生,弟因病,便未過問,現由森老負責接洽,不知能否成交?《大德通曆》失之交臂,大爲可惜。《杜詩》聞爲趙元放得去。《春秋左傳》自當介紹,但不知能否成功？濟川又攜來至正刊《金剛經》，是硃墨本，在版本學上極爲重要，當極力代爲介紹也。兄之二書，濟川尚未交來。弟一時尚未能外出，俟交到，必可即行付款也。森老傷足，已愈。弟近來百感交集，甚感無聊。明春必當北游半年，以暢鬱懷。近又得王李合評之《元本出相南琵琶記》及萬曆藍印本《畫法大成》，頗爲得意。《南琵琶》與弟前讓北平圖之《北西廂》，正可配匹。寧波近出天一閣殘本明刊志書不少，有可與北平圖所藏配成全書者，乞詢之守和先生，有意得之否？（原函存趙府）

11月27日，賀昌群來函，談爲《大公報·圖書週刊》撰稿事。

賀昌群函：頃奉手書，遥知《圖書副刊》復刊，何勝欣快，亦不禁回憶十年前事，如在眼前也。現刻此間生活動亂，書籍困難，考據甚難。前在滬，以中囑弟爲《文匯報·圖書副刊》撰稿，弟至今尚未能報命。雖念兹在兹，而以中獨未能釋然也。今承吾兄之命，弟義不能辭，但其苦衷，想亦能見諒也。但弟必盡力以赴之，但請寬以期限耳。平時讀書札記弟頗多，但均須加以整理，又須加以參考材料，方可問世。凡此皆非近日生活所允許。舍間全今尚住教室中，形同難民，可想而知。中年文字又不敢不審慎出之，此兄定有同感者也。守和先生返館，想多新献。覺明聞已返平，不知近況何如？久未通候，想較此間必安定多多。中大下周上課，胡適之先生將長中大，此事兄等或將視爲異聞也。……館中諸友好便乞致候。（原函存趙府）

11月29日，所撰《洛陽新出爾朱敞父子墓誌考證》載於天津《民國日報·圖書副刊》第十九期。

按：此文據洛陽出土隋初爾朱敞父子墓誌，補正史籍中二人傳記之缺載。此文又以《跋爾朱敞父子墓誌》爲題，載於《圖書季刊》新第九卷第一、二期合刊（1948年6月）。

11月（農曆十月），周叔弢來函，賀《經典釋文》歸北平圖書館，談宋本《程氏易傳》等書情形，並托補齊《北平圖書館館刊》、《圖書季刊》。

周叔弢函：前奉手示，敬悉一切。承囑鈔二文，事冗頃始録完，遲遲之過，尚乞諒之！《經典釋文》節前有人擬攜津求售，中途爲王子霖取去，卒歸北平館，可賀之至！不知諧價若干？當時亦索一百四十萬元也。其他尚有宋本《程氏易傳》，宋小字本，乾隆御題，此書極佳。另宋本《春秋左傳》（無注），四周寬大，只存四册，亦是佳書。其餘只《纂圖互注莊子》，元末本，無可取也。兹有懇者，遲處《北平館刊》只至十一卷一號止，《圖書季刊》十卷三號止，此後似尚有數册，不知能設法爲補齊否？甚盼甚盼！（《弢翁遺札》，載《中國歷史文獻研究》〔一〕，第19頁；《弢翁藏書題跋·年譜》，第244頁）

12月1日，葉恭綽來函，托查陸心源䀄宋樓舊藏《四朝成仁録》之著録情況。

葉恭綽函：弟以病逾年，精神遠遜於前，現惟結束十年來各工作。其中屈翁山《四朝成仁録》稿本之校訂，已將海内各藏本悉數蒐集，加以匯參，惟陸存齋藏本現在日本静嘉堂者未由得見。依謝剛主《晚明史籍考》所載是本之目録，其全備勝於各本，勢不能棄而弗采。惟静嘉堂藏書現歸麥克沃塞管制，如向請求鈔借，須有根據，而滬上竟求一完全之《静嘉堂秘籍志》而不可得（間有之，亦非全本，中且無《四朝成仁録》）。爲此不得已奉求設法一查，此書見於某年出版之《秘籍志》的第幾卷，其中所載目録與《晚明史籍考》所載是書之目録詳略異同一並見示，爲感無既。（原函存趙府）

12月9日，顧廷龍來函。

顧廷龍函：每從森老處獲聞起居佳勝、著述日宏爲慰。旬前拜奉手教，快如良覿。致頡剛書已面交，據云《永樂大典》鈔本昔在甘肅聞人所言，謂在涼州舊家，惟言者藏者一時忘其姓名，容憶及再告。鶴逸先生與寒家同姓不宗，而弟與其喆嗣皆相習。章丈式之嘗爲誌墓之文，載《四當齋集》中（生清同治乙丑六月，卒民國庚午四月）。秦漢十印齋書目所見均傳鈔本，蟫隱庵似未印過（蟫隱庵所印爲周星詒之《傳忠堂書目》）。承示《大公報·圖書週刊》將由公與守翁編輯復刊，嘉惠士林，開吾茅塞，聞訊歡忭。辱荷徵稿，荒落毫無足述，稍緩當撰呈雅誨也。（原函存趙府）

按：此函信封有北平郵戳，日期爲“三十五年十二月十日”。

12月13日，下午二時至七時，赴北京大學蔡孑民先生紀念館出席中國語文誦讀方法座談會。

按：此次會議邀請人爲魏建功，出席人有黎錦熙、朱光潛、馮至、朱自清、徐炳昶、潘家洵、沈從文、游國恩、余讉英、鄭天挺、顧隨、毛准、孫楷第、周祖謨、吳曉鈴、石素真、陰法魯、李松筠、趙西陸、鄧廣銘、李長之、劉禹昌、陳士林、周定一、趙萬里、向達、錢秉雄、柴德賡。會議記録由陳士林、周定一執筆，刊發於《國文月刊》第五十三期（1947年）。

12月17日，朱自清來函。

按：朱自清當日日記書信名單載“斐雲”（《朱自清全集》第十卷，第435頁）。

12月20日前後，朱自清來函，托爲孔祥瑛介紹工作。

按：此函現存趙府。信封北平郵戳日期爲“三十五、十二月、廿二”。内有履歷一份：“孔祥瑛，女，卅二歲。山東省滕縣人。民國二十八年畢業於清華大學中國文學系。民國三十二年十一月至三十五年九月服務於成都四川省立圖書館研究輔導部,任助理幹事。"孔祥瑛即錢偉長夫人,後曾任清華大學附中校長。

12月23日,鄭振鐸來函,告知近期購書情況。

鄭振鐸函:前托書友帶上一函,内附《續録鬼簿跋》,想已收到。兄之跋文,盼能寫好寄下,以便訂入書中,此一段"姻緣",大可有文章做也。本欲爲友購之,賴兄一言提醒,便即自收之矣。近得《南音三籟》、魏仲雪本《西廂記》、李九我本《破窰記》,價至百萬,不得不盡囊中所有以收之。年關在邇,負債數百萬,只好置之不理矣。又得閩人郭應寵文集(清初鈔本,似未刊),中有關於于小穀一文,大可補充《孤本元明雜劇》之掌故,甚爲高興。又得林初文全集(名章),爲其子古度所刻,中多倭變史料,亦佳。書運甚佳,惟歎有心無力耳。擬寫《歲暮收書記》一文,寫就,當奉上請教也。《大公報·圖書週刊》似尚未出,何時可出第一期? 由兄主持,一定大有可觀也。天大冷,無法生火,作書甚苦。(原函存趙府)

12月,所撰《跋館藏盧文構李月相夫婦墓誌》載於《圖書季刊》新第七卷第三、四期合刊。

按:此亦以墓誌補正史籍之作。

本年下半年,受聘主持北京大學圖書館藏李盛鐸舊藏善本書整理工作,與其事者有宿白、常芝英、冀淑英、趙西華等。

1947年　先生四十三歲

本年,先生任國立北平圖書館善本組主任。

1月4日,天津《大公報·圖書週刊》出版第一期,此刊爲天津《大公報·圖書副刊》之延續,由袁同禮與先生共同主編。

按:此刊設專著、書評、學術界和出版界消息三個欄目,每隔週週六刊出,後改爲週一刊出;至1948年12月13日出版77期。此外亦在《大公報》上海版刊出,上海版每隔週週三刊出,本年1月7日出版第一期。

同日,故宮博物院第六屆理事會舉行第一次談話會,討論通過故宮博物院專門委員人選名單,先生爲四十二位專門委員之一。

按:此次會議通過的名單,係故宮博物院各館處提出,先生與張允亮、王重民三人之專長標注爲"版本校勘"。(鄭欣淼《故宮博物院學術史的一條綫索——以民國時期專門委員會爲中心的考察》,《故宮博物院院刊》2015年第4期,第24頁)

1月10日,上午,偕向達訪季羨林於北京大學。

季羨林日記:回到研究室,鍾莉芳去,不久向達帶了趙萬里去,談了

會。（《此心安處是吾鄉：季羨林歸國日記 1946—1947》，第 143 頁）

1 月 11 日，午赴袁同禮宴，晤胡適、陳垣、向達、周一良、邵循正、容肇祖、季羨林等。

季羨林日記：十二點下課，同向達坐洋車到北平圖書館，今天袁守和請客，同桌的有胡適之先生、陳援庵先生、向達、周一良、趙萬里、邵循正、容肇祖。吃過午飯，看了幾部宋版書，聽胡先生談《水經注》，我看他真有點着迷了。（《此心安處是吾鄉：季羨林歸國日記 1946—1947》，第 144 頁）

1 月 24 日，所撰《古誌新證·高虬墓誌（仁壽元年二月十八日）》、《斛斯樞專誌（大業七年四月二十一日）》二篇載於天津《民國日報·圖書副刊》第二十七期。

按：此亦以墓誌補正史籍之作。

1 月 31 日，所撰《古誌新證·馮邕妻元氏墓誌（正光三年十月二十五日）》、《高湛墓誌（元象二年十月十七日）》二篇載於天津《民國日報·圖書副刊》第二十八期。

2 月 7 日，所撰《古誌新證·元寶月墓誌（北魏孝昌元年十二月三日）》載於天津《民國日報·圖書副刊》第二十九期。

2 月 12 日，孫作雲來函，告知近況，並寄《歷史與考古》及其出版消息一則。

孫作雲函：去冬有友人莫君赴平，生托其捎上《貞松老人外集》四冊，未悉收見否？生於去秋由東北臨時大學補習班之介，得濫竽東北大學任教，擔任"中國古代神話研究"及大一國文兩班，外在國立瀋陽博物院任研究員，生活尚堪自給，茲隨郵寄上本館所出版之《歷史與考古》一冊，尚希教政指謬。外附該刊出版消息一則，便中乞交貴館主編之《大公報·圖書副刊》執事諸公。拙稿所言雖不無溢美之詞，然要爲提起讀者之注意，此外無他意也。（原函存趙府）

按：孫作雲該文經先生安排，刊載於 1947 年 4 月 11 日天津《民國日報·圖書副刊》第三十八期，名爲《東北光復後第一部學術雜誌：〈歷史與考古〉述評》，署名雨庵。

2 月 13 日，偕季羨林往前門某古玩商處看梵文、畏兀兒文、藏文殘卷。

季羨林日記：九點趙萬里去，同他一同出去，到景山上汽車，到前門里去看一個古玩商人，他有很多梵文、畏兀兒文、藏文殘卷，只有三片是用 Brāhmī 字母寫的，索價三十萬元，真是駭人聽聞。（《此心安處是吾鄉：季羨林歸國日記 1946—1947》，第 162 頁）

2 月 18 日，中研院史語所致函中研院總辦事處，提請院務會議恢復先生之通信研究員名義。

　　史語所致總辦事處函：查本所通信研究員趙萬里君在抗戰期間淪陷北平，本所前於卅年以傳聞趙君有加入偽組織嫌疑，曾提請院長停止其名義。抗戰勝利後，據本所傅所長在北平調查結果，趙君並未參加偽組織，而其在抗戰期間之未能來至後方，亦有不同之解釋。茲經本所卅五六年度下屆第一次所務會議議決，提請院務會議恢復其名義，用特專函奉達，敬祈貴處轉呈院長，於本次院務會議中提出討論是荷。（原函存傅斯年圖書館）

　　2月21日，中研院總辦事處致函史語所，通過恢復先生之通信研究員名義案，並致送聘書、調查表。（原函存傅斯年圖書館）

　　同日，所撰《古誌新證·李挺墓誌（東魏興和三年十二月十三日）》載於天津《民國日報·圖書副刊》第三十一期。

　　3月19日，余遜致函傅斯年，報告先生《漢魏六朝冢墓遺文圖錄》印刷情形。

　　余遜致夏鼐函：趙斐雲所為冢墓遺文序，生曾經催促，據稱序文字數少至甚多，屬稿甚易，且亦不致稽遲過久。惟書中闕頁頗多，有須重新照像石印者，有須補排鉛板者，俟其補印齊全，連平裝訂，頗須時日。補印竣事前，序文總可脫稿，不致因此便出版愆期也。（原函存傅斯年圖書館）

　　按：傅斯年於此函行間，批注四則：“乞再一催。此書實不便再等。豈等至第二次大亂耶。”“此事已與商務談好，不應再慢。一事慢，他事也慢，必無了局。”“不可如此也，予將催商務。”“乞轉請其萬勿等補印頁。”急切之情，躍然紙上。

　　3月28日，所撰《古誌新證·徐智竦墓誌（隋大業八年三月二十一日）》載於天津《民國日報·圖書副刊》第三十六期。

　　3月中旬，王庸來函，寄評《四庫學典》一文，並托詢問《中國地理圖籍叢考》出版事。

　　王庸函：前日函允為《圖書週刊》寫稿，迄今未曾為得，至以為欠。蓋一因俗務忙碌，二因拜讀各期《週刊》，琳瑯滿目，自愧無可附驥尾者，故餒於執筆也。茲寄卜友人評《四庫學典》一文，未知可入《大公·圖書週刊》否？如嫌語氣稍激，不妨修改，俾較和緩。《大公》如不能登，則可否登入其他刊物？萬一皆不合式，請即寄下為荷。稿費幾何，不必寄下，請領得後交與覺明兄代收並示數目，因弟於覺明兄有款項出入，可以劃算也。再者，六七年前弟曾彙錄以前編錄之地理圖籍文字若干篇，名曰《中國地理圖籍叢考》，經萬稼軒兄之手，列為北平圖叢書之一，交香港商務書館出版，此書至今未有消息，不知原稿有遺失否？如未遺失，可否請守和先生設法催促印行。萬一因故未能出版,亦乞平館即將原稿提出寄還爲荷。此書前萬稼軒兄過滬晤見時曾爲詢及,煩兄托稼軒兄查詢亦可。費神之處,無任感荷。有三兄不日到平,滬上諸友概況,當可詢知。……稼軒兄等館中諸舊友,晤及代候,不另。(原函存趙府)

　　按:此函信封郵戳日期"卅六三月十六"。信封注:"四月廿二復。"函中所述《中國地理圖籍叢考》一書,即由商務印書館于 1947 年印行。該書分兩編:甲編收《明代總輿圖彙報》、《明代北方邊防圖籍錄》、《明代海防圖籍錄》;乙編收《中國地理學史補訂》、《中國歷史上地圖與軍政之關係》、《中國歷史上之土地疆域圖》、《地圖閒話》(一、二)。附錄吳玉年《明代倭寇史籍志目》。

4 月 2 日,王庸來函,告知評《四庫學典》一文已刊出,不必再登;並再托詢問《中國地理圖籍叢考》出版事。

　　王庸函:前上航函並附書評稿一篇,諒早鑒及。今日接該友來函,謂該稿已付《中央日報》刊行,故盼不必重行刊登矣。若未付印,即希抽出,並盼將原稿寄還爲幸。北平圖書館印拙稿事如何,已問明否? 亦盼示知。有三兄已到平,諒已晤及矣。(原函存趙府)

　　按:此函信封上海郵戳日期爲"卅六、四月、二日"。信封注"四月廿二復"。

4 月 11 日,所撰《古誌新證·羊瑋墓誌(大業六年九月十五日)》載於天津《民國日報·圖書副刊》第三十八期。

4 月 22 日,覆王庸函。

4 月 25 日,所撰《古誌新證·楊秀墓誌(大業六年十月八日)》、《王袞暨夫人蕭氏墓誌(大業十一年二月二十一日)》二篇載於天津《民國日報·圖書副刊》第四十期。

4 月(農曆三月),周叔弢來函,托將自藏《群經音辨》中册、《左傳》卷一卷二兩册獻與故宫,使之配成完書,又托校故宫藏《群經音辨》上下二册。

　　周叔弢函:前談宋本《群經音辨》首、末二册近在故宫發現,宋撫州本《左傳》自卷三以下,亦在南遷書中。暹舊藏《音辨》中册、《左傳》卷一、卷二兩册,正可補成完書。此二書皆宋本上駟,然爲劍合珠還計,不應再自秘惜。今特檢出奉上,乞代獻之故宫博物院,書之幸,亦暹之幸也。此等事非尋常交易,豈可言錢? 更不能計多寡。區區下忱,乞代達馬先生爲叩! 再者,宋本《音辨》暹曾手校中册,故宫所藏二册,便中尚乞吾兄代校爲叩! (《弢翁遺札》,載《中國歷史文獻研究》〔一〕,第 20 頁;《弢翁藏書題跋·年譜》,第 247 頁)

　　按:馬先生指馬衡,時任故宫博物院院長。

4月27日，顧廷龍得先生函，知其文將刊出。

沈津《顧廷龍年譜》：得趙萬里函，先生的文章將於十九期或二十期刊出。（第406頁）

按：《大公報·圖書週刊》第十九、二十期於本年5—6月刊出，此函所指刊物當即該刊。但該刊第十九、二十期未見顧廷龍作品。查該刊上海版第二十六期（1947年9月3日）天津版第29期（10月25日）均刊有顧廷龍《南宋書棚本江湖小集經眼記》，或即此函所指。

5月9日，故宮博物院公布《國立北平故宮博物院專門委員會暫行章程》。先生爲此次所聘47位專門委員之一。（鄭欣淼《故宮博物院學術史的一條綫索——以民國時期專門委員會爲中心的考察》，《故宮博物院院刊》2015年第4期，第24—25頁）

5月14日，國立北平圖書館召開復員後第一次館務會議，袁同禮、王訪漁、王重民、先生、顧子剛、王祖彝出席。

按：此次會議確定，每月第二個星期三下午召開館務會議，由館長召集各組主任、秘書及文書股長舉行。（《北京圖書館館史資料彙編：1909- 1949》，第878頁）

5月26日，王育伊來函，談《圖書週刊》稿件事。

王育伊函：有三先生求到胡先生跋文，擬在八卷發表，琚飛先生寄來《圖書週刊》二至十三期，早已收到。拙作期刊介紹兩篇，當從《週刊》五、七兩期中剪下重用。《版畫史圖錄》第五輯已見，近因事忙，尚未補寫。拙作各稿，至少已失去半年之時間性，最好不在《週刊》發表，且異日《季刊》出版，一若卅五年之刊物，轉載卅六年《週刊》材料，反滋人疑惑也。尊意云何？前托來薰閣劃下之稿費一萬五千元，並已收到。謝謝。比日因裝箱善本，作運回北平準備，公私既忙，精神復困憊，積久未復，慚愧之至。（原函存趙府）

同日，在北京大學晤季羨林。

季羨林日記：四點下課，同趙萬里談了談。（《此心安處是吾鄉：季羨林歸國日記1946—1947》，第214頁）

5月（農曆四月），周叔弢來函，告以宋本《群經音辨》、《左傳》三册書款五百萬元已收到，並托向馬衡、袁同禮致謝。

周叔弢函：昨奉手書，敬悉一切。宋本三册承故宮惠賜書價五百萬元，頃已收到。優渥之情，曷勝感謝！此固非尋常交易可比也。馬、袁二先生處乞代達爲叩。（《弢翁遺札》，載《中國歷史文獻研究》〔一〕，第20頁；《弢翁藏書題跋·年譜》，第248頁）

6月26日，鄭振鐸來函，力勸先生不可多勞，以靜養爲要，並托先生購石刻拓片，又談及印書計劃及京滬友人近況。

鄭振鐸日記：昨得斐雲長信一，即覆。（《鄭振鐸日記全編》，第288頁）

鄭振鐸函：久未通音問，得二十日來信，喜極！前曾托赴平書友奉上數函，不知均已收到否？弟近來得書不少，因之，也大爲窘迫，負債累累。六月底已勉强渡過，預計七月內也許可以還清一部分。所得大抵爲考古書，爲價皆奇昂。一部磁器譜，一本的，要價一二百萬，並不爲奇。版本書久已不買了。惟最近得龔孝珙校《定庵詞》一本，甚爲得意。弟前已有定庵在道光間自刻詞，兹又得此，喜可知也。兄過於忙碌，致有病徵發現，此後，還以靜養爲要。編輯方面的事，能辭去若干，還以辭去爲宜。蓋看稿最傷身體也。小兒前歲亦患肺疾，遵醫囑，每天打鈣針（須由醫生指示），靜躺不動者近十個月，近則可以起牀矣。下學期可以上學，且身體也大胖。此疾最怕勞碌，只要靜養，多吃補品，便無問題。我兄不宜疏忽，最好還以多看醫生，並住到城外去爲妥。千萬，千萬，萬不可自持體强，力疾從公也。教書爲第一勞苦事，其次是看稿、寫稿，皆宜切戒之。人生以身體健壯爲第一。我兄必須注意及之。盼甚，盼甚！請聽好友之勸，不可多勞吧！！弟常爲兄劃策，幸蒙采納（也幾乎言無不中）。這一次，也望兄能聽弟言，設法休養爲要。書籍及其他，皆身外物，何妨斥去爲養病之資呢？弟如能幫忙，必當極力盡心也。此出誠心，勿目爲虛言。弟的經濟情形，到了七八月後，必可好轉。屆時，當奉上數百千之譜，爲兄養病之用也。乞萬勿客氣！我兄才神駿絶，魄力驚人，望能好好的保此萬鈞之軀，爲我民族做些事。嫂夫人之病，已割治否？亦宜遵醫囑，不可疏忽。弟頑軀差健，體重已至一百六十五磅，多睡多吃，別無他訣，且亦不甚有心事。差不多工作之外，便是吃、睡，也許身體不壞，即由此故。故勸兄亦應從"此"下手。不宜有閒愁閒悶，應放寬了心胸，不着急，不生氣，不憂慮，如此，便不吃藥也會很快的好的。但最好當然要同時打針（鈣與V.C合針，現在很貴，每個醫生都知道）。又，最好是全由西醫診斷，遵從他的話，中醫萬不可請教，草頭方更不可嘗試。《玄覽堂》二集，已全部印竣，謝謝兄的指示！弟因在滬，參考書太少，故易有錯誤。誤收《嘉隆新例》便由不查《嘉隆疏鈔》之故。擬再細查一下，易以他書。惟孫宜之《洞庭集》與《洞庭漁人集》（亦宜撰，三十二卷）似不同。弟手邊無《洞庭漁人集》，當即函中央圖，托他們代查一下。弟仿佛記得，《漁人集》中無"史料"一類的東西，而此《洞庭集》四卷，則專紀"洪武"一代之事者。疑係不同之物也。兄欲以初集（二百册）易"二集"，當然歡迎。弟當代爲接洽，不成問題也。聞《陳書》甚初印，得之可賀也。沅叔先生捐贈之書，大爲可觀。此兄之力也。

中央圖亦以款絀,近來甚少購書。版本書尤少買。其實,明刊、抄校書,近來均甚廉,如收購,實爲大便宜事。可惜他們不大注意也。弟亦以種種關係,不願多事,能不介紹,便樂得省麻煩,足見近已懂得人情世故矣。古玩商祝某之漢及北朝畫像九十種,又張寶珠造像二張,弟欲得之。如三百萬可成交,請即將此項拓片交來薰閣航空寄下爲荷! 其款,已托濟川,由來薰閣平店逕行撥交兄收。費神,至爲感謝!（即在三百以外,亦可,由兄作主可也。）此項畫象拓片,弟欲大量收購,唯以無此機會,故所采用者,僅以《金石索》、Chavanne、大村西厓及原田淑人諸家之書耳。（又南陽畫象集,亦僅見已出版之二種。）可謂寒儉之至! 甚盼兄在平能爲弟多搜羅些此類拓本,然恐怕多費兄的精神體力,不敢請耳。此批拓片,盼能即寄下,頗想先睹爲快也。弟賤辰實在冬天,然此時他們已有好幾次爲弟慶祝矣。受之有愧,却之不恭,甚難措置。在五十年中,弟實不曾做過什麼有益人類的事,可謂“虛生此世”,何足稱“壽”乎?! 兄賜以厚禮,實不敢當,千祈勿寄下爲盼! 伯郊婚期在二十八日,排場頗不小,蓋以何家欲鋪張一下也。唐抄韻書,尚未見到,不知由何鋪經手? 如係富晋,則難於問津矣。宋本《通鑑》,係由森老接洽成功,價雖昂,然書則不壞（原索一百二十條,合二十萬萬元以上,今僅以五條得之,不能説貴）。《録鬼簿》跋,轉載絶無問題,請兄删改一下可也。如尊處無此稿,則弟可抄一份奉上。謝謝兄的代爲宣傳及幫助! 近來計劃正多,野心頗大,紙張已購備不少,且已加裱（三層夾貢裱成,甚厚,甚美觀）。最近擬印張蔥玉之《元明清名畫集》,約有八十幅,甚精（七月間出版）,又印《西域畫集》第一輯,約有六十幅（八月間出版）,均已在進行中。尚有《古明器陶俑圖録》,約有四百幅（一千餘件）,則約在九十月間可印成,故近來工作甚爲緊張。覺明兄何時來滬? 兄能早日來,尤爲高興! 傅孟真明日可到滬,數日後即將赴美。《大公報·圖書週刊》,未能多所盡力,歉甚! 實以太忙,故不大有功夫寫零碎文章也。自當遵囑代拉稿子。盼兄能早日南下,當暢談數晨夕,以傾積愫也。傅孟真以一億三千,購沅叔之《莊子》及《史記》,此間詫爲豪舉,其實也不能算貴,實在錢太“毛”了,故覺得一切皆貴。森老常在京滬間奔走,都是爲他人忙,曾勸之,然他頗好事,亦難於擺脱一切,恐怕一時不會北上的。（原函存趙府）

　　按:此函信封上海郵戳日期爲“26.6.47”,並注“卅六\六月卅日復”。

6月30日,覆鄭振鐸函。

本年度,先生兼任北京大學史學系講師。（《國立北京大學三十六年度教職員録(卅七年五月)》,第48頁）

本年上半年,致函傅斯年,談刊印《漢魏六朝冢墓遺文圖錄》、購傅增湘藏宋版書等事宜。

致傅斯年函:弟今春身子日漸羸弱,經醫透視,云患輕性肺疾,力囑節勞静攝,同時家人亦多患病,以致心情苦悶異常,有失上候,至深罪尤。《漢魏六朝冢墓遺文圖錄》,石印(補印)部分首批上海已印製完竣,二批即可檢寄。至鉛印(補印)亦在京華趕印。本暑期中定可出書,屆時當首先寄至美國請政,乞勿念。月前尊處徵購《史記》、《莊子》,傅晋生曾以此事就商於弟,當以此係先生向沅老表示敬意,並非二書可值如許金也。晋生以爲然。事遂定局。稍後張苑峰兄奉先生命往傅宅看書,歸後擬一電云,書係南宋初刻宋末或元初印,弟則堅持係北宋刻南宋初(甚或北宋末)補板而印於南宋中葉,弟非有堅確佐證,全憑經驗,所謂刻工體勢及紙色而已。是晚適之先生邀弟及苑峰會談,適之先生持論亦與弟相近。翌日苑峰有電致先生,蓋被迫已有若干修正矣。以上乃購書時一小插曲,謹以奉聞,藉博一粲。傅藏《史記》平時絕不示人,弟二十年前曾見其首二册,假印二葉,以供研玩,即蔡先生紀念論文中的一葉也。近始叨厚幸,於藏園得觀全書。今日又蒙寄示大著,循環盥頌,感奮莫名。書爲北宋刻,得先生一言而定,與弟意合符,尤爲快意。惟先生謂北宋監本南渡後已不存,似尚有考慮餘地。北宋監本原版之在汴京者,固全數淪於女真,然就地保存者似未亡也。此點或尚待詳密統計,未知公謂何如。瞿藏《後漢書》殘帙亦係十行,北宋刻,可與景祐《漢書》同作比勘之用。此外《史記》補版刊工與群經單疏及衢州本《三國志》(涵芬樓藏《魏志》三十卷宋印本)亦可一勘。昨在故宫見新購紹興本《通鑑》(代價一億元,潘復舊藏),補版居大半(十之八九),或未必有助耳。此間盛傳有字畫商自長春攜來吳彩鸞寫《唐韻》卷子五大卷,末卷有宋濂跋,見之者云確係唐抄(弟百計探訪,尚未看到),且在吳彩鸞時代前,實係王仁昫《刊謬補缺切韻》,非孫愐《唐韻》,較故宫本、敦煌本完善。此古韻學一重要發現,謹此奉聞。(聞原卷已走滬,不知確否。)(原函存傅斯年圖書館)

7月8日,代鄭振鐸所購石刻拓片寄到上海。

鄭振鐸日記:斐雲代購之石刻拓本已寄到,又《大典》照片六十餘張亦已見到。(《鄭振鐸日記全編》,第289—290頁)

7月9日,鄭振鐸收到先生代購金石拓片。隨即覆先生函,感謝代購拓片,再托繼續代購,並談及近期印書情況。

鄭振鐸日記:五時許,至三馬路各肆,取來斐雲寄來之畫像拓本三包,極佳,喜甚! 夜寫致斐雲及昌群函各一。(《鄭振鐸日記全編》,第290頁)

　　鄭振鐸函:卅口來示奉悉。兄能加意保養,辭去教課及編輯,則體力
必可增進,牛奶、牛肉、番茄之類,應多吃。最好,下午不到圖書館,多午
睡,則恢復必能更快。弟自發現心臟病後,堅決的辭謝一切的演講與教
課,倒省了不少麻煩,現在多吃多睡,體重也增加了不少。惟上海人煙太
密,空氣不佳,決非養病之地,遠不如北平之天高氣爽,於病人甚相宜也。
總之,一切均應以保重自己爲前提,寬心釋慮,則自能很快的恢復。人世
糾紛,與乎升沉得失,皆視之澹然,心君泰然,則何須"藥"乎! 萬乞保養
爲盼。兄之精力天分,皆過人萬萬,所著書皆不朽之作。森老與弟對於他
人,並不怎麼督過,獨對兄則拳拳戀戀,兄必當自知慎重保養自己也。良
友之言,幸賜采納。漢六朝畫像三包,今日下午已取來,匆匆一閱,便歡喜
無量! 中心感甚! 暴氏墓牀拓本,自是白眉,其他亦均佳。但似雜有唐物
若干,然亦絶不經見也。謝甚,謝甚!! 款三百萬,已交來薰閣,據云平肆
必可付出。如不付,乞來函,當將款索回,交郵寄上也。弟本來對於畫象,
興緻甚高,於沙畹之書外,復得原田淑人、關百益及金大印行之南陽畫象
集,然覺均不甚佳,有此　批拓本,使顯得不甚寒傖矣。故必欲自得之。
好在爲數不多,尚能湊得出也。頗想能多得些。兄如遇到這一類拓本,乞
代爲留意留下爲盼! 朱鮪墓畫象及洛陽所出寧氏畫象,弟均無之,不知能
設法覓得一份否? 又漢磚拓本及漢石象拓本,亦盼能多購若干。剛主云:
他藏有此類拓本不少,最近擬赴平取來,交弟應用。不知中有何物? 大約
以武氏祠、孝堂山等爲多耳。今午有人(一軍人)交一照片來,有漢器九
件,云係滕縣薛城一墓中所得者。有綠釉的盤三件,絶佳,通體皆浮雕,脚
爲人形,極罕見。未知能成交否? 察其意,似所望甚奢也。又聞洛陽近出
漢白石鼎二,有年號及作者姓名,亦皆通體爲畫象。古物無窮,安得黃金
三百斤以收之乎? 近將張蔥玉畫印出,即可裝訂成書,印刷極精,内容至
佳。此書出後,對於弟的經濟情形,當可好轉。蓋弟爲此書付出之款已近
五六千萬元矣(皆出息借來者)。蔥玉又遭失敗,一錢莫名(當然還要比
我們好得多),故不肯出資印刷,只好由弟獨力負擔了。兹奉上廣告二份,
看看有人要没有。大約一百部總可以銷得出也。此書出後,當可有力量
來印《西域畫》及《陶俑圖録》(《西域畫》已印及半)。弟好事性成,故常
窘迫不堪。然我輩不爲,復有何人爲之乎? 此時不爲,將待何時爲之乎?
前日有人談起,欲出一畫報,弟意以出一《國華》式的畫報爲上策,也許可
以成功。不知兄有稿子否? 甚盼能有一二篇關於古代藝術(附圖片)的
文章來也。話很多,待下次再寫。孫助廉已見到,帶來書不少,但皆不精。
澹生堂目已詢之,堅不肯出售。(原函存趙府)

　7月13日,復鄭振鐸函。

按:7月9日鄭振鐸致先生函信封有先生題識:"卅六、七、十三復。"

7月18日,鄭振鐸來函,感謝代購拓片,再托繼續代購並代借《樂浪》,又談及近期見聞。

鄭振鐸函:昨上一函,諒已收到。頃奉十六日來示,並郭仲理石槨拓文三張,感甚! 此拓文甚爲清晰,不知需價若干,乞示知,以便奉上。剛主北上,諒已見到,此君在平,以小心爲宜。他不大明白世情,請兄時時注意及之,並加照拂,爲荷! (此私話,不足爲外人道也。)三百之數,已由來薰送上,可了此一事矣。然費兄之力甚多,殊心感無已也! (郵費約三萬餘,弟當另交濟川。)《韞輝》序文俟寫後,當另抄一份奉上。北大等處,承代約預定,感甚! 朱鮪墓畫像,又東魏五百人像,均乞即行代購寄下爲感! 款當併郭仲理拓文之款,一同匯奉也。此類畫像,弟久已注意及之,惟因忙於他事,無心收購。最近,因應用及之,始有意搜求,恐已嫌太晚,不易多得矣。沙畹之書最佳,而所收不多,登封三闕外,唯以孝堂、武梁爲主,大村西厓之雕塑像,則所收更少矣。原田淑人之《山東省漢代墳墓表飾》頗詳,而限於一省,南陽畫象集二種,印刷均不工。又見英、法及瑞典所印之中國雕象集,亦都是一鱗半爪。尚懇兄代爲留意,多加搜訪,以資應用也。費神費力之處,容當面泥首以謝! 八底九初能成行,喜甚! 能否下榻弟寓呢? 乞千萬不要客氣! 又有懇者:北平圖有《樂浪》(原田淑人等撰,刀江書院版)一部,弟待用甚急,而此間遍覓不獲("王光墓"及"彩篋塚",又"樂浪時代四遺蹟",弟均已有之,唯缺此"王盱墓"耳),不知兄能設法借出,帶下或寄下否? 約需用一個月,用畢,即可奉趙也。費神,感謝之至! 近見孔僅造之白石盆拓本及照片,頗佳。花紋類武梁,盆中有"蓂莢"二大字,又有"大漢元鼎四年春王正月大農令孔僅造"數字,並有銘云:"民富國□,黄龍嘉木,皆不隱藏。漢德巍巍,分布□□。天有奇花,蓂莢呈祥。侍(?)下有(?)德(?)……。"原器聞已運來,尚未見到,恐爲價甚昂也。(原函存趙府)

7月25日,撰成《金元素事蹟考》。

按:此文據《永樂大典》、[萬曆]《宿州志》等多種文獻,勾稽元散曲作家金元素生平事蹟,補充貫仲名《續錄鬼簿》的記載。

7月26日,鄭振鐸來函,告以近日見聞,托代購拓片,並談及收集西文中國考古文物圖籍計劃。

鄭振鐸函:廿二日來示收到了。剛主主見不定,聞又有留平意,似不妥,盼見時,能勸之。爲了朋友計,見到的地方,不能不盡言也。簋齋全拓,確已由中央圖購得,既已得其大部,則首二册自非要不可。敬乞費心代爲議價爲感!（慰堂函,即送去,他亦一定如此云云也。）惟考證稿本不知在何處?有法覓得否?五百人造象等,合價四十五萬,款當於星期一由新華銀行匯上。承兄屢屢相助,並代爲議價,感甚,感甚!!!乞即交郵寄下爲荷!（《樂浪》並乞代爲借出寄下,因待用甚急也。）"兩城山"畫象及其他漢磚、漢畫象及六朝畫象,如有所見,尚乞時時代爲留意。當面謝也!裕華新村自可住,建功夫婦現即住該處,但到了八月底,他們一定已走了。森老方面,決不會有問題的。觀陳澄中《大典》事,俟與森老商之,想亦無甚困難也。以中近來甚爲憤憤,因無端被暨南解聘,住宅大成問題,此事有陰謀在內,以中老實人,初亦不覺得,今則瞭然矣。可見連教書也要耍手腕,甚可歎也!拓本事,自當守秘,乞勿念!弟近購西書不少,有絕佳者,昨又由猶太商處得O. Sirén的《中國古代藝術史》（法文本）四鉅冊,價甚廉,極高興。其中有漢唐俑不少,均佳。此書向來僅知爲二冊,不知法文原本尚有"雕刻"及"建築"（英文本）二冊也。如經濟力量足夠,則在一年之內,此類書亦可集成"大觀"也。但願所印各書,均能早日銷出,則經濟方面,自可充裕,否則,八月一關,恐難度過,勢非售去若干舊書以還債務不可矣。書生好事,實自討苦吃,以後,必當謹慎小心些了!九月初,昌群亦將來此,可聚會暢談數晨夕也。（原函存趙府）

8月1日,鄭振鐸來函,托推介《韞輝齋藏唐宋以來名畫集》。

鄭振鐸函:頃接一包,內有朱鮪及五百人造象拓本各一份,費神,至爲感謝!該款明日當可由新華銀行匯上也。《韞輝齋畫集》已印得差不多,內容甚佳,而篇幅亦多出不少,恐怕將是極厚的一本了。織錦封面,外加布套及紙匣,裝潢頗精。本月內當可出版,擬售特價半個月,定價一百六十萬元,特價爲一百二十八萬元,如由兄介紹,有友人要者,直接向弟預定,尚可再打一九折也。茲將序、目各一份奉上,敬乞代爲在報端介紹一下,出版時當即行奉贈一部,聊留紀念。其中有好些卷軸,兄都是曾經寓目的,可惜均已出國,無緣再見的了!盼能早日來滬,俾得暢談數十日也。《樂浪》如已借出,盼能寄下,因待用甚急也。（原函存趙府）

同日,所撰《金元素事蹟考》載《華北日報·俗文學》第五期。

8月7日,致函鄭振鐸。

致鄭振鐸函:《樂浪》一冊,已交來薰閣航郵寄上,想日內可到,到乞示知。此書即存兄處,俟弟返平時帶回可也。慰堂兄昨來一函,談及陳氏考證稿,而未及全拓,尚缺首二冊,並附來《無題詩》數章,衷感頑豔,此公興會殊不淺也。弟數年前,曾以大價照得某氏秘藏《燕居筆記畫品》（公私書目具不著錄）,明崇禎刻版畫二十七頁,共五十四開,包含《鍾情麗集》、《三奇志》、《雙雙轉》、《嬌紅傳》、《五金點》、《轉運漢》、《覓蓮記》等故事,鐫刻工致,乃罕見之秘笈,原書已歸某巨室,當時索價奇昂,故弟毅然留得一影。此次玻片,弟擬售出,以作川資。如尊處有人收購,或托伯郊、慰堂諸兄設法,再合森公舊藏《閨情圖》,弟亦攝有玻片(《閨情圖》玻片,如需用,弟亦可帶滬),及某君所藏明刻《西廂記詩牌》(擬再加一書,合爲四種成集)極精,可借到,編爲《版畫史外集》在滬出版,亦一書林佳話。弟之玻片,擬售二百數十萬元或三百萬,乞與同好考慮後示知爲幸。《蘊輝畫集》,洋洋大觀,大序及目錄,即寄登《大公報·圖書週刊》第廿五期(滬版八月二十日出版),請暫時不必向《大公報》送登廣告,以免重複,如何? 亦希示及。至津報亦同時刊布,或有幾分效力也。(沈津惠示)

8月16日,致函鄭振鐸。

致鄭振鐸函:弟已定妥本月廿六日招商局輪票,定廿四日赴津候輪,到申當在廿九日前後,良晤在即,快何如之。《兩城山》遍訪不得,剛主所言不確。濟川已晤面,長談三小時,得悉尊況甚詳。森公血壓高,聞之至爲不安,請即代爲電告,加意珍攝,少出門,少管閒事,每隔一星期必須檢查一次,最爲且要(沈兼翁自以血壓已低,滿不在乎,哪知已高至二百四十)。簠齋全拓二冊,不付款,恐不便取書(慰堂兄如欲寄款,請用電匯方式,匯至舍間,以免相左),現弟行期已迫,而匯款未到,如遲至,弟返平後,物價上漲倍蓰,恐五百萬又成舊名詞矣。《筆記畫品》玻片,弟或攜來,以供鑒定。《唐宋名畫集》序錄,昨日《大公報》津版週刊已登出,滬版在下星期三(八月二十日),乞注意一閱爲幸。昨日故宮開審查會,由唐蘭、于省吾二人斡旋,以一億元收購《唐韻》卷子。書爲旋風葉裝,實即《王仁昫刊繆補缺切韻》,與故宮另一本同名,惟此是全帙,彼則缺失過半爲異耳。陸法言序文,淵、世俱缺筆,而卷中唐諱俱不缺,因之諸公推爲唐初寫本,卷末宋景濂跋頗工整,諸公亦加讚美。弟殊不以爲然。唐寫或不成問題(惜字體過軟,與日本及敦煌抄均不類,有宋人嫌疑),宋跋頗纖巧,絕非明初人手跡,惜森公與蕙玉不在座,弟無由向二公請益耳。話雖如此,不害其爲國寶。(沈津惠示)

8月21日,鄭振鐸來函,談購書、借書及印《玄覽堂叢書》三集事。

鄭振鐸函:十六日來示收到。《大公報》所刊《韞輝齋目》,已見到,甚爲醒目,謝謝! 此書尚有圖卷十餘,未由蕙玉兄來,故迄不能印出,焦急至極! 已至羅掘皆空之境,故兄款四十五萬,亦迄未能寄上,歉甚! 只好待兄到滬時面交了。慰堂大約於本月底出院,三十晚赴京,森老亦同行。兄如廿九日到,則尚能與其面晤也。弟力勸森老不必勞動,但他甚爲好事,奈何?! 奈何?! 盼兄亦能力勸之也。簠齋拓本款五百,慰堂云,已由京寄上,不知能否趕得及,如趕不及,對方將來要漲價,則亦無法也。他們辦事太慢,是一大病,終難改進也。《王仁昫刊謬補缺切韻》已由故宫收入,大佳,不知何時可以印出? 畫的玻片,盼能攜來,弟當儲款以待也。兹有一事奉懇:北平圖藏有 Le Coq 的 *Chotscho* 一書(德文本),不能兄能代爲借出,隨身帶下否? 因書本過大,郵寄恐不便。弟近來無法再大量購書,尤不敢問津貴重的一本,但爲了要參考,故不能不到處的借。費神,謝甚! 慰堂有意要再出《玄覽》三集,兄有何意見,盼示知。弟意,仍以收明代史料爲主,惟材料已不多,兄能代爲留意一下否? 凡有此類材料,皆可收也。連日興緻不佳,久不閱肆,僅知有某書出售,却未見之。宋元佳槧,頗有持售者,而成交甚少,蓋緣索價過昂也。(原函存趙府)

8 月 28 日,抵滬。

8 月 29 日,訪鄭振鐸、徐森玉,晤謝國楨。

鄭振鐸日記:斐雲來。久未見,談極暢。同至裕華新村訪森老,未晤,即在該處續談甚久。同歸午餐。午餐後至來薰閣,晤森老,剛主亦來。談至傍晚,到三馬路各肆 一行,無所得。(《鄭振鐸日記全編》,第 297 頁)

8 月 30 日,赴開明書店訪王伯祥,商談出版所輯宋元方志及王國維、羅振玉論學書札事,又談及旅順大連文物圖書損失情形。

王伯祥日記:斐雲見訪,云前日自平抵此,昨已晤及西諦。長談出版所輯宋元方志及王靜安、羅叔言論學手札事。因詢及叔言旅順別宅安否,據告勝利之日爲俄兵所據,數小時間藏書器物一掃而空,蓋地近要塞,俄必居守,嫌其屋充,因令附近鄉民捆移散去云,破毁之速甚於劫火,亦慘矣哉。順言大連圖書館恐亦不保,則所損更難計量焉。相與喟歎久之。十一時辭去。(《王伯祥日記》,第 21 册第 355—356 頁)

9 月 1 日,訪鄭振鐸。

鄭振鐸日記:斐雲來。(《鄭振鐸日記全編》,第 298 頁)

9 月 2 日,晤鄭振鐸。

鄭振鐸日記:至大康,訪蒽玉,不遇,晤斐雲等。(《鄭振鐸日記全編》,第 298 頁)

9 月 3 日,晚赴鄭振鐸宅宴,晤李宗侗、王伯祥、章錫琛、周予同、徐調孚、范壽康、謝國楨、徐森土、張珩、王辛笛等。

鄭振鐸日記:斐雲來,所攜錢遵王手鈔《也是園書目》、黄跋毛藏《東京夢華録》、汲古閣藏明紅格鈔本《石刻鋪叙》,均極佳。(《鄭振鐸日記全編》,第 298 頁)

王伯祥日記:散館時車又壞,同人各散去,余以約西諦故,與雪村、予同、調孚、允藏改乘小車赴之。……比到西諦所,已將七時矣。斐雲、玄伯已先在。有頃,剛主至。又有頃,森玉至。蒽玉與辛笛最後至。八時始開

飲,九時半罷。席間暢版本書畫及古器物,宛然一骨董商之茶會矣。(《王伯祥日記》,第 21 冊第 363 頁)

9 月 4 日,晚王伯祥、章錫琛、周予同、徐調孚、葉聖陶、周振甫於開明書店宴請先生、方光燾、范壽康、鄭振鐸、王庸作陪;席散後,先生往訪張國淦。

王伯祥日記:下午四時以中及家晉等來談。……今日余與雪村、予同、調孚、聖陶、麟瑞假開明四樓宴斐雲、光燾、允臧、宗融、西諦,分別祖餞與洗塵(斐雲自北平來,即將返;允臧自甬來,即將赴臺;光燾將去粵;宗融即赴臺;特邀西諦作陪),因留以中與焉。六時後客先後集,惟宗融已渡臺,未及來耳。酒肴俱佳,酣飲甚適。斐雲以赴張乾若約,先令春生送去。(《王伯祥日記》,第 21 冊第 364—365 頁)

9 月 5 日,鄭振鐸約胡適與徐森玉及先生午餐。

鄭振鐸日記:到瞿宅,見適之在校《水經》,即約他及森老、斐雲午餐,談甚暢,近三時方散。(《鄭振鐸日記全編》,第 298 頁)

9 月 8 日,晤鄭振鐸。

鄭振鐸日記:五時許,方行來,伯郊來,將斐雲售書事談妥,即至魏宅晚餐,菜肴極精,惜喝啤酒,甚不痛快。上菜時,方知係爲森老及延榮慶壽也(昨日壽辰)。九時許散。斐雲、剛主在此談甚久。(《鄭振鐸日記全編》,第 299 頁)

9 月 9 日,訪鄭振鐸。

鄭振鐸日記:斐雲來,談甚暢。(《鄭振鐸日記全編》,第 299 頁)

9 月 15 日,訪鄭振鐸。

鄭振鐸日記:斐雲來,在此午餐。(《鄭振鐸日記全編》,第 300 頁)

9 月 16 日,上午赴開明書店,王伯祥爲解釋北平圖書館與謝國楨之誤會;繼訪鄭振鐸,晤徐森玉、蔣復璁。

王伯祥日記:午前斐雲見過,北平圖書館與剛主誤會事,經解釋後,無多疑,即擬函復館方了之。(《王伯祥日記》,第 21 冊第 384 頁)

鄭振鐸日記:正飯時,慰堂來,斐雲來,森老來,談至近五時,頗暢快。(《鄭振鐸日記全編》,第 300 頁)

按:關於調解謝國楨與北平圖書館之間誤會,王伯祥 9 月 10 日日記載:"剛主十年前印叢書子目彙編事,今北平圖書館函來説話,其中必有誤會。乘斐雲在滬,托西諦約雙方來開明當面解釋之,或可渙然冰泮乎。據西諦云,明後當能集事耳。"(《王伯祥日記》,第 21 冊第 372 頁)9 月 17 日日記載:"午後剛主來,即以昨日晤趙事告之,並以復函稿示之。少坐即去。"(《王伯祥日記》,第 21 冊第 386 頁)可略見此事交涉過程之大概。

9 月 24 日，傍晚訪夏承燾，晚赴浙江大學文科教師天香樓公宴。

夏承燾《天風閣學詞日記》：傍晚，趙斐雲來。五六年前在滬曾兩面，蒼老許多矣。謂在北平晤鄧恭三時語及予，恭三頃在北大任教，兼爲胡適之校長秘書。……夕文科各同事釀宴趙斐雲於天香樓。斐雲謂寧波有李姓寡婦藏書頗珍異，張曉峰、陳叔諒皆不知其人。斐雲曩以宋本及明抄本校《攻媿集》，惜張詠霓未爲刊入《四明叢書》。（《夏承燾集》，第 6 冊第 721—722 頁）

9 月下旬，在杭州曾與孫延釗商洽徵集孫詒讓譯著及批校本事。

夏承燾《天風閣學詞日記》：（10 月 19 日）早心叔來，爲籀廎先生遺著及批校書尚多未出，孟晉已五十許人，昆弟無同好者，嗣君又讀工程，懼歲久失墜，囑予勸孟晉以先芬爲念，問其能否讓與浙大文學院，將來或可如羅振玉印高郵王氏遺書例，陸續付印。午後往通志館晤孟晉署此意，孟晉極贊成，謂往年曾與浙江圖書館陳博文談及，博文默然無意。前月趙斐雲過杭問及，孟晉謂：浙江如無可托付，當以貽南京或北京圖書館。若浙大能爲負保管理董之責，爲請政府襃揚，彼願不受浙大一錢，盡數捐獻。（《夏承燾集》，第 6 冊第 727—728 頁）

按：本年，孫延釗向浙江大學捐贈玉海樓藏書 465 部 2990 冊，多數爲稿本、批校本。1965 年出版的《杭州大學圖書館善本書目》列有“玉海樓專目”，著錄 392 種 2748 冊，其中經部 58 種 208 冊，史部 96 種 893 冊，子部 72 種 394 冊，集部 147 種 732 冊，叢部 19 種 412 冊。

9 月 30 日，兩訪鄭振鐸，告以明日赴南京。

鄭振鐸日記：斐雲來，以中來（未遇）。……斐雲來，云明晨赴京。（《鄭振鐸日記全編》，第 303 頁）

10 月 3 日，在南京，赴中央研究院歷史語言研究所訪夏鼐，談書林掌故及近聞。

夏鼐日記：下午趙萬里先生來所，較十餘年前在清華相見時瘦黑。談及《舊五代史》金刊本問題，謂傅沅叔於陳垣《〈舊五代史〉輯本發覆》序文中所云“禁巨公”者，即指宋子文氏。此書清末藏家住於南京成賢街，光復後被劫，其屋即爲宋氏後來所居，故有此語。又云上海潘氏崇禮堂之宋刊書整個出讓，索價 500 條金條，代之估價 20 億，尚不肯脫售。又謂《觀堂集林》及《人間詞話》之羅叔蘊序，皆爲王靜安氏代作。（《夏鼐日記》卷四，第 145—146 頁）

10 月 7 日，在滬，訪鄭振鐸。

鄭振鐸日記：下午，斐雲來，文祺來，杜紀堂來，蕙玉夫婦來，談甚久，在此喝咖啡。（《鄭振鐸日記全編》，第 304 頁）

10月8日，赴張珩宴，晤鄭振鐸。

鄭振鐸日記：七時許，至蜀腴晚餐，蒹玉請斐雲也。（《鄭振鐸日記全編》，第304頁）

10月14日，訪鄭振鐸。

鄭振鐸日記：下午，紹虞來，斐雲來。（《鄭振鐸日記全編》，第305頁）

10月15日，夏承燾來函，托購故宮《宋人法書》、《名畫琳琅》等書。

夏承燾《天風閣學詞日記》：發趙斐雲北平圖書館航空函，並匯往十五萬元，購故宮《宋人法書》、《名畫琳琅》諸書。（《夏承燾集》，第6冊第726頁）

10月16日，赴開明書店訪王伯祥，商談出版所輯宋元方志及王國維、羅振玉論學書札事。

王伯祥日記：斐雲見過，談所輯古方志印行及王觀堂論學手札諸事。知日內即將北返云。（《王伯祥日記》，第21冊第423頁）

10月18日，訪李宗侗，晤徐森玉、鄭振鐸。

鄭振鐸日記：下午四時許，至玄伯宅喝茶，晤斐雲、森玉等，見到《周元公集》二十冊（十二卷本），絕佳。（《鄭振鐸日記全編》，第306頁）

10月19日，訪鄭振鐸，在鄭宅午餐，晤郭沫若、沈雁冰等。

鄭振鐸日記：斐雲來，即在此午餐。沫若、矛盾夫婦、寶權、雲白、方行夫婦來，廣平來，酒醉菜飽，談得頗起勁。（《鄭振鐸日記全編》，第306頁）

10月19日，訪顧廷龍，還書。

沈津《顧廷龍年譜》：趙萬里來還書，明日北返。（第423—424頁）

10月20日，午後訪鄭振鐸；自上海啓程返北平。

鄭振鐸日記：飯後，午睡。斐雲來。（《鄭振鐸日記全編》，第306頁）

張元濟12月2日致傅增湘函：前月趙斐雲兄南來，詢悉起居安善如恒，稍紓遠念。北旋之日並托代候，想荷察及。（《張元濟全集》第三卷，第418頁）

9月至10月間，曾致函馮貞群，聯絡赴寧波天一閣觀書事。

馮貞群來函：日月易得，別來忽復十有四載，愛護之情，嘗念之耳。前辱手教，知近客滬上，擬游甬來閱范氏藏書，美甚感也。弟爲天一閣事遭不白之冤，幾不得保其首領，不得已將閣仍歸返范氏，已五載矣。文獻會多歸汪君巽伯主持□□。弟杜門謝客，□□文獻會以消殘年。天一閣今改爲保管委員會，由范鹿其主持，來函已轉交鹿其矣。開放修理後，其下當可下榻。足下來甬，可在閣下居住，一切望與鹿其接洽之，專此布達，即

問起居。（饒國慶《趙萬里與馮孟顓》，載《天一閣文叢》第 11 輯，第 204—205 頁）

　　按：先生此次於 10 月到訪天一閣，詳情今未見更多資料。

　　11 月 3 日，張元濟來函，介紹商務印書館北平分館赴北平圖書館查補《二刻拍案驚奇》缺字。

　　張元濟致史久芸函：前數日承示《二刻拍案驚奇》有缺字，已抄録，托平館向北平圖書館查補。弟隨即繕具介紹平館往見趙斐雲君信，乞其與以便利。此信由出版科寄平。（《張元濟年譜長編》，第 1279 頁）

　　11 月 8 日，鄭振鐸來函，力勸保重身體，托購俑、借書。

　　鄭振鐸函：北上後，久無來信，正深繫念，接卅日來示，心乃釋然！感冒已愈否？甚念！冬日極易感冒，須打針，乃可不發（針名可詢醫生，或吃藥片亦可）。乞勿疏忽爲荷！聞兄兼北大、輔大教職，何必自苦如此呢？所入不多，而對於自己的身體，則大有影響。至於外間輿論如何，何必去注意呢？兄正壯年，大有作爲！偉大的事業，正待完成，豈宜留意於鷄蟲的得失！兄自有千秋，萬非時人所能及，森老與弟對於他人皆不關心，獨對兄則拳拳無已，蓋有故也！兄豈宜妄自菲薄！兄的大著一出，萬山皆明，豈止百年的傑作而已！語云："留得青山在，不怕没柴燒。"第一要緊是身體。請常常到醫師處檢查。若果有病，則必須休息。教書爲勞苦之事，不比坐圖書館之安舒。故弟甚不願兄爲此勞苦之事也。此是肺腑之言，乞恕愚直！叔弢、元方二位的預約券附上。款收到後，即存兄處，不必寄下。《周易》王弼注，尚未見到（在伯郊處），因價昂，恐中央圖無力留之。覺明已來此，談了許多話，滿腹牢騷，訴之不盡。《南豐集》爲元方所得，可稱得所。兹有懇者：弟購"俑"不少，惟鮮佳者，擬在平購一二十件姿態佳妙者，以爲"圖録"增光（藍彩者亦無），不知兄能代爲搜羅否？即小件，亦不妨。坐官欖者，舞者，尤爲注意。其價，由兄作主可也。如不多，可托濟川帶下。款若干，當即匯上。在平，想比較容易得到好的。此間"俑"價頗昂，而好者甚少。兄如能抽出一小部分時間，到琉璃廠一行，代爲搜集若干，則感謝無涯矣！如有大件，不能帶下者，則請代爲拍照（注明高度），將照片寄下。又，聞濟川處，得《西域畫集成》十二輯，見到時，請催其即速寄下給弟爲荷！北平圖有德文的 Le Coq 著的《高昌》（*Chotscho*）（Berlin，1913）一書，盼能以兄之力，代爲借出，至多半個月，即可奉還，決不誤事，務請即爲代借寄下爲感！可用航快寄。郵資數十萬或百萬均不成問題，乞勿惜費！此事至要，尚乞賜以助力。感甚，感甚！（原函存趙府）

11 月 9 日，鄭振鐸來函，托購書、購俑。

鄭振鐸函：昨寄一函（寄北平圖），想已收到。同時，又寄一信給濟川，欲購其《西域畫集成》十二輯（原爲十五輯），請兄便中至來薰閣一閱，不知"集成"是否"聚成"之誤？若是"聚成"（亦爲十五輯，每輯四張或五張），則弟已有全書，可以不必購此十二輯了。若爲另一書，則請兄促其即日寄下。費神，感甚！購"俑"事，盼能代爲留意，感甚，感甚！濟川處，弟有款九百多萬，似可以加入應用也。"俑"以佳者爲重要（有姿態者，坐者，有藍彩者），弟處普通之"俑"已多，故盼能購若干出色者，以便加入《圖録》中。且趁濟川南來之便，可以托其帶下也。價錢貴些也不妨。一切請兄代爲作主。款如不敷，當即匯上。（原函存趙府）

11 月 15 日，夏承燾來函；午後得先生稍早前覆函。

夏承燾《天風閣學詞日記》：發趙斐雲北平書，午後適得其復，囑寄《白石晚年手定本辨僞》。（《夏承燾集》，第 6 册第 737 頁）

11 月 20 日，夏承燾來函，托購程樹德《論語集釋》。

夏承燾《天風閣學詞日記》：發趙斐雲北平航空片，托購程樹德《論語集釋》。（《夏承燾集》，第 6 册第 737 頁）

11 月 21 日，朱自清來訪。

朱自清日記：訪斐雲，看碑帖目録。（《朱自清全集》第十卷，第 481 頁）

11 月 27 日，朱自清來訪。

朱自清日記：訪斐雲，觀拓片。（《朱自清全集》第十卷，第 482 頁）

11 月 28 日，夏承燾來函，寄《姜白石詩詞晚年手定集辨僞》一文。

夏承燾《天風閣學詞日記》：再改《白石晚年手定本辨僞》一過，寄趙斐雲北平，登斐雲所主持某報文史刊。前既諾之，不可失約也。（《夏承燾集》，第 6 册第 740 頁）

按：該文後收入夏承燾所著《月輪山詞論集》，中華書局 1979 年 9 月出版。

12 月 3 日，鄭振鐸來函，談近況，托購書、借書。

鄭振鐸日記：寫致斐雲及以中快函各一。（《鄭振鐸日記全編》，第 314 頁）

鄭振鐸函：接上月廿六日及本月一日手示，奉悉。承兄種種代勞，甚爲不安！連日因籌款奔走，碌碌寡暇，致未立覆，歉甚！北方陶俑既無佳者，可暫不購。張某所藏漢畫像拓本三十餘種，需款若干？乞示。如不太昂，即請代爲購下寄來。感甚，感甚！兄感冒已經愈否？甚念！最好是打針，很容易好，且不至再患，乞一試之。二爺現在南京，一時當不會北上也。各書預約款，請均暫存兄處。謝辰生赴平，托其帶上《西域畫》上輯一部，《唐宋畫》乙部（無布套），當已收到。尚有《唐宋畫》乙部，俟裝好，即可奉上。乞勿念！張伯駒君擬購《西域畫》全部，兹將預約單附上，乞轉，款亦暫存兄處（每輯七十二萬元，爲十一月份内之價，現則需九十六萬元一輯矣，因成本過高，不能不漲也）。《唐宋畫》早已售罄，一時不及估計，竟已超出數部，甚感爲難。（現僅裝訂費即近八十多萬。）誰也不肯不取書，故決定再版一次。且送人的，也一部未有，甚覺難爲情，大約須二個多月後方可出書，張伯駒君如仍需之，可於再版時預約一部也，如何？《明遺民畫》尚無樣張，但印得絶佳，與《西域畫》大爲不同，蓋以原底甚好之故。弟對於《域外所藏古畫集》有整個計劃，俟草就，當即奉上，請代爲鼓吹一下。請兄代借之《高昌》，不知能否借得到？此書已問過中央圖，他們遍覓不得，否則，決不至捨近求遠也。乞兄再設法一借，即行寄下，感甚，感甚！因《西域畫》下輯要用此書。如實在有困難，不能借出，則只好不用她了。（或向國外設法購之，惟未免曠日持久耳。）又近擬需要日本印之《顧愷之女史箴圖》一用（有兩種，一珂羅版，一彩色版），如無日本印者，即延光室印本亦可。兩種全購最好，如無處覓購，則請代借寄下。勞神，謝謝！張子厚之《周易》已見到，係王弼注，每半葉十二行，二十四字，小字雙行，字數同，極精。二爺云：當係江西本。惜中圖無力以得之——因價太昂，此間誰也不要——弟負債累累，不知如何辦法，只好飲鴆止渴，借高利貸以度過一時耳。盼望年内可以還清宿債，蓋緣貪"書"之心太重，故周轉遂大感困難（近購《歐美所藏支那文明精華》七册，價二千一百萬），奈何？奈何？好在弟尚寬心，且幫忙者多，故不怎麽着急也。（原函存趙府）

同日，夏承燾得先生覆函。

夏承燾《天風閣學詞日記》：得趙斐雲復。（《夏承燾集》，第 6 册第 742 頁）

12 月 5 日，先生主持之天津《民國日報·圖書副刊》刊發周汝昌《曹雪芹生卒年之新推定》。

周汝昌《我與胡適先生》：過後得知，顧師將二稿付與了趙萬里先生，趙先生選中了考證雪芹的這篇，發表在《天津民國日報》的《圖書副刊》版。我揣斷，他與胡適先生熟識，必然是讓胡先生看了這份報紙，胡先生便給我寫了那封登在報紙上的信。由是竟然在胡先生始作《紅樓夢考證》的二十六年之後，重新啓動了一場"新紅學"的"運動"，其波瀾之壯闊，影響之深廣，全然是我這村童所難以預計的"奇跡"。（《我與胡適先生》，第 45 頁）

按:顧師即顧隨。周汝昌文係顧隨推薦給先生刊發,這是周汝昌發表的第一篇文章。胡適讀後致函周汝昌,從而引發了《紅樓夢》某些問題的新探討。

12月11日,夏承燾得先生覆函,爲其購得程樹德《論語集釋》。

夏承燾《天風閣學詞日記》:得趙萬里復,爲予購得《論語集釋》。(《夏承燾集》,第6冊第744頁)

12月12日,朱自清來函。

按:朱自清當日日記書信名單載"斐雲"(《朱自清全集》第十卷,第484頁)。

12月17日,致函李小緣,贈《大公報·圖書週刊》,並爲該刊約稿。

致李小緣函:月前過京,得聆誨言,並蒙惠賜貴所出版書二種,拜領之餘,感篆無已。近維道履綏和,興居多祜,爲頌無量。拙編《大公報·圖書週刊》滬版自十月起停刊,津版仍月出兩期,有時出不定期。惟篇幅已減至六七欄,茲另郵寄呈該刊單頁一份,計第二期至三十二期共三十一頁,第一期因報館紙版遺失未印,到請咍收賜教爲幸。貴處學術消息及出版情形,便祈惠寄數則,藉光篇什,無任企禱。(姜慶剛《李小緣先生與友人書信數則》,載《書品》2007年第5輯,第11頁)

同日,夏承燾收到先生所寄程樹德《論語集釋》。

夏承燾《天風閣學詞日記》:趙斐雲自北平寄來《論語集釋》三冊,孫叔平代購馬湛翁《爾雅臺答問》三冊。(《夏承燾集》,第6冊第746頁)

12月,所撰《跋湯舜民〈筆花集〉》、《跋洛陽近出陳叔明墓誌》二文載於《圖書季刊》新第八卷第三、四期合刊。

按:《跋湯舜民〈筆花集〉》初稿《校筆花集跋》載於《大公報·圖書副刊》第139期(1936年7月16日),修訂稿《筆花集跋》載《民國日報·圖書副刊》第三期(1946年4月24日)。《趙萬里文集》第二卷據此本收入。

本年下半年,鄭振鐸來函,談因印書導致經濟困難。

鄭振鐸函:弟近來經濟情形極壞,故心境甚劣,百事灰心,然不能不掙扎着站着,皺緊了雙眉,挑着重擔,向着茫茫無際之途程走去。《韞輝齋畫集》好不容易印了出來,無人幫助,獨立負之,雖有預約,裝訂費已去其半,現尚有四十多部未裝好,預計尚須借債三千多萬以完成之也。蒽玉百事不管,可稱"福人"。其實,他是百足之蟲,劉老老所謂"拔了一根毫毛,比窮人大腿還粗的",乃讓弟一人爲之,實頗有怨意!弟野心甚大,要做的事太多,處處力不從心,遂無時不捉襟見肘。《陶俑圖録》之舉,亦太大膽,僅購"俑"已足傾中人之產數家,弟則毅然不顧,一切舉債爲之。近則,債

將到期,何力以償之乎? 爲此,晝夜不安,苦思焦慮,頭上白髮,不知添了幾多,煩惱自拾,復何言乎? (沈津惠示)

本年下半年至次年上半年,在北京大學史學系講授《中國史料目錄學》課程。

張守常《回憶趙萬里先生二三事》:1947 年下半年到 1948 年上半年,我在北京大學史學系讀四年級,在這畢業前的最後一學年,我有機會選修趙先生的《史料目錄學》。趙先生的本職在北京圖書館,到北大來是兼課。上課來,下課走,課外見不到他,但每週兩小時的課則準時來上,滿堂足灌,聽起來是很過癮的。(《讀書》1980 年第 12 期,第 98 頁)

按:1947 年 12 月編成的《國立北京大學文學院各學系課程一覽》,載先生在史學系講授《中國史料目錄學》,每周二小時,全年四學分。與張守常回憶可相印證。

1948 年 先生四十四歲

本年,先生仕國立北平圖書館善本組主任。

1 月 28 日,訪金毓黻,約次日晚聚餐。

金毓黻日記:趙君斐雲來談,邀其明晚便餐,又請代邀袁守和、王友三兩君。(《靜晤室日記》,第 6518 頁)

1 月 29 日,金毓黻邀宴,袁同禮、王重民同席。

金毓黻日記:同袁守和、趙斐雲、王友三君晚飯於六芳齋。……斐雲言:地安門外嘉興寺藏有《嘉興藏經》,内應有《千山賸人禪師語錄》,應一往覓之。友三言:武英殿古物陳列所内亦有《嘉興藏經》,但不甚全,亦可往見。斐雲又言:上海陳清華(澄中)曾購得舊刻本《續通鑑長編》數十册,此外別無所聞。清故宮博物院所刊《賞溥傑書籍目錄》中亦有《續通鑑長編》四函,未注册數,今已不知下落。往者崑山徐乾學曾得太祖迄英宗五朝之《長編》,用以纂《通鑑後編》,疑清宮所藏即乾學進本。今世所傳《長編》有兩本,一活字,一浙局本,皆本諸四庫館臣自《大典》輯出者,遼人姓名頗多改譯,殊失本真,且於夷虜等字亦因忌諱改避。惟以原刻本印證之,乃得見本來面目。他日當向陳氏借觀,一詳究竟焉。(《靜晤室日記》,第 6522—6523 頁)

1 月 31 日,李小緣來函,謝先生贈《大公報·圖書週刊》。

李小緣函:前蒙枉顧,未及聚談,殊爲歉仄,乃又奉十二月十七日大函暨《大公報·圖書週刊》。第一期已入藏,單頁自第二期起至卅二期止各一份,計卅一頁不誤,毋任銘感。除編目庋藏,供衆閱覽,以彰高誼外,特函布謝,尚希源源賜寄,俾成全璧爲荷。邇來學術消息異常沈悶,無可奉告,至爲歉仄。叔湘兄等在此間一如往昔,希釋念爲荷。(姜慶剛《李小緣先生與友人書信數則》,載《書品》2007 年第 5 輯,第 11 頁)

2 月 7 日,此前有鄭振鐸失蹤傳聞,先生爲登報闢謠。

《作家鄭振鐸一度傳失蹤　原是應邀赴蘇看古書》:作家鄭振鐸有在滬失蹤説,此間趙萬里教授稱:鄭氏係一日得友人通知,邀赴蘇州看一卷古書,鄭欣然前往,未及告其家屬,至三日晚始返滬,於是乃有此謠。(1948 年 2 月 7 日天津《大公報》第 3 版)

3 月 18 日,朱自清來函。

　　按:朱自清當日日記書信名單載"斐雲"(《朱自清全集》第十卷,第498 頁)。

3 月 20 日,鄭振鐸來函,談物價及印書事。

　　鄭振鐸函:弟近來爲印書而負債累累,但能借得到,即是大幸。利息已高到三角以上,借高利貸而印書,誠愚不可及,但又不能不出版。紙價高漲近十倍,印工漲十五倍,照相費漲七倍半(較去年七八月初次印刷時),而書價却漲不到三四倍,其艱苦可想而知。尚有一二種書,印畢,即擬"少休"矣。張伯駒先生擬訂之《韞輝齋》,預約券迄未奉上,歉甚!因四月一日起,將漲價至一千二百萬,故趁月内將券奉上,如款收到,即由兄應用之可也。決不可存款在家。想不到的事,層出不窮,陰關之後,物價如此飛跳,誰猜得出呢!? 北平購書事,第一次僅有十億,恐也不會買得什麽的。最近曾赴寧一游,晤覺明、昌群諸老友,談甚暢,覺明已赴臺灣,大約四月初即可歸來。(原函存趙府)

3 月 23 日,鄭振鐸收到先生寄款三百餘萬元。

　　鄭振鐸日記:晨,斐雲寄了三百多萬來,正得其用。(《鄭振鐸日記全編》,第 356 頁)

本年初,鄭振鐸來函,述印書情形。

　　鄭振鐸函:前函托購之漢畫像拓片,不知已購成否? 計價若干? 尚乞示知,以便匯奉。顧愷之《女史箴圖》,已在滬購得一卷,日本珂羅版印者尚可用,惟日本代英國博物館印刷之彩色版本,則絶爲難得,北方如有之,仍擬購得一份也,《西域畫》中輯及《明遺民畫》,均已出版,印得尚不壞,下輯及《漢晉六朝畫》均已付印,盼能于本月内印成。弟好事性成,種種吃苦,均不足爲外人道,年底一關,幾至山窮水盡之境,幸得度過,總算過了一個清静的"年",但陰關不久又將至矣。尚負債一億半以上,不知如何還法?! 但想起來必可有辦法也。印書是苦事,借錢印書,尤爲苦中之苦。弟向來不欠債,近一年來,則非東借西覓不可,調度周轉,煞費心機,此亦一難得之經驗也。時時歎氣,自悔多事,但往往絶處逢生,援助之來,每出意外,則又感到同情者不是没有,人世間畢竟還是温暖可愛的。各書銷路,也還不壞,有幾十個人差不多是每書必購的。賴此,尚堪自慰、自解,惟有選材、編次,以至印刷看樣,裝訂設計,甚至一簽一套之微,也非自己操心不可,則有時不免於疲勞過甚之時,自歎不已! 時時躺在籐椅上喘着氣,覺得實在有點累了。(沈津惠示)

5月11日,胡適以小山堂鈔本《水經注》爲趙一清親手所鈔,請袁同禮、張政烺、王重民及先生復審。

胡適日記:(五月十二日)我從南京帶回趙一清手寫和厲鶚《荔乳詩》的照片,昨天我拿來比較天津本全祖望五校《水經注》的底本。我忽然大悟,這個小山堂鈔本乃是趙一清自己鈔的,全書卅四萬字,他一筆不苟的鈔寫成第一個定本。昨天我請張政烺、王重民、趙萬里、袁同禮四先生復審,今天我請毛子水先生復審,他們都認爲無可疑。(《胡適日記全編》第7册,第711頁;《胡適日記全集》第8册,第358頁)

5月27日,應金毓黻邀與宿白共進午餐。

金毓黻日記:邀趙斐雲、宿白二君午飯,斐雲言某氏有鈔本《續通鑑長編》,余以其難得,托爲購置,君已允之。(《静晤室日記》,第6599頁)

5月30日,金毓黻來詢傅增湘"雙鑑"出售事。

金毓黻日記:聞傅沅叔先生之雙鑑售與熊天翼,轉送奉化,此係唐益公告余者。詢之趙斐雲,則不知此事。(《静晤室日記》,第6602頁)

按:熊天翼即熊式輝(1893—1974),奉化指蔣中正(1887—1975)。

5月31日,代金毓黻購得鈔本《續通鑑長編》。

金毓黻日記:趙斐雲已將《續通鑑長編》購到,中有殘卷。此爲余日夜想望之書,今於無意中得之,喜可知矣。……頃經趙君斐雲(萬里)爲余覓得此本,共訂四十九册,雖非刻本,應自宋刻本傳鈔,故自可珍。(《静晤室日記》,第6604—6610頁)

5月,爲輔仁大學畢業生張季安題寫畢業紀念册,書王維《送梓州李使君》一首。

按:此1948年張季安畢業紀念册見於北京誠軒拍賣有限公司2009秋季拍賣會,題寫者爲啓功、余嘉錫、顧隨、趙萬里、蘇晋仁、郭預衡、程建爲、徐淑芳等八位輔仁大學教師。先生題詞爲:"萬壑樹參天,千山響杜鵑。山中一半雨,樹杪百重泉。王右丞詩。季安同學。趙萬里。三十七年五月。"

6月1日,午後偕宿白、金毓黻訪傅增湘。

金毓黻日記:午後偕趙斐雲、宿白往訪傅沅叔先生,以所得宋刊本十種請閱定。(《静晤室日記》,第6611頁)

6月10日,余遜致函夏鼐,報告先生《漢魏六朝冢墓遺文圖錄》印刷情形。

余遜致夏鼐函:日昨晤趙斐雲先生,詢以《南北朝冢墓遺文》事,據稱石印應補之篇頁已寄上海補印,其銘印考釋現正繼續趕排,總期早日出版。惟檢查現存篇頁缺數,除殘闕較多者已補印外,其僅缺數頁至十數頁者各再補印一次,所中耗錢甚多,而所需之頁數無幾,殊不經濟。故擬減少部數,原來計畫本擬印四百八十部,今淘汰闕頁,結果擬訂出四百五十部,雖減少三十部,而所中可減省印刷費甚鉅云云。趙君之言如此,謹爲奉陳。趙先生又詢,所中《殷墟甲骨文字》甲編出版後,渠已托友人購得一部,聞乙編即將印出,卷帙較多,定價自必更昂,不識與所中有關係之人,能按同人例得減值優待否。周燕孫祖謨亦以此爲詢。(原函存傅斯年圖書館)

6月末,向胡適引見周汝昌。

周汝昌《我與胡適先生》:我得以拜訪胡適先生,從記憶中,從一向的想法中,是趙萬里(字斐雲)先生的盛意介紹,他問我:願不願意見見適之先生? 我答:當然願意,但一來尚無機緣,二來不便冒昧,如承商洽安排,則深感美意。詳情細節是回憶不起了,總之是蒙趙先生告知:胡先生答應,願意一晤談,即訂于某日某時,請你進城去訪問。趙先生所示地址是:北平東城東廠胡同一號胡宅。可是這個應當記得的日期却失憶了。從下一封信中所云"前造謁"來推,應是六月末的一天。……今日想來,趙先生之所以致興此念,也許是胡先生接了我那借書的"不情之請"的麻煩信函,又已見了刊出的拙文"生卒年"爭論,這都不好回信,既大費筆墨,又不好措詞——此時已知我不過是個在校學生,并非什麼學者教授,所以回信"深了不是,淺了不是"。但他并未責怪,仍是一片好意相待。(《我與胡適先生》,第77—78頁)

6月,所撰《跋爾朱敞父子墓誌》載於《圖書季刊》新第九卷第一、二期合刊。

按:此文曾以《洛陽新出爾朱敞父子墓誌考證》爲題,載於1946年11月29日天津《民國日報·圖書週刊》第十九期。

本年度,先生兼任輔仁大學文學院國文學系講師,授《校勘學》、《宋元俗文學》。

按:《私立北平輔仁大學一覽(民國三十六年度)》載先生爲中國文學講師(第31頁)。所授課程爲《校勘學》:"三年級必修。每週二小時。全年四學分。本學程講述校勘古籍之方法,并舉實例以明之。至校勘範圍,兼及四部;所用資料,新舊兼收。俾初學得據以作校勘實習焉。"（第45頁）及《宋元俗文學》："此課程注重宋元戲曲之研究,詳其源流,論其價值,並述其對於當時後世之影響。"（第47—48頁）

又按:先生在輔仁大學兼課直至1951年6月。據先生長子趙深回憶,1948年前後曾見輔仁大學課程表上有先生講《三國演義》、《水滸傳》,便詢問詳情,先生回答所授爲《水滸傳》等書之源流。此或爲《宋元俗文學》課程之一部分。

本年度,兼任北京大學中國語文學系教職,授《版本學》,爲三、四年級選習課程。（《國立北京大學各院系必修選修科目表(1948學年度)》）

7月10日,朱自清來函。

按:朱自清當日日記書信名單載"斐雲"（《朱自清全集》第十卷,第515頁）。

7月20日,晚赴鹿鳴春袁同禮、金毓黻宴。

金毓黻日記:晚與袁守和合邀英千里、向覺明、趙萬里、韓壽萱、齊如山諸君飯於鹿鳴春,食烤鴨甚美。（《静晤室日記》,第6646頁）

7月24日,周汝昌收到先生函,謂《民國日報·圖書副刊》將停刊。

周汝昌致胡適函:隨函附呈《跋脂本》一小册,原是爲給趙萬里先生寫的,預備在《民國日報·圖書》刊上發表後,再寄給先生。昨接斐雲先生書(與大札同時到),謂該刊即將停出,故無法刊登。（《周汝昌與胡適》,第73頁）

8月5日,嚴敦杰致函魯實先,談及此前先生曾約其爲《民國日報·圖書副刊》撰稿。

嚴敦杰致魯實先函:先是弟撰《讀方豪文録》一文,交傑人兄攜交天津《民國日報·圖書》刊出後,該刊主編趙萬里先生來函徵稿。弟本擬草《論〈近世中西史日對照表〉明代節氣之謬》以介紹大作,現大作已交《學原》發表,則當無庸再爲也。（陳廖安《魯實先先生論著與徐復觀先生的翰墨緣》,載《徐復觀全集·追懷》,第257頁）

8月6日,天津《民國日報·圖書副刊》第一百期出版,同時停刊。

按:該刊第一百期登載啓事,謂:"兹因編輯人無暇兼顧,商得報社同意,自即日起暫行停刊。"

8月12日,朱自清病逝。

8月19日,訪金毓黻。

金毓黻日記:趙斐雲來談,詢以《續宋編年資治通鑑》專紀北宋九朝事者有無是書,斐雲謂已見過,惟不記爲何氏所藏,俟查明後見告。（《静晤室日記》,第6665頁）

8月24日,訪金毓黻,告知《續宋編年資治通鑑》一書藏於北京大學圖書館。

　　金毓黻日記:趙萬里來談,言北京大學所購德化李氏書中,有《續宋編
年資治通鑑》十八卷,題曰李燾撰,即《長編拾補》所引之本也。俟托宿白
君代覓之。《四庫提要》於《宋史全文》下云:宋犖跋《宋史全文》,謂曾見
《續宋編年資治通鑑》十八卷,舊題李燾撰。或即此本。(《静晤室日記》,
第 6666 頁)

　　9 月 2 日,上午受金毓黻邀與胡適、馬衡、袁同禮等爲瀋陽博物院新購善
本書估價。

　　金毓黻日記:午前邀請胡適之、馬叔平、袁守和、趙萬里、于思泊、唐立
庵、毛子水、韓壽萱諸君爲新購宋版書評價,計得清内府舊藏《集韻》一至
五册,宋版宋印;又宋版《後村居士集》一册、《吕氏家塾讀書記》一册、明
版《玉臺新詠》二册,總價爲金元一千一百五十四元。瀋院於前年收到
《集韻》六至十册,再得此本,合爲十册,適成完璧。趙斐雲謂此書爲宋代
精槧,考其字體、紙張應爲南宋時代金人翻北宋本,亦可謂之金版金印,即
此五册可值金元千餘,故與會諸公均主購買,故即定議。此書由于君蓮客
介紹,蓮客之意務使此書不轉入私家之手,爲余助甚力,彌可感也。(《静
晤室日記》,第 6669 頁)

　　9 月 6 日,傅斯年來函,力主盡早補印《漢魏六朝冢墓遺文圖録》,並催
還所借柯昌泗舊藏拓本。

　　傅斯年函:憶弟去美國之前,曾以兩事上陳,未得復示,兹重申之:一、
大著《墓誌》出版事。此事前前後後將十五年矣,人生百年,爲壽幾何?
若待至三次世界大戰之後,弟已不能在人間見之矣。補印之事未知何如?
弟意不管補上多少,先就已存者出版(將有可有補編,今日不必求全),其
考釋之部分亦如此,如待一切如理想,則俟之清耳。如何? 務乞示及。或
即以存印交研究所人,逕行出版,了此一心事,弟實萬分感激也。二、買慶
雲堂兜賣之拓本(即柯燕舲物也)。在慶雲堂處先生取去數十件,即歸還
研究所北平部分,便與他物同寄南京。(《傅斯年遺札》,第 1838—1839
頁)

　　9 月 10 日,致函傅斯年,告知墓誌圖録編印情形,並遵囑繳還柯昌泗舊
藏拓本二十八通。

　　致傅斯年函:弟自去秋以來,因小兒患極嚴重之眼疾,三度入院施大
手術療治,至今仍未痊愈。而内子胃疾及額竇炎,月必數發,終日料量醫
藥,精神上固痛苦不堪,而經濟上打擊尤重,以致影響研究工作,墓誌圖録
未能趕印竣事,實深歉仄。兹將二事條陳如次:(一)墓誌圖録十卷,後記
一卷,補遺一卷,共十二卷,考釋部分勝利前早經編印完竣,現僅"補印缺

頁”一問題(包括石印、鉛印兩部分)。弟擬儘先湊成三百部或三百五十部,於年内出版。至其餘一百部或一百五十部,俟出版後由商務印書館自行補湊,不必再由弟負責督印,如此可減少時日。又弟此三年千方百計覓得安陽洛陽新出墓誌二十餘通(北朝迄隋),已編成“再補”一卷,爲儘速出書計,此意只好打消。此後每屆月終,當將工作進展情況,專函呈告,藉明真相。如有特殊困難之處,亦當懇公設法解決也。(二)柯藏拓本,弟前因校輯元人佚文,曾假閱元碑二十八通(中有數碑文字漫漶,釋文未易寫定,故遲遲未繳還)。兹遵囑開列詳目,送交東廠胡同辦事處轉寄南京,到請詧收。此間近有人(此人與金静庵相識)自瀋陽攜來宋大字本(初印)《集韻》前五卷,與瀋陽博物院接收之後五卷,正可合爲一書,弟力勸金静翁收購,現已成爲事實,誠一快事。此書雖稱宋刻,弟則定爲金刻,與日本之淳熙本(存二之九卷)行款全合,同出北宋本,實非一本。至段丅裁據校之汲古閣影宋抄本,弟去夏於甬上一友人家見之,驚爲秘籍,不意返平後又見此金刻本,真奇遇也。(原函存傅斯年圖書館)

按:此函爲先生與傅斯年最後一次通信商談《漢魏六朝冢墓遺文圖錄》一書出版事宜。此書刊印耗時長達十餘年,至撰寫此函時,全書已大體印就。美國哈佛大學哈佛燕京圖書館藏有此書一部,三册,書品寬大,尺寸爲30×37釐米。該本無版權頁,未注明出版時間,推測其裝成時間即在1948年底。可見此書確已印成,惟流傳甚少,至今已非常希見。

又按:全書十卷,補遺一卷,收誌石圖版六百餘幅,各撰叙録,考證史事,補正史傳,部分條目另輯録相關論著。

又按:此書圖版部分版心題名、葉碼及《刁遵墓誌》、《刁遵墓誌陰》、《徐智竦墓誌》、《徐智竦墓誌陰》釋文均係陳恩惠筆跡,可知先生撰此書曾得陳恩惠協助謄録。《刁遵墓誌》録文後有題款:“臨浚儀趙氏世駿藏舊拓本。廿五年六月大興陳恩惠記。”《刁遵墓誌陰》録文後有題款:“臨桂未谷馥舊藏初拓本。桂本蟲蛀損十餘字,以近拓本校補。廿五年六月大興陳恩惠記。”此二則釋文收入《漢魏南北朝墓誌集釋》時,題款中“廿五年六月大興陳恩惠記”十一字均删去。

又按:《趙萬里文集》第二卷書前彩圖所收“《〈廣韻〉校勘記》手稿”,第三卷書前彩圖所收“《明清刻本鈔本經眼録》手稿”,字跡與《刁遵墓誌》、《刁遵墓誌陰》録文相同,亦爲陳恩惠所謄清之稿本,非先生手書,當分別標注爲“《〈廣韻〉校勘記》稿本”、“《明清刻本鈔本經眼録》稿本”。特附記於此。

12月7日,致函鄭振鐸,談設法拖延國民政府文物遷臺計劃。

致鄭振鐸函：旬前教部黃督學來平，賣空買空，忽向守公提議，要他搬平館一部分書離平。弟聞訊□懼，寢饋難安，一面向守公力阻（希望大事化小，小事化無），一面與覺明熟商對策，決請覺明代函森公及兄求教。乃越數日，上海王育伊忽函守公，稱接森公電話，囑即裝運存滬書（包括唐人寫經）赴臺灣（先造預算表）。並云：這是傅、杭等人所決定者。驟聆此訊，幾如晴天霹靂。森公明達，不知何以竟代政府傳此"亂命"，而不加勸阻，或已勸阻而無效耶？因即以電話告知覺明，覺明遂有第二函之發。昨晚覺明來舍，出示尊函，讀之令人感極涕零，但不知森公致守公一函，已否發出。頃詢守公，云未到。請即速轉告森公，即日以快函向守公勸告。因此數日，守公態度已趨緩和，如有森公一函，便可化小事為無事，豈不美哉。森公愛書如命，際此一髮千鈞，想不吝此一函也。森公以七十高齡，往返京滬間，與傅大亨、杭立武輩打交道，殊不值得。請兄于有意無意間，予加勸阻，此固我輩應盡之責也。兄謂何如？中央圖書館及故宮存寄之文物，如真的運台或美，後果嚴重，不堪設想，其禍視嬴政焚書，殆有過之。吾兄戰時代央館收書，一片熱誠，在今日視之，或為多事矣，奈何奈何。臨楮神馳，不盡萬一，暇請立即惠示數行，藉資遵循。（沈津惠示）

趙芳瑛、趙深《趙萬里先生傳略》：年底，北平解放前夕，南京國民黨當局派教育部參事陳某到北平，策劃北平文物精品南遷去臺灣事宜。館長袁同禮先決定要搬遷五百箱善本精品，後改為一百五十箱。他十分焦急，決心抗阻，但感到勢單力薄。因而他一方面向社會名流學者呼籲，取得支持，一方面與鄭振鐸商定，采取拖的辦法，與當局周旋。同時致函北圖駐滬辦事處，請他們注意存滬的唐代寫經和善本書的安全。由於館內外各方協同保護，終於使國民黨當局的劫運企圖未能得逞，將國寶完整地保護下來。（《趙萬里文集》第一卷，第12—13頁）

12月14日，中國人民解放軍包圍北平。

12月20日，袁同禮以"入京述職"名義離平赴寧，指令在其離平期間館務由王重民代理。

袁同禮致全館同仁函：同人公鑒：同禮奉中央來電，入京述職。在離平期內，館務由王重民先生代理，亦經部中核准。王先生與本館關係最深，在此非常時期，得其主持，凡我同人，均應共同擁戴，通力合作，俾館務進行不致停頓。（《北京圖書館館史資料彙編：1909—1949》，第922頁）

同日下午，王重民召集各組主任、各股股長開會，討論"共濟的方法"。

12月21日，王重民發布致全館員工的公開信，通報袁館長離平南下，宣布組織應變委員會，先生為委員之一。

王重民致全館同仁函：袁館長在昨天清早飛往南京去了，想諸位同人都已聽説，並且都狠惆悵。袁館長行前，托我轉給大家一封信，我把他鈔在上面。我是一個"書生"，没有經驗，没有能力，那敢擔任這個職務，但念現在正是"同舟共濟"的時候，我跑來參加，和大家一同撥槳，一同維護我們所寄托、所憑藉的"舟"——北平圖書館，共患難，共甘苦，也是義不容辭的。所以在昨天下午三點半鐘，我邀請各位組主任、各股股長開了一個談話會，商討我們"共濟"的辦法。我們當前的急務，一是保護我們的館產和圖書，一是共謀同仁的安全與福利。我提議由素來在館中負行政責任的王子舫、顧子剛、趙斐雲三先生，再加上由同仁公舉的三四個代表，來組織一個類似"應變委員會"的機構，來一同替我們主張。我們明天還要開一次談話會，諸位同仁有何高見，請和本股股長討論，預備轉達到明天的談話會裏，在立法之先，請各位同仁多多貢獻意見。（《北京圖書館館史資料彙編：1909—1949》，第 921 頁）

12 月 22 日，告知金毓黻，陳清華藏書中有《續資治通鑑長編撮要》。

金毓黻日記：静嘉堂文庫善本書影有《續資治通鑑撮要》一葉，爲卷二十之首半葉。余取與傅氏雙鑑樓藏《長編》鈔本核之，行款、内容悉同，即每半葉十三行行二十三字。按，余所見兩鈔本標題皆無"撮要"二字，關於此節，余前於論《䟽宋樓藏書志》已略及之。又趙君斐雲告余：上海陳君清華所購得宋本《長編》，標題亦有"撮要"二字，當與静嘉堂所藏乃同源。（《静晤室日記》，第 6740 頁）

12 月 26 日，訪馬衡，談袁同禮離館南行，北平圖書館同人皆不滿。

馬衡日記：趙斐雲來，述守和欺人謊語，館中同人皆不滿。余告以此公恐懼心倍於常人，爲生理上之缺陷，應原諒之。（《馬衡日記》，第 25 頁）

　　按：欺人謊語，即指袁同禮致全館員工函所稱"入京述職"。

本年冬，藻玉堂等六家書店購得海源閣一批藏書，舉辦拍賣會，先生爲北平圖書館購得多種。

魏廣洲口述、王書燕整理《海源閣藏書流失輯録補》：1948 年秋，王子霖先生將楊敬夫家險些遭劫的最後一批書存放在法源寺，其中大部分爲一般版本，一些宋、元、明零本存放在王子霖家中。楊敬夫要全部出售，因王子霖先生與楊敬夫相熟，因此由子霖先生出面組織六家書店合股買下，共計 2000 萬法幣。六家書店分別是：藻玉堂、文奎堂、文淵閣、多文閣、東來閣、修文堂。當時六家店主人，大部分的資金多爲銀行貸款，因此需儘快出手，於是在王子霖先生主持下組織了一次拍賣活動，歷時一周，地址是文昌會館，參拍者多爲圖書館和書店，北平圖書館長趙萬里選定了十種書，其中有《范文正公奏議》宋本、《文則》元本、《修辭鑒衡》元本、《集度

勾詩》元本、《禮記訟文》宋本、《説文解字韻譜》明抄本等。當時定價爲
1000 萬法幣。但是,之後趙萬里先生知道六家書店大部分是銀行貸款,
急於收回資金還貸時,把原定 1000 萬法幣壓到 600 萬。由於趙先生給價
低,終未成交。之後六家商定,把此部分書合價分給個人保存。這部分善
本書之後都經子霖先生推薦,陸續歸入北平圖書館收藏。這場爲時一周
的拍賣會,引起了不小的轟動,各家報紙爭相報道。(《王子霖古籍版本
學文集》第 3 册,第 137 頁)

　　魏廣洲《胡適買書》:我於 1948 年冬和藻玉堂、文奎堂、修文堂、李佩
亭五家舊書店集資合夥用私銀號款兩千萬元(每月利息二十八分)買了
海源閣楊家一批書。這批書買來之後,大家拍價,内有宋末名臣文天祥在
監獄中撰寫的《集杜句詩》,前有像贊,明天順刻本,三册一木盒。此本絶
世極少。我用八十二萬元拍到手的。書到手後,我就送到北大圖書館。
毛館長看了,經過内部商議,對我説楊家的宋版四經、四史都歸北圖了,這
部書應當也歸北圖。毛館長當時就給趙萬里打電話,我在旁邊聽着。趙
萬里只給八十五萬元。我這部書賣了等着還債,年近歲逼,只得答應。我
本知道這部書賺不了錢,想把人情送給胡適,誰知北大不收。那天下着大
雪,我從沙灘北大騎着自行車,將書送到文津街北京圖書館。我從趙萬里
先生手中領了書款出來,日已垂暮,雪下得更大了。(1993 年 1 月 29 日
《光明日報》第 5 版)

　　按:魏廣洲稱先生爲北平圖書館館長,顯係誤傳。又王書燕《我的
祖父》記有此事部分細節:"記得他曾經向我描述過這樣一個經歷。有
一天晚上,他訪友經過前門,看見有兩輛馬車在前門樓前徘徊,車上人
向我祖父打聽哪裏有可以存放馬車的旅店。祖父詢問車中何物,那人
回答説是書。祖父聽後爲之一振,他想到了海源閣流散的書……爲了
不再出問題,祖父親自爲他們安排住處。祖父曾因病在法源寺養病居
住半年,與法源寺住持是好朋友,於是他把趕車之人領到了法源寺這座
香火很盛的佛教重地,使這批書和人均得到了安置。住下來後,趕車人
爲了感謝祖父的鼎力相助,又知祖父也是書業中人,遂讓祖父看書。經
祖父鑒定,那兩車書確實是海源閣的收藏品,因爲其中幾部宋元明版書
的四角有洞。祖父説,海源閣主人害怕善本出意外,他想出一個辦法,
就是把珍本用釘子釘在牀、櫃的底下,因此書上有被訂過的洞。這批書
的所有者,請祖父幫助尋找買主,祖父爲人也爲書,誠心地做了此事。
據説祖父曾在琉璃廠的文昌會館爲海源閣藏書組織過拍賣會,我根據
情況推斷,所拍之書就是這一批。"(《王子霖古籍版本學文集》第 3 册,
第 163—164 頁)姑録之以備考。

　　本年，周叔弢來函，詢北平圖書館是否有意購入其所藏元本《玉篇》、《廣韻》二書。

　　周叔弢函：溽暑漸消，邇維起居清泰爲頌。袁先生已返平否？元本《玉篇》（建安蔡氏梅坡）、《廣韻》（余氏雙桂書堂）兩書（均見《經籍訪古志》），不知圖書館有意否？弟意欲得二千萬，或不過奢。乞吾兄明示，並爲努力爲叩。（《弢翁遺札》，載《中國歷史文獻研究》〔一〕，第 19 頁；《弢翁藏書題跋·年譜》，第 251 頁）

　　本年，先生與王重民所主編《北京大學圖書館善本書錄》由北京大學圖書館印行。

　　毛準《北京大學圖書館善本書錄序》：這本目録所載的善本書，以在北京大學五十週年紀念會裏所展覽的爲限。館中有許多儘够得上善本資格的書，但因地位的限制，不得展覽，這本目録裏也就不列入了。就是這樣，比起民國二十一年張庚樓先生爲本館所録的善本書，差不多已多出一倍了。這次所展覽的書，大部分都是由趙斐雲和王有三兩先生揀選的。從李氏木犀軒歸入館庫的，由趙先生選取；其中日本的版本，則由宿白先生選取。其餘的館藏，悉由王先生選取。雖然他們選擇的標準不能講若畫一，但都稱謹嚴。想覽者自能體會諸先生的旨趣。

　　宿白《〈趙萬里文集〉跋》：1945 年北大復校後，圖書館館長毛準教授約請趙萬里先生領導主持編纂《北京大學圖書館藏李盛鐸（木齋）舊藏善本目録》（該目録 1948 年刊入《北京大學圖書館善本書錄》，始正式出版）。當時我被安排在這個編目組中，參加撰寫了一部分書録的底稿。在編纂過程中，領略到先生對古籍瞭解之深廣與識斷之精審，多受教益。（《趙萬里文集》第一卷，第 503 頁）

　　自抗戰勝利復員至本年 12 月，先生仍職司國立北平圖書館善本書采訪事務，所得有二百餘種。

　　《國立北平圖書館復員以來（一九四五—四八）工作概況》：購入善本書一九八種（一九八五册）六軸二五張一三二葉，内包括海源閣楊氏藏書及所購之罕見古籍。……受贈善本書五七種（六一七册）五軸五張。（《北京圖書館館史資料彙編：1909—1949》，第 1267—1268 頁）

　　自抗戰勝利復員至本年 12 月，先生繼續組織善本組從事《永樂大典》輯佚工作。

　　《國立北平圖書館復員以來（一九四五—四八）工作概況》：《永樂大典》輯佚，此項工作由善本組從事編製，又於歷代方志、總集、類書搜集資料，予以補充。本館復員後，計編成史部《寶祐維揚志》等十種、集部周邦彥《清真集》等二十種云，已完成大半，今仍續編采録。（《北京圖書館館

史資料彙編:1909—1949》,第 1272—1273 頁)

本年下半年至次年上半年,在北京大學中文系附設圖書館學科講授《版本學》課程。

張守常《回憶趙萬里先生二三事》:1948 年暑假中,我在史學系畢業之後,又考入剛開辦的圖書館系,這有一部分原因是爲了能繼續聽趙先生的課。北京大學的圖書館系是由本職也在北京圖書館的王重民先生主持創辦的,當時只在北大文學院各系畢業生中招收十人,我有幸成爲這十人中的一個,於是由 1948 年下半年到 1949 年上半年又聽趙先生講授《版本學》。趙先生講課是不帶講稿的。他偶爾帶着一個小布包,裏面包着幾本書或幾疊稿子吧,但我不記得他曾打開過,所以小布包中的東西是不是備講課用的也不一定。他通常是只帶粉筆進課堂,開口即講,不論是史料目錄或版本源流,滔滔不絕,如數家珍。——再說一遍:滿堂灌,聽起來是很過癮的。王重民先生給圖書館系講《目錄學》,從"七略"到"四部",是很正規的目錄學。趙先生在史學系講《史料目錄學》,和王先生的《目錄學》並不同,是介紹書,講《史記》、《通鑑》等等,全是"大路貨",治史的必讀書,介紹有關各該書的種種常識。聽來只不過是些常識,然而由自己摸索去獲得這些常識,却遠不是輕易能够作到的。唯其是常識,我在後來的工作中是常常用得着的。趙先生之給人以粹然學者的印象,更突出地表現在當世的風風雨雨似乎吹打不到他自己的那個版本目錄之學的王國裏去。那是從 1947 年到 1949 年,我聽他講授《史料目錄學》和《版本學》的兩年,那是從劉鄧大軍南下大別山、解放戰爭開始轉入反攻的歷史轉折點,到推翻蔣家王朝、新中國即將正式成立的兩年。在北京,從 1947 年夏天的"反饑餓、反内戰"運動,到 1948 年夏天的"七五血案"和"反剿民、要活命"大游行,中經"八一九"大逮捕,到 1949 年的迎接解放,是學生運動如火如荼的兩年,而當時設在沙灘的北京大學則是北京學生運動的中心。但趙先生在其中是獨來獨往的。學生罷課,他也就不來;復課了,他準時來到課堂,開口即入正題,不叙閑言,不談政治,他似乎是也不想政治。凡事總不免有例外,趙先生也發生過"反常"現象。那是 1949 年 3—4 月間,國民黨派代表團來北京談判,我解放大軍則準備着若談判不成即强渡長江直搗南京的緊張時刻。一天,趙先生按時來上《版本學》,開口突然罵了一句"國民黨是豬"。我至今還記得他那一陣怒不可遏的神態。我們聽講的同學們被趙先生的勃然一怒給楞住了。他接着說:"你們知道嗎?"我們沉默,不知所答。他接着又問:"你們看報了嗎?"我們看過報,但一時不知是何消息應該如此發怒,所以仍然是沉默,静聽趙先生往下說。他接着往下說了:"南京政府準備撤退,報上登載他們把多少箱善本書運到臺灣去了。——這怎麽行！"在課堂上常聽趙先生講到某書現在南京，某書是"北平古物南遷"時運走的，所以經趙先生這麽一提，使我們也立即感到關切，國民黨政府要垮臺了，還要把這一大批國寶搶走，真是"這怎麽行"。然而趙先生緊接着還有一句："那個地方太潮濕了。"説時還用手擊了一下教桌，仿佛這桌面就是臺灣那個該死的潮濕地方。趙先生這幾句話是緊連着説的，盛怒之下，説話的節奏很快，我們的思路跟不卜，稍遲了一下纔回味出使趙先生如此着急的真正原因來，原來他着急的不是這些善本書還要被控制在國民黨手中而不還給人民，他着急的是臺灣太潮濕，怕把善本書黴壞了。當我們悟出趙先生所以發怒的原意之後，不覺爲之莞爾，或者説啞然，但這都是藏在肚子裏的反應，没有人笑出聲來。趙先生當時的情緒是很嚴肅的，這使我們笑不出來。趙先生是我們尊重的老師，我們當時若失聲而笑是很不禮貌的。我們當時也都没有後來"四人幫"提倡的"造反"精神，所以都以嚴肅的表情聽完趙先生的這一段憤怒的控訴。然後趙先生言歸正傳，我們便繼續聽講。……還是1949年上半年的事，記得天氣已有些熱了，忽然趙先生在課堂上興奮地講起了《趙城藏》運抵北京的事。……廣勝寺的這一部金刻《道藏》是在抗日戰争前發現的，大約是1933或34年，由一位旅行家在這裏發現了這一寶藏，消息傳開，用趙先生的話來説："這是震動全世界的大事情！"他説時還特地豎起大姆指來打着手式，那態度是十分認真的。在1933—1934年間，震動全世界的大事是希特勒在德國掌權之後凶芒初露，和日本帝國主義的侵略鐵蹄已從東北踏入華北；而在趙先生的版本目録之學的王國裏，或者這才應該是震動世界的大事吧——我是這樣來理解趙先生之那麽鄭重地來談論這件事的。從此《趙城藏》成爲治中國版本學或中國宗教史的學者們所普遍關心的事。然而不久抗日戰争爆發，再也聽不到《趙城藏》的下落，它在哪裏？它是不是安全？它會不會被戰火毀掉？趙先生一直爲之懸心了十二年，現在忽然得知它安全無闕，並且運來北京，交給由他主管的北京圖書館善本書室收藏，這使他由懸心一變而爲狂喜。他把這種不能自己的意外的喜悦一直帶到課堂上來，帶給北京大學圖書館系頭一班的我們這十名學生。趙先生向我們介紹搶救《趙城藏》的經過，説的有聲有色。原來日本侵略軍攻陷趙城縣城之後，因爲知道廣勝寺藏有一部寶貴的金刻《道藏》，便派兵進山佔領該寺，下一步自然就是將《道藏》劫掠而去了。此事被我八路軍偵知，發動一次夜襲，殲滅了盤踞該寺的日寇，將《道藏》全部轉移到太行山根據地去。此役我們犧牲了八個戰士。趙先生在講到這"八個戰士"時，作一個把大姆指和食指伸開的手式，並且舉到至少齊眉毛那麽高，提高嗓門，聲調激越，顯然是很帶感情的。"犧牲了我們的八個戰士啊!"我至今仿佛還能聽得見他說這一句話的聲音。
這是一位專家對八位烈士發出的充滿崇高敬意和深切感謝的悼詞。
(《讀書》1980 年第 12 期,第 98—102 頁)

趙萬里先生年譜長編卷七

1949 年　先生四十五歲

本年,先生任國立北平圖書館善本股主任。

1 月 2 日,與金毓黻論當代藏書家。

　　金毓黻日記:趙君斐雲告余,吾國新興之藏書家,一爲上海之陳清華,名澄中;一爲天津之周叔弢,名暹。近在市上發見宋本《經典釋文》一册,即爲周氏購得。(《静晤室日記》,第 6745 頁)

1 月 15 日,中國人民解放軍佔領天津。

1 月 19 日,赴故宫博物院訪馬衡。

　　馬衡日記:趙斐雲來談,恐懼現於詞色。(《馬衡日記》,第 35 頁)

1 月 21 日,中國人民解放軍與華北剿匪總司令部傅作義總司令達成《關於和平解決北平問題的協議》。

1 月 27 日,訪馬衡,代北平圖書館借款。

　　馬衡日記:傍晚趙斐雲來,謂北平圖書館昨借七萬五千元,不敷分配,欲再借十萬,婉謝之。(《馬衡日記》,第 39 頁)

1 月 28 日,王重民再次致函全館員工,强調館内同仁"應加緊工作,加強工作",同時要求全體同仁每日分别在文書股、事務股、編目股、閱覽股、期刊股等五處簽到,善本股於期刊股簽到。(《北京圖書館館史資料彙編:1909—1949》,第 923—924 頁)

1 月 31 日,中國人民解放軍和平進入北平城,平津戰役結束。

1 月,寓所四周落彈,飽受虚驚。

　　夏承燾《天風閣學詞日記》:(2 月 2 日)王承緒、趙端瑛夫婦來,謂斐雲在北平,其寓所四周落彈,飽受虚驚。微昭示斐雲來書,謂燕京、清華皆巳解放,教授薪水提高,折合金圓八千元。(《夏承燾集》,第 7 册第 38 頁)

2 月 4 日,袁同禮攜眷由滬赴美。

2 月 13 日,中國人民解放軍北平市軍事管制委員會派尹達、王冶秋、馬彦祥接收北平圖書館,上午十時宣布接管,並召集股長以上人員會議、全體職工大會,説明接管政策。

3月3日,北平圖書館召開股長以上會議,軍管代表王冶秋作接管報告。

3月5日,北平市軍事管制委員會文化接管委員會決定王重民任北京圖書館代理館長。

3月20日,午後鄭振鐸、葉聖陶來訪,復偕往紅樓訪潘家洵。

葉聖陶《北游日記》:飯後偕振鐸兄訪趙萬里,由趙陪同訪介泉,未晤。遂訪孟實、從文。從文近來精神失常,意頗憐之。雜談一切,五時始辭出。(《葉聖陶日記》,第235頁;《葉聖陶集》第22卷,第45頁)

3月25日,賀孔才向北平圖書館捐贈圖書1408種17668冊,其中善本書80種1217冊。

3月26日,中午與俞平伯等共十七人於北京大學孑民紀念堂公宴自南方北上參加中華全國文學藝術工作者代表大會及新政協會議的鄭振鐸、葉聖陶、宋雲彬、傅彬然等文化界民主人士。

宋雲彬日記:中午偕聖陶夫婦暨振鐸、彬然同赴北大俞平伯等之宴。列名具柬邀請者凡十七人,俞平伯、王重民、朱光潛、金克木、鄭天挺、林庚、吳曉玲、季羨林、沈從文、顧小剛、向達、孫楷第、黃文弼、魏建功、楊人楩、韓壽堂、趙萬里。地點爲孑民紀念堂。聖陶飲白乾不及半斤,竟大醉,泣不可抑,蓋懷念其好友朱佩弦,觸景多感故也。(《紅塵冷眼》,第115頁)

4月12日,鄭振鐸來函,述莫斯科見聞。

鄭振鐸日記:寫信給斐雲、覺明、建功幾位。(《鄭振鐸日記全編》,第385頁)

鄭振鐸函:別後匆匆趕路,花了整整兩個星期的工夫,才到了莫斯科。沿途青松黃草,一望無際,景象之弘偉,歎觀止矣!雖冰雪載途,而車中溫暖如春,正遇處處放火燒草,作春耕的準備,熊熊的火光,綿延數十百里,在黑夜中望之,有如一個大城市的夜景(萬家燈光,熱鬧非凡)。此殆非到西比利亞不能遇見者。尚未開始參觀,蓋以尚有許多事要做也。明後天就要動身到東歐去,巴黎能否去,尚未定。歸程則擬在莫斯科停留幾天。如到列寧格拉時,則《大典》當可見到也。《劉智遠傳》也想一觀。此間訪求舊書甚難,新書一出版,即被讀者們一掃而盡,購舊雜誌尤爲不易,只好托托人看,不知能否得到幾部好的考古書?北平情形諒甚安,友人們想都安好。在車中,幾無日不念念也。小箋在平,不知已進燕京否?消息不通,甚爲悵悶!尚乞時時賜以照拂爲感!大約五月底以前,總可回平。此時雖離平不過半月,實已歸心如箭矣。附上給覺明、建功二片,便中乞轉致爲感!(原函存趙府)

按:此函信封北平郵戳日期爲"卅八、七月、廿八",先生得讀此函,已是 8 月 1 日前後。

4 月 15 日，訪馬衡。

馬衡日記：趙斐雲來談。（《馬衡日記》，第 55 頁）

4 月 25 日，游太廟公園，晤馬衡、鄭天挺、向達、韓壽萱等。

馬衡日記：挈思猛游太廟公園，遇鄭毅生、向覺民、趙斐雲、韓壽萱等。（《馬衡日記》，第 57 頁）

4 月 25 日，訪馬衡。

馬衡日記：趙斐雲來談。（《馬衡日記》，第 57 頁）

4 月 30 日，華北人民政府將抗戰期間八路軍從山西搶救出來的《趙城金藏》由涉縣經邯鄲運抵北平，入藏北平圖書館。經善本室初步整理，共有 4330 卷又 9 大包。（《北平圖書館被接管後大事表〔自三十八年二月十三日起至七月三十一日止〕》，《北京圖書館館史資料彙編〔二〕：1949—1966》，第 873 頁）

5 月 4 日，馬衡校畢《洛陽伽藍記》，以先生之説證其刻者。

馬衡日記：校《洛陽伽藍記》畢，"逸史"水、"如隱"本互有得失。趙斐雲語余云："曾在天一閣見某文集，乃吳中陸采著，後有嘉靖年刻於如隱堂字樣，版式與《伽藍記》相同。"董康謂不知誰氏刻者，至是得一證矣。（《馬衡日記》，第 59 頁）

5 月 14 日，北平圖書館挑選若干卷尚能打開的《趙城金藏》，舉辦《趙城金藏》展覽，邀請華北人民政府及各界人士到館參觀，討論如何保存修理。

同日下午 4 時，北京圖書館在該館接待室舉辦"《趙城金藏》展覽座談會"，討論修整與保藏計劃，王重民主持，于力、范文瀾、王冶秋、馬衡、向達、韓壽萱、周叔迦、巨贊、晁哲甫、季羡林、張文教、程德清與先生等十四人參加。先生首先發言，報告此經之源流和價值；並發言回應范文瀾、巨贊、于力、晁哲甫等先後就修復工作發表的意見。

《〈趙城金藏〉展覽座談會紀要》：趙萬里：《趙城藏》是民國廿二年左右範成和尚發現的。北平三時學會各位先生非常注意，本館徐森玉先生也曾參與調查及收購工作。戰前陸續爲本館收購者有一九二卷，此外私人收藏也有二三十卷。其後的歷史則無聞。我個人覺得此藏在學術上有極大價值，主要是其中翻譯的經論贊每行都是十四字，與北宋初年《開寶藏》行款正同，與敦煌發現的唐寫本也相類似。小字的疏，有多至每行二十字以上者，與敦煌寫本也同，所以《趙城藏》與宋以前佛經寫本實係同一血統，而爲其橋樑者可能即是《開寶藏》。這兩種寶藏，我們可以稱爲北方系。至於普通所見大藏，無一不是南系，如北宋《東禪寺藏》、《開元寺藏》、南宋《磧砂藏》，以及元時《普寧藏》，明代《南藏》、《北藏》，陳陳相因,版本格式皆一樣,其内容與北系迥然不同。《趙城藏》所具特點尤爲南系大藏所未有,而且《趙城藏》是代表金時平水文化最標準的刻本,在版本學及雕版史上尤有價值。所以無論在佛學和版本學上看來,都是一種極好的資料。此次開箱共得四三三〇卷又九大包,多數潮爛斷缺,或丢失簽題。不過我們應盡力保存,不使損壞。十之三四可以打開,十之五六不敢打開。現在是整理的問題,即是如何打開、如何編目的問題。本館有技術人孫長振先生專門能裝修舊書,他領導技人一定能勝任這一工作。不過仍感人手不敷,因本館各部分應裝之書太多,絶非三、四人可以辦理,所以這一工作還值得考慮。假如能找四位專家整理,據孫先生估計,每人每月可整理十卷,四人爲四十卷,一年爲四八〇卷,須十年可完成。我們暫決定先選易着手的整理。有人以爲選重要的先整理,但不曾打開,如何知道它是否重要? 其次是裝修時所需材料的問題,紙擬用遷安紙(俗稱高麗紙)、山西毛頭紙、廣西紙和湖南棉紙,此四種紙皆適用於整理此經,又有奉化棉紙也可以適用。人工的問題可以找些新人裝普通書,而用有技術的舊人由孫先生領導整理此經。其次是保藏問題,暫時用裝檔案的櫃子存放,將來裝修好了之後,尚需預備專用的箱架以便保存。以上是《趙城藏》發現經過及今後整理的計畫。

……

趙萬里:于老談裝潢問題,有很多寶貴意見。過去本館裝修的觀點,是將每一書完全改爲新裝。此辦法始而覺得很好,其後則發現它不對。一本書有它的時代背景,所以自(民國)廿三年後決定不再改裝,以保存原樣,所以裝修一書有時用不上太多材料。館藏《趙城藏》即保持其原來面目。今天成問題的是人力,而不是財力,因所費恐不太多。此外,山西、湖南均有《開寶藏》,我們希望政府注意此事,能將此批經卷都能運來北平。又西安有《磧砂藏》,望政府留心保護。因此我留心到中國古物太多,即如"雍正經"(即《乾隆大藏經》)現藏柏林寺,解放前曾駐軍隊,迄今是否完好,是值得考慮的。(《文津流觴》第 6 期)

馬衡日記:下午北平圖書館展覽《趙城藏經》,趙斐雲述其在佛藏中之重要性,張文教説明與日本人競爭及護持之經過,范仲雲追述華北大學典守之情形,並承認從前對此之不認識。至六時半散會。(《馬衡日記》,第 61 頁)

按:此次座談會詳情,見《〈趙城金藏〉展覽座談會紀要》(《北京圖書館館史資料彙編〔二〕:1949—1966》,第 478—485 頁),整理稿發表於《文津流觴》第 6 期(2002 年)。《北京圖書館館史資料彙編〔二〕:1949—1966》、《文津流觴》第 6 期所刊整理稿均誤將座談會時間記録爲 1950 年,今正。《人民日報》隨後刊文報導此經入藏北圖經過及此次座談會簡況:《名經四千餘卷運抵平市》,1949 年 5 月 22 日《人民日報》第 1 版;向達《記"趙城藏"的歸來》,1949 年 5 月 31 日《人民日報》第 4 版。

又按:先生提出"找四位專家整理"《趙城金藏》,後得到落實,招募技工張炳文、蕭子安,工徒蕭順華、謝慶豐四人入館工作,至 1965 年完成全部修復工作。先生在這次座談會上闡述的修復原則,此後一直爲中國國家圖書館古籍修復工作所沿用,並成爲中國古籍修復界的基本原則。冀淑英《憶念趙萬里先生》對先生的古籍修復思想,有具體詳細的記述:"多年來,先生對綫裝書(主要是善本書)的裝訂工作,也是經常親自過問並加具體指導的(所謂指導,是原則上如何做法,不是技術上的)。書籍之流傳久遠,與裝修工作有直接關係,我國歷來的藏書家都十分重視這項工作,作爲國家圖書館的善本書藏,當然更應着重抓起來,尤其北圖的藏書,一部分還是直接從清代內閣大庫繼承而來的呢!這樣的書,不論內容,就書而言,很多也都具有文物價值。先生常說:‘不單是宋、元時代的蝴蝶裝,就是明、清時代的原裝,也不能輕易破壞。’所謂‘破壞’,聽來似乎嚴重了一點,實際上是説改變原有裝訂形式(如蝶裝、包背裝改爲綫裝),做成面貌一新的樣子;或是撤掉舊書皮,換上新封面。不看是什麼書,都采用這樣的做法是不行的。如果歷來都這樣搞,今天也就不知宋代蝴蝶裝是什麼樣式了。因之,幾十年來,他對館裏的善本裝修工作,堅持貫徹‘整舊如舊’原則,裝修過程中,決不許‘剃頭修脚’(指書的天地頭不得任意切去見新)。建國之初,北圖專做善本裝修的,共有五位老師傅,個個技術精湛,在國內同行中也是聞名的,但年歲都在四、五十歲了;考慮到十年之內,不成問題,二十年後就難説了,因之在五十年代北京舊書業公私合營之際,就有意尋訪書業中裝修技術較高,而有待就業的,經館領導支持,又請了三位師傅來館,其中一位,即是現今健在,有"國手"之稱的張士達老師傅。有了技術力量,還要有物質條件,比如補書的舊紙,副葉的選配等等,他全都時時在念。多年以來,先生經常出入琉璃廠等處舊書店,除了訪書購書,見有書店中裝訂拆下的舊紙,只要適合應用,也必買回來,送交裝訂室備用。每次去南方出差,總要親自選購適於訂書用的粗細不等的絲綫,因南方絲綫質量好。用先生自己的話説:‘只要對書有好處,什麼我都願意做。’"(《文獻》1982 年第 2 期,第 154—155 頁)王玉良《也談"善本"以及加强善本書的保護》記述:"二十世紀五六十年代,由趙萬里、陳恩惠兩位先生具體籌劃,將需要維修做套的善本,分別登記造册,按計劃進行裝修做套工作。對甲級宋元版書,交付給兩位手藝最好的老師傅,提出裝修方案,使用最好的名貴材料,精工細作;對開本小的書,加襯紙做成金鑲玉裝;經部、史部書多用韌性强的藍色庫磁青紙做封皮,顯得莊重典雅;有的集部女詩人詩集,用淺綠色或淺粉色灑金蠟箋紙做封皮,像給美女穿上一件華麗外衣,表現了設計者的匠心。每當這些珍本展出,都得到觀衆的交口稱讚。書本裝訂好以後,必須做書套加以保護,按等級分別做布面六合套或錦套。最好的做楠木書匣,內附兩片樟木夾板,把書裝入匣中,即使放到水裏,因嚴絲合縫也不會進水受潮。"(《書卷多情似故人》,第149—150頁)

5月26日,鄭振鐸赴歐出席世界和平大會回國抵北平,來訪,晚餐後同訪向達,晤謝國楨。

鄭振鐸日記:六時許,至斐雲宅,即在他那裏晚餐。餐畢,偕至覺明宅閒談,剛主亦在,談至十時許方歸,頗見盡興。(《鄭振鐸日記全編》,第396頁)

6月6日,華北高等教育委員會成立,國立北平圖書館隸屬該會。

6月14日,下午與馬衡等看東北運來杜聿明書籍八十箱。

馬衡日記:下午訪冶秋及張宗麟,報告北大視察景山經過。冶秋謂東北運來杜聿明書籍八十箱,約趙斐雲來看,邀余參加。檢視四五箱,皆普通書籍。誤至五時,不及到院而歸。(《馬衡日記》,第59頁)

6月20日,國立北平圖書館開始民主評定薪級。

6月22日,評薪開始自報。

6月23日,評薪開始公議。

6月25日,評薪開始初評。各行政單位選出楊殿珣等二十一人、工聯選李道之等六人、學委會選賈芳等三人,連同學委會主席共三十一人,組成初評委員會。

7月1日,國立北平圖書館接管松坡圖書館。(《北平圖書館被接管後大事表〔自三十八年二月十三日起至七月三十一日止〕》,《北京圖書館館史資料彙編〔二〕:1949—1966》,第881頁)

7月4日,評薪初評完成,初評結果公布。

7月5日,評薪開始復評。由初評委員二十一人中選出劉桐鳳等五人,並學委會執委四人,組成復評委員會,開始復評。

7月8日,評薪復評完成。

7月9日,評薪復評結果公布。

7月11日,代理館長王重民會同復評委員核定職工薪級並公布,先生被評定爲研究員,爲國立北平圖書館此次評定的唯一一位專任研究員。

　　按：此次評薪經過，參見《北平圖書館被接管後大事表（自三十八年二月十三日起至七月三十一日止）》（《北京圖書館館史資料彙編〔二〕：1949—1966》，第879—881頁）及1949年7月王重民致華北高等教育委員會呈報本館評薪結果函（《北京圖書館館史資料彙編〔二〕：1949—1966》，第71—76頁）。當時館內共有三位研究員，其中王重民（代館長）、于道泉（特藏股主任）爲兼任研究員，因此王重民1949年7月致華北高等教育委員會呈報本館評薪結果函中，稱"本館研究員只評得趙萬里一人"（《北京圖書館館史資料彙編〔二〕：1949—1966》，第75頁）。

7月22日，宋雲彬送還先生《金藏雕印考》。

　　宋雲彬日記：送還趙萬里《金藏雕印考》。（《紅塵冷眼》，第143頁）

　　按：此書即蔣唯心《金藏雕印始末考》，原載南京《國風雜誌》第5卷12號（1934年12月），1935年1月支那內學院印行單行本。

7月27日，在館內演講，內容爲《趙城金藏》，並展覽歷代藏經刻本。

　　《北平圖書館被接管後大事表（自三十八年二月十三日起至七月三十一日止）》：二十七日，趙萬里先生講"趙城藏"，並展覽歷代藏經刻本。（《北京圖書館館史資料彙編〔二〕：1949—1966》，第885頁）

7月29日，與張允亮訪馬衡。

　　馬衡日記：趙斐雲、張庚樓來談。（《馬衡日記》，第75頁）

7月31日，告知金毓黻宋版《經典釋文》原爲蝴蝶裝，故紙背有鈐印。

　　金毓黻日記：……按前年自長春僞宮流出清內府藏宋版《經典釋文》，共二十四冊，原訂應爲十二冊，後改訂一冊分爲二冊，每冊之首有"省齋"及"共山書院"二印，其首尾紙背亦有長方鈐記，其文及尺寸與黃紙所記同，應知與《顏氏家訓》同出一源。趙君萬里告余云：此書原爲蝴蝶裝，故鈐記在紙背上。此說良是。（《靜晤室日記》，第6872頁）

8月3日，晚偕鄭振鐸訪宋雲彬。

　　宋雲彬日記：晚鄭振鐸偕趙萬里來。（《紅塵冷眼》，第146頁）

8月12日，胡士瑩來函，告知其子及浙大友人近況，並附詩一首。

　　胡士瑩函：奉七月七日書，知吾兄在平興居勝常爲慰。弟自前月赴山東之濰坊，最近始克返杭，風塵僕僕，勞頓殊甚。小兒於八年前赴蘇北參加新四軍，歲月悠悠，音問隔絕。今春淮海戰後，以積勞致染肺結核症，留後方醫院休養，渡江之役，未克隨軍南歸。迨上海解放，始得卧病山左，消息藥品缺乏，無法醫療。弟遂匆匆赴滬，購置大量針藥，攜以俱北。經打針服藥後，病體日見起色。刻已挈之返滬，留江灣人民醫院（前國防醫院）療養。滬上醫院設備完善，醫治方便，前途當可無礙。惟須經長時期之休養耳。浙大暑後人事方面多所更張,微昭、聲越不動,振公、雁石、樸山、衡叔均在淘汰之列,駕吾亦脱離,任之大秘書。惟之大前途暗礁亦多,人事變幻殊不可測也。滬地教界多惶惶不自安,迥不若北方之安定。知兄欲悉南中近况,故以奉聞。(原函存趙府)

8月30日,顧頡剛、錢君匋訪北平圖書館,先生導覽書庫。

顧頡剛日記:與君匋同到北平圖書館,遇剛主、陶洙(心如),晤趙斐雲,參觀書庫。(《顧頡剛日記》第六卷,第510頁)

9月10日,金毓黻赴北平圖書館閱書,先生導覽《趙城金藏》展覽,並爲其解説《嘉興藏》刊刻始末與存况。

金毓黻日記:午後三詣圖書館尋史料,得見《趙城藏經》的展覽。北平現有《嘉興藏》二部,一藏後門外之嘉興寺,正續藏全帙俱在;一藏故宫武英殿内,似不全。《嘉興藏》始刻於明萬曆十七年,至清康熙中葉刊竣。始於五臺刊版,後在徑山寂照庵、興聖萬壽寺及嘉興、吴縣等地刊成。此藏稱《徑山藏》,以曾刊於嘉興楞嚴寺,故名《嘉興藏》,一名《楞嚴藏》,共七四〇函七千餘卷,主辦者陸光祖、馮夢禎及沙門密藏、憨山等。〔以上〕趙萬里言。余於往年覓求《千山賸人禪師語録》,此書著録於《嘉興藏》,徐森玉先生告余北平嘉興寺應有此藏,去歲向寺僧詢之,含糊支吾,不得要領而歸。今聞趙君所説,始知此藏尚在。(《静晤室日記》,第6884頁)

9月13日,往六國飯店訪張元濟,約其往北平圖書館觀善本書。

張元濟日記:晨趙斐雲來,約往北平圖書館觀善本,並言馬叔平致意招余往看博物館,兼觀在長春所得書。(《張元濟日記》,第1220頁;《張元濟全集》第七卷,第380頁)

9月14日,與張元濟通電話,約16日往北平圖書館觀善本書事。

張元濟日記:趙斐雲來電話,言昨日未答電,因已歸,故即告以定十六日到北平圖書館看書。適邵力子來。力子先言,如往觀書,願同往。(《張元濟日記》,第1222頁;《張元濟全集》第七卷,第381頁)

9月16日,接待張元濟、邵力子夫婦、徐森玉等訪北平圖書館,觀海源閣舊藏善本書多種,又參觀善本書庫。

張元濟日記:午後一時半乘車到北京飯店訪邵力子夫婦,不值。遂至北京圖書館,晤趙斐雲。出視得自海源閣楊氏之宋元本、鈔校本凡數十種,以所著稱之"四史"爲最佳,"四經"則撫州本《詩經》爲最,其他不稱。邵力子夫婦旋至。徐鴻寶亦來。又晤李楓、宿白(東北人,在北大圖書館任事)。未幾王重民亦來,導觀抗日及斥美展覽文件,繼觀善本書庫,見所收倫哲如禁書頗多,及《四庫全書》。稍憩,祥保踵至,即辭。王、趙二君以館車送余及力子夫婦回寓。(《張元濟日記》,第1224—1225頁;《張元

濟全集》第七卷,第 383 頁)

9 月 17 日,上海市古代文物管理委員會成立,李亞農、徐森玉任正副主任,先生等三十八人受聘爲特約顧問。

　　按:1950 年 1 月,上海市古代文物管理委員會改名上海市文物管理委員會。該會第一屆特約顧問任期至 1952 年 4 月。(《上海文物博物館志》,第 371—372 頁)先生曾爲上海文管會鑒定善本書,如鄭振鐸某年 2 月 2 日致徐森玉函中提及:"《文殊指南圖讚》即可寄還,斐雲、叔弢看過,均以爲係明刊本。"(柳向春整理《鄭振鐸致徐森玉函札》,《歷史文獻》第十六輯,第 314 頁)

9 月 19 日,與周叔弢訪馬衡,同至故宮博物院看宋本《古文苑》,認爲強令書主登記將導致日後文物徵集困難。

　　馬衡日記:宋本《古文苑》議價至百廿萬,會中以節約關係議從緩購,但須令書主登記,以備日後收購。效賢閣奔走數日,書主不允,正僵持中。周叔弢、趙斐雲來,以此事告之。叔弢索觀,遂同到院。斐雲以爲,強令登記則文物將逃避吾輩耳目,殊屬不妥。(《馬衡日記》,第 86 頁)

9 月 27 日,國立北平圖書館更名國立北京圖書館。

9 月,主持《趙城金藏》展覽,撰寫《展覽〈趙城藏〉的説明》,由國立北平圖書館印行。

　　《展覽〈趙城藏〉的説明》:開寶時刻的藏經,後世稱爲《開寶藏》,這是後來一切藏經的祖本。《開寶藏》傳世甚少,《金藏》就是直接以《開寶藏》爲底本翻刻的一部藏經,而元初的《弘法藏》又據《金藏》重修,所以在大藏經雕版史上,《金藏》是有繼往開來的地位的。其次,金代平水刻書之風甚盛,然金刻本流傳後世頗爲稀少。《金藏》的雕版,正在金代的平水以南地方,從現存《金藏》上也可以看出金刻本的面貌來。因此在中國印刷術的歷史上,現存《金藏》也是極其珍貴的標本。……趙城縣廣勝寺的《金藏》也不知湮沒了多少年,到民國二十二年八月,經如皋範成法師發見,纔爲學術界所重視。後來借到北平,即在本館內展覽一次,並且抽出一部分古佚的經典,由三時學會影印成爲《宋藏遺珍》一書。原本隨又送回廣勝寺收藏。大約從此以後,便有若干卷流出到市上,本館當時所收和其他公私各處收買的,總數約有二百多卷。唐人寫經以及刻經多作卷子形,《開寶藏》、《高麗藏》以及《金藏》俱是卷子,還保存了唐代書籍的形式,和大藏經北系雕版的系統。二十六年七月中日戰事爆發,山西全省幾於全部淪陷,趙城縣也在日寇的魔掌之下。自《趙城藏》發現以後,日本的學術界也在那裏眼紅。三十一年日本強盜便打主意想搶廣勝寺的《金藏》。廣勝寺的老和尚慌了,報告給在趙城周圍打游擊的八路軍。那時指揮游擊隊的就是今中共中央華北局書記薄一波同志,當即派隊將《金藏》搶救出來,游擊隊因此曾犧牲了幾位戰士。《金藏》搶救出來以後還經過若干波折,最後交由太行行署保管。今年二月北平解放,始由文化接管委員會文物部請示華北局及華北政府,經薄一波同志批准,華北人民政府同意,遂電令太行行署送到北平,交由國立北平圖書館保管。四月三十日運到本館,一共裝成四十二箱,凡存四千三百三十卷,又九大包。……我們現在將裝潢好的《金藏》,分作經、律、論、目錄、傳記及入藏著述兩部分,擇尤展覽,並將宋元明三朝刻的南系大藏經樣本也同時陳列,以便比較研究。(《趙萬里文集》第二卷,第555—556頁)

9月,應華北人民政府教育部之邀,參與土改所獲文物鑑定。

《大批文化古物自石莊運北平》:華北人民政府教育部本月一日把以前土地改革當中獲得的文化古物,一共八十八箱,從石家莊運到北平,交給歷史博物館保存。該館從五日起,會同這次押運的人正式開箱清點,并且邀請郭沫若、鄭振鐸、馬衡、趙萬里等作家專家,會同檢定。這批文物當中,包括陶器、瓷器、瓦器、銅器、字畫等多件。(1949年9月12日上海《大公報》第1版)

10月1日,中華人民共和國中央人民政府成立。沈雁冰任文化部長,文化部下設文物事業管理局,鄭振鐸、王冶秋任正副局長。

10月5日,張元濟來訪,不值。

張元濟日記:至北京圖書館訪趙萬里,未值。(《張元濟日記》,第1245頁;《張元濟全集》第七卷,第397頁)

10月7日,訪北京大學圖書館,晤張元濟、徐森玉、張允亮、向達等。

張元濟日記:到祥保處小坐,即同赴北大圖書館。晤向達君,云民國十三至十八年曾在商務任職。趙斐雲、徐森玉、張庚樓均在座。閱書凡數十種,以配合宋本《史記》,劉同起、黃善夫兩《漢》爲最佳。餘則走馬看花,不甚記憶矣。宿白君亦在場招呼。(《張元濟日記》,第1248頁;《張元濟全集》第七卷,第399頁)

10月31日,華北高等教育委員會撤銷,國立北京圖書館轉隸文化部文物事業管理局。

11月14日,赴清華大學圖書館鑒定善本書,晤陳夢家、潘光旦。

潘光旦日記:午前在圖書館,又至大樓治事。夢家約趙萬里兄來校看館中所藏善本書,並續加鑒定,午約其同至寓中共飯。萬里談傅沅叔先生徂逝後藏園所藏善本書前途可能之下落甚詳,於“雙鑑”二書之命運,所言尤娓娓。(《潘光旦文集》第十一卷,第315頁)

11月28日,致函袁同禮,代表文物局敦請袁同禮回國。

致袁同禮函：別後忽已一年，遙想德輝，無任懷念。本館自解放後，有三兄一秉吾公舊規，多方應付，得以安度難關。現時經常事業各費及人員，均有增加，各處捐購之書，接踵而至。配合新中國文化建設高潮，此後本館在全國圖事業中實居領導地位。在新政府文化部（部長沈雁冰。新政府成立前，本館屬於華北人民政府高教會。現時改隸文化部）文物局（文化部六局之一。文物局分三處：一、圖處；二，博物館處；三，文物處）主持下，前途無限光明。文物局負責人鄭西諦（正局長）、王冶秋（副局長）兩先生均以吾公羈居海外，決非長策，擬懇早日回駕新京，共襄建國大業。萬里暨本館多數同人久隨吾公，一旦遠離，不勝依戀，望公之來，有如望歲。尚祈俯順輿情，即日啓程赴歐轉蘇考察返國，固本館同人之幸，亦全國圖界所殷殷切望也。如何之處，請熟慮後示知爲禱爲感。趙城金刻藏經四千三百餘卷，松坡圖書館舊藏宋刻大藏，均已移歸本館善本書庫。傅沅老本月初嬰疾逝世，公子晉生擬遵遺囑將“雙鑑”（宋刻《通鑑》、宋鈔《洪範政鑑》）捐獻本館，以垂永念。謹以附聞。（袁清、Sophie Volpp 惠示）

按：“赴歐轉蘇”四字，原作“赴港轉津”，圈去二字並加添改。

11月，曾代徐森玉洽購李某處所藏敦煌卷子。

鄭振鐸11月12日致徐森玉函：李某處的敦煌寫本等，因連日物價大漲，他又變計不肯出讓，所云款請暫時不必寄下，以免周折損耗。斐雲云：當與趙元方接洽，如對方肯讓時，可由元方先行墊款購之，再由伯郊寄款還之，如此比較的簡捷些。不知先生以爲如何？（柳向春整理《鄭振鐸致徐森玉函札》，《歷史文獻》第十六輯，第327頁）

12月8日，傅忠謨向北平圖書館捐贈其父傅增湘手稿38種412冊。

12月16日，國立北京圖書館向文化部文物局呈送該館組織系統、人事分配情形説明書。

按：據此説明書，當時館內設中文采訪股、西文采訪股、中文期刊股、西文期刊股、中文編目股、西文編目股、閲覽股、參考股、庋藏股、善本股、中文輿圖股、西文輿圖股、索引股、特藏股、日本研究室、蘇聯研究室、中日戰爭史料徵集會、文書股、會計股、事務股、南京辦事處、上海辦事處等機構。善本股“掌理中文善本圖書之考訂、編目、調查、訪求、保管等事項；研究員一人，綜理股務；管理員二人，編目員一人，工友一人”。（《北京圖書館館史資料彙編〔二〕：1949—1966》，第83—106頁）時先生爲善本股主任、研究員。

12月17日，參加董必武率領的政務院指導接收工作委員會華東文化工作團，啓程赴上海。

12 月 24 日,在滬,午赴開明書店宴。

王伯祥日記:調孚電話見告,已約定燦然,今午可暢談。余即告知雪山、達君,訂午刻在杏花樓宴請之。屆時燦然先來館,均正、叔湘、澤民、調孚、至善旋至,余遂與雪山、達君、予同、士畝偕之往,並電約斐雲同蒞。歡談至二時許始散。(《王伯祥日記》,第 23 册第 546 頁)

12 月 30 日,赴修文堂孫實君宴。

顧頡剛日記:……步至金陵路,乘電車至修文堂,赴宴,看書。……今晚同席:鄭振鐸、趙斐雲、柳翼謀、尹石公、徐森玉、沈曼士、顧起潛(以上客)、孫實君(主)。(《顧頡剛日記》第六卷,第 567 頁)

本年,爲北京圖書館購得鈔本《吹齒録》。

丁瑜《深切懷念王有三(重民)老師》:還記得 1949 年初發現一部《吹齒録》五十卷,此書從無刻本,抄本也很罕見。戲劇家馬彦祥先生很想得到此書,但原書却爲趙萬里先生爲北京圖書館定購。有三師考慮到北圖藏書重在版本,馬局長用書重在資料,因此便推薦經濟緊迫而又能墨書小楷的同學四人精抄一部,使此罕見抄本又多一傳世之本。(《延年集》,第 183 頁)

1950 年　先生四十六歲

本年,先生任北京圖書館善本部主任。時善本部下設考訂、保管二股。

1 月 1 日,晚赴顧廷龍宴,鄭振鐸、徐森玉、顧頡剛同席。

沈津《顧廷龍年譜》:晚約鄭振鐸、趙萬里、徐森玉、顧頡剛便酌。(第 446 頁)

顧頡剛日記:到合衆,赴宴,並看其所藏書畫圖書。八時半歸。……今晚同席:鄭振鐸、趙斐雲、徐森玉、志翔叔、鳴高叔(以上客),起潛叔(主)。振鐸云:共産黨辭典上無"辭職"二字。斐雲問:蘇聯何以置溥儀於西伯利亞?振鐸曰:此事只當存而不論。(《顧頡剛日記》第六卷,第 569 頁)

1 月 5 日,訪顧廷龍,談收購潘氏滂喜齋藏善本及朱啓鈐所藏岐陽王文物事,隨後與顧廷龍同訪朱啓鈐,朱氏慨允捐獻。

沈津《顧廷龍年譜》:趙萬里來,其欲收購潘氏滂喜齋藏善本。朱啓鈐所藏岐陽王文物,曾屬先生代謀安置之處,先生因告趙萬里,可否由北京文物局接受之。與趙萬里同訪朱啓鈐,慨然允捐。(第 447 頁)

1 月 6 日,訪顧廷龍,談朱啓鈐捐贈岐陽王文物事,并告知常熟瞿氏鐵琴銅劍樓書成交。

沈津《顧廷龍年譜》:朱啓鈐屬先生擬捐贈文物函稿,即往商談。惟文物箱存倉庫中，由其女出面簽字，他人不能提，擬緩辦。趙萬里來，談岐陽王文物事，並言常熟瞿氏鐵琴銅劍樓書成交，計購三百種，三千萬元，贈四十二種。（第 447 頁）

1 月 7 日，訪顧廷龍，同訪朱啓鈐，暢談捐贈岐陽王文物事，約定星期一與章以和接洽交接事宜。

沈津《顧廷龍年譜》：朱啓鈐來函，岐陽王文物決贈北京圖書館，並可即辦移交。倉庫中已查明，可由他人簽字提取。趙萬里來，同訪朱啓鈐，暢談，約星期一與章以和接洽領件手續。（第 447 頁）

1 月 9 日，接待顧廷龍訪問北京圖書館上海辦事處，看新收鐵琴銅劍樓書；隨後訪顧廷龍，告知鐵琴銅劍樓尚有拓本一千一百種求售。

沈津《顧廷龍年譜》：至北京圖書館辦事處，得見新收瞿氏鐵琴銅劍樓書數種。旋趙萬里至，趙云瞿氏尚有拓本一千一百種求售，有顧廣圻、焦循題記。（第 447 頁）

同日，輔仁大學校委會臨時會議議決薪金調整辦法，兼任教授薪金按每月每小時小米 60 斤計算。時先生薪金爲每月小米 120 斤。

按：輔仁大學檔案《教職工評薪辦法、評議結果及向教育部的報告》（1950 年）載："一月九日校委會臨時會議議決，薪金調整後兼任教員鐘點費原則上亦應按國立大學標準，茲定自一九五〇年一月起兼任教員發薪辦法如下：一、兼任教授、副教授、名譽教授一律按每月每小時小米六十斤計算。……"1951 年 7 月、10 月、12 月的輔仁大學教職員名冊，均記載先生爲兼任教授，薪金爲 120 斤小米。可知當時先生每月任課 2 小時。

1 月 11 日，致電王伯祥，托照顧北京圖書館寄存書箱，並詢《廿五史外編》例目。

王伯祥日記：斐雲電話見告，北京圖書館有書近百箱送寄有恒路貨棧，二十日前必可運走，屬爲保護，並索《廿五史外編》例目云。遂作書復之，附去例目三份。（《王伯祥日記》，第 24 册第 18—19 頁）

1 月 13 日，訪徐森玉，晤劉承幹之子劉世燍，鼓動其獻書於政府。

劉承幹日記：世燍述至徐森玉處，據談書事無望，瞿氏之書只六千萬成交，分三期付款。談次趙萬里來，森玉介紹世燍相見。萬里言現在只好以書獻與政府，聽政府酌給若干云云。（《求恕齋日記》，第 16 册第 331 頁）

按：瞿氏指鐵琴銅劍樓。時劉承幹擬效法瞿氏鐵琴銅劍樓，以獻書抵償累進稅。

1 月 14 日，黃裳來訪，因先生南下未晤，冀淑英代爲接待看海源閣書。

黄裳《鳳城一月記》：十時許到北平圖書館，訪趙萬里，方去滬，未見。即下庫觀海源閣舊藏書。所藏"四經四史"，一一寓目。《史記》有抄配，《漢書》最佳。又見《寶晋山林集》尤好。見黄跋兩三種，匆匆未全閱也。有冀小姐相陪，即冀叔英。（黄裳《來燕榭文存》，第15頁）

1月中旬，鄭振鐸召集先生、梁澤楚、于堅開會，傳達設立政務院指導接收工作委員會華東工作團駐南京辦事處的決定。

于堅《回憶接管南京國民黨中央政府檔案始末》：1950年1月中旬的一天，政務院指導接收工作委員會華東工作團文教組長鄭振鐸（文化部文物局長）召集組員趙萬里、梁澤楚和我開會。他説：工作團（團長董必武、副團長南漢宸）在南京、上海的指導接收工作已經基本結束，大批人員將撤回北京，但有些組（工作團下設有外事、政法、財經、新聞出版、文教等組）工作量較大，近期難以完成，還需由組內留人繼續完成既定任務，決定組建政務院指導接收工作委員會華東工作團駐南京辦事處領導後續工作，要求做到善始善終。同時任命葉瀾（政務院參事室副主任）爲駐南京辦事處主任。（《文物天地》2000年第4期，第37頁）

1月26日（農曆十二月九日），赴鄭振鐸廟弄寓所宴，董必武、張珩、曹大鐵等同席，席間議鐵琴銅劍樓瞿氏以獻書抵獻糧事。

曹大鐵《賀新郎·再製鐵琴銅劍樓圖並賦》自注：解放之初，政府令地主獻糧，瞿氏有收租田三千餘畝而無現金，因有以獻書抵獻糧之舉。而張蒽玉家在虞有租田一萬畝，首先完納。國曆十二月八日，欲回滬，因無車輛，折返至余南郊老宅，先母語其於族人處聞瞿氏以獻書抵獻糧事甚詳，因與余暢論此舉，迄午夜後二時。翌日晨歸滬，適鄭公西諦招飲於其廟弄私寓，並爲介見董必武氏。席間，蒽玉述瞿氏近狀，並乞鄭公及在座趙斐雲援手，終由董氏主裁獲解。（曹大鐵《梓人韻語》，第216頁）

1月27日，返回北京。隨後向北京圖書館提交報告，詳述南下工作情形。

《趙萬里先生報告》：此次本人參加了政務院指導接收委員會華東工作團的工作。工作團分五組，本人被派到文教組，文教組包括科學院、教育部、文化部、衛生部、出版總署各單位。自一九四九年十二月十七日啓程，至一九五〇年一月二十七日歸來，共四十一天。在啓程之前，由董老指示了若干應注意之點，除去應精密分工以外，並應照顧全面的合作，關於若干技術與原則上的問題，並做了很周密的布置，舉行了多次的預備會。

到南京後，即與于堅被派到上海。在上海的任務爲接收本館上海辦事處及中央圖上海辦事處，並指導辦理結束兩個機構，解決若干存在的問題及人事的安排種種工作,同時业兼理教育部一部分工作。于堅去南京後,上海工作主要由本人負責。

　　關於本館上海辦事處的處理,首先爲清理圖書。此項書的數目非常大,爲了照顧地方的需要及節省鐵路運費,經徵得各方同意,不甚重要的以及本館已有複本的書,都決定留存上海,供將來上海圖書館使用。最感困難是存書地點的問題,辦事處房間狹小,整理十分不便,經與開明書店磋商,假用該店倉庫,將辦事處裝好的箱隻移存該店,另將寄存震旦大學和中國科學社的書移到辦事處清點和裝箱。工作團指示要在三天內完成裝箱工作,經向上海高教處洽商,派來六位同志協助,在李芳馥、王育伊、爨汝僖諸位先生妥善布置之下,展轉周折發生許多困難,當即將它克服,終於用了三天半的工夫,將任務完成。至於經費問題,則承高教處協助一大部分,得以解決了購置與雇工的困難,並按照團的指示,如期運到車站,依箱號車號裝車。本人亦離滬到達南京。

　　南京辦事處圖書早在本人到寧前已裝好,比較省事。人事問題經鄭局長徵得南京高教處同意,將顧斗南等五位先生轉到中央圖,亦獲圓滿解決。

　　總之,此次上海圖書屬於本館的爲二〇八箱,屬於上海中央圖交換處的四十五箱,二〇八箱中又包括一部分本館應得的交換品以及鐵琴銅劍樓瞿氏的藏書十三箱、朱桂莘捐贈岐陽王文物六箱。以上兩種書均屬個別性質,須俟本館收到文物局通知後再行開箱,所以不應與其他書箱同樣處理。

　　瞿氏藏書,海內艷稱,此次以五十二種宋元明本捐給本館,另外二〇一種以低價(三千萬元)售給政府交給本館。這些善本入藏本館,本館中文書藏地位將益形重要,可爲全國之冠。其朱氏捐贈的岐陽王文物,十分珍貴,爲考證社會歷史的良好材料。朱先生保藏數十年,視同生命,亦指定捐贈本館,不得移贈他處,鄭局長及本人均十分感動,決定接受。

　　南京箱隻共爲八十一箱,除本館六十八箱外,內有中央圖交換處書籍十三箱,但並無裝箱卡片。

　　此外本人再綜合補述以下各點:

　　裝箱時時間匆促,人手不齊,未能一一覆查,故箱內册數與卡片所載或有不相符之處(指普通中西文期刊等而言)。

　　上海中央圖交來的四十五箱,一種是屬於國外交換品(十九箱),應分配與北方各學校機關的,此次都運來,將來處理時應由館方商承文物局辦理;其應分與南方的,則仍存在上海,俾就近分配。另外一種佔二十六箱,是向國外出口的書,大致爲政府公報等,準備出口與國外交換的。但因書刊已不合於今天的時勢,不能再作出口交換,所以決定撥歸本館整理,並供必要的參考。

本館不必要的留存在上海的圖書,將由上海本館辦事處王、李二先生編製清冊寄京。

日本退回書籍不盡爲僞新民會劫走的書,同時還有存在香港馮平山圖書館的書,所以西文書也不少。

期刊報紙一項,最初爲節省車輛,不打算裝運,後因這一段(一九四五年以後)報紙用處並不少,同時本館不一定有,所以由鄭局長決定裝箱北運。除五整箱以外,還有爲了作墊襯其他箱隻用,將一部分報紙分放於各個箱内,因此希望開箱時應加以注意,不要當作廢紙。(《北京圖書館館史資料彙編〔二〕:1949—1966》,第 446—449 頁)

1 月 30 日,黄裳來訪,看傅增湘捐贈善本書。

黄裳《鳳城一月記》:去北平圖書館訪趙萬里。看傅增湘書。無甚佳之本。見萬曆刻叢刻本《李義山文集》,刻印殊好。玉谿生詩明刻罕見,只存一二叢刻本。余只有嘉靖刻六卷本,即《四部叢刊》所用底本。今能得見明刻别本,自是歡喜。又見《洪範政鑑》及《通鑑》,即傅氏"雙鑑樓"之雙璧也。前者有周叔弢印,前在津時他曾説及此書。(黄裳《來燕榭文存》,第 26 頁)

本年初,妥善規劃自滬回遷善本書入庫排架。

冀淑英《憶念趙萬里先生》:一九五〇年,原北圖在上海和南京的兩個辦事處工作結束,抗戰前寄存在上海的敦煌寫本和善本乙庫地方志等都運回館内,這一來對善本書庫是個很大的壓力,原有的空間,已爲勝利後新入藏的書占去了,空間、書櫃都成問題,而善本書還要妥善保管。趙先生和别的同志一起,在書庫裏左轉右看,當時也沒用什麽皮尺、盒尺,只是手拿一把鷄毛撣,在四庫書庫一排排大書架之間量來量去,最後決定,大書架之間空隙,留出一人可走的通道,可放若干排書箱。書箱從那裏來? 當時正當建國之初,百廢待興,一下也做不成大量的書櫃或書箱,書需入庫是不能等的。恰值藏書家前輩傅增湘老先生在上年作古,遺囑將所藏大批綫裝書捐贈家鄉四川圖書館,書的托運是由北圖代辦的,於是和傅宅商量,運四川的書要裝大木箱,傅氏原放書的書箱不宜托運,不如作價讓給北圖,傅宅慨允。收下這批書箱後,乙庫地方志和其他書,整整齊齊全部裝入六十多個書箱,依次排列安置在庫内,很快就供應讀者閱覽了。(《文獻》1982 年第 2 期,第 154 頁)

1 月 31 日,顧廷龍來函。

沈津《顧廷龍年譜》:覆陳叔通、趙萬里信。(第 449 頁)

2月1日，顧廷龍來函。

沈津《顧廷龍年譜》：致陳叔通、趙萬里信。（第449頁）

2月11日，下午偕鄭振鐸、宋雲彬、葉蠖生訪章乃器，看其所藏古董，並與宋雲彬等談購買鐵琴銅劍樓書籍經過甚詳。

宋雲彬日記：下午四時有學習會，忽接振鐸電話，謂余心清代章乃器請客人喝酒，並看古董。未幾，振鐸坐汽車來接，余即退席，偕振鐸、趙萬里及蠖生前往。章氏購有銅器、瓷器、陶器三千件，大抵皆贋鼎也。章氏最後鄭重捧出一手卷，楠木作匣，裝潢極精緻，曰：“此非贋本，大可觀賞也。”視其題籤，則爲《李龍眠阿房宮圖》。李龍眠而畫阿房宮圖，已甚奇突，展卷視之，則雖以余之不懂書畫，亦不必終卷而知其爲贋本矣。章氏長袖善舞，在香港作地皮掮客，獲利數十萬，便强附風雅，殊可哂也。趙斐雲（萬里）爲余言，彼此次南下，與常熟瞿氏有所接觸。瞿氏以負債累累，願將鐵琴銅劍樓藏書出售一部分。結果經斐雲與振鐸之紹介，由政府（文化部）以三千萬人民幣代價，購得藏書三百零二種，另由瞿氏捐獻政府五十二種。按鐵琴銅劍樓藏書共約千二百種，已去其四分之一强。其中有宋刻宋印者，在十年前僅三四種可得重價百十萬矣。斐雲又言，瞿氏領到書款後，又來電告急，謂糧價飛漲，以書款還債尚不敷千萬元。斐雲乃爲介紹無錫丁惠康君（丁福保之子），由丁氏出資千萬元，購鐵琴銅劍樓書如干種，即由丁福保出面捐獻人民政府云。鐵琴銅劍樓藏書，實爲蘇州派最後之堡壘，今能化私爲公，歸之國有，亦盛事也。（茅盾任文化部長，致電振鐸，謂只可以人民幣一千六百萬元購得此三百種書。其時振鐸已與瞿氏説妥，未便貶價，仍出資三千萬元。）（《紅塵冷眼》，第178—179頁）

2月18日，晚赴宋雲彬宴請，晤鄭振鐸、余心清、曹禺等。

宋雲彬日記：晚六時振鐸、余心清、趙斐雲及曹禺伉儷應邀而來，共飲紹興酒七斤，振鐸猶呼熱酒熱酒。酒後劇談，至十時許方興盡而散。（《紅塵冷眼》，第180頁）

3月10日，鄭振鐸致函徐森玉，告知先生將立即南下解決丁惠康問題。

鄭振鐸致徐森玉函：已和斐雲兄及文化部談過。斐雲兄立即決定南下，文化部亦即已電致上海軍管會。想來善本書及拓片，和我寄存丁寓的唐三彩駱駝等三件，當可移出。此事殊爲突然！我們很不放心！務請先生和亞農先生與上海當局一商，替丁氏解圍一下。他所藏精品甚多，若受損失，實大不幸！惠康先生慷慨好義，今之古人也！我們無論如何要設法安慰他，援助他。曾請斐雲兄和他面洽，望他能北來一暢鬱悶。先生何時能北上呢？一切由斐雲兄面罄。（柳向春整理《鄭振鐸致徐森玉函札》，《歷史文獻》第十六輯，第328—329頁）

3月11日，鄭振鐸來函，托付南下諸事。

鄭振鐸函：這次又要勞兄辛苦一趟，感激之心，非言可喻！森老見到時，請代候，並請促駕北上。惠康先生事辦妥後，請即賜一電爲感！尊寓有何事，弟等當代爲奔走，乞勿念！見到諸友好，均乞代候。晤薀玉時，請問他：寄存芹伯處之四種宋版書，已取出否？盼能早日取出！如已取出，最好也由兄帶平。又王詵之"漁村小雪"，問問薀玉看，能否寫一紙"著錄"的經過及諸家評論（節要的）寄來否？向公要買《粵海關志》（道光本），請向忠厚書莊袁西江接洽，書是他的。或説好"折實單位"的書價後，逕將書寄給向公，他即可籌款寄出。兄帶款不多，恐難墊付也。（原函存趙府）

按：此函提到"惠康先生事"，當指1950年丁福保向北京圖書館捐獻所購六種鐵琴銅劍樓藏書事。趙府現存有丁福保之子丁惠康致陳夢家函，請陳夢家、趙萬里、張珩過目丁福保所撰捐贈藏書文稿。丁惠康函："奉上擬稿一則，至希斧正，便中□與萬里、薀玉二兄一閱，□□。謹此奉懇。即上夢家兄文几，弟惠康上言。二月二十四日。"丁福保文稿曾經數人修改，茲錄改後文字如下："予生平雅好藏書，數十年來，頗得書城之樂。顧予蓄書之旨，一在備參考，以期有所著述；一在盡棉力，爲學術研究開一新紀元。故予於藏書中，曾將前人有關許氏《説文》之作，排比鈎稽，彙爲《詁林》一書，影印流傳。其他或版行，或捐贈，無不以私化公，藉償夙願也。近年獲得常熟瞿氏鐵琴銅劍樓舊藏宋刻本《東家雜記》、《忘憂清樂集》、《蘆川詞》，元刻本《太平樂府》、《説文韻譜》、《千家注杜詩》，及石刻拓本一千一百四十六通，大多爲黃蕘圃、顧千里故物，皆屬孤本秘笈，生平所僅見，而爲予衰年第一快事。因念此等珍貴典籍拓墨，切不可一人私有，應即捐獻於我中央人民政府領導下之國立北京圖書館，公諸學林，而垂永久。此爲予唯一願望，必須使之迅速實現，是爲至囑。疇隱老人丁福保。"

3月12日，在滬訪顧廷龍。

沈津《顧廷龍年譜》：趙萬里來。（第452頁）

3月13日，赴開明書店訪王伯祥。

王伯祥日記：斐雲來訪，出達君、西諦函見示，謂伊專爲接運瞿氏書籍而來，順爲安排西諦所藏唐三彩駱駝、馬等三事也，當爲協助一切。順談《廿五史新編》擬目經過，至十一時始辭去。（《王伯祥日記》，第24冊第110頁）

3月15日，訪顧廷龍，鈔《元詩選》未刻稿數則；下午赴開明書店訪王伯祥。

沈津《顧廷龍年譜》：趙萬里來，鈔《元詩選》未刻稿數則。（第 452 頁）

王伯祥日記：四時斐雲來訪，托事二項，談至近五時乃去，於北京近事言之甚晰。（《王伯祥日記》，第 24 冊第 113 頁）

3 月 26 日，與郭石麒訪顧廷龍。

沈津《顧廷龍年譜》：趙萬里、郭石麒來，約同觀徐乃昌膡書，適孫廛才來，遂罷。（第 453 頁）

3 月 27 日，上午赴開明書店訪王伯祥，借款三十五萬並辭行；晚，自滬啓程返京。

王伯祥日記：斐雲來辭，今晚即北返，留之午飯，不可，假款卅五萬即行。（《王伯祥日記》，第 24 冊第 133 頁）

3 月 30 日，張宗祥來函，詢北京圖書館處置反動書籍方法。

張宗祥函：聞爲鐵琴銅劍樓書，文旌曾一度至申，悵未見。桑梓邀祥回浙任浙館事，已於農曆正月中返浙。館中諸待整理，蓋自勝利迄今，一無組織，書籍亦未清理竣事，書庫又到處損壞，急待修繕，故尚須忙碌一二年也。聞貴館對於反動書籍已有處置方法，公知係館中擬定，抑奉政府指示？請撥冗詳示。尤望能將書名抄目相告，至感至盼。（原函存趙府）

4 月 3 日，傅忠謨向北京圖書館捐贈其父傅增湘藏石刻 57 種、影印宋刻本《皇甫持正集》188 部 188 冊、手稿 100 種 571 冊、什物家具 28 種等。

4 月 17 日，徐森玉訪王伯祥，托其隨身攜帶丁惠康購贈北京圖書館之瞿氏鐵琴銅劍樓舊藏宋元本五種赴京轉交先生。

王伯祥日記：十時許，森玉又親送瞿氏舊藏（丁惠康購捐北京圖書館）之二宋（《蘆川詞》、《棋經十三篇》）三元（《千家注杜詩》、《説文篆韻譜》、《朝野新聲太平樂府》）交余點收，托帶至北京，代送斐雲所。老輩精神不苟如此，可佩也。談有頃，去。（《王伯祥日記》，第 24 冊第 177 頁）

4 月，爲北京圖書館購得孔繼涵鈔本多種。

鄭振鐸 4 月 19 日致徐森玉函：前由斐雲轉來手書……。此間氣象一新，情形至可興奮。好字畫不多見，銅器却不少，好書尤多。最近斐雲購到孔荭谷鈔本多種，又白雲觀的《道藏》亦已決定移藏北京圖書館，此皆令人興奮的事也。（柳向春整理《鄭振鐸致徐森玉函札》，《歷史文獻》第十六輯，第 313 頁）

5 月 5 日，赴八面橋開明書店東城發行所，接收王伯祥所攜帶"二宋三元"。

王伯祥日記：八時半到達北京前門。……乘西諦之車逕駛八面橋本店東城發行所，少坐，諸迎候者奉歸。斐雲在店相候，即以所攜二宋三元

點交。(《王伯祥日記》,第 24 册第 192—193 頁)

5 月 9 日,接待王伯祥參觀北京圖書館善本書。

王伯祥日記:度金鰲玉棟橋至文津街,入北京圖書館,訪斐雲,因得飽看善本書庫及總書庫,傅增湘舊藏宋鈔《洪範政鑑》、宋刻《資治通鑑》、趙城佛藏、明《永樂大典》、正統《道藏》、清文津閣《四庫全書》,僅獲展閲數卷,手自摩挲,至爲欣快。至五時始出。(《王伯祥日記》,第 24 册第 206 頁)

5 月 14 日,於修綆堂晤常任俠、黄文弼、于省吾等。

常任俠日記:下午赴隆福寺買月季一盆,在修綆堂晤黄文弼、于省吾、趙萬里等,借來《龍州土語》一册。(《春城紀事〔1949—1952〕》,第 112 頁)

5 月 15 日,訪王伯祥,取開明書店代辦運書事務賬單。

王伯祥日記:純嘉來,結算代辦北京圖書館運書賬單。……斐雲來訪,即以純嘉寄來之賬單等交之,匆匆立談即辭去。(《王伯祥日記》,第 24 册第 222 頁)

5 月 19 日,晨偕鄭振鐸赴北京站迎接北上任文物局文物處副處長的張珩。此後張珩借住先生家約半月。

張珩致顧湄函:……今日早晨七時餘抵京。鄭先生和趙先生都親自來接的。下車後即到趙家,即住在他那裏,地名是"北官場胡同八號"。不過麻煩他家很不好意思。中午鄭先生請在中央公園來今雨軒吃飯,中央公園的柏樹長得真好。下午自己取行李後,即整理卧室,大約要借住兩個禮拜,那邊的房屋方可修理完畢。夜飯在家裏吃,吃好寫此信,剛寫了一半,鄭先生來了,談了半天方去。明天就要到局辦公,早上七時半起學習,到八時半辦公,十一時半吃飯,我吃飯不回家。飯後二點半起到六點半爲止,公畢就要回來吃飯了,因他家吃飯是七點半也。(《張珩》,第 176 頁;張貽文《七十年的情誼　四代人的交往》,2013 年 5 月 6 日《東方早報》)

按:鄭重《張珩》一書及張貽文文刊出此函録文與影本,録文有多處疏誤,均據影本校正。

5 月 23 日,北京圖書館向文化部文物局呈送組織條例。

按:據該條例,館內設秘書處、采訪部、編目部、善本部、閲覽部、參考研究部。"善本部辦理善本書考訂、鑑藏、流通等事項,分設考訂、保管兩股。"(《北京圖書館館史資料彙編〔二〕:1949—1966》,第 117—123 頁)

5 月 28 日,上午陪同張珩游中央公園,訪傅晋生、周叔廉,下午偕游琉璃廠。

　　張珩 5 月 29 日致張貽义函：昨天星期日，一早和趙先生到中央公園，在參天古柏之下喫茶看報（星五新聞），十時到傅晋生家（現在的卧牀是和他借的），十二時周叔廉處吃飯，……下午去琉璃廠看古董，這些掌櫃紛紛都要請吃飯（已吃過一頓了，今日還有一頓），在豐澤園吃的飯，是靳伯聲請的。（《張珩》，第 179 頁圖六三）

　　本年春，盧前游北京，先生曾與之在北海團城文物局聚談，又曾招待其觀覽所藏《鶴齋樂府》、《昔昔鹽》等書。

　　盧前《海會殿之劫》：四弟星野，在春假期間到大同去看古代建築，他知道我北來，所以趕快的回到了北京。十一日下午，他陪我到團城文物局去看振鐸。談起他此次大同之行，雲岡石窟倒没有什麼變動，只是城裏的那下華嚴寺的海會殿被拆了，這是中外聞名的遼代建築之一。……斐雲從不遠的北京圖書館趕來，也加入談話。團城這地方本身就是勝跡，加上他滿房的圖書，和安陽掘出的俑人、罐，大小有好兩十件，玩賞玩賞，不覺已是黄昏了。（《盧前筆記雜鈔》，第 75—76 頁）

　　盧前《北枝巢》：我此次在北京所想看的書，有三處：一處是馬隅卿的不登大雅堂藏書，現歸沙灘北京大學圖書館，以前看過一部分，還有許多没翻閲過。一是斐雲所藏的《鶴齋樂府》、《昔昔鹽》等，他約我星期日去。還有一處便是永光寺街夏蔚老的金陵書庫，他那書齋署名是“北枝巢”。（《盧前筆記雜鈔》，第 76—77 頁）

　　6 月 9 日，赴王伯祥之子喜宴，晤鄭振鐸等。

　　王伯祥日記：斐雲飭人送禮來，且問禮堂何處，具答之。……老友到西諦、介泉、覺明、聖陶、雁冰、力子、仲持、平伯、伏園、賓符、曉先、雲彬、彬然、仲華、斐雲等。（《王伯祥日記》，第 24 册第 284—285 頁）

　　6 月 12 日，錢南揚來函，托先生向鄭振鐸求助，請其幫助調往中國社會科學院。

　　錢南揚函：自去年解放後，弟即將薄田數畝自行放棄，如今真成無産階級矣。此後生活不無顧慮，友人李雁晴（笠）勸弟入中國科學院之研究部，弟亦頗有此意，惟院長郭沫若先生無一面之雅。再三思惟，倘得鄭西諦先生一言，事無不諧。弟與鄭先生雖相識而不熟，且亦不知其地址，未敢冒昧奉懇。故特函請閣下鼎力爲鄭先生一言，俾克有成，則不特弟之生活得以解決，弟之學業亦將因此得以稍進，此恩此德，永感五中。研究部中戲曲方面雖有王玉章兄旋足先入，然弟之研究不限於戲曲，民俗、考古、文字形義、小説之類均有興趣也。倘需呈閲著述，則閣下處有弟之《謎史》與《宋元南戲百一録》，暫借送去最好，或請就近向燕大先購《百一録》

一册送去亦可,需款若干當即匯奉也。弟頃在杭州浙江幹校學習,至國曆七月底結束。(原函存趙府)

　6月19日,北京圖書館舉辦新中國成立以來新收善本書展覽。

　　　按:此次展覽分三大部分,展出銅活字本有明弘治隆慶間印本《常建集》、弘治八年(1495)會通館印本《容齋隨筆》、弘治十六年(1503)金蘭館印本《石湖居士集》、正德十年(1515)蘭雪堂印本《白氏長慶集》、正德十一年(1516)印本《春秋繁露》,木活字本有嘉靖二十年(1541)蜀藩印本《欒城集》等,此外還有金刻《趙城藏》、明鈔本《永樂大典》、宋鈔本《洪範政鑑》、宋刻百衲本《資治通鑑》等。(《中國圖書館百年紀事》,第111頁)

　7月24日,夏鼐訪北京圖書館。

　　　夏鼐日記:到北圖,晤及趙斐雲先生。(《夏鼐日記》卷四,第312頁)

　7月25日,王仲聞來函,催詢王國維手稿捐贈手續。

　　　王仲聞函:圖書館捐贈事手續至今未了,乞便中一催。又木箱三隻及內中物件,本應早日前來領回,無暇辦理,可否由我兄派人一送,送力俟送到時即交來人。弟現寓鄭王府夾道十號郵電部宿舍東院第一號(在西單新皮庫胡同(教育部在此胡同)西頭二龍路口孔達中學西、郵電部招待所東)。(原函存趙府)

　　　按:王慶山《追憶父親王仲聞》載:"50年代初,北京圖書館善本部主任趙萬里先生(祖父在清華研究院時的助教,也是祖父的表外甥)找到父親,希望能把祖父王國維的珍貴遺書、遺物贈給北京圖書館。父親和在大陸的五叔、六叔商議後(在臺灣的繼母、弟妹通訊已斷絶),將家中的祖父手稿(包括著名的遺囑)和信札等全部無償送交北圖,總共有兩木箱之多。現在想來,應該感謝趙萬里先生的熱心操持,這批珍貴文獻當時一直留存我家的話,'文革'劫難中必然會散佚盡净。"(《博覽群書》2011年第5期,第125頁)

　　　又按:先生所撰《〈永樂大典〉展覽的意義》(原載《文物參考資料》1951年第9期),述及建國初期全國藏書家"向文物局和各級人民政府文物領導機構自發自願地捐獻珍貴圖書文物,風起雲湧,無形中形成一個巨大的運動",所舉事例有"王仲聞先生捐贈的王國維先生全部手稿"(《趙萬里文集》第一卷,第197頁)。此函所述即捐贈王國維手稿事。

　7月,北平圖書館續選版畫書籍十種九册又一葉,由先生送故宮,預備參加莫斯科中國藝展。

　　　中央人民政府文化部文物局通知物字第1658號:你館民字八二七號

呈悉,所報爲參加蘇聯莫斯科展覽續選版畫書籍十種九册又一葉,業已由趙萬里逕送故宫,並將是項書籍目録呈局一份事,准予備查,特此通知。(《北京圖書館館史資料彙編〔二〕:1949—1966》,第 289 頁)

按:此次展覽北京圖書館提供展品三十九件。

8 月 26 日,文化部文物局通知北京圖書館,撥交翁之熹捐贈善本圖書219 種 1699 册,又 6 種 12 册。

本年夏,先生偕高熙曾前往天津翁之熹家,接受翁氏捐贈善本書。

翁開慶《輯録北京圖書館善本書目中"翁捐"書目後記》:1950 年夏,天津解放後不滿半年,北京圖書館趙萬里、高熙曾兩先生來訪,下榻我家,遴選家中所藏書籍,晝夜不息,歷時半月有餘。凡所選善本,父親都悉數舉以獻國家。(王世偉《常熟翁氏六世藏書及其文獻學術價值》,《新華文摘》2000 年第 8 期,第 209 頁)

9 月 17 日,抵滬。

9 月 18 日,路遇顧廷龍;於張蔥玉宅晤劉世燧,洽購劉氏嘉業堂藏書。

沈津《顧廷龍年譜》:訪徐森玉,途遇趙萬里,昨日來滬,擬赴各地訪書。(第 461 頁)

劉承幹 9 月 19 日日記:世燧云:昨張蔥玉夫人邀世燧至其家,與趙斐雲相晤。斐雲出示蔥玉介紹函,並謂此間曾開價壹億,對方還價叁千萬。現在北京圖書館與政府合購此間藏書。因此間之書彼館多數皆有之,祇須選其未備者,其餘則歸之政府。如我處不願全去,則由彼館選購若干種,約佔全目十分之二三,亦無不可。囑世燧請示於余,開一價格,明日再與斐雲晤談。(《求恕齋日記》,第 16 册第 441—442 頁)

9 月 20 日,晤劉世燧,談購嘉業堂藏書事。

劉承幹日記:世燧來電話云,今日與趙斐雲會談,斐雲言書價以壹億爲最高額。近日華東文化部欲查書樓駐兵事,派科長蔣大沂往潯,斐雲偕往一觀。以後書事可與森玉接洽。蔥玉今年尚欲回滬,亦可洽談。世燧虛與委蛇,未拒之也。(《求恕齋日記》,第 16 册第 442 頁)

9 月 27 日,晚抵常熟。

9 月 28 日(農曆八月十七日),晨,常熟市委導游虞山,見柳如是墓被盜掘;訪曹大鐵,晤花病鶴、鍾承德,告以柳墓被盜事。

曹大鐵《賀新郎·重瘞柳如是》自注:歲庚寅八月初,得張蔥玉、瞿旭初由京滬兩地來書,謂趙斐雲即將南下來游我里,佇久不至。中秋後二日,正欲啓程赴杭州,斐雲忽過我菱花館。甫下車,即謂已與柳如是會面矣,在座花病鶴、鍾承德暨余三人咸驚其語。繼述伊於昨晚抵虞下榻旅舍,今晨由市委導游虞山,適見柳墓被盜發,骨暴無瘞。聆其語畢,悵然久

之。（曹大鐵《梓人韻語》，第 206 頁）

　　按：先生與曹大鐵歷年頗有往來。曹氏曾賦《夢江南·衍夢中句寄斐雲北京》詞二首，其一曰："歌別鵠，風月憶秋涼。嘯侶鳴儔零落盡，連輿接席等閒忙。結想每淒惶。"其二曰："翻意絮，選勝慣高吟。帝胄朱明陳蹟遠，杜鵑啼上十三陵。刻夢仗癡鄰。"注曰："農曆七月十一日夜，氣候酷熱，余睡於臨窗大畫桌上，夢中與許姬傳、趙斐雲、張蔥玉等同游十三陵，朗吟'帝胄'、'杜鵑'二句，不意爲貼鄰鎖鏈中之虁龍所聞，大呼'半夜何人在吟詩'，即被驚醒，因得記住。翌晨衍爲小令二首，以娛斐雲。"（曹大鐵《梓人韻語》，第 242 頁）此詞約作於 1950 年代，但具體時間無考，姑繫於此，以見二人交誼之一斑。

　　又，曹大鐵《法曲獻仙音·書牧齋〈楞嚴蒙鈔〉手稿本》自注曰："《佛學釋名》載《楞嚴疏解蒙鈔》六十卷，略稱曰《佛頂蒙鈔》，清初錢謙益撰。此書本入清藏，高宗惡錢爲人，在藏中黜出去之，致流通者希，然詳細博雅，固首讀《楞嚴經》不可少之書也。此稿著稱蟬林，用舊官牘紙書之，上有'蕙風'一印，斐雲、蔥玉並認定爲柳如是私章。"（《梓人韻語》，第 360 頁）據曹大鐵《瑞鷓鴣·即事》詞自注，此書得於甲午臘月廿七日（《梓人韻語》，第 495 頁），即 1955 年 1 月 20 日，則先生與張蔥玉鑒賞此書，當在 1950 年代後期。

9 月下旬，赴吳興南潯察看劉氏嘉業堂藏書。

　　按：劉承幹 9 月 30 日日記載："仲翱接紀星拱信，言趙萬里、蔣大沂已至南潯藏書樓看過，趙尚欲至滬訪余。"（《求恕齋日記》，第 16 冊第 445 頁）10 月 3 日載："夜世燨來，言趙萬里來電話，謂已至南潯書樓詳看，至於目錄，伊於回京前交與蔥玉夫人處。"（《求恕齋日記》，第 16 冊第 445 頁）又 10 月 21 日載蔣大沂所述嘉業堂情況："世燨與仲翱至華東文化部文物處訪科長蔣大沂，因此番趙斐雲往南潯察看書樓情形，係與蔣同往，趙回滬後，僅與世燨電談，並不晤面，是以書樓內容不得而知，乃由世燨出名函囑徐澐秋備函介紹於蔣，今日持訪也。蔣謂抗昔居通至書樓之門有區政府封條，啓封而入，見櫥中書籍尚整齊，惟稀疏而已。書箱亦啓視數只，椅桌器具尚有見到。又至書版間，見有凌亂之狀，且有拖在天井者。陪往之軍官令兵士收拾於內，趙、蔣在書樓二小時，詳細察看。並謂書樓駐兵爲數不多。仲翱叩以如要撤兵，如何辦法，又即使書售於政府，亦應先自檢點，可否容許入內，蔣允研究再説。蔣與仲翱言，要借書目一看。"（《求恕齋日記》，第 16 冊第 449—450 頁）

9 月 30 日，高熙曾來函，匯報與天津市第二圖書館交涉圖書調撥事宜，及翁之熹家藏圖書文物捐贈情況。

　　高熙曾函：熙以出板展覽事，延至廿七始得赴津。丁丁當即批注文物局來文，持交楊思慎（連同兩館函底及書目一份），楊氏即寫便函囑井館長照顧裝箱。而華世五謂井氏請假，此事未經館務會議通過。予謂此係貴館內部問題，抄函俱在，兩館本已同意。遷延次日，又與楊氏談商，彼又推諉教育局長欲在西文書方面擬請增改。熙當即請其便函致館方，略如上述。昨至館長談，可再檢副本與之，當無不允矣。然竊意華氏深有狹隘之鄉土觀念，楊氏則欲增加交換條件耳！如何之處，即請指示。又翁氏獎狀已送交，彼將於下月遷居，有一小室皆書物，囑熙檢出捐贈。熙再行會同翁氏略觀一遍，除其奏摺、印璽及少數西文書外，皆糟粕也。大約亦有一箱之量。彼囑熙向師座問候，並擬再商其餘書箱處置問題。……尊駕擬於何時返京，祈賜示。更當屆時侍譚近事。想必快意也。（原函存趙府）

　　按：此函涉及天津市第二圖書館多位人士，楊思慎（1914—1992）時任該館館長，井氏即該館副館長井守文，華世五即該館編目部主任華鳳卜（1894—1983）。

　　又按：此函信封題：“上海卡德路二十七號趙萚因先生收轉趙斐雲先生尊啓。高械。九月廿九日。”趙萚因即先生長妹。

10 月 1 日，沈藝向北京圖書館捐贈善本書 20 種 57 種。

10 月 27 日，給宋雲彬打電話，談擬購買薛福成家藏近代史料事。

　　宋雲彬日記：趙萬里來電話，謂剛從上海回京，曾赴無錫，晤薛福成後人，知薛家尚存有近代史料甚多，擬設法購歸北京圖書館保存。（《紅塵冷眼》，第 206 頁）

11 月 11 日，翁之熹向北京圖書館捐贈圖書 82 種 122 冊，匡聯吉捐贈其先人遺稿《助清談》鈔稿本等 106 種，馮大生捐贈馮公度遺書 17650 冊又 1 頁。

11 月 16 日，黃裳跋所藏明萬曆刻本《利器解》，記先生托郭石麒向其借閱該書，未得。

　　黃裳《利器解》跋：此萬曆刊本《利器解》一卷，罕見本也。方冊大字，寫刻俱精，而尤堪重者，以其爲火器入中國之史料也。……趙斐雲南來，聞石麒告以此書，大呼如此好書何不歸伊。倩石麒向余索觀，未即許之。……庚寅十月初七日，黃裳記。（《來燕榭書跋》〔增訂本〕，第 192 頁）

　　按：黃裳《來燕榭讀書記》所載該書跋，文字與《來燕榭書跋》所載略有不同：“趙斐雲南來，聞石麒告以此書顚末，大呼如此好書何不歸伊。

倩石麒向余索觀,余則靳而不與。非秘惜此書,實厭其爲人耳。……庚寅十月初七日,黃裳記。"(《來燕榭讀書記》,第 121 頁)《來燕榭書跋》出版較晚,文字有所刪改。

11 月底,蒙文通來函,論《老子》版本問題。

蒙文通函:弟自校《老子》成疏李注後,於《道德經》異本奇文知之寖多,知宋明人徵引王弼者與爾時所見華亭張氏一本迥不相侔。積歲以來,得稿數册。近世學人及海東作者皆知王本爲河上所亂,以弟視之,河上本亦非真。以《群書治要》及《意林》所引《老子》,注既用河上,則經亦河上,皆與二三宋本、河上章句不合。强思齊、顧歡兩家所引章句,亦與宋本大異。尋之既久,乃知六朝五千文本實爲盛行。此本雖出河上,而瞀亂殊甚。開元作注,原據是本,以五千過省,乃稍加語助,爲之御注。(敦煌寫本多五千文本,以姜亮夫照片校之,奪誤亦多,而《老子》疏解即據五千文本作注,以敦煌疏解互校,可得其真,此本定而六朝唐宋諸本之訛可以知其故也。凡校記及正文共爲稿十卷。)自此本行而諸家略廢,今所謂河上、王弼兩本皆後人依開元本改之。政和御注依開元又略改易。兩御注行而《老子》無完膚也。唐代石刻雖多,率依五千文及開元本,無一足校。傅奕、范應元發憤求古本。古本云者,即魏晋士大夫作注通用之本耳。乃又不守一家而求之衆本,擇善而從,其結果爲傅范兩家之本,非古人之本也。近日校《老子》者,皆是擇善而從,人各爲一本,亦未得云復舊也。弟見群書所引王弼本既多,擬恢復一王本。知王本多同傅范古本,即以傅范爲底本,以所得前人稱王本者改之,以《經典釋文》改之,以王注此本之注改之,又別章之注引此章之經者改之。如《文選》等書,其注中引《老子》而更引王注者,知注亦爲王本,以改之。(取宋人稱王本者凡十二家,唯吕知常書未見,明人薛思庵考異不注明何本,無法决之,但其異同皆可於他家見之也。)改之既多,而知宋時王本至少有二:其一爲王真本,其一已爲開元本亂也。《困學紀聞》所引已誤,况其餘乎。大致可知者,晁以道所見實非王注單行本,乃前人集注本,注雖王氏而經則異家。中亦有校語,後來從集注本録出注文。既以集注之經爲王弼之經,又誤取校語以爲王氏之注,又頗混注文於經中,而王氏經與注皆非其本也。宋世王本有五千七百餘字者,有五千五百餘字者;有分章者,有不分章者;有有章名本,有無章名本。(有稱道德經者,有分爲道經、德經者。)於陸游、程大昌諸人之説,可以見之。彭鶴林稱王弼本最多,實即據《經典釋文》所校耳。焦竑稱王王弼本亦多(每即取之彭氏),則已爲誤耳。(其不著於考異,而存於經文各章之末者,多取蘇子由校。)聚珍本以《永樂大典》本校華亭本,乃所稱《大典》本經無一是者,久之乃知所據《永樂大典》之經實爲洪武御注，與王全不相涉。洪武則一依吳草廬本，紀氏校編全非。畢秋帆又以聚珍本爲王弼本，以校傅奕本，不皆誤中之誤耶。弟於校注略有梗概，又復校注《道藏》本王注，亦出晁熊，克故無大遠。惟《道藏》內四家集注最善，視晁熊本注多十數處。此本有元符間梁迴叙，可作北宋本視之。正統藏誠亦有誤字奪句，但視晁熊本相去實遠矣。又以散見於各家《老子》注中所引弼注校之，凡《一切經音義》、《文選注》、《釋文》等，所見弼注一一校訂，又知王注之誤者已多，其無全文殆已久矣。凡經文逸文不知應補於何處者六七事，其可補者則已補之，亦皆文足義美。蓋舊籍之失校者誠未有過於《老子》及王注者也。日人島田《古文舊書考》云日本有鈔本王弼《老子注》，爲南宋端平二年鈔，此書不知有影印本否？或日人有校之者否？擬煩先生於北平一訪之。蜀中曾見東京文求堂印《老子》王弼注改訂本，徒有經注正文，云據陶鴻慶及日人東條《老子王注標記》改正。細校其文，凡陶校外知皆東條所記，疑東條曾校宋鈔，以其間頗有多出於聚珍、華亭本者，能與元符四家集注本合，但元符所多山之注，東條未能全有，則其非自元符本，自無疑問。非出元符而所益注義尚多（且有一條爲元符、華亭二本所無），似非本之宋鈔不可。文字同異間亦有頗善者，則日本宋鈔面目不難想像。要亦善本，但不必善於元符本耳。弟校此既久，終思一見日人鈔本，或依據此鈔之校本。東條《王弼注標記》亦欲一見之，或日人他書如東條之作者，北京能訪之耶？敬以相煩，俾能畢此一役，銘荷無暨矣。又思朝鮮當亦有善本。李木齋所收朝鮮五經單注本，皆從北宋出。《老子》王注北宋曾有官本（真宗咸平二年刻），未知朝鮮有此類覆本否？李書內尚有之否？亦以相煩也。書如可得，當即匯寄；如須鈔校，所費差多亦可由此間大學付出鈔費也。清初孫月峰鑛曾刻《老子》，不知近尚於廠肆可求否？黎庶昌《古逸叢書》，《老子》王注卷子本極可笑，其所據不出聚珍而集唐字刻之，真可謂不憚煩。陶校雖未得善本，亦未於群書求證，而精心獨到處能與古合，以義校亦古人之一法，可采者多，其以不見善本而妄改者亦頗有之。弟於求王氏之經爲一校記，凡二冊，三易稿也。校注又別爲一校記，亦二冊。《老子》以傷於五千文，本真久不可見。（五千文損字本殆梁時尸有之，殆無知羽流模擬佛經文字而損之耳，今補之者多，文韻生動流暢，與周漢文一致，大異舊來面目。）凡唐前書徵《老子》者采以作《老子徵文》，亦再易稿，凡二冊。頻年所見唐前人注老佚文，亦輯有四十餘家，爲集解二巨冊。至各本異文，亦附於此。若經注校本，固與華亭本大有別。浙刻所稱華亭張之象者，亦非真，其實則聚珍耳。以館本云從張氏三經晉注錄出。館本出華亭，浙刻據館本，因云據華亭，實欺人語耳。此書於清代實無善本，即明代所見亦不足據。宋已有一不可據本。

書之厄，固未有若《老子》者也。厄多，故爲之易爲力，非好事也。再者，蜀人嚴谷聲藏有精鈔顧亭林《肇域志》四十巨冊，海内所有鈔本未有如此本多者，嚴近欲出售，蜀中無此力，京中文物機關或有欲收之者耶？張菊生曾出價五千元，擬購印《四部叢刊》中，以抗日戰事中止。先生能於京中一謀之，幸甚幸甚。……《老子音義》亦多可疑，抱經堂、通志堂二本不大相遠，未知京中近得宋本何如。刻擬將校《老子》王注事寫一叙録，元符去咸平未遠，劇惟永書與元符集注合，合校二書，亦略可知咸平本之概略。晁以道、茅思靖、彭鶴林諸家所云王注“以佳兵民之飢”二章，疑非《老子》之作，惟元符本尚存此二注，故以此爲王注最善本。華亭與正統藏王注皆出晁熊本，二本皆多誤奪，但合校之，亦可窺見晁熊之舊。而華亭本在清代幾未之見，聚珍雖出華亭而改易，已非華亭之舊，亦惟僅可藉此以求之耳。《永樂大典》之同異，似不能優於晁熊之刻，但亦有可取。由此三刻以上窺政和，由政和上探咸平，合而觀之，注亦十得六七也。惟咸平之注於王元澤書反可得其大致。以陳碧虛、蘇子由、范應元諸家合之，稍可髣髴，而晁本之注則誠大非也。以政和、元符二本互正奪誤，更以范應元、董思靖諸家所引補之，則十得八九也。倒誤之字，仍不能免，則補以陶校之善者。弟亦每有所記識，更以上溯《釋文》，校事殆盡於是耶。盧抱經雖以正統校華亭，聚珍書不可見，於《釋文》考證中略見數處，似未盡善。如《釋文》出“所好”，此二十章注“意元所美惡”句“美惡”正統作“好欲”，以正統求之《釋文》自合，抱經不能舉其事，則抱經書未刊行，正亦未自愜意耶？政和晁雖不及元符之善，然以二本考之《釋文》，其異同之間適符於陸氏所稱一本作某，則此兩本適爲唐世王本之二系，各有源流，則皆足貴，亦足喜也。（華亭、正統爲一系，元符及劉惟永爲一系，陸記異文，二系各存其一。）校注雖難，究有虎賁中郎略可依據，而校求王弼之經，則誠一大難事也。知有日本所存宋鈔，心實慕之。又思朝鮮或有□本，亦宜旁采。刻年來既無法尋之日韓，亦惟有求之北京，或公私有此種舊藏否？朝鮮古籍亦可求之於著録家否？先生勤求古籍，聞見宏富，北京今日或可萬一得之，敬以相煩，必有以賜教也。（廠肆或亦可得日人著作。）近於《北盟會編》見引宋塞駒撰《虞尚書（允文）采石斃亮記》，取以與《函海·采石瓜洲記》相校，乃大不同。《建炎以來朝野繫年要録》亦引此書，又復不同。久之，乃知李心傳引爲張燾行狀文中叙采石一段者，但以李氏史學之精，何以其誤如此。而徐夢莘引者稱《乾道采石斃亮記》，則《函海》所傳爲初本而徐引爲重訂本也。員興宗《九華集》有《采石大戰始末》，而徐引有員興宗《采石戰勝録》，李書亦引《大戰始末》，文與《九華集》同。稱《大戰始末》者爲初本，《戰勝録》亦重訂本也。初本文皆通俗，重訂本則文字爾雅。又見徐李所引，有楊汝翼《順昌戰勝破賊錄》，又有郭喬年《順昌破敵錄》，有明廷傑《保蜀功績記》，又有費士戣《蜀口用兵錄》，求之諸書序，意文之質者皆謂遺之親舊，是意在宣傳普及；而文之雅者則意在垂諸方册，以備他日國史之求。始明一人一事，先後遂有二書，意故各有在也。（宋代野史之富，此爲一大原因，多爲普及以代通信者耳，兩宋皆有之。）考論此事，因作長跋一篇。傅沅翁有鈔本《采石斃亮記》，未審書刻在何處？意其或與《函海》同爲初本。既爲鈔本，必與《函海》有異同。惟《函海》有二本，原刻大字反剃改失真，不若小字覆重刻本之未經竄改耳。意此小字本實從原刻初印者出，尚不失廬山面目，而大字本後來印者翻以循四庫書例，凡避忌字皆改之。先生如能覓得傅鈔，與《函海》一校，略以異同見示，亦所感矣。《建炎繫年要錄》能求得舊鈔以正四庫館本竄改之失否？沅翁復有舊鈔《三朝北盟會編》，倘能以鈔本校許涵度刻本中《采石斃亮記》見示，則更幸也。……往者讀周秦兩漢人書，每多同一文字而各書皆有之，尤以《韓詩外傳》、《説苑》、《新序》、《淮南》、《吕覽》諸書同文最多。文通平時喜今文學，尤喜《尚書大傳》，儒家理想制度，托之三古，此書最豐而輯佚之本斷章殘句不成片段。以讀此者久，文字稍熟，於是以重温周漢人書之時（在八九年前），凡文同《尚書大傳》章句者悉爲錄出，於是皮錫瑞本斷句短章往往合成長篇大文也，視昔人輯本增益幾倍。凡昔人所輯皆正字書之，兹所補者皆中行小字書之；昔人所輯不復注明出處，兹所補者於一章之末注之；兩三書皆同者附記文字異同於後。此亦可爲輯佚書之又一法乎。（蜀人張國銓校《新序》、《説苑》，亦略同此法。但彼重在校，此重在補耳，校中以徵《説苑》、《孔叢》最多。）……前校讀《十先生奧論》，疑書有缺佚，書賈偽以他卷文字補入以足卷數，凡殘缺文句悉依別書補之。作者名字有誤及佚其名者，亦論及之。袁館長前以函徵文，因錄此一篇塞責，原不足道。後得袁公自滇來函，云已刊出，但無法取寄耳。不悉此册北京尚有存否？以弟無存稿，復未見刊物，幸覓一份見示，幸甚。又聞李木齋書有宋本《十先生奧論》，倘李書可見，則弟所論究有中否？伏希示及。感甚感甚。（原函存趙府）

　　按：此函信封北京郵戳日期爲"一九五〇十二月二日"，可推知當撰於十一月底。信封注"一九五一年一月五日復"。

12 月 16 日，下午接待太平天國史料展覽預展來賓參觀館藏善本書。

　　王伯祥日記：下午三時，偕均正、調孚乘三輪往文津街北京圖書館，應館中之請，參與太平天國革命史料展覽預展，蓋爲金田起義百年紀念而作也。在場晤有三、餘夢、靜厂、毅生、亞子、仲澄諸人。巡歷一周，即由有三導往善本室，晤斐雲，又得摩挲新裝《趙城藏經》、《永樂大典》及鐵琴銅劍

樓、海源閣諸名本。四時半乃辭出。(《王伯祥日記》,第 24 册第 597 頁)

12 月,撰成《雲煙過眼新録》,載周珏良等本年編印《周叔弢先生六十生日紀念論文集》。

《雲煙過眼新録》:一九三〇年、一九三一年夏七月,余均以休假返藉過滬,因張菊生先生之介,得縱觀東方圖書館涵芬樓藏書。前後歷十餘日,檢書至四百餘種,大半皆四明范氏天一閣故物,孤本秘藉,往往而有。亟摘録書名、序跋、卷第載於日記中,作字草率,未遑整理也。一九三二年一月二十八日閘北戰起,敵機肆虐,東方圖書館中西文圖書數十萬册一夕燼焉。祖龍之禍復見於今日,余南望心傷,至於痛哭失聲。因念余所見各書,不幸皆罹於劫火,如不録目示人,將何以慰先民寫作之勤,啓同胞敵愾之心乎? 兹輯録范氏舊藏史部書目一百種,以見一斑。稍暇當再從事子集各書,俾早日畢此心願。謹書以自勵云爾。一九五〇年十二月。(《趙萬里文集》第三卷,第 404 頁)

按:此文爲天一閣舊藏史部古籍 100 種之目録。

本年下半年,任輔仁大學兼任教授。

按:《輔仁大學教員名册》(一九五〇年十二月)載先生職務爲兼任教授。

本年,先生主持北京圖書館善本工作,各項事務均有顯著成績。

《國立北京圖書館一九五〇年工作總結》:善本方面,除經常工作外,並主動的動員了私家捐獻圖書文物,比較重要的有瞿濟蒼、瞿旭初、瞿鳳起、翁之憙、張齊七、沈藝等人;完成了倫氏等及新購和捐贈的善本書的登記、編目工作,共一二八五種;校訂和統編甲乙庫總目的工作也已開始,並完成了一〇八二種。(《北京圖書館館史資料彙編〔二〕:1949—1966》,第606 頁)

按:據《國立北京圖書館一九五〇年接受捐獻圖書統計表》,本年受贈善本書有:張齊七 20 種 115 册、張葱玉 5 種 5 册、顧子剛 6 種 41 册、傅忠謨 93 種 765 册、史樹青 2 種 3 册、翁之憙 205 種 1538 册、翁興慶 2 種 13 册、沈藝 20 種 57 册、瞿旭初等 52 種 1776 册,及徐森玉捐贈《趙城金藏》3 卷等(《北京圖書館館史資料彙編〔二〕:1949—1966》,第611 頁)。此外,還有顧子剛捐贈《永樂大典》3 册、甲骨 2 盒,白雲觀捐贈明刻本道藏 512 函 4725 册,潘世兹捐贈寶禮堂善本書 109 種。另傅忠謨所捐書中有宋刻本《資治通鑑》、宋寫本《洪範政鑑》,爲"雙鑑樓"鎮庫之寶。

1951 年　先生四十七歲

本年,先生任北京圖書館善本部主任。時善本部下設考訂編目、保管閱覽二股。

1 月 5 日,覆蒙文通函。

1 月 20 日,朱偰向北京圖書館捐贈家藏南明史料《所知録》等 350 種 1655 册。

1 月 28 日,張子高來函,詢范氏天一閣墨款識事。

> 張子高函:兹有懇者:近得范氏天一閣墨一丸,背題溪隱主人製,款識與邱東河《百十二家墨録》同,惟不審溪隱主人爲誰。是否爲東明司馬? 但《藏書紀事詩》所載范氏諸圖記皆無此別號,而造墨之延緑齋即著名康熙時之吳守默。《鄞縣志》:"范光文字潞公,欽之曾孫,順治六年進士。天一閣藏書甲於浙東,光文復購所未備,增儲之。"黄梨洲之閱書天一閣,似在潞公生時,溪隱豈潞公之別號歟? 執事熟於范氏家乘,能爲我提供證據,一决然疑否? 盼禱盼禱。執事所掌正今日之天禄石渠,囊以鄉邦文獻所關,又數度至范氏點閱圖籍,想必有以饜區區之所望也。憶文津街圖書館開館時,守和曾假恐高寒齋所藏御製四庫文閣詩墨以張之,惜爾時未知此祖閣墨之存在耳。又憶戰前清華圖書館有印本藏書圖一幅,有清代諸名人題記,似李木齋原藏而流入東瀛者,但所圖是汲古閣抑是天一閣,則記憶不清矣。希並見示爲感。(原函存趙府)

2 月 1 日,文化部文物局向北京圖書館撥交丁惠康捐贈宋元版圖書 6 種、漢晉石刻拓本 1146 通。

2 月 4 日,偕鄭振鐸、張珩等赴隆福寺訪書,於修緩堂晤宋雲彬。

> 宋雲彬日記:下午赴隆福寺街,於修緩堂遇振鐸、斐雲及張蒽玉等。(《紅塵冷眼》,第 221 頁)

> 按:1950 年代,先生常與鄭振鐸等在北京書市訪書,部分事跡具見下文。先生購書心切,對摯友亦毫不相讓。丁瑜《悼念趙萬里先生》載:"爲了買書他可以和熟識的朋友爭得面紅耳赤。解放初期他和鄭振鐸先生、吳晗同志常常一起到琉璃廠買書,往往爲了一部好書而互不相讓,這也是學者的率真風度吧!"(《北圖通訊》1980 年第 3 期,第 14 頁)孟向榮《社科院文學所的六位學者》載:"吳曉鈴之臧否人物,始終保存在我的記憶裏。……他説趙萬里,'宋版蟲子'(趙萬里綽號)蒙我和鄭(西諦)先生。我們一塊到書肆訪書,鄭先生看上一本宋版書,趙則認爲這不是宋版。事後,鄭先生有所察覺,又跑回書肆看看,此書已被'宋版蟲子'買走。"(2016 年 9 月 18 日《中華讀書報》第 5 版)

2月,所撰《從簡牘文化說到雕板文化》載《文物參考資料》1951年第2期。

　　按:此文就記載文字的主要工具的發展史,分爲三個文化時代:先秦到漢晋爲簡牘文化時代、魏晋到唐五代爲卷軸文化時代、中唐到清末爲雕板文化時代,並綜述各時代之概貌。

3月,鐵琴銅劍樓瞿氏向北京圖書館捐贈善本書20種。

同月,上海市文管會擬購潘景鄭藏書,先生曾爲之審閱書單。

　　鄭振鐸3月28日致徐森玉函:潘景鄭兄書單,已交斐雲看過,其中應收之書不少。惟書價究竟多少不易決定,當由蕙玉另函先生也。……瞿氏捐獻書允爲國寶,其中《六十家詞》足供"詞人"的研究,已全部交給北京圖書館,斐雲大爲高興! 善本部大爲闊氣,有應接不暇之感,將來"續目"出版,當可震動一世耳目也。(柳向春整理《鄭振鐸致徐森玉函札》,《歷史文獻》第十六輯,第326頁)

4月25日,鄭振鐸來函,談南行見聞。

　　鄭振鐸函:離京時未到兄處告別,甚以爲歉! 近來身體如何? 至念!至念! 在江南已經十天,辦了不少事。曾到寧波,登天一閣觀書,此是生平第一次,亦快事也! 閣無恙,書亦無恙。大致已布置周到了,可收歸國有,但不運出寧波,惟尚未到決定階段,乞秘之! 蔡氏書售給李愛麕的,在馮孟顒處見到其目,其中竟有明刊《天工開物》! 爲之驚喜欲絕! 惜主人不在,未能一閱。此是極重要的消息,必欲告兄,且也必須設法得到也。得此書,其他皆若塵土矣。經過紹興,停留了七小時,看魯迅故居,無意中發現周家老宅裏有太平天國的壁畫(龍),此亦一重要的發現也。在杭州,無意中得到初印本《六十種曲》的五十八種,只缺《琵琶》、《八義》,且多出了四篇序。又得到崇禎時北京"正陽門裏東城牆下浙江台州洪家書鋪"所刊《縉紳履歷》一册,其時建極殿大學士爲周延儒。史可法爲"總督漕運提督軍務兼理海防淮揚等處地方户部右侍郎兼右僉都御史"。其他像洪承疇、吳三桂、鄒式金、蕭士瑋、吳偉業、何楷等等皆在其中,論述明季史料者當見之狂喜! 這兩部書兄聞之心動否? 此行不虛矣! 後天回上海。在上海還有十多天的停留。來信請寄愚園路67弄44號。此間保護甚爲周到,因之行動也大受限制。本想逛逛九溪十八澗,怕太麻煩人家,也許竟不去了。

　　按:此函前半存趙府,後半("且多出了四篇序"以下)刊布於虞坤林《鄭振鐸致趙萬里遺札一封半》(《出版史料》2004年第4期,第34—35頁)。虞文據推測此函撰於1954年,誤。陳福康《鄭振鐸年譜》將此函系于1951年,可從。

4月26日，下午馬衡來訪。

馬衡日記：下午……又至北京圖書館晤王有三、趙斐雲。（《馬衡日記》，第190頁）

5月9日，致函徐森玉，談購書事。

致徐森玉函：印泥單據三紙已收到。舊紙三種，能否八折作價？如物主同意，請即示知，以便匯款。《淮海》、《六一》如三千能成交，決不算貴（便宜之至）。《司馬温公》想在王氏另一房手中，目前有希望否？顧氏書目，聞有黃跋書及宋元本多種。中有宋本《風雅遺音》（南宋人林正大所作詞），案此書有明刻本（也很罕見），未知此宋本可靠否？顧先生如願出示全目，不勝大願。《淮海》、《六一》，候示寄款不誤。以中先生事件，遭事惡徒，聞將法律解決。（柳向春《趙斐雲先生致徐森玉先生函》，《文津流觴》第35期）

6月8日，文化部文物局向北京圖書館撥交許廣平捐贈魯迅稿本鈔本等57種。

7月6日，文化部文物局向北京圖書館移送蘇聯列寧格勒大學東方學系圖書館贈還的《永樂大典》11冊。

7月23日，商務印書館董事會向中央人民政府捐獻《永樂大典》21冊，由文化部文物局撥交北京圖書館保藏。

8月2日，文化部文物局向北京圖書館撥交《永樂大典》3冊。

8月12日，北京圖書館舉辦《永樂大典》展覽會預展，接待來賓參觀。

馬衡日記：五時半赴北京圖書館參觀《永樂大典》預展會，蓋蘇聯送回十一冊、張菊生捐贈涵芬樓所藏廿一冊皆歸該館也。（《馬衡日記》，第207頁）

王伯祥日記：下午三時，偕湜兒復出，乘三輪往文津街北京圖書館，參觀永樂大典展覽會，正式展覽須明日起，今乃受文物局及圖書館之柬邀，先行預展也。晤斐雲、西諦、繼廎、見思、聯棠、公文、季湘等。……湜兒得斐雲之介，參觀圖書館之善本書庫。（《王伯祥日記》，第25冊第337頁）

8月13日，《永樂大典》展覽會開幕。

8月15日，周叔弢來函，表示願捐獻自藏《永樂大典》1冊。

周叔弢函：頃見報載蘇聯東方學系圖書館將《永樂大典》十一冊移贈我國，此種偉大友愛精神爲書林佳話，從來所未有。僕藏《永樂大典》僅有一冊，亦願捐獻國家，不知以送何處爲宜（文化部或北京圖書館），祈速示知爲叩。瞿氏書目承代批注，感荷之至。（原函存趙府）

8月18日，所撰《〈永樂大典〉展覽的意義》載上海《文匯報》。

8月20日，周叔弢向國家捐贈《永樂大典》1冊。

8月23日，文化部文物局向北京圖書館撥交鐵琴銅劍樓瞿氏捐贈鐵琴1張、鐵琴銅劍樓匾額1方、善本書20種及所購善本書190種；同日，周叔弢捐贈《永樂大典》1冊由文物局移送到館。

8月24日，改定《〈永樂大典〉展覽的意義》，後刊發於《文物參考資料》1951年第9期。

　　按：此文概述《永樂大典》之纂修、價值及全球存藏情況，闡明該次展覽的意義：中國共産黨掃除了帝國主義在中國百年的侵略和特權，愛護和重視文化遺産，使它不再遭受散佚和掠奪，而且進一步發揚它的固有的學術價值；蘇聯列寧格勒大學東方學系圖書館將所藏《永樂大典》贈還中國，這是中蘇友好和國際主義精神的具體表現；商務印書館董事會和周叔弢將所藏《永樂大典》捐贈國家，這種重視文化遺産、化私爲公的行動，將使廣大人民受到感召和教育，可以預期全國各地收藏家們也將聞風而起。文末附展覽目録。

9月15日（農曆中秋），爲曹大鐵題硯，文曰："大鐵填詞研。辛卯中秋趙萬里書。"（曹大鐵《梓人韻語》，第151頁）

9月28日，文化部文物局向北京圖書館撥交金梁捐贈《永樂大典》1冊。

10月1日，文化部文物局與科學普及局合併爲社會文化事業管理局，鄭振鐸任局長，王冶秋、王書莊任副局長，北京圖書館由該局主管。

10月16日，趙元方向北京圖書館捐贈《永樂大典》1冊。

10月19日，文化部社管局向北京圖書館撥交《文俊奏稿》等善本書34種344冊。

10月24日，翁之熹向北京圖書館捐贈書籍12種91冊。

10月31日，文化部社管局向北京圖書館撥交善本書81種6531冊。

11月1日，毛澤東轉發中共東北局的報告，要求在國家機關、國有企業中展開反貪污、反浪費、反官僚主義的"三反"運動。此運動至次年2月告一段落。

11月8日，中央人民政府文化部文物局通知抗字第2504號，通知國立北京圖書館所呈暫行組織機構及股以上人事配備經文物局審查報部奉部令批准。

　　按：據該通知所附《國立北京圖書館暫行組織系統及人事配備圖》，館內設采訪、編目、閱覽、參考輔導、善本、特藏、保管、總務等部，部下設股。先生任善本部主任；善本部下設考訂編目股（先生兼股長）、保管閱覽股（股長陳恩惠）；先生另兼任保管部修整股股長。此次機構改革，參考了蘇聯圖書館的體制。（《北京圖書館館史資料彙編〔二〕：1949—1966》，第167—168頁）

12月4日，陳夢家致函劉體智，介紹先生登門訪書。

陳夢家致劉體智函：兹因老友趙萬里南下之便，煩其到府致候。斐雲兄版本之學海内第一，倘有可觀者，至盼老先生多賜機緣。（李宗焜《容庚與劉體智往來函札》，《古今論衡》第13期，第35頁。）

12月5日，遇馬衡；晚啓程赴滬。

馬衡日記：遇趙萬里，將以今晚出差赴滬。（《馬衡日記》，第230頁）

12月9日，與瞿鳳起同訪顧廷龍。

沈津《顧廷龍年譜》：趙萬里、瞿鳳起來，長談。（第493頁）

12月20日，夜與瞿鳳起議書價。

沈津《顧廷龍年譜》：十二月二十一日，瞿鳳起女來，"述趙萬里昨夜議書價不諧，竟拍案咆哮"。（第494頁）

顧頡剛《書價論斤》：此次革命，社會徹底改變，凡藏書家皆爲地主，夏徵秋徵，其額孔巨，不得不散。前年趙斐雲君自北京來，買瞿氏鐵琴銅劍樓書，初時還價，每册僅二三千元耳，後以振鐸之調停，每册售六千元，遂大量取去。按：抗戰前宋版書，每頁八元，邇來幣值跌落，六千元蓋不及從前一元，而得一册，可謂奇廉。（《顧頡剛書話》，第90頁）

同日，北京圖書館成立增産節約委員會，王重民爲主任，開展反貪污、反浪費、反官僚主義的三反運動。

12月25日，在杭州。下午赴浙江省文管會晤宋雲彬，商議處理朱澤民書籍及收購蔣氏衍芬草堂藏書事，偕赴浙江省文教廳晤廳長劉丹、副廳長俞仲武，劉丹並爲先生赴硤石觀蔣氏藏書開一介紹信。

宋雲彬日記：上午八時許，趙萬里自浙大打來電話，約定下午在文管會晤面。……一時許趙萬里來，商討處理朱澤民家書籍及收購硤石蔣氏衍芬草堂藏書事。三時半伴萬里赴文教廳，晤見劉丹廳長及俞仲武副廳長。萬里擬赴硤石一觀蔣家藏書，劉丹特爲寫介紹信一封。（《紅塵冷眼》，第261—262頁）

按：收購蔣氏衍芬草堂書事，宋雲彬、張宗祥等曾多次往返聯絡，過程具見宋雲彬日記。1951年2月15日，宋雲彬時因參加浙江省政府委員會就職會住杭州，"午飯後……雇車赴西湖圖書館訪張閬聲並晤蔣伯潛，與閬聲商談天一閣及蔣氏藏書事"（《紅塵冷眼》，第224頁）。24日返回故鄉海寧時，又"與蔣霞舉談衍芬草堂藏書事，余告以此種藏書理應捐獻國家，由北京圖書館加以保藏。又告以中央願仿鐵琴銅劍樓例，付以適當之代價。霞舉允於一月内擬好辦法，再行函商"（第226頁）。4月14日，因浙江省政府委員會開會之機，再次在杭州"赴省立圖書館訪張閬聲，知蔣霞舉已被捕，其罪狀爲惡霸、地主、大漢奸，競雄則已避

往上海。數日前曾接蔣霞舉來信,允將衍芬草堂藏書出售於北京圖書
館,余以無具體辦法,置不復,初不料其已作獄中囚也。蔣氏本爲地主,
霞舉於硤石淪陷時聞曾入僞縣政府辦事,此次被捕原非意外,特於收購
衍芬草堂藏書一事恐現有波折矣"(第230—231頁)。12月11日,宋
雲彬"午後二時赴省立圖書館,借《史記》一册,從閻聲處取得《蔣氏衍
芬草堂書目》"(第258頁)。

12月26日,午赴宋雲彬宴,徐荷君、張宗祥等同席。

宋雲彬日記:十一時半赴省立圖書館,約同趙萬里、徐曼略、閻聲赴太
和園午餐,吃醋魚、響鈴、件兒等,共費九萬六千元。萬里明日赴硤石,迂
經上海返北京。(《紅塵冷眼》,第262頁)

12月27日,返回故鄉海寧縣之硤石鎮,觀蔣氏衍芬草堂藏書。

12月28日,在滬,訪徐森玉,晤顧廷龍。

沈津《顧廷龍年譜》:訪徐森玉,晤趙萬里,獲見沈石田《東原圖》、趙
子昂書《快雪時晴帖》及子久、幼文補圖兩卷,皆龐虛齋舊藏。又王石谷
大册頁一本,精極,西津舊物。大保尊一件,新出,與提梁卣同文,文在底
圈,罕見,尊身圓帶方。(第494頁)

同日,北京圖書館召開全館大會,開展三反運動。

按:先生在此次運動中被控貪污,受到嚴重衝擊。先生被控貪污之
訊息,北京文教界人士多有耳聞。如鄧之誠1952年3月8日日記載:
"高名凱來,謂陳夢家坦白貪污三億,唐蘭坦白貪污金條七十條,趙萬里
貪污之數不詳。此輩所謂羞死人。"(《鄧之誠日記》第6册,第32頁)3
月10日日記載:"北平圖書館周豐一來,問趙萬里貪污事,答以不識其
人。"(《鄧之誠日記》第6册,第33頁)周叔弢1952年5月19日致周一
良函詢及先生在此次運動中受衝擊的情況:"北京圖書館'三反'不知
結束否? 趙萬里不知問題嚴重否? 我現決定將全部藏書(善本與普通
本、外文書籍)捐獻政府,擬指定交北京圖也。"(孟繁之《可居室藏周叔
弢致周一良函箋注》,《中國文化》2016年第1期,第303—304頁)

本年,先生主持北京圖書館善本工作,完成鐵琴銅劍樓瞿氏、天津翁氏
舊藏善本書的登記編目工作。

《北京圖書館一九五一年工作總結》:善本和特藏:一、鐵琴銅劍樓瞿
氏和天津翁之熹善本書已全部登記編目。二、編製全國私家藏書簡目,因
本年沒有到外面去調查,沒有掌握資料,所以沒有能完成編製工作。
(《北京圖書館館史資料彙編〔二〕:1949—1966》,第620頁)

1952 年　先生四十八歲

本年,先生任北京圖書館善本部主任,兼善本部考訂編目股股長、保管部修整股股長。

1月3日,王重民來函,談采訪善本書事。

王重民函:電報及去年十二月卅一日手教都收到了,我們這次又獲得了一個極大的勝利。十日以後,希望您凱旋而回! 劉少山書不止"十宋",涵芬樓若再歸我館,則一九五二年真是一個"善本年"了! 蔣氏衍芬草堂書已由張副館長向王冶秋副局長請示過,説錢若不多,可爲設法(即專向部請款),弟原擬移用一點購書畫之一億,據説已支配完了,可以另籌更妙了。請兄就近再繼續和蔣家接頭。明早徐伯郊和書都到,韓仲文兄將親往迎接,並借好大卡車,非常平安,請勿念。……此項書籍已於四日晨安全運到我館,請放心并問好。韓承鐸。(林世田惠示)

按:此函述及1952年初北京圖書館接受劉少山、商務印書館捐贈事。劉少山,字占洪,山東萊州人,實業家劉子山長子。早年生活於青島,後遷往天津、上海。喜藏書,購藏不惜代價。建國後,將所藏古籍捐獻北京圖書館。其中珍品有宋刻本《楚辭集注》十六卷、《張先生校正楊寶學易》二十卷、《荀子注》二十卷,元刻本《東萊校正晋書》三十卷等。

又按:張副館長指張全新,字鐵弦,1944年7月至1963年11月在館工作。據《中國國家圖書館館史》(國家圖書館出版社,2009年)附録《副館長任職年表》(第470頁),張全新1953年4月起任副館長,但此函已稱其爲副館長,疑館史記載有誤。韓承鐸,字仲文,1945年11月至1952年5月在館工作,曾任北京圖書館學術秘書。徐伯郊係徐森玉長子,文物鑒定專家,時任職於香港銀行界。1951年,文化部提請政務院撥專款,擬從香港搶救流散珍貴文物。鄭振鐸出面請其協助,徐伯郊表示願意承擔。鄭振鐸遂邀請郭沫若、徐冰、陽翰笙、王冶秋等,在文化部俱樂部與徐伯郊面談,正式委托其在港爲國收購文物。此後十餘年,徐伯郊爲國家購得多批珍貴文物文獻。此函中運送到館者即潘氏,寶禮堂舊藏善本。

1月9日,中央人民政府文化部文物局向北京圖書館下達通知,對北京圖書館所擬臨時館務會議規則提出修正意見。根據這一規則,先生以善本部主任身份出席臨時館務會議。(《北京圖書館館史資料彙編〔二〕:1949—1966》,第976—979頁)

1月12日,在滬,訪顧廷龍;晚赴吳湖帆宴請,晤徐森玉、顧廷龍、潘景鄭等。

　　沈津《顧廷龍年譜》：一月十日，編目。吳湖帆函約十二日夜飯，與趙萬里、徐森玉等同叙。（第496頁）

　　沈津《顧廷龍年譜》：一月十二日，趙萬里來，示版本圖譜樣張。……夜，與潘景鄭同赴吳湖帆處晚餐。獲觀惲聯及畫卷三，皆精絕。（第496頁）

　　本年初，接洽潘世兹寶禮堂藏書入藏北京圖書館事宜。

　　黃裳《魚玄機詩》影本跋：今冬，寶禮堂藏書歸公，自海道運歸，入京之先，徐伯郊氏招余往觀，匆匆得見宋本三十許種，皆精絕，此册亦在，已裝成册葉矣。雲煙過眼，未能忘情。今乃無意中獲此景本，撫印精絕，與原跡不累毫黍，觀之忘倦，漫書卷尾。辛卯歲暮，黃裳。（黃裳《夢雨齋讀書記》，第17頁；黃裳《魚玄機詩》，載2011年11月12日《東方早報·上海書評》）

　　黃裳《斷簡零篇室摭憶》：五十年代初，寶禮堂藏書從香港歸來，徐伯郊在自宅中布置了一個小型展覽會，邀友人參觀。給我留下深刻印象的是，宋建刻周美成集竟有兩本，紙墨晶瑩，奪人目睛。趙斐雲（萬里）正在身邊，用臂肘推推我去看另一部宋版書。這是紹定嚴陵郡齋刻的《巨鹿東觀集》十卷，却是殘書，其卷四之六配的是元人補抄，寫手精極，雅韻欲流。斐雲小聲對我説：“這種抄配豈不比全本更妙。”彼此相視而笑。這是狂論也是怪話，我懂得的意思，是真正愛書人的心裏話，也是對殘卷大膽的肯定。（黃裳《書之歸去來》，第165頁；黃裳《尋找自我》，第77頁）

　　黃裳《憶趙斐雲》：五十年代之初，潘氏“寶禮堂”的藏書歸了北京圖書館。起運之前，在上海開了一次小型的展覽，我也得到參觀的機會，當然在那裏又遇到了斐雲。他拉了我看這看那，顯得異常的興奮、激動。他頗爲神秘地拿起一部宋本《鉅鹿東觀集》給我看，這是一部殘宋本，開首的幾卷是明人補抄的。斐雲指着那補抄的部分小聲對我説：“你看這寫手多精多好，我看這要比一部完整的宋本還要有意思得多。”説完，映着眼睛神秘地笑了。這自然是一種“悠謬之説”，没有人會同意的。不過當時我却是完全贊同了他的意見，而且至今也還覺得他説得不錯。因爲我認爲，古書不只有着文獻方面的價值，同時也具有美的欣賞價值。宋刻書是一種優秀的工藝美術品，這是無疑的了；前人的法書，不也是一種優美的藝術品麽？過去人們對藏書家很不滿，給他們加上了許多帽子。其中有一頂就是“賞鑒家”或“古董家”。意思是説，這些藏書家不能讀只會看，就和闊老玩古董一樣。這話不能説没有一些道理，但無疑是過於片面了。（《黃裳文集》〔一〕，第490—491頁）

　　黃裳《太和正音譜》：他於板本書的看法也有獨到處。記得解放初潘氏寶禮堂藏書從香港歸來，在上海徐伯郊宅中曾非正式的開過一次小型的展覽會，我有幸也恭逢其盛。宋元精槧，琳琅滿眼，目不暇接。其中有一部宋板《葛歸愚集》，中缺一卷，有元人抄補。斐雲悄悄對我説，這種名抄補全的書，比完整的本子還更可愛。這是執着於完缺之見的人所萬萬不能同意的。於此可見他的賞鑒眼光。（《黄裳文集》〔六〕，第144頁）

約1月，由蔣氏衍芬堂購得宋本《晋書》、查繼佐稿本《釣業》等古籍多種。

黄裳《憶趙斐雲》：斐雲有一次南來，到海寧訪書，從蔣家（別下齋主人將光熙的弟弟光焴的後裔）得到一部宋本《晋書》，非常高興，路過上海時特別通知我到他的旅寓裏去觀賞。《晋書》是宋刻宋印的，完整、明麗，確是漂亮極了。隨後他又珍重取出了兩册查繼佐的詩稿《釣業》來給我看。這是《罪惟録》作者的手稿，一色行草，茂美飛動，真是可以稱爲“銘心絕品”的東西。斐雲重視此書，看來並不下於宋版。查繼佐是明遺民，詩是未刊稿，當時不可能發表，也不敢雕板，居然完整地保存下來了。此外，他還從蔣家得到黄莞圃、吳兔牀所寫的屏條，也興致勃勃地拿給我看。他的得意是不下於攻下一座名城的將軍的。這些，今天就都藏在北京圖書館裏。兩天以後，他到我的寓所來看書。我是没有什麽宋版書的，有什麽值得看呢？可是當他看見一小册原刻的《拙政園詩餘》（徐燦）和兩本《竹笑軒吟草》（李因）時，非常激動了，立即從袋裏取出小本子，將這兩書的行款、序跋……一一作了記録。這兩種書的作者都是與海寧有關的，她們都是女作家，都生活在明清易代之際，又都各有很不平常的遭遇。《竹笑軒吟草》有“三集”，李因是黄宗羲曾爲之撰傳的女詩人、畫家。《拙政園詩餘》裏的一些作品，斐雲是能背誦得出的，此際，他就真的高聲吟誦起來。他説，每次出來走走，總能看到一些新東西，過去没有見過的新東西。他説他出來的目的就是開眼界，長見識。他一面激動地説着，一面把小本子仔細地藏進衣袋裏去。斐雲在版本目録學方面的成就與聲望，使他完全無愧成爲這方面的大師，但他還是那麽用功、那麽勤奮，得到一些新知識以後又顯得那麽激動、高興，這是使像我這樣的後輩極爲佩服的。（《黄裳文集》〔一〕，第490—491頁）

本年初，先生擬撰著《版本史》，編輯“書版圖録”；鄭振鐸擬邀先生合撰《印刷史》。

鄭振鐸1月19日致徐森玉函：時際盛代，珍奇將悉歸“國庫”，對於研究的人，是一個很大的解放。中國版本史在此時亦可着手編纂了。聞斐雲有意於此，不知其觀點如何？我意必須編纂若干部空前的大書，將過去的文化藝術作一個總結。承前啓後，今正其時。（柳向春整理《鄭振鐸致

徐森玉函札》,《歷史文獻》第十六輯,第 322 頁)

　　鄭振鐸 1 月 31 日致劉哲民函:趙斐雲尚未見到,他的《版本史》不知如何編法? 此事非他一人所能着手,必須聯合七八位專家來通力合作,方可大量推銷,引人注意。由此。我想到:中國四大發明,都應該有專史:㈠火藥史;㈡指南針史;㈢印刷史;㈣紙張史,都可以找到專家來寫。將來還可以出版"服飾史"、"建築史"、"舟車史"、"染織史"、"陶磁史"等等,每種均應附圖甚多,且均可以分若干冊出版。此事公司大可以做也。請兄和昌祺、辛笛、唐弢、柯靈諸位商量一下。關於"印刷史"一部分,應由向達、趙萬里及我三人參加,每人分寫一二時代,如向達或我寫"明代",趙寫"宋元",我寫"古代",向達寫"清代"等,如此,可以寫得快些,且更可以號召。但尚未和他們商談也(已商量過,要再談幾次,才能決定)。俟有結果,當再報告。總書名可作《中國四大發明史》:㈠印刷史……等等。……又,關於"書版圖錄"事,經與趙君商洽,並徵求向達諸位的意見,覺得銷路大成問題,能銷二百部已是不易了。此爲專門的書,且注意、研究的人很少,不可能多銷也。此事只好打消"計劃"矣。若出版,必將大爲虧本,且壓積資金甚多,對於公司極爲不利,故不如回絕趙君爲是。兄同意否? 趙君也已同意不編了。(《搶救祖國文獻的珍貴記録——鄭振鐸先生書信集》,第 368—370 頁;《鄭振鐸全集》第十六卷,第 335—337 頁)

　　按:鄭振鐸此函所提及的"書版圖録",即 1 月 12 日出示顧廷龍的"版本圖譜",亦即 1960 年出版的《中國版刻圖録》之雛形,據此可知先生編纂《中國版刻圖録》計劃始於 1952 年。

　　1 月,中共中央發動在私營企業中開展反行賄、反偷稅漏稅、反偷工減料、反盜騙國家財産、反盜竊國家經濟情報的"五反"運動,此運動至 5 月初基本結束。

　　2 月 12 日,致函徐森玉,告知三反五反運動中深受衝擊,有輕生之念。

　　致徐森玉函:半月來,此間展開運動,有人提議善本列入重點檢查。連日四五十人成一大組,將里嚴詞訊問(今天將繼續會訊):解放前如何? 解放後如何? 所問之話有極離奇者:如"接受回扣没有?""如不接受,真奇怪,在那時是什麼思想?""不收錢,如要善本書,更可惡。""書鋪送禮没有?""没有,一定用書來代。""歷年同書鋪勾搭事實,一一列舉。""買私家書,聽説要送書給你作爲酬報。""私自囤積善本倒把。""袁同禮有哼哈二將,顧子剛大同書店已判明爲館産,把他打倒(此事經過另告,情形可憐)。趙某也要鬥爭他。他住房或許也是不義之財。"種種不勝枚舉。但里亦有自取之咎。一九五零年秋冬間,舍弟北來養病,家父半身不遂,雙目失明，小兒又患喘不止，曾託書店將自藏小種書開單賣給圖書館，以濟眉急。此實變相貪污，失策之至。此事我數日前已坦白過，但他們絕不甘休，以致連日形勢危急萬狀。伏念鳥爲食亡，人爲書亡，平生愛書如命，公家事看成自己事，今天落到如此地步，自非一死，不能以謝酉山之藏，以報我公教誨知遇之恩。連夕妻孥環泣，全家捲入生死邊緣。西諦看此事甚輕，沒有太大關係。但我覺得館中人情莫測，不曉得他們將如何擺布我。寫至此，已泣不成聲，呼天搶地，生不如死。想公聞之，必不忍責我，轉而憐我矣。我本意繼公衣鉢，將全國書藏，結一總帳。乃罹此鞠兇，失去自存之路，他日我公蒞京，恐不能與公相見矣。西諦與公與我交誼最深，我未了之事，想能爲我幫忙也。盼公能立即快函西諦、冶秋，爲我稍作恕詞（昨晚晤冶秋，他提示我不要害怕，沒有什麽）。則我萬一竟遭不測，或不致如他們所説那樣壞到極點也。臨紙涕泗，不知所云。（柳向春《趙萬里與徐森玉兩先生交游述略》，載《版本目録學研究》第七輯，第121—122頁）

　　按：徐森玉2月19日致徐伯郊函謂："此間謝、劉均成貪污犯。趙斐雲來信，渠被檢舉，甚嚴重。"（柳向春整理《鄭振鐸致徐森玉函札》，《歷史文獻》第十六輯，第321頁）內容與此函恰可印證。

2月15日，再致函徐森玉，告知已在館中交代問題，輕生之念打消。

　　致徐森玉函：連日昏迷困頓，達於極點，今晨覺明忽來開導，囑里即速坦白，勿坐失時機。里如夢初醒，即在館中交代。其實問題並不嚴重，爲了面子，遂有輕生之念。前函所述各節，已如煙消灰滅。此後當努力工作，以求戴罪立功。惟累公吃驚不小，他日相見，當長跪請罪，藉贖前愆也。聞唐蘭在北大，問題不簡單，爲校方急電召還，已坦白過。夢家情況不明，有種種謠傳。古董真害人不淺也。（柳向春《趙萬里與徐森玉兩先生交游述略》，載《版本目録學研究》第七輯，第123頁）

2月16日、18日，鄭振鐸致函徐森玉，談及先生受運動衝擊，並托其調查先生上年洽購瞿氏鐵琴銅劍樓書過程中有無索賄行爲。

　　鄭振鐸致徐森玉函：斐雲的中國版本圖録，弟意現在决不會有銷路，能售出一百部已是吃力，但上海公司方面預計要印五百部，恐不易實現。向覺民之意，也以銷路困難爲慮，已勸斐雲暫時放棄這個計劃，他也已同意了。他近來精神至爲不振，交代問題不少。聞曾函先生，語多悲戚。他毛病很多，但確是一個人才。群衆對他也還不至壓力太大，在他已是接受不了。經過這次的運動，他過去的一切身上的污垢，當可完全洗清，成爲一個"新人"了。……又，我局去歲曾向瞿氏鐵琴銅劍樓購善本兩批，計共兩億元。請先生代向瞿氏兄弟一詢：有沒有人向他們要過錢？他們給過没有？有没有給過人什麽"書"（包括趙斐雲及文物處的幾個人在内）？請他們據實答覆（不可代爲隱瞞）爲荷。（柳向春整理《鄭振鐸致徐森玉函札》，《歷史文獻》第十六輯，第324—325頁）

按：2月27日鄭振鐸致徐森玉函稱："快示奉悉（瞿氏的坦白書也已收到）。"（柳向春整理《鄭振鐸致徐森玉函札》，《歷史文獻》第十六輯，第321頁）可知徐森玉在2月下旬即致函鄭振鐸，答復先生是否曾向瞿氏兄弟索賄問題。

2月26日，爨汝僖致函徐森玉，談及先生受運動衝擊詳情。

爨汝僖致徐森玉函：我館目前形勢，有三以犯嚴重官僚主義，不可久留（因不常到館，致大柄暗移）。子剛以大同書店産權問題，已全部交出，正在清理中。斐雲以利用職權，掠取書商善本，又擅自作價，賣給本館及北大等處，刻正窮追，認爲坦白不够，曾於大會紛紛提供意見予以幫助，收獲較少，想彼尚負隅，固無心函覆左右。……又聞陳夢家以美金購偶器多件，大受該校圍攻。我館上星期分（一）財經事務，（二）采訪善本，（三）修建水電，（四）大同（書店）、和平（裝訂商）四組作重點檢查對象，即顧子剛、趙萬里、李鍾履（前西采股長）、黄祖勳（事務股長）、金棟高（會計科長）諸君也。（柳向春《趙萬里與徐森玉兩先生交游述略》，載《版本目録學研究》第七輯，第123頁）

同日，赴中國科學院考古所晤鄭振鐸，談北京圖書館購書事。

夏鼐日記：晨間鄭西諦先生來，謂與趙斐雲先生約在考古所談北圖購書事。（《夏鼐日記》卷四，第468頁）

3月20日，郭石麒來函，告知已收到書款。

郭石麒函：頃承匯來書款九十五萬元，如數收到。至謝！此次閣下到申所購之書，均有稅局稅單，兹均寄上，請查收爲荷。收據開列，另單寄上，亦請檢收爲禱。（原函存趙府）

按：先生與郭石麒頗有購書往來。鄭振鐸某年8月22日致徐森玉函謂："郭石麒最近一單，和斐雲商量了一下，擬收購五種：（一）《黄梅東山語録》一册，（二）《緇門警訓》六册，（三）《大元至元辨偽録》四册，（三）《斜陽集》一册，（四）《東萊觀瀾文集》十二册。即照議定之價付款爲荷（《觀瀾文集》最多出四佰萬元）。（共計實價一千一百五十萬元。）"（柳向春整理《鄭振鐸致徐森玉函札》，《歷史文獻》第十六輯，第333頁）又，鄭振鐸某年1月19日致徐森玉函謂："郭石麒寄來的宋板'南關禪師'殘本，經斐雲等看過，認爲並非宋板，擬退還給他。便中見到時，乞告訴他一聲。"（柳向春整理《鄭振鐸致徐森玉函札》，《歷史文獻》第十六輯，第341頁）此二函撰寫時間約在1952年左右，但具體年份尚待進一步考證,姑附於此,略見先生、鄭、徐與郭之間購書交涉之一斑。

4月2日,鄭振鐸致函徐森玉,告知先生已交代出一些問題。

鄭振鐸致徐森玉函:瞿旭初補充報告單事,斐雲亦已談出。此君問題不少,惟不肯痛痛快快的一口氣説出。(柳向春整理《鄭振鐸致徐森玉函札》,《歷史文獻》第十六輯,第311頁)

約2月至5月,曾致函徐森玉,告知上年購《海虞文獻備略》等書原委。

致徐森玉函:兹有一小事奉托:一九五〇年九月下旬,里在滬曾於某處購得《海虞文獻備略》等八種,因原主返籍,遂由郭石麒代開發單。假如有人檢查時,如以實情見告,必多意想不到之猜疑與麻煩。爲此,特托人轉告石麒,云"這批書乃徐二爺友人之書,二爺介紹趙君購之"。這樣説法較妥,因那時石麒亦不知此爲何人之書也。如以後有人或有函來向公詢問時,亦祈以此話答覆,期與石麒相符。叨在愛末,敢以此事奉瀆,罪甚罪甚。好在石麒僅知爲公友人舊藏,公見石麒,希將錯就錯,不必説破也。拜托拜托。(柳向春《趙萬里與徐森玉兩先生交游述略》,載《版本目録學研究》第七輯,第122頁)

按:此函未署年月。函中述及"三反五反"運動中受衝擊情況,而"五反"運動在本年5月初即基本結束,可大略推知撰寫時間。

5月15日,向北京圖書館采訪部移送善本書16種59册,並説明事情原委。

先生手書便條:以上這些書都是一九五一年十月前後,索先生原來辦公的那間房間搬動時,移至善本室預備登記的。一九五二年一月我從南方返京後(即三反運動開始後),才集中送請中采登記。其中《兩罍軒題跋》、《徐幹中論》,原是我自己的書,由孔繁山書店代開發票(一九五〇年事)。趙萬里。一九五二、五月十五日。(國家圖書館檔案)

按:據"善本部送來未登記善本書清單(一九五二年五月十六日)",此批書總價爲2950萬元。其中先生舊藏二種,手寫本《兩罍軒題跋》價格爲16萬元,明弘治本《徐幹中論》價格爲20萬元。此二書下有先生批注:"孔繁山代開發票,趙已在三反運動期間交代。"此批書即由采訪部中文采訪股於1952年6月18日"補行登記,送善本部照收"。

5月21日,文化部免去王重民北京圖書館代理館長職務,調往北京大學。

本年上半年,先生於三反五反運動中受記過處分,並將部分藏書交公。

鄭振鐸7月21日致徐森玉函:斐雲問題已解決,只是記過,但他思想上仍不易搞通。昨晨談了半天,我已切實的規勸了他一番。他的工作,最重要的是把"善本書目續編"編好。限他半年工夫做好這個工作,諸事不問,也不必再管買書的事。他已經答應了。(柳向春整理《鄭振鐸致徐森玉函札》,《歷史文獻》第十六輯,第 299 頁)

　　張元濟 12 月 24 日致鄭振鐸函:前月徐森玉先生由京返滬,交到王瞿石先生手校項絪本《山海經》一部,傳諭係由趙君斐雲入官之書籍中撿得,因鈐有涵芬樓印記,仍還舊主,由傅晋生君交森玉先生帶到。弟一見書衣,認爲故物,不知何以散出在外。(《張元濟全集》第二卷,第 520 頁)

7 月 15 日,李守憲作北京圖書館三反運動總結報告。

8 月 6 日,第一屆全國考古工作人員訓練班開學,先生受邀講授版本學。

　　戴尊德《憶第一屆全國考古訓練班》:爲了迎接 1953 年開始的大建設並配合搶救保護在大建設中發現的文物,1952 年中央文化部決定與中國科學院考古研究所、北京大學聯合舉辦第一屆全國考古工作人員訓練班,由全國各省市自治區抽調人員參加學習(至 1955 年先後共舉辦四屆訓練班),我有幸參加了第一屆訓練班學習。這屆訓練班爲期 4 個月,7 月份開學。……這次擔負講授課程的有夏鼐先生講考古學通論,裴文中、賈蘭坡兩先生講舊石器時代考古,安志敏先生講新石器時代考古,唐蘭、張政烺、郭寶鈞三位先生講商周考古與青銅器,蘇秉琦、王仲殊兩先生講魏晋南北朝和隋唐考古及石窟寺;其他專題課有馬衡先生講碑刻,張珩、啓功兩先生講繪畫,趙萬里先生講版本,陳萬里先生講瓷器,向達先生講佛教史,謝元璐先生講文物政策,梁思成先生講古建築,石興邦先生講田野考古,趙芝荃、白萬玉等幾位先生講畫圖照相和修復文物,還請南京博物院院長曾昭燏講了"湖熟文化"。(《文物世界》2004 年第 3 期,第 78 頁)

　　孫秀麗《考古的"黄埔四期"——記 1950 年代考古工作人員訓練班》:從教學計劃看,爲訓練班特別研究的課程共分三大類:文物政策法令、考古學和文物常識。……文物常識共分九講。……第七講:鄧以蟄、張布、徐邦達、啓元伯(啓功)講書畫;張政烺、趙萬里、宿白(實際講東漢墓和白沙宋墓)講授版本學。(《中國文化遺産》2005 年第 3 期,第 75 頁)

　　按:1950 年代全國考古工作人員訓練班先後舉辦四期,開學時間分別爲 1952 年 8 月 6 日、1953 年 8 月 1 日、1954 年 7 月 23 日、1955 年 7 月 15 日。

8 月 10 日,鄭振鐸簽贈先生《十竹齋箋譜》重印本一部。

　　鄭振鐸《十竹齋箋譜》跋:予鐫《十竹齋箋譜》未半而南歸,賴斐雲主持續刻,全書始得於一九四一年畢工。今復重印出書,謹貽重印本一部給斐雲。當年意氣豪甚,今則予已白髮蕭蕭,斐雲亦見二毛矣。鄭振鐸,一九五二、八、一〇。

按:20世紀30年代,魯迅、鄭振鐸二人重編《十竹齋箋譜》,委托榮寶齋重刻,先生代爲督印,至1941年印成,鄭振鐸《覆鐫十竹齋箋譜跋》曾詳表先生之勞。1952年,榮寶齋重印此書。此鄭振鐸簽贈本現存趙府。

8月11日,北京圖書館調整組織機構,内設辦公室、蘇聯圖書室以及閲覽、采訪、編目、善本四部;善本特藏部下設善本組、金石組、輿圖組、兄弟民族語文組(《中國國家圖書館館史:1909—2009》,第161頁;《中國國家圖書館百年紀事:1909—2009》,第49頁)。先生任善本特藏部主任。

8月13日,文化部社會文化事業管理局向北京圖書館撥交宋元明善本書53種240册。

8月29日,奉文化部社管局派遣,偕張珩前往天津,與周叔弢接洽捐贈善本書事宜。

文化部社會文化事業管理局致周叔弢函:此次先生將歷年收集之宋、元、明刻及鈔校善本書籍全部捐贈政府,化私爲公,無任景佩。兹特派我局張珩副處長、北京圖書館趙萬里同志等去津聯繫,即希台洽爲荷。此致敬禮!(《弢翁藏書題跋·年譜》,第257頁)

按:本年6月29日,鄭振鐸探訪在京開會的周叔弢,商談捐書事宜。當日周叔弢日記載:“鄭西諦來談捐書事。趙斐雲以爲是意外大事。”(周啓乾《〈周叔弢日記〉中的祖父及其友人》,2015年4月10日《文匯報》第20版)

又按:周叔弢將善本書捐給北京圖書館,一方面與當時的大環境有關係,另一方面也與他對先生的信任有關。周叔弢曾對其子周玨良説:“捐書如嫁女兒,要找個好婆家。北京圖書館善本書部由趙萬里先生主持,他是真懂書愛書的,手下又有他培養出來的如冀淑英同志等,書到那裏可謂得所,我是放心的。”(周玨良《我父親和書》,載《周玨良文集》,第302頁)相似内容還見於周玨良《〈自莊嚴堪善本書目〉後記》等文章。

又按:此次周叔弢所捐,爲藏書中的宋元明本書及精抄精校本書。周玨良謂:“在1952年捐獻善本時,他曾把善本書分成甲乙兩編,當時趙萬里先生看過後,曾提議把原來歸入乙編的十餘種書提到甲編裏來。”(周玨良《我父親和書》,載《周玨良文集》,第298頁)除此次捐獻北圖外,周叔弢對公藏機構的大宗捐贈還有多次,如1954年向南開大學捐贈中外文書籍3500餘册,1955年向天津圖書館捐獻清代善本書3100餘種22600餘册,1972年再次向天津圖書館捐贈善本書1800餘種9100餘册。

8月31日,與張珩、高熙曾前往周叔弢寓所點收捐贈善本古籍。

周叔弢日記:張葱玉、趙萬里、高熙曾來取藏書。(周啓乾《〈周叔弢日記〉中的祖父及其友人》,2015年4月10日《文匯報》第20版)

9月2日,護送周叔弢捐贈善本古籍715種2672册赴京。

周叔弢日記:藏書運京。(周啓乾《〈周叔弢日記〉中的祖父及其友人》,2015年4月10日《文匯報》第20版)

9月上中旬間,接待黄裳觀覽周叔弢捐贈善本書。

黄裳《憶趙斐雲》:記得那一天斐雲的興致很好,他一見面就對我説:"你來得真巧,周叔老的書剛剛運到,還没有開箱,今天就請你先看。"他一邊説一邊領我走進地下書庫,在那裏果然看到六七隻大箱子放在進口處。這其實並不是什麽"書箱",只是用木板釘起的、有如裝機器的那種大板箱。斐雲找來了工具,打開了其中一隻的蓋板,隨手取出了面上的幾册,我坐在臨窗的小桌上細細地看了。書大約只有三册,名目早已忘記,也並不是宋元舊刻。這是一些經過著名的校勘學家、藏書家收藏的抄本,都有他們親筆的校跡、題跋和印記。這樣的書是必須細看的,看這樣的書也真是一種享受。它們不只是古文獻,同時也是一種非凡的藝術品,它可以給你許多知識。出校的異文,與通常刻本的差異,題跋中記下的流傳經過、版本源流,以至校書人的筆跡,精妙的圖記,紙墨行格的風格,還有裝幀,都提供了極好的標準實物,可以據以審定舊本、新刊的真僞優劣。……我大約花了半小時左右才草草翻閲了三本小書,只能站起來向斐雲致謝,同時表示,對這些寶貴的珍藏,今天實在無法一一瀏覽,只能知難而退了。記得那一天我還告訴斐雲,説在南方看到一册元刻的《岳忠武王廟名賢詩》,前面的一半則是《宋史》裏的《岳飛傳》,元版元印,刊工、行格幾乎每頁不同,有小山堂、鮑以文、明善堂的藏印,覺得很別致。斐雲告訴我這書書庫裏就有,而且有同樣的三册,説着就走過去隨手抽出來給我看。原來這是内閣大庫的舊藏,極可能是明初接收下來的元朝政府圖籍,又於永樂中轉運來京,以後就一直睡在"大庫"裏的東西。三本都是蝶裝,紙墨與小山堂本一般無二。這就爲我解開了一個疑團,這印象,至今也還清楚地記得。(《黄裳文集》〔一〕,第488頁)

黄裳《愛書者》:記得1952年我到北京圖書館看書,正好叔弢先生捐贈的藏書運到。一個個厚木板釘起的大小有如裝運機器的板箱還没有起封。趙萬里先生説:"你的眼福好,就先看吧。"打開封蓋以後,我從面上取出兩三本書,坐在地下書庫臨窗的小桌上展閲。記得兩本書就看了半小時光景。後來只能歎口氣罷手,毫不誇張地湧起了"望洋"之歎。記得大板箱共有六隻,像這樣看起來不知道要花費多少時間。(《黄裳文集》

〔五〕,第 67 頁)

黃裳《太和正音譜》:周叔弢的善本藏書捐獻國家,運抵北京圖書館,一天我正好去看書,斐雲指着六隻大木箱對我說,你來得巧,就第一個開箱看書吧。只打開了第一箱,取出了三四冊書,在地下書庫臨窗斐雲辦公的小桌子上翻看,用了半小時還只是草草地看了一過。只能望洋興歎,廢然而止。記得當時我在上海看到一冊元刻的《宋史岳飛傳附岳忠武王廟名賢詩》,是安樂堂、小山堂、鮑以文的藏書,以爲是難得的本子,就向斐雲請教,不料他隨手從書架上取出三本同一板刻的蝶裝本,告訴我説這是內閣大庫的舊藏,還是明初從杭州收繳運京的。這真使我驚歎他對書籍的濫熟和典守的謹重。最近《中國古籍善本書目》史部出版,此書也在目中,但索引中卻不見北京圖書館藏有此書的記錄,難道複本三冊都漏記了,還是已迷失不見了。這是不能不引起疑問的。(《黃裳文集》〔六〕,第144—145 頁)

9 月 20 日,北京圖書館舉辦"中國印本書籍展覽"預展,文化界來賓甚多。

鄭振鐸致周叔弢函:蒽玉、斐雲回京,攜來先生捐獻之善本圖書,琳琅滿目,美不勝收。北京圖書館增加了這末重要的一批寶藏,不僅現在的中國印刷發展史展覽大爲生色,即將來刊印《善本書目續編》時,亦是令內容充實、豐富,大爲動人也。敬代人民向先生致極懇摯的謝意! 至于將來學者們如何在這個寶藏裏汲取資料,則尤在意中。化私爲公,造福後人,先生之嘉惠尤爲重要也。北京圖書館的展覽,將於本月二十日上午九時舉行預展,敬請先生能够親臨參加(最好在十九日來,森玉先生亦北上參加)。(《弢翁藏書題跋·年譜》,第 258 頁)

常任俠日記:九時半赴北京圖書館觀中國印刷展覽,其古代部分陳列宋元明善本甚多,皆時賢所贈,如周叔弢、吳南青等捐書尤多。於此得見吳瞿安師舊藏《豹子和尚自還俗》等書,眼福不淺。遇鄭振鐸、趙萬里、朱餘卿、丁西林等人。(《春城紀事〔1949—1952〕》,第 291 頁)

王伯祥日記:九時偕湜兒往北京圖書館,參觀中國印刷發展史展覽會預展,蓋應西諦之柬邀也。至則稔友甚夥,力子亦先在,晤西諦、斐雲、孟源、旭生、譽虎、仲持、森玉、天挺等。歷覽兩小時始出,所有宋元以來善本精槧鱗萃櫛比,真洋洋大觀矣。(《王伯祥日記》,第 26 冊第 360 頁)

9 月 29 日,北京圖書館舉辦"中國印本書籍展覽",共展出中國古代至現代印本書 1000 餘種,包括刻本、活字本、石印本、鉛印本書籍,展品中有瑞金時期中央印刷廠印行的《紅色中華報》。

《北京圖書館舉辦"中國印本書籍展覽"》:該館爲了迎接第三屆國慶

節,特舉辦"中國印本書籍展覽",於九月二十九日開幕。展覽會分爲兩個陳列室,共展出中國古代和現代印本書籍一千餘種,這些印本一方面表現中國人民在印刷術上的許多偉大的發明和創造,一方面也説明了中國印刷術在各個時代各個地區的發展歷史。第一室陳列木版雕刻、活字印本、石印和鉛印本的書籍。時代自印刷未發明以前的甲骨刻辭、簡牘文字,一直到清末所印的科學書籍。其中有許多都是目前稀見的珍本。此外還有兄弟民族語文寫本和印本的書籍。在陳列的宋元精本名刊中,有許多是三年來中國藏書家們捐獻給中央人民政府的。第二室陳列從五四運動以後的革命書刊起,一直到最近的出版品,表現出中華人民共和國成立以來,出版的書籍不僅在量上遠遠地超過了過去的任何一個時期,即在質上也是空前提高。毛主席著作在展覽會中有專櫃陳列。另外,有一架引人注意的印刷機,它是瑞金時代中央印刷廠所僅有的兩部印刷機之一。這部印刷機在一九三二—三四年期間,印行了許多書刊,例如當時它所印的《紅色中華報》也一同展出。(《文物參考資料》1952 年第 4 期)

10 月 9 日,章元善捐贈四當齋子類藏書 561 種 4192 册、丑類藏書 376 種 2264 册。

10 月,北京圖書館印行《中國印本書籍展覽目録》,先生所撰《中國印本書籍展覽説明》載於卷首。

　　按:該文又以《中國印本書籍發展簡史》爲題,載於《文物參考資料》1952 年第 4 期。此文分未有雕版以前的寫本、雕版的興起和唐五代刻本、宋金元雕版概況、活字印刷術的發明和明清活字本、木刻畫和彩色套印術、近代印刷術的興起和發展六節,簡明扼要地概述了中國書籍史的發展脈絡。黄永年《百年來的中國古文獻研究》對此文有詳評:"能系統地講述版本發展演變的首推趙萬里,他在 1952 年撰寫了一篇《中國印本書籍發展史》(載《文物參考資料》1952 年第 4 期),同年北京圖書館舉辦中國印本書籍展覽,即將趙萬里此文稍加改動,作爲《展覽説明》,收入《中國印本書籍展覽目録》,其後以北京圖書館名義撰寫的《中國版刻圖録》的序,也多本這篇文字。……以上這種條理清晰的講述,是前此藏書家、版本專家都沒有能作出過的,這説明了趙萬里這位專家在版本學方面的成熟。同時還應看到,如此科學地從事研究,也是時代之所驅使。自然還有不足之處,看這個《展覽説明》在'宋金元雕版概況'之後不再講明清雕版,而只列'活字印刷術的發明和明清活字本'、'木刻畫和彩色套印術',説明仍多少受其時藏書家的觀念的影響。"(黄永年《文史存稿》,第 592—595 頁)

約 11 月初,先生因家事赴滬。

鄭振鐸 11 月 10 日致徐森玉函：斐雲因家事赴滬，曾晤及否？（柳向春整理《鄭振鐸致徐森玉函札》，《歷史文獻》第十六輯，第 297 頁）

按：此函未署年份。據函中提及錢鍾書"不久即可回到文學研究所來"，又提及"瞿氏獎金即可匯上"，當爲 1952 年所撰無疑。

12 月 10 日，劉紀澤來函，告知長春舊書市場情況，並托爲介紹工作。

劉紀澤函：滬上一別，瞬越三年。常與圭璋言及吾兄，頗以不來長春搜闢爲怪。長市僞滿"新京"，光復之後大部雖已轉手，然殘璣斷璧，仍是充斥市面，宋元槧本常有發現，鈔校之書無肆無之，此中情況不能一言罄也。三反長地有數家捐獻書畫，據個中人言，尚非精品，第若干種之一二耳。弟擔任國文一科，備課改卷，日不暇給，甚至以夜繼日，自是無力及此。然環顧肆中，裹油條者或爲精本，包花生者或爲明刊，視之驚心，徒歎奈何。一般大學諱言綫裝，如東北師大、人大即各有十數萬册，一任蟲蚌鼠嚙，風打雨吹。弟謂數年之後，東北將不易見綫裝書矣。弟常以此爲言，友人謂爲"戀舊"封建殘餘，只得箝口不説。……弟受良心責備，爲責任心所驅遣，爲人民大衆計，爲個人身體計，擬請吾兄向多方推轂，使弟獲一補闕贖罪之機，纔不負黨三年之栽培哺育也。（原函存趙府）

12 月，翁之憙向北京圖書館捐贈古籍 647 種 1827 册。

1953 年　先生四十九歲

本年，先生任北京圖書館善本特藏部主任。時善本特藏部下設善本組、兄弟民族語文組、輿圖組。

1 月 12 日，故宮博物院致函北京圖書館，送還 1950 年赴蘇藝展圖書 39 種，先生代表善本特藏部簽收。

先生簽批：第一次送回廿五種，已由善本組點收完畢。其中善本書十三種，送歸善本書庫；普通書十二種，送回普通書庫和中采。善本特藏部。（《北京圖書館館史資料彙編〔二〕：1949—1966》，第 318—319 頁）

1 月 29 日，夜與周叔弢、唐蘭訪鄭振鐸寓所，觀覽其藏書。

周叔弢日記：夜偕趙萬里、唐蘭到鄭西諦家晚飯，暢觀西諦藏書，多罕見本，版書尤佳。（周啓乾《〈周叔弢日記〉中的祖父及其友人》，2015 年 4 月 10 日《文匯報》第 20 版）

2 月 7 日，周叔弢率子侄向北京圖書館捐贈碑帖 20 種 54 册。

2 月 10 日，至文化部社會文化事業管理局，與鄭振鐸、沈季湘、丁英桂、史久芸等商談點交商務印書館捐贈善本書事；遇夏鼐，談《漢魏南北朝墓誌集釋》出版事宜。

《張元濟年譜長編》：2 月 9 日，涵芬樓燼餘善本藏書由沈季湘、丁英桂、穆華生護送乘火車運抵北京。北京圖書館派員至車站迎接。次日，沈、丁及商務駐京辦事處史久芸往文化部社會文化事業管理局訪鄭振鐸局長及趙萬里等，談點交善本事。(《張元濟年譜長編》，第 1386 頁)

夏鼐日記:下午至社管局，與鄭所長談工作計劃事;遇及趙斐雲先生，談及魏晉六朝墓誌印本事。(《夏鼐日記》卷五，第 7 頁)

2 月 12 日，文化部社管局向北京圖書館撥交劉師培遺書 12 種 51 册。

2 月 18 日，文化部社管局向北京圖書館撥交傅增湘雙鑑樓藏書 7 種。

2 月 21 日，晚赴同和居文化部社管局宴，晤鄭振鐸、王冶秋、夏鼐及商務印書館諸同人。

夏鼐日記:晚間社管局在同和居請客，邀余作陪，在座除鄭、王二局長及裴處長，尚有趙萬里先生及商務出版社中人。至於方處長及陳局長，以赴頤和園回來過晚，沒有參加。(《夏鼐日記》卷五，第 9 頁)

2 月 23 日，故宫博物院致函北京圖書館，送還赴蘇參展展品餘下部分。先生簽批公函，注明接收日期。

先生簽批:已於五三.二.廿三全數收訖。其中加△的《凌煙閣功臣圖》等五種，係善本書，由善本組長陳恩惠驗收歸架;加〇的《耕織圖》等九種，係普通書，於同月廿五日送還大書庫。趙萬里，二月廿五日。(《北京圖書館館史資料彙編〔二〕:1949—1966》，第 320 頁)

2 月 25 日，胡士瑩來函，托訪求《每月小品》、《逸文》二雜誌，《圖書季刊》新二卷三期《水滸傳舊本考》，及影印本《永樂大典戲文三種》。

胡士瑩函:令妹南歸，獲悉近況，甚慰。昨奉手示，敬悉一一。《每月小品》係抗戰前舊雜誌，疑係當時前進份子所辦者，故欲一讀。弟獲知此雜誌名，即係根據貴館當年所編《文學論文索引》(共出三編)小説之部得來(在《水滸》論文下注明)。而《文學論文索引》所采及之材料，據凡例謂僅根據館中及北大藏書。貴館既無之，必在北大無疑，頃已函江清一查。另有《逸文》雜誌，抗戰後期北京出版，頗載小説論文，兄如見到，請爲代購(整套固佳，零册亦可)。倘兄私人有之，祈賜借一閲爲感。《圖書季刊》新二卷三期有《水滸傳舊本考》，兄齋中必有之，亦祈賜借，閲畢即郵還也。釗兄近況甚好，但甚忙。弟本學期任新舊文學史，近正忙於寫講稿，日以繼夜，亦苦事也。兄血壓仍高，宜善自珍攝。……影印本《永樂大典戲文三種》，希爲訪購一部爲盼。(原函存趙府)

4 月 6 日，張元濟向北京圖書館捐贈元謝應芳手書佛經 6 種。

4 月 17 日，周叔弢來函，詢北京圖書館是否有意收購宋本《無爲集》。

周叔弢函:《無爲集》一年以來我用盡心力，現在書已到天津。適我來唐山，恐書主東返，已允旅津費用由我擔任。我約下星期三返津。書價

索（最低）壹仟肆百萬圓，不知北圖有力收此希世之珍否？乞速示爲盼。回信即寄天津爲荷。（原函存趙府）

　　按：此函附有王仲珊致周叔弢函，内容爲《無爲集》書價：“叔翁鈞鑒：敬啓者，頃奉華翰，敬悉一切。《無爲集》書價爲壹千四百萬元，書主留肆候教，敬候大駕返津後面商。專此敬覆，順頌台安。寶林堂王仲珊謹啓。四月十七日。（借國際打字學校電話 52307）。”

4 月 20 日，致函周叔弢，《無爲集》定由文化部社會文化事業管理局收購，托囑書主持書來京。

　　致周叔弢函：奉惠示，敬悉之。頃商之西諦、蒽玉兩公，《無爲集》乃希世之珍，決由社會文化事業管理局收購。作價千四百萬，在情理之中。請囑書主持書前來團城，我、鄭張兩公，即可辦理餘款手續。又蒽玉談及書主尚有《離騷》等書數種，亦乞一詢。此事蒙公大力玉成，公私感荷，匪可言宣。涵芬樓書已點收完畢。張子厚舊藏宋本《周易注》（婺州本）、黃顧合校《蔡中郎集》，及適園舊藏元刊雜劇卅種（士禮居木匣，完整可寶），均已歸社管局收得，公蒞京時，可暢觀也。（孟繁之惠示）

同日，文化部社管局向北京圖書館撥交趙元方、邢之襄、劉少山、潘世兹、翁之憙、瞿鳳起等捐贈善本書 886 種 6440 册。

4 月 23 日，文化部社管局通知北京圖書館，政務院任命馮仲雲爲北京圖書館館長、張全新爲副館長。

4 月 25 日，郭沫若向北京圖書館捐贈圖書 364 種 2059 册、著作手稿23 種。

5 月 28 日，與張珩於東安市場和平餐廳宴請徐森玉等。

　　致徐森玉函：兹訂於今天（五月廿八日星期四）下午七時左右，假座東安市場和平餐廳（在南門内國强旁邊）餐叙，同座有周弢翁。請早臨爲幸！張珩、趙萬里謹上。（柳向春《趙斐雲先生致徐森玉先生函》，《文津流觴》第 35 期）

5 月 29 日，康生致函馮仲雲與先生，借還書籍，並談中央政府收購大小忽雷之安排。

　　康生函：前借之書，已看完四種，特送回。《録鬼簿》一書，尚未看完，俟看畢後，再送還。政府收買小忽雷事，我與林老談過，他很贊成，並提議請鄭振鐸先生調查進行，望轉告鄭先生。如鄭先生同意，可請他再與林老面談一次，因我已將藏器人的名子忘掉了。（味經書屋《小忽雷傳奇》鈔本，不知亦在現藏器人手中否？）查伊璜的《續西廂》很不好，據説碧蕉軒主人的“不了緣”尚好，此劇亦編入雜劇新編，望借出一看。晳書館如有粲花五種（緑牡丹我有，只借畫中人、郵情記、西園記、療妒羹四種），亦請借閱。最近找到一部楊慎黃嘉惠本董西厢（手鈔本），請調查一下，何處藏有黃本董西厢，我想找到黃嘉惠原本來對照一下。（李經國惠示）

　　按：大小忽雷爲唐代樂器。韓滉於建中二年（781）製成，獻於唐德宗李适，存於内府。元和九年（814）李訓、鄭注之亂，二器流落民間。清康熙三十年（1691）孔尚任在京都從一舉子手中購得小忽雷，作《詠小忽雷》絶句二首，鐫於小忽雷牙軫，又撰《小忽雷傳奇》。孔尚任去世後，小忽雷落入太守孔泗源之手。而後，輾轉爲劉燕庭所得，作爲嫁妝，傳與女婿卓氏家。1910 年，劉世珩得於卓氏，同年又從劉瑞山處得大忽雷，二器合璧。劉世珩 1926 年去世後，兩忽雷轉爲劉承幹（一説劉體智）所得（王霖《唐宫秘器大小忽雷覓蹤》，《樂器》1994 年第 2—4 期）。1953 年夏爲中央政府收購，調撥故宫博物院收藏。鄭振鐸《雙忽雷本事》跋謂：“一九五三年八月二十四日，大小忽雷自滬至，欣喜無已！”（《西諦書目·西諦題跋》，第 8 頁）據此函所述，中央政府收購大小忽雷之議，似由先生最先向康生提出，康生轉與中央人民政府秘書長林伯渠議定，由文物局局長鄭振鐸實施。此二器最後收藏者劉承幹（或劉體智），均爲知名藏書家，先生所熟知，極有可能借與康生談版本問題之機提出此議。

　　又按：據先生之子趙深見告，康生因查詢善本書與北京圖書館館長馮仲雲通信，馮則請先生解答具體問題，之後康生便直接與先生通信探討。西泠印社拍賣有限公司 2011 春季拍賣會與上海道明拍賣有限公司 2013 春季藝術品拍賣會書法文獻專場出現的康生致馮仲雲與先生信札中，另有康生致馮仲雲函：“仲雲仝志：館内存有一些甚麽板本的《紅樓夢》，請開一目録給我爲盼。康生。十月七日。”該函當撰於1953 年。

6 月 29 日，文化部社管局向北京圖書館撥交《全蜀秇文志》等善本書 16種 87 册。

7 月 1 日，訪黃裳，考訂黃所藏殘本洪武刻《太和正音譜》。

　　黃裳《太和正音譜》跋：此書買得後即付工重裝，未遑考索，亦不知其名。但知爲明初舊本而已，今日趙斐雲來齋中觀書。示以此册，歡喜讚歎，以爲得未曾有，蓋即洪武原刊之《太和正音譜》也。……癸巳五月廿一日。（《來燕榭書跋》〔增訂本〕，第 122 頁；黃裳《太和正音譜》，載《黃裳文集》〔六〕，第 143 頁）

　　黃裳《斷簡零篇室摭憶》：斐雲是當代著名版本學者，眼力、見聞都是第一流的。過滬時每過我家觀書，必取懷中小册，筆録行款序跋以去，其好學如此。我曾無意中於萃古齋撿得殘本一册，是海鹽姚叔祥舊物，大字寫刻，薄棉紙精印，前失序目，不知書名，只知爲明初藩府刻本而已。斐雲一見即曰：此洪武原刊《太和正音譜》也。此書久佚，汪閬源曾有抄本，後歸八千卷樓，曾影入《涵芬樓秘笈》。取視果然。斐雲這種眼力學養，是不能不使人佩服的。（黃裳《書之歸去來》，第 165 頁；黃裳《尋找自我》，第 77 頁）

7 月 2 日，文化部社管局撥交收購朱啓鈐圖書 1202 種 5675 册、圖片 12 種 298 張、奏折 1 種 4 束、手稿 1 種、卷軸 3 種、詩文稿件 7 束 151 件。

7 月 31 日，鄭振鐸致函徐森玉，談及先生在南方購書甚多，致浙江方面有所不滿。

鄭振鐸致徐森玉函：斐雲在南方購書不少，且甚佳，其努力值得欽佩。惟心太狠，手太辣，老癖氣不改，最容易得罪人。把光明正大的事，弄得鬼鬼祟祟的，實在不能再叫他出來買書了。浙江方面對他很有意見。先生是能够原諒他的，否則，上海方面也會提出意見的。（柳向春整理《鄭振鐸致徐森玉函札》，《歷史文獻》第十六輯，第 286 頁）

按：此函柳文未標明年代。函中提及劉體智舊藏甲骨運京及付款事，考劉氏甲骨於 1953 年售予文物局，可知此函即作於該年。

9 月 24 日，夏承燾來訪，詢問智化寺僧人歌譜事。

夏承燾《天風閣學詞日記》：晨與朱、沈二君入和平門右府街，循舊宮城行至文津街，……過圖書館，晤趙萬里，問智化寺僧人歌譜事，云不詳。（《夏承燾集》，第 7 册第 348 頁）

按："右府街"當即府右街之誤。夏承燾日記 9 月 22 日記在滬晤謝稚柳，"謂北京有智化寺，乃明宦者王振家廟，至今有十餘僧人，能唱古曲，或有唐宋詞遺響"（《夏承燾集》，第 7 册第 348 頁），故到館訪先生時，以此事相詢。至 10 月 14 日，啓功告知夏承燾，"化智寺舊曲譜師大音樂系有鋼絲録音，天津中國音樂院民族音樂研究所查阜西、盛家倫二君有材料"（《夏承燾集》，第 7 册第 357 頁）。

10 月 8 日，文化部社管局向北京圖書館撥交宋小字本《晋書》32 册。

10 月 19 日，康生來函，詢《王靜安先生遺書》等數事。

康生函：多日未見，聞大小忽雷已購到，未知傳奇鈔本亦購得否？兹有數事請教：《王靜安先生遺書》久購未得，今書店送來一部，大概是三六年板本，印得還好，索價一百二十萬，此書是否不易找到，價目是否貴些？記得似乎有一刊物説：陳寅恪先生對《會真記》之研究曾著有專文，不知此文載于何書？近得一楊升庵評黃嘉惠校《董西廂》舊抄本，想找一黃嘉惠原刊本校對一下，不知何處存有此本？

按：此函見於西泠印社拍賣有限公司 2011 春季拍賣會，又見於上海道明拍賣有限公司 2013 春季藝術品拍賣會書法文獻專場。宋希於《也談康生同文化人的交往》(載《南方都市報》2012 年 4 月 27 日 RB22 版)曾引述此函,推測撰寫時間爲 1955 年,不確;宋希於《康生與陳寅恪二題》(《讀書文摘(文史版)》2014 年第 12 期,第 43—47 頁)修正爲 1953 年,可從;此函與 1953 年 5 月 29 日康生函內容相關,當撰於同一年無疑。

　　又按:"傳奇鈔本"指味經書屋鈔本《小忽雷傳奇》,今藏南京圖書館。

12 月 1 日,文化部社管局向北京圖書館撥交上海市文管會所藏宋鶴林于氏刻《左傳》1 冊。

12 月,撰成《漢魏南北朝墓誌集釋》序。

　　按:該書 1956 年由科學出版社出版。

1954 年　　先生五十歲

本年,先生任北京圖書館善本特藏部主任。

1 月 14 日,文化部社管局向北京圖書館撥交周叔弢捐贈善本書 715 種,及收購瞿氏鐵琴銅劍樓善本書 120 種。

同日,衛生部副部長傅連暲致函北京大學第一附屬醫院吳朝仁院長,介紹先生看病。

　　傅連暲致吳朝仁函:吳院長:趙萬里教授的病前曾請你看過,現仍請你親自繼續爲他診治。特介紹前來,請予接洽。敬禮。傅連暲。一九五四、一、十四。

　　按:此函圖版見"何稼男:民國員警史博物館"微博。吳朝仁曾任北京大學醫學院教授、醫學系主任、第一附屬醫院院長等職,專長內科學、傳染病學,在細菌學研究方面造詣頗深,主編有《傳染病學》等。

1 月 15 日,文化部社管局向北京圖書館撥交旅順博物館舊藏敦煌遺書 621 件。

2 月 11 日,文化部社管局向北京圖書館撥交敦煌遺書 80 件、宋元明善本書 18 種 143 冊、涵芬樓善本書 571 種。

2 月 16 日,瞿鳳起、瞿濟蒼、瞿旭初向北京圖書館捐贈善本書 99 種 600 冊。

2 月 23 日,文化部社管局向北京圖書館撥交廣州市文化局移送《永樂大典》1 冊。

3 月 12 日,陳竹隱向北京圖書館捐贈朱自清手稿 8 種。

3 月 25 日,高真、聞家駟向北京圖書館捐贈聞一多遺稿。

3月31日，文化部社管局向北京圖書館撥交善本書251種等。

4月16日，梁令嫻、梁思成向北京圖書館捐贈梁啓超手稿393種、殘稿139頁、墨跡3種，計8226頁；碑帖拓片114種134冊964張。

5月22日，潘世兹向北京圖書館捐贈圖書115種1051冊。

6月14日，文化部社管局向北京圖書館撥交蘇聯列寧圖書館贈還《永樂大典》52冊，這批書原藏於滿鐵圖書館。

6月28日，文化部社管局向北京圖書館撥交敦煌遺書153卷，書籍80種361冊又6卷。

6月30日，致函鄭振鐸。

7月2日，致函鄭振鐸。

7月4日，鄭振鐸來函，答復所請示古籍徵集、整理等事務。

鄭振鐸函：六月三十日及七月二日的信，均已收到。你在滬冒暑收書，倍見勤勞，甚感，甚佩！天下好書多矣！一時豈能盡收之。"楚弓楚得"，只要其不流落國外，不燬滅散佚，即藏於私人手中，亦無不可，何況藏於公家乎？如今"天下一家"，絕無南北之分。將來一聲號召，當無不可全歸於一館也。此刻收書，不宜存"一網打盡"之想，以免引起誤會，令人有戒心。二函所述各事，兹答覆如下：（一）蔣氏書如此分配，甚妥！惟手續必須辦理清楚。《晋書》捐獻，沈石田稿以五百萬購之，均妥。惟《虞伯生詩續編》，不必追得太緊。肯讓，則購之，否則，不可勉强人家也。（二）徐蓉初的書籍字畫，共價八百六十萬元，極廉。惟浙江文管會已有反應，説是"地方文獻"，應當由地方保管。辦理時，務希慎重小心。（三）劉晦之善本十五種，可購之。議價確定後，款可由森老處代付也。（四）韓世保處書購妥否？款敷用否？（五）黄裳書一百種，又法梧門宋元人集三十二冊等，爲價幾何？（六）劉翰怡藏明清之間的文集，有絕佳者。可議價成交否？總之，除去以上已購定之書及付款者外，尚需若干，必須即行告知，以便籌款。（七）浙圖對於版本，黑漆一團。李氏書將來尚可挑選一批來京。（八）朱某的《水滸傳》一冊，可設法購得否？此次所購已多，請不要過於"見獵心喜"，存一次收凈之想。江南的書是多的，即住上一年半載，亦未必能够網羅得盡，還須時時留意及之。本來可托黄裳，但他心太狠，手太辣，有好書先不妨由他收去，只好將來再買回他的。有大批的，當然可托森老代辦。（恐已無之！）零星的好書，可和書店打交道，似不必專托一二人也。科學院從蘇聯帶回《大典》一冊（"夢"字），甚佳。正在設法勸其移交給北京圖也。（原函存趙府）

8月10日至10月21日，北京圖書館與文化部社管局、北京大學聯合舉辦第一屆公共圖書館工作人員訓練班，學員共 84 人。(《中國國家圖書館百年紀事：1909—2009》，第 49 頁)先生爲授課教師之一。

　　勁風《公共圖書館工作人員訓練班首屆學員結業》：由中央文化部社會文化事業管理局、北京大學圖書館專修科和北京圖書館合辦的第一屆公共圖書館工作人員訓練班，於二十一日舉行結業典禮。……該班學習課程共分兩大單元，第一階段爲政策方針任務，第二階段爲業務課，計分推廣、流通、輔導，圖書宣傳和采編工作三大類。擔任教學人員除文化部副部長劉芝明、鄭振鐸及北京圖書館工作人員外，並有何干之、戈寶權、馮雪峰、錢端升、袁翰青、臧克家、傅惜華、趙萬里、劉國鈞、榮孟源、金燦然等。(1954 年 10 月 23 日《光明日報》第 2 版)

　　8 月 31 日，文化部社管局向北京圖書館撥交涵芬樓燼餘書 269 册、東方圖書館留存圖書 160 種 8692 册。

　　9 月 3 日，遇顧廷龍。

　　顧頡剛日記：到北海，訪元胎。遇趙斐雲、曹觀虞。(《顧頡剛日記》第七卷，第 588 頁)

　　9 月 8 日，朱偰向北京圖書館捐贈朱希祖手稿 31 種 1920 册。

　　9 月，所著《中國古代版本史講義》由第一屆公共圖書館工作人員訓練班油印發行，此即先生爲該訓練班講課之講義。

　　按：此講義分“古代記載文字的工具”、“記載文字所采用的方法”，系統講述了從簡牘、卷軸古籍到雕版印刷、活字印刷、版畫的發展歷程。

　　本月，周叔弢向北京圖書館捐贈圖書 32 種 121 册。

　　10 月 3 日，馬衡來函，請代借張國淦《漢石經碑圖》。

　　馬衡函：自今年三月至今，時病時愈，致久疎音問，歉罪歉罪。張國淦《漢石經碑圖》近來徧覓不得，想貴館必藏有此書，惟不審可出借否？如能借出應用何手續？希示知。(徐衡《百年風雅見斯文——致趙萬里學人書札小考》，《中國書畫》2012 年第 12 期，第 56 頁)

　　10 月 6 日，馬衡來訪，取走先生代由北京圖書館借出之《漢石經碑圖》。

　　馬衡日記：烤電後赴北京圖書館晤曾毅公、趙萬里。趙爲我代借《漢石經碑圖》，攜之而歸。(柳向春惠示)

　　同日，康生致函馮仲雲與先生。

　　康生函：送回馮仲雲同志帶來之補板趙本《聊齋志異》十六册，《聊齋拾遺》一册。原帶來之乾隆板趙本《聊齋志異》十六册，《聊齋補遺》二册，尚存我處，用完後再送來。又送回趙萬里同志前帶來之《晏子春秋》三種，內蘇氏校本，用之很便，謝謝。閱趙兄補校之處，知年二十時即下如此刻苦的功夫，令人佩服之至。前言有《青樓集》(較葉刊本多一序者)及

《劉智遠諸宮調》，望借一看。再，有一同志問我《紅樓夢》五十六回有這樣一段話：“……探春笑道：‘你這樣一個通人，竟没有見了書（程本作：竟没見姬子書），當日姬子曾云：“登利禄之場，處運籌之境者，竊堯舜之詞，背孔孟之道。”’寶釵笑道：‘底下一句呢？’探春笑道：‘如今只斷章取義，念出底下一句來，我自己罵我自己不成？’”（見大字戚本十四册五六回三頁。）這同志問探春所引之四句，到底出自何書？這問題我不能答復，不知引自何書，但新出版之作家出版社本，注作是“作者杜撰，是探春瞎編的取笑之談”（大意），似乎是不妥之解。素知趙萬里同志讀書甚多，望請賜教，示我所引四句之來源及其下一句到底是説的甚麽。

按：宋希於《也談康生同文化人的交往》（載《南方都市報》2012年4月27日 RB22版）曾引述此函。此函又見於浙江一通拍賣有限公司2010年秋季拍賣會。信封署：“北京圖書館交馮仲雲、趙萬里兩同志啓。北京醫院。外一包書，要收條。”

同日，文化部社管局向北京圖書館撥交明版志書40種396册。

10月23日，致函徐森玉，介紹冀淑英往上海圖書館參觀學習。

致徐森玉函：月前寄上一書，想早收到。北京圖書館組織南下參觀團，共有團員十二人。今已啓程去濟南、南京轉赴滬杭。善本部冀淑英擔任善本編目工作有年，粗識版本。擬赴上海圖書館參觀學習。頃已另函馨吾、鳳起兩兄介紹，并開列一書單（約十餘種，麟虺寫經、宋本《杜詩》、《東觀餘論》等），敢請先生電告馨吾、鳳起兩兄及其他有關同志，屆時鼎力協助，無任感荷。傅晋生返京，攜來《泰和本草》，紙墨雙絶，歎爲觀止。段懋堂《説文注》曾提及袁氏五硯樓有金刻《本草》。此書塵霾已百餘年，一旦復出，真可喜也。……稚柳先生同此致候。（柳向春《趙斐雲先生致徐森玉先生函》，《文津流觴》第35期）

10月27日，上午出席北京圖書館《山海經》討論會。

顧頡剛日記：到北京圖書館。……九時出席該館討論會，討論《山海經》之著作時代及其礦物。……今日同會：馮仲雲（主席）、徐旭生、賀昌群、侯德封、王振鐸、萬斯年、張申甫、趙斐雲、王以中、張秀民、楊殿珣、王樹偉、劉汝霖。北京地質學院教師、蘇聯礦物學博士托卡列夫作《最早談到礦物與礦業的書》一文，擬登在列寧格勒出版之《礦物協會報》上，依蘇聯規定，應由所在地之圖書館出具證明。以其所論者爲《山海經》，由北京圖書館參考部劉汝霖君爲之講解，故由館召集一會，爲之解答。然其對於中國材料十分不熟悉，竟至認某氏《山海經注》爲夏初人手稿，必須痛改也。（《顧頡剛日記》第七卷，第606—607頁）

11月2日，赴全聚德鄭振鐸、吳晗宴。

顧頡剛日記：早歸，與静秋到全聚德應宴。……今午同席：賀昌群夫婦、王以中夫婦、向覺明、王天木、趙斐雲（以上客），鄭振鐸、吳辰伯（主）。（《顧頡剛日記》第七卷，第 609 頁）

11 月 7 日，顧頡剛來訪，未遇。

顧頡剛日記：到趙萬里處，未晤。（《顧頡剛日記》第七卷，第 611 頁）

11 月 15 日，文化部社管局向北京圖書館撥交敦煌遺書 5 件。

11 月 18 日，出席北京圖書館《紅樓夢》研究問題討論會並發言。

泳德《北京圖書館舉行〈紅樓夢〉研究問題討論會》：北京圖書館於十一月十八日舉行了第一次關於《紅樓夢》研究問題的討論會。由北京圖書館館長馮仲雲主持，出席有副館長張全新、丁志剛，研究員趙萬里等三十餘人。在會上發言的有趙萬里、袁湧進、曾毅公、馮寶琳、戚志芬、楊殿珣、郭慶芳等人。發言人一致認爲：應當通過《紅樓夢》的討論，來展開對學術研究中資產階級唯心論觀點的批判。馮仲雲館長在最後發言中指出：我們並不反對考證，但是要有意義的考證；像俞平伯這樣的考證，只有引導讀者脱離現實。這次討論對圖書館工作者很重要，希望通過這次討論，樹立我們研究學術的正確觀點，並批判目前在圖書館學中存在着的資產階級思想。（1954 年 11 月 20 日《光明日報》第 2 版）

11 月，鄭振鐸托先生與傅忠謨辦理北京圖書館影印或拍照天一閣藏書孤本事。

宋雲彬日記：（1954 年 11 月 23 日）鄭振鐸來信，謂天一閣藏書中孤本交北京圖書館影印或拍照一事，已托北京圖書館趙萬里及社管局傅忠謨辦理云云。（《紅塵冷眼》，第 357 頁）

11 月，高真向北京圖書館捐贈聞一多手稿 170 種 8841 頁，梁令嫻捐贈梁啓超手稿 393 種 8266 頁。

12 月 2 日，文化部社管局向北京圖書館撥交《孝經列傳》等善本書 50 種 265 册。

本年，先生領導北京圖書館善本特藏工作，在善本書編目、特藏采訪、人才培養等方面成績較爲顯著。

《北京圖書館一九五四年工作總結》：善本書編目共二〇一二種，完成計劃的百分之一〇六。今年還開始徵集了作家手稿七九五種五一〇三頁，並做好了臨時登記。另外還登記了兄弟民族語文書籍和新收輿圖等。……本年内共裝訂與修補了……趙城藏經卷八八卷。……還有幾個業務單位以部或組爲單位，由負責人講授有關本身業務知識問題，其中善本部做得更加系統、經常。（《北京圖書館館史資料彙編〔二〕：1949—1966》，第 649—650 頁）

本年前後，委托蘇南文管會沈爕元購書多種。

沈爕元《深切懷念趙萬里先生》：我在圖書館待的時間也不長，不過二年光景，工作有了變動，調到了蘇南區文物管理委員會，開始在無錫，隨後搬到了蘇州，暫借拙政園辦公。這時又見到了趙先生，這次他大約是南下訪書。談了好久，他還半帶開玩笑地和我説，蘇州和常熟二地大大小小的藏書家很多，一部古籍，只要經過他們寫上一段話，這部書就有可能"升格"變成善本。臨走，交給我五百元錢，説以後如碰到我認爲合適的書，就替北京圖書館買下。事後證實，趙先生當時的判斷是正確的。以後陸續買到了好多部比較好的書。我得到的第一部書是過雲樓藏盧文弨五色批校的《韓詩外傳》。事情的經過是這樣的：有一天，顧家大媳婦有個遠房親戚汪先生突然來找我（汪先生是我姨夫錢海岳先生的老同學），拿來這部萬曆本《韓詩外傳》，想出讓給文管會，但文管會屬於行政機構編制，没有收購任務，不能買書，所以正好趁這個機會，把這部書替北圖買了下來。汪先生當時没有工作，生活上有些困難，這部書，我估計是顧家送給汪先生的，以解決他的燃眉之急。此後，又陸續買到了好幾部書，現在都保存在中國國家圖書館，今將書名開列於後：韓詩外傳十卷，漢韓嬰撰，明萬曆刻廣漢魏叢書本，清盧文弨校並跋，索書號 11512；南唐近事三卷，宋鄭文寶撰，清嘉慶二十年吳翌鳳抄本，索書號 11504；資世通訓一卷，明太祖朱元璋撰，明刻本，索書號 10560；梅妃傳一卷，清吳氏古歡堂抄本，索書號 11503；楊太真外傳二卷，題宋樂史撰，清吳氏古歡堂抄本，清吳翌鳳校並跋，索書號 11502；長恩閣叢書十四種十九卷，清傅以禮編，清末傅氏長恩閣抄本，清傅以禮校，索書號 6554。雖然買了上面一些好書，五百元錢還是没有花光，這筆錢不能老掛在賬上，會計會有意見，因此又買了一大批三十年代上海出版的文藝刊物和畫報，因藏家保存得好，都是嶄新的全份，至此，受趙先生委托，代北圖買書的事，總算告一段落。（《版本目録學研究》第七輯，第 43—44 頁）

趙萬里先生年譜長編卷八

1955 年　先生五十一歲

本年,先生任北京圖書館善本特藏部主任。

1 月 21 日,即農曆除夕前二日,校輯《天寶遺事諸宮調》完竣。

> 按:先生校本手稿注有此項工作完成日期"甲午除夕前二日"。

2 月 6 日,夏承燾來函,詢自《永樂大典》所輯書中是否有姜夔作品。

> 夏承燾《天風閣學詞日記》:發鄧恭三函,問白石佚詩。附去趙蜚雲函,問其《永樂大典》所輯詩有白石否。開去白石集輯本目一張。(《夏承燾集》,第 7 册第 438 頁)

> 按:夏承燾當時正撰著《姜白石詞編年箋校》一書。該書 1958 年由中華書局印行初版。

2 月 12 日,致函夏承燾,論清初影宋鈔本姜夔《白石道人詩集》非毛鈔,並允迻錄《絳帖平》校語相贈。

> 夏承燾《天風閣學詞日記》:(2 月 20 日)得趙蜚雲北京二月十二日函,謂影宋鈔本白石詩集實出清初人,近人鈐以汲古閣藏印,以充毛鈔,實非是。又謂武英殿本《絳帖平》脱誤不少,蜚雲曾據汲古閣舊藏明藏本校過(即毛斧季《汲古閣秘本書目》著錄之本),允迻錄詒予。(《夏承燾集》,第 7 册第 441 頁)

同日,與冀淑英聯名致函文學古籍出版社,談校勘《夢粱錄》、《武林舊事》二書事。

> 致古籍出版社函:一月十一日惠函收到。蒙委托校勘《太平樂府》、《夢粱錄》、《武林舊事》三書,至爲感幸。《太平樂府》已與王利器同志商妥,由你社另請他人校訂。《夢粱錄》和《武林舊事》,由我等共同擔任。如蒙同意,請將後二書底本即知不足齋叢書本送下,以便工作。又交稿日期擬請改爲本年八月底。此致文學古籍出版社。趙萬里、冀淑英。二月十二日。

> 按:此函見孔夫子舊書網于洋舊書店:http://book.kongfz.com/83679/200816544/[2017.3.23]。撰寫年份據 1957 年 1 月 3 日徐調孚致先生函確定。

2 月 15 日,譚其驤來訪。

譚其驤日記:下午到北京圖書館晤王以中、趙斐雲、爨頌生、張秀民。(《譚其驤日記》,第 24 頁)

2 月 17 日,與北京圖書館同仁公宴譚其驤。

譚其驤日記:會後應王以中、爨頌生、趙斐雲、張秀民、袁湧進邀,在恩成居吃飯。(《譚其驤日記》,第 24 頁)

2 月 25 日,夏承燾來函,附寄浙江省圖書館藏《絳帖平》,托先生過録汲古閣明鈔本校語。

夏承燾《天風閣學詞日記》:(2 月 24 日)晨往西湖圖書館……借得《絳帖平》一本,與冷僧館長商妥寄與斐雲過録汲古閣鈔本。

夏承燾《天風閣學詞日記》:發趙萬里函,寄去《絳帖平》,請過録汲古閣明鈔本。(《夏承燾集》,第 7 册第 441 頁)

4 月 9 日,鄭振鐸來函,邀請參加《古本戲曲叢刊》三集編印座談會。

鄭振鐸函:茲訂於四月十一日(星期一)下午三時在東四頭條文化部會客室(二樓)討論《古本戲曲叢刊》三集編印及其他各事,務請準時到會爲荷。(原函存趙府)

4 月 11 日,赴東四頭條文化部會客室參加《古本戲曲叢刊》三集編印座談會。

4 月 15 日,夏承燾得先生函,獲知先生已校畢《絳帖平》。

夏承燾《天風閣學詞日記》:得趙斐雲函,《絳帖平》已校成。(《夏承燾集》,第 7 册第 454 頁)

4 月 18 日,夏承燾收到先生寄還《絳帖平》校本。

夏承燾《天風閣學詞日記》:得趙斐雲自北京圖書館寄還《絳帖平》校本,午後覆謝一函。(《夏承燾集》,第 7 册第 454 頁)

4 月 19 日,夏承燾來函。

夏承燾《天風閣學詞日記》:録趙斐雲所校《絳帖平》校本,即覆斐雲一書。(《夏承燾集》,第 7 册第 454 頁)

5 月 19 日,徐森玉向北京圖書館捐贈善本書影 872 張。

6 月 9 日至 15 日,在滬,訪上海圖書館,閱覽善本書 55 種。

上海圖書館《善本組週記》:北圖趙萬里閱覽善本共 55 種 395 册。(沈津《關於〈善本組週記〉》,2015 年 9 月 20 日《南方都市報》A09 版)

按:上海圖書館《善本組週記》見於西泠印社拍賣有限公司 2014 秋季藝術品拍賣會古籍善本專場。

6 月 20 日,趙景深來函,謝允抄寄湯舜民《筆花集》套曲。

趙景深函:你給胡敵同志的信已經看到。胡敵的父親就是胡行之,曾替北新譯過《中國文學概論》（兒島獻吉郎原作，後來孫俍工又重譯了一次）；胡敵的哥哥胡忌近從我學習中國戲曲的研究，頗有成績。胡忌想寫一本《院本考》，需用湯舜民《筆花集》中前信所述的一套，蒙允抄寄，非常感謝。（原函存趙府）

　　按：此函附於1955年6月21日胡忌致趙萬里函之後。

6月21日，胡忌來函，請鈔寄《筆花集》"哨遍·教坊新建拘欄"套曲。

　　胡忌函：前承趙景深先生之介，托舍弟胡敵代向北京圖書館借抄《筆花集》"哨遍·教坊新建拘欄"套曲，今知北京圖實未收該籍。承蒙手書函示，先生曾有抄本過錄，誠屬大幸。晚近歲草作《院本考》小文，殛盼得此套曲，以作院本角色研究之一助，仰於公暇請勞檢示下，或函趙景深先生代轉（附信）。……剛得舍弟函，知先生因公外出，不知已回歸否？望勿急於點檢，以致身心過勞！忌補呈。（原函存趙府）

6月30日，文化部社管局向北京圖書館撥交阿英捐獻明本《鼓枻稿》等24種55冊。

7月10日，致函胡士瑩，談《古本戲曲叢刊》選目事，並言及鄭振鐸、陸維釗等近況。

　　致胡士瑩函：去秋奉到惠書，以病軀疏懶，未能上覆，無任歉仄。戲曲叢刊目錄，係西諦先生一手草擬，限於條件，未作充分調查研究，缺點甚多，承指教，至為感謝。茲附呈去年所印二三集目錄（此係草目，現已改正不少），希誉正。浙館藏李氏藏曲，以後將陸續借印。二集已付印，預訂通知（約本月底或下月可發出）兄處即可收到，屆時請直函文化部辦理手續。西諦先生自任文化部副部長後，遷往文化部辦公，離圖書館稍遠，已久不晤矣。兄今年課務忙否？釗兄情況如何？甚念甚念！弟血壓仍高（高壓一百八九十，中壓一百廿度左右），近改服中藥杜仲，精神轉佳，希勿念。（虞坤林惠示）

　　按：此函提及《古本戲曲叢刊》第二集出版，可知撰寫時間為1955年；又，鄭振鐸1954年6月任文化部副部長，此函述及其遷入文化部辦公後久不晤面，時間相合。

約7月中下旬，文化部文物局將所購陳清華郇齋藏書調撥北京圖書館。

　　丁瑜《郇齋攜港藏書回歸知見雜記》：1949年，陳澄中夫婦攜部分珍貴藏書定居香港。兩年後，傳言陳氏將出售藏書，並有日本人意欲收購的消息。時任中華人民共和國文化部文物局局長的鄭振鐸得悉後，決定不惜重金將這批珍貴古籍購回，絕不能流入國外。當即通過香港《大公報》費彝民社長和收藏家徐伯郊會同內地的版本目錄學專家趙萬里先生與陳氏洽商，直到1955年才成功地購回了郇齋所藏的第一批善本。其中就有著名的宋廖氏世綵堂刊《河東先生集》、《昌黎先生集》，以及許多堪稱國寶級的稀世珍品。……爲了收藏保管好這批空前集中出現的國寶珍籍，位於文津街的北京圖書館（今國家圖書館）在1956年調整了善本書庫的藏書，將原來善本書庫布置得恰如宛委洞府，琅函滿架，書香拂面，卷帙盈目。書閣櫥櫃鱗次櫛比，曲折迴旋，穿行其中，如入迷宫。1955年新購的郘齋藏書編目後，按序排入善本庫中心的小書庫中。小書庫東西狹長約15米，南北寬廣約2米。西接善本甲庫，南通乙庫，東達禁庫，北臨文津閣本四庫全書之經史庫。小書庫中南側排放玻璃書櫃七個，内存蔡氏捐獻善本和新購郘齋藏書。北側排放玻璃書櫃八個，内存周叔弢先生捐贈的部分善本，及潘氏寶禮堂捐贈珍籍。（《延年集》，第166、168頁）

　　按：此次購回的善本，尚有北宋刻遞修本《漢書》一百卷、蒙古憲宗六年（1256）北京趙衍刻本《歌詩編》四卷、蒙古乃馬真后元年（1242）孔氏刻本《孔氏祖庭廣記》十二卷、宋蜀刻本《李長吉文集》四卷、宋蜀刻本《許用晦文集》二卷、宋蜀刻本《孫可之文集》十卷、宋紹定三年（1230）越州讀書堂刻本《切韻指掌圖》、宋淳熙八年（1181）泉州州學刻本《禹貢論》二卷、《山川地理圖》二卷、明初鈔本《孟東野詩集》十卷、明鈔本《賈長江詩集》一卷、清順治十八年（1661）陸貽典影宋鈔本《張司業詩集》三卷等。

7月30日，致函徐森玉，對上海圖書館善本書目提出修正意見，並告知北京圖書館新入藏陳清華藏書編目情况。

　　致徐森玉函：在滬時辱承厚購，臨行時復叨盛饌，感何可言。到京後，又值學習進入緊張階段，未能早日致謝，深以爲歉。上海圖書館收藏弘富，目録稍加修正，便可出版。宋刻本《漢雋》誤作明刻（此承潘氏《滂喜齋目》而誤），明黑口本誤作元刻本，此等處亟宜訂正。又一般版本如有批校，仍須注明原書版本。有明抄本，當有清抄本。能詳者則詳之，不能詳者則略之，各以其是，不必强求一律。批校人一律稱名，以求劃一。分類雖以《四庫》爲準，然不妨稍有變動。如"史部·載記"可取消（其書改入"雜史"），"集部·詞曲"可分家。以上所云，是否有當，乞加斧政。陳氏苟齋藏書，已於日前移送到館，琳琅滿目，美不勝收。廬山本《白氏文集》殘本，疑是北宋本（字體寬博）。現正努力編目，大約明春可以告成。賤軀近日尚能支持，惟坐久即覺頭眩，擬作針灸治療，未知有效否？治喘藥水，伯郊兄已寄到二瓶，已够用矣，感謝之至。前見修綆堂有《高麗藏雕造考》，想已寄到，甚念。夢家兄已赴鄭州工作，尚未晤見也。……沈同志暨稚柳、瑞釗諸先生同此致候。（柳向春《趙斐雲先生致徐森玉先生函》，《文津流觴》第35期）

8月16日，文化部向北京圖書館撥交《聊齋志異》稿本2部8冊。

　　按：此稿本今藏遼寧省圖書館。

同日，文化部文物局向北京圖書館撥交魏三體石經、宋元書影等善本書13種。

9月9日，文化部文物局向北京圖書館撥交善本書84種401冊。

9月10日，中央軍委向北京圖書館撥贈明本《十三經注疏》等11種780冊。

12月20日，文化部文物局向北京圖書館撥交章元善捐獻碑志、法帖、圖書共569種547冊134軸3062張，及德意志民主共和國格羅提渥總理於本月11日贈還我國的德國萊比錫大學圖書館舊藏《永樂大典》3冊。

本年，先生主持北京圖書館善本特藏部工作，圖書補充、整理、修整工作均有所推進。

　　《北京圖書館一九五五年工作總結》：圖書補充：1.……輿圖、手稿、拓片、膠卷等二四六五八張（或頁）；兄弟民族語文書一三六五冊。……圖書整理：1.中文書分類編目……其中包括善本一八七〇種一五八五七冊，另外新善本二九五種尚未計在內……；2.兄弟民族語文書共編目整理蒙藏維文等二七七九冊；……5.中外輿圖照片編目和整理四一五七八幅；6.清點金石拓本二五一一五種，敦煌寫經一四〇〇卷；……8.修整裝訂，……善本及綫裝二五一八冊，計劃四五六〇冊，已完成百分之五五.二；趙城藏四六卷，原計劃一二二卷，因技工生病停工，未能完成。（《北京圖書館館史資料彙編〔二〕：1949—1966》，第657—659頁）

本年前後，先生指導北京圖書館名家手稿搜集工作，曾向馮寶琳提及鄧之誠藏書。

　　鄧之誠1955年2月17日（正月二十五日）日記：馮惠琳來，以《骨董瑣記》舊稿交其轉贈北京圖書館。馮云趙萬里言我處存有李文田好書，足見此輩念念不忘。（《鄧之誠文史札記》，第853頁；《鄧之誠日記》第7冊，第14頁）

　　按：馮惠琳，當指馮寶琳，時爲北京圖書館善本部負責名家手稿徵集工作的館員。

　　又按：鄧之誠對先生爲北京圖書館搜集善本書的盡心盡力，非常不理解，甚至抱有敵視態度，此則日記中足見一斑。另，鄧之誠1950年1月29日日記謂："孫楷第來，言趙萬里奪傅沅叔所藏百衲本及紹興本《通鑑》，所謂'雙鑑'也，又手校書百餘種，以歸北平圖書館。趙無籍小人，冒王國維之甥，得入北平圖書館職，購書賺三萬金，人極詭譎。今年以四千萬人民券買鐵琴銅劍樓之書十二箱以歸公。欲買吳縣潘氏滂喜齋之書,未果。此等人不爲法誅,必遭鬼譴,亦由魑魅當令,掠奪風行,故能益肆其惡耳。"(《鄧之誠文史札記》,第 503 頁;《鄧之誠日記》第 5 册,第 197—198 頁)此類批評,多係偏頗失實之詞。

本年起,先生在北京圖書館開班講授應用目録學,相繼講完史部、集部,至 1965 年初開始講經部,因"文化大革命"中止。

冀淑英《憶念趙萬里先生》:先生爲培養新生力量,以期後繼有人,也做了不少安排。一方面從業務上着手,開班講授"應用目録學",先講史學部分,講授内容針對圖書館工作人員具體情況,和在北大等校講"史料目録學"不盡相同,着重墓礎知識和目録學範圍内的常識。如某一代史書,正史纂修情況,正史以外的史書有多少,其他有關歷史範圍的著作,内容質量如何,最後介紹各書版本及流傳情況。講文學部分也如此。參加聽課是自願的,不限於善本特藏部同志。到六五年,開始講經部目録學,開始不久,因十年浩劫而中止。(《文獻》1982 年第 2 期,第 155—156 頁)

本年,先生之父趙宗孟逝世。

1956 年　先生五十二歲

本年,先生任北京圖書館善本特藏部主任。

1 月,所著《漢魏南北朝墓誌集釋》作爲"考古學專刊"之一由科學出版社出版。

　　按:此書係在《漢魏六朝冢墓遺文圖録》一書基礎上增補修訂而成,共收漢魏至隋墓誌等的新舊拓本 609 通,按時代分爲十卷,有補遺一卷,共十一卷。所收絶大部分爲墓誌,以石志爲主。磚志僅收文字精好或志文有關史事者,洛陽出土的東漢刑徒墓磚、新疆吐魯番出土的高昌墓磚,因有專集收録,未予重録。起自東漢延平元年(106)馬姜墓誌,止于隋大業十一年(615)宫人劉氏墓誌。墓誌之外,亦收有少數墓記、槨銘、神坐、柩銘等。每種均著録拓本尺寸、行款、書體、出土地點,並對有關史實加以考證;記載原石出土、流傳情況及考證史事的重要題跋,也選録原文附後,極便研究參考。

　　此書集唐以前墓誌史料之大成,是研究漢魏至隋代歷史與考古的基本史料之一,其細緻、深入的史學考辨也深爲學者稱道,被視爲考辨墓誌資料以證史、補史的代表作。陸揚評論:"從考訂史實的角度來説,趙萬里的工作可以説是非常有成績的,其學問的深厚和工作的細心都遠非前人可比,這些特點在他對像《爾朱敞墓誌》、《趙韶墓誌》、《内司楊氏墓誌》這一類墓誌的精審考證中有充分的體現。同時趙氏的眼光也有獨到之處,比如在對《肅宗充華盧令媛墓誌》和《元勰妃李媛華墓誌》等的考釋中,他也注意到了盧令媛家族和李媛華家族的婚姻對象均爲當時北方的一流高門。不過,這些超出史實考訂範圍的評論不很多。"(陸揚:《從墓誌的史料分析走向墓誌的史學分析——以〈新出魏晋南北朝墓誌疏證〉爲中心》,《中華文史論叢》2006 年第 4 輯,第 96 頁)

又按:該書此後多次再版:1972 年臺北鼎文書局影印,收入"國學名著珍本匯刊";1986 年臺北新文豐出版公司影印,收入《石刻史料新編》;2008 年 8 月廣西師大出版社再次影印。

同月,所撰《德意志民主共和國交還〈永樂大典〉的重大意義》載於《文物參考資料》1956 年第 1 期。

按:此文介紹民主德國贈還的《永樂大典》三册,即卷九二〇至九二二師字韻三卷、卷五三四三朝字韻一卷、卷一三四五士字韻一卷,并闡述此舉的重要意義。

1 月 30 日至 2 月 7 日,以文化部代表身份,列席中國人民政治協商會議第二屆全國委員會第二次全體會議,會議期間曾參加文學藝術家小組座談會並發言,又晤友人多位。

《中國人民政治協商會議第二屆全國委員會第二次全體會議列席人員名單》:……三、中央國家機關列席人員名單……文化部 阿依木尼薩(女) 侯寶林 楊憲益 趙萬里……(1956 年 2 月 2 日《人民日報》第 3 版)

《滿足人民的文化需要,趕上世界先進水平:記政協全國委員會全體會議一個文學藝術家小組的座談會》:在中國人民政治協商會議第二屆全國委員會第二次全體會議開會期間,記者參加了一個文學藝術家的小組座談會。……進行科學研究工作,圖書資料起着很大的作用。沈從文和趙萬里向文學藝術家提出保證,一定要在今後做好圖書資料工作,克服過去的右傾保守思想,設法把資料流通起來。他們説,祖國的文學藝術遺産是豐富的,現在北京圖書館已經收藏有二十多萬册善本書,歷史博物館,僅僅去年從地下挖出的文物就有十五萬件以上,這些都是有利於文學藝術研究工作的優越條件。(1956 年 2 月 9 日《光明日報》第 2 版)

顧頡剛日記:(2 月 6 日)到政協,參加大會,十二時半散。與楊憲益、趙萬里、鄭振鐸、笪移今等談。(《顧頡剛日記》第八卷,第 17 頁)

2 月,所撰《蘇聯列寧圖書館送還給中國人民的〈永樂大典〉》載於《文物參考資料》1956 年第 2 期。

按:此文列出 1954 年列寧圖書館贈還的五十二册《永樂大典》的目録。

　　3 月 14 日,北京圖書館研究員、中國科學院地理研究所兼任研究員王庸逝世。先生爲治喪委員會成員。

　　　　按:據文化部向國務院提交的《關於北京圖書館研究員王庸先生逝世的報告》,沈雁冰、竺可楨、錢俊瑞、丁西林、鄭振鐸、陳克寒、吳晗、吳仲超、向達、顧頡剛、李英敏、王一飛、賀昌群、侯仁之、譚其驤、先生、丁志剛、張全新等組成治喪委員會。(《北京圖書館館史資料彙編〔二〕:1949—1966》,第 177 頁)

　　3 月 15 日,中午竺可楨得先生函,獲悉王庸去世,趨往第五醫院,與先生、賀昌群等晤談;下午先生致電譚其驤,告知王庸逝世。

　　　　竺可楨日記:王以中去世。昨九點逝世,今午得趙萬里函趨往。柩方由第五醫院送嘉興寺。與趙萬里、賀昌群一談。(《竺可楨全集》第 14 卷,第 304 頁)

　　　　譚其驤日記:下午接趙斐雲電,王以中先生突於昨晚暴卒。即趨赴第五醫院,正在入殮。殮後送至嘉興寺,七時許歸。聞王先生昨晚吃晚飯時甚高興,飯後因與其宿舍門房口角發怒,致心臟病發,當時即倒地,口吐白沫,流尿,未及到醫院脈已停。好人不得長壽,可勝浩歎。該工友向有惡霸之號,而圖書館不予教育,不予斥退,可怪也。(《譚其驤日記》,第 75 頁)

　　3 月 17 日,與譚其驤赴賀昌群寓所,三人爲王庸撰小傳。

　　　　譚其驤日記:接昌群電,約赴渠寓,會合趙斐雲爲以中先生撰小傳。(《譚其驤日記》,第 75 頁)

　　3 月 18 日,上午赴廠橋嘉興寺殯儀館,公祭王庸。

　　　　顧頡剛日記:與靜秋、昌群同至嘉興寺,晤綏貞及其子女,與諸友人談。十時,公祭,移靈赴東郊火葬。予未送殯。……今日同弔:葉譽虎、林宰平、陳援庵、劉汝霖、張秀民、王伯祥、葉聖陶、徐調孚、錢稻孫、張申府、竺可楨、吳辰伯、王天木、傅振倫、侯仁之、黃秉維、萬稼軒、向覺明、譚季龍、呂叔湘、王一飛、丁志剛、曾毅公、侯芸圻、劉盼遂、鄒新垓、朱育蓮、殷之慧、牛松雲、賀昌群、夏志和、王潤華、王滋華、吳仲超、趙萬里、張全新、楊殿珣,約一百人。(《顧頡剛日記》第八卷,第 36 頁)

　　　　譚其驤日記:上午八時許赴嘉興寺參與公祭王以中先生,到者七八十人。祭畢送靈柩至火葬場。(《譚其驤日記》,第 76 頁)

　　　　王伯祥日記:八時半偕潤、滋兩兒出。潤騎車。余與滋則乘公共汽車,先十路,轉三路,同到廠橋嘉興寺弔以中兼其夫人殷生綏貞。晤頡剛、昌群、覺明、天木、斐雲、有三、盼遂、國鈞、辰伯、了一、叔湘、聖陶、調孚諸人。十時參加公祭,十一時許起靈赴朝陽門外火葬。余未及送。(《王伯

祥日記》,第 29 册第 419 頁)

3 月 25 日,葉恭綽來函,詢問王庸後事,並托借《番禺縣志》。

葉恭綽函:日前匆匆把晤,未及詳談。以中後事計以辦竣,其家中情況如何? 尚旅京否? 朋輩中如何佽助? 尚祈惠示。弟亦欲略盡微意也。又,弟欲假光緒(正續)《番禺縣志》一讀,而坊間難覓,不知有法可設否?(徐衞《百年風雅見斯文——致趙萬里學人書札小考》,《中國書書》2012年第 12 期,第 47 頁)

3 月 26 日,文化部文物局向北京圖書館撥交《唐文粹》等善本書 53 種 306 册、敦煌遺書 48 種。

3 月 31 日,葉恭綽來函,托借同治《番禺縣志》。

葉恭綽函:前函所擬借閲之同治《番禺縣志》,誤寫光緒。兹仍托石君來取,祈交與帶回爲盼。

按:此函見於中國嘉德國際拍賣有限公司 2001 秋季拍賣會、2004 秋季拍賣會。據拍賣圖録介紹,此批書札爲一册,"内收康生、葉恭綽、鄭振鐸、謝稚柳致著名版本目録學家趙萬里書札"。

3 月 15 日,晚譚其驤來訪。

譚其驤日記:歸偕向公市場吃飯。訪趙斐雲,歸已十一時。(《譚其驤日記》,第 78 頁)

4 月 14 日,夏承燾來訪,觀宋本《金石録》。

夏承燾《天風閣學詞日記》:午後過北京圖書館訪趙萬里,看宋本《金石録》,無易安後序(共訂五册,三十卷,無缺)。萬里謂當是淳熙間刊本,爲通行各本之祖本,文字偶有異同,無大出入。舊藏金陵甘福津逮樓(嘉道間人),有張元濟先生跋。萬里謂頗多錯誤。(《夏承燾集》,第 7 册第 523 頁)

5 月 11 日,趙元方向北京圖書館捐贈善本圖書 285 種 1326 册。

6 月,根據文化部指示,北京圖書館部分業務人員實行研究員制,先生被評定爲研究員。(《中國國家圖書館百年紀事:1909—2009》,第 53 頁)

6 月 11 日至 12 日,赴西苑賓館出席座談會,討論 1956 年至 1967 年哲學社會科學規劃草案(初稿)。

王伯祥 6 月 12 日日記:六時一刻散,仍就飯於膳堂,晤一岑,即與同席,並遇及斐雲、叔湘。(《王伯祥日記》,第 29 册第 571 頁)

按,王伯祥 6 月 11 日日記載:"……往西直門外科學路西苑賓館參加座談會,討論一九五六至一九六七哲學社會科學規劃草案(初稿)。"(第 29 册第 568 頁)可略知此會内容。1956 年 3 月 14 日,國務院成立科學規劃委員會,着手制定 1956 年至 1967 年全國自然科學和社會科學十二年長期規劃,此座談會當爲科學規劃委員會所召集。1956 年 12 月,中共中央批准《一九五六——一九六七年科學技術發展遠景規劃綱要(修正草案)》;但哲學社會科學規劃的制定工作未能完成。

6 月 17 日,偕鄭振鐸、陳夢家赴隆福寺修綆堂閱書。

鄭振鐸明刊本《王奉常雜著》跋:隆福寺修綆堂從上海得前翰文齋潛藏書一批,皆善本也。偕斐雲、夢家同往觀之,余得此書及通津草堂本《論衡》。此書是四庫底本,有翰林院印。其中《學圃雜疏》三卷是全本,與叢書所收者不同,乃余所久訪未獲者。一九五六年六月十七日,西諦。(《西諦書目‧西諦題跋》,第 12 頁;《鄭振鐸全集》第 17 卷,第 613 頁)

7 月 8 日,於修綆堂閱書,遇鄭振鐸、吳曉鈴。

鄭振鐸清乾隆武英殿聚珍本《農書》跋:今晨偕曉鈴至修綆堂,適斐雲亦在,獲見好書不少,明刊本朝鮮日本圖説其白眉也,誼應歸北京圖書館。閒談及《農書》,助廉乃取出此本,索四十金,余立償之,挾書以歸。予所見《農書》併此凡五種。一九五六年七月八日,西諦。(《西諦書目‧西諦題跋》,第 5 頁;《鄭振鐸全集》第 17 卷,第 602—603 頁)

7 月 10 日,延邊大學向北京圖書館撥贈《永樂大典》1 册。

7 月 11 日,宋雲彬來函。

宋雲彬日記:寫信給邵裴子、吳山民、趙萬里。(《紅塵冷眼》,第 411 頁)

7 月 13 日,下午赴蘇聯紅十字會醫院探望宋雲彬。

宋雲彬日記:下午四時趙萬里來。(《紅塵冷眼》,第 412 頁)

按:北京蘇聯紅十字醫院創辦於 1952 年,係蘇聯政府和蘇聯紅十字會援建,1954 年遷入北京市宣武區永安路 95 號,1957 年 3 月蘇聯政府將其移交中國政府,1970 年周恩來爲其命名北京友誼醫院。

9 月 4 日,上午陳乃乾來訪。

陳乃乾日記:上午至北京圖書館,晤趙斐雲。(稿本存海寧市檔案館)

9 月 8 日,致函徐森玉,商議購書事。

致徐森玉函:昨去文物局,無意中於傅晉生處得見伯郊兄二年前所寄出讓書單,約二十種左右。大半已分批運抵北京。惟其中宋本《施注蘇詩》、《宋元書影》、黃校本《東京夢華録》、天一閣方志二種等數書,尚未送到。如果不運到,也可照單解決。惟據説(極秘)伯郊兄過去收領文物局訂件之款(港幣),但到現在尚未交貨(如譚敬老太太的朱子真跡)的數不在少。如果把這批書款和上述訂款兩消,深恐伯兄所入無幾,無補於事。又這批書,如果讓蕙玉、晉生等估價,其價必相當低。伯兄開價爲港幣十五萬,此價當然可以少一點,但不能過少。此中尺寸,乞即函告伯兄,從速定奪,以免久延(即這批書至少要售若干萬,萬勿客氣,客氣有時要誤事的)。鄙意不妨將書單擴大一些,比較普通的舊抄明刻,也可列入。這樣可多得一些價款,以濟眉急。或者將需要之款數先行開明,再行配備書單也可。如果照現在書單估計,他們也可能將這批書款和前付訂件之款兩項抵消,就算了事。這樣於伯兄極不利。因此特專函奉告,請鄭重考慮後,函示辦法,以便與諦公聯繫,諦公已表示可以解決,但不涉及具體辦法。而上述一些情況,諦公似乎也未考慮到也。伯兄現時通訊地址,是否仍是銅鑼灣怡和街66號,來示請告知,以便直接通信(只説請他把書單擴大一些,別的我不能説)。(柳向春《趙萬里與徐森玉兩先生交游述略》,載《版本目錄學研究》第七輯,第124頁)

10月16日,致函徐森玉,商議通過徐伯郊購書事。

致徐森玉函:疊接惠書,敬悉一一。伯郊兄之書包括尊處寄來之書共二十 種(前寄書中有明刻《王梅溪集》,未計價。仍擬退還伯兄)。昨與西諦先生商談,西諦囑我和蒽玉議價。初步決定,價爲十二萬五千元港幣,日内由文物局王毅致函伯兄徵求意見(伯兄與王毅通函時,切勿談及公處與我通函一節,以免洩密)。我意:(一)如伯兄不同意,可提異議(即不到某數不賣之價),不必客氣。如此,此間當可再作考慮。(二)如果認爲此數不能解決伯兄實際需要數量,那可利用伯兄來滬機會,將存滬之書另開一單,俟我來滬時解決。此單之書,即由圖書館收購,惟不能支付港幣,只能在上海支付人民幣。此點不知伯兄有困難否? 以上兩點,請轉告伯兄考慮後作覆爲荷。我俟公覆函到後,再定行止(公函西諦時,不必談及我南行事)。必要時,可提前南下,以便解決問題。以前我怕文物局方面有問題,所以希望伯兄加些普通抄本或刻本,現在這個顧慮可以打消了。沈宗威先生函索北京館乙庫善本書目,此目已無存書,正在書店搜索中,請轉告爲荷。公作函相約之意,現可取消。寄來《通鑑紀事本末》等書五小箱尚未到,到後當照收。前寄文物局各書,如宋本《渭南文集》,因文物局已搬至文化部大樓辦公,那邊無儲藏室,所以今天搬至館中善本庫暫存,如此正好合藏一起。滬館收到明刻春冊,聞之羨慕之至。……伯兄到滬後,均此致候,不另。沈宗威先生處稍遲即作覆。

按:此函影本載鄭重《徐森玉》第198—200頁。柳向春《趙萬里與徐森玉兩先生交游述略》有録文(《版本目錄學研究》第七輯,第124頁)。

10月17日,再致函徐森玉,告知赴滬時間,並托轉交一函與徐伯郊。

致徐森玉函:昨寄一航函,想已到達。里來滬約在本月底,因館中正進行改革工作,有些會議須參加。但必要時可提前來滬。又里南行以休

假旅行爲名,請公守秘爲感。另函,請閱後便時轉交伯郊兄。(柳向春
《趙萬里與徐森玉兩先生交游述略》,載《版本目録學研究》第七輯,第 124
頁)

同日,致函徐文堈,談購書事。

致徐文堈函:前接自香港來函,敬悉一一。昨奉森老賜書,得悉臺從
即將到滬,頗爲欣慰。售書事已詳昨致森老航函中,想已閱及。其要點如
下:(一)西諦先生囑弟和蕙玉共同估價,共書二十一種(包括森老從上海
寄交弟收之書在內。此批書在途中,尚未到京),價爲港幣十二萬五千元。
日內由王毅函兄聯繫,有何意見,可向王毅提出。在王毅未寄函前,兄只
裝不知道爲妥。(二)尊函所開《四庫》底本八種及改七薌圖,未列入此次
書單中,故未估價。弟意這批書似可另作處理。(三)如兄認爲尚有需
款,必須再斥售其他存書,弟可爲北京圖書館收購,惟付款只能人民幣,請
兄先作準備。如果不需要繼續售書,弟此議作罷,一切悉聽尊命,弟不過
爲兄設想提一意見而已。寄來保禄命四瓶,早已收到,甚感厚意! 此項藥
資,俟弟來滬時,一併繳還不誤。(鄭重《徐森玉》,第 201 頁)

10 月 19 日,午後赴趙登禹路全國政協禮堂參加魯迅逝世二十週年紀念
大會。

王伯祥日記:午後一時獨乘三輪往西城趙登禹路(即南溝沿)全國政
治協商會議大禮堂參加魯迅逝世二十週年紀念大會(此會由中國文學藝
術界聯合會、中國科學院、中國作家協會、青年團中央委員會、中國美術家
學會、中國教育界工會、中國人民對外文化協會七團體主辦,由丁西林等
八十五人任主席團,周總理亦到場參加,氣氛極爲隆重)。郭沫若致開幕
詞,茅盾、陸定一先後作報告及講話。繼爲外賓講話,凡十八作家,代表十
八國,前後達四小時(二時半至六時半,中間休息半小時)。余坐樓上前
排三排廿六號,熟人甚多,無由多談,僅與斐雲、靜厂、朗山、覺明、利器匆
匆握談而已。散出已掌燈。(《王伯祥日記》,第 30 册第 178—179 頁)

10 月 20 日,鄭振鐸致函徐森玉,談及先生計劃從事印刷史研究,及徐文
堈書估價事。

鄭振鐸致徐森玉函:趙斐雲已決心先做"印刷史"的研究,暫不編墓
誌了。……文物局已將伯郊兄經手的賬目結清,當由王毅帶滬一同查閱,
不知有何錯誤之處。他的書已經斐雲、蕙玉等仔細估價,約共十二萬五千
元(港幣),如荷同意,即可申請外匯。(柳向春整理《鄭振鐸致徐森玉函
札》,《歷史文獻》第十六輯,第 288 頁)

10 月,跋明萬曆商濬《稗海》本《墨莊漫録》。

《墨莊漫録》跋:沅叔先生謂據勞氏平甫傳校。案:此説實誤。勞平

甫當作勞季言。平甫名權,季言名格。萬里記。五六年十月。（原引注:
傅增湘校《稗海》本卷十末）

按:此跋書於另紙,夾在書中。該書係傅增湘舊藏,傅跋謂"勞氏平
甫傳校",先生特辨其誤。此跋附載於中華書局 2004 年出版之點校本
《墨莊漫錄》（"唐宋史料筆記叢刊"之一）,又載《藏園群書校勘跋識
錄》第 230 頁。

11 月 23 日,所撰《談談北京的古舊書業》載《人民日報》。

按:此文指出,古舊書店從業人員們大多有一定文化程度,對古書
的版本、目錄和主要內容有一定的認識;他們不僅努力進行古典文化遺
產的搜集和整理工作,對於革命文獻、近代史料也因各地讀者和圖書館
的需要進行過一些調查工作;他們中間也有富於鑽研精神,稱得上專家
學者的;不少從業人員有裝修古舊書籍的特殊技術。根据這些情況,認
爲"在今天社會主義改造和建設的偉大事業中,應該充分發揮他們的力
量,來爲科學研究采獲更多的文獻和資料"。並提出具體的工作建議:
"有關領導機關首先應該依靠群眾,做好北京古舊書業從業人員的調查
研究工作。對於少數有版本目錄知識的專家,可以吸收到文化部門或
國家圖書館從事工作,以便得到進一步提高的機會。據瞭解,現在北
京、南京、上海各地圖書館積壓未編的書刊達一千萬冊左右。這些大量
被積壓的書刊,在短期間如果要設法整理出來爲科學研究服務,必須利
用古舊書業中一部分優秀從業人員的力量。各級文化部門應該重視這
個工作,促其儘快實現。北京國營中國書店目前力量較弱,應該從公私
合營書店中抽調一部分工作能力強的人員來加強業務,在新的基礎上
建立起和公私合營書店的領導關係。同業中應即開動腦筋,大力展開
業務競賽,多買多賣。積極派人到各地去采購圖書,要到大城市去,也
要到中小城市和鄉間去,廣爲宣傳,防止各地有價值的書刊流入造紙廠
或製爆竹的作坊中去。各地文化機關對於書業采購工作人員應大力予
以支持和協助。現在個別地區的文化機關缺乏整體觀念,不但不協助
他們,反而留難他們,這是不對的,文化部門要迅速予以制止。新購進
的書刊,應該通過同業公開議價再行發賣。對于少數有價值的罕見的
版本,不管買價多少,應該評高些,相反,可以低些。如果偏高偏低,有
人提出異議,可以重評。有關領導機關在現階段內,對于古舊書店的各
項工作,尤其是采購工作,應該多鼓勵,儘量發揮從業人員的工作積極
性,以便他們更多地爲社會主義文化建設和科學研究服務。"

11 月 26 日,在滬與鄭振鐸、徐森玉、謝稚柳等共進午餐;晚與鄭振鐸等
赴長江劇場看崑劇,晤宋雲彬等。

　　鄭振鐸日記:偕森老、稚柳、斐雲等到紅房子午餐,門庭若市,買賣絕佳。(《鄭振鐸日記全編》,第 469 頁)

　　宋雲彬日記:晚上在長江劇場看崑劇。白雲生還是老樣子,火氣十足,道白全是京腔,唱《長生殿·驚變》唱得糟透了。俞振飛唱《埋玉》,大概受了白雲生的影響,也頗帶火氣,不及他從前那樣爐火純青了。在劇場上遇到鄭振鐸、趙萬里、許滌新。(《紅塵冷眼》,第 430 頁)

　　11 月 28 日,上午偕徐森玉訪鄭振鐸;晚李俊民宴請,晤鄭振鐸、方行等。

　　鄭振鐸日記:森老、斐雲來。……六時許,到十六鋪德興館晚餐,李俊民請客也,有斐雲、方行、哲民、家晉、世勛諸人,八時散。(《鄭振鐸日記全編》,第 470 頁)

　　11 月 29 日,上午偕徐森玉訪鄭振鐸。

　　鄭振鐸日記:森老、斐雲來。(《鄭振鐸日記全編》,第 470 頁)

　　12 月 1 日,上午訪鄭振鐸,偕往來薰閣;下午於古籍書店晤鄭振鐸,偕往古籍書店。

　　鄭振鐸日記:八時許,徐森老來,趙斐雲來,談到九時半森老去。十時許,偕斐雲到三馬路來薰閣。……到古籍書店,得《古笑談》一部。遇斐雲,偕到國際飯店。(《鄭振鐸日記全編》,第 470 頁)

　　12 月 23 日,潘景鄭來函,談售書事。

　　潘景鄭函:臺從莅滬,兩次下顧,未獲一面,緣慳何似。聞駕即日還都,為之惘然。弟栗介如恒,夏間得公鼎助,斥《後山》之藏,分得半數,苟延數月。祇以此間圖書館待遇之菲薄,月入遠不敷十口之奉。笈中精品無多,大半已供易米,其零星者亦陸續售去。最近來薰閣攜去陳碩甫校本《管子》,初謂有識者可收,今日始告公曾還價。弟以此書雖屬中郎面目,尚無種子流傳。秋間曾呈鼎堂先生,承為作跋,且告以宋本聞在國外,他時或可返璧也。弟固不足以此居奇,祇以謀得度歲之資,不得不懸以待沽。當時即告來薰,欲得八百元,藉償宿逋。既知公能代收,歸諸館藏,私心切慰。所恨失之交臂,未能面傾衷曲耳。敢祈大力,一為援手乎。弟本不當斤斤多少,惟公垂鑒及之。(倘館中不擬收,諸請示及,以備他圖,勿客氣也。)鄙況之艱,西諦先生知我頗深,屢承提挈,祇以家累,不能遠行,重以組織紀律,不得不服從下役耳。明春聞公可重來,屆時當舉鄙藏厪存者以供采獲耳。又據起潛轉詢宋本王注蘇詩,前年已售諸孫實君,未審今歸日人篋中。祇存一殘元本而已(與宋本行款相同),似無足重也。聞金石館亦搜羅,舊拓弟藏有宋拓《鼎帖》一冊,經翁覃溪手跋,雖非全帖,尚是孤本,如有機會,敢乞介紹及之。(原函存趙府)

　　12 月 26 日,在京與鄭振鐸赴中國科學院考古研究所訪夏鼐,談編寫中國雕版史事。

夏鼐日記：鄭所長偕趙斐雲先生來，談編寫中國雕版史工作事。
（《夏鼐日記》卷五，第 282 頁）

12 月 30 日，在鄭振鐸寓所午餐，晤左恭、史久芸、吳曉鈴、夏鼐、陳夢家、
章錫琛、陳乃乾等，談古籍影印出版工作。

夏鼐日記：中午在鄭振鐸先生家用飯，他延請北京圖書館左館長及趙
斐雲先生、商務印書館經理等用飯，爲出版古籍影印工作也。（《夏鼐日
記》卷五，第 283 頁）

陳乃乾日記：在鄭西諦家午飯，在座有史久芸、伊見思、戴孝侯（以上
商務）、趙斐雲（以上北京）、吳曉鈴、夏鼐、陳夢家、章雪村諸人。（稿本存
海寧市檔案館）

　　按：陳乃乾日記“以上北京”之“北京”，指北京圖書館。

本年，《北京大學圖書館藏李氏書目》出版。

《北京大學圖書館藏李氏書目》引言：李氏書的整理工作，開始於解
放之前。那時候由北京圖書館的趙萬里先生領導，有宿白、常芝英、冀淑
英、趙西華諸位先生參加工作。解放以後，宿、冀、趙諸位先生走上其他的
工作崗位，萬里先生也因忙不能來，於是只由常芝英先生一個人做，偶然
去請教萬里先生。這樣斷斷續續地一直到現在，纔算告一段落，把初步整
理的目録印出來，以供學者們參考。這一部書目之能出版，當然得謝謝先
後參加整理的諸位先生，特別是趙萬里先生，他對於李氏書的整理最熱
心，也最熟。這一篇引言絶大部分就是他寫的。（第 2 頁）

本年，延攬張士達等古籍修復國手入北京圖書館工作，爲北圖古籍修復
工作的開展和傳承儲備人材。

邱曉剛《張士達與〈蟠室老人文集〉》：當年京師圖書館（北京圖書館
的前身）即設有裝修組，專門做書籍裝訂與修復工作，延續到解放後，館內
還有五位師傅從事這項工作，每位都技術精湛，也都聞名于國內同行。新
中國成立之初，幾位裝修師傅都有四五十歲了，再工作十年不成問題，二
十年就難説了。爲此在北京圖書館的領導支持下，1956 年北京圖書館有
意尋訪書業中裝訂技術甚高的人士到館裏，當時請到三位師傅來館，其中
一位即是有國手之稱的張士達先生。據先生回憶説：他到北京圖書館是
由趙萬里先生介紹的，趙萬里先生説開始只知他懂書，可後來看到他裝修
的金鑲玉後，才知道他書修得也特別好。因此，到北京圖書館後，先生一
直在從事修復裝訂善本書籍的工作，北圖的宋、元版本的修復和裝訂工
作，當時都由趙萬里先生指名讓張士達先生做的。先生到北京圖書館後，
在趙萬里先生的推薦下，擔任北京市宣武區的政協委員一直到“文革”。

　　從先生到北京圖書館起至 1969 年 12 月先生被下放到江西豐城圳頭公社湖塘村,十多年的時間裏,先生爲北京圖書館修復了許多珍貴的文物古籍,目前已很難搞得清楚哪一本是張士達先生修復的,但《蟫室老人文集》是目前世界上唯一的一本明確記有修復專家姓名的古籍,是一本明確記有"國手"張士達先生大名的海内外孤本。……根據南京圖書館副館長潘天禎先生回憶,1957 年《中國版刻圖録》在全國重點圖書館搜集圖録時,本館的鎮館之寶《蟫室老人文集》被趙萬里先生選中。由於當時二册蝴蝶裝的《蟫室老人文集》有部分破損,全部書頁散落,已不成完整的書籍,趙萬里先生看後,當時就説帶回北京,由最好的師傅免費修復。1959 年,當《蟫室老人文集》被還回館裏時,已被"國手"張士達先生以整舊如"舊"的方式,還了蝴蝶裝的原來面貌,並用故宫裏的楠木做了一個書盒,將修復後的《蟫室老人文集》放在楠木書盒中,在第十四卷護頁中間的下方,印有'一九五九年一月張士達裝'字樣。……當問起先生修復《蟫室老人文集》時,先生還清楚地記得:楠木盒是趙萬里先生與故宫聯繫好後,由他到故宫專門定做的,而簽名是趙萬里先生爲他寫的,寫好由先生自己粘貼上去的。(《國家圖書館學刊》2007 年第 4 期,第 93—94 頁)

　　朱振彬《妙手修書,丹心護寶——紀念一代古籍修復大家張士達》:新中國成立後,北京圖書館古籍修復人才匱乏。1956 年,借公私合營之際,經有關部門批准,北圖引進了三位技藝高超的古籍修復人才來館工作,這其中就包括了在京城古籍修復界鼎鼎大名的張士達。説到先生來館,就應提到一個人——著名的版本目録學家趙萬里。先生曾説:"我來北圖,趙萬里先生是引薦人。"趙萬里經常出入於琉璃廠古籍書店。訪書、購書的過程中,對先生的修書技藝非常欣賞,不但介紹先生到北圖工作,還尊稱先生爲"國手",並推薦先生爲北京市宣武區政協委員。……先生到北圖後,在善本部裝訂室做善本古籍的修復工作。每每遇到好版本的古籍,如宋、元等善本,趙萬里都指名請先生來修,足見對先生之器重。在北圖工作的十余年間,先生修復了許多古籍善本。但那時由於没有建立修復檔案,現在已經很難確定哪一本古籍是先生修復的了。現藏于國家圖書館的宋刻本《楊誠齋集》和南京圖書館的南宋刻本《蟫室老人文集》則是目前確知經先生修復的珍貴古籍。……1957 年,趙萬里爲編《中國版刻圖録》在全國重點圖書館搜集善本,當他發現這部南京圖書館的鎮館之寶時,書已破損不堪。趙萬里與南圖協商,把此書帶回北圖,請先生對此書進行修復並配置了楠木書盒。修復完成後,在第一册護葉中間寫有"一九五九年一月張士達裝"跋文。先生回憶説:"楠木盒是用原故宫造辦處的楠木料做的,而跋文是趙萬里先生爲我寫的,寫好後由我自己粘貼上去的。"(2014 年 5 月 23 日《北京青年報》C06 版)

本年,先生主持北京圖書館善本特藏部工作,在古籍采購、編目、縮微膠捲拍攝等方面成績不俗。

《北京圖書館 1956 年工作總結》:圖書補充工作:……4.在善本圖書方面,本年内購入三批,共約 600 種。並分赴武漢、上海等地采購及委托代購,如宋刻本《廣韻》、《方言》、《忠文王紀事實錄》、《通鑑紀事本末》、《司空表聖集》、《歐陽文忠公集》,明萬曆本《順天府志》、《揚州府志》,影宋抄本《杜工部詩集》,柯逢時藏書,其中有很多名貴的明抄本、名校本,如小草齋抄本《後村集》等。5.由我國駐英代辦處兩次代購馬克思、恩格斯親筆信函及馬克思《資本論》,恩格斯、列寧著作的最早版本。館外借來的珍貴圖書手稿,我們也拍攝照片及膠卷,如黎氏所藏毛主席書信等 48 張。(《北京圖書館館史資料彙編〔二〕:1949—1966》,第 672—673 頁)

按:據該報告,本年度善本特藏部圖書整理工作,完成滿蒙文書 1165 種,中文典圖 1574 種,石刻拓本編目 3312 種 5341 張;"照像工作主要是拍攝敦煌寫經膠卷,準備與英國大英博物館交換",全年完成的照像工作量爲 3630 張;裝訂趙城藏 96 卷。

1957 年　　先生五十三歲

本年,先生任北京圖書館善本特藏部主任。

1 月 2 日,赴中國科學院考古研究所,在陳夢家處與夏鼐談中國雕版印刷史寫作計劃。

夏鼐日記:上午赴所,徐旭生先生偕李子魁同志來談《水經注》整理問題。在陳夢家同志處,與趙萬里先生談中國雕版印刷史的寫作計劃問題。(《夏鼐日記》卷五,第 284 頁)

1 月 3 日,古籍出版社徐調孚致函先生與冀淑英,告知原約二人校點《夢粱錄》、《武林舊事》二書不再出版,原約請先生校點《漱玉詞》一書仍列入出版計劃。

徐調孚函:萬里、淑英先生:文學古籍刊行社已與我社合併,他們曾請你們兩位校點《夢粱錄》、《武林舊事》,當然應移歸我社出版。不過這兩部書原定於一九五五年八月交稿,迄今已逾一年,未見交下,不知是否已經着手,敢以奉詢。如因你們事忙尚未動手,則請停止進行,因爲上海的古典文學出版社已經把這類書合印成一册出版,我社擬取消此選題,不再印行,以免重複,不知能蒙同意否? 希復爲感。不情之請,務乞見諒。又,萬里先生個人校點的《漱玉詞》,我社當然仍須出版,並且擬定入今年計劃中,不知進程如何,何日能交稿,亦請見告。

　　　按:此函稿見孔夫子舊書網。網址:http://www.kongfz.cn/5543662/
[2017.3.24]。

　　1月5日,訪鄭振鐸,晤趙世暹、劉哲民。

　　鄭振鐸日記:十一時許,趙萬里來,趙世暹來,劉哲民來,他們在此午餐。趙世暹借去明刊本《農政全書》二册。近二時,他們散去。(《鄭振鐸日記全編》,第483頁)

　　1月11日,在中國書店作"發揚古舊書業優秀傳統"講話。

　　鄭炳純《憶趙萬里先生》:北京中國書店於1957年1月11日請趙先生爲店員作"發揚古舊書業優良傳統"的講話,着重講了殘書要收回、修補古書要加强、有些書要整舊如舊。(1993年12月25日《文匯讀書周報》)

　　1月12日,與鄭振鐸、路工、劉哲民同游隆福寺書肆。

　　鄭振鐸清明善堂刊本《四書集注》跋:風日晴和,雖嚴冬而稍有春意,偕路工、劉哲民游隆福寺,途遇趙萬里,同到寶會齋詢新出《永樂大典》消息,偶見架上有此書,遂取之歸。(《西諦書目·西諦題跋》,第1頁;《鄭振鐸全集》第17卷,第597頁)

　　1月13日,赴齊燕銘午宴,晤葉恭綽、鄭振鐸、孫人和、邢之襄等,餐後同赴琉璃廠書肆。

　　鄭振鐸日記:十一時半,到廣濟寺,應齊燕銘約午餐也,在座有葉譽虎、孫人和、趙萬里、邢贊庭等。談至二時許,復偕赴琉璃廠,歷訪各肆。(《鄭振鐸日記全編》,第484頁)

　　1月15日,北京圖書館成立購書小組,由先生與張申府、楊殿珣三人組成。(《中國國家圖書館百年紀事:1909—2009》,第54頁)

　　1月17日,訪鄭振鐸。

　　鄭振鐸日記:斐雲來。(《鄭振鐸日記全編》,第485頁)

　　1月18日,訪鄭振鐸,取回《雲煙過眼録》。

　　鄭振鐸日記:斐雲來,取回《雲煙過眼録》二種。(《鄭振鐸日記全編》,第485頁)

　　1月19日,沈宗威來函,告知上海市文物保管委員會、上海圖書館所藏佛經八種之尺寸。

　　沈宗威函:屬查佛經八種高廣尺寸,另紙呈誉。鴻篇出版,敢求賜讀爲快。聞《金瓶梅詞話》及《二刻拍案驚奇》有在京中景印之訊,至祈惠示何處主辦,並乞預定各一部(聞係内部發行),至感至禱。此間有稱宋刻《金剛經》一册出現,傅沅叔舊藏,有圖有牌子(書棚王念三郎家刊印),公

或曾見過？（原函存趙府）

1月20日，訪鄭振鐸，示龍泉出土唐五代印刷經卷一張。

鄭振鐸日記：趙萬里來，得見龍泉出土唐或五代印刷的經卷一張，從火焰中救出物之一也。（《鄭振鐸日記全編》，第486頁）

1月21日，文化部文物局向北京圖書館撥交《渭南文集》等善本書131冊。

2月1日，與王冶秋等訪鄭振鐸，議赴安徽訪書事。

鄭振鐸日記：斐雲、路工、冶秋、蕙玉、王益等在此午飯，商赴安徽訪書事。（《鄭振鐸日記全編》，第488頁）

2月5日，上午與路工等訪鄭振鐸；晚赴安徽訪書。

鄭振鐸日記：趙萬里、路工等來談，他們今晚即赴安徽了。（《鄭振鐸日記全編》，第489頁）

2月6日，顧頡剛來函。

顧頡剛日記：爲永年寫趙萬里信。（《顧頡剛日記》第八卷，第194頁）

2月7日，與路工等一行三人抵達合肥，和安徽省文化局李則綱等組成皖南訪書團。

2月8日，鄭振鐸致函徐森玉，告知先生南下訪書將過滬。

鄭振鐸致徐森玉函：從斐雲、夢家處讀到大函，知上海出現了插圖本宋版佛經，並蒙賜以照片，大是感謝！……斐雲已到安徽、江西訪書去了，必將過滬，諒可作十日談也。羨甚！（柳向春整理《鄭振鐸致徐森玉函札》，《歷史文獻》第十六輯，第315頁）

2月19日—20日，皖南訪書團在屯溪召開古書工作座談會，先生就保護與搶救古籍的重要意義、中國書籍的發展簡史等問題做報告。

2月，北京圖書館成立學習委員會，主要成員有左恭、張全新、先生、張申府等。（《中國國家圖書館百年紀事：1909—2009》，第54頁）

2月中旬至3月上旬，率皖南訪書團在安徽蕪湖、屯溪、歙縣、績溪、黟縣、休寧等縣市訪書，葉楓、王程偉等同行。

《皖南訪書記》：殘雪未消、春寒猶厲的二月下旬，我爲了進行訪書，到皖南徽州地區旅行了二十天。從蕪湖坐汽車經過宣城、寧國、績溪、歙縣，最後到達終點站屯溪市。……屯溪的新華書店古籍門市部，開辦纔四、五個月，已經收購了古書五、六萬冊。樓上書庫堆得重重疊疊，滿坑滿谷。從早晨到晚上，來此賣書的真是絡繹不絕。他們有的挾着書包，有的挑着擔子。也有一些小販，從婺源鄉間翻過幾條大嶺，跋涉數十里，趕來屯溪出賣古書。這些人在門市部門口一忽兒就排成長長的隊，等候叫號。

啊！這是一大册明譜，白皮紙，弘治版。"要多少錢?"五十元就賣！最後折中爲三十元成交了。短短幾分鐘時間，門市部就買到了一部絶無僅有的明朝弘治版家譜。……屯溪新華書店古籍門市部有時一天可以收到一、二十個譜，從明代到近代，從全的到殘的，從木版到鉛印，形形式式，都是歷史學家認爲參考價值較高的第一手資料。……家譜裏還收着許多古代文學作品。這些作品，絶大多數是別的地方找不到的。例如我在這次訪書工作中發現的那部明弘治版《黃氏會通譜·文獻録》裏，就找到了元朝張起巖、歐陽玄、字木魯翀、鮮于樞、貫雲石的詩文多篇。張起巖、歐陽玄和字木魯翀都是當時知名的文學家。鮮于樞是詩人而兼書法家。貫雲石就是貫酸齋，是詩人而兼作曲家。他們的作品多數已經散亡了，或者已經殘缺了，但是保存在《黃氏文獻録》中還有一些。……屯溪新華書店古籍門市部，有一部道光年間編輯的《黃氏宗譜》，在這部宗譜裏，我發現了許多奇迹。……歙縣虬村黃氏，聚族而居，世世代代以刻書爲業。那些依靠雙手創造精神財富的勞動人民，他們的名字在《黃氏宗譜》裏都有條不紊地排列着。流傳到今的許多古典文學名著和其他書籍的刻版時代，根據這本宗譜，大部分可以正確地予以推定。這不是奇迹嗎? ……我這次在各地看到的早期徽派版畫的大型傑作，要數合肥安徽省博物館藏的《武威石氏忠良報國圖》最爲特出。這幅圖原藏歙縣石家祠堂，爲一族公有，過去保存在一個圓長的竹筒中，近年石家纔把它獻給安徽省博物館。我個人看法，大概是明朝成化、嘉靖年間徽州刻的。……上海博物館新從歙縣某地搞來了一幅《胡氏忠良報國圖》，體裁和《石氏忠良報國圖》相似，大概也是成化嘉靖間刻的。這兩幅圖，綫條有粗有細，而且有棱角，代表着明代早期徽派版畫的特色。……這些徽派版畫，技巧上和風格上，不僅和雕製墨模有血肉不可分的關係；而且和徽州地區其他姊妹藝術如石雕、磚雕、木雕等，也互爲影響的。我曾到屯溪附近約三華里的率口鎮參觀十六世紀中葉(明嘉靖年間)建造的程氏宗祠的石牌樓，牌樓頂上和四周有很多立體雕刻。人物故事，山水花卉，多到五、六層，少的也有二、三層。説它是玲瓏剔透，鬼斧神工，也不爲過。我們徘徊其下，欣賞讚歎，不忍離去。……三月初旬我們在屯溪到黃山的途中經過歙縣潛口鎮，特地下車參觀了明末建造的汪氏宗祠和它門首的石牌樓。牌樓四周的人物、花卉，都是平面雕刻，圖案異常精美。以上説的二個石牌樓，雖經長時間的風雨剝蝕，到現在還巍巍地矗立着。……皖南的地方文獻，除了明、清兩朝的版畫和家譜、族譜以外，還發現了大批地契和魚鱗册。我們在屯溪看到了大批明代地契和契尾，從洪武到崇禎，朝朝都有，而且每朝有很多份。(《趙萬里文集》第二卷，第 488—492 頁)

　　陳載陽《一個訪書團在皖南訪書：瞭解古籍情況和宣傳保護古籍意義》：中央文化部爲了進一步瞭解安徽省古籍工作情況，宣傳保護與搶救古籍的重要意義，特派著名圖書學專家、北京圖書館善本部主任趙萬里和民間文學研究者路工等三人，於2月7日到達合肥，和安徽省文化局協同組織了皖南訪書團。該團由省文化局、圖書館、博物館、科學研究所、新華書店及中共蕪湖地委等單位派人組成，在趙萬里和省文化局副局長李則綱的率領下，先後到蕪湖、屯溪、歙縣、績溪、黟縣、休寧等縣市，並深入了部分區、鄉，歷時二十天結束。2月19、20兩天訪書團在屯溪召開了古書工作座談會，出席者有歙縣、績溪、黟縣、休寧、旌德、祁門六縣及屯溪市等文教部、文化科與新華書店幹部二十餘人，會上除聽取各地工作匯報外，並由趙萬里、李則綱就保護與搶救古籍的重要意義、中國書籍的發展簡史及當前古籍工作應注意的幾個問題，分別作了報告。訪書團根據各地彙報情況，組織了兩個訪書小組，分別深入歙縣、績溪、黟縣等部分藏書較多的地區，依靠當地組織，開展了訪問工作。趙萬里和李則綱除到歙縣召開社會人士座談會，聽取古籍分佈等情況及徵求意見外，並親自訪問城關及巖寺鎮兩處藏書家。訪書團在這期間搜購了不少古書，其中古本董解元《西廂記》八卷，海陽適適子校梓，前有明嘉靖丁巳年張羽雄飛序，是我國最早的一部董西廂，對我國研究金、元文學有很高價值；陳章侯的《博古葉子》；蕭雲從的《太平山水圖》和顧正誼的《圖譜》，在國內都是比較罕見的。清初大型本傳奇選集《歌林拾翠》，其中保存了有些已經失傳了的傳奇零出。其他明刻和詩文稿本等數量甚多。（1957年4月10日《光明日報》第2版）

　　按：先生此次訪書皖南，曾赴祁門縣渚口村檢點貞一堂藏書，並做詩一首："曲折皆青石，小街踏雨過。一家兼府縣，兩處見嵯峨。雕棟斧痕在，危樓灰積多。圖書移萬里，歲月競蹉跎。"（李俊《巾幗義舉助消防　奇思妙想爲平安（上）》，《安徽消防》2002年第8期，第42頁）

2月中旬，曾致函鄭振鐸，報告皖南訪書事。

　　鄭振鐸2月18日致徐森玉函：斐雲赴徽，已有信來，想可得到不少秘籍奇書。（柳向春整理《鄭振鐸致徐森玉函札》，《歷史文獻》第十六輯，第286頁）

3月22日，於杭州遇鄭炳純。

　　鄭炳純《憶趙萬里先生》：三月奉文化部之命，趙萬里偕葉楓和中國書店（轄公私合營書店）副經理王程偉往皖浙地區訪書。三月二十二日我在杭州碰到他們，指示應多往內地中小城鎮去收購，搶救易遭損失的古籍。（1993年12月25日《文匯讀書周報》）

　　3月下旬,經南昌前往上海。

　　《皖南訪書記》:三月下旬,我從南昌到上海,又在幾個書商手裏,見到嘉定、淳祐、咸淳等三張宋契,又見到幾張元契。這些宋元地契,蓋着水印,簽着花押,古色斑爛,大多數是歙縣、休寧、祁門一帶農村中發現的。(《趙萬里文集》第二卷,第492頁)

　　4月2日,上午赴文化部,向鄭振鐸匯報南行訪書工作。

　　鄭振鐸日記:八時半,到部辦公,路工、趙萬里等來彙報安徽江西的訪書小組的工作,見到他們所購的書單,並無十分出色驚人的東西。(《鄭振鐸日記全編》,第501頁)

　　4月27日,中共中央公布《關於整風運動的指示》,決定在全黨開展反對官僚主義、宗派主義和主觀主義的整風運動,發動群眾提出批評建議。

　　5月7日,鄭振鐸自敦煌莫高窟來函,談考察見聞。

　　鄭振鐸日記:作信給空了、康生、趙萬里,與昨日所寫同時交郵。(《鄭振鐸日記全編》,第514—515頁)

　　鄭振鐸函:別已二十餘日矣。皖地所收之書,已解決否? 其實,重要之物不多,大可放鬆一下。我在西安所看之古物極多,惟書則無佳者。蘭州的彩陶,豐富多樣,最爲重要。在路上走了五天,才到敦煌千佛洞。那五天的長途跋涉,大爲值得。途徑黑水國,那是出土《劉知遠傳》的地方,出土《四美人圖》的地方,我下車在沙丘上徘徊了一會。四野茫茫,日色昏黃,被沙漠埋没的古城末運,見之心慘。過嘉峪關,那裏的故事不少。林則徐有詩,刻于石上。但到處訪碑,所見無多。有一元碑,頗佳。西夏碑,見到兩座,一有西夏文,一純爲漢文,均好。到敦煌的時候,已經下午六時。在夕陽的金光裏,趕緊跑到古洞裏去巡禮一下。那光芒萬丈的大壁畫,簡直把你鎮攝住了! 人物形象是那末美妙可喜! 法相尊嚴的諸佛菩薩,一心虔誠的男女供養人,無一不栩栩動人。在北京看敦煌畫展覽時,總以爲"天下之美盡在於此矣"。那裏知道,臨摹之本,只是一鱗半爪而已,萬萬不能表現出敦煌壁畫的偉大面貌也。站在一幅畫前,久久地走不開。如果説,中國民族傳統的繪畫是有其優良的特點的話,敦煌壁畫應該首先被選出來。這是最好的人物畫的傳統也。住三天,何足以盡興,只是走馬看花而已。十五日左右可回京。《古本戲曲叢刊》四集的目錄,已在排,當囑他們先送給你看看。幾乎全部是元劇。要不要再加入息機子、尊生館、顧曲齋和陳與郊(?)所刻的? 乞酌定。(原函存趙府)

　　5月19日,與路工訪鄭振鐸。

　　鄭振鐸日記:趙萬里、路工來談。客去時,已將午矣。(《鄭振鐸日記全編》,第514—515頁)

5月20日、24日，文化部邀請圖書館界專家座談，先生與張申府、王重民、顧家傑、張天麟等與會，專家們對文化部的工作提出很多批評和建議。先生發言主要提出圖書館界的幹部缺乏問題，希望能增加北京圖書館《趙城金藏》修復人員及殘壞古籍的裝訂人員。

《圖書館專家舉行座談 批評文化部不重視圖書館工作》：本報新華社特約專稿：文化部在20、24兩日邀請圖書館專家座談。專家們對文化部的領導工作提出許多批評和建議。在座談中集中批評了文化部對圖書館領導的不重視。……專家們在座談中還談到目前圖書館工作中比較普遍存在着圖書不足、幹部缺少，阻礙了圖書館事業發展。北京圖書館研究員趙萬里說，《趙城經藏》是國內唯一的珍本經藏，對佛教、哲學、歷史研究有很大的幫助。現只有一個人修補這部書，如每月整修以十卷計，全書修完要用三十多年。他希望增加修補工人。他還談到善本書裝訂問題。北京圖書館要裝訂的六萬多冊書，其中殘壞者二萬冊，現有五個人裝訂，如此下去要一百年才能裝訂完。……專家們在座談會上還提出許多建議，希望有關部門解決各大圖書館相互配合協調、培養圖書館幹部和發揮書籍的作用等問題。（1957年5月29日《人民日報》第7版）

《圖書館事業存在着危機》：圖書館事業存在着"危機"，這是圖書館學專家座談會上反映出的嚴重問題。這個座談會是文化部在20、24兩日召開的，由張致祥副部長主持，參加的有北京圖書館和科學院、北京大學、中國人民大學等高等院校的圖書館長和專家。……從專家們的發言中可以看出，在用人上存在着宗派主義。張申府說，應該重用的沒有重用，不該重用的却重用了。把連"初版"、"再版"都不懂的青年被提拔爲采購組副組長，但對有經驗的"識途老馬"却不重用。北京圖書館研究員趙萬里說，我在北京圖書館工作了三十年，解放後人事科長和各級領導從沒找我談過，作爲"識途老馬"的高級研究人員，也該被徵求一些意見，但領導上偏不依靠我們這些"老而不死"的人。（1957年5月25日《光明日報》第3版）

5月26日，訪鄭振鐸，晤周予同等。

鄭振鐸日記：六時許，楊廷寶、劉士能、王天木、趙萬里、周予同、杜國庠等陸續來，在此晚餐，談甚暢。（《鄭振鐸日記全編》，第525頁）

5月，所撰《關漢卿史料新得》載《戲劇論叢》第2輯。

按：此文據《永樂大典》卷四六五三天字韻所引《析津志·名宦傳》中的關漢卿傳記，考證其生平，認爲其生活時代爲"十三世紀中葉，就是元世祖中統前後一个時期"。此文發掘出關漢卿生平研究的重要資料，是"具有長期影響的關漢卿生平籍貫研究的重要論述"（趙建坤《關漢卿研究學術史》，第 136 頁）。

6 月 8 日，中共中央發出《關於組織力量準備反擊右派分子進攻的指示》，《人民日報》發表社論《這是爲什麽？》，反右運動開始。

6 月 20 日，鄭振鐸來訪，閲顧曲齋刻《古雜劇》等數種。

鄭振鐸日記：十一時，到北京圖書館訪趙萬里，看到顧曲齋刻的古雜劇，有王伯良序，又看明抄本的唐人集二種，並録其目。（《鄭振鐸日記全編》，第 530 頁）

6 月 29 日，赴文化部訪鄭振鐸，偕往中國書店選購清末史料書。

鄭振鐸日記：趙萬里來，十一時許，和他同到中國書店，選購些清末的史料書。（《鄭振鐸日記全編》，第 532 頁）

6 月 30 日，撰成《薛仁貴征遼事略》後記。

7 月 4 日，陳乃乾來訪。

陳乃乾日記：訪斐雲，談北大叢書及静安文集事。（稿本存海寧市檔案館）

按："静安文集"指《觀堂集林》。陳乃乾時任古籍出版社編輯，1957 年古籍出版社併入中華書局，《觀堂集林》遂由中華書局於 1959 年重版。"北大叢書"，所指不詳，同月 11 日陳乃乾日記載"上午向覺明來，談印北大叢書事"，推測此叢書可能與北大圖書館或史學有關，待考。

7 月 17 日，陳乃乾來訪，取《觀堂集林》。

陳乃乾日記：上午至北京圖書館，向斐雲取《觀堂集林》，至出版社留交調孚。（稿本存海寧市檔案館）

7 月 18 日，鄭振鐸於豐澤園宴請蘇聯顧問雷達婭，張致祥、王冶秋與先生等作陪。

鄭振鐸日記：六時許，到豐澤園宴請顧問雷達婭同志，張致祥、王冶秋、謝李王諸局長、吴仲超、韓壽萱、丁致剛、趙萬里等均到場，我代表周總理及沈部長，以中蘇友誼勳章及獎狀送給她。九時許回。（《鄭振鐸日記全編》，第 537 頁）

7 月，長孫趙進生。

8 月 7 日，馬士良來函，托介紹中華書局工作。

馬士良函：不親教席倏已多載，感念春風，時深依慕。邇惟編摹簡册，考訂典籍，發揚祖國文化，啓示後學津梁，供獻於社會主義建設者，豈有涯涘。敬稟者，生當年在北京大學史學系攻讀，聽老師講中國史料目録學，當時筆記保存至今。以後對於古典文史學書籍多年研究閲讀，迄未中輟。生於此方面之造詣，實我師之啓導以發其端。現在益生文化補習學校授讀數學。頃以中華書局有整理古籍之舉,如標點、校勘、鈔寫等工作,在在需人。生自問尚可從事,且課餘亦有暇晷,可以兼辦。月前曾面見中華書局陳公乃乾,囑送一履歷,亦經送交書局潘經理達人,今月餘未得確信。伏想吾師在文化界數十年,斗山望重,對於書局方面當有聯繫,陳公或亦相知,可否仰祈鼎力,爲生一爲噓植,俾得承乏其間,實深感激。(原函存趙府)

　　按:馬士良,字藺雲,清末內務府大臣紹英(1861—1925)之子。據《國立北京大學歷屆同學錄》,馬士良1934至1937年就讀北京大學史學系(國立北京大學出版部,1948年12月,第187頁)。編有《當代文獻輯略》,有1955年油印本。

8月15日,致函徐森玉,談及陳夢家近況。

　　致徐森玉函:夢家情緒低落,人也消瘦了許多,看來是在劫難逃了。(鄭重《徐森玉》,第209頁)

8月19日,下午陳乃乾來訪。

　　陳乃乾日記:下午至北京圖書館,晤殿珣、斐雲,再至出版社,晤調孚。(稿本存海寧市檔案館)

8月,所撰《一點補正》載《戲劇論叢》第3輯。

　　按:此係《關漢卿史料新得》一文的修正與補充,並據更多資料推定"關漢卿生於1210年左右,死於1280年左右"。文末謂:"我謝謝吳曉鈴先生和胡忌先生,他們把上述'癸酉'這個錯誤指出來讓我修正。我能夠得到他們的指教,感到非常榮幸。"

9月1日,訪鄭振鐸,並取回《宋氏樹畜部》四冊。

　　鄭振鐸日記:趙萬里來談,取去《宋氏樹畜部》四冊。(《鄭振鐸日記全編》,第547頁)

約9月上中旬,致函徐森玉,探詢購書消息,並告知北京圖書館反右情況。

　　致徐森玉函:許久不同音問,想起居勝常爲頌。王育伊兄返滬後得癌病,形勢嚴重,未知近況如何?繫念之至!春後迄今,書市寥落,好書極少。滬上見聞如何?盼能告知一二。今年書款有餘,苦於無書可收,王壽珊宋本書如能解決,最爲理想。前時宗威先生來函談及此事,近又寂然。價格可否代爲酌定,候示即寄款辦理。近來步履如何?貴恙想日就痊可,念念!館中右派共二名,一黨員張某,一張申府,正在追擊中。夢家的處境極爲困難。(柳向春《趙斐雲先生致徐森玉先生函》,《文津流觴》第35期)

　　按:此函柳向春文末句載錄不全,據鄭重《徐森玉》第212頁所引補

"的處境極爲困難"七字。柳向春文推定撰寫時間爲 1957 年,可從;鄭
重《徐森玉》則注明爲 1957 年 10 月 16 日,不確。按,本年 9 月 29 日致
徐森玉函提及王育伊逝世,而此函詢及王育伊癌症病情,時間當早於 9
月 29 日無疑;因内容與 9 月 29 日函緊密相關,推測當撰於 9 月上中旬。

　　9 月 29 日,致函徐森玉,感謝寄示上海古籍書店書單,托詢上海古典文
學出版社消息,並告知北京反右運動情況。

　　致徐森玉函:兩奉惠書,敬悉一一。育伊兄竟爾長逝,爲之震悼不已。
上月來京時,同人曾約集觴於同和居,言談猶昨,而今已隔世,人生如朝
露,不勝歎息。承寄古籍書店書單,僅《徽州府志》尚佳,餘似無可取,故
不另奉煩矣。謝謝! 西諦返京之期,聞在十一月中(鄭太太如此云云)。
康生同志新從杭州松泉閣收得明末黄嘉惠刻本《董西厢》,圖甚精細,開
版清朗,此本他處未見,不勝羨慕之至! 此外又見嘉靖《山西通志》,價八
百元,已爲館中收之。北京圖書館藏元本蘇辛詞(叔弢先生捐),上海古
典文學出版社借去景印,想公已看到。此二書里曾作跋,出版社理應寄贈
一部,但迄未收到(里曾兩函劉哲民先生查詢,亦未置答,以前劉先生來函
甚頻,最近忽又寂然),深以爲奇。鳴放期間,不知伊有無問題(可能是近
來忙於整風學習之故)? 敢懇吾公就近(康平路距天平路很近)委托貴會
一同志前去一問:(一)劉哲民先生近況如何(路工同志也很罣念他)?
(二)關於辛蘇詞,及以後其他稿件聯繫,現在該社由那一部那一位同志
負責,以便通函。瑣瑣瀆神,感激不已。據張明善言,夢家事,尚未結束,
正在交代中。向達是個右派分子,想公在《文匯報》上已見到。聞問題相
當嚴重,北大已開會鬥爭多次。又聞今天下午和晚間,北大召開全校教職
工大會進行批判,不知如何結束也(聞王有三在北大也有問題)。報載公
寶刀不老,立場堅定,此間熟人,無不同聲欽佩。中秋已過,冷暖不時,乞
加意珍攝。拉雜寫此,不恭之至。……國慶後館中將全面展開鬥爭張申
府(此人現在家裏納福,久已不上班)。宗威先生同此致候! 五月中曾寫
《皖南訪書記》,九月份《旅行家》已刊出,乞公和宗威先生多多指正。又
叩。(柳向春《趙斐雲先生致徐森玉先生函》,《文津流觴》第 35 期)

　　9 月,所撰《皖南訪書記》載於《旅行家》1957 年第 9 期。

　　　按:此文記述當年 2 月至 3 月赴皖南訪書的經歷與收穫。

　　10 月 24 日,鄭振鐸自捷克首都布拉格寄贈明信片。

　　鄭振鐸日記:寄明信片給箴、爾康、舒、趙萬里、唐弢、徐森玉。(《鄭
振鐸日記全編》,第 572 頁)

　　11 月 7 日,撰成明適適子本《董解元西厢記》跋。此跋載於古典文學出
版社 1957 年影印《古本董解元西厢記》。

按：該書係當年二月赴皖南訪書時，從績溪縣一位收藏者手裏買到的，是這次訪書的重要收穫之一。跋文考證該書爲休寧適適子據張羽刻本重刻，從版式和刻工體勢看，"當是嘉靖、隆慶之間或萬曆初年刻本，在目前各地所見《董西廂》中，要算最古的刻本了"，對於研究《董西廂》的版本源流是很重要的資料。跋文還考述了此本的校勘價值。

又按：此跋收入北京圖書館善本組輯《影印善本書序跋集録：一九一一—一九八四》（中華書局1995年出版），編者擬名《明適適子本〈董解元西廂記〉跋》；收入《趙萬里文集》時，沿用此擬名。

11月18日，鄭振鐸自列寧格勒來函，述考察所見中國文物文獻，列有所見敦煌卷子簡目。

鄭振鐸日記：寫信給森玉、其芳、斐雲，即發出。（《鄭振鐸日記全編》，第581頁）

鄭振鐸函：我於十五日夜車到了列寧格勒，參觀了冬宮博物館的中國部（有三大寶庫！一，敦煌的壁畫與塑像〔均是原物！〕；二，甘肅黑水城出土的宋元佛畫和道教畫；三，新疆出土的壁畫、塑像等等），到了東方研究所看其所藏敦煌卷子（在一萬卷以上！但以零星殘片爲多，已着手整理），又到了物質文化研究所看其所藏的阿爾泰出土的文物（相當於中國的戰國時代，有受中國影響的地方）。三天以來，足不停步，目不暇給，手不停鈔。因爲十分地興奮，所以完全忘了疲勞，有時甚至忘了午餐。每次午餐都到下午四五時才吃，也不覺得餓。眼飽，肚子也飽了！所念念不忘的《劉知遠諸宮調》和《四美人圖》等，均已見到。《四美人圖》和《義勇武安王位》，篇幅都很大，足足有長方條桌那末大小。這是始料所不及的。最重要的，當然是許多敦煌卷子：1.莊子一卷（漁父第三十一）（殘）；2.文選一卷（謝靈運、韋孟、張茂先、曹子建詩）（殘）；3.王梵志詩一卷（殘）；4.景德傳燈録（？）一卷；5.南宗贊（歎五更）一卷；6.孝經二卷；7.論語子路第十三一卷；8.左傳殘頁二張；9.老子一卷（71—80章）；10.刊謬補缺切韻（入聲廿八鐸，廿九職，中國所未見者）；11.燕子賦二卷；12.項托變文（？）一卷；13.婦科醫書一卷；14.侯白之啓顏録（？）一殘頁（記晏子事）；15.維摩詰經變文二卷。一時也記之不盡，總之，是世人所未知的。因爲，他們正要陸續整理，陸續發表，所以，不便向他們要照片。又，在莫斯科的列寧圖書館裏，見到了（一）明鈔本《永樂靖難録》（四函），（二）《三朝要典》（二函），均大連書也。惜此行匆匆，未能仔細地翻檢一番，詳爲記載也。他們又藏有不少的《道藏》殘本。你近來身體如何？甚念！有新的發現否？致敬禮！振鐸。十一月十八日燈下，於莫斯科。（原函存趙府）

按：此函末署"於莫斯科"，或爲鄭振鐸筆誤。查鄭振鐸日記，11月

16 日晨抵達列寧格勒,19 日晚 11 點 55 分乘車前往莫斯科,18 日仍在列寧格勒。

12 月 8 日,訪鄭振鐸。

鄭振鐸日記:趙萬里來談。(《鄭振鐸日記全編》,第 587 頁)

12 月 30 日,下午與王伯祥訪鄭振鐸,偕往中國科學院文學研究所參加國務院古籍整理出版規劃小組文學組座談會,議定先生會同鄭振鐸、王伯祥草擬文學基本書籍目録。

鄭振鐸日記:下午二時許,伯祥、斐雲來,皆往文學研究所,參加文學小組規劃會議。(《鄭振鐸日記全編》,第 591 頁)

王伯祥日記:二時前至西諦家,晤之,坐甫定,斐雲至,蓋亦同約座談者。稍坐,三人同乘出城,逕詣文研所。至則燦然、其芳、冠英、默存、子書已先在。有頃,莘田、天行、國恩皆至。三時開會,由西諦、其芳、燦然先後説明,受國務院科學規劃委員會古籍整理規劃小組委託,起草關於文學方面者(共分三大類,即哲學、史學、文學)。交換意見後,推在場諸人分任起草,余與西諦、斐雲任文學基本書籍之目録,訂於一月三日上午集西諦家動筆。四時三刻即散,仍附西諦車與斐雲偕返其家。(《王伯祥日記》,第 31 册第 248—249 頁)

12 月,曾與鄭振鐸談及上海文管會收得梁鴻志舊藏"三十三宋齋"舊藏事。

鄭振鐸 12 月 25 日致徐森玉函:前幾天見到陳毅副總理,他説梁的"三十三宋齋"中物,已由他的姨太太捐出,這是一個大好的消息! 雖只存了"三十一宋",但有"辛稼軒"在内,乃是了不起的! 後晤斐雲,知道仍是由上海文管會收到的。我們都未見到這些東西,要等到毛主席看了之後,纔能給大家看,也可能予以展出。(柳向春整理《鄭振鐸致徐森玉函札》,《歷史文獻》第十六輯,第 330 頁)

12 月,所校輯《薛仁貴征遼事略》由上海古典文學出版社出版。

按:此書係元代講史話本,先生自英國牛津大學圖書館藏《永樂大典》卷五二四四遼字韻中輯出。後記謂:"此書文辭古樸簡率之處,和至治新刊平話五種相似,當是宋元間説話人手筆";"此書寫作時代當與《三國志平話》寫作時代相距不遠。"1958 年,北京中華書局重印此書。

本年,文化部副部長鄭振鐸主持,制定編輯出版《敦煌石窟全集》計劃,王乃夫、王冶秋、王振鐸、王朝聞、葉淺予、劉敦楨、吳作人、張珩、周一良、金維諾、先生、趙正之、夏衍、夏鼐、宿白、常書鴻、梁思成、董希文、謝稚柳、翦伯贊等二十人組成編委會。編委會在 1958 年至 1959 年先後召開三次會議,制定了《敦煌石窟全集》出版計劃綱要、選題計劃、編輯提綱和分工辦法等文件草案。(《敦煌石窟全集》第一卷《莫高窟第 266—275 窟考古報告》第一分册《序言》,第 1 頁)

本年,上海古典文學出版社影印《東坡樂府》、《稼軒長短句》二書,合訂一册,每書後各附先生一跋。

　　按:此二跋收入北京圖書館善本組輯《影印善本書序跋集録:一九一一——一九八四》(中華書局 1995 年出版),編者分別擬名《元延祐刻〈東坡樂府〉跋》、《元大德刻〈稼軒長短句〉跋》;又收入《趙萬里文集》,沿用該書擬名。

1958 年　　先生五十四歲

本年,先生任北京圖書館善本特藏部主任。

　　按:據 1958 年 9 月《北京圖書館組織機構表》,館内設辦公室、采訪部、編目部、閲覽部、善本特藏部、參考書目部、科學方法研究部等部門;善本特藏部下設善本組、輿圖組、兄弟民族語文組、金石組。(《北京圖書館館史資料彙編〔二〕:1949—1966》,第 179 頁)

1 月 3 日,與王伯祥訪鄭振鐸,共同起草文學古籍翻印整理計劃,擬出書單。

　　鄭振鐸日記:九時許,伯祥、萬里來,一同起草科學規劃中的關於文學古籍的翻印、整理計劃,擬出了一張 356 種的書單,又在其中選出最重要的作品 100 餘種,必須加以精選的讀書五十二種,以及“内部資料”的目録 16 種,這個工作到下午五時告成,集體合作是其主要精神所在。(《鄭振鐸日記全編》,第 594 頁)

　　王伯祥日記:八時四十分出乘三輪,往黄花門大街晤西諦,斐雲已在。乃共酌書目,爲古籍整理小組開列文學部門各書,直至下午四時始粗完,凡開出書目三百五十六種,即飯其家。五時與斐雲同離鄭家。(《王伯祥日記》,第 31 册第 256 頁)

1 月 25 日,鄭振鐸到訪北京圖書館善本部,看蜀刻唐人集、《格致叢書》等。

　　鄭振鐸日記:十一時許,到北京圖書館善本部,看蜀刻唐人集、《格致叢書》等。(《鄭振鐸日記全編》,第 598 頁)

1 月 31 日,午後訪鄭振鐸,偕往中關村參加古籍整理出版規劃小組座談會,審訂擬目。

　　王伯祥日記:午飯畢,乘三輪往黄化門大街晤西諦,時爲一時半。有頃,斐雲至。因於二時同乘西諦車馳赴中關村社會樓三〇四室,出席座談。到齊燕銘、鄭西諦、何其芳、余冠英、錢默存、金燦然、徐調孚、吳曉鈴、孫子書、趙斐雲及余十一人，出各人所擬目商談，酌爲修改。余又被推與默存擬詩文選本目録，約星一必須交卷云。五時散，余與斐雲附燦然、調孚車入城。(《王伯祥日記》，第 31 册第 296—297 頁)

2 月 9 日至 12 日，赴政協禮堂參加國務院古籍整理出版規劃小組成立會。

鄭振鐸日記：(2 月 9 日)九時，到政協禮堂第二會議室，參加國務院科學規劃委員會的整理重印古籍小組的成立會。由齊燕銘同志主持，並說明組織經過。繼由周揚同志講話，着重於"爲今天的需要"而做這個工作，並不是"保存國粹"，誠是一針見血之談。他又說到毛主席所說的"中外古今"的指示。十二時散。中午請徐森老、金子敦、徐嘉瑞、李一氓、趙萬里等在寓午餐。一氓借去《海内奇觀》及《偷甲記》。一時許散。(《鄭振鐸日記全編》，第 601 頁)

顧頡剛日記：(2 月 9 日)到政協禮堂，參加國務院科學規劃委員會古籍整理和出版規劃小組成立會，自九時至十二時。……今日同會：齊燕銘(主席)、周揚、金燦然、鄭振鐸、葉聖陶、王伯祥、楊晦、王瑶、齊思和、聶崇岐、翦伯贊、徐森玉、趙萬里、鄧廣銘、徐炳昶、章士釗、邢贊亭、李儼、周雲青、朱謙之、宿白、陳乃乾、謝無量、周輔成、林宰平、劉盼遂、賀昌群、容肇祖、馮友蘭、周谷城、尹達、徐調孚、姚紹華、郭敬、嵇文甫、周叔弢、金兆梓、舒新城、魏建功、陳垣、陳樂素、夏鼐、孫人和、邵循正、杜國庠、吳晗、潘梓年。(《顧頡剛日記》第八卷，第 380—381 頁)

王伯祥日記：(2 月 9 日)至政協禮堂已九時，在門口遇藏雲，同入第二會議室，濟濟一堂，殆百許人，京中老輩如援庵、旭生等，京外各省市代表之從事文教者如森玉、子敦等皆在，蓋古籍整理小組正式成立，特召此盛會也。頡剛、乃乾、冠英、西諦、其芳、斐雲、調孚、聖陶、燦然、循正、若城、楊晦、林庚、國恩等皆晤，談有頃。九時半開會，燕銘主席，周揚作指示，十二時始散。(《王伯祥日記》，第 31 册第 317—318 頁)

鄭振鐸日記：(2 月 10 日)九時到政協禮堂，參加整理重印古籍的小組會，我和翦伯贊、潘梓年分別說明文史哲三方面目録的編纂情況，徐森老也發了言。(《鄭振鐸日記全編》，第 601 頁)

王伯祥日記：(2 月 10 日)附聖陶車去政協禮堂，與聖陶、藏雲、調孚聯坐，續參昨會。燕銘致辭後，西諦說明文學書目起草經過，伯贊說明歷史書目起草經過，梓年說明哲學書目起草經過。休息後芝生、守素、森玉、天行先後發言，十二時十分散。(《王伯祥日記》，第 31 册第 319—320 頁)

鄭振鐸日記：(2 月 11 日)九時到政協禮堂，參加古籍小組的座談會。

有好幾個人發言。最後由康生同志作總結性的講話,主要地講古典文學研究方面的資料的搜集、整理與印刷的觀點與資料的統一問題,他指出今天古典文學的講授與出版的無原則性,是非不分,好惡不明,大是要不得。(《鄭振鐸日記全編》,第 602 頁)

王伯祥日記:(2 月 11 日)八時出,風中乘三輪過訪聖陶,仍同車往政協禮堂,出席古籍整理小組大會。吳辰伯、邢贊亭、章行嚴、金子敦、嵇文甫先後發言,十一時休息,後由康生講話,頗切實有味,十二時四十分乃散。(《王伯祥日記》,第 31 册第 321 頁)

鄭振鐸日記:(2 月 12 日)下午三時,到政協禮堂,參加文學小組的座談會。五時半,偕森老、斐雲、默存回寓,即在寓晚餐,同座者尚有何其芳夫婦、仲超、巴金、曹禺諸人。九時半客去,即睡。(《鄭振鐸日記全編》,第 602 頁)

顧頡剛日記:(2 月 12 日)與苑峰同到政協禮堂,參加歷史組會議,自九時至十二時一刻。……今日同會:翦伯贊、鄧廣銘、聶崇岐(以上主席)、徐森玉、徐炳昶、賀昌群、張政烺、姚紹華、周雲青、宿白、邵循正、趙萬里、金兆梓、陳乃乾、齊思和、曾次亮。(《顧頡剛日記》第八卷,第 382 頁)

按:1957 年 12 月,國務院科學規劃委員會批准文化部副部長齊燕銘《關於成立古籍整理出版規劃小組的報告》。1958 年 2 月 9 日至 12 日,國務院科學規劃委員會在北京政協禮堂召開古籍整理出版規劃小組成立大會,各地專家和有關機構負責人百餘人參加了會議。第一屆古籍整理出版規劃小組由齊燕銘任組長,成員有葉聖陶、齊燕銘、何其芳、吳晗、杜國庠、陳垣、陳寅恪、羅常培、范文瀾、鄭振鐸、金兆梓、金燦然、趙萬里、徐森玉、張元濟、馮友蘭、黃松齡、潘梓年、翦伯贊等 19 人。下設文學、歷史、哲學三個分組:文學組,由鄭振鐸、何其芳任召集人,成員有王任叔、王伯祥、王瑤、余冠英、邢贊亭、吳曉鈴、林庚、阿英、孫楷第、徐嘉瑞、徐調孚、章行嚴、陳翔鶴、馮至、馮沅君、游國恩、楊晦、葉聖陶、隋樹森、趙萬里、錢鍾書、魏建功、羅常培、譚丕模等;歷史組,由翦伯贊任召集人,成員有于省吾、尹達、白壽彝、吳晗、吳澤、汪籛、周予同、周雲青、周谷城、邵循正、金兆梓、金毓黻、范文瀾、徐中舒、徐炳昶、徐森玉、翁獨健、夏鼐、宿白、張政烺、陳垣、曾次亮、賀昌群、傅樂煥、齊思和、鄧廣銘、鄧拓、顧頡剛、閻文儒、聶崇岐等;哲學組,由潘梓年、馮友蘭任召集人,成員有王維庭、石峻、朱謙之、李達、李儼、吳則虞、吳澤炎、杜國庠、汪奠基、林宰平、林澗青、侯外廬、胡曲園、孫人和、唐鉞、容肇祖、陳乃乾、嵇文甫、楊榮國、趙紀彬、劉盼遂、謝無量等。此次會議確定了全國古籍整理出版的六個重點:整理和出版中國古代名著基本讀物;出版重要古籍的集解;整理、出版總集和叢書;出版古籍的今譯本;重印、影印古籍;整理和出版閱讀和研究古籍的工具書。1958年2月22日《光明日報》頭版對此次會議進行重點報導。

2月16日,赴文化部參加文物畫報編委會,晤鄭振鐸、張珩、夏鼐、王去非、高履芳等。會後與夏鼐隨鄭振鐸往中國書店購書。

鄭振鐸明萬曆刊本《唐人選唐詩》跋:一九五八年二月十六日上午,於開會後偕趙斐雲、夏作銘二君同游書肆,獲之,甚是高興。(《西諦書目·西諦題跋》,第20頁;《鄭振鐸全集》第17卷,第624頁)

鄭振鐸日記:九時,文物畫報《鐵網珊瑚》(或《藝苑英華》)編委會開會,十一時半散,偕趙、夏二人到中國書店,得明刊本(非汲古閣本)《唐人選唐詩》六種,大爲得意!(《鄭振鐸日記全編》,第603頁)

夏鼐日記:上午赴文化部參加文物畫報編委會,由鄭振鐸部長主持,參加者有張珩、趙萬里、王去非、高履芳同志等,決定出不定期刊物,今年7月出創刊號,10月出第2期,並議定這兩期的題目。散會後,隨鄭先生赴中國書店專家服務部看書。(《夏鼐日記》卷五,第353頁)

2月18日,是日春節,上午赴鄭振鐸寓所拜年,偕訪康生、游琉璃廠書市;午後鄭振鐸回拜。

鄭振鐸日記:趙萬里來,偕往康生同志處拜年。到陳叔通先生處拜年。十一時許,到琉璃廠。今年書攤甚多而好書極少。購《名筆集勝》、《黎洲遺著》等數種。到榮寶齋看畫。遇陳家康、喬冠華、李一氓諸同志,劇談久之。一時,回。午睡一會。下午,在家理書。忽找出久覓未得的《文殊第二》(《維摩詰經變文》之一)一卷、怡府箋數十張,大爲高興! 帶着喜悅的心情,到隆福寺修綆堂取來明覆宋本《高常侍集》(十卷本)。到趙萬里家拜年。(《鄭振鐸日記全編》,第603頁)

鄭振鐸明正德刊本《高常侍集》跋:《高適集》有明活字版本,凡八卷,有詩無文。又有張遜業東壁圖書府本,亦只有詩二卷。以後翻刻張本的諸明刊《十二家詩》,像許自昌、楊一統所刻的,也都是二卷本。《四庫》收的是十卷的影宋鈔本,於詩八卷外,第九、十兩卷是文,最爲完備,惜未有覆刻本。曾在北京隆福寺修綆堂架上見有明正德、嘉靖間覆宋刻本一部,亦是十卷,有詩,有文;一時匆促,未及購之。今天是夏曆戊戌年元旦,偕趙萬里君游廠甸,偶憶及此書,因亟往修綆堂取之歸。玄覽堂所儲唐人集又多一善本矣。(《西諦書目·西諦題跋》,第14頁;《鄭振鐸全集》第17卷,第615頁)

2月26日,上午會後偕鄭振鐸、夏鼐同游書肆。

鄭振鐸明萬曆刊本《唐人選唐詩六種》跋:一九五八年二月二十六日上午,於開會後偕趙斐雲、夏作銘二君同游書肆,獲之,甚是高興。(《西

諦書目·西諦題跋》,第 20 頁;《鄭振鐸全集》第 17 卷,第 624 頁）

3月3日,應鄭振鐸邀赴文化部,商談修改古籍整理規劃文學部分。

鄭振鐸日記:八時半,到部辦公。約趙萬里來,談修改整理古籍計劃中的文學部分的事。（《鄭振鐸日記全編》,第 606 頁）

3月4日,午後與王伯祥訪鄭振鐸,繼續商談整理古籍整理規劃文學部分擬目。

鄭振鐸日記:下午二時半,趙萬里、王伯祥來,商談有關重印、整理古籍中的文學著作事。（《鄭振鐸日記全編》,第 606 頁）

王伯祥日記:午飯後二時,余乘三輪往應西諦之約,仍與斐雲三人共商。抵五時散。清代部分屬余重艸,約周內交卷。（《王伯祥日記》,第 31 册第 358 頁）

3月5日,宋雲彬向先生郵寄所擬《編纂〈史記集注〉計劃》一份。

宋雲彬日記:寄邵麟荃、朱文叔、陳此生、許寶駒、邵力子、俞平伯、趙萬里、吳克堅、陳叔通、陳伯衡、劉薰宇、田宿宇、屈伯剛、金致淇《編纂〈史記集注〉計劃》各 份。（《紅塵冷眼》,第 456 頁）

3月8日,午後赴文化部,出席古籍整理規劃小組文學組座談會,審訂選目。

王伯祥日記:至二時,又出乘三輪,逕赴朝內大街文化部,登三樓就會議室,應古籍整理小組文學分組座談會。到齊燕銘、鄭西諦、金燦然、徐調孚、邢贊亭、孫蜀丞、章行嚴、錢默存、余冠英、吳曉鈴、葉聖陶、趙斐雲、王瑶、林庚、王任叔及余十六人,並一書記。商談文學書目,決定就新修訂者付印,然後分寄各方,廣徵意見。散會已六時。（《王伯祥日記》,第 31 册第 367—368 頁）

3月12日,出席全國政協文化組座談會,並在"文化藝術界社會主義大躍進倡議書"上簽名。

《首都文藝界人士提出大躍進倡議:加速自我改造 力爭又紅又專》:中國人民政治協商會議全國委員會文化組於 3 月 12 日邀請一部分文化藝術界人士座談目前文藝界社會主義大躍進的情況。會上由鄭振鐸、葉淺予等提出"文化藝術界社會主義大躍進倡議書",有五十多人簽名。倡議書上說:"我們在全國政協召開的文化藝術界社會主義大躍進座談會上倡議加速自我改造,爭取在短期內成爲又紅又專的文化藝術工作者,特訂下列五點,和全國文化藝術工作者一起鼓起幹勁,共同奮鬥。一、永遠跟着共產黨走社會主義的路,全心全意爲黨爲人民貢獻出一切力量;二、努力學習馬克思列寧主義,爭取短期內成爲又紅又專的文藝工作者;三、堅決貫徹執行毛主席的文藝方針,虛心向工農兵學習,誠心誠意爲工農兵服務,反對浪費、反對保守,保證多快好省地完成文化藝術生産任務,提高文化藝術質量;四、鼓起革命幹勁,推動全國,儘快地壯大工人階級的文化藝術隊伍;五、每個人訂出個人規劃,力爭在文藝生産上,開展社會主義競賽。希望全國的文藝工作者們都來參加這個競賽。"(1958 年 3 月 19日《光明日報》第 2 版)

3 月 17 日,《光明日報》刊登國務院科學規劃委員會古籍整理出版小組歷史分組所擬《1958 年史部古籍出版計劃》,列入先生所輯《輯本宋元方志六十種》、《輯本經世大典》二種,另明郭湑《東事書》一種係據先生所藏明天啓刻本影印。

　　按:《輯本宋元方志六十種》、《輯本經世大典》未見刊行。

3 月 19 日,訪琉璃廠中國書店,遇鄭振鐸;午後訪鄭振鐸,重新整理重印文學古籍目錄,並擬定 1958 年出版計劃。

　　鄭振鐸日記:十一時半,到中國書店,遇趙萬里。選購書數種,見到黃跋黃校的《陳子昂集》二册,最爲白眉。午睡。下午三時許,趙萬里來,共同把文學書目再行整理一番,並定出 1958 年的計劃來。(《鄭振鐸日記全編》,第 609 頁)

3 月 19 日,鄭振鐸宴請方行,先生與王冶秋、左恭等作陪。

　　鄭振鐸日記:夜六時許,請方行同志晚餐,到者有左恭、趙萬里、吳仲超、王冶秋、王任叔、徐達、張珩諸同志。十時許散,即睡。(《鄭振鐸日記全編》,第 610 頁)

3 月 25 日,全國省、市、自治區公共圖書館工作躍進大會閉幕,文化部副部長夏衍作總結報告,先生與北京圖書館同仁丁濬、漢佛語、劉汝霖、朱家濂、李鍾履、李德啓、袁湧進、張全新、張秀民、戚志芬、曾毅公、楊殿珣、賈芳、冀淑英、顧子剛、爨汝僖等發表倡議書,並由先生代表發言。

　　發言概要:趙萬里同志代表發言:在全國工人、農民、知識份子熱火朝天地比幹勁、比鑽勁、比紅、比專的社會主義大躍進中,我們讀了上海 17位科學家倡議書,深深受到鼓舞。我們決心做左派,決心做又紅又專更紅更專的工人階級知識分子,把心獻給黨,把知識獻給人民,特提出六項奮鬥目標,向全國圖書館工作者發起社會主義友誼競賽。一、全心全意接受黨的領導,把心獻給黨,堅決走社會主義道路。二、聯繫實際,認真學習馬列主義,認真學習毛主席著作,徹底改造自己。三、積極參加勞動鍛煉和生産實踐,向工人農民學習,和工人農民同甘苦,共勞動,打成一片。四、努力工作,忘我地超額地爲社會主義圖書館事業服務,多、快、好、省地完成各項工作,認真學習蘇聯圖書館學先進科學技術經驗,積極促進技術革新。五、根據具體情況,訂好個人計劃,寫出圖書館學、目錄學和其他方面各種專著和論文,完成和超額完成圖書館學 12 年科學遠景規劃所規定的各項指標。六、積極培養新生力量,在政治業務雙躍進的基礎上,爭取在三年或更多一些時間內,培養成一支人數衆多的圖書館界紅色戰士。(《各圖書館代表的發言·倡議書》,《圖書館學通訊》1958 年第 2 期)

4 月 11 日,北京大學圖書館向北京圖書館轉贈《永樂大典》四冊。

4 月 14 日,鄭振鐸訪北京圖書館,看宋本陶集及世綵堂本韓柳集。

> 鄭振鐸日記:十一時許,到北京圖書館,看宋板陶集二種及宋世綵堂本韓集、柳集。(《鄭振鐸日記全編》,第 614 頁)

4 月 19 日,蘇聯政府向中國政府贈還金刻本《劉知遠諸宫調》四十二葉、清繪本《聊齋圖説》四十六冊。

4 月,所校輯《關漢卿散曲輯存》載於《關漢卿戲曲集》(中國戲劇出版社出版)。

> 按:此文校輯關漢卿所著套曲十四套、小令五十七首附録五首;依《太和正音譜》所列北曲宫調先後爲次;各曲注明所出,引用書籍以成書先後爲序;各曲正文據引用書籍中第一種書逐録,各書異文録爲校記,字句顯然謬誤者逕予改正並出校記;引用及參校者有《太和正音譜》、《嘯餘譜》、《北詞廣正譜》、《雍熙樂府》、《彩筆情詞》、《北宫詞紀》、《詞林白雪》、《盛世新聲》、《詞林摘豔》、《堯山堂外紀》、《太平樂府》、《樂府群珠》等十餘種。

同月,任"敦煌"編輯委員會委員。

5 月 2 日,致函徐森玉,告知整風運動、北京書業與北京圖書館機構調整等情況。

> 致徐森玉函:此間整風運動即將進入第四階段,開會學習正忙。自從厚今薄古方針提出以後,上級雖無明文指示,但館中對收購舊書已有縮手縮脚現象。中國書店營業清淡,近年罕有,即此一端,可反映購書人心理矣。以後三四千元收一部宋元本,一二千元收一部明版方志,恐怕無此勇氣(事實上,可收之書已經非常稀少)。又北京圖書館機構問題,不久館中也要小組討論。頗有人主張現在的三級制(即館長、主任、組長),可改爲二級制,由幾位副館長直接領導組長進行工作,所有閲覽、采、編、善本等主任級可全部取消。如果實現,我從此可以從紛繁的行政事務中解放出來,作一普通館員,做些編目工作,也比現在忙忙碌碌好得多矣。(柳向春《趙萬里與徐森玉兩先生交游述略》,載《版本目録學研究》第七輯,第 119 頁)

5 月 18 日,偕鄭振鐸訪中國書店閲書。

> 鄭振鐸《堯山堂外紀》跋:今晨偕斐雲至中國書店,見於案頭,乃復收

之。《西諦書目·西諦題跋》,第 10 頁;《鄭振鐸全集》第 17 卷,第 624 頁)

同日,瞿鳳起來函,簡述當年上海圖書館入藏稀見善本書。

瞿鳳起函:《徐節孝集》吾館所藏本書上並無刊書年號,亦無劉祐序跋,與敝目著録本相同,即據以入録,不知有誤否,請指正。原書每半頁十行行二十字。此間市上好書亦不甚多。五八年入藏比較少見者有宋余仁仲刻殘本《禮記》一至九卷、萬曆本《黔記》、《啓禎遺詩》、明正德鈔殘本《北堂書鈔》、嘉慶鈔本洪武十年謝應芳纂十九卷本《常州府志》、崇禎刻殘本《掛枝兒》(現在西諦處)、黃丕烈批《讀書敏求記》、嘉靖本《山陰縣志》、正德本《松江府志》、宋刻本《唐鑑》,刊工容另鈔。(原函存趙府)

5 月 20 日,致函沈燮元,謝其贈送《屠紳年譜》,並詢問南京舊書店景況。

致沈燮元函:今日收到大著《屠紳年譜》一册,循環盥誦,感佩莫名。謝謝! 此間舊書店生意冷淡,來源亦非常稀少,未知寧市如何? 有暇祈時賜教言,藉匡不逮。陳老近況如何? 晤乞代候。(沈燮元、陳紅彦惠示)

5 月 30 日,鄭振鐸訪北京圖書館。

鄭振鐸日記:十時許,到北京圖書館,看《新儀象法要》等書。(《鄭振鐸日記全編》,第 620 頁)

6 月 8 日,上午訪鄭振鐸。

鄭振鐸日記:八時許,趙萬里來談。(《鄭振鐸日記全編》,第 622 頁)

6 月 19 日,鄭振鐸晚餐後來訪,談徐森玉 21 日來京事。

鄭振鐸日記:晚餐後,到夏作銘、趙萬里二同志家去,皆談徐森老二十一日北來事。九時許回。(《鄭振鐸日記全編》,第 623 頁)

6 月 21 日,與鄭振鐸等前往火車站迎接徐森玉。

鄭振鐸日記:四時許,到車站接徐森老。火車誤點,直到六時許纔到站,我和斐雲等送他到和平賓館,住 516 號。他顯得老態得多了。一同在那兒吃晚飯。九時許回。(《鄭振鐸日記全編》,第 624 頁)

7 月 1 日,撰成《陸游、辛棄疾的手稿和其他著作》。

按:此文載文物出版社 1959 年出版《文物精華》第一集。

7 月 11 日,下午訪鄭振鐸,取《山歌》四册。

鄭振鐸日記:下午三時,趙萬里來,取去《山歌》四本。(《鄭振鐸日記全編》,第 627 頁)

7 月 18 日,陳乃乾來電。

陳乃乾日記:上午與斐雲、蜀丞電話。(稿本存海寧市檔案館)

7 月 20 日,撰成《崇高的友誼——記蘇聯政府贈送的〈劉知遠諸宮調〉

和〈聊齋圖説〉》。此文載於《文物參考資料》1958 年第 7 期。

  按:7 月,文化部將蘇聯政府 4 月經我國駐蘇大使館贈還中國的金刻本《劉知遠諸宮調》四十二葉、繪圖本《聊齋圖説》四十六册撥交北京圖書館庋藏。此文主要論述《劉知遠諸宮調》成書時代、内容及文獻價值。

7 月 27 日,文化部宣布北京圖書館轉隸北京市文化局。

8 月 5 日,訪鄭振鐸,偕往中國書店看書。

  鄭振鐸日記:下午,趙萬里來,偕往中國書店看書。在燈市口收購部却見到了不少好書,便又"食指大動"矣。(《鄭振鐸日記全編》,第 631 頁)

8 月 7 日,應邀赴中國書店古舊書業務學習班講授書史。

  鄭炳純《憶趙萬里先生》:1958 年新華書店總店與中國書店聯合舉辦古舊書業務學習班,各省市書店多派有人參加,鄭振鐸、趙萬里、吳曉鈴等專家均有講話,爲爾後各地開展古舊書業務,起到積極作用。八月七日趙先生講書史,主要講宋至清代的刻本和寫本書,對各時各地的刻書風氣、刻工、行款、用紙等特徵,大致都涉及了。講話既有體系,又富靈活性,往往前後左右對比。講到興奮時,神彩飛揚,對許多名刻名鈔讚歎不已。有些至今下落不明的珍本,急切地希望重新發現。其珍重祖國優秀文化遺産的拳拳之情,溢於言表,聽者爲之動容。(1993 年 12 月 25 日《文匯讀書周報》)

  鄭炳純《趙萬里談古籍版本》引言:1958 年 8 月 7 日中國書店特邀先生演講,以幫助提高從業人員鑒定版本水平。主要講宋至清代的刻本、寫本書,他對收購人員期望很高,對於前人提到曾流傳過的古刻名鈔,後來又長久下落不明諸書,急切地盼望能重新發現,拳拳之情,溢於言表。這次講話他没有形諸文字,我根據當時筆記整理出來。(《中國典籍與文化》1994 年第 1 期)

  趙芳瑛、趙深《趙萬里先生傳略》:8 月,應邀到北京新華書店和中國書店合辦的古舊書業務學習班,講"書史"。他講到從宋到清歷代的刻本和寫本,對各時各地的刻書風氣、刻工、行款、用紙等特徵,都有所介紹。(《趙萬里文集》第一卷,第 17—18 頁)

  按:此次演講經鄭炳純整理爲《趙萬里談古籍版本》,載於《中國典籍與文化》1994 年第 1 期;其中與北京有關的部分,經鄭炳純整理,以《明清善本書版本考》爲題,載於北京出版社 1993 年 12 月出版之《北京出版史志》第一輯。

8 月 11 日,文化部文物局向北京圖書館撥交蘇聯贈還我國的金刻本

《劉知遠諸宮調》、清繪本《聊齋圖説》，及翁之熹捐贈善本書48種374冊。（《中國國家圖書館館史資料長編：1909—2008》，第456頁）

8月27日，致函徐森玉，告知北京圖書館轉隸北京市文物局。

致徐森玉函：接沈宗威先生函，得悉《古靈集》蒙大會協助，得以解決，至感至感。昨由館中匯去書款二百元，到希答收。該書發單，便希寄下，以便報銷。原書一冊，請即交郵掛號寄交里收（包扎費、郵費請開單告知，以便續匯）。上月文化部將所屬五十多個單位下放給地方領導，我館和故宮博物館、歷史博物館等四十多個單位，下放給北京市文化局領導。現在中央文化部文物局直接領導的單位，僅有文物出版社。文物局幹部也減至十二人。王振鐸下放到故宮，任研究員。葱玉和傅忠謨、王毅等仍在文物局。我館雖然下放，但全國性性質未變，文化部仍舊可以行文來指示。以上各節，想公或有所聞也。（柳向春《趙斐雲先生致徐森玉先生函》，《文津流觴》第35期）

按：據柳向春介紹，此函存信封，上有1958年8月31日上海收函戳記。

8月30日，鄭振鐸訪北京圖書館看善本書。

鄭振鐸日記：到北京圖書館看善本書。（《鄭振鐸日記全編》，第635頁）

9月8日，北京圖書館舉辦"蘇聯贈還我國珍貴圖書展覽"，沈雁冰、鄭振鐸及蘇聯駐華大使館臨時代辦安東諾夫等參加開幕式。

鄭振鐸日記：十時到北京圖書館，參加"蘇聯贈還我國珍貴圖書展覽"的開幕式，沈部長和蘇聯代辦安東諾夫都講了話。（《鄭振鐸日記全編》，第636頁）

《蘇聯贈還我國珍貴圖書8日開始在北京展出》：文化部主辦的"蘇聯贈還我國珍貴圖書展覽"8日上午在北京圖書館開幕，共展出蘇聯近年贈還我國的珍貴圖書，金代刻本《劉知遠諸宮調》四十二頁、明代寫本《永樂大典》六十三冊及清代畫本《聊齋圖説》四十六冊，這些珍本在我國文化史上都有很大的價值。（1958年9月10日《人民日報》第5版）

9月10日，致函徐森玉，托洽購《溫公集》，並告知翁氏捐書已到館。

致徐森玉函：接航諭，慰悉慰悉。《溫公集》得貴會和吾公協助，公私俱感。前日文化部在此舉行蘇聯贈還珍貴圖書展覽招待會，西諦部長亦出席，談及此事，渠云可請吾公全權辦理，或先給價五千何如？至大米一千石之説，當然不足爲訓，未知公意云何？受大翁氏捐書最後一批，近由文物局移送到館，《石林詩話》、毛校《山海經》確是好書，已爲之重裝做匣，珍襲藏之矣，知注特聞。匆上，即請近安，并祈順時珍衛爲禱。……宗

威先生均此致候！貴會致館中一函已收到，不另作覆。又及。（柳向春《趙斐雲先生致徐森玉先生函》，《文津流觴》第 35 期）

10 月 11 日，下午訪鄭振鐸。

鄭振鐸日記：下午，理書。趙萬里來談。（《鄭振鐸日記全編》，第 642頁）

同日，致函徐森玉，托再與書主商議《溫公集》價格，並告知北京圖書館新入藏善本情況。

致徐森玉函：頃接惠電，得悉《溫公集》前途落至六四〇〇元，當與楊殿珣、張全新兩同志商議，僉意照目前形勢，私人向公家出讓書籍，似以稍低爲是。五千元如果不能同意，可否稍增至五千五百元如何，請再倩人與老太婆折衝一番，一切請卓裁爲感。西諦先生日内即將出國訪問，約年底返國。此間新收錢牧齋《武安王集》手稿（《讀書敏求記》著錄）三册，陳奐手跋，又得士禮居抄本《玉峰志》（從祝允明抄本傳錄），黃跋三段，皆佳。近來健康如何？務請節勞，多多休息。（柳向春《趙斐雲先生致徐森玉先生函》，《文津流觴》第 35 期）

按：據柳向春介紹，此函存信封，上有北京 1958 年 10 月 14 日郵戳、上海 1958 年 10 月 16 日郵戳。

10 月 16 日，到火車站接徐森玉，晤鄭振鐸，偕往鄭宅晚餐。

鄭振鐸日記：四時半，到東車站接徐森老，遇斐雲、仲超、全新諸同志。他住在故宮宿舍。談了好一會兒，即偕他和斐雲到寓便餐。八時許，他們別去。（《鄭振鐸日記全編》，第 643 頁）

10 月 17 日，鄭振鐸率領中國文化代表團取道蘇聯前往阿富汗王國、阿拉伯聯合共和國訪問，飛機在蘇聯楚瓦什共和國卡納什地區上空失事，同機10 位代表團成員及 6 位對外貿易部工作人員全部不幸遇難。（《鄭振鐸年譜》，第 1048 頁）

11 月 5 日至 25 日，北京圖書館點收高君箴捐贈的鄭振鐸藏書 13924 部83839 册。（《中國國家圖書館館史資料長編：1909—2008》，第 459 頁）

按：另據朱家濂、王樹偉《西諦藏書概述》介紹，最終接收西諦藏書總數爲 17224 部 94441 册份。（《圖書館》1961 年第 2 期，第 10 頁）

11 月 9 日，在滬，訪上海圖書館，閱覽明刻本《松江府志》等善本古籍二十種。

上海圖書館《善本組週記》：北圖趙萬里閱覽明刻《松江府志》八册、《山陰縣志》四册、清刻《臺灣府志》一册、宋刊《唐鑑》四册、《王建詩集》四册、《三蘇文粹》廿四册、《妙法蓮花經》一卷、《淨心經》一册、明刊《鹽鐵論》二册、《天祿閣外史》四册、明抄《支道林集》一册、《北堂書鈔》卅八册、校本《讀書敏求記》四册、元刊《百將傳》二册、宋刊《東觀餘論》四册、《中吴紀聞》弘治本二册、明刊《談笑酒令》四册、蒙古本《本草目録》二册、明刊本《狐媚叢談》五册、《豐韻情書》六册。（沈津惠示；沈津《關於〈善本組週記〉》，2015 年 9 月 20 日《南方都市報》A09 版）

11 月 24 日，在上海圖書館閲善本書百餘種，選定《中國版刻圖録》入選善本書六十六種，並安排拍攝書影。

上海圖書館《善本組週記》：北京圖書館趙萬里來，爲全國書影事來館閲覽善本一百餘種，選定各種版本書六十六種，並代至中國照相館攝影，由其直接寄去。（沈津惠示；沈津《關於〈善本組週記〉》，2015 年 9 月 20 日《南方都市報》A09 版）

12 月 2 日，中國科學院圖書館向北京圖書館轉交《永樂大典》夢字韻一册。該册係 1954 年蘇聯科學院贈還中國科學院訪蘇代表團。（《中國國家圖書館館史資料長編：1909—2008》，第 457 頁）

12 月 5 日，所撰《〈永樂大典〉本〈水經注〉破鏡重圓記》載於《人民日報》。

按：此文叙述《永樂大典》本《水經注》分别由商務印書館董事會 1951 年捐獻、北京大學圖書館 1958 年 4 月 11 日轉交北京圖書館，使得分離多年的一書重新成爲完璧的過程，高度讚揚“北京大學圖書館向北京圖書館移贈《永樂大典》本《水經注》這一事件，是全國圖書館界進行協作良好的開端，希望進一步發揚這種共産主義的協作精神”，並呼籲：“我懇切地盼望全國圖書館界，也要學習北京大學圖書館忘小我、立大我的精神，將館藏檢查一下，如果發現重要書籍，可以補配他館之缺，應該通過協商，作出決定，讓這些書籍早日‘破鏡重圓’。這對於圖書館的典藏、出版和科學研究工作，都是十分有利的。”

12 月 8 日，赴故宫參加《文物精華》編輯會，晤王冶秋、張珩、夏鼐、陳萬里等。

夏鼐日記：下午赴故宫參加《文物精華》季刊編輯會，由王冶秋局長召集，張蒽玉、陳萬里、趙萬里同志亦出席，決定元旦出第 1 期。（《夏鼐日記》卷五，第 419 頁）

12 月，故宫博物院將其所藏書籍 307844 册、殘破佛經 169 箱、殘破霉爛書籍 202 捆、書版約 20 萬塊撥交北京圖書館，暫存於故宫壽安宫。（《中國國家圖書館館史資料長編：1909—2008》，第 457—458 頁）

12 月，王壯弘得北齊《高陽王湛墓誌》明拓本，後先生經慶雲堂爲北京圖書館購得。

王壯弘《增補校碑隨筆》：余於一九五八年十二月間突見此誌，爲沈仲復鰈硯廬舊藏。瞿木夫、中溶跋言題識瀰滿帖邊，後有錢大昕、顧千里跋尾及葉釫之釋文。此誌初爲瞿木夫長兄所得，求其舅錢大昕題記，後瞿中溶欲得葉釫之銅器物拓本，遂以此誌易之。而顧千里實爲此事之媒介（此事俱見三家跋記）。此拓本後爲鰈硯廬沈氏所得，今由余處流入北京慶雲堂，轉售趙萬里先生。此册剪裱本拓墨沉黝，以紙墨驗之，實爲明末拓本，乃海內僅存之孤本。然書迹較他誌軟弱，不知何故。（第416頁）

按：此誌先生早已留意，但長期未見拓本。所撰《漢魏南北朝墓誌集釋》編例謂：“北齊高陽王注墓誌出磁縣，見錢大昕《潛研堂文集》三十二、任兆麟《竹居文集》十二，而未嘗見拓本，尚未集入。”

本年，曾訪黃裳，觀清初刻本《拙政園詩餘》、李因《竹笑軒吟草》三集等。

黃裳《〈拙政園詩餘〉跋》：憶十年前海寧趙萬里來齋中觀書，示以此册及李因《竹笑軒吟草》三集。斐雲歡喜讚歎，懷中出小册，録行款序跋而去，而於他舊刻不如是之重也。斐雲知書，更好詩餘，湘蘋《青玉案》、《滿江紅》諸闋，都能默誦。得此真賞，亦足快心。……戊申五月夏至後一日。（《黃裳文集》〔四〕，第581—582頁）

按：戊申係1968年，則此或即爲1958年事，故繫於此。

本年，先生主持北京圖書館善本特藏工作，超額完成善本書編目等工作。

按：據《北京圖書館1958年工作總結》，分類編目方面，善本特藏部完成新舊善本書5163種20073册159張，兄弟民族語文書2422種5557册，金石拓片16323種16323册/份，拓片、輿圖、俄文圖片925種4516册/份，其中“中文善本書編目册數超額完成一半”；圖書整理方面，修整善本書1093册，修整趙城藏482卷，修裱輿圖330張。（《北京圖書館館史資料彙編〔二〕：1949—1966》，第686—694頁）

1959 年　先生五十五歲

本年，先生任北京圖書館善本特藏部主任。

1月5日，致函商務印書館，告知收到鄭振鐸《古本戲曲叢刊》序文等資料。

致商務印書館函：收到伊見思先生交來鄭部長曲叢序文二葉（又照片二張）、膠捲兩小匣（1016、1026）、趙萬里跋文二葉。此致商務印書館。趙萬里，五九、一、五。

又按：此函見於華夏鴻禧國際拍賣有限公司2015名人珍藏墨蹟、文獻專場拍賣會lot312。

3月7日,所撰《談談〈永樂大典〉》載《光明日報》。

　　按:此文概述《永樂大典》之編纂、録副、殘燬歷史,介紹商務印書館、周叔弢、趙元方、北京大學圖書館及蘇聯、德國舊藏零本入藏北京圖書館經過,闡明其文獻價值,文末對中華書局提議影印該書表示贊同。

3月,所撰《古刻名鈔待訪記》載於《文物》1959年第3期。

　　按:此文綜合先生多年訪書經驗,提出一些多年前就已下落不明的重要文獻資料,供文物工作者在進行文物普查、復查時參考,如唐人九經單疏和宋人《爾雅》、《論語》、《孝經》三經單疏,宋代蜀刻本唐人詩文集以及朱氏結一廬、楊氏海源閣、瞿氏鐵琴銅劍樓藏書的部分精華等。

4月17日至29日,中國人民政治協商會議第三屆全國委員會第一次全體會議在北京政協禮堂舉行。本屆政協任期至1964年底。先生爲第三屆全國政協特邀代表,任期内多次參加政協會議與活動。

4月27日,下午陳乃乾偕金燦然、潘達人來訪。

　　陳乃乾日記:下午與燦然、達人同訪斐雲。(稿本影印件存海寧市檔案館)

4月,北京文教界著名人士舉行集會,數十人發表談話,抗議臺灣當局精選文物前往巴西展覽,先生預與其列。

《首都文教界著名人士集會　反對美國從臺灣劫奪我國的文物》:新華社7日訊:美帝國主義正在勾結蔣介石集團進行劫奪我國在臺灣珍貴歷史文物的新的陰謀活動。我國文教界許多著名人士最近曾在北京集會提出嚴重警告,堅決反對美帝國主義的盜竊行爲。據臺灣蔣幫《中央日報》最近發表的消息,蔣介石集團以"前往南美洲的巴西舉行特別展覽"爲名,已"精選一批古物、國畫文獻","即將啓運"巴西,消息絲毫没有透露啓運巴西文物的名稱和件數。在這以前,據香港和臺灣的報紙消息透露,美國的所謂"考古家"、"收藏家"和一些文武官員,曾多次到臺灣"參觀"古物,暗中進行活動;去年,美國史丹福大學更提出所謂"商借",要蔣介石集團把現存臺灣的一批我國珍貴文物"運往美國",並且宣稱這件事"假如能做成",可以引起美帝國主義"極大好感"。美國史丹福大學提出"商借"不久,蔣介石集團就決定精選珍貴文物啓運鄰近美國的巴西,很顯然這是美帝國主義勾結蔣介石集團劫奪我國歷史文物的預定陰謀。我國文教界著名人士獲悉上述消息後,感到極大憤慨。在最近舉行的反對這一陰謀的集會上,陳垣、陳叔通、王冶秋、翦伯贊、徐炳昶、曾昭燏、夏鼐、裴文中、黃文弼、吳仲超、朱啓鈐、吳作人、劉開渠、趙萬里、常惠等數十人曾發表談話。他們一致指出,我國大陸解放前夕被蔣介石集團從北京、南京、上海等地運往臺灣的五千多箱歷史文物,都是我們偉大祖國極其寶貴

的文化遺產,六億五千萬中國人民決不容許美帝國主義蓄意盜竊的陰謀
得逞,不論這些珍貴文物被劫往天涯海角,中國人民一定要把它們追回。
會上,他們還號召臺灣的愛國人士和愛國的文化工作者,擔負起保衛祖國
文化遺產的職責,粉碎美帝國主義的陰謀。(1959 年 4 月 8 日《人民日
報》第 2 版;1959 年 4 月 8 日《光明日報》第 3 版)

5 月 15 日,下午赴中山公園音樂堂聽報告,遇宋雲彬。

宋雲彬日記:下午赴中山公園音樂堂聽一位從西藏回來的同志做報
告。遇趙萬里,態度甚殷勤。(《紅塵冷眼》,第 499 頁)

5 月 22 日,郭沫若來函。

郭沫若函:《道藏》中有《太平經》殘卷,其真偽及時代爲何?《後漢
書·襄楷傳》言于吉有神書,稱爲《太平清領書》,李賢注以爲即《太平
經》,可靠否?《襄楷傳》注中曾引《太平經》數處,是否見今殘卷?以上問
題,請求您或貴館其他同志賜教。(見於北京瀚海拍賣公司 1996 年春季
拍賣會;《中國古籍文獻拍賣圖錄年鑒》〔2004 年卷〕,第 826 頁)

6 月 2 日,顧頡剛來函。

顧頡剛日記:范祥雍自江西來,長談,爲寫趙萬里信。(《顧頡剛日
記》第八卷,第 637 頁)

6 月 11 日,覆陳垣函,告以宋刻本《册府元龜》館藏卷次及美國國會圖
書館所藏卷次。

致陳垣函:館藏宋刻本《册府元龜》,存二十五卷:二八六—二九五、
三〇九、四四二、四四四—四四五、四八二—四八四、七八六—七八七、七
八九、九〇一—九〇五;存八卷:二四九、二五一—二五四、二六一—二六
二、二七六。以上均藏本館善本書庫。存八十八卷:六—十、四一一—四五、
五八—六〇、二七一—二七五、三〇七、三四一—三四五、三五六—三七
五、三八六—三九〇、三九六—四〇〇、四一一—四一五、四五六—四六
〇、四七一—四七五、四八四—四八五、四九一—四九五、五八六—五九
〇、六一一—六一五。以上在美國國會圖書館。援庵先生:宋本《册府元
龜》卷數如右,請察閱。(《陳垣來往書信集》〔增訂本〕,第 655 頁)

7 月 18 日,就歷史博物館向北京圖書館借展書單提出補充意見。

手批意見:補充書單意見如後:(一)《鹽鐵論》擬請改用嘉靖刻本。
(二)關漢卿《望江亭》無元刊,可改用元刻《拜月亭》。(三)寫經內《妙法
蓮花經》一卷,因年款有問題,可取消;《戒緣》下卷,因本館參觀用,可取
消;《華嚴經》,因紙太焦脆,可取消;河通子典兒契安懷清賣地契,無此
卷,也無照片。趙萬里,七、十八。(國家圖書館檔案)

按:歷史博物館爲慶祝建國十週年,舉辦中國通史陳列,向北京圖

書館提出借陳申請。此即先生針對歷史博物館開列書單,提出的修改意見。7月22日,兩館簽訂合同,借陳古籍善本34種36冊又2葉、敦煌寫經16種16卷、甲骨29塊。

7月22日,所撰《從新發現的鈔本〈紅樓夢〉説到楊繼振的收藏》載《文匯報》。

　　按:此文就高鶚《紅樓夢》手稿在北京中國書店中被發現這一消息進行考辨,從其筆跡與高鶚《紅樓夢》序文不一致判斷,"這部鈔本《紅樓夢》在没有發現新的可靠的論據以前,説是高鶚手定稿本未免言之過早";又從收藏者楊繼振的收藏史角度,進一步指出該書的疑點。

8月26日,北京圖書館來函,附寄善本書目序文修改稿,囑安排付印。

　　北京圖書館函:善本書目序文,奉文化局指示,基本上同意原稿,個别字句作了修改。兹寄上修正本一份,請查收安排付印可也。(國家圖書館檔案)

　　按:此時先生在上海,此函收信地址爲"上海外白渡橋上海大厦(707)號趙萬里同志"。

9月2日,陳乃乾致函潘達人、金燦然,述其與先生議定有關影印《永樂大典》相關問題的意見。

　　陳乃乾致金燦然、潘達人:關於《永樂大典》,有急待解決的幾件事,曾經與上編出版科及斐雲、英桂兩同志商得初步意見,簡述如下(倘有不夠説明之處,由斐雲同志補充):(1)原定將原書封面影印在裏封的前半頁,原書缺封面者,則參照其式樣,用仿宋字排印。查原本《大典》已有一部分經過後人改裝,故分冊情況,已不能完全瞭解;若照片、膠捲等,原書如何分冊,更爲模糊。北京圖書館所製"卷目表"中用直綫劃分的冊數,乃指現存的冊數,而並不與原本的分冊完全相符。現在既然不能確定原本的分冊情況而補印封面,規定某卷至某卷爲一冊,似不妥當。故我們的意見,不再加印此頁。如果單印僅存的原本封面,則所存的數量很少,且大半破損殘缺。我們想選擇完整的一本,製版印在全書的卷首。如果你們不同意我們的意見,則必須將北京圖書館所有的原本封面立即拍照,並將第二函中的封面儘先照好寄滬。(2)原定在裏封的後半頁,加印"據明嘉靖原本影印",或據照片、膠捲影印,並注明照片大小尺寸。我們認爲,縮影古書,有注明原本大小尺寸者,因此可以知道原書的情況。至於照片、膠捲,可大可小,其尺寸與原本無關,讀者也不需要知道,故不擬加印。至某卷爲原本、爲照片、爲膠捲等情況,當詳注在卷首"總目"中。(3)外封面的簽條,擬用原本簽條上的"永樂大典"四個字縮製鋅版,下面注明"第某某某冊"。右上角作方框,加印本冊所包含的卷數。(4)書根仿照

《四部叢刊》中《大清一統志》格式排印。(5)書套外面的簽條,印"永樂大典第某函、某某册至某某册"。(6)仿製本裝訂的技術,頗不簡單。我們估計上海的訂書作,不能很好完成這個任務,最好能够集合北京圖書館及中國書店兩處裝訂舊書的優秀人員來負擔。現在一方面,請上海訂書作試訂樣書,另一方面,請與北京圖書館、中國書店聯繫,可否由他們選派人員擔任。因此發生"在上海裝訂"和"在北京裝訂"的問題,也必須在短期内解决,以便布置。(7)前致燦然同志函中,曾提到書名是否要改,還是仍稱"永樂大典"? 此意見不知值得考慮否? 以上各條,請審核,作最後决定,即日電覆。(吴格《陳乃乾與中華書局影印本〈永樂大典〉》,載《海峽兩岸古典文獻學學術研討會論文集》,第292—293頁)

9月10日,中國人民政治協商會議北京市第二屆委員會第一次會議召開,先生擔任委員並與會。本屆政協委員任期至1962年12月。

9月,所主編《北京圖書館善本書目》由中華書局出版。

按:全書八册,收録抗戰以來,尤其是1949年以後北京圖書館新入藏善本古籍,采用四部分類法,著録經部1003種、史部2753種、子部2642種、集部4950種,共計11348種。每書著録題名、刊刻抄寫時代、刊刻抄寫者、批校題跋、來源、索書號等内容,頗便於研究參考。此書署"北京圖書館善本部編",先生爲實際主編者。

又按:1976年10月,臺北藝文印書館影印此目,將書名改爲《北平圖書館善本書目》,並删除序文,竄改編例,改變了此目的本來面貌,導致了一些誤會。

10月8日,與潘達人商議影印《永樂大典》編輯問題。

潘達人致陳乃乾函:昨陳濟川先生交米新收到《大典》傳鈔本四册,爲18764—71共八卷。今晨與斐雲先生研究,他認爲應收印在附輯之内,燦然亦同意照此處理。原書暫不寄滬,俟您返京閲後再寄。(吴格《陳乃乾與中華書局影印本〈永樂大典〉》,載《海峽兩岸古典文獻學學術研討會論文集》,第288頁)

10月,在中央政府文化部出席"敦煌"編輯委員會第三次全體會議。

《"敦煌圖録"明年開始出版:"敦煌"編輯委員會通過七年選題計劃》:"敦煌"編輯委員會最近在中央文化部舉行了第三次全體會議。會議聽取了敦煌文物研究所及文物出版社關於敦煌圖録的編輯、出版工作的彙報;討論通過了1960年至1966年七年的選題計劃;審查了將於1960年上半年出版的第285窟圖録的草樣;解决了出版敦煌圖録目前存在的幾個主要問題。"敦煌"編輯委員會是于1958年4月在中央文化部領導下成立的。它的任務是,出版一套全面記録敦煌石窟藝術的大型圖録,向國內外介紹中國悠久的文化藝術遺產,並向文化藝術工作者提供全面的、系統的有關敦煌文物研究的資料,爲發展社會主義的民族的新文化服務。一年多來,敦煌文物研究所和文物出版社在編委會指導下制定了敦煌圖錄的出版規劃綱要,確定了編輯方式、出版規格及編輯計劃,並進行了編輯、出版的準備工作。……出席這次全體會議的編委有夏衍、翦伯贊、夏鼐、王冶秋、常書鴻、趙萬里、葉淺予、董希文、王振鐸、張珩、金維諾等十一人;文物出版社、敦煌文物研究所和承印單位的負責人也參加了會議。(1959 年 10 月 30 日《光明日報》第 3 版)

同月,與徐森玉聯名向中華書局建議,影印明鈔本《録鬼簿》以紀念鄭振鐸。

《明鈔本〈録鬼簿〉跋》:去年十月,正屆西諦墜機遇難一周年,我和徐森玉先生聯名向中華書局上海編輯所建議將此書影印流通,供研究古典戲曲工作者的參考,並對西諦示悼念之意。今書已套印竣工,因記此書流傳始末,以告世人之得讀此書者。(《趙萬里文集》第二卷,第 323 頁)

同月,北京圖書館爲慶祝建國十週年舉辦"書籍版本展覽"。

本年,所撰《陸游、辛棄疾的手稿和其他著作》載文物出版社出版《文物精華》第一集。

本年,吳晗來函,托借閱《李朝實録》,並托查閱其舊作二種。

吳晗函:廿多年前承你幫助,借抄了《李朝實録》的一部分,最近又重新核校了一下,交中華出版,並把高麗史中有關中國的史料抄出作爲前編,全書定名爲《中朝關係史料》。我抄《李朝實録》是只抄到四百九十八本,一六四九年止,以後便沒有抄了。現在打算把四九九本以後節抄一下,作爲《中朝關係史料》下編。因爲我工作較忙,只能在休息時和深夜看一點書,寫一點東西,要到圖書館來看書,是不可能的。因想廿多年前能承你支持,借出此書,現在因工作關係,你一定能够繼續幫助我,將此書外借。(日本編印本我有一套,因其未刊出元本,無法利用。)另外,正在編一部廿年來的散文集,搜集一些過去的東西。現缺:一、《人民英烈:李公樸、聞一多遇難紀實》。二、四八年夏之拒絕美國救濟物資宣言,佩弦曾經簽字,這個稿子是我寫的,大概在當時的《世界日報》(或其他報紙)能找到。(也許解放區報紙上有。)借《李朝實録》辦法,最好能一次借廿本,用完後再借,如獲支持,手續一切由郭星華同志面洽。……左恭同志均此,不另。(《百年文人墨蹟——亦孚藏品》,第 124—125 頁;《吳晗全集》第十卷,第 207 頁)

本年,先生主持北京圖書館善本特藏工作,采訪、編目、修整等方面均有所推進。

按：據《北京圖書館 1959 年工作總結》，采訪方面，"派人赴澳門搶救了圖書 378 種 3473 冊，其中不少是善本書，並通過我國駐英代辦處收購了馬克思讀書札記真跡一頁"；分類編目方面，善本特藏部完成新舊善本書 3102 種，兄弟民族語文書 1752 種，拓片、輿圖、圖片 14632 種；圖書修整方面，修善本 1195 冊，修藏經 548 卷。（《北京圖書館館史資料彙編〔二〕：1949—1966》，第 697—708 頁）

1960 年　先生五十六歲

本年，先生任北京圖書館善本特藏部主任。

2 月 10 日，撰成明鈔本《錄鬼簿》跋，載中華書局本年影印本《天一閣藍格寫本正續錄鬼簿》。

按：此跋收入北京圖書館善本組輯《影印善本書序跋集錄：一九一一—一九八四》（中華書局 1995 年出版），編者擬名《明鈔本〈錄鬼簿〉跋》；收入《趙萬里文集》時，沿用此擬名。

同日，路遇顧頡剛，同至先生宅談。

顧頡剛日記：道遇趙萬里，至其家談。（《顧頡剛日記》第九卷，第 26 頁）

2 月 20 日，午後赴政協禮堂參加文化教育組會議，"抗議美國陰謀劫奪我國文物"。

顧頡剛日記：到政協禮堂，開文化教育組會，抗議美國陰謀劫奪我國文物，自三時半至六時半。……今日同會：胡愈之、王冶秋、齊燕銘、朱啓鈐、陳垣、陳半丁、仇鰲、李麟玉、徐炳昶、鄧以蟄、韓壽萱、尹達、翦伯贊、常書鴻、趙萬里、許廣平、齊思和、張政烺、蘇秉琦、郭寶鈞、唐蘭、陳萬里、吳仲超、翁獨健、黃文弼、陰法魯、向達、王伯祥、葉聖陶、葉至善、沈從文、呂叔湘、張奚若、陳文彬、劉開渠、章士釗、陶孟和、胡厚宣、林仲易、浦熙修、楊鍾健、王振鐸、賀昌群、歐陽道達、謝國楨、馮友蘭、單士元。（《顧頡剛日記》第九卷，第 32 頁）

2 月 22 日，參加北京文化界人士反對"美國政府陰謀劫奪我國在臺灣的大批珍貴文物"集會並發言。

《強烈抗議美帝劫奪我文物陰謀》：首都文化界著名人士舉行集會，熱烈擁護文化部對美國政府陰謀劫奪我國在臺灣的大批珍貴文物提出嚴重警告和聲明，強烈抗議美帝國主義劫奪我國在臺灣的珍貴文物的卑鄙陰謀。會議並一致通過了對美帝國主義陰謀劫奪我國在臺灣珍貴文物的抗議書。出席會議的有黃炎培、陳叔通、張奚若、齊燕銘、陶孟和、陳垣、翦伯贊等一百多人。……常書鴻、韓壽萱、沈從文、趙萬里、鄧以蟄、單士元等在會上紛紛發言,强烈譴責美帝國主義盜劫我國文物的滔天罪行。
(1960年2月23日《光明日報》第1版)

《譴責美國圖謀劫奪我國文物的罪行　首都文化界五百四十多人發
表抗議書》:新華社22日訊:首都文化界人士五百四十六人今天發表了對
美國帝國主義陰謀劫奪我國在臺灣珍貴文物的抗議書,全文如下:

我們以無比的忿怒嚴正譴責美帝國主義圖謀劫奪我國珍貴文物的新
罪行,我們堅決擁護文化部對美國政府所提出的嚴重警告和聲明。我們
一致認爲:美帝國主義不僅是侵略"能手",也是盜竊"能手",無論它是用
何種名義,何種手段,無非是達到它的侵略和掠奪的罪惡目的。美帝國主
義這一無恥的新活動,是它幾年來一系列企圖掠奪我國文物陰謀活動的
繼續和發展。自從蔣介石集團把這些文物盜運臺灣以後,美帝國主義者
就千方百計企圖把它劫奪到美國,1954年它們就與賣國賊胡適進行勾結
活動,企圖把兩百件珍貴文物劫運美國;1955年更進一步用美國費城博
物館副館長霍雷斯·傑尼的名義,陰謀以"長期出借"的方式,把我存在
臺灣的文物,全部加以劫奪,傑尼並且無恥地聲言,美國運走這批文物"是
一種不可逃避的國際義務";1958年又由美國史丹福大學出面,打算以所
謂商借名義,運走一批珍貴文物,並説:"假如能做成"可以引起美國的
"極大好感"。在此前後,美國的所謂"考古家"、"收藏家"和一些侵略强
盜——文武官員,都紛紛到臺灣"參觀"古物,並暗中進行活動。這一系
列的陰謀活動之後,現在美帝國主義者索性把這些所謂"學術團體"的鬼
祟活動拋開,竟然公開由美國國務院出面,假借"展覽會"爲名,並將由美
國總統爲"贊助人",由美國派遣所謂"博物館專家"到臺灣進行挑選,將
這批珍貴文物用美國海軍軍艦運送去美。這種露骨的無恥的劫奪行爲,
就把美帝國主義侵略者的面目和掠奪世界財富的野心在世界人民面前徹
底暴露無遺了。這不僅是使我六億五千萬人民更加看清楚美帝國主義的
侵略本質,也將使世界人民認清美帝國主義的强盜行徑。

我們堅決擁護政府的嚴正聲明。蔣介石集團所運往臺灣的這批珍貴
文物,是我國數千年悠久歷史中的文化藝術結晶,也是我國的寶貴的科學
研究材料,其主權屬我六億五千萬人民所共有,蔣介石集團作爲中國人來
説,只負有妥善保護將來隨同臺灣領土一同歸回祖國的責任,而沒有私自
"出借"給美國的權利,因之無論在美國用任何手段與蔣介石集團簽定的
任何草約,當然無效。美國不僅無權處理這批屬我中華人民共和國全民
財富的文物,就是過去用各種卑鄙手段劫奪去美的文物,我們也一定要追
回。我們警告美帝國主義者,立即停止這一暴露在全世界人民面前的極
端無恥的盜劫行爲。

我臺灣的愛國同胞也應該起來堅決制止這一陰謀的實現。

臺灣是我國的領土，我們一定要解放臺灣！

我們在臺灣的文物，一定要隨着臺灣的解放而歸還祖國。郭沫若、黃炎培、陳叔通、沈雁冰、張奚若、錢俊瑞、夏衍、齊燕銘、許廣平、鄧拓、吳晗、胡愈之、丁西林、陶孟和、陳垣、范文瀾、翦伯贊、章士釗、梁思成、葉聖陶、王冶秋、朱啓鈐、徐炳昶、吳作人、楊鍾健、李麟玉、陳半丁、馮友蘭、黃文弼、顧頡剛、溥雪齋、郭寶鈞、尹達、鄧以蟄、劉開渠、蔡若虹、常書鴻、趙萬里、夏鼐、吳仲超、葉淺予、左恭、韓壽萱、唐蘭等五百四十六人。（1960 年 2 月 23 日《人民日報》第 4 版；1960 年 2 月 23 日《光明日報》第 2 版）

　　按：抗議書在《人民日報》、《光明日報》刊登後，《圖書館學通訊》、《文物》、《考古》三個期刊均在 1960 年第 3 期轉載。

2 月 26 日，以北京市先進工作者身份出席北京市教育和文化、衛生、體育等方面社會主義建設先進單位和先進工作者代表大會。

　　趙芳瑛、趙深《趙萬里先生傳略》：當選北京市先進工作者，出席北京市先進工作者大會，受到表彰。（《趙萬里文集》第一卷，第 19 頁）

　　史言《1960 年的北京市文教群英會》：1960 年 2 月 26 日至 29 日，北京市教育和文化、衛生、體育等方面社會主義建設先進單位和先進工作者代表大會（亦稱北京市文教群英會）在人民大會堂隆重舉行。參加這次大會的先進單位和先進工作者代表共 7400 餘人，他們中間有大中小學、業餘學校的教員、保育員，醫生、護士，文藝工作者，新聞工作者，運動員，工勤人員等，是從本市 22 萬多名文教戰綫上的職工中評選出來的優秀人物。開幕式上，北京市副市長吳晗致開幕詞，中共北京市委書記處書記鄧拓代表市委和市人民委員會向大會作了重要報告。……大會閉幕時，市委和市人民委員會對參加這次群英會的先進單位和先進工作者分別授予紅旗獎狀和獎章。獲得紅旗的先進單位共 257 個，獲得獎狀的先進集體 1912 個，獲得獎章的先進工作者 5946 名。（《工運博覽》2003 年第 17 期，第 39—40 頁）

2 月底，北京圖書館舉辦集會，"抗議美帝陰謀劫奪我國珍貴文物"，先生發言。

　　《北京圖書館抗議美帝陰謀劫奪我國珍貴文物》：我館全體同志閱讀了《人民日報》所載美帝國主義陰謀劫奪我國在臺灣的大批珍貴文物、圖書的消息後，感到無比憤怒，紛紛集會，譴責美帝這一無恥行爲。全體同志一致表示擁護中央文化部的聲明，指出所有在臺灣的珍貴圖書、文物都是我國人民的財產；同時警告蔣介石集團不得盜賣圖書、文物，並且必須妥爲保護。善本部趙萬里主任在會上憤憤地説："美帝非法劫奪我國文物、圖書,由來已久,現在又想把在臺灣的文物圖書搶走,是我們不能容忍的!"全館好多組,在座談後貼出了大字報,抗議美帝國主義這一無恥勾當。如,閱覽組的大字報寫道:"站起來的中國人民是不允許美帝國主義任意掠奪我國的財富的。"中文圖書編目組寫道:"美帝假借名義來劫奪我國人民的珍貫文物,又一次證明是中國人民的死敵。"此外,有三百七十二位同志簽名抗議,全文如下:"我們閱讀了中央文化部警告美國劫奪我國在臺灣文物的聲明,對於美帝國主義這一無恥的強盜行爲,感到無比的憤怒。我們堅決擁護這一嚴正的聲明,決不讓美帝這一陰謀得逞! 我們嚴正地警告美帝國主義者:被蔣介石賣國集團劫往臺灣的一切珍貴文物、圖書,都是中國人民共有的重要文化財富。我們決不允許你們陰謀盜竊!同時,我們警告蔣介石集團:你們任何賣國行爲,都逃不過人民的正義裁判。北京圖書館三百七十二位同志簽名。(《圖書館學通訊》1960 年第 3 期;《圖書館工作》1960 年第 3 期)

6 月 9 日,文化部文物局向北京圖書館撥交司馬光《資治通鑑》手稿一卷。(《中國國家圖書館館史資料長編:1909—2008》,第 461 頁)

本年上半年,北京圖書館修復《趙城金藏》272 卷。

按:據《北京圖書館 1960 年上半年工作總結》,"修補舊經"項列"272 卷",即指修復《趙城金藏》而言;其他采訪、編目等項因未單列善本書,無法確知善本特藏部工作情形,姑從略。

8 月 9 日,與陳垣合影於北京圖書館大樓前。(《陳垣年譜配圖長編》,第 764 頁)

10 月 11 日至 12 月 25 日,北京圖書館善本部清點館藏,結果爲:除寄存美國國會圖書館 2953 種 21910 冊之外,包括《四庫全書》、敦煌寫經、《趙城金藏》、《永樂大典》在內的古籍善本總數爲 20800 種 206792 冊。(《中國國家圖書館百年紀事:1909—2009》,第 60—61 頁)

10 月 18 日,撰成北京圖書館藏宋司馬光《資治通鑑》手稿跋。此跋載於文物出版社 1961 年影印本《宋司馬光通鑑稿》。

按:此跋收入《趙萬里文集》第二卷,編者擬名《宋司馬光〈通鑑〉手稿跋》。

10 月 24 日,遇顧頡剛。

顧頡剛日記:遇趙萬里。(《顧頡剛日記》第九卷,第 162 頁)

10 月,所主編《中國版刻圖錄》由文物出版社珂羅版影印出版。

按:此書作爲建國十周年的獻禮,編輯完成於 1959 年。署名"北京圖書館編",實際主編者爲先生,參與編纂的還有冀淑英、馮寶琳等。全書八冊,收錄唐至清中葉刻本書籍 500 部,圖版 660 餘幅,分爲版刻、活字、版畫三大部分，按刻版年代和刻書地區編排，每幅圖版都附有簡潔精闢的説明，涵蓋刻版特點、版本鑑定依據等内容，系統反映我國唐宋以來各時代各地區雕版印刷發展情況。所收書籍以北京圖書館藏書爲主，廣及全國各大圖書館、博物館所藏的珍貴古籍版本。先生爲此書撰寫了長篇序言，闡述我國雕版印刷的起源和發展。

李景文、展鵬飛《評〈中國版刻圖録〉》認爲，該書"是對中國版刻藝術的一次全面總結"，"是書影産生以來的集大成之作"，"反映了我國古代科技與雕版技藝的巨大成就"，"版本鑑定態度嚴謹，源流發展清晰可見"，評價頗高，同時指出其不足之處"最主要的是缺乏完備的檢索系統"（《河南大學學報》〔哲學社會科學版〕1991 年第 4 期）。喬秀岩、葉純芳《學〈中國版刻圖録〉記》謂："近五十年來，宋元版本的研究，累積了不少新知見。但對宋元版本整體的掌握，以及各時期、地區版刻特點的理解，都在因襲趙萬里先生《中國版刻圖録》所建立起的框架。在趙先生之後，不僅没有新的突破，反而在細節上也有倒退。"（《版本目録學研究》第七輯，第 49 頁）沈乃文《趙萬里先生之版本學》認爲該書"是趙先生爲版本學從傳統時代注重以校勘解決内容問題的道路，轉向西方文化爲主流時代注重以客觀證據解決出版印刷史問題的道路，奠定的第一塊基石。"（《版本目録學研究》第七輯，第 110 頁）

11 月 16 日，北京圖書館轉隸中央人民政府文化部。

本年，多次致函徐森玉。

致徐森玉函：在滬得聆教言，并蒙協助，公私感荷，匪可言宣。報載《藝文類聚》宋本重現，海内震驚。此間中華書局擬借付景印，可稱書林佳話。寄來宋本《荀子》等照片三張，已收到。照相款由館中會計組寄上，想日内即可收到。……沈主任、稚柳先生、汪慶正同志同此致候。

致徐森玉函：昨寄一函，忘了一句話。回京的第三天，就把張東海的卷子面交常維鈞先生了，請勿念。昨在書店中看到一大批吳兔牀、陳仲魚的手稿，要價二千元，實在太貴。又見明紅格綿紙精抄《唐宋白孔六帖》，首有韓駒序文，明本無之，有王敬美藏印，書品甚佳，索五百元。拉雜書此，即請近安。……稚柳先生同此。（柳向春《趙斐雲先生致徐森玉先生函》，《文津流觴》第 35 期）

按：此二函撰寫年代從柳向春文考證。

約本年，復水澤利忠函，論北京圖書館藏宋刊《史記》爲紹興間杭州刻本。

水澤利忠《史記會注考證校補》：さらに鐵琴銅劍樓舊藏、北京圖書館藏本についても、瞿鏞《鐵琴銅劍樓書目》では、諱に依りて北宋刻本

と斷じており、以上の如くこの板の刊年は北宋であると云う説が定説
と見なされていた。然るに一九五五年北京圖書館藏本の景印本が南宋
紹興初杭州刻本と稱して北京文學古籍刊行社から出版されに。從來の
北宋本と云う説を改めて南宋紹興初杭州刻本と斷じた理由は：㈠卷一
百十七、司馬相如列傳第七・八葉（補刻）の刻工名に依りて考するに、
この本は浙江本である。㈡北宋年間に刻された浙江本は靖康建炎の兵
燹を経て南宋初期まで殘つている可能性はほとんどないこと。㈢從來
は欠筆より考えて、この本を"北宋刊本"としているけれども、南宋初
期の刊本は戰亂直後の混亂の中で多く北宋刊本に依りて上板したので
高宗の諱および北宋後期の諱を避けていないのが普通である。從つて
この本にあらわれた欠筆に依つて"北宋本"と決めることはできない。
以上の三點より"北宋刊本"とするよりは"南宋紹興初刻本"とする方
が妥當である（北京圖書館研究員兼善本部主任趙萬里氏よりの覆函）。
右の説はほぼ正鵠を得たものであると考えられ、今日に於いてはこの
説に從うのが妥當であろう。（《史記會注考證校補》第九册，第 11—12
頁）

　　尾崎康《以正史爲中心的宋元版本研究》：《史記》一三〇卷，北京圖
書館所藏南宋杭州刊本（覆北宋版存一二〇卷，餘配以南宋蜀刊本及清鈔
本）。……查其原書，刻工姓名極爲少見。原刻葉第三葉有"周"和"嚴"。
不到三十葉的補刻葉有"于"、"原"、"浩"、"賈"、"琚"，僅此而已。其中
"賈"、"琚"在相連的二葉上，所以也可能是一個叫賈琚的人。1960 年左
右，趙萬里致函水澤利忠氏，認爲當作賈琚，是浙江刻工，並斷定此本爲南
宋紹興刊本。……由於字體、版式都與《通典》非常相近，所以我也認爲
是南宋初期刊、南宋前期修補本，並欽佩趙氏的眼力。（《以正史爲中心
的宋元版本研究》，第 34 頁）

1960 年代，曾爲南京圖書館鑑定遼寫本《花嚴經》。

　　沈燮元《深切懷念趙萬里先生》：六十年代，我在上海徵集到一卷遼
代重熙四年（公元 1035）《大方廣佛花嚴經》寫本。葉德輝的《書林清
話》，只講到宋刻本，遼刻本隻字未提。宋代沈括《夢溪筆談》上説："契丹
書禁甚嚴，傳入中國者，法皆死。"是以遼刻本長期隱秘不傳。因此遼刻本
在中國印刷史上一直處於空白狀態。直到 1974 年山西應縣佛宫寺釋迦
木塔内釋迦塑像腹中發現了大量遼代印刷品，才打破了這局面。遼刻本
既没有見到，遼寫本更屬稀有，所以按當時情況來説，這遼寫本的出現，可
以説是一個孤例。爲了進一步弄清楚這卷遼寫本的真實情況，必須要作
一次嚴肅而認真的鑑定。於是不期而然的想到了趙先生。經過館領導慎

重考慮，由汪長炳館長以個人名義，給趙先生寫了一封信，同時用掛號將遼寫本卷子寄到北京，請趙先生鑒定。隔了不久，趙先生的覆信來了，遼寫本也寄了回來。（《版本目録學研究》第七輯，第 45 頁）

致汪長炳函：《花嚴經》尾題大契丹國，此事《遼史》失載。與《東都事略》自聖宗初立至道宗咸雍，大遼改稱大契丹國，後又復稱大遼，時代正合。燕京寶塔寺係遼時建，見《永樂大典》天字引《元一統志》。而沙門瓊煦，與遼太康三年京西戒壇寺陀羅尼經幢見《金石萃編》僧人題名有瓊滋、瓊積、瓊般、瓊白、瓊晜、瓊行，均以瓊字排行，亦合。此經紙墨俱古，定爲遼時物，想無多大問題。以上意見，僅供參考，不敢自以爲是。敬請貴館各位同志共同鑒定。（沈燮元《深切懷念趙萬里先生》，載《版本目録學研究》第七輯，第 45 頁）

趙萬里先生年譜長編卷九

1961 年　先生五十七歲

本年,先生任北京圖書館善本特藏部主任。

1 月 24,夕偕王駕吾訪夏承燾。

夏承燾《天風閣學詞日記》:夕駕吾偕趙斐雲來,云上海中華書局又欲影印文學研究所所藏《紅樓夢》,予托其覓傅沅叔過録白石評點《極玄集》及《龍川詞》校本。(《夏承燾集》,第 7 册第 859 頁)

1 月 25 日,夏承燾赴杭州大學趙端瑛寓所訪先生。

夏承燾《天風閣學詞日記》:晨過趙端瑛處看斐雲。(《夏承燾集》,第 7 册第 859 頁)

1 月 27 日,下午赴全國政協出席座談會,討論百家爭鳴問題。

宋雲彬日記:下午赴政協。……三時半,出席座談會,討論百家爭鳴問題。余編入第九組,共二十八人,吕振羽、翁獨健、裴文中、沈從文、趙萬里、張全新、顧頡剛、王書莊、向達、王伯祥、宋雲彬、高履芳、張珩、邵循正、金燦然、左恭、鄧廣銘、齊思和、張政烺、賀昌群、胡厚宣、唐蘭、徐邦達、陳萬里、王毅、白壽彝、滕净東、傅樂焕,以吕振羽、翁獨健爲召集人,秘書李道庸,發言者有邵循正、白壽彝、齊思和、唐蘭。(《紅塵冷眼》,第 551 頁)

1 月,母親張順媛因肝硬化病逝。

2 月 5 日,夏承燾來函,托查傅增湘校本《龍川詞》。

夏承燾《天風閣學詞日記》:發趙斐雲北京圖書館信,托查傅沅叔校《龍川詞》。(《夏承燾集》,第 7 册第 861 頁)

3 月 10 日,夏承燾得先生覆函及過録毛扆校《龍川詞》。

夏承燾《天風閣學詞日記》:得趙斐雲北京圖書館覆函,鈔示毛校《龍川詞》,即鈔入《發微》中。(《夏承燾集》,第 7 册第 866 頁)

按:"發微"即指《龍川詞發微》,後正式出版時定名《龍川詞校箋》,該書由夏承燾校箋、牟家寬注,上海古籍出版社 1962 年 4 月出版。夏承燾在跋中説:"傅沅叔(增湘)先生嘗得明鈔《五家詞》,以其《龍川詞》校汲古閣本,次第闕數皆合,改正之字得二十有一;其爲《藏園群書題記》,則僅舉其最者九字。此卷明鈔校語,即據《題記》,惜無從見其校本之全。……毛扆諸家校汲古閣《六十家詞》手蹟,今存北京圖書館,此卷中毛校各條,則趙斐雲(萬里)先生過録見寄者。"(《龍川詞校箋》,第74頁)

3月16日,中華書局上海編輯所來函,催詢《太音大全集》及《無雙譜》二書跋文。

中華書局上海編輯所函:前蒙允寫《太音大全集》及《無雙譜》跋文,並對《離騷圖》跋文中叙版本部分情況提示意見,至爲感荷。這幾種版畫印好已久,積置在裝訂所中,衹待大著跋文及所提意見到後,即可裝訂出版。現在積置時間頗久,裝訂所廠址不大,屢向我所提出意見。兼之黄梅季節將近,江南地氣卑濕,未訂之書頁堆置在棧房底層,頗慮損壞。我所認爲裝訂所所提意見值得考慮,不得不商請先生撥冗一揮大筆,早將跋文惠賜,實深感激。又,這幾種版畫印出後,尚存我所的鄭振鐸先生遺藏版畫原書數種,即可托妥人帶璧你館。(原函存趙府)

按:此二書跋文均署名"中華書局上海編輯所"。後收入北京圖書館善本組編《影印善本書序跋集録》(中華書局1995年出版),編者擬名爲《明嘉靖本太音大全集跋》、《清康熙刻無雙譜跋》。

3月17日,午後赴政協參加文化衛生組"百家爭鳴"座談會。

顧頡剛日記:到政協,參加文化衛生組"百家爭鳴"座談會,自二時半至五時半。……今日同會:吕振羽、李祖蔭、趙君勱、秦德君、彭鏡秋、盧漢、高履芳、裴文中、鄧廣銘、張政烺、唐蘭、胡厚宣、趙萬里、韓壽萱、向達、金燦然、載濤、吴文藻、費孝通、宋雲彬、王伯祥、沈從文。(《顧頡剛日記》第九卷,第229—230頁)

3月27日,受邀赴中華書局講授目録學;在南河沿遇顧頡剛。

宋雲彬日記:下午,……趙萬里到中華來講目録學。(《紅塵冷眼》,第558頁)

顧頡剛日記:到南河沿飯,遇李君武、唐蘭、趙萬里。(《顧頡剛日記》第九卷,第234頁)

3月28日,遇顧頡剛。

顧頡剛日記:到北海山頂攬翠軒,與諸友人茶叙。四時半下山,到漪瀾堂仿膳餐廳飯。六時半歸,遇趙萬里。(《顧頡剛日記》第九卷,第235頁)

3月,《中國版刻圖録》增訂本由文物出版社出版。

《〈中國版刻圖録〉增訂本出版》:我國是發明造紙術和印刷術最早的國家,歷代流傳的雕版印刷書籍非常豐富。北京圖書館善本部在1959年編輯了《中國版刻圖録》一書,系統地反映我國雕版印刷事業在各個時代各個地區的發展情況,内容包括唐五代以來至清代的刻版書籍、活字版書籍及版畫共五百種。該書以珂羅版精印,由文物出版社出版,受到了學術界的重視。最近,文物出版社又出版了該書的再版增訂本。增訂本除古代部分更換了少數圖版外,清代部分增加了五十種。原來版刻圖録所選書籍,截至清道光年間鴉片戰争時期爲止,增訂本改至清代末年,加入了一部分晚清刻本。更主要的是增加了一些代表清代早期和中期的典型刻本和地方刻書,包括廣東、廣西、雲南、四川等地區的刻本,並且選入一部分通俗文藝讀物,如《白雪遺音》、《粤謳》、《珍珠塔》、《十五貫》等。此外,説明部分也作了一些必要的修訂。(1961 年 7 月 13 日《人民日報》第7 版)

同月,所撰《唐寫本〈説苑・反質篇〉讀後記》載於《文物》1961 年第3 期。

> 按:此文以敦煌研究院藏敦煌遺書 328 號《説苑・反質篇》校萬曆年間程榮《漢魏叢書》刻本,有異文三百餘處,文中舉出二十四條,其中十二條與魏徵編《群書治要》卷四十三引《説苑》相合,二條與虞世南編《北堂書鈔》引《説苑》相合,二條與李昉等編《太平御覽》引《説苑》相合,二條與《晏子春秋・雜篇》相合,三條與《漢書・楊王孫傳》相合,二條與《孔子家語・觀周篇》相合,指出"唐寫本《説苑》不僅是校訂明刻本《説苑》的重要資料,同時也是校訂《晏子春秋・雜篇》、《漢書・楊王孫傳》、《孔子家語・觀周篇》等書的輔助資料"。此外又列出佚文四處。文末分析了傳世本與唐寫本之間差異如此巨大的原因:《反質篇》北宋時亡失,後人從高麗本補足,而高麗本曾經後人傳寫失真,因而造成了衆多文字錯訛。

> 又按:李永寧《敦煌文物研究所藏〈説苑・反質篇〉殘卷校勘》謂"1961 年,斐雲(趙萬里)先生見此卷於蘭州,並撰文介紹"(《敦煌研究文集・敦煌研究院藏敦煌文獻研究篇》,第 227 頁),即據《唐寫本〈説苑・反質篇〉讀後記》"今藏蘭州圖書館"一句立説,實則先生本年並未前往蘭州,所見當爲影本或曬藍本。

5 月 4 日,所撰《中國版刻的發展過程》載於《人民日報》。

> 按:此文即在《中國版刻圖録》序言基礎上略加修改而成。

7 月,文化部委托北京圖書館舉辦的第一屆裝修古舊綫裝書技術人員學習班開學,先生出席開班儀式並授課,培訓期間對學員學習情況常予關照。

> 師有寬《在北圖學習的回顧——追憶恩師張士達先生》:第二天早上9 時,在北圖裝訂組的一排平房前舉行了開班儀式。善本部主任趙萬里

先生和冀淑英女士參加,會議由蕭順華先生主持,人事處處長宣讀訓練班
的一些規定和制度,蕭順華先生宣讀了以師帶徒名單。蕭振棠師傅帶北
京圖書館的宋康民,張士達師傅帶北京圖書館的王麗英和甘肅省圖書館
的師有寬,蕭振邦師傅帶黑龍江省圖書館的柳長發,李道之師傅帶吉林省
圖書館的吳麗芝,魏梅占師傅帶湖北省圖書館的王思靖,李書夢師傅帶南
京圖書館的朱殷章(名字記不準確,他學習中途回館後再未回來),北京
大學圖書館的康大姐(名字記不清)是中途來學習的。……一年後,訓練
班根據學員的學習進展,特別是操作技術的掌握,開始讓學員參與修復善
本書。修復古籍最主要的一道工序就是配紙,只有做到配紙準確無誤,才
能達到保持古籍原貌和延長壽命之目的。在此期間,訓練班專門邀請著
名版本專家趙萬里先生講授有關版本知識和古紙常識。……我坐在師傅
右邊,每次看到師傅修復的書都是趙萬里先生或冀淑英女士親自送來,交
到師傅手裏。師傅將書冊小心翼翼地翻開,先仔細觀察,商量好修復方案
後,就開始做修復的準備工作。從開始清點、配紙、修補書頁到扣皮訂綫,
都是慎始慎終,一絲不苟。我記得有一天早晨,趙萬里先生和冀淑英女士
將三冊書皮全部破損脱落的《永樂大典》交到師傅手裏,讓他當天將書皮
補粘好。師傅告訴我這是國寶,我們要認真細緻,不能有錯。師傅找到
和書皮、護頁相近的紙,我幫師傅盡快補好後,先將護頁粘於書心,然後
師傅包裹書皮排實,分冊夾在壓書板內壓實。下午 5 時左右趙萬里先
生和冀淑英女士親自來,將三冊《永樂大典》全部翻看後,笑着拿走了。
……師傅鑑別古籍版本的知識和鑑別紙張的經驗非常豐富。我經常看到
趙萬里先生和冀淑英女士拿着古籍圖書和師傅共同鑑賞,師傅從紙張質
地、字體墨跡、印章題跋等方面一一細述,滔滔不絕,論理清楚,判斷合理。
趙萬里先生稱讚:張先生説的很對啊! 冀淑英女士也連連點頭,表示十分
贊同,他們每次總是滿意而歸。……在師傅無微不至的關懷和手把手的
精心指導下,經過自己的刻苦努力,我學習到了一些古籍裝修的知識,也
掌握了古籍修復的基本技術。記得趙萬里先生和冀淑英女士拿來一套六
冊的善本書,交到我手裏,並對蕭振棠先生和張士達師傅交代,讓我修補
後裝成金鑲玉。這套書非常破舊,天頭、地腳焦脆,師傅對我從配紙、修補
到齊欄訂綫的每一道工序都嚴格要求,仔細查看。修好後交到趙萬里先
生手裏,他仔細翻看補痕後,又從整體細看,六本書的齊欄和訂綫都成一
條直綫,趙萬里先生滿意地對師傅説:真是名師出高徒啊。這套善本書後
來也做了我的結業成果展品。(《古籍保護研究》第一輯,第 195—199 頁;
《書卷多情似故人》,第 115—123 頁)

　　按:此學習班爲期二年,根據裝修古舊書籍手工業技術的特點,采

取以師帶徒、邊教邊學的辦法分期進行,參加者爲來自北京、甘肅、吉林、黑龍江、湖北等全國各地圖書館的八位學員。培訓期間,除館內幾位老師傅輪流講課外,還特請先生主講"我國善本書在文化遺産上的重要意義"和"怎樣裝修善本書"兩個問題。(文革:《"裝修古舊綫裝書技術人員訓練班"勝利結業》,《圖書館》1963年第3期,第63—64頁)

6月4日,晤顧頡剛。

顧頡剛日記:今晚所晤人:徐日新、于滋潭、趙萬里、路工、章元善。(《顧頡剛日記》第九卷,第268頁)

7月22日,致函徐森玉,致謝,並詢問所托照相之尺寸。

致徐森玉函:惠書敬悉。稚柳先生……泥七匣,收到無誤。其他兩匣,即……先生帶回。此事賴……公大力協助,感荷之至!匯來二十元,館中……組亦已收到。《寶晉英光集》與敦煌寫本(目前僅知建初十三年寫經和里在滬時所收初唐寫經,均有年號)須照幾寸片?便請示知,以便開照。近來尊體健康,想有進步。天暑,請多加珍攝。(柳向春《趙斐雲先生致徐森玉先生函》,《文津流觴》第35期)

按:撰寫年代從柳向春文考證。此函見於北京保利國際拍賣有限公司2008春季拍賣會。

8月18日,致函徐森玉,告知印泥二盒、《寶晉山林集拾遺》膠捲、敦煌寫本照片均托謝稚柳帶滬。

致徐森玉函:前接惠書,敬悉種切。稚柳先生返滬,帶去尊藏印泥兩盒,到請檢收。此物因無便郵,未能早日送還,至爲不安。又帶去《寶晉山林集拾遺》膠捲、敦煌寫本照片,請貴會檢收後將款逕匯北京圖書館。款到後,當由館將收據寄奉,以便報銷。入秋後天氣轉涼,祈多加珍衛。……稚柳先生暨貴會諸同志同此致候。(柳向春《趙斐雲先生致徐森玉先生函》,《文津流觴》第35期)

按:此函撰寫年代從柳向春文考證。

8月,接待《人民日報》記者孫世愷等參觀善本書庫。

孫世愷《書海珍寶——訪北京圖書館善本部》:最近,我訪問緊鄰北海公園湖濱的北京圖書館。……善本部主任趙萬里同志領我參觀了善本書庫。他指着擺得井井有條的書櫃説,這裏收藏的二十多萬册善本書都是流傳稀少的刻本或名家寫本,其中有從明代皇家圖書館——文淵閣到清朝的內閣大庫、翰林院所流傳下來的宋、元、明、清的孤本或稀見本書籍。善本部近十年來又激增了一萬一仟多種書,成爲國內所藏善本書數量最多的一個公共圖書館。這裏有敦煌千佛洞所出的古代寫本八千多卷,它是我國發明造紙以後用紙寫成書的最早形式。這裏還有抗日戰争時期八路軍用鮮血從日本侵略者手中奪回的《趙城金藏》。現存四千多卷，每卷長的七八丈，短的也有兩三丈，全部是金代所刻的佛教經典和佛教珍貴史料，故稱"金藏"。前些年，蘇聯和德意志民主共和國贈還的《永樂大典》，使這部《大典》殘本增加了六十七冊。清乾隆年間編纂的規模巨大、卷帙浩繁的《四庫全書》，當時繕寫七部，現在國內僅留存下四部。而這裏所藏的一部是 1915 年從承德文津閣運來的，共計三萬六千三百冊。這些書籍都是舉世聞名的孤本或稀本，成爲探討我國歷代科學文化成果的珍貴遺產。許多藏書家看到人民政府這樣重視文化遺產，近十年來也自動把他們世代珍藏的古刊精校、孤本秘籍捐獻給國家，移交到北京圖書館，供廣大讀者借閱。在北方最大的藏書家周叔弢捐獻的珍藏善本書籍中，有南宋初年刻本記六朝史實的《建康實錄》和元刻宋代大文學家蘇東坡的《東坡樂府》、辛稼軒的《稼軒長短句》等，都是現存最早的刻本。南方著名藏書家瞿氏鐵琴銅劍樓也獻出了世代收藏的孤本典籍。解放前商務印書館影印四部叢刊時，其中不少珍本都是從他家借去的。（1961年 8 月 10 日《人民日報》第 4 版）

9 月 1 日，致函徐森玉，托爲張明善找工作。

致徐森玉函：前寄一函，想早到。今日張明善來談，渠已被緊縮下來，希望公能設法爲他另找工作。現在各機關都在縮編，想此事很難實現也。稚柳先生返滬，各物想已收到。公近來身體如何，請多加保重。（柳向春《趙斐雲先生致徐森玉先生函》，《文津流觴》第 35 期）

按：此函撰寫年代從柳向春文考證。

9 月，所撰《古代的版刻》載《人民畫報》1961 年 9 月號。

10 月 6 日，北京圖書館館務會議通過《北京圖書館善本閱覽室閱覽規則》、《善本特藏部善本組藏書外借、閱覽提存書和自行拍照影片審核批准暫行辦法》、《進入善本特藏部各書庫暫行辦法》。（《北京圖書館館史資料彙編〔二〕：1949—1966》，第 1345—1347 頁）

10 月，所撰《談談振鐸同志搜集和收藏的戲曲書》載《圖書館》1961 年第 3 期。

按：《圖書館學通訊》1984 年第 2 期轉載此文。

11 月 13 日，午後受邀在杭州大學語言文學研究室講授版本學。

夏承燾《天風閣學詞日記》：邀趙萬里在研究室講版本學，三時至五時。（《夏承燾集》，第 7 冊第 915 頁）

11 月 14 日，偕浙江圖書館陸京安乘火車離開杭州前往紹興，下午訪紹興市古籍書店。此行係受文化部委派，南下浙江、江蘇、福建等省調查圖書文物。

《南行日記》:上午十時許偕浙江圖書館陸京安同志乘火車離杭州去
紹興,十一時許到達,住龍山招待所。招待所位在龍山下。所內小橋流
水,游魚可數,山光樹影,別饒幽趣。下午訪紹興市古籍書店,看到明萬曆
三十九年書林周近泉刻本《歷朝尺牘大全》十二卷,太倉王錫爵選錄,豫
章李國憲序次,金陵周近泉督刻。清中葉活字印本《宮室圖説》一卷,東
陽何濟川撰,濟川字遠堂,嘉慶間禮學家。餘無可記。晚觀紹劇《紫金
鞭》、《女吊》、《男吊》等劇。(《趙萬里文集》第二卷,第494頁)

11月15日,參觀魯迅紀念館、紹興市文物管理委員會。

《南行日記》:上午參觀魯迅紀念館,見《秘傳花鏡》一冊,魯迅手自校
訂,蠅頭小字絕精。紀念館隔壁爲紹興市文物管理委員會,又去文物管理
委員會參觀。藏書約七萬多冊,頗有佳本,如元末建陽小字坊本《諸儒箋
解古文真寶前後集》,存前集卷五至十,後集卷一至五,共十一卷。半葉十
一行,行二十一字。此書各家書目未見著錄,罕見可貴。明刻本《金丹正
理大全諸真玄奧集成》,存前三卷,題紫賢真人薛道光撰,紫霞山人涵蟾子
輯。半葉十行,行二十一字。書中談氣功原理和方法甚詳,爲氣功中一大
宗派,值得深入研究。明嘉靖刻本《説苑》、《新序》三十卷,明末理學家劉
宗周用藍筆批讀一過,王紹蘭手跋。紹蘭字南陔,山陰人,嘉慶間樸學名
家,著述甚多。明萬曆刻本《蜀中神仙記》一冊,原爲曹學佺《蜀中廣記》
中一種,傳本罕見。明黑口小字本王十朋《會稽三賦》一卷,題剡谿周世
則注,郡人史鑄增注。似據宋大字本翻刻,就原書刀法、版式看,當是成化
弘治間刻本。又清人顏鼎受撰《初陽山人漁歌曲》一卷,鼎受字孝嘉,桐
鄉人。曲調有《耍孩兒》、《西江月》、《浪淘沙》等,乾隆間秀水盛百二作
跋,推許備至。晚觀紹劇《雌雄鞭》。(《趙萬里文集》第二卷,第494—495
頁)

11月16日,上午參觀紹興市文物管理委員會,下午赴紹興近郊禹陵、蘭
亭訪碑,歸途參觀秋瑾故居、徐文長故居青藤書屋。

《南行日記》:上午再到文物管理委員會參觀。徐文長手卷,劉宗周
《紹興府儒學記》,陶望齡一門尺牘,李慈銘、趙之謙等書札,福州西鄉雪
峰寺唐天祐二年枯木庵木碑拓本,有傳以禮手跋,均佳。繼冒雨訪陸放翁
沈園故址。放翁集中所云禹迹寺南沈氏園,放翁曾賦《釵頭鳳》詞,即是
此處。放翁晚年又過是園,時園已易主,賦詩有"夢斷香消四十年,沈園柳
老不吹綿"句。今壁間置近郊平水出土陸子坦夫婦墓誌二方。子坦字文
度,放翁第三子,紹興二十六年生,生時放翁年已三十二。錢大昕作放翁
年譜,不載子坦生年及仕歷,可據此誌訂補。下午乘車至近郊訪問禹陵、
蘭亭,舊時碑刻遍尋不得,僅明清碑刻點綴壁間。歸途訪秋瑾故居、徐文

長故居青藤書屋。(《趙萬里文集》第二卷,第 495 頁)

11 月 17 日,有人送閱明鈔本《文湖州集詞》一册。

《南行日記》:有人送閱明鈔本《文湖州集詞》一册,藍格大字,題"文林郎雙門吟隱拜校"。元人喬夢符散曲,今作文湖州,原因未詳。曾見丁氏善本書室藏鈔本,紙墨遠遜此本。晚觀越劇《雙下山》、《珍珠塔》。(《趙萬里文集》第二卷,第 495 頁)

11 月 18 日,抵寧波。

《南行日記》:上午十一時乘火車離紹興去寧波,下午二時許到達,住專區交際處鎮明招待所。(《趙萬里文集》第二卷,第 496 頁)

11 月 20 日,上午參觀天一閣,下午訪馮孟顓、朱鼎煦。

《南行日記》:上午參觀范氏天一閣,閱明刻本《淮海居士長短句》,首正德辛巳馬一麟序,書凡三卷,與他本同,惟馬序他本未見。又閱明嚴嵩纂修《正德袁州府志》,邵有道纂修《嘉靖汀州府志》,王瓚纂修《弘治溫州府志》,盛儀纂修《維揚志》,姚昺纂修《弘治永州府志》,黃璿纂修《景泰建陽縣志》,唐胄纂修《正德瓊臺志》,棉紙明裝,皆希世孤本。繼又從《嘉靖建陽縣志》內摘錄刊工姓名葉文輝、劉臣、周存、陳住郎、施崇、施永興、劉自心、余生福、余稿、余本立、楊北斗、葉恩、王貴、陸文進、王長、江得成、吳賜、虞妳員、黃順富、陳佛應、張錢等三十三人,爲審查建本時代標準資料。下午到孝聞街問候馮孟顓老先生,老先生痰喘正劇,稍談即出。時正爲天一閣編輯閣書散佚在外地的目錄,即所謂天一閣"外編"目錄,爲此事交換了一些意見。繼冒大雨訪朱鄞卿老先生,鄞卿先生名鼎煦,藏書甚富,爲寧波市一大藏家。藏書以毛氏汲古閣影宋鈔本《集韻》最有名。半葉十一行,行字不等。卷後有乾隆五十九年段玉裁手寫題記,段氏曾據曹楝亭刻本校過,改正曹本誤字不少。段校本外間時有監校副本,方成珪《集韻校正》即據段校增補成書。原書刊工朱諒、方成、洪悅、施蘊、施章、陳高、蔣暉、朱因、陳文、洪明,及重刊重開人楊昌、陳俊、陳真、方祐、方迪、方師顏、旋俊、梁濟、洪乘、丁珪,與南宋初明州本《六臣注文選》、越州本諸經注疏刻工多同,當是紹興間明州(即今寧波)一帶官刻本。原書匡高 24.5 釐米,寬 17.3 釐米。前後有"仲離故國人家"、"虞山汲古閣毛子晉圖書"、"海虞毛晉子晉圖書記"、"汲古得修綆"、"毛扆之印"等印。又觀明北監本《儀禮注疏》,顧廣圻據宋刻《儀禮》單疏等書手自精校。影元鈔本洪适《隸續》亦佳,和瞿氏鐵琴銅劍樓舊藏影元鈔本鈔工相似。最後出明隆慶刻本《于忠肅公集》,卷帙無多,不知視他本異同如何。(《趙萬里文集》第二卷,第 496—497 頁)

11 月 21 日,上午赴天一閣觀近年新收雜書。

《南行日記》:上午去天一閣觀近年新收雜書,中有弋陽腔《蟠桃會》一冊,譜宋太祖雪中訪趙普故事。五色精寫,似係宮廷鈔本。又《鏡裏花傳奇》前後兩卷,舊鈔本,題"壬子春暮緱山樵道人題於都城福春局新寓",不知何人作。晚觀甬劇《打樓窗》、《田螺姑娘》等劇。(《趙萬里文集》第二卷,第 497 頁)

11 月 22 日,上午抵奉化,參觀文化館,下午至岳林寺訪碑,隨後轉赴寧海。

《南行日記》:上午八時許乘吉普車離寧波,九時十五分到達奉化。參觀文化館,在書堆中發現鈔本鮮于樞《困學齋雜錄》一冊,源出鮑廷博家知不足齋藏本。又有《黃石公潤經》舊鈔本,餘無可記。午飯後至近郊岳林寺參觀,進門有唐磚塔二,中嵌唐大中年碑記,字多殘損,但時代與書撰人姓名,尚可辨認。三時許乘車離奉化,遵海南去,車行一小時許到達寧海,住縣人民委員會招待所。(《趙萬里文集》第二卷,第 497 頁)

11 月 23 日,上午參觀寧海文化館,下午至平調象山劇院觀平調劇本。

《南行日記》:上午參觀寧海文化館,有明玉蘭草堂本《輟耕錄》、稿本羅以智《七十二候表》、清活字印本《天台治理》等書。又看字畫,徐俟齋山水中堂,最佳。下午到平調象山劇院觀平調劇本,鈔本,不舊,似是清人作。(《趙萬里文集》第二卷,第 497 頁)

11 月 24 日,上午訪柔石故居,中午抵天台縣,下午訪問天台縣文化館、天台山國清寺。

《南行日記》:上午八時許訪問柔石(趙平復)故居,匾額許廣平書。柔石夫人和他的大女兒出來招待。紀念室三間在左邊樓上,陳列着手稿、日記和其他文稿多種。筆硯用具和皮椅、牀舖等,一如生前布置。魯迅在柔石被難後寄來的兩封信,也陳列在鏡框內。憑窗遠眺,一抹山翠盡收眼底。主人出柔石生前出版的新詩集《瘋人》一冊相贈,盛意可感。辭出,行數十步爲方正學祠,方正學即方孝孺。九時半乘吉普車離寧海,一路山明水秀,景色絕佳。翻過三條大嶺,南行到高機鎮稍息。轉西行,十二時半到達天台縣人民委員會。下午訪問天台縣文化館,見明拓《玄秘塔》一冊,又參觀天台縣博物館。四時半乘車訪天台山國清寺,行七華里,疏林晚照,一塔迎人,直抵寺門石橋前下車,住迎塔樓賓館。寺爲隋煬帝師智顗大師駐地,又爲佛教天台宗發祥地,規模弘大,共有五百多間房子。大雄寶殿雍正年改建,前有巨柏巨樟各二株,大可數圍。殿內金佛三尊,法相莊嚴,香火甚盛。方丈澹玄和尚導觀隋梅,老幹槎枒,云智者大師手植。繼參觀殿左文物陳列室,共七大間,袈裟銅鉢等,亦云智者大師遺物,實係僞托。又有南宋初年元超和尚手寫佛經四冊,書法道美,有元超手跋。封

面均用薄木板鐫飛天象,金漆彩描,疑亦宋時物。(《趙萬里文集》第二卷,第 497—498 頁)

11 月 25 日,上午登天台山,訪華頂寺,下午轉赴臨海縣。

《南行日記》:上午八時半乘車登山,盤旋而上,二十五公里抵天台縣林藥場。其地爲華頂寺,寺門前有明以前巨柏二,可盈三、四人抱。峰迴路轉,松林遍野,白山茶花迎風盛開,蜂蝶喧鬧,宛似陽春景色。步行四華里,最後上一陡坡,直達峰頂,有碑鐫"天台第一峰"五字。壘石爲門,門內一佛殿,題"智者大師講經臺"。僧人煮山中雲霧茶享客,清醇可口。旁一石塔,一九三三年建。倚塔四望,千巖萬壑,盡在腳下。有人指點正南雲霧中青山隱隱,即是北雁蕩山,爲之神往。山中阡陌相望,行歌互答,行人熙來攘往,一點也不寂寞。天台自古爲神仙窟宅,名勝古迹甚多,歷代詩人賦客,題詠殆遍。今日到此,巖壑幽美,果然名不虛傳。下山已十二時半。飯後訪清心亭,亭前一泓清水,游魚可數。三時乘吉普車離寺東南行,山高路仄,五時半到達臨海,住縣人民委員會招待所。(《趙萬里文集》第二卷,第 498 頁)

11 月 26 日,上午訪臨海縣圖書館,看洪頤煊舊藏多種,繼而參觀洪頤煊故居、巾子山千佛塔;午後應臨海縣委之邀參加座談會,建議在文物保管和整理工作上,加強領導,采取措施;下午轉赴黃巖。

《南行日記》:八時訪問前台州府學內臨海縣圖書館,看到嘉道間臨海學者洪頤煊遺藏一批:(1)倦舫老人往還書札:倦舫老人即洪頤煊晚年自號。首洪氏小象,後阮元、王引之、翁方綱、徐養灝、吳榮光、朱錫旌、陳壽祺、孔昭虔、王紹蘭(二通)、陳用光、湯金釗、端木國瑚、周彥、于克襄、郝懿行、胡承珙、吳嵩梁、姚元之、顧廣圻(二通)、汪繼培、蔣因培、孫均、翁樹昆、葉志詵、金應城、許宗彥、馬瑞辰、姚柬之、胡森、宋翔鳳(四通)、馮登府(四通)、胡培翬、劉喜海(二通)、汪喜孫(四通)、劉逢祿(二通)、阮常生、阮福、周仲墀、黃安濤、廖金城等四十人論學書札,裝一巨冊。(2)扇面書畫二十多開:裝一冊,洪頤煊上款,阮元、馮登府、陳壽祺等人法書,葉志詵等人畫。(3)金石彝器款識五冊:阮元、僧達受手拓銅器銘文,甚精。(4)羋柯生借書圖:王士禎題首,許承宣、李天馥、王日高、王日藻、李基和、宋犖、徐乾學等人題詩,前後有"蘭雪軒"、"洪印頤煊"、"筠軒收藏圖書"等印。(5)唐昭宗賜吳越錢武肅王鐵券摹本:吳廷康、僧達受爲頤煊子瞻墉(字小筠)題籤,楊孫芝、劉喜海等題詩。(6)劉喜海、僧達受等數十人與洪瞻墉往還書札一巨冊。同時還看到黃瑞手稿一批。黃瑞字子珍,同治間臨海學者,著有述思齋叢書,生前多未刊行。在書堆中匆匆檢尋,有《台州書畫識》十卷(同治十年自序)、《宋太府卿王清叔先生年譜》

（清叔名卿月，台州人）、《明國史翰林院編修晋府長史伯賢朱先生年譜》（伯賢名右，臨海人，明初學者，著有《白雲稿》）、《康熙六十年以來府屬官總集》、《康熙臨海志校勘記》、《臨海古迹記》、《台岳鴻泥集》、《愛日草堂家言》、《臨海著録考》（原四卷，存卷二至四）、《同治臨海志擬稿》、《台考》（四册，臨海何柏章、梁器續輯，黄瑞校録）、《赤城三集》（七册）、《台州金石録》、《台海叢書》、《補正天一閣碑目》、《黄氏世譜》、《臨海西嶼陳氏世系表》、《水倚雲山館真迹日劄》、《日運百甓齋甀文》、《傳經樓藏書録目》、《快雲軒隨筆》、《秋籟閣詩略》（八卷，述思齋叢書二十四之一）、《金鰲山集》（馮賡雪輯，黄瑞校訂）、《舊學齋示兒編》（黄育撰，育字明星，黄瑞父）等二十多種。此外有操齋公手札：天台范理道濟題識，齊召南手跋。張太素侍郎自著年譜稿本：太素名文鬱，天台人，天啓二年進士，魯王監國，起工部尚書，著有《度予亭集》，今佚。《焚草十章》：黄道周手稿，崇禎辛未四年三月作。《詞林摘艷》：嘉靖間刻本，半葉八行，行十八字。存七集，題"吴江張禄詳校刊行"。裱本宋拓道因法師碑，唐李儼文，歐陽通書。繼訪問城内芝蕀園十五號洪頤煊故居，石臺門，二合院，樓上供有洪氏遺象。又去巾子山下參觀千佛塔，高七級，頹破特甚，但形式很古。午後縣委邀開座談會，會上談到臨海文物豐富，但濱海多風，希望在保管和整理工作上，加强領導，采取措施，以策萬全。二時乘車渡靈江去黄巖，翻過三座大山，遠望濃緑叢中，一簇白色房子，就是黄巖城區。車子沿着公路在高山上如流水般一瀉而下，須臾到達平地，穿過大片橘林，抵縣人民委員會，已四時矣。住縣人民委員會招待所。晚觀越劇《趙氏孤兒》，飾孤兒的小演員年僅十五，演技精彩動人。（《趙萬里文集》第二卷，第499　500頁）

　　11月27日，上午參觀黄巖縣圖書館、九峰書院、慶善寺塔；午後與黄巖縣委座談，建議對古書安全問題加强措施；下午轉赴温州。

　　《南行日記》：上午八時半參觀黄巖縣圖書館，古書五萬多册，貯藏在一排木樓上。有明成化刻黑口本《赤城詩集》，明謝鐸、黄孔昭輯；明鈔本《東瀛遺稿》，存三卷。又有清同光間黄巖學者王棻手稿一批：《文史通義節駁》、《校讎通義節駁》、《柔橋詩集》、《方城遺獻》、《台詩四録》、《賴軒初稿》、《隨手録》、《台詩待訪録補正》等。在書堆中，又發現王棻的祖先和其他黄巖文獻多種。别有《畫簾緒論》一册，宋人胡太初作，王棻手校，甚精。十時許乘車繞過橘林，訪近郊九峰書院。其地民國初年原有小型圖書館，今爲幹部訓練班。這一帶林木葱鬱，泉石幽美，是黄巖人民假日游覽勝地。山際瀑布從水庫中流出，下注水電站。繼回城區訪慶善寺塔，塔原名安寧，晋永和元年建，宋紹興間改名。據推斷，塔可能建於紹興間，距今已八百多年，一九五八年修理加固。午後和縣委座談，對古書安全問題，希望加强措施。縣委以大批黄巖蜜橘餉客，分有核、無核兩種，無核者個大，汁多且甜。二時許乘吉普車離黄巖南去，三時許過白溪，訪雁蕩山合掌峰觀音洞，登七層樓喝茶。停留一小時繼續前進，六時過樂清，七時許繞過大山，抵甌江北岸，冒雨擺渡，船行四十多分鐘，到達南岸，抵温州專區交際處，已九時矣。（《趙萬里文集》第二卷，第500—501頁）

11月28日，上午赴江心寺温州市文物管理委員會調查龍泉三大塔出土文物。

《南行日記》：上午渡甌江到江心寺温州市文物管理委員會調查龍泉三大塔出土文物情况。江心寺位在甌江中心孤嶼中部，東西兩塔對峙，風景絶佳，唐宋詩人過此，題詠甚盛，爲温州市游覽勝地。一九五六年一月間，龍泉城區三塔毁壞，出土文物甚多。據温州市文物管理委員會主任方仁堪同志調查，其中兩座即"金鰲叢林"平林塔，建於唐代，坐落城區東大寺山門内大殿前，東西對峙，高七級。從塔基中挖出石函兩具，背鑴"熙寧丙辰正月日重修"，及"清政者練文盛諧妻胡氏一娘母□氏□娘捨資重修甲寅"等字。甲寅爲北宋神宗熙寧七年，丙辰爲九年，因此得知此兩塔在熙寧間曾加固重修。據當地群衆反映，當場拆出開元通寶、太平通寶等唐宋銅錢六、七十斤，小銀塔、鎏金古錢、水晶珠等。同時還在兩具石函内發現寫本佛經、木版佛經，以及絹本佛像、經卷等一百多件。現存北宋刻本（也有人認爲晚唐刻本）《妙法蓮華經》卷二、寫本佛經十數卷、宋宣和五年蓮座銀牌兩塊及泉幣等零星物品。另一華嚴塔，坐落龍泉水南四里許金沙寺旁菜圃中。金沙寺又名崇仁寺，據《龍泉縣志》記載，寺建於五代，最上一層有北宋時邑人何執中題詩。當時拆出寫經並繪畫等兩大箱。經温州市文物管理委員會在當地詳細調查，費了很大力量，纔把未遭毁壞的經卷物品從民間搜集起來，運到温州市集中保管，除送杭州浙江省文物管理委員會少量經卷和繪畫外，餘數均存江心寺。……晚觀永嘉崑劇團楊銀友（蔡伯喈）、周雲娟（趙五娘）、孫采鳳（牛丞相女）等演全本《琵琶記》。（《趙萬里文集》第二卷，第501—505頁）

11月29日，上午再赴江心寺温州市文物管理委員會調查龍泉三大塔出土文物。

《南行日記》：上午去江心寺文物管理委員會再度調查龍泉三塔所出寫經和其它文物情况：刻本《妙法蓮華經》卷二殘卷：前缺兩版多，有後題。現存五百六十三行，每版二十六行，行十七字。朱漆木軸，出龍泉東大寺雙塔内。"世"字不缺筆，"愍"字缺筆作"愍"，但不能因此就斷爲唐刻本。宋版佛經"愍"字有時也作"愍"，臨安府賈官人經書鋪刻的《妙法蓮華經》就是如此。但由於許多特點,字體既凝重有度,又剛勁有力,柳筋歐骨,和《開寶藏》字體大不相同。而且同時出土的,多數都是中唐或晚唐寫經,所以有人認爲這也是晚唐刻本。總之,這卷殘經對中世紀雕版史研究上,是一個非常重要的發現。唐寫本《太上洞玄靈寶無量度人上品妙經》(道經)殘卷:前缺數行,行十七字。烏木軸。紙潤墨鮮,和我過去在上海見到的唐會昌三年蘇州虎丘山藏寫本《出三藏記集録》近似。字體厚重,朱絲欄,又和北宋海鹽金粟山大藏經,有相似的地方。這是晚唐江南寫經獨特風格,和敦煌寫經迥不相同。卷後題記四行:"乾寧四年丁巳歲七月十日鎮海軍節度左押衙銀青光禄大夫檢校工部尚書兼御史大夫上柱國諸葛福奉爲母親朱氏捨淨財敬造此經四十卷,《本際經》一部十卷,入通玄觀藏轉讀。"唐寫本《大般涅槃經》菩薩品第十六殘卷:前後缺。出東大寺雙塔内。烏絲欄,行十七字,就字體看,疑是唐中葉寫本。唐寫本《妙法蓮華經》卷第四殘卷:前後缺,出東大寺雙塔内。就字體看,疑是晚唐寫本。寫本《菩薩戒》殘卷:前缺,行十七字。有後軸。出東大寺雙塔内。就字體看,疑是中唐寫本。後題後有題記二行:"處(原脱州字)龍泉開悟寺知大殿功德寺沙門紹疑録,信佛法師水墨僧口受持此戒經古記。"宣和五年蓮座銀牌兩塊:出東大寺雙塔内,刻鏤甚精。正面鑴題記各五行:"弟子季啓賢同妻張九娘捨錢一貫助造塔,並隨年錢,願生生世世所集殊利,成無上道。宣和癸卯七月日謹題。""女弟子季三大娘捨錢一貫沃(?)助造塔,寫《金剛經》一分,並隨年錢所集,殊利今生,報盡來世,轉女成男,早明心地,發菩提心,成無上道。宣和癸卯七月日。"又在江心寺看到明黑格鈔本《東嘉英橋王氏族譜》十卷六册,題"八世孫溦輯,五世孫叔果、叔杲重輯"。王叔果字育德;弟叔杲字陽德,《溫州府志》、《永嘉縣志》俱有傳。此書孫詒讓《溫州經籍志》未見著録。正午因患感冒,未外出。晚冒雨往觀永嘉崑劇團《長生殿》"驚變"、"埋玉",《荊釵記》"見娘"和全部《殺金記》。(《趙萬里文集》第二卷,第505—507頁)

11月30日,下午參觀溫州市圖書館,看地方文獻多種。

《南行日記》:上午因感冒未愈,在寓所休息。下午去滄橋河下溫州市圖書館參觀,館長梅冷生老先生親自招待。梅老先生高年碩學,記誦淵博,親自開樟木箱搬書,熱情可感。溫州市圖書館藏古書達二十多萬册,其中地方文獻不少。這次看到的計有:《萬曆溫州府志》十八卷:明萬曆三十三年刻本,湯日照、王光蘊纂修。半葉九行,行十九字。缺前序。分輿地、建置、兵戎、秩官、祠祀、食貨、治行、選舉、人物、藝文、雜誌等十一門。棉紙初印,爲國内僅存之本。《隆慶樂清志》七卷:孫氏玉海樓藏舊鈔本,侯一元纂修。分壤地、廓宇、財用、秩祀、官師、人物、志餘七門。孫詒讓墨筆批校。《康熙青田縣志》十二卷：康熙二十五年刻本，雍正六年增訂。張皇輔、錢喜選纂修。《雁山志》四卷：孫氏遜學齋鈔本，明胡汝寧撰。雁山即雁蕩山。明萬曆中據朱諫舊志重修，傳本罕見。孫詒讓據翰林院舊藏明刻本倩人重寫，遂傳於世。《四庫全書》入地理類存目。《仙巖志》十卷：明崇禎刻本，明李璨箕撰。仙巖山在瑞安縣境。李璨箕任瑞安知縣時據王應辰舊志重修。晚到戲曲學校觀溫州亂彈戲《花園比槍》和《浪子踢球》。《花園比槍》由青年學員陳玉蓮飾高懷德，洪永娟飾趙美蓉，並由陳麗娜、朱秋霞分飾大小丫環。陳玉蓮嗓音洪亮，繞樑三匝，精采之至。《浪子踢球》由老藝人朱寶貴飾韓世忠，曹陳龍飾梁紅玉。二人相對踢球時，舞蹈動作優美。此劇疑輾轉從宋元南戲改編，需要進一步瞭解研究。（《趙萬里文集》第二卷，第507—508頁）

　　梅冷生1962年1月15日致夏鼐函：趙斐雲先生偕路工先生來溫訪書，對溫州頗感風土清嘉，文物蔚盛。並及兄品學兼優，談次甚致欽仰。（《梅冷生集》，第86頁）

12月2日，再赴溫州圖書館看地方文獻與歷史資料。

　　《南行日記》：溫州市圖書館收藏着不少地方文獻和歷史資料。如《蜀有聞》八卷：舊鈔本，清初金之翰撰，之翰字公藩，鎮海人，記四川形勝掌故甚詳。《新鐫增補宋岳鄂武穆王精忠彙編》十四卷：明萬曆刻本，明武林高應科編輯，永嘉陳有孚校正，三衢徐瑞鰲助梓，輯岳武穆事迹和後人懷古悼念之作。《通漕類編》：明刻本，明王在晋撰，記明代漕運史料。《蝴蝶夢傳奇》，舊鈔本，明末陳一球撰，一球，樂清人，題"雁蕩非我道人、孤嶼丹丘道人編次"。《漁邨記》：乾隆刻本，韓錫祚撰，錫祚字湘岩，題"河千妙有山人漫筆，青田湘巖居士評點"。書都罕見，紀之備忘。晚觀永嘉崑劇團楊永棠（張羽）、楊銀友（柳毅）、周雲娟（舜華）、孫采鳳（瓊蓮）等演全本"蜃中樓"。（《趙萬里文集》第二卷，第508頁）

12月7日，再赴溫州市圖書館看地方文獻。

　　《南行日記》：溫州市圖書館藏明弘治間刻本《東甌詩集》八卷，《續集》八卷，明趙諫編輯。這是一部地方詩文總集，流傳絕少。中引《琵琶記》作者高則誠詩二十五首，目次如下：《和趙丞旨題岳王韻》、《積雨書懷》、《送徐方舟之岳陽》、《采蓮曲送趙越中吳本中》、《和李別駕賞牡丹》、《題畫》、《次韻酬高應文》、《宿先公房曉起偶成》、《夏夜獨坐簡胡無逸二首》、《楊季常約至山中既而不果因以詩寄三首》、《題蘭》、《賦幽憒齋》、《送張從善》、《題明妃出塞圖》、《桶底圖歌》、《西湖葛嶺瑪瑙寺僧芳洲有古琴二一名石上枯一名蕤賓鐵爲賦詩二首》、《題畫》、《題畫龍》、《題畫虎》、《題蕭翼賺蘭亭圖》、《白紵篇送顧仲明》。《東甌詩集》中又引宋人周行己詩一首、許景衡詩二首、趙汝回詩十首，有幾首詩可補《四庫》輯本周氏《浮沚集》、許氏《横塘集》，與《江湖後集》内趙汝回詩之缺，亦一併鈔出。晚觀永嘉崑劇團演全本《風筝誤》。（《趙萬里文集》第二卷，第508—509頁）

12月10日，再赴温州市圖書館看書，查高明資料。

《南行日記》：瑞安閶巷陳氏爲高則誠外祖家。其家家譜後附《清潁一源集》二卷，中引高則誠詩二十六首，與《東甌詩集》多複，疑《東甌詩集》所引詩即從《清潁一源集》轉引。因推斷，明中葉時，高則誠《柔克齋集》在温州一帶已不易得見全書矣。《清潁一源集》有傳鈔本存温州市圖書館，中有高氏傳記，逐録如下："高天錫號南軒，長子俊甫名彦，號梅莊。次子功甫，亦二子，長高明字則誠，次高誠字則明。南軒爲吾杏所公半子，梅莊視吾則翁公爲舅父，而少垣公又妻則誠以女，居又同里，故其詩從前附刊《清潁一源》。今從殘缺中得二十六首，另行刷印，名曰《高氏家編》。"又從明人李燦箕《仙巖志》中鈔出高則誠《重游仙巖寺》詩一首。我從事高氏《柔克齋集》校輯工作已多年，因見聞有限，未能畢工。今來温州，得讀未見之書，爲之大快。晚觀永嘉崑劇團楊永棠（鄭元和）、周雲娟（李亞仙）等演全本《繡襦記》。（《趙萬里文集》第二卷，第509頁）

12月12日，赴江心寺温州市文物管理委員會調查近年出土石刻碑版。

《南行日記》：江心寺文物管理委員會除藏有龍泉三塔遺物外，還陳列着近年温州一帶出土的大批石刻碑版，擇要調查如下。晉朱曼妻薛買地券：咸康四年二月立。篆書。一九三〇年出平陽南鄉鯨頭村。字體與天發神讖碑相近。近年石已斷爲兩塊，但未損字。羅振玉《地券徵存》著録。宋吳煇墓誌：崇寧二年十月立。張商英撰文，鄧洵武書丹，吳伯舉篆蓋。出永嘉賜奧鎮。宋薛叔似墓誌：嘉定十四年十一月立。一九一五年出土，解放後移置江心寺。叔似永嘉人，官至端明殿學士，嘉定十四年五月卒，《宋史》有傳。志載遷拜各官年月特詳，與《中興館閣續録》等書所載，微有差別。末鐫"王師安刻"四字，其名又見孫詒讓《東甌金石志》蘇景仁壙記，與明嘉靖間黄氏文始堂鈔本薛師石《瓜廬詩》。師安以石工兼木刻工，同例他處未見。宋葉適墓誌：墨書三行，文爲"大宋吏部侍郎葉文定公之墓，淳祐十年吉立"十八字。外護緑釉，光彩耀目，審是龍泉窰燒製品。《宋史》本傳稱適諡"忠武"，據志知當作"文定"。一九四年出市區慈山墓地，出土時斷爲兩段，幸未傷字。謝師護等捨佛像塔灰題記：出温州市區，宋嘉祐四年十一月。類瑄妻薛氏墓誌：出温州市區，宋紹聖三年十一月。妙果院造塔題名：妙果院塔内出土，宋政和元年九月。吳煇妻祝氏墓誌：與吳煇墓誌同時出土，宋政和三年十二月。陳鎬妻劉氏墓誌：出永嘉郊區,宋紹興元年七月。林克誠磚誌:出永嘉郊區,約宋淳熙年間。朱義明妻沈氏壙誌:宋淳熙八年十月。徐時義妻黃氏壙誌:宋淳熙十六年四月。趙昌裔壙誌:宋淳熙十五年十一月。趙昌裔妻沈氏壙誌:宋嘉定十五年二月。徐德寶造墓告神文:宋寶慶二年。陳世庠壙誌:宋紹定三年三月。林方正妻鄭氏墓碣:宋端平二年十月。葉德安壙誌:出永嘉仁王山,宋寶祐四年十二月。戴炳壙誌:出瑞安帆游鄉,宋景定二年十月。鄭應先妻陳至寧壙誌:宋咸淳四年正月。項璡墓誌:出瑞安西鄉,宋咸淳十年十二月。馮道寧壙誌:宋德祐二年四月。項珂妻蔡體淑壙誌:宋祥興二年八月。項則祖妻林氏壙誌:元至元二十一年十一月。項珂壙誌:出瑞安西鄉,元大德七年十月。上舉石刻文字,除徐德寶造墓告神文,收入孫詒讓《東甌金石志》外,餘皆近年出土。這些碑刻,對研究宋元史事和溫州掌故,都是第一手資料。(《趙萬里文集》第二卷,第509—511頁)

12月16日,應溫州市委、市政府之邀參加座談會,建議對於文物安全問題加強領導,采取措施。

《南行日記》:上午地委張書記、閻專員和地委宣傳部董副部長邀開座談會。會上談到江心寺房屋矮小,且係木結構。溫州秋季多風,江水上漲,水火堪虞。關於文物安全問題,希望加強領導,采取措施。張書記、董副部長對此項意見表示接受,並立即行動,以策萬全。下午到溫州戲院觀青年學員演亂彈戲《高機與吳三春》中"訂情"一段。又觀永嘉崑劇團楊銀友、周雲娟演《獅吼記》"梳妝"、"跪池"兩出。此記輟演已多年,演來仍是絲絲入扣,動人心弦。(《趙萬里文集》第二卷,第511頁)

12月17日,上午赴瑞安縣,訪瑞安縣文物管理委員會,下午返回溫州。

《南行日記》:上午八時半乘車去瑞安,九時半到達。瑞安地濱靈飛江,物產富饒。氣溫比溫州約高兩度,陽光照在臉上,有點焦辣辣的感覺。街上適有集市,大花生、橘子、香蕉、雞鴨蛋滿街都是。我們一行六人在孫氏玉海樓前下車。玉海樓坐落瑞安城關金帶橋三號,現爲瑞安縣文物管理委員會。玉海樓中廳楹聯題"閣上著書劉向臥,門前修刺孔融來"。厢房楹聯題"衛鼎梁磚百世物,周經漢注六官篇"。又題"千秋墨學明兼愛,滿架甌聞示敬容"。都是孫仲容先生或其父衣言先生遺物,讀後可想見前輩風度。樓下文物室陳列着近年瑞安四郊焦石、陶山、西岙等地出土的新石器,城北三十里桐溪水庫出土的漢六朝墓葬遺存。還有郊區出土的宋、明墓誌二十三方,也陳列在東西牆兩旁。解放後從各處集中來的圖書約三、四萬冊,都在二樓,其中頗有佳本。如《字鑑》五卷:瑞安學者方成珪校訂,道光二十四年自跋。《吳氏家乘》:明黑格鈔本,殘存一冊。《萬曆永嘉縣志》:明萬曆二十八年刻本,邑人王光蘊纂修,存卷八至十一,僅四卷,傳本絶罕,孫詒讓編《温州經籍志》時稱未見。《榕鄉風味》:清鈔本,清林喬蔭著。《温州海島圖》:清繪本。《淮南鴻烈解》二十一卷:明萬曆十年茅一桂刻本,孫詒讓硃筆據陳奐校宋本詳校並作跋(陳奐校本,舊存上海涵芬樓,現藏北京圖書館)。《證治寶鑑》:存上卷,明刻本,題"直聖濟殿太醫院院判古汴俞橋子木著",傳本罕見。《説郛》:明藍格棉紙鈔本,殘存十九厚册。《霽山先生白石樵唱》六卷《文集》四卷:清鈔本,宋詩人林景熙撰,前人據明嘉靖十年馮彬刻本迻録,乾隆三十四年鮑廷博硃筆精校,《知不足齋叢書》本即據此本重刊。《黄文簡公介庵集》十一卷:清鈔本,明黄淮撰。淮字宗豫,永嘉人,洪武丁丑進士,官至武英殿大學士,《明史》有傳。孫詒讓據明刻本校過。《妙法蓮華經見寶塔品第十一》:唐寫本,存四十六行,一九三九年平陽縣錢倉三塔圮其一,出《妙法蓮華經》、《金光明經》若干卷,此即其中一段。《温州經籍志》約六卷,《墨子閒詁》卷十,皆孫詒讓手稿。下午忽下小雨,氣候轉凉。四時乘原車回温州。晚觀永嘉崑劇團楊銀友、周雲娟等演全本《八義記》。(《趙萬里文集》第二卷,第511—512頁)

12月19日,轉赴金華。

《南行日記》:侵晨七時十分,乘公路早班車離温州,沿甌江西上,青山如黛江似帶,風景之佳,筆難盡述。過青田,遠望山際,有劉伯温祠廟。俄轉西北行,兩山夾峙,路漸陡,車行較緩。此地氣温比温州約低四、五度,北風吹來,漸有寒冷感覺。經麗水、縉雲,路漸平坦。到永康,停車修理,誤點兩小時。换車開抵金華市,已晚上八時許。住專區交際處招待所。(《趙萬里文集》第二卷,第512—513頁)

12月20日,上午赴八詠樓金華市文物圖書保管處參觀,下午訪冰壺洞、黄龍洞。

《南行日記》:上午去八詠樓參觀圖書文物。八詠樓原名玄暢樓,齊梁時太守沈約創建,有八詠詩,北宋至道間因改今名。現爲金華市文物圖書保管處。古書有明刻本《古今絶句》(許乃普跋)、天啓刻本徐昭慶《檀弓通》、萬曆刻本安世鳳《詩批譯》,並堂策檻本《五雅》等。字畫以《賓月樓卷》最名貴。賓月樓乃宋理宗朝參知政事陳韡福州故居。原圖已佚,後人爲補繪一圖。明、清兩朝楊曜(永樂丁酉)、林枝(宣德八年)、林志、羅震、嚴貞、周益簡、林寵、高棟、謝肇淛、陳介夫、徐㶿、梁章鉅等題詠甚富。又有明人張瑞圖崇禎壬申詩卷、清人錢籜石仿王元章墨梅卷、趙撝叔芙蓉芭蕉卷、洪亮吉、王文治尺牘,皆佳。下午乘車訪冰壺洞、黄龍洞,洞在金華北山,車子盤山而上,抵一座設備完善的招待所前下車。冰壺洞深一百四十米,拾級而下,泉水從洞底噴射,水花四濺,蔚爲奇觀。黄龍洞洞中有洞,乘小舟側卧進第二洞,洞内有照明設備,巖石瑰奇,不可方物。外洞壁間有明、清人摩崖題詩。歸途遇雨,抵寓所已五時許。晚觀戲曲學校小學生演婺劇《東吳招親》、《僧尼會》、《三堂會審》等劇。(《趙萬里文集》第二卷,第513頁)

12月21日,上午赴金華市師範學校參觀,晚乘火車前往福州。

《南行日記》:上午赴金華市師範學校觀太平天國侍王府彩畫和盤龍石雕。下午三時到車站送陸京安同志回杭州。臨别,除向他致謝外,並請他向浙江圖書館領導同志代達謝意。七時乘滬閩通車離金華去福州。(《趙萬里文集》第二卷,第513頁)

12月22日,抵達福州。

《南行日記》:天剛亮,火車已過邵武,正沿着閩江上游富屯溪蜿蜒東下。滿山竹木葱翠,沿江數百里,一望無際。江中沙淺灘多,浪花四濺。風景之佳,如置身畫廊,描繪不盡。上午十時左右,過南平。下午三時四十分到達福州,省博物館館長何必然同志乘車來接,盛情可感。住西湖省人民委員會招待所。招待所爲清末福州藏書家龔少文大通樓改建。所内錦色斑爛,花事甚盛,溪邊梅樹正含苞待放,龍眼荔枝樹綠蔭如蓋。八閩風光,畢竟不凡。(《趙萬里文集》第二卷,第513—514頁)

12月23日,上午薩兆寅陪同參觀福建省圖書館,下午偕赴福建師範學院圖書館參觀。

《南行日記》:上午省圖書館館長薩兆寅同志來訪,偕往省圖書館參觀。二樓福建文獻資料庫藏書豐富。明版書有何喬遠《閩書》,丁繼嗣、陳儒修等纂修《萬曆建寧府志》,李本固纂修《萬曆汝南志》,朱衡《道南源委録》,鄭大偉《經國雄略》等。鈔本書有謝肇淛《小草齋滇文》、《長溪瑣語》等,皆罕見。别有明成化刻本《事物紀原集類》,後有明崇禎間徐興公手跋:"此書國朝正統間趙祭酒始傳之,門人南昌閣敬梓而行之,逸作者姓名。予細玩篇中述事至宋仁宗而止,仁宗之後殿閣原始不載,乃有神宗熙寧太一宫,則熙寧中人所著也。崇禎庚辰仲夏七十一翁興公書。"興公名㷒,字惟起,閩縣人。萬曆間與曹學佺同主閩中詞盟,稱興公詩派。居鼇峰,刊《淳熙三山志》。著有《鼇峰集》、《桐陰新檢》、《徐氏筆精》、《鼓山志》、《雪峰志》、《紅雨樓書目》等。藏書甚富,積五萬餘卷,卒後多歸鄭傑注韓居。此書題識猶新,名賢手澤,可寶也。下午偕薩館長參觀福建師範學院圖書館,藏書以本省文獻資料最富。明正德刻本林庭㭿纂修的《福州府志》稱甲選。惜缺首册,明人鈔配,徐興公手跋,跋文鄭傑輯《紅雨樓題跋》未收。(《趙萬里文集》第二卷,第514頁)

12月24日,下午赴福建省圖書館看地方文獻。

《南行日記》:上午省文化局盧令和副局長來訪,安排行程,決定先去建陽、建甌,回福州,再去閩南。下午到省圖書館看書。地方文獻有楊雪滄《冠悔堂金石題跋》、葉大壯《閩中金石志》、林轂《清源(泉州)文獻纂續合編》、謝章鋌《賭棋山莊書目》,他處皆罕見。(《趙萬里文集》第二卷,第514—515頁)

12月25日,下午參觀福建省博物館。

《南行日記》:下午參觀西湖公園內省博物館,展品豐富,觀後得益不少。解放後福建省各縣山地、江邊和平地的高阜上多發現新石器。閩侯曇石山遺址堆積層厚達兩米,出土的陶器有黑皮磨光陶、紅磨光陶和彩繪陶等。福州市出土的紀年塼有東晉永和、南齊永明兩種。各地宋元墓葬中出土的銅器、瓷器、石俑和墓誌等也不少。福州市明代兵部右侍郎張海墓葬中出土的牀、桌、椅、架、盆、桶等一套錫製小傢具,雕製精工,尤爲別致。(《趙萬里文集》第二卷,第515頁)

12月26日,上午赴福建省文化局禮堂作報告,談"建本源流及其影響";下午偕薩兆寅訪西禪寺等。

《南行日記》:上午到省文化局禮堂作報告,談"建本源流及其影響"。下午偕薩館長乘車訪西禪寺。西禪寺位在西郊怡山麓,占地百餘畝,全寺有大小建築物四十多座。唐時初名清禪,又改延壽,宋景祐間敕號怡山長壽禪寺。寺內古迹文物有唐荔、宋荔、唐咸通八年古井等。一九五三年附近楞伽山出土石刻一方,首題"唐福州延壽禪院故延聖大師塔內真身記",現已移至寺內保管。師名大安,係本寺開山祖師。又訪慶城寺閩王王審知忠懿王祠,觀琅琊王德政碑、忠懿王廟碑銘。德政碑唐天祐三年立,于兢撰。忠懿王碑銘,宋開寶七年立,錢昱撰。螭首龜趺,文字除個別外都完好如新。德政碑全文,又見吳任臣《十國春秋》,馮登府《閩中金石志》。繼訪烏山下無垢淨光石塔,俗稱烏塔。唐貞元間建,七層檐,八角形,現正加固重修。塔頂葫蘆內曾發現鎏金銅佛、玉環、銅牌等物,銅牌鐫"侯官縣文興鋪募緣首王晉重修寶塔"等字,似宋代物,現存省博物館。閩王王審知墓在福州北門外二十里西室山。原有唐同光四年張文寶撰墓誌,久佚不傳。近在《閩忠懿王族譜》中發現全文,爲研究五代史和海外交通史重要資料。《閩王族譜》有鈔本,又有清道光重刻本,現藏福州市王鐵藩同志處。(《趙萬里文集》第二卷,第515—516頁)

12月27日,轉赴建陽縣。

《南行日記》:上午七時半偕薩館長和劉基固、柯秀桐、林志鴻三同志同乘吉普車離福州去建陽。沿閩江北岸傍山西上,俄轉西北行,進入閩北山區。層巒疊嶂,綿延不絕,一片葱葱鬱鬱,盡是林海。繞古田水庫南岸,穿過攔河壩，十二時半到達古田新城區。飯後繼續西進，越過一千四百米高的籌嶺，雲霧迷漫，視度極低，到建甌已下午七時許。沿建溪西行，九時半抵建陽第一招待所。從福州到建陽，行程三百五十公里。（《趙萬里文集》第二卷，第 516 頁）

12 月 28 日，上午訪建陽縣文化館，下午訪考亭書院。

《南行日記》：上午拜會縣委張書記，稍談即同往大街看鐵井欄，形制古拙，似明時物。又到文化館，看蔡氏《九儞書》版片，紅梨木雕。又看黃道周寫刻的"此中世外"扁額，和崇禎十四年余光彩、余天傑等捐田給寺院的碑記。下午沿建溪西行五華里訪考亭書院，宋時朱熹聚生徒講學於此。門前有明嘉靖十年蔣詔和張儵建立的兩座石牌坊，雕製精美。院內有元建寧路考亭書院記石刻一座，熊禾撰，張仲儀書丹，賈仁篆額。碑文又見熊禾《勿齋集》，《建寧府志》和《建陽縣志》均著錄。惟碑陰洪武四年黃從義、李泂鑿款數行，府縣志未提及。第四進爲考亭，高三層，登高四望，蔬菜和豆類作物一片碧綠，真是豐產現象。據瞭解：宋建窯窯址在蘆花坪、牛皮壠一帶，近年時有殘片出土。東北鄉崇雒有宋慈墓，墓前有碑記，現爲省級文物保護單位。慈字惠父，宋淳祐間人，著有《洗冤錄》。建陽爲宋時東南文化中心，建本行銷四方，遠及高麗、日本。清初朱竹垞詩云："得觀靈谷山頭水，恣讀麻沙里下書。"查初白詩云："西江估客建陽來，不載蘭花與藥材。點綴溪山真不俗，麻沙村裏販書回。"當時書業活躍情況，可以想見。康熙後書業日趨衰落，又屢遭火災，昔年冊府，今成陳迹矣。（《趙萬里文集》第二卷，第 516—517 頁）

12 月 29 日，訪麻沙、書坊二鎮。

《南行日記》：上午乘車循建溪西行三十五公里，到達麻沙。從水南過橋到水北，參觀西江會館萬壽宮、黃氏宗祠、九峰書院。又訪橫渠書院，內有洪武二十二年"宋儒邵國獻公張橫渠書院記"石刻一方。回到麻沙公社辦事處休息。公社藏活字本《劉氏宗譜》一巨冊，劉氏在唐末已是麻沙大族，水南渡口有唐樟，大可五、六人抱，相傳即其家唐時所植。據統計，麻沙劉、黃、余三姓户數較多，虞姓僅兩户。山地遍生竹子，是造紙原料。又產樟、楠，附近莒口、書坊兩鎮梨樹最多。這些樹木，以前都可刻書。下午乘車西南行，十二公里到達書坊鎮。訪墨池、書坊門兩遺址。墨池是個方形水潭，面積不大，爲過去書坊印通書時取水之所。民間傳說書坊工人用池水印書，可使書籍色澤特別鮮潔。書坊門在小山坡上，從山坡到平地，這一帶過去都是書肆作坊，早已焚毀無餘矣。最後在書坊公社書坊大隊余咸清同志家發現《書林余氏重修宗譜》十二冊，譜爲余振豪、余兆陽纂修，光緒丙申新安堂活字印本，前有元至正間劉齡之序文。余姓唐

末從揚州遷來,世爲書林大族,是宋元時刻印書籍較多的一家。六時許乘車回到建陽。(《趙萬里文集》第二卷,第517頁)

12月30日,上午轉赴建甌,下午參觀文廟、文化館。

《南行日記》:晨起大雪。八時半乘車東返,十時許到建甌招待所。建甌宋爲建寧府,元爲建寧路,明清復爲建寧府。宋元以來文化發達,人文極盛,也是刻書出版中心。下午雪勢愈大,泥濘載道。冒雪參觀文廟,石刻十多塊,"元建寧路重修儒學記"書法最佳。又訪文化館,牆角有石刻建寧府地圖,和清代禁止商販設私秤進行交易的碑記。又在殘破書堆中發現康熙乾隆間契紙兩大册,都是很重要的歷史資料。(《趙萬里文集》第二卷,第517頁)

12月31日,折返建陽縣。

《南行日記》:大雪封山,四鄉交通斷絶,不得已於下午四時折回建陽度歲。(《趙萬里文集》第二卷,第517—518頁)

本年,曾應中華書局、中國書店聯名邀請,赴來薰閣參加王雨《古籍版本學》書稿校訂徵求意見會。

王雨《〈古籍版本學〉校改後語》:"這本書的撰寫,源於1960年興起的業務學習,中央有關領導讓我寫些有關古書業務的東西。但是我自感文化與知見有限,有醜婦怕見公婆之感。經過一再鼓勵,只有大膽塗鴉搪塞罷了,遂決定寫《古籍版本常識》。經過一年的努力和魏隱儒同志和姒兼山同志幫助整理,於1961年總算拼湊成書。……不想,中華書局編輯陳乃乾同志慫恿出版,認爲對古書整理編目工作不無益助,又得康生、王冶秋同志鼓勵,始勉而俯允。因爲自覺水平不够,更難免受專家指責,就想了 個借花增輝的辦法,即由中華書局和中國書店聯名邀請土冶秋、魏建功、向覺明、趙萬里、趙元方、謝剛主、王重民、劉國鈞、路工、張申府、楊殿珣數位專家學者,在來薰閣開了一個徵求意見校訂會。當天,除王冶秋、王重民因事未能參加,其餘各位都如時到了,來者各抒己見,並校改原本交還。會議由魏隱儒記録,按各位意見校改。"(《王子霖古籍版本學文集》第1册,第200頁)

本年,開始着手重點培養北京圖書館善本古籍青年人才。

沈津《版本學家趙萬里先生》:我記得,1980年秋,《中國古籍善本書目》編委會組織參與審校的同仁去承德避暑山莊游覽。丁瑜(前北京圖書館研究館員)告訴我:1961年,趙先生南下訪書,在上海圖書館善本組辦公室裏看見了你,回北京後就説,上圖的顧廷龍館長帶了一位青年人,是在實踐中培養的,這是使這門事業不至於後繼無人,這是對的,看來,北圖也要這樣做。丁瑜還説:自那以後,北京圖書館就開始了物色人選培養專業人才的事,並曾經考慮過中國書店的雷夢水,但因年齡問題而放棄,後來又找到林小安,才算定了下來。林小安後來成了我的朋友,他和我同年,他在"文革"後去四川大學念了徐中舒先生的研究生,畢業後並未回到北圖,而成了古文字學專家。我不由想到,在圖書館裏培養一位專業人員,是何等的不易。(沈津《書城風弦録》,第 195 頁)

本年,先生主持北京圖書館善本特藏工作,超額完成工作計劃。

《北京圖書館 1961 年工作總結》:《西諦書目》經過三個多月的整理、校訂等項工作,已於八月份交給文物出版社付印。……在中文舊書方面,文化部撥交的鄭振鐸先生抗戰期間在上海搶救的一部分珍貴古籍中,有清人何焯、黃丕烈、顧廣圻等諸名家校跋的書籍和丁晏等人的手稿,以及不少明清史料和明代戲曲等,都是比較罕見和不可多得的。高陽齊氏捐獻的 500 種書籍中也有不少是罕見的版本,如兩衡堂本《三國》、明刻本《剪燈新話》等。在購買的舊書中也有一些絕不經見的版本,如先後從山東濟南和北京古舊書店中得到的兩部磁版書(《周易説略》和《蒿庵閒話》),磁版書在我國印刷史上佔着獨特的地位,流傳很少,我館過去從未入藏過,兩部磁版書對研究我國印刷史和印刷技術的發展是非常寶貴的資料。……善本特藏工作方面,一年來,在各組工作同志的努力下,各項工作均取得了很多成績,在完成工作計劃方面均有不同程度的超額。如善本組共完成登記、分編新入藏善本書 640 種,分類整編舊目 980 種,比原訂 1600 種超額了 20 種,完成全年計劃。金石組和輿圖組並分別清點了部份庫藏。善本部編輯的《中國版刻圖録》再版增訂本,已於本年三月份出版,除古代部份更換了少數圖版外,清代部份增加了一部份晚清刻本及清代早期和中期比較典型的刻本等 50 種,在説明方面也做了一些必要的修訂。(《北京圖書館館史資料彙編〔二〕:1949—1966》,第 722—724頁)

　　按:據《北京圖書館 1961 年工作總結》附表,分類編目方面,善本特藏部完成中文善本書 1620 種 11935 冊 11 卷 1 葉,兄弟民族語文書2714 種 14782 冊 10 卷 4 件,輿圖、照片、圖片 1217 種 756 幅 14665 張296 冊;圖書修整方面,完成善本書 1185 冊、《趙城金藏》546 卷。(《北京圖書館館史資料彙編〔二〕:1949—1966》,第 733 頁)

本年,曾往蘇州訪書,在文學山房購得《水滸傳注略》二卷、《張月霄遺像冊》等古籍多種。

　　江澄波《懷念趙萬里先生與我的古籍書緣》:上個世紀的 1961 年,趙萬里先生擔任北京圖書館善本特藏部主任期間,曾到蘇州文學山房來訪書,由此與我相識。那時他年五十歲左右,我還不到三十歲。當時他在店

裏選購了一部分古籍,因事隔近六十年,書名大多已記不起來了。印象較
深的是其中有一部太倉程穆衡著的《水滸傳注略》二卷,是道光時刻的巾
箱本,他最喜歡。他告訴我説:"這是研究《水滸傳》的第一部專著,也是
很少見到的注釋通俗小説的書。或許這部書版刻成以後,遇到太平天国
戰亂而被毀,所以傳世甚少,在北京從未見到過。"他還要我再多提供些善
本古籍,最好能找到一百部明版地方志。我對他説:"好書現在已很少
了。"他就説:"你們江南地區是全國藏書最多和品質最好的地方。我們
館裏的善本藏書,有一半以上都來自蘇州地區。"趙先生的話,給了我很大
的鼓勵。第二天一早,我就乘車前往常熟訪書。首先收到的是一部鄧獻
纂修的《常熟縣志》,明代嘉靖刊本,内有一册鈔配。接着由戴崔秋先生
陪同前往拜訪藏書舊家。最後在一位張姓老先生處,見到了一册愛日精
廬主人張金吾的《張月霄遺像册》,首有清中期著名人物畫家胡駿聲手繪
的像,其後有孫原湘、郭麐、屈軼、周彬等人作的像贊和黃廷鑒、錢泳、黃丕
烈、唐仲冕、王鼎、褚逢椿、吳憲征、郭忠諧、丁祖蔭等人的親筆題贈之詩。
還有一些張金吾著作的稿本,有黑格寫本的《釋黽》二卷,内容是采集《三
禮》、《爾雅》、《左傳》、《史記》、《太平御覽》等書所引緯候之説,以存三代
卜筮遺法,前有吳江郭麐序文。還有一册是綠色印格的手寫本,書名《絲
繐積聞》,也是張金吾著的稿本。與物主議價收購後,當天下午我即趕回
蘇州。吃過晚飯以後,就到趙萬里先生所住旅館——皇后飯店三樓去拜
訪他。他看書後表示,嘉靖本《常熟縣志》館裏已有入藏,不要;《張月霄
遺像册》決定買下。承他不棄,又與我作了一個多小時的長談。他説他去
過安徽歙縣和屯溪,在那裏見到的明版家譜和魚鱗册特别多,曾經運回北
京一車呢! 還向我打聽蘇州高師巷裏藏書家許博明先生的情況,想要見
見他。他告訴我:"許博明先生在年輕時家裏很富裕,别人譏其文化不高,
於是發奮讀書,進而斥資廣收宋、元、明本古籍。當時上海古書流通處主
人正收得四明盧氏抱經樓藏書,同時寧波范氏天一閣藏書被竊,也有部分
流散至上海,所以許博明在此時購得善本甚多。抗戰以前,他還請我到他
家裏看書吃飯呢! 其藏書中有明代弘治刊本《嚴州續志》、正德刊本《博
平縣志》、嘉靖刊本《恩縣志》、正德刊本《襄陽府志》等,都是從天一閣偷
出後售予上海各書店的。"聽完趙先生的講述,我才恍然大悟,原來他説要
我找明版地方志的目的地就是許博明家了。因此我告訴他:"許老先生晚
景不好,所有藏書都已流散。……解放以後,許老先生家裏多事,且已陷
入困境,最後只得身背木盤在大街小巷叫賣麵包,自食其力爲生。如果你
要見他,明天下午三時左右到我們店裏,我來招呼他好了。"他隨即表示:
"那就不去驚動他了。"當我向他告辭時,他還叮囑我:"今後收到好書,不

要忘記我們。"這次會面,雖然時間不長,但趙萬里先生訪書孜孜以求的敬業精神,給我留下了深刻的印象,並深感欽佩。(《文津學志》第八輯,第44—45頁)

江澄波《古刻名抄經眼錄》:清胡駿聲繪《張月霄先生遺像冊》。……建國初期余往虞山訪書,承戴鶴秋先生陪同,在詒經堂張氏後人處得見此冊,不禁狂喜,隨即議值收歸。其時適北京圖書館善本部主任趙萬里先生在蘇,見得此冊,亦興奮異常,急爲北京圖書館收去。(第56頁)

本年,致函駱兆平,告知1933年所編天一閣目錄之原始資料已在抗日戰爭中散失。

駱兆平《天一閣的藏書目錄》:一九六一年,趙先生函告筆者,此目當時未曾完稿,所抄錄的原始資料,在抗日戰爭時期已散佚殆盡。(駱兆平《天一閣叢談》,第45頁)

按:據馮貞群外孫陳伯龍轉述,趙萬里後來也曾告知馮貞群,1933年登閣編目的稿本"在抗戰期間全都散佚了"(饒國慶《趙萬里與馮孟顓》,載《天一閣文叢》第11輯,第200頁),可與駱兆平説互證。

1962年　先生五十八歲

本年,先生任北京圖書館善本特藏部主任。

1月2日,返抵福州。

《南行日記》:上午七時許乘車離建陽,下午六時半回到福州,仍在西湖招待所。(《趙萬里文集》第二卷,第518頁)

1月3日,游鼓山、湧泉寺。

《南行日記》:上午八時許,吳利珍同志邀游鼓山,同車前往。進湧泉寺,循靈源洞喝水巖拾級而上,兩旁宋元以來石刻如林。到藏經殿,觀徑山方冊藏。相傳寺有元延祐二年建陽後山報恩萬壽堂陳覺琳刻的毘盧大藏殘帙,未見到。鼓山位在福州市東南郊,離市區約十二公里。重巒疊翠,林木參天。山巔有巨石,形狀如鼓,因以爲名。山中摩崖石刻多數集中在靈源洞一帶,宋刻石最多。龍飛鳳翥,各極其致。石刻中紀年最早的,要數"邵去華、蘇才翁、郭世濟、蔡君謨慶曆丙戌孟秋八日游靈源洞"二十四字那一塊,字徑達六十釐米,蔡君謨(襄)書,刻在蹴鰲橋東面石壁上,惹人注目。喝水巖下石洞中大"壽"字,正書,高約八米,廣約三米,傳是朱熹手筆,爲摩崖石刻中最大的一個字。還有朱熹寫的"天風海濤"四字,刻在艻崆峰大石上。此外宋人高郵孫覺、延平黃冕、邵武李綱、長樂張元幹、餘干趙汝愚、龍泉何澹、襄陽王之望、眉山李鏞、浦城真德秀、莆田陳宓、福清林希逸、元人金陵楊剛中等,也都有題名。(《趙萬里文集》第二

卷,第518頁)

1月4日,赴福建省圖書館看方志。

《南行日記》:省圖書館收藏本省地志最多。山志有蕭震的《道山紀略》,郭柏蒼的《烏石山志》,僧元賢的《鼓山志》,魏傑的《九峰志》,徐燉的《雪峰志》,潘守正的《雪峰山志》,謝肇淛的《方廣巖志》、《太姥山志》,楊浚的《清水巖志》、《白礁志略》,詹繼良的《屏山志》,翁國梁的《洞天巖志》等。水志有姚循義的《西湖志》、劉家鎮的《小西湖志略》、陳池養的《莆陽水利志》、黃天全的《九鯉湖志》等。鄉志有失名的《洪塘小志》、白花洲漁的《螺洲志》、楊浚的《湄洲嶼志略》、詹繼良的《五夫子里志》等。雜志有鄭傑的《閩中録》、彭光斗的《閩瑣記》、施鴻保的《閩什記》、陳雲程的《閩中摭聞》、海外散人的《榕城紀聞》、凌登明的《榕城隨筆》、林春溥的《榕城纂要》、王紫華的《榕郡名勝輯要》、林楓的《榕城考古略》、黃海的《續莆陽比事》、林登名的《莆輿紀勝》、楊瀾的《臨汀掌故》、劉家謀的《鶴場漫志》等。外省都罕見,記之備查。(《趙萬里文集》第二卷,第518—519頁)

1月5日,偕何必然等乘火車前往廈門。

《南行日記》:上午十一時偕省博物館何必然館長和劉景鑛、林志鴻兩同志乘火車去廈門,下午五時過南平,九時過三明,午夜過戴山,山高風大,天氣驟冷。(《趙萬里文集》第二卷,第519頁)

1月6日,抵達廈門,下午參觀廈門市圖書館。

《南行日記》:天剛亮,火車正沿着海堤駛向廈門市近郊。七時許到達廈門站,住廈門市交際處招待所。招待所位在小山坡上,住房用花崗石、紅磚砌成,美觀堅固。院內木瓜樹結實累累,水仙、月季、玫瑰花正盛開,幽香四溢。還有許多亞熱帶花艸,都不知名。下午參觀市圖書館,中文舊書四萬多册,中有鈔本宋人郭印《雲溪集》、李處權《崧庵集》、李正民《大隱集》,乾隆間從《永樂大典》輯出,開卷有淡紅色"翰林院印"一印,是第一次謄清的《四庫》底本。原爲張鞠園藏書。張名祥雲,晋江人。嘉慶間官廬州知府,藏書多佳本,黃丕烈藏的殘宋本《輿地廣記》,即其家遺物。此三書紙敝墨渝,已無法翻閱。又有明萬曆刻本何喬遠《名山藏》殘本,亦破損待修。(《趙萬里文集》第二卷,第519頁)

1月7日,上午參觀廈門大學人類博物館,下午訪南普陀寺。

《南行日記》:上午參觀廈門大學人類博物館,重要展品有龍巖、長汀、武平、永春等地出土的新石器,閩侯曇石山、福清東張鎮和廈門等地出土的彩陶,泉州瑞風嶺出土的五代時朱雀、玄武、青龍、白虎花磚,鄭成功抗清遺物練膽石刻、國姓瓶(火藥瓶)和晋江白沙島采集的鐵盔甲片,閩東和浙南平陽發現的畲族敕書和泉州的畲族《雷氏族譜》等。還有一幅臺灣大地圖，縮尺約六萬分之一，下端南鳳山以下稍缺，圖中諸羅縣尚未改稱嘉義，繪製時期約在清乾隆十年林爽文起義前。下午歸途訪南普陀，壁間有乾隆五十三年碑文，文字完好。登藏經樓，觀崇禎十七年雲麓寺女尼通戒血書《妙法蓮華經》。大殿前檳榔、菩提、芒果樹枝葉茂盛，綠陰如蓋，非常美觀。步至半山，相思樹、觀音竹翠色宜人，白山茶、夜來香正盛開。眺望大海，在石亭前小憩，遍觀摩崖石刻。(《趙萬里文集》第二卷，第519—520頁)

1月8日，下午參觀集美學校圖書館。

《南行日記》：上午九時乘車穿過海堤，訪鼇園，一行在集美解放紀念碑前攝影留念。下午參觀集美學校圖書館，黃道周七絕詩三十首立軸最佳。又有宋寶祐間刻《通鑑紀事本末》，明南監印本，書非罕見，但在此地可算第一珍本矣。晚觀戲曲學校小學生公演梨園戲《陳三五娘》、《公主別》、《太保奏》和高甲戲《白蛇傳》。(《趙萬里文集》第二卷，第520頁)

1月9日，上午游鼓浪嶼鄭成功紀念館、鄭成功水操臺故址，下午赴廈門大學爲閩南圖書館工作人員學習班做報告。

《南行日記》：上午到鼓浪嶼，訪鄭成功紀念館和鄭成功水操臺故址，石築塞門。登日光巖絕頂，俯瞰全島，山光水色，風景絕佳。下山循菽莊花園四十四橋，渡海，回到廈門市。下午二時到廈門大學爲閩南圖書館工作人員學習班做報告。晚觀廈門市歌舞團演出，節目新穎，有臺灣高山族和印度尼西亞舞蹈、雨傘舞等。(《趙萬里文集》第二卷，第520頁)

1月10日，赴廈門市圖書館看書。

《南行日記》：從市圖書館借閱林樹梅著《歗雲詩文鈔》。樹梅字瘦雲，金門人，道光間曾參加和策劃抗英戰爭，到過臺灣兩次，是一位富有正義感的愛國志士。文鈔中有下列諸文，錄之備查：卷一：論臺灣水利書、論鳳山水利書；卷二：論徵臺穀書、與巽夫茂才論金門志書；卷三：鳳山縣新舊二城論；卷四：渡臺灣記、再渡臺灣記、臺郡四邑記程；卷五：嘉義陣亡將士祠墓碑記、前明魯王墓圖記、前明寧靖王祠墓記；卷六：廣東水師提督李公傳、江南提督忠愍陳公傳、福建布政司經歷朱公傳；卷十：閩海扼要圖說、海道說、巡哨說、占測說、戰艦說、剿捕說；卷十一：從軍紀略；卷十二：全閩備海六策、廈金二島防禦策、補陳戰守八策、海澄刺嶼尾置戍策、金廈沿海事宜策、漳廈安民禦寇狀；又借讀明人盧若騰著《島噫集》，一九三一年鉛印本。若騰字閑之，同安人。崇禎中進士，後入鄭成功幕，策劃抗清。詩篇感時傷事，頗有佳作。此小冊據道光間林樹梅藏本付印，他處未見。據市圖書館方文圖同志談：道光間富陽人周凱纂修的《廈門志》和周凱

《內自訟齋文集》、呂世宜《古今文字通釋》，此三書版片原存廈門市內，抗戰期間毀於戰火，非常可惜。《廈門志》刊工多是泉州人，咸同間泉州有一村，男女都以刻書爲業。《金門志》較《廈門志》少見，市圖書館有一本。一八五八年廈門洋人投資成立萃經堂，開始以鉛字印書。一九〇二年廈門大火，書坊盡毀。明代抗倭名將俞大猷的《洗海近事》，道光間廈門有刻本。英文《廈門志》，聞在市博物館。文圖同志博學洽聞，記之備查。晚觀薌劇《火燒樓》，演劉月英、王三福戀愛故事。（《趙萬里文集》第二卷，第520—521頁）

1月11日，上午轉赴漳州，下午參觀漳州市博物館。

《南行日記》：上午十時，乘車離開廈門，過九龍江大橋，穿過大片龍眼荔枝林，十一時半到達漳州市，住龍溪專署交際處。下午參觀市圖書館，古書堆置一室，殘破居多，且遭水濕，正在清理中。又參觀市博物館，有鎮守福建、金門等處地方總兵官陳龍墓誌，密行細字，由青石四塊拼成。龍字麟長，漳州人，卒於康熙三十八年，曾參加清初東南沿海戰事。又五代陶俑數品，一九六一年漳州北門外三公里處出土。繼訪文廟，見元延祐五年"漳州路儒學大成碑記"，莆田林雨撰，書法甚佳，惜歲久石裂，碎爲兩塊矣。（《趙萬里文集》第二卷，第521—522頁）

1月13日，上午轉赴漳浦縣，下午參觀縣博物館、黃道周紀念館，隨後返回漳州。

《南行日記》：上午八時許乘車訪問漳浦縣，路旁荔枝、龍眼、香蕉林特多，山坡上遍植菠蘿，這一帶可稱閩南水果之鄉。九時半到達。休息後即往虎山訪黃道周暨其妻蔡玉卿墓。墓地面積不大，除墓碑外，並無其他建築物。下午參觀縣博物館，見紙木宋代帝王像一人册，從宋太祖全度宗，凡十五帝，後附魏王廷美一幀，出趙家城趙姓家。又有康熙間統轄臺澎水陸官謚襄敏號荆璞藍公墓誌，用墨石四塊拼成，密行小字，形制與陳龍墓誌同。繼往城關公社石齋大隊訪問黃道周紀念館，原爲黃道周講學處，即黃氏明誠堂故址。入門，月季、薔薇、胭脂花紅紫相間，龍眼樹綠蔭滿地，環境顯得十分幽靜。院內置石雕天文盤，俗名天地盤。黃道周創製此盤，和他的《三易洞璣》等書寫作有關。又有蔡玉卿夫人手寫黃母侯太孺人遺詩長卷，林、蔡二夫人遺像，朱國楨撰黃道周寫的劉愛泉暨二夫人遺像，朱國楨撰黃道周寫的劉愛泉暨夫人陳氏墓誌。墓誌字口嶄新，近年出土後似未拓過。中廳楹聯題"人從剝復後，始見天地之心；我在畎畝中，猶樂堯舜之道"。這位民族英雄的志節抱負，於此可見。又從鄰近黃氏後裔家借來舊鈔本《黃氏宗譜》、《石齋年譜》和《詠業詩鈔》三書。宗譜內容簡略，當是節本。年譜有刻本，附見全集。詩鈔疑從《詠業近集》選錄。

閱後還之。下午四時乘車返漳州。過木棉庵，即宋鄭虎臣誅誤國大姦賈似道處，下車巡視，寂無一人，壁間有乾隆十三年陳應天立的"木棉庵立界碑記"一方。五時許返抵寓所。晚觀薌劇《水仙花》。……《水仙花》是漳州薌劇團新編的神話故事劇，由副團長陳瑪玲主演。（《趙萬里文集》第二卷，第522—523頁）

1月17日，轉赴泉州，下午參觀泉州市海外交通史博物館、開元寺。

《南行日記》：上午八時半乘車離漳州去泉州。中途參觀安平橋，俗名五里橋，宋紹興八年僧人祖派等創建，紹興二十一年續修，年餘始落成。橋長五華里，站在南岸，海霧迷漫，白茫茫一片，一眼望不到北岸。從晉江縣安海市跨海，與北岸南安縣的水頭鎮相接。橋墩三百多座，全用花崗石築成。工程浩大，是古代閩南勞動人民的偉大創造，也是世界橋梁史上的奇迹。十一時半到達，住晉江專署交際處。下午二時到開元寺參觀泉州市海外交通史博物館。展品異常豐富，有宋元明泉州窰各種瓷器、明代雕塑家何朝宗的作品白瓷觀音、宋以前煉鐵場出土的鐵渣、明代泉緞和其他絲織品，伊斯蘭教、婆羅門教、景教、摩尼教的各種石刻、阿剌伯商人的墓碑石，以及東西塔、清净寺、聖墓、鄭和下西洋過泉州行香石刻、南安九日山宋元祈風石刻等照片、拓本，連同文獻資料、模型等，達數百件。開元寺爲閩南著名古刹，占地五十畝，始建於唐垂拱二年，初名蓮花寺。開元六年詔天下諸州各建一寺以紀年爲名，改名開元寺。元至元間賜名大開元萬壽禪寺，那時僧徒衆多，食常萬指。元末被災，明洪武二十二年重建，崇禎十七年重修，這就是現在的規模。正中爲山門、大雄寶殿、甘露戒壇、藏經閣，共四進。兩旁東西塔對峙，氣派雄偉。解放後兩次加工修葺，焕然一新。大雄寶殿，又名紫雲大殿，殿內斗拱做法特殊，附有手持樂器的伎樂和飛天。殿左壁間嵌有明萬曆十八年黄鳳翔撰的"重修開元寺碑記"、崇禎間"南安伯飛虹鄭公生祠碑記"和嘉慶十年"白玉德重修碑記"三方。殿後甘露戒壇頂部藻井，結構複雜，斗拱上也有伎樂飛天。此壇木構部分係清初重建，但形制仍仿宋式。壇下的生靈座石臺，尚是宋代遺物。東塔名鎮國塔，唐咸通六年創建時爲木塔，宋紹興間改磚塔，嘉熙二年再改石塔，歷十二年至淳祐十年始建成。八角式，五層檐，全高約四十八米。塔基須彌座青石浮雕，刻佛出家故事。每層開四門，設四龕。明萬曆間重修，塔內有萬曆丙午"開元寺重修東塔記"碑文。西塔名仁壽塔，梁貞明二年閩王王審知創建時也是木塔，宋宣和間改磚塔，寶慶中再改石塔，先東塔十年建成。除須彌座不設浮雕外，規制和東塔全同。這兩座石塔氣魄雄偉，結構精嚴，充分表現了我國石構建築的民族風格和古代石雕藝術的高度成就。近年兩次進行整修，設立石欄，開闢花圃，成爲全市人民游覽勝地。晚觀梨園戲《陳三五娘》劇。……《陳三五娘》演泉州人陳三與潮州人黃五娘的戀愛故事，依靠丫環益春從中撮合幫助，經過鬥爭，終於結爲夫婦。這一故事，在莆仙戲、梨園戲和薌劇幾個劇種中，普遍演唱，幾於家喻戶曉。故事來源很早，英國牛津大學圖書館藏明版《荔鏡記》，就是陳三五娘故事演爲地方戲的傳世最早刻本。泉州市梨園戲劇團有坊刻《荔枝記》一小冊，情節和《荔鏡記》相近，茲摘鈔回目如下：送兄餞行、五娘賞春、林大邀朋、益春請李姐、元宵賞燈、士女答歌、林大托媒、黃門求親、林門納聘、五娘責媒、命婆訓女、訓女就婚、五娘投井、別兄回潮、遇宿李公、伯卿游街、偶扴荔枝、求藝李公、伯卿磨鏡、設計爲奴、伯卿掃厝、代捧盆水、五娘賞花、月下自歎、安童尋主、益春留傘、巧繡孤鸞、五娘私約、林大催親、益春退約、私會佳期、益春送花、上莊收租、三人私奔、阿媽尋五娘、小七報亞公、黃門討親、林大告狀、公差鎖拿、鞫審姦情、五娘探牢、公差送解、發配崖州、遣送封書、小七送書、途遇家童、遇兄榮歸、五娘思君、提革知州、送聘成親、合家團圓。（《趙萬里文集》第二卷，第 523—525 頁）

　　1 月 19 日，上午參觀泉州市圖書館，下午訪靈山聖墓、元妙觀老子祠、清净寺。

　　《南行日記》：上午參觀市圖書館，有明嘉靖刻本《徐積孝集》，鈔本《清音五空管曲琵琶指法》二書。又去民間樂團看鈔本南曲。南曲是一種包括宋、元曲調和泉州、潮州一帶山歌民謠的民間樂曲。主要樂器有琵琶、三弦和洞簫。曲調有疊，有滾，有潮調，有綿答絮、駐雲飛、節節高等。下午乘車訪東門外三里靈山聖墓。唐武德中伊斯蘭教傳教士三賢、四賢來泉州傳教，卒葬此山。石廊外有阿剌伯式石棺二座，即是三賢、四賢墓。石廊內右側有鄭和出使西洋過泉州行香碑，文云：“欽差總兵太監鄭和前往西洋忽魯謨厥等國公幹，永樂十五年五月十六日於此行香，望靈聖庇福祐。鎮撫蒲和日記立”。共三行。案“忽魯謨厥”即《元史》之“忽魯模思”，又作“忽魯模子”，今屬伊朗。下山途中觀風動石，又名碧玉毬，石上刻“嘉靖癸亥天然機妙”等字。歸途訪元妙觀老子祠，壁間嵌入道光二十二年、二十三年泉州各行業醵錢演戲酬神各種賬目石刻數十塊，完好如新。文中涉及綫戲、梨園戲、正音戲及城廂內外米鋪二百二十八處等記載，都是很重要的歷史資料。又訪清净寺，觀拱門和露天禮拜壇。據《泉州府志》，宋紹興元年伊斯蘭教徒茲喜魯丁來泉州時所建。拱門內外有至正十年“重修清净寺碑”（吳鑒撰），萬曆三十七年重修碑記，並“永樂皇帝敕諭”碑文三方。禮拜堂壁間刻《可蘭經》文，原有屋頂，早毀，今四周石牆及窗口俱存。（《趙萬里文集》第二卷，第 525—526 頁）

1月20日,訪韓偓墓、九日山、延福寺。

《南行日記》:上午冒風訪南安豐州鎮葵山麓晚唐詩人韓偓墓,墓前有牌坊、墓碑並翁仲、石羊等。又到金鷄村登九日山,宋、元時泉州市舶司爲遠洋船舶祈風禱祝,即在此地舉行典禮。歷代摩崖石刻,從五代到元代不下百處,其中南宋時祈風石刻,約略數之得九條:淳熙元年趙德季等一條,淳熙十年司馬伋等一條,淳熙戊申(十五年)趙公迴、胡長卿等一條,嘉泰辛酉(元年)倪思等一條,嘉定癸未(十六年)章楑等一條,淳祐癸卯(三年)顏頤仲、劉克遜等一條,淳祐丁未(七年)趙師耕一條,寶祐丁巳(五年)趙師濤等一條,寶祐戊午(六年)方澄孫等一條。這是非常重要的海外交通史資料。滿山相思樹,綠葉扶疏,搖曳可愛。遠望晉江如帶,蜿蜒西去。山頂有石佛亭,因風大體弱,未攀登。下山訪閩南古刹延福寺,此寺爲宋、元時官僚們祈風後談讌之所,現存大殿和經幢兩座,餘已倒圮。下午因風大天寒,未外出。晚觀梨園戲劇團演《金印記》"蘇秦"、《金芬女》"劉永"和《陳三五娘》"睇燈"折。旦角走蹀步,純照老路子演出。(《趙萬里文集》第二卷,第526—527頁)

1月21日,參觀南臺山老子石雕坐像、歷史人物紀念館,下午觀《蒲氏族譜》鈔本。

《南行日記》:上午到北門外南臺山觀老子石雕坐像。此地原有老君祠,祠久廢。像高約四.七米,寬六米,濃眉大耳,形象奇古,疑宋時物。歸途過譙樓,參觀歷史人物紀念館。蔡襄、蘇頌、何朝宗、李卓吾、俞大猷、鄭成功、丘二娘等人畫像、小傳和實物、照片等,皆分室分櫃陳列,重點突出,有條不紊。何朝宗,明中葉德化人。德化爲産瓷名地,他善於塑造白瓷人物,是有名的雕塑家。丘二娘,晉江河市人。窮苦農民出身,清咸豐初年領導河市和惠安農民起義,屢挫官軍,五年兵敗被害。李卓吾陳列室內有霞漪閣校訂、李卓吾評纂的《史綱評要》三十三卷,明萬曆間刻本,此書他處罕見。繼訪開元寺文物管理委員會,有"泉州重修州學碑記",宋張讀撰,李邴書,趙奇篆額。又有"溫陵書院記"、"重修威遠樓記",皆清刻石。下午林志鴻同志從元初蒲壽庚後裔家借來《蒲氏族譜》鈔本一冊。首蒲氏家言。次壽庚三子:師文字章甫號立庵,師斯字理甫號篤庵,均文字平甫號道復,元時俱官顯職。又次元、明以降世系,頗簡略,似係節本。閱後還之。晚到民間樂團聽王素英等清唱南曲。南曲有四大名曲:四時景、梅花操、八駿馬、百鳥歸巢。曲文典雅,音調柔媚動聽。九時許散場。(《趙萬里文集》第二卷,第527頁)

1月22日,轉赴莆田,下午參觀莆田縣圖書館、元妙觀三清殿。

《南行日記》:上午八時許乘車離泉州去莆田。過洛陽橋時,下車參觀，並訪蔡忠惠祠。洛陽橋位於晉江、惠安兩縣交界的洛陽江入海處，宋時名萬安渡石橋。北宋皇祐五年狀元蔡襄創建此橋，歷時七年始落成，《蔡忠惠集》有《萬安橋記》，詳載此橋施工始末。橋北岸有歷代重修的碑記十五座，靠近海邊的石壁上有“萬安橋”、“萬古安瀾”、“亘海長虹”等大字摩崖。一行在北岸停留片刻後，繼續前進。十時過惠安，十一時到達莆田，住莆田招待所荔城賓館。莆田爲明、清興化府首縣，盛產荔枝、龍眼、枇杷果，故又名荔城。下午參觀縣圖書館。有周瑛的《翠渠漫稿》、朱淛的《天馬山房遺稿》、林俊的《見素集》、鄭郟的《皆山集》和《弘治興化府志》、《莆田水利志》等書，多數皆本省文獻。又有三朝版《魏書》整帙，書非罕有，但此時此地，可推爲甲觀矣。繼往訪元妙觀三清殿，斗拱、石礎和部分木構，尚是宋代遺制，現爲莆田師範學校學生飯廳。殿旁有宋徽宗御書“神霄玉清碑”，高三.五米，寬一.二五米，蔡絛題額，譚稹、梁師成上石。案《宋史·林靈素傳》：“靈素言天有九霄，神霄爲最高。神霄玉清，上帝之長子，主南方。帝心喜其事，建上清寶籙宮，詔天下皆建神霄萬壽宮。”所說與碑文合。碑建於宣和元年，明年靈素貶死，道教遂廢。是此碑當時各地都摹勒立石，並非莆田一地獨有。碑文瘦金書，書法道美，神采獨絕，現爲省級文物保護單位。晚觀莆仙戲劇團小學生陳妹英（鶯鶯）、林慧如（紅娘）、陳先鎬（張生）、童愛琳（老夫人）等演全本《西厢記》。（《趙萬里文集》第二卷，第527—528頁）

1月24日，上午訪莆仙戲劇團資料庫，下午參觀南山廣化寺石塔、木蘭陂水利工程。

《南行日記》：上午訪莆仙戲劇團資料庫。庫中收藏傳統劇目全本或單折達五千種，除重複，得三千五百多種，都是清道光迄民國初年戲班內部手鈔本。這是一個非常驚人的數字。莆仙戲又名興化戲，過去祇流行於莆田、仙游兩縣，解放後改名莆仙戲。早年祇有七種角色，因稱七子班。它和南宋雜劇、宋元南戲關係非常密切。有不少劇目從南戲中脫胎而來。《永樂大曲》戲字韻引《張協狀元》，以前莆仙戲中也有此劇目，可惜後來就失傳了。下午乘車到南山廣化寺參觀石塔。塔爲南宋乾道間修建。原有東西二塔，西塔早圯，僅留東塔。五層檐，八角形，高約三十五米，每層設四門四龕。最下層石柱上鐫“淳熙乙巳（十二年）歲承議郎通判興化軍兼管內勸農事賜緋魚袋趙師匡（?）謹施財一百貫”等字，和宋時其他施財人姓名。氣魄雄偉，結構精嚴，和泉州東西塔不相上下。現爲縣級文物保護單位。又到城西南參觀木蘭陂水利工程，北宋熙寧間長樂錢氏女和林從進先後築堤，最後由李宏建成。它把從仙游來的木蘭溪水攔住，灌漑着莆田南北平原十多萬畝土地，造福人民。陂頭有錢氏祠、李長者祠及歷代

重修碑記十六座。現爲省級文物保護單位。(《趙萬里文集》第二卷,第528—529頁)

1月26日,返抵福州。

《南行日記》:上午十時乘車離莆田。十二時渡烏龍江,十二時半回到福州,仍住西湖招待所。(《趙萬里文集》第二卷,第529頁)

1月27日,上午向福建省文化局匯報工作,下午轉赴杭州。

《南行日記》:上午到福建省文化局向陳弘局長、盧令和副局長匯報工作,並向各級領導同志和工作同志給予的指導和幫助,表示深切謝意。下午五時三十五分乘滬閩通車回杭州,第二天下午六時到達,住湖濱華僑飯店。(《趙萬里文集》第二卷,第529頁)

1月29日,上午向浙江省委宣傳部、省政府文化局匯報工作,下午至浙江省文物管理委員會調查龍泉何澹墓出土文物。

《南行日記》:上午假座華僑飯店會議室向浙江省委宣傳部商副部長、省文化局張英田副局長匯報工作,並向各級領導同志和工作同志給予的指導和幫助,表示謝意。下午至浙江省文物管理委員會,調查龍泉何澹墓出土文物,並看何偁、何澹、何處仁祖孫三代墓誌拓片,和金華出土的王淮墓誌拓片。何澹字自然,宋寧宗朝參知政事;王淮字季海,孝宗朝名臣。二人《宋史》都有傳。第二天上午乘火車回到上海。(《趙萬里文集》第二卷,第528—530頁)

1月30日,乘火車返抵上海。

2月12日,上午偕潘天禎乘火車到鎮江,下午參觀鎮江市圖書館。

《南行日記》:上午八時許偕南京圖書館潘天禎同志乘火車到鎮江,住湖濱招待所。下午參觀市圖書館。原有古書四千多冊,近年增至七萬多冊,其中一部分是康有爲、葉玉森遺藏。還有葉玉森藏金石拓本一批。匆匆檢尋,僅看到元皇慶間余氏勤有堂刻本杜詩殘帙數冊。(《趙萬里文集》第二卷,第530頁)

2月13日,上午登金山,訪鎮江市文物管理委員會,參觀北固山鐵塔塔基中出土文物,又觀字畫、藏書。

《南行日記》:上午九時冒風雪登金山,江天攬勝,精神爲之一振。訪鎮江市文物管理委員會,參觀北固山鐵塔塔基中出土文物。有瘞藏長干寺舍利用的唐銀槨和小金棺,遍體布滿精細雕刻。兩側刻羽人像,高髻,人手鳥腳,手持花果盤,或合掌,或作張開狀。銀槨頂部刻飛天像,裸上身,戴瓔珞,四周有行雲和花朵。刻劃生動,姿態美麗。這兩件小器物,可稱古代金銀雕刻中藝術精品。同時出土的,還有宋銀函和唐長慶五年李德裕"重瘞長干寺阿育王塔舍利記"、太和三年"重瘞禪衆寺舍利題記"、宋元豐元年僧務周"潤州甘露寺重瘞舍利塔記"等石刻，因另藏他處，未看到。又觀字畫。謝廷循《杏園雅集圖卷》：三楊、王直、陳循等題詩，翁方綱長跋。禹之鼎《蒹葭書屋圖卷》：潘耒、魏坤、查慎行、錢名世、戴震、吳暻、顧嗣立、顧圖河、張大受等題詩。楊繼盛臨唐李思訓雲麾將軍碑殘卷和詩卷：詩五首，均見全集，梁同書、翁方綱、阮元等跋尾。周宗建疏稿長卷：據孫衣言後跋，第一、三、五疏見全集，其餘二疏及雜文十三篇集中未收。一九五九年從焦山定慧寺移來。名賢手迹，可寶之至。下午循伯先公園，登雲臺山，訪紹宗樓，參觀文物管理委員會藏書。其中頗有佳本，如《錢氏私志》：明萬曆刻本，題"宋錢愐纂輯，明錢達道授梓"，記錢氏一族降宋後雜事。《嘉靖倭亂備鈔》：乾隆鈔本，不著撰人。記嘉靖時日本入貢至倭亂平戢止。開卷有"翰林院印"一印，封面有乾隆三十八年李質穎進呈書籍朱記，《四庫》入雜史類存目，此即存目底本。《夷齊志》：乾隆鈔本，明白瑜撰。記盧龍孤竹古城夷齊廟祀典及題詠詩文。開卷有"翰林院印"一印，《四庫》入地理類存目，此即存目底本。《辨惑編》：萬曆間活字印本，題"毗陵謝應芳編，新安潘巒校"，後序後有"益藩活字印"一行。《雌伏亭叢記》：萬曆刻本，明黃光施撰。都從未見過，錄之備查。晚觀常州市錫劇團演《十三妹》。（《趙萬里文集》第二卷，第530—531頁）

2月14日，上午訪焦山定慧寺，參觀焦山博物館，登北固山，訪甘露寺鐵塔。

《南行日記》：上午九時乘車到江邊象山下，坐帆船擺渡，幾分鐘後，抵焦山定慧寺前登岸。進山門，有萬曆五年鎮江府知府張經等建立的石牌坊，製作精美。登華嚴閣喝茶，從山後上山，觀石壁上宋人陸務觀（游）、韓無咎（元吉）等摩崖題名。到半山別峰庵小憩，旋登絕頂吸江樓，俗稱四角亭，眺望江景，極目四顧，氣象萬千。下山參觀焦山博物館，有同治十三年廖筠《焦山圖》，光緒三年湯雨生《焦山圖》和程庭鷺、梁章鉅等題詩的《玉帶還山圖》。又觀壁間顏魯公《瘞鶴銘》，楊一清、楊椒山、阮大鋮等游焦山詩，吳偉業等《瘞鶴銘》題跋等石刻。歸途循太史慈墓後小徑，登北固山，訪甘露寺鐵塔。原爲石塔，唐長慶五年李德裕官潤州刺史時建塔以瘞長干寺舍利。太和三年禪衆寺又出土舍利，也埋藏在塔下。到北宋熙寧二年，其地大興土木，挖出了李德裕瘞葬的舍利等物。爲了重瘞這批遺物，並加入一些新的東西，遂由焦巽出錢二百萬建塔。熙寧九年五月開工，元豐元年四月落成，這就是現在的鐵塔。原有七級，現連底層須彌座，祇有五級。最上兩級爲明代補修，鑄有文字、菩薩像和斗拱、腰檐、飛檐等。圖案優美，綫條有力，是古代勞動人民智慧的結晶，現爲省級文物保護單位。再進至江天第一亭，俗稱孫夫人祭江亭，小憩。登多景樓,景色如畫,辛稼軒曾到此賦《南鄉子》詞。經走馬澗,循西道下山。返寓已下午五時許。(《趙萬里文集》第二卷,第531—532頁)

2月15日,上午赴無錫,下午參觀無錫市圖書館。

《南行日記》:上午八時半乘火車去無錫,十一時到達,住無錫飯店。下午參觀市圖書館。中文舊書十八萬多册,内有近年榮家捐獻書五萬多册,明版書不少,匆匆檢閲,有趙世卿的《司農奏草》、顧秉謙的《存閣疏草》、黄廷用的《少村先生集》、嚴果的《天隱子遺稿》、郭孔建的《垂楊館集》等,比較罕見。晚觀青年演員梅蘭珍、張桂芬等演錫劇《珍珠塔》,唱腔優美,深受群衆歡迎。(《趙萬里文集》第二卷,第532頁)

2月16日,上午參觀無錫市博物館。

《南行日記》:上午到錫惠公園内市博物館參觀,有無錫仙蠡墩、葛埭橋、新瀆丁庵、梁谿許巷、錫山南麓等地出土的新石器和印紋陶器。還有近年太湖南岸嶂嶂山元初錢裕墓中出土的銀器頭飾、盂、匜、筷、盤和漆器、絲織品等一批,都非常重要。即同時出土的有錢裕夫婦墓誌兩方,惜未見。此外展品顧憲成家書、明鈔膠山安鎮魚鱗册,都是很好的歷史資料。(《趙萬里文集》第二卷,第532頁)

2月17日,上午赴無錫市文化局觀字畫,下午乘火車至蘇州。

《南行日記》:上午八時半到市文化局觀字畫。有五代楊凝式《韭花帖》卷子,原爲溥儀賞溥傑的"東北貨",日本投降後從長春散出,爲無錫薛某購去,解放後收歸公有。此帖《宣和書譜》著録,聞傳世有三本,此卷疑是宋人摹本,後有元大德八年張晏題跋,刊入《三希堂法帖》,即是此本。同時還看到董其昌臨寫《韭花帖》卷子,董有長跋,極精,與此帖有珠聯璧合、相得益彰之妙。又觀北宋寫本《大方廣佛華嚴經》卷六十六長卷,前題下千字文編號已剜去。末有明初宋濂跋,稱宋復古書。宋迪字復古,爲北宋著名山水畫家。此跋實係僞作。又羅兩峰《嫩寒清曉圖》,有椋亭金兆燕和韻詩,亦佳。十時半辭出,直奔車站,十一時乘火車去蘇州,午刻到達,住蘇州飯店。(《趙萬里文集》第二卷,第532—533頁)

2月18日,上午參觀蘇州市圖書館,下午訪戒幢律寺西園文物陳列室、虎丘。

《南行日記》:上午參觀市圖書館,綫裝書二十多萬册,據館長許培基同志談,其中善本約一萬五千多册。匆匆檢閲,有《元和郡縣圖志》:孫星衍平津館刻本,沈欽韓批校。《崑山縣志》:董正位纂修,清初鈔本,潘道根校。《亳州牡丹史》:薛鳳翔著,明萬曆刻本,有盧氏抱經樓藏印。辭出,順道訪怡園。園本明吴寬住宅,面積不大,建築物不多,小巧玲瓏,顯得疏朗宜人。有玉延亭、拜石軒、湛露堂、鎖緑軒、金粟亭、小滄浪諸勝。

下午出閭門，訪戒幢律寺西園文物陳列室，見蒙古中統三年刻本《華嚴經》卷五十七，梵夾裝，末鐫陝西京兆延安鳳翔三路也可達魯花赤胡夫人題記。元至元刻本《大般涅槃經》卷一，梵夾裝，末有彭州舟景山乾符大乘禪寺比丘宗順刻經題記，下署"丁亥孟秋"，彭州即今四川彭縣，丁亥當是元初至元二十四年。此二書都有時代和地區的代表性，值得重視。順道訪虎丘，循千人石、劍池登山，步至雲巖塔前，眺望山景。梅花、山茶盛開，春光滿眼，游人雲集。停留片刻後，下山觀至正七年"雲巖禪寺興造碑記"，黃溍撰文；永樂二十二年"雲巖禪寺修造記"，楊士奇撰文；景泰四年"藏經閣記"等石刻，字有殘泐，大體尚完整可誦。回飯店後，市文化局副局長周良、錢瑛兩同志來訪，談蘇劇近年發展情況，並安排日程。（《趙萬里文集》第二卷，第533頁）

2月19日，上午訪蘇州市文物管理委員會、獅子林，下午參觀蘇州市博物館。

《南行日記》：上午訪文物管理委員會，看到好書不少。有《唐劉禹錫詩》，康熙刻本，存二冊。《元豐類稿》，明隆慶間邵廉刻本，存前二十一卷。二書都經何義門硃筆批校，極精。《元豐類稿》尤佳，據傳是據宋本校過，宋本久佚，天壤間僅留此校本。又顧沅編輯的然松書屋鈔本《吳郡文編》，二百四十六卷，八十冊，洋洋巨製，比鄭虎臣《吳都文粹》、錢穀《吳都文粹續集》擴大了好幾倍，這是一部地方詩文總集，爲究心三吳文獻者重要資料。還有明刻本趙宧光妻陸卿子的《玄芝集》、陳仁錫的《堯峰山志》，稿本鈕樹玉的《說文新附考》，鈔本徐鳴時的《橫谿錄》、柳商賢的《橫金志》。這些地方文獻，外間都很罕見。又潘鍾瑞《香禪日記稿》六冊，洪鈞《出使俄、德、奧日記稿》五冊，潘世恩《日記稿》一冊，都是十分重要的歷史資料。繼訪隔壁獅子林，元末至正間天如禪師創建，乾隆時改稱畫禪寺。園內假山洞壑多至數十處，有很多石峰排列在一起，很像獅子，因名獅子林，爲蘇州著名園林之一。下午參觀市博物館，有虎丘靈巖寺塔內出土的檀木經盒，盒底有宋人墨書"建隆二年"字樣。盒內金字《妙法蓮華經》七卷，則早已變成炭棒了，非常可惜。祝允明手寫《興寧志》四卷，共四十葉，兩冊。據傳：此書在清末曾有人影鈔了一部，加上原書前人題跋，裝成一帙，作爲禮品贈與常熟相國翁同龢。所以現時原書前後並無任何"披掛"。又觀錢良右詩卷，文徵明寫小字《落花詩》卷，唐寅詩軸畫軸，文休承《垂虹亭圖》，文伯仁《石湖草堂圖》，都是銘心絕品，可寶之至。辭出，訪隔壁拙政園，園爲明嘉靖時王獻臣創建，文徵明爲作《拙政園記》。清初歸吾鄉陳之遴，其妻徐燦爲清初著名女詞人，有《拙政園詩餘》。乾隆時歸蔣誦先，改稱復園，太平天國時爲忠王李秀成王府的一部分。園內建築物多數臨水，平淡疏朗，別具風格。有遠香堂、小飛虹、見山樓、卅六鴛鴦館、芙蓉榭、涵香閣諸勝。晚到評彈游藝場聽魏含英唱《二度梅》，曹漢昌唱《後岳傳》，徐志雲、王鷹唱《三笑》。（《趙萬里文集》第二卷，第533—534 頁）

　　江澄波《古刻名抄經眼錄》：清鈕樹玉稿本《説文新附考》。……此書在建國初期得於洞庭葉氏，後爲蘇州市文管會收去。1962 年 2 月 19 日北京圖書館善本部主任趙萬里同志來蘇鑒定時，認爲是罕見的地方文獻。現藏蘇州博物館。（第 18 頁）

　2 月 20 日，上午訪靈巖山靈巖寺，參觀文物陳列室，下午參觀西園文物陳列室。

　　《南行日記》：上午八時乘車出胥門訪靈巖山靈巖寺。車行十五公里到達山麓，緩步登山。滿山松樹遮天蔽日，蒼翠可愛。南望太湖，風帆出没，景色如畫。登山頂藏經樓。觀康有爲舊藏元初刻本普寧寺大藏，現存一千四百多冊，這是一個相當大的數字，現除太原崇善寺藏有全藏外，此爲最富矣。繼參觀文物陳列室，有北宋熙寧間寫本金粟山大藏殘葉，旁有張廷濟等跋語；北宋崇寧三年吳江邵育血書《普門品》長卷，出吳江華嚴塔。唐寅、文徵明詩畫冊頁、雪浪和尚行書扇面，八大山人畫冊和康熙間廣州長壽禪寺大汕和尚白描《文殊問疾圖卷》，都是精品。歸途擬訪韓世忠墓，因道路生疏作罷。下午二時半到西園文物陳列室，觀宋寶祐三年江陵李安檜刻本《華嚴經》；蒙古憲宗時陝西京兆龍興院刻本《華嚴經》，皆範成和尚遺物。又觀《法螺秋色》卷，高麗畫，宋犖父子、錢大昕等題詩。晚到蘇崑劇團觀青年演員演蘇劇《醉歸》、《出獵回獵》，和崑曲《思凡》。蘇劇是蘇州的地方戲，它的前身是蘇灘，曲調豐富，唱腔婉轉動聽。解放後正式搬上舞臺，發展很快，極受群衆歡迎。（《趙萬里文集》第二卷，第534—535 頁）

　2 月 21 日，上午訪戲曲研究所，下午抵上海。

　　《南行日記》：上午八時半到戲曲研究所觀新收明刻本《吳騷二集》，圖精，初印，十分難得。就在研究所，向周良、錢瑛兩局長道謝作別。潘天禎同志送我去車站。幾天來，天禎同志對我工作上幫助，生活上照顧，真是無微不至。上車前，除向他致謝外，並請他回到南京後，向江蘇省文化局周邨局長，南京圖書館汪長炳館長、陳毅人副館長代達謝意。下午一時四十分回到上海，住錦江飯店。（《趙萬里文集》第二卷，第 535 頁）

　2 月 22 日，上午至上海博物館訪徐森玉，下午至上海圖書館看敦煌卷子。

　　《南行日記》：上午八時到上海博物館訪晤徐森老，長談各地見聞，森老非常高興，並出示金泰和六年刻本《三昧華鮮經》，末有"玉田縣大泉村忠武校尉見通州稅務都監李彪舍財重鏤"二行。東晋後期敦煌寫本《阿恕伽王經》卷十一，末有"一校已，清信女張榮貴所寫，供養"一行。唐人草書窺基《法華玄贊》卷六，有董其昌跋語，相與觀賞。下午三時到上海圖書館參觀敦煌卷子，有北魏神龜元年寫《維摩詰經》殘卷，西魏大統十六年寫《大涅槃經》殘卷，隋開皇十七年寫《華嚴經》卷十四殘卷，和唐寫《有相夫人昇天變文》，都是珍品。又觀常熟瞿氏舊藏《曹子建集》，就版式、字體、刀法等角度審視，瞿目定爲宋本，大致可信。（《趙萬里文集》第二卷，第535—536頁）

2月23日，上午赴嘉興，參觀嘉興市圖書館，下午至南湖煙雨樓參觀嘉興博物館字畫展覽，午夜返抵上海。

《南行日記》：上午八時乘火車到嘉興，市圖書館館長史念同志在站迎候，偕往圖書館參觀，頗有好書，如鈔本鄭鳳鏐的《新塍瑣志》、許良謨的《花溪志補遺》、祝定國的《花溪備忘錄》；稿本鄭之章的《小鄭蠶譜》，沈濤的《九曲漁莊詞》，沈銘彝的《瀫源問答》、《孟廬札記》，都是嘉興、海寧一帶地方文獻。又袁國祥纂修的《嘉興府志》康熙二十年刻本、黃爵滋的《仙屏書屋初集詩錄後錄》道光二十七年涇縣翟西園家泥活字印本，都罕見。下午到南湖煙雨樓參觀嘉興博物館字畫展覽。煙雨樓建築在南湖中小洲上。南湖又名鴛鴦湖，朱竹垞詩"自從湖有鴛鴦目，水鳥飛來定自雙"，即指此湖。中國共產黨第一次代表大會，就在湖中舉行，今闢有紀念室。登樓縱觀，全是清嘉道後各地中小名家作品，除張廷濟字軸疑是後人仿製外，其餘錢鏡塘捐獻品，無一不精。最後到對岸公園轉了一圈，回到車站候車。因火車晚點，延至午夜十二時回到上海。大雨滂沱，衣履盡濕。（《趙萬里文集》第二卷，第536頁）

2月24日，上午赴上海博物館向徐森玉辭行，下午乘火車返北京。

《南行日記》：上午八時半到上海博物館向森老辭行，談半小時，返飯店整理行裝。下午二時四十五分乘京滬特快車離開上海，第二天下午七時回到北京。（《趙萬里文集》第二卷，第536頁）

2月25日，下午返抵北京。

3月12日，在館滙報南行蘇浙閩滬訪書情況。（《中國國家圖書館百年紀事：1909—2009》，第63頁）

3月19日，沈宗威來函，請贈鄭振鐸書目，並請代購北京大學圖書館藏馬氏書目。

沈宗威函：近讀《文物》第三期，大著頗多啓發，敬佩無已。前日此間《文匯報》載西諦先生遺藏圖書九萬餘冊，業由貴館整理完成，已可按目取書,至爲欣慰。感於鄭先生研究學術夙所仰慕,亟思得其藏目,以爲誦習之資。素蒙雅愛,敢懇惠賜一册(必求鼎力如願,感且無盡,他日晤面,泥首申謝也),如需收回成本,當郵寄奉。……前見《全國圖書館書目彙編》,知北京大學圖書館已出版館藏馬氏書目一種(馬廉隅卿),滬市迄今未有售,順煩一併代購一册,不勝感紉。馬氏書目舊知有油印本《平妖堂藏小説戲曲目》一種,訪求有年,訖未一見,今既有新本,則可慰宿願矣。(原函存趙府)

3月30日,遇顧頡剛。

顧頡剛日記:到北京醫院,就鄒進大夫診,照心象電流圖。遇馮賓符、徐永瑛、鄭石君、趙萬里、方鼎英、趙慶傑等。(《顧頡剛日記》第九卷,第437頁)

4月5日,赴政協禮堂開會,與顧頡剛長談。

顧頡剛日記:九時到政協禮堂,將提案代簽名事通知康同璧、王伯祥、辛樹幟。……飯後上三樓泡茶,看吳昌碩畫册、陳白沙書卷,與趙萬里長談。(《顧頡剛日記》第九卷,第442頁)

4月8日,赴政協禮堂開會。

顧頡剛日記:予到西單商場閲書。車來,到政協禮堂進餐,占座,遇吳研因、巨贊、郭一岑、譚戒甫、胡厚宣、趙萬里、余冠英、黃雍、平傑三、張知行等。(《顧頡剛日記》第九卷,第444頁)

4月14日,出席全國政協會議。晤宋雲彬。

宋雲彬日記:上午政協繼續大會討論。……又下了兩盤棋,跟趙斐雲聊天。(《紅塵冷眼》,第607頁)

5月25日,撰成宋龍舒郡齋刻本《王文公文集》題記,此文載於中華書局本年影印本《王文公文集》。

按:此文論及王安石文集編纂刊刻歷程、龍舒本版刻特徵及其源流等内容,並將其與杭州本詳加比勘。文末述影印緣由:"龍舒本《王文公文集》,宋以後未見翻版,傳本幾絶。一九五九年中華書局上海編輯所根據徐森玉先生倡議,先將傅沅叔先生生前從國内藏本拍攝的玻璃片製版影印,尚缺二十四卷,恰巧北京圖書館從日本東洋文庫得到前七十卷影片,中華書局上海編輯所因向北京圖書館轉借補印,延津劍合,全書告成。"

又按:此文收入北京圖書館善本組輯《影印善本書序跋集録:一九一一——一九八四》(中華書局1995年出版),編者擬名爲《宋龍舒本〈王文公文集〉題記》;收入《趙萬里文集》時,沿用此擬名。

6月16日,陳乃乾來函,談善本書選目事。

陳乃乾函:前天政協之會,確有請柬,在三天前送達尊處。不知何以遺失,豈誤送首都圖書館耶? 善本書擬目需要甚亟,請兄撥冗開寫可否? 弟意分列兩目,一印六開本,一印大本,請尊意決定可也。又下列四種已付印,均六開本,如可列入目中,則在此印刷條件困難之時,或可以此湊數耳。(一)《元名臣事略》(元刻本,二冊);(二)《世說新語》(日本影宋本,五冊);(三)《萬曆武功錄》(十四冊,明刊本);(四)《聊齋志異》(乾隆鑄雪齋鈔本)。(原函存趙府)

按:首都圖書館定名於1956年10月,故此函撰寫時間不晚於1957年。又,查中華書局於1962年影印元元統三年(1335)余志安勤有書堂刻本《元朝名臣事略》、宋紹興八年(1138)廣川董弅刻本《世說新語》、明萬曆四十年(1612)刻本影印《萬曆武功錄》(據天津市人民圖書館藏本),同年出版張友鶴輯校《聊齋志異》全校會注會評本(中華書局未曾影印鑄雪齋鈔本《聊齋志異》,上海人民出版社後於1975影印該本)。故推測此函撰寫於1962年。

6月26日,赴政協禮堂開會。

顧頡剛日記:與靜秋同到政協禮堂,予赴文教組會,討論蔣匪反攻事,自三時至五時半。……今日同會:呂振羽、載濤(主席)、王伯祥、何思源、覃異之、向達、韓壽萱、王振鐸、趙萬里、沈從文、彭鏡秋、秦德君。聞蔣介石飛機止五百架,而我方則三千架。我方魚雷爲全世界第一,潛水艇爲東方第一,全世界第四。蔣匪若來,只有死路一條。(《顧頡剛日記》第九卷,第493頁)

6月30日,遇顧頡剛。

顧頡剛日記:所遇人:章汋華、黃藥眠、吳秀峰、馮友蘭、趙萬里。(《顧頡剛日記》第九卷,第495頁)

8月15日,《圖書館》雜誌編輯委員會在北京圖書館舉行成立會議,先生擔任編委。

《"圖書館"雜誌編輯委員會成立會議紀要》:"圖書館"雜誌編輯委員會於1962年8月15日在北京圖書館會議室舉行了成立會議。出席會議的有編委丁志剛、王重民、劉國鈞、劉德元、趙萬里、胡耀輝、袁翰育、黃銓生、程德清、舒翼輝、顧家傑、鮑振西等十三位同志。……會議進行了一天,着重討論了"圖書館"雜誌的1962年工作計劃、特約撰稿人名單和稿酬暫行辦法等三個草案,還討論了編委會如何進行工作和編委的權利義務問題。(《北京圖書館館史資料彙編〔二〕:1949—1966》,第382頁)

8月,次孫趙建生。

9月5日,廣東省博物館向北京圖書館撥贈在佛山市徵集到的《永樂大典》3册。

9月，所撰《南行日記》載《文物》1962年第9期。

11月17日，胡士瑩來函，托鈔《清夜鐘》、《包龍圖判百家公案全傳》二書目録。

胡士瑩函：我又要麻煩你了。這裏有兩件事情：1.西諦藏《清夜鐘》殘本，第一卷尚保存，請將目録十六回抄下。2.明刊本《包龍圖判百家公案全傳》，曾見於1958年屯溪古籍書目，聽説售給北京方面，諒爲你館所收。請將該書目録抄示爲感。（或爲西諦所得。）以上抄目之事，請兄有暇即爲進行，至爲感荷！《西諦書目》將出版，弟已預約一部。兄之序文甚好，至佩！何時南來，亟盼一晤。（原函存趙府）

12月11日，訪周叔弢，談所捐善本書編目事。時周叔弢在京。

周叔弢日記：與萬里談編藏書目録事，明年擬列入館中工作中一部分，並附印書影。規模甚大，不知能否實現。（周啓乾《〈周叔弢日記〉中的祖父及其友人》，2015年4月10日《文匯報》第20版）

按：北京圖書館按計劃開展編目工作，1985年7月出版冀淑英編《自莊嚴堪善本書目》。2010年9月，國家圖書館出版社又出版了周一良主編的《自莊嚴堪善本書影》。

12月17日，中國人民政治協商會議北京市第三屆委員會第一次會議召開，先生擔任委員並與會。本屆政協委員任期至1965年9月。

本年冬，爲北京圖書館購得薛傳均《説文答問疏證》稿本等。

崔建英《采書集録》：此稿未聞付梓，民國間歸吳甌，二十四年影印，收入《穈香館叢書》，然鮮有知其異同原委者。一九六二年冬，吳氏舊藏悉讓北京中國書店，標價出售時，此稿爲余擇出，後書店轉斐雲先生建議，以藏北京圖書館爲宜，歸商新三館長，從之。（《崔建英版本目録學文集》，第403—404頁）

本年，曾在上海與徐森玉、謝稚柳、汪慶正等商談徵購王南屏藏宋龍舒郡齋刻本《王文公文集》事。

鄭重《王安石兩種遺作的回歸》：對於這段歷史情節，作爲徐森玉的秘書汪慶正，當時他和徐森玉、謝稚柳在一個辦公室，他回憶：這兩件東西在"文化大革命"之前，大概是1962年左右，徐森老就曾想辦法去弄回來，謝公（稚柳）也知道，就在辦公室裏不止一次談這件事情。正好那天北京圖書館的趙萬里來上海，他就把我拉出辦公室説："小汪，我跟你打聽一件事情，聽説你們在尋王安石手書經卷和《王文公文集》？"我説："是啊。"趙萬里説："《王文公文集》這件東西，你無論如何跟徐森老説説，要拿到北京去，不能留在上海，這是全國最重要的東西。"我説："你太心急了。"趙萬里就説："我請你吃飯。"其實這件東西是想通過徐森玉的兒子徐伯郊去尋找，還只是停留在口頭上，沒有實施。趙萬里覺得指望我是不行了，他就回到辦公室親自跟徐森玉講，説："今天我請客。"徐森玉説："哪裏去吃？"當時上海請客最好的地方是紅房子，趙説："在紅房子。不過有一件事情，《王文公文集》要拿到北京去，徐森老，你一直是北京圖書館的保護神，這個東西你一定要給北京圖書館。"以前，徐森玉與趙萬里的關係非常好，趙是學生輩的人物，比徐森老差一輩。聽了這話，徐森老一下子從椅子上跳起來大叫："你放屁，你只知道把什麼都弄到北京去，你做夢，絕對不行。"謝公（稚柳）就在邊上打圓場説："八字還没一撇，你們鬧什麼，森老，你坐下來。"徐森玉坐了下來。趙萬里跑到徐森玉身邊，也坐下來，用手摸摸徐森老的光頭，就説："平平氣，平平氣，以後再談。"徐森玉説："没什麼好談的。"趙萬里同徐森玉的關係非同一般，從來没有人敢在徐森老的頭上摸。然後四個人就一同到紅房子吃飯。這也表現老一輩人對文物的熱愛，都有着志在必得的決心，但彼此間的人情味很濃。（2000 年 5 月 18 日《文匯報》）

　　按：類似記載還見於鄭重《徐森玉》一書（第 164 頁）。此事出自鄭重轉述的汪慶正回憶，其中某些細節，如先生用手摸徐森玉的頭，是否實有其事，尚在疑似之間，姑録之以備考。

本年，先生主持北京圖書館善本特藏工作，采訪方面成績顯著。

《北京圖書館 1962 年工作總結》：善本書占全年舊書采購數字的三分之一強，册數占二分之一弱。今年收購蕭山朱翼庵遺藏圖書二百餘種一千餘册，都是明清兩代名家抄校的舊本，極爲珍貴，其中一部分是物色了多年而未獲得的。四川潼川唐人寫《金剛經》，是敦煌石室以外別出的唐人寫本，還有宋刻《妙法蓮華經》二卷，二書能校正古本異同，極可珍視。宋刻宋元明遞修本的《梁書》及清代著名學者傅山校注的《廣韻》，都是很難得的。官方資料中，有明天啓崇禎年題本二十四份，題本中有議修薊遼邊防的事，也有防禦沿海倭寇的事，還有關於惡官賄賂公行、劣弁縱兵搶掠的陳述，以及廣東飢民毆辱知府、山東等地農民起義等報告，資料相當豐富。平苗戰圖是在巴黎刊印的銅版印本，印數較少，不易采購。粵漢鐵路及有關清末歷史資料兩卷，都是第一手資料，鐵道學院曾借去抄録研究。宋拓玉版十三行後石文，阿英同志借去拍照複製，作爲出版關於梅蘭芳《洛神》的附圖。收購舊書工作中，我們注意力放在有無歷史價值方面，例如李鴻章書札中談到光緒年間大災荒的赤地千里，在河南河北是二百年來所未有，在江南是一百年内所未有。又如近人書札中，吳士鑑詳述慈禧太后和光緒皇帝臨終前數日的病狀，以及召見樞臣，迎立溥儀繼位等情况，均可作爲研究近代史的參考資料。捐贈和撥交書籍中值得提出的有廣東省博物館移贈的三本《永樂大典》。還有文化部撥交的明刻增改本《西廂記》，也是比較罕見的。書到館後，中華書局即來館洽商影印該書。……分編善本書1527種5927冊，《趙城金藏》738卷；藏文舊書2244種2244冊，藏文新書534種534冊；拓本6677種；中文地圖385種549幅41冊，外文地圖122種122幅，圖片、宣傳畫365種5050張59冊。……善本組的善本、輿圖、金石、兄弟民族各組及國際交換書庫均先後進行了清點物資工作。工作都比較細緻，如輿圖組分三步清點，首先根據排架目錄清點，第二步根據登錄簿清點，第三步再進行複查，細點幅、冊數，做到了數字分明，幅冊不差。……我們還通過帶徒弟的辦法，在裝訂組裏培養了一批古籍裝修專業幹部。來自新疆、黑龍江、吉林等省的學員6名，經過一年多的學習，由於師傅們的幫助及本人主觀的努力，目前已能獨立操作一般技術，並對金鑲玉、蝴蝶裝、包背裝等較高技術亦能初步掌握，產品經師傅們鑑定，尚能合乎規格。（《北京圖書館館史資料彙編〔二〕：1949—1966》，第736—752頁）

1963年　先生五十九歲

本年，先生任北京圖書館善本特藏部主任。

1月8日，訪周叔弢，取其代購之明萬曆本《客越集》。時周叔弢在京。

　　周叔弢日記：得張振鐸信，《客越集》可售北京圖書館。約斐雲來晚飯。……趙斐雲取《客越集》去，我從天津代購，明萬曆本，極精，是人間孤本。（周啓乾《〈周叔弢日記〉中的祖父及其友人》，2015年4月10日《文匯報》第20版）

　　　　按：據周啓乾文，此書係周叔弢1962年12月15自天津古籍書店取來，12月18日攜其赴京開會，因先生欲爲北京圖書館收購，致信天津古籍書店經理張振鐸，得其同意之後將該書交予先生。李國慶《弢翁藏書年譜》載“是日，趙萬里來津，取回代購之明萬曆本《客越集》”（《弢翁藏書題跋·年譜》，第273頁），不確，周啓乾文已辨之。

2月4日，遇顧頡剛。

　　顧頡剛日記：與靜秋到朱硯農處治牙，待二小時。遇趙萬里。（《顧頡剛日記》第九卷，第624頁）

2月25日，周叔弢來訪，閱北京圖書館新購善本書。

　　周叔弢日記：晤趙萬里，閱新購書，蕭江聲手抄《穆參軍集》爲佳。（周啓乾《〈周叔弢日記〉中的祖父及其友人》，2015年4月10日《文匯報》第20版）

3月22日，應中國書店業務科王子霖之邀，在該店與周叔弢、趙元方等探討古舊書店開展印書業務事。

　　王雨日記:今日在店探討印書之事。……趙萬里説:你們外地采購書,我們非常感激你們。可是古書一天少一天,你們怎麼辦? 我建議你們翻印古書。我們館可以大量支援你們。例如上海印天一閣藏的方志,現存只有半部,我館存原書的半部,我們就將館存半部借給上海印成全書。假定你們要印,同在北京,我們的書就不用遠寄上海了。……已經研究了一個大概。(《王子霖古籍版本學文集》第 3 册,第 80 頁)

　　4 月 15 日至 18 日,出席圖書館專業書籍編輯委員會成立大會,擔任雜誌編委會委員。

　　《〈圖書館〉雜誌編輯委員會、圖書館專業書籍編輯委員會舉行聯席會議》:最近經由北京圖書館發起成立的圖書館專業書籍編輯委員會,自 4 月 15 日至 18 日與《圖書館》雜誌編輯委員會聯合召開了會議。出席會議的有:書籍編委會編委丁志剛、劉國鈞、李芳馥、汪長炳、張全新、黃元福、舒翼輦、潘達人、韓承鐸(何多源因事請假、蔡國銘因病請假),雜誌編委會編委丁志剛、王重民、劉國鈞、劉德元、趙萬里、胡耀輝、袁翰青、黄忠宗、黄鈺生、張全新、張静廬、程德清、舒翼輦、顧家傑、鮑振西等 20 位同志。列席會議的有:書籍編輯馬同儼同志,雜誌編輯袁詠秋同志,還邀請《文物》雜誌編輯部和《科技情報工作》編輯部的代表參加了會議。會議一共進行了四天,舉行了兩次小組會和三次聯席會。除了宣布書籍編委會成立外,首先討論了雜誌的《1962 年工作總結和 1963 年工作綱要》和《1963 年編輯計劃要點》。接着討論了書籍的《編輯出版計劃綱要》和《1963—1967 年選題計劃》,並分別予以通過。此外還研究了雜誌今年二、三、四期的部份選題。會議進行到第三天的時候,中央文化部群衆文化事業管理局謝冰巖副局長到會講了話。同時全體通過了由丁志剛同志擔任書籍編委會的主編,劉國鈞、舒翼輦兩同志擔任副主編的提議。(《圖書館》1963 年第 2 期,第 4 頁)

　　4 月 19 日,常任俠來函,談編印吳梅著作事。

　　常任俠函:四月十日函拜悉,已函吳南青兄將瞿安師日記全部送兄處一閲。中華既考慮列入計劃,當將瞿安帥遺稿全部如日記、《南北詞簡譜》、《霜厓劇録》、《曲録》、《詞録》、《中國戲曲史》等一併刊行,日記特其中之一種耳。李一平云,稿在上海鄒君斐處,即往函請其寄京審閲一次。稿到當與兄共商之。(原函存趙府)

　　按:吳南青(1910—1970),名懷孟,以字行。吳梅第四子。1951 年任中國戲曲研究院研究員,1957 年調任北方崑曲劇院曲師,1964 年調任河北省戲曲學校崑曲科教師。1951 年,吳南青將其父奢摩他室珍藏戲曲文獻 181 種捐獻北京圖書館。瞿安師即吳梅(1884—1939)。吳梅撰有《瞿安日記》十五卷,2002 年河北教育出版社印行《吳梅全集》,將《瞿安日記》整理爲"日記卷"。據此函可知,1963 年中華書局曾擬出版吳梅日記,但未印成。

6 月,撰成《西諦書目》序,概述鄭振鐸藏書的主要特點。

　　按:先生所撰序文,除載於《西諦書目》書前外,又以《〈西諦書目〉序言》爲題刊載於《圖書館雜誌》1963 年第 3 期。

7 月 4 日,周叔弢來訪,看馮舒鈔本《潛夫論》。

　　周叔弢日記:到北京圖書館晤趙萬里,看馮己蒼校抄本《潛夫論》,……此是真本,南京圖書館是傳寫本。(周啓乾《〈周叔弢日記〉中的祖父及其友人》,2015 年 4 月 10 日《文匯報》第 20 版)

7 月 14 日,周叔弢來函,談代購《耳溪散稿》事。

　　周叔弢日記:寫趙萬里信,代購《耳溪散稿》。(周啓乾《〈周叔弢日記〉中的祖父及其友人》,2015 年 4 月 10 日《文匯報》第 20 版)

7 月,第一屆裝修古舊綫裝書技術人員學習班經過兩年的學習,順利結業,有七名學員合格結業,另有一人因故中途退學。(文華:《"裝修古舊綫裝書技術人員訓練班"勝利結業》,《圖書館》1963 年第 3 期)

8 月 30 日,上午赴嘉興寺殯儀館參加張珩公祭。

　　鄭重《張珩》:8 月 30 日上午,首都文物界、博物館界和張蒽玉生前好友在北京嘉興寺殯儀館舉行公祭。中共中央統戰部副部長張執一、文化部副部長徐平羽,文化部、文物局、文物出版社和文物博物館研究所的全體同志,故宮博物院、中國歷史博物館、中國革命博物館、北京自然博物館、天津市藝術博物館等單位的負責同志和部分代表,以及北京文物考古界著名人士夏鼐、裴文中、向達、蘇秉琦、唐蘭、陳萬里、趙萬里、啓功等,都參加了公祭,徐平羽副部長主持公祭。(《張珩》,第 263 頁)

9 月 12 日,遇顧頡剛。

　　顧頡剛日記:到北京醫院,先看外科,再看内科。遇張友漁、徐行之、王家楨、趙萬里、汪世銘。(《顧頡剛日記》第九卷,第 729 頁)

9 月 17 日,文化部文物局向北京圖書館撥交敦煌遺書 265 件、書籍 39 種。

10 月,所主編《西諦書目》由文物出版社出版。

　　按:此書爲鄭振鐸遺贈北京圖書館藏書中古籍部分之目録,由王樹偉、朱家濂、馮寶琳、冀淑英合編。全書五卷,卷一經部二百五十五種、史部一千一百五十種,卷二子部一千五百三十三種,卷三至卷五集部四千八百〇二種,共計七千七百四十種。各書著録書名、卷數、著者、版木，並注北京圖書館索書號。末附《西諦題跋》一卷，收題跋一百七十三篇，大都是鄭振鐸寫在書上的識語，內容多爲述得書時間與經過、史料價值及版本源流等。

又按：此書署名爲"北京圖書館編"，先生爲實際上的主編者。朱家濂《憶趙萬里先生》記述："西諦藏書進館後，即設專庫保存。當時學術界急於看到這一專藏，爲了適應讀者的要求，館內決定一面供讀者閱覽，一面整頓和編目。我記得那時趙先生經常到庫裏來，在編目過程中，我們就更能够得到先生的教導。同時，在工作中具體涉及一部書的版本淵源和流傳經過時，先生也常常談到他數十年來的訪書經歷。這不但使我們知道了許多古籍知識，也更使我們看到先生一生爲圖書館事業所付出的辛勤勞動。"（《北圖通訊》1982 年第 3 期，第 17 頁）

11 月 14 日，周叔弢來訪，看宋葆淳畫《小桐溪圖》等。

周叔弢日記：到北京圖書館晤趙萬里，看宋葆淳畫《小桐溪圖》，題跋甚多；看宋棚《周賀》、朱慶餘《李丞相詩》、尹氏本《續幽怪錄》、趙之謙《致潘伯寅信》，談鈐印法甚詳。又見西諦所藏宋本《政經》。（周啓乾《〈周叔弢日記〉中的祖父及其友人》，2015 年 4 月 10 日《文匯報》第 20 版）

11 月 19 日，訪周叔弢，受邀題《自莊嚴堪勘書圖》。

周叔弢日記：趙斐雲來談，請其題《勘書圖》。（周啓乾《〈周叔弢日記〉中的祖父及其友人》，2015 年 4 月 10 日《文匯報》第 20 版）

李國慶《弢翁藏書年譜》：十九日，時在北京，趙萬里來訪，請題《自莊嚴堪勘書圖》。（《弢翁藏書題跋·年譜》，第 276 頁）

本年，先生主持北京圖書館善本特藏工作，采訪方面成績顯著。

《北京圖書館 1963 年工作總結》：搜集到清代曾國藩、曾國荃、曾紀澤、胡林翼、左宗棠、李鴻章、李鶴章等人有關軍事的親筆往來信札，都可作爲研究太平天國史的反面資料。購入的舊書有"清代園陵工程估價册和圖樣"182 種 2532 册，北大已故教授鄧之誠藏的清末民初照片 5108 張，通過中國書店選購了宋元明刻本 100 餘種、天祿琳琅殘本 237 册、明清家譜 159 種 1635 册，從天津、上海、合肥、杭州、揚州購到一些方志、家譜及歷史資料，其中罕見的如《白鹿洞志》殘本，恰與館藏合成完璧。另外，還入藏了文化部撥交的敦煌經卷 265 卷，山西省博物館遺贈的《趙城藏》69 種 152 卷，北大教授鄧以蟄捐贈的鄧石如遺藏書 466 種 5149 册，其中有明代茅元儀的《未出集》、《督師紀略》、《野航史話》等未見著錄及清代禁書，元刻本《通鑑續編》以及清代許多學者的著作。以上這些圖書資料對於進行學術研究都有一定的參考價值。……善本目錄方面，整編了思溪藏子目 201 種，編製了縮微膠卷目錄 143 種。……裝修善本書及綫裝書兩項,均超過原計劃一倍以上。……我館遵照文化部指示,自 1961 年 7 月開辦的裝修古舊綫裝書技術人員培訓班,到今年 7 月正式結業。合格者 7 人(湖北、吉林、黑龍江、甘肅等省館各一人,北大 1 人,本館 2 人),均已掌握了修整古舊書的基本技術。内有數人熟練程度較高,而且還懂得了一些版本知識。(《北京圖書館館史資料彙編〔二〕:1949—1966》,第 766—779 頁)

　　按:據《北京圖書館 1963 年工作總結》附表,分類編目方面,善本特藏部完成中文善本書 806 種 3473 册,趙城藏 711 卷,兄弟民族語文本 460 種 466 册,中外文地圖 531 種 862 幅,圖片宣傳畫 1295 種 13696 張/册,石刻拓片 1566 種 1566 份,精裝精印本書 399 種 425 册。(《北京圖書館館史資料彙編〔二〕:1949—1966》,第 792 頁)

約本年,先生自評學術成就,謂以詞曲爲首,其次爲輯佚,再次爲版本目録學。

　　丁瑜 2005 年 2 月 5 日致沈津函:趙先生自謂其研究成就,目録版本學並不是首要的,第一是詞曲,次爲輯佚,第三方是目録版本流略之學。寫此並不是針對尊文題目想起的,冀大姐和所有知道趙先生的人提到趙先生,首先想到的就是"目録版本學的權威",四十年代在北大選趙先生的課,也是選他的版本學和史部目録學,解放後在北圖業務學習還是聽他講目録學。……不過他確實講過以上他自我評定的話,大概在 63 年前後。(沈津惠示)

1964 年　　先生六十歲

本年,先生任北京圖書館善本特藏部主任。

1 月 2 日,顧廷龍來函。

　　沈津《顧廷龍年譜》:覆趙萬里、夏定棫信。(第 560 頁)

1 月,第二屆古舊綫裝書裝修技術培訓班開學,浙江圖書館、南京圖書館、上海圖書館、寧波天一閣、北京圖書館選派學員六人參加。(《北京圖書館第二批培訓古舊綫裝書裝修技術學員的工作總結報告》,《北京圖書館館史資料彙編〔二〕:1949—1966》,第 412 頁)

3 月 4 日,致函上海文化局局長方行,商談洽購陳清華藏書事宜。

　　致方行函:臘月底在滬,蒙大力協助並指導,臨行復叨盛饌,感荷萬分。到京後,因血壓波動,未能早日寫信給您道謝,至爲不安。關於收購陳清華滬寓書籍事,除面向冶秋同志詳細彙報情況外,並向文化部黨組作了書面彙報。最後遵照您的指示,向黨組建議:一、請費彝民同志向陳清華索借書目録副或照相寄京。二、繼續委託上海市文化局轉請上海財經學院、天原化工廠黨組織,向劉絜敖、沈振民加強政治思想教育,使他們充分瞭解黨和政府方針政策,協助政府做好工作。您的意見如何? 便請告知。您需要的李大釗信札,上月我就托人多方調查,通過張靜廬老先生和北大教授陰法魯先生,瞭解到文件原藏北大校長辦公室所屬的校史編輯委員會,但該委員會早已撤銷,再度向該校黨組織聯繫,最後在該校檔案科中得悉該件已送北京市檔案館。上星期派人到市檔案館調查,說該件因您來信委托照相,已送中央檔案館代照,如果您處現在還未收到照片,請即來信告我,以便前往洽借代照。(沈津惠示)

8月21日,向北京圖書館捐贈《在北京市教育和文化衛生體育等方面社會主義建設先進單位和先進工作者代表大會的講話和發言稿》四十六份、《學易隨筆》二冊、《十年記》一冊,由北圖采訪部中文采訪組登記。(國家圖書館檔案)

9月26日,吉林省第三屆人民代表人會第二次會議閉幕,會議最後選舉了吉林省出席第三屆全國人民代表大會的代表七十六人,先生當選。

《廣西吉林分別舉行人代大會　選出第三屆全國人大代表》:新華社長春七日電:吉林省第三屆人民代表大會第二次會議九月二十一日到二十六日在長春舉行。……會議最後以無記名投票方式選舉了吉林省出席第三屆全國人民代表大會的代表七十六人。他們是(按姓氏筆劃排列):……趙萬里……。(1964年10月10日《人民日報》第2版)

11月27日,獲文化部文物局頒發獎狀及獎金四千元,獎勵先生向國家捐獻《永樂大典》二冊、《洛陽志圖》一冊。

文化部文物局獎狀:趙萬里先生捐獻明鈔本《永樂大典》貳冊(卷二千九百七十二、卷二千九百七十二)、清徐松從《永樂大典》中摹繪北宋宋次道《洛陽志圖》壹冊,特發獎金肆仟元。一九六四年十一月廿七日。

按:此獎狀見於孔夫子舊書網"綴簡樓書店"。

12月1日至次年1月4日,出席第三屆全國人民代表大會第一次會議。本屆人大代表任期內,先生與周叔弢、徐森玉聯名提案,建議影印善本書。

周叔弢1982年7月28日致黃裳函:"文化大革命"以前,我和徐森玉、趙萬里二公曾向全國人民代表大會建議影印善本古書,提案如石投海,杳無消息。(黃裳《弢翁遺札》,載《故人書簡》,第54—55頁;《弢翁藏書題跋·年譜》,第327頁)

周叔弢家書(約1983年6月):昨日得見古籍整理出版規劃,匆匆閱一過,不能讓商務印書館專美於前。我曾和徐森玉、趙萬里向人民代表大會提議成立委員會,選印古籍善本書(宋、元、明本)。刻印佳,內容好爲

甲等;刻印精,内容較差或不完整爲乙等。規劃中《古逸叢書三編》皆我
們所謂甲等書,但有二三種尚可商榷。(《弢翁藏書題跋·年譜》,第331
頁)

1965 年　先生六十一歲

本年,先生任北京圖書館善本部主任。善本部下設善本組、金石組、兄
弟民族語文組、輿圖組。(《中國國家圖書館館史資料長編:1909—2008》,
第501頁)

1月19日,文化部文物局向北京圖書館撥交先生捐贈的《永樂大典》二
册、《洛陽志圖》一册。(《中國國家圖書館百年紀事:1909—2009》,第67
頁)

中華人民共和國文化部文物管理局(65)文物物字第006號:兹將趙
萬里同志捐獻的《永樂大典》二册及徐松從《永樂大典》中鈔出的宋次道
《洛陽志圖》一册撥交你館保藏。附去移交單證一式二份,請派人來局領
取。一九六五年一月十九日。

按:此三册由文物局傅忠謨點交,北京圖書館采訪部吳景熙接收。
2月11日采訪部完成登記,並向文物局呈送移交單證一份。文物局通
知、移交單證、北圖回函稿均存國家圖書館檔案室。此批文件承趙愛學
惠示。

2月29日,致函徐森玉,告知病情。

致徐森玉函:許久未通音訊,想念爲勞。里從十二月下旬起,忽患左
面部神經麻痹證。左眼不能緊閉,影響視力。口部也歪斜不正,有異樣的
感覺。吃東西時,也不便。亟去中醫研究院做針灸,又去北京醫院進行烤
電、照太陽燈、爉療、按摩,並吃中藥、西藥,打維Ⅰ、維Ⅲ針。在家休息,不
上班已二個多月。現時已漸漸復原,口部、眼部已好轉不少。大約再有三
個月,便可全部復原。日前夢家兄來舍,知蒙關注,感激之至。吾公近時
精神如何? 腿部發腫否? 晚上能安睡否? 甚念之! 天已轉暖,諸祈珍衛
不宣。(柳向春《趙斐雲先生致徐森玉先生函》,《文津流觴》第35期)

同日,致函冀淑英,談近況及製作善本書箱事。

致冀淑英函:我近日仍如前進行鍼灸和蠟療(理療的一種,内容和電
療差不多)、按摩。眼部已好轉一些,但口部好轉似不多。吃飯時仍有歪
斜現象。估計再有三四個月,便可全部復原,請勿念。前幾天事務處忽然
送來鋼製鐵箱一只,大小和傅沅尗家的小箱子差不多。如我們認爲合適,
便可大量的作了(暫做500只)。這是一件非常重要的工作,陳先生大概
爲此要忙碌一陣了。我最近仍在家休息,每星期到館約二個下午。

按：當時冀淑英奉調外出參加四清運動。此函見於新浪博客“大漠書法工作室”所載《幾封書信》一文，網址爲：http://blog.sina.com.cn/s/blog_4fa0ca2f0101aoov.html[2013.12.15]。

4月19日，致函冀淑英，談書箱製作與善本組人員變動情況。

致冀淑英函：這裏正在大做鐵箱，把書分成三等，宋元和名人抄校爲甲等，明人書爲乙等，清人爲丙等。大概勞動節後不久即可動手，把甲等先裝，需要二四星期才能工畢，不免要大忙一陣了。據王紅元聽袁詠秋談溫福安來信轉述左館長話，所有去的人，四月底都可回館。您有所聞否？可能四月底爲五月底之誤，您説是不是？江珍、蘇夢華等人已退休，劉聾公無消息，大概此君可以到年底了。組内現無其他情況。“四清”無消息，今年不知搞不搞？您在外一定要吃飽穿暖。抽空多休息。近來精神如何？浮腫病已見好否？甚念甚念！我面部已逐漸好轉，從下月起可正式恢復工作，請勿念。（艾俊川惠示）

按：據函中提及江珍、蘇夢華退休事，可考定其撰寫時間爲1965年。

4月24日，文化部文物局向北京圖書館撥交敦煌遺書56件。

5月15日，撰成所輯《元一統志》一書前言。

5月，赴滬。

鄭振鐸5月28日致徐森玉函：斐雲兄因事赴滬，想已見到。陳澄中書得成交，從此了却一件大事！我們均應和張菊老一樣的歡欣鼓舞也。惟書已點交，却尚未入國門，尚乞秘之爲盼！……至此，國内藏書已歸於“一”，私藏中只有傅忠謨和伯郊兩家了。這兩家不成問題的，遲早會又歸“公家”所有。惟既歸於“一”，則必須妥求保護、保管之方。……此時亟應完成編目工作，以便典藏和查考。想斐雲當能在短時間内努力完成之。（柳向春整理《鄭振鐸致徐森玉函札》，《歷史文獻》第十六輯，第292頁）

7月14日，顧頡剛來函。

顧頡剛日記：魏應麒自西安來，贈物，長談，留飯，爲寫唐蘭黃、趙萬里介紹信。（《顧頡剛日記》第十卷，第304頁）

8月22日，夏鼐來訪，詢問敦煌遺書事。

夏鼐日記：下午訪趙斐雲先生，詢問關於敦煌卷子事。（《夏鼐日記》卷七，第151頁）

10月5日，顧頡剛來函，介紹朱季海出售其所藏汲古閣鈔本。

顧頡剛日記：朱季海來，長談，爲寫趙萬里信。（《顧頡剛日記》第十卷，第344頁）

　　顧頡剛日記：（10 月 6 日）朱季海，名學浩，蘇州人。抗戰前學於章太炎，通訓詁學，頗能作考證。解放後以文字餬口，然自去年壓低稿費後，度日愈艱難。此次到京，擬將汲古閣鈔本售去作旅費，爲之憮然。（《顧頡剛日記》第十卷，第 344 頁）

10 月 11 日，撰成《從字體上試論〈蘭亭序〉的真僞》。

　　按：此文開篇述寫作緣由：“1954 年春夏間，我編寫的《漢魏六朝墓誌集釋》在中國科學院出版後，有一天張珩同志到我家來閒談。我把《集釋》一書就正於張珩同志，並説從東漢到隋末，新舊出土的墓誌、專志，除近時出土的以外，已盡萃於此。從隸書到正書，色色具備，但中間却找不到王羲之《蘭亭序》應有的‘座位’。《蘭亭序》在行楷之間，字體嫵媚動人，很像是唐宋人的手筆。當時張珩同志頗以此説爲然。後來他同其他同志也曾談論過。”其次從字體角度展開論述，史載王羲之、王獻之都以善長隸書與章草著稱，但《蘭亭序》却楷法完整，基本上没有隸書和章草的筆意，且絲毫没有梁武帝蕭衍《書評》所稱的“雄强”的味道。王羲之時代的隸書和章草，可以從敦煌與新疆出土的十六國時期古寫卷中看到概貌。由此推出結論：“現存的《蘭亭序》是後人寫的，絕不是羲之手筆。《蘭亭序》究竟是誰寫的？郭老説是陳隋間僧智永寫的。但從《蘭亭序》的楷法看來，其中主要的顯然有唐人成分，還有宋人的成分。這是長期積累的過程，恐怕不是一二人能够單獨搞出來的。《蘭亭序》的楷法既含有唐人和唐以後人的成分，那末，王羲之的《快雪時晴帖》、王獻之的《中秋帖》等，究竟是不是真迹？這個問題，也可迎刃而解了。”

　　又按：1965 年，郭沫若撰《由王謝墓誌的出土論到蘭亭的真僞》刊於《光明日報》及《文物》，認爲王羲之《蘭亭序》爲依托之作；隨後，南京市文史館館員高二適撰寫《〈蘭亭序〉的真僞駁議》，反對郭沫若的觀點，掀起了一場聲勢頗大的爭論，參與者衆多。此文即爲《蘭亭序》論戰中的文章之一。據上海博物館原副館長汪慶正回憶，康生對先生此文頗有微詞。鄭重《回眸“蘭亭論辨”》載：“汪慶正告知我，高二適的《駁議》一出，康生即授意組織寫文章，支持郭老。北京雖然寫了幾篇，都不滿意，特別是對趙萬里的文章有意見，説他只寫了巴掌大的文章。於是又派人來上海，請徐森玉寫文章。”（《光明日報》1998 年 12 月 3 日）

11 月 13 日下午，護送自香港購回的陳清華舊藏珍貴碑帖 7 種、書籍 18 種抵達北京。

　　丁瑜《宋版〈文苑英華〉回歸記》：時光易逝，歲月如流。十年之後，陳

氏再次售書的消息又爲《大公報》費記者采訪到,並聞悉國内外收藏家亦
正千方百計地想得到這批珍貴古籍。……趙萬里與文物界耆宿徐森玉共
事多年,有半師半友的情誼,徐森老之子徐伯郊與趙素有交往。其時伯郊
在香港銀行工作,他對古籍簿録之學亦多涉獵,在文物、古籍界小有名氣,
在金融、文化圈中交游廣泛,活動能力很强。趙萬里借重徐伯郊的關係,
終於將陳氏珍藏的多種古籍善本和舊拓碑帖全部買下。(《延年集》,第
161頁)

　　丁瑜《郇齋攜港藏書回歸知見雜記》:歲月如流,十年之後,陳氏郇齋
再次售書的消息又傳到北京。這時已是1963年,鄭振鐸局長在文化部副
部長任職期間因公殉職。王冶秋繼任文物局局長。王對古籍版本也是一
位頗具真知灼見的專家,深知郇齋藏書的品級質量,因此對這批珍籍的流
向十分關注。他及時報告國務院周恩來總理,在總理親自過問下,依然請
版本目録學專家趙萬里南下接洽收購。趙在50年代洽購郇齋藏書時,已
知陳氏在大陸尚有大量的清刊本及抄校本。因此提出全部收購的建議。
由於種種原因,經過兩年之久,最後只購到香港的舊拓碑帖七種、善本古
籍十八種。1965年11月13日下午,這批珍籍運送到北京。那天是個星
期六,天灰蒙蒙的,空氣濕潤而陰冷,似要下雪的樣子。車到北京站,趙萬
里先生下車即回家去了。文物局的金先生提着一把黄燦燦的香蕉,守着
四隻藍灰色的硬塑箱在等待接站。當我和林君與司機把箱子搬上汽車,
金先生提着在北京市場上很難見到的香蕉離去時,很是吸引了站前南來
北往旅人的眼球。(《延年集》,第169頁)

　　按:這批珍本中,有宋元明拓本《神策軍碑》、《佛遺教經》、《蜀石
經》、《嘉祐石經》、《大觀帖》、《絳帖》、《東海廟殘碑》等,善本書則有宋
浙刻本《荀子》,宋蜀刻本《張承吉文集》,元陳仁子茶陵東山書院刻本
《夢溪筆談》,元刻本《斷腸詩詞》,明初刻本《任松鄉集》,明翻元大德間
平水曹氏進德齋刻本《爾雅》,明弘治十四年(1501)涂禎刻本《鹽鐵
論》,明嘉靖刻本《泰山志》,清初毛氏汲古閣影宋鈔本《鮑參軍集》、《漢
書》,汲古閣鈔本《小學五書》、《詞苑英華》、《焦氏易林》,及孫星衍、洪
亮吉校,顧千里跋本《水經注》等。

11月26日,北京圖書館舉辦新購陳清華藏書内部展覽。

　　丁瑜《郇齋攜港藏書回歸知見雜記》:郇齋第二次售書較第一次所售
書的數量少,但品質却並不遜色。更難得的是購買這批書籍時,正是國家
經歷了困難時期,經濟剛剛起步恢復,却又處在狠抓階級鬥爭的萌動之
際,批判《海瑞罷官》的運動正在深入。在如此形勢下購到這批文化遺
産,就倍增艱險。萬幸在周恩來總理親自過問下,終於從香港買回來這批

珍貴書帖。運回不久即安排了一次内部展覽,邀請有關中央領導和極少數的專業人員參觀。地點在北京圖書館三號樓的會議室,室中西側和室中央擺放幾張三屉桌,桌面鋪上白布,把新購到的碑帖書籍平放在桌上,加上一張説明卡,標出書名、版本。由善本組和金石組指定三個人值班,展室門一直是關着的。由趙萬里主任和左恭副館長親自接待來賓。既没有開幕詞,也没有座談會。徐平羽、楊秀峰、吳仲超、鄭裒珍、謝國楨、王冶秋、唐弢、丁秀等知名人士都曾光臨。下午三時,康生也來了。這時趙萬里回家吃飯休息尚未回館。康生的到來,使館長和值班人員大爲緊張,急派人接趙來館。康生對這批書帖發表了不少意見,尤其對陳列的碑帖看得更爲仔細。值班人曾向他推薦介紹五代北宋拓唐柳公權書《神策軍碑》,他較認真地欣賞瀏覽了卷中的十幾方藏印及題記。但對宋拓《蜀石經》更爲注意,展出的九册他都逐册檢閲。除對其中原宋拓《左傳》、《穀梁傳》、《公羊傳》、《周禮》仔細觀賞外,對配補的清木刻印本一册和題寫的《蜀石經題跋姓氏録》也未輕易放過。他對《蜀石經》瀏覽的時間是最久的。(《延年集》,第170—171頁)

陳乃乾日記:斐雲從香港購回陳任中藏書,今日内部展覽,上午往觀。(稿本存海寧市檔案館)

按:此後不久,北京圖書館曾將宋拓《蜀石經》送周恩來總理閲覽。丁瑜《郇齋攜港藏書回歸知見雜記》載:"郇齋舊藏回歸大陸展出後,又經過若干天的一個星期六,趙萬里先生對我説,下班以後留下來,還有些事要辦。就是要我協助他把《蜀石經》九册提出清點登記,然後裝箱。一切就緒後,他才説明周總理要看《蜀石經》的事。時庫中只有我們三個人在等待消息。夜漸深,燈光黯淡,古老的書架偶而發出咯吱吱的聲音,時間過得分外惶。直到晚十一時,王冶秋局長來了。他讓我帶着箱子陪他到中南海。出文津街北京圖書館,過馬路即是中南海北門,經紫光閣經游泳池,車停在甬路西側。把箱子送到廳房内。王局長和值班秘書談話,總理讓把書留下。之後司機送我出中南海,已是夜半,街上已闃無一人。《蜀石經》留在總理處,不久"文化大革命"事起,圖書館業務已基本停頓。趙萬里主任被迫害病癱在牀,借出的《蜀石經》再無人提起。不料在1969年8月18日,兩位中年軍人提着一個藍灰色的硬塑箱到了北京圖書館革委會。我被叫到辦公室,馬上看到了郇齋藏書用的箱子,原來很久以前周總理借閲的宋拓《蜀石經》九册,又完整地還回來了。"(《延年集》,第171—172頁)

11月27日,文化部文物局與北京圖書館辦理撥交所購陳清華郇齋藏書手續。

11月,所撰《從字體上試論〈蘭亭序〉的真偽》載《文物》1965年第11期。

12月4日,周叔弢來訪,同赴琉璃廠中國書店訪書;又同訪謝國楨,不遇。

周叔弢日記:飯後到廼兹府觀場胡同訪趙斐雲,同到琉璃廠中國書店。……又同到謝剛主新屋,值剛主往琉璃廠,未遇,我即返津。(周啓乾《〈周叔弢日記〉中的祖父及其友人》,2015年4月10日《文匯報》第20版)

李國慶《弢翁藏書年譜》:四日,在北京,去乃兹府觀場胡同訪趙萬里,爾後一同到琉璃廠中國書店,收得吳刻《四書》,開花紙印本。(《弢翁藏書題跋·年譜》,第284頁)

12月29日,謝國楨來函,告知羅繼祖所藏《虞山人詩》不擬出售。

謝國楨函:項接羅繼祖先生來信,《虞山人詩》不擬出售。兹將原函及京館函附上,即希審閱。原書望暫置公處,容日由楨取回。或遣人擲下,楨亦有倦勤之感矣。天氣漸寒,諸希珍攝。昨昭小華來人,云吾公所輯《大元一統志》即日出版,此吾兄精湛之作,至感欣佩。昨日楨無意中得到清順治刻本徐世溥《榆溪集選》一册,摩挲竟日,並爲作跋。書生結習未除,然非賴此,亦無以遣日也。(原函存趙府)

12月,第二屆古舊綫裝書裝修技術培訓班結業,五名學員合格結業。

《北京圖書館第二批培訓古舊綫裝書裝修技術學員的工作總結報告》:學員的人數和單位,有浙江圖書館錢蟾影,南京圖書館毛俊義,上海圖書館趙嘉福、潘美娣,寧波天一閣洪可堯和我館鄭静文等六人(潘美娣因病於本年9月退學),結業共有五人。……學員們經過兩年的學習,在學習中共修裝一般綫裝書三千三百六十七册,善本書八百六十六册,經過組内老師傅們檢查,無論一般綫裝書和珍貴的善本書,都達到了預期的要求。……爲了使學員們了解圖書館工作的基本知識和古舊書的版本知識及保管等,學員們參加了我館善本組的業務學習,由65年2月到現在進行講課二十餘次,每次二小時,講課的内容:圖書館基本知識,如十三經、二十四史内容介紹,歷代紀元推算法;館藏名貴書籍介紹,如《永樂大典》、《四庫全書》、敦煌寫經、《趙城金藏》等;以及善本書籍編目法,各代版本知識和鈔本知識,善本保管等。善本組講課多用實物對照,學員們收到的效果較大。(《北京圖書館館史資料彙編〔二〕:1949—1966》,第412—414頁)

本年,北京圖書館完成《趙城金藏》修復工作,前後歷時十六年。

本年,先生主持北京圖書館善本特藏工作,參考咨詢服務成績突出。

　　《北京圖書館1965年的工作總結報告》：善本特藏工作爲了爲三大革命服務，輿圖組組織人力參加邊疆書目的編製工作，主動編出有關越南的中外文地圖目録（共收集地圖46種，帶提要），分送有關部門參考。又北京等外事部門調查東交民巷某國使館館址地界時，他們將清末至解放前所有的北京詳圖32種逐年提供給他們。中華書局出版《文苑英華》、《水滸傳》二書，善本組提供他們全部所需資料，使他們的出版工作順利進行。同時也爲省市和其他研究單位提供了大量有關兄弟語文、歷史等資料。（《北京圖書館館史資料彙編〔二〕：1949—1966》，第821頁）

　　　　按：據此總結報告所附《1965年計劃完成統計表》，分類編目方面，善本特藏部完成中文善本書1024種5349冊，趙城藏236卷，兄弟民族語文本3546種3533冊，中外文地圖638種，圖片宣傳畫564種，石刻拓片4106種；圖書修整方面，修補善本2593冊，修補《趙城金藏》262卷。（《北京圖書館館史資料彙編〔二〕：1949—1966》，第834—836頁）

　　本年，開始撰寫《中國版本學》和《中國目録學》兩部專著，因“文化大革命”中受衝擊未完成。（趙芳瑛、趙深《趙萬里先生傳略》，《趙萬里文集》第一卷，第20頁）

趙萬里先生年譜長編卷十

1966 年　先生六十二歲

本年,先生任北京圖書館善本特藏部主任。善本特藏部下設善本組、金石組、兄弟民族語文組、輿圖組。(《中國國家圖書館館史資料長編:1909—2008》,第 501 頁)

2 月 1 日,周叔弢向先生寄出《善本書講稿》,請先生修改。

周叔弢日記:寫趙萬里信,寄《談談善本書》稿,請他改正。(周啓乾《〈周叔弢日記〉中的祖父及其友人》,載 2015 年 4 月 10 日《文匯報》第 21 版)

李國慶《弢翁藏書年譜》:二月一日,將所寫《善本書講稿》寄趙萬里,"請他改正"。(《弢翁藏書題跋·年譜》,第 286 頁)

2 月 14 日,周叔弢收到先生寄回之《善本書講稿》。

周叔弢日記:斐雲回信,對於善本書的講稿增改不多。(周啓乾《〈周叔弢日記〉中的祖父及其友人》,載 2015 年 4 月 10 日《文匯報》第 21 版)

李國慶《弢翁藏書年譜》:十四日,收到趙萬里回信,彼對《善本書講稿》增改不多。(《弢翁藏書題跋·年譜》,第 286 頁)

2 月中旬,周叔弢來函,感謝先生與冀淑英爲其修改講稿。

周叔弢函:手書及擲還講稿收到。講稿承吾兄及冀大姐指正,感謝之至。但惜未能更多删削了。此稿缺點甚多,殊未成熟。僕之水平止此,容補充後再寄呈是正。至於公之《文物》,則吾斯之未能信也。(原函存趙府)

3 月 9 日,中華書局上海編輯所來函,催詢《張承吉文集》前言。

中華書局上海編輯所函:景印本《荀子》、《張承吉文集》和元本《夢溪筆談》的工作,我們現正在進行中。《張集》可能計於五六月間便可問世。爲此,我們盼望您將《張集》的前言,提早寫就惠寄,以協助我們如期出書。是否能在四月中交稿,請安排後先行示知爲荷。撰寫中是否需要《張集》的照片參考,亦請示知,我們當設法寄奉。(原函存趙府)

3月,所校輯《元一統志》由中華書局出版。

《元一統志》前言:元代官修全國地理書,始於元世祖至元二十二年,至三十一年成書。稍後得《雲南圖志》、《甘肅圖志》、《遼陽圖志》,因倡議重修,由孛蘭肹、岳鉉等主其事。元成宗大德七年纂修成書,凡一千三百卷(焦竑《國史經籍志》作一千卷,錢大昕《元史藝文志》同,茲從《秘書監志》),定名爲《大元大一統志》。元順帝至正六年由杭州刻版,今所見殘元本即是杭州本。……《大元大一統志》簡稱《元一統志》。書中於各路各州各縣史蹟,繼承唐代《元和郡縣圖志》、宋代《太平寰宇記》、《輿地紀勝》等書成例,歸納爲建置沿革、坊郭鄉鎮、里至、山川、地産、風俗、形勢、古蹟、宦蹟、人物、仙釋等部門。所引資料,凡大江以南各行省大半取材於《輿地紀勝》和宋、元舊志,北方等省則取材於《元和郡縣圖志》、《太平寰宇記》和金、元舊志居多。今宋、元舊志十亡八九,金志全佚,而《元和郡縣圖志》、《太平寰宇記》、《輿地紀勝》等書今傳本俱有缺葉缺卷,正賴此書得以訂補。此書存,則無數宋、金、元舊志俱隨之而存,此書亡,則宋、金、元舊志亦隨之而亡。此書學術上之重要性,於此可見一斑。

《元一統志》明以後久無全本。近年内閣大庫出元至正刻本殘帙七卷:計合州二卷,灌州、眉州、海鹽州、崇德州、常州路各一卷。其中眉州一卷,一九三〇年友人徐中舒先生爲我鈔得之,原書現不知流轉何所。餘卷多爲公私藏家收藏,亦倩人次第鈔得。此外常熟瞿氏舊藏鈔本九卷:鄜州二卷,葭州三卷,均州、房州、巨津州、通安州各一卷。別有嘉慶間吳縣袁廷檮家鈔本三十五卷,除均州、房州、鄜州、葭州等七卷見於瞿本外,袁本溢出瞿本者二十八卷:南陽府、裕州各三卷,孟州、鄭州、襄陽路、峽州路、延安路各二卷,嵩州、江陵路、洋州、金州、成州、蘭州、會州、西和州、平江路、瑞州路、新昌州、撫州路各一卷。錢大昕《潛研堂文集》二九所稱南濠朱氏藏本,實即袁本之祖本。至吳騫《愚谷文存》四稱四川一省彭州、威州、茂州、簡州、眉州、沔州、蓬州、達州、重慶路、夔州路諸殘帙,則自來未見著錄,恐早已亡佚無存。

《元一統志》除上舉元至正刻本殘帙與瞿本、袁本外,《永樂大典》引用最多。明代官修地理書《寰宇通志》、《明一統志》亦間加引用。《明一統志》中所引元志,以《寰宇通志》與他書查對,知是《元一統志》簡稱。《嘉定鎮江志》、《壽昌乘》原出《永樂大典》,其夾注中引《元一統志》,自出《大典》無疑。《熱河志》、《盛京通志》、《東昌府志》、《滿洲源流考》、《日下舊聞考》所引《元一統志》,疑皆前人從《永樂大典》轉錄。《四川通志》引《元一統志》,則似出吳騫舊藏元刻殘帙,書闕有間,今無由詳考矣。

今試以《元史·地理志》爲綱，將元刻殘帙、瞿本、袁本與群書所引彙輯爲一書。始於一九四四年，荏苒二十年，至一九六五年始克竣事。他日續有所得，當再補輯，以竟全業。（《趙萬里文集》第二卷，第286—287頁）

按：《元一統志》係元代官修地理總志，凡一千三百卷，爲明代纂修一統志之藍本，但明代即亡佚。《玄覽堂叢書續集》收有清袁氏貞節堂影鈔三十五卷本，《遼海叢書》收有金毓黻輯殘本，先生校輯重編十卷本則後出轉精，爲該書迄今最佳輯本。

5月11日，北京圖書館召開黨團員大會，韋禾作開展“文化大革命”運動的動員報告。（《北京圖書館大事記：1909—1992》，第51頁；《中國國家圖書館館史資料長編：1909—2008》，第572頁）

5月16日，中共中央政治局擴大會議通過由毛澤東主持制定的《中國共產黨中央委員會通知》（即“五一六通知”），“文化大革命”開始。

5月20日，北京圖書館召集十七級以上幹部學習“五一六通知”。（《北京圖書館大事記：1909—1992》，第51頁；《中國國家圖書館館史資料長編：1909—2008》，第572頁）

5月26日，北京圖書館將特級、一級善本書全部裝箱。（《中國國家圖書館館史資料長編：1909—2008》，第577頁）

6月15日，文化部通知韋禾、丁志剛、左恭、張申府、顧子剛與先生等13人前往社會主義學院參加集訓。（《中國國家圖書館百年紀事：1909—2009》，第69頁）

6月16日，中國人民解放軍工作隊進駐北京圖書館。

9月，中國人民解放軍工作隊撤離北京圖書館，北京圖書館文化革命委員會成立，各部成立文化革命小組。

“文革”期間，先生受到無情迫害。

黃潤華《趙萬里先生二三事》：我第一次見到趙先生是在一個非常獨特的環境裏。1966年5月“文革”狂飆驟起。當時我剛從大學畢業分配到北圖，隨即赴甘肅農村參加“四清”工作隊，7月突然中斷“四清”從寧縣回京參加“文革”。那時館、部一級的領導都已“靠邊站”，各部門由“文革”領導小組負責。我們幾個新分配到善本部的大學生被領進主樓一層西南面的一間大屋子，當時善本部的業務已經停止，這間大房間是善本組平常開會學習的地方。我們被一一介紹給組裏的革命群眾，我看到在房間的西南角坐着一位老年人，正在埋頭寫字。“那是趙萬里。”帶領我們的人用有點不屑的口氣說道。“哦，這就是著名的版本學家啊！”我腦子裏這樣想。我注意到趙萬里先生手裏是握着毛筆在白紙上書寫,他寫得很快,旁邊有一摞已經寫好的稿子。我們走過他的桌旁,他抬起頭來望我們一眼,大家都没有説話,但我看到他的眼光裏似乎有一種驚恐的神色。他接着又低頭寫字了,周圍發生的一切好像與他無關。我那時一個深刻的印象是趙先生寫"檢查"居然也用毛筆!這是我見到的把毛筆作爲日常書寫工具的唯一的一個人。這是我與趙先生的初次見面,幾十年過去,他當時眼光裏那種微微的驚恐神色揮之不去,後來我讀懂了:他在之前已經受到了嚴重衝擊。趙先生不但日常用毛筆顯得很傳統,後來還發現他在稱謂方面也保留了不少傳統的東西。比如他對徐森玉先生一直習慣稱"徐森老",他與徐森玉交往很深,在"交代問題"時很多事情與徐有關,他往往還習慣稱"徐森老",因此常受到造反派的呵斥。對當時一起囚於"牛棚"的張申府私下仍稱其"張申老"。他這樣稱呼是很自然的,是出於内心的表露,是一種久久養成的習慣。這在把"階級敵人"打倒在地還要踏上一隻脚的年代顯得有些另類。(2017 年 1 月 23 日《藏書報》)

"文革"期間,先生住宅被抄家。

趙芳瑛、趙深《趙萬里先生傳略》:"文革"期間,房屋被擠占,多年爲學術研究工作所搜集的大量文史典籍、版本目録資料和手稿一部分被抄走,其餘的封堆於房屋一隅,任蟲蛀鼠咬。往日紅緑交映的庭院也被洗劫,茂盛的花木摧毀了,年年花繁果碩的老果樹作爲"能源"獻給了街道組織,用於燒磚修砌防空洞了。(《趙萬里文集》第一卷,第 21 頁)

張勁先"文革"期間所寫檢討材料:1.爲什麽要抄家。我愛人趙萬里,平時没有把毛主席的著作學習好,還存在着嚴重的資産階級思想和觀點,因此在他的業務工作和研究工作中犯了錯誤。在這次偉大的無産階級"文化大革命"中,與他的腐朽思想進行嚴肅批判的同時,對他的書籍和其他家中物品,也進行了檢查。我認爲北京圖書(館)的革命同志和紅衛兵,做得好,幹得好。正是毛主席説:"凡是反動的東西,你不打,他就不倒。這也和掃地一樣,掃帚不到,灰塵照例不會自己跑掉。"對趙萬里的思想和工作中的錯誤,完全應該進行這種嚴肅的批判。2.對無産階級"文化大革命"的認識。無産階級"文化大革命",是毛主席親自發動起來的,是觸及人們靈魂深處的大革命,一切封建主義、資本主義的殘渣污垢,要在革命的過程中徹底清除,在這次無産階級大革命中,一定要大破資産階級的四舊,大立無産階級的四新,打倒一切反動的資産階級右派分子,抓出所有的吸血鬼、寄生蟲,挖掉資本主義復辟的根子,永遠保證無産階級的江山永不變色。我衷心的擁護偉大的無産階級"文化大革命"。3.今後怎

麼樣改。趙萬里的問題,已經在他的機關里進行交代。我是出身在舊社
會、生長在舊社會的家庭婦女,無產階級"文化大革命",對我也是極爲重
要的,他向我敲起警鐘,我要打掉一切我字當頭的資產階級思想,把眼光
從自己眼前的小家庭小圈圈裹解放出來。今後我一定要厲行節約,加强
勞動,事事從人民的利益出發去想去□,用毛主席思想指導我的一切。4.
學習定計劃。要天天讀毛主席著作,學習主席語錄,把其中重要的警句背
下來,有了問題,向毛主席著作求教,邊學習,邊聯繫思想,改造思想,立即
用在行動中。我要遵照毛主席的指示,關心時事,每天讀報,參加街道的
學習組織。5.對治保委員會。我要嚴格的遵守政府一切法令和制度,並
且希望治保委員會進行監督。北觀場胡同 18 號張曾壽。

　　按:此爲趙夫人張勁先"文革"期間參加街道毛澤東思想學習班期
間所寫的一份材料,談及被北京圖書館紅衛兵抄家事。此件曾於孔夫
子舊書網拍賣,拍賣消息附有圖片。

1967 年　　先生六十三歲

1 月 16 日,北京圖書館部分群衆組織成立聯合指揮部。

11 月 18 日,聯合指揮部自行撤銷。

12 月 7 日,中國人民解放軍北京衛戍區司令部對北京圖書館實行軍事
管制,建立軍事管制委員會。

1968 年　　先生六十四歲

1 月,北京圖書館撤銷原部處科組機構,全館職工編爲四個連隊;在軍
事管制委員會領導下,成立辦事組與第一、第二清查專案組。

8 月初,因受迫害身體被整垮,癱瘓在牀,生活起居不能自理。其弟趙
萬鵬從上海來京照料,爲時一年。

　　馮象《趙萬里:其志甚壯,其言甚哀》:他是在北圖的"牛棚"管制勞動
期間,由於扔掉一塊没吃完的窩窩頭,而招惹的災禍。批鬥者强迫老人把
那塊撿回來的已經發黴的東西,當衆吞下,導致他腸胃嚴重感染,高燒、吐
瀉、失水、神志不清,最後深度昏迷。送到醫院搶救,那幾個喪心病狂的還
日夜監視,命醫生將"此人有政治問題"記入病歷。剛剛蘇醒,即停止治
療,趕出醫院。(2010 年 11 月 28 日《東方早報》)

　　黄裳《憶趙斐雲》:這許多年,我一直在擔心着斐雲的境況。他一直
有高血壓的宿疾,好像隨時都有中風的可能。不能想像,他是怎樣度過了
那十年的歲月的。可是言人人殊,有的説他早已不在了,有的説他一直病
臥在家。就在前兩天遇到謝國楨先生時,我還問起斐雲的消息。謝老只

是證實了他還活着,不過不想談更多的情況,只是歎息。他只告訴我一件事。"文革"初期,斐雲被關在潮濕的地下室裏,"造反派"知道他最怕蛇,就在他的被子裏藏了一條。於是,他病了,被送回家去,從此一直睡到今年的六月二十五日。(《黄裳文集》〔一〕,第 489 頁)

黄裳《太和正音譜》跋:斐雲久病,余念之不已。實以近時板本之學,無逾此君者,人才難得也。半月前以事入京師,晤謝剛主,告"文化大革命"中斐雲所遇諸酷。先是爲拘系于地下室甚久,陰濕不堪。邏者知其性最畏蛇,乃以置於卧具中,大驚怖,遂中風,以致不起。(《來燕榭書跋》〔增訂本〕,第 123 頁;黄裳《太和正音譜》,載《黄裳文集》〔六〕,第 143—144 頁)

黄潤華《趙萬里先生二三事》:曾經看到一篇文章説趙先生後來卧病不起是因爲有紅衛兵將一條蛇放到他牀上,因此受了驚嚇而致,這一説法並不準確。據我所知,情況是這樣的,1968 年麥收時節,館裏大部分員工下鄉收麥,對被囚在"牛棚"裏的黑幫們來説更是一個改造的好機會。像趙萬里這樣年紀大的長者也拖着病弱之軀一同前往。一天下工回來路上發現了一條蛇,看押黑幫的紅衛兵都是館裏年輕員工,其中一個把蛇挑起來玩弄,還强迫趙萬里拿。不料趙是非常怕蛇的,因此受了驚嚇,回到館裏精神晃忽,小便失禁,後來身體一直没有康復。在那個瘋狂的年代,只要一列入"黑幫"行列,不但没有人身自由,連起碼的人格尊嚴都没有。(2017 年 1 月 23 日《藏書報》)

張勁先檢討書:我愛人趙萬里,1968 年 8 月初,得腦病癱瘓在牀上,大小便、吃飯、翻身都要人照顧,直到現在還是這樣。家裏病人多,人力很缺乏。趙萬里的弟弟趙萬鵬,自己有肺病,一向在上海家中休養,没有工作,他得知他哥哥患重病以後,就趕來北京。第一次報了一個月臨時户口,以後又續報過兩三次。由於我很需要他幫助我護理他哥哥的病,而趙萬鵬自己也不放心他哥哥的病,不想回去,一再拖延,竟在北京住了一年之久。在這件事上,我犯了很大錯誤,爲了自己的困難,竟讓趙萬鵬在此住了一年。偉大領袖毛主席教導我們:"加强紀律性,革命無不勝。"我爲了資産階級的"私"字,破壞了革命的紀律,違反了户口制度。以後一定要深刻領會毛主席教導,不再犯類似的錯誤。今後我要加强學習,讀毛主席的書,聽毛主席的話,要徹底地挖去我頭腦裏的"私"字,堅決改正我的資産階級世界觀,接受工人階級和革命群衆的再教育。毛澤東思想學習三班張曾壽。1969 年 10 月 14 日。(末鈐"張曾壽印")

按:此件曾於孔夫子舊書網拍賣,拍賣消息附有圖片。

12月22日，軍事管制委員會撤離北京圖書館。

12月23日，中國人民解放軍、首都工人毛澤東思想宣傳隊進駐北京圖書館。

1969年　先生六十五歲

9月29日，北京圖書館革命委員會成立。

9月，北京圖書館第一批63名職工下放湖北咸寧向陽湖文化部五七幹校。

1970年　先生六十六歲

5月17日，北京圖書館第二批260名職工下放湖北咸寧向陽湖文化部五七幹校。

5月18日，北京圖書館留京163位職工編爲4個排10個班及1個直屬班，革命委員會設政工組、辦事組、業務組。

1971年　先生六十七歲

2月28日，史樹青來函，介紹咸寧向陽湖五七幹校情況，告知1970年山東鄒城魯荒王墓出土古籍22種並附清單。

> 史樹青函：分別九個月，時時都在想念您，並且對您的病體十分惦念。袁湧進同志探親回校，説在京時探訪您，見您病情日漸好轉，深以爲慰。……山東鄒城魯荒王墓（朱元璋第十子，名朱檀）近日出土古籍22冊，附清單一份，藉供清覽。又近作《沁園春》詞一首呈閲。（原函存趙府）

3月9日，北京圖書館革命委員會將在京201位職工改編爲13個班與1個專案組。

4月19日，北京圖書館特藏組向本館革命委員會政工組請示沒收先生藏書處理辦法。

> 特藏組報告：本館革命委員會政工組：關於被沒收的趙萬里書籍，經我組查對館藏，分爲兩類。一類是擬留下補充館藏的；另一類是我館不需要，擬將來進行處理的。現在開具簡目，每類一份，請審閲批示。附簡目兩種，共四紙。特藏組。1971年4月19日。

擬留下補充館藏的

	書名	版本	册數	附注
1	藏説小萃十一種	明萬曆刻本	18	館藏只一部,有抄配。此部可留。
2	霜鏡集、再來草、舲草、補陀游記、台宕游、四課、雙素影	明末刻本	8	未入藏
3	歷代地理沿革圖	清同治十年刻本	1	館藏二。輿圖需要補充。
4	海昌初政録三卷	清順治刻本	3	未入藏
5	餘姚海隄集四卷	鈔本	1	未入藏
6	説苑	明刻本	8	傅增湘按宋咸淳刻本校,可留。
7	容齋隨筆五集	清乾隆五十九年刻本	16	館藏同版本一部,此係趙臨王國維校本,可留。
8	北曲拾遺	明藍格鈔本	1	本館只藏有印本。
9	唐寫本切韻殘卷	景印王國維鈔本	1	此本有王國維親筆校跋,擬留。
10	鶴菴樂府	明正德十三年刻本	1	未入藏
11	永菴詩選	清康熙二十三年刻本	1	未入藏
12	瘞鶴銘考	清康熙刻本	1	館藏同版本一部,此可留。
13	畢自嚴本傳注	清鈔本	1	未入藏
14	後鑒録三卷	明嘉靖二年刻本	3	未入藏
15	海昌備志	清道光二十六年刻本	14	館藏同版本一部,此可留。

續表

	書名	版本	冊數	附注
16	水經注箋	明刻本	16	趙臨王國維校本，擬留。
17	永樂大典卷四千九百二十三至四千九百四十	傳鈔本	16	
18	永樂大典卷二千六百十至二千六百十一	一九二六年傅增湘影印本	1	
19	永樂大典卷二千三百四十五至二千三百四十七	一九五九年中華書局影印本	1	
20	革朝志存卷一至卷三	明刻本	2	未入藏
21	漱玉詞彙鈔	清道光刻本	1	本館無道光本
22	欽定蒙文彙書	清刻本	17 冊	

以上共 131 冊

擬進行處理的

	書名	版本	冊數	附注
1	匡謬正俗	清乾隆雅雨堂刻	1	
2	離騷草木疏辨證	清乾隆己亥悅親樓刻	1	
3	霽山先生詩文集	清刻本	1	
4	遺山先生新樂府	清光緒丁丑刻	1	
5	詞林摘豔存卷七	明刻本	1	殘
6	蟻術詞選存二卷餘	明刻本	1	殘
7	唐李文公集李翶字習之	明刻本	2	

	書名	版本	冊數	附注
8	陽春白雪	清道光十年清吟閣刻本	4	
9	飲水詩詞集	清刻本	2	
10	樂府雅詞	清光緒刻本	2	詞學叢書之一；不全。
11	浩然齋雅談	據武英殿聚珍版刻印	1	
12	大廣益會玉篇	清康熙澤存堂刻本	3	叁冊
13	澹游集	傳鈔本	1	
14	節用集三卷	日本寬文十年刻本	1	
15	秋聞詞	清刻本	1	
16	生綃剪	清刻本	2	殘
17	無名詞曲殘本	明刻本	1	殘
18	貞觀政要存卷七至十	抄本	1	殘
19	永樂大典卷三千五百八十四、三千五百八十五	1939年縮印本	1	
20	景祐天竺字源	民國倉聖明智大學石印	4	
21	悉曇字記	民國倉聖明智大學石印	1	
22	遼史語解十卷、金史語解十二卷、元史語解二十四卷	清光緒江蘇局刻本	10	
23	編珠四卷	明抄本	1	
24	贈藥編	攝影	1	

續表

	書名	版本	冊數	附注
25	樂府群珠	攝影	4	
26	雜曲	清刻本	1	殘
27	風前月下 卷下	清刻本	1	殘
28	正統北狩事蹟		1	
29	吉石盦叢書	影印本	18	不全
30	涉聞梓舊	清別下齋袖珍本	3	
31	菱江集	清刻本	1	
32	槐堂詩存	清刻本	1	
33	雅俗同觀	明末刻本	4	
34	穀貽山房集	清刻本	7	
35	歷代地理志韻編今釋	清刻本	8	
36	皇朝輿地韻編	同上	1	
37	戴氏遺書	清微波榭刻本	5	不全
38	南九宮譜	明刻本	6	
39	得閑草	清刻本	1	
40	祾堂憨語	明萬曆刻本	1	
41	乩筆救生船	清光緒刻本	4	
42	北堂書鈔	清光緒刻本	20	
43	古逸叢書存三種	清光緒黎氏覆刻本	4	
44	趙城金藏楞嚴經	複製品	上下二函共10軸	
45	切韻殘卷	照片	69張	
46	胡適文選	1930年鉛印本	1	平裝，封面破。

續表

	書名	版本	冊數	附注
47	閩縣何氏贈品展覽會	1934 年鉛印本	1	平裝
48	陽春白雪	清刻本	2	剪殘,只可作廢紙處理。

以上擬進行處理的書籍 48 種,共 140 冊、10 軸、69 張。(國家圖書館檔案)

按:據先生長子趙深介紹,"文化大革命"結束後落實政策時,北圖提出有二十餘種書籍希望捐獻,時先生尚能言語,對前來接洽此事的同事說:《水經注箋》一定要歸還,其他的沒有意見。次日,那位同事便代表北圖,歸還了《水經注箋》。後來再一次落實政策,又還回一批,具體數量已記不清。

8 月,北京圖書館核心領導小組調整全館機構設置,編爲 3 個連 17 個班,及政工組、業務組、辦事組。

12 月 22 日,唐弢來函,請教魯迅致鄭振鐸書信中提及之"雕版畫集"爲何書。

唐弢函:有一事請教:人民文學出版社奉上級指示,擬出版《魯迅雜文書信選》,收有給西諦的信,其中一封談到印《十竹齋箋譜》的事,有一段這樣的話:"《雕版畫集》印刷甚好,圖則《浣紗》、《焚香》最佳,《柳枝》較遜,所惜者紙張不堅,恐難耐久,然亦別無善法。"《雕版畫集》加上書名號,當非泛指,初疑是指《十竹齋畫譜》,因印《箋譜》而談到《畫譜》,但下文又有"所惜紙張不堅,……然亦別無善法"之語,則所談並非舊籍,而是新印的書。魯迅與西諦印了《十竹齋箋譜》,並未印它的《畫譜》。《雕版畫集》究指何書,原來注釋的同志加了"待查"。選本有些疑難問題,要我解決。我只能解決一些當時文學界鬥爭的情況事實,對於此道則完全外行。因憶西諦當初談起,當年印《十竹齋箋譜》時,先生曾參與其事,出力甚多,故特專函請教,便中望指示一二。只要說明此是何書,何人編印,何年出版,內容如何,大略說明一下即可。(原函存趙府)

12 月 30 日,北京圖書館核心領導小組調整全館機構設置,分設辦公室、政工組、閱覽部、采訪部、報刊部、總務科。

1972 年　先生六十八歲

1 月 6 日,覆唐弢函,告知魯迅致鄭振鐸函中所稱"雕版畫集"爲《中國版畫史圖録》。

1月8日,唐弢來函,感謝相助,並問候病情。

唐弢函:六日大函收到,茅塞頓開。我查了《中國版畫史圖録》,給作了注。倘非來示見告《雕版畫集》這段故事,實不敢貿然下筆。雖然解決的只是一條注釋,對我——同時也是對讀者來説,究竟解開了一個疑團,感甚感甚。傳聞您健康不佳,不知近來已恢復否?望多多珍攝。黨和國家需要老一輩幹部,養病決不是爲了個人。我以此瑣事奉瀆,得知消息後,心裏倍覺不安。我自己是在64年得了心肌梗死症,先後大發作者凡五次,都是搶救回來的。這兩年倒没有再大發,只是心絞痛仍時或有之,走動不很方便,尚能伏案做些工作。回憶第一次見先生時,尚在淪陷時期,爲魯迅藏書事,由西諦介紹,從上海趕到北京。屈指三十年矣,我輩都已垂垂老去,而西諦則墓木已拱,思之愴然。所幸國家形勢大好,殘年向暮,猶能見此情景,未始非一安慰事耳。望爲國家保重。(原函存趙府)

同日,覆唐弢函。

1月10日,唐弢來函,告知所查得《中國版畫史圖録》出版時間等詳情。

唐弢函:昨晨岢奉一函,想已收到。傍晚接8日來信,足見對此事之關心,感佩無限。《雕版畫集》即爲《中國版畫史圖録》之初定名稱,這件公案,弟實未知,得手書後,疑團冰釋,即作一小注,由出版社轉交印刷所去矣。至《圖録》出版時間,我注的正是"陸續出版",因爲手頭尚有此書,其中一函,猶是西諦見贈代爲補足者也。但此書包括《十竹齋箋譜》在内,實爲五函二十册,來信作四函二十册,"四"字疑爲"五"字筆誤,因每函四册,正合二十册之數。另《顧氏畫譜》一函,單獨發行。全書確切出版日期,弟亦已無法斷定,只記得第一二函出版時,他尚住在上海廟开,我和他時相過從,曾見其手自經營。太平洋事變發生,他弃家出走,避居滬西,與敝寓毗鄰,過從更密,猶時時以此書未能竣事爲念,可見出完五函,則確在抗日戰争勝利之後。弟函所記,亦自不誤。弟只記得第一函與第二函出版時間相近,恐均在1940年,以後各函無從詳考,對這個注釋來説,亦非要點,故逕書"陸續出版"算了。(原函存趙府)

2月5日,北京圖書館開始逐步恢復"文化大革命"以前的行政體制,設采編部、閲覽部、善本部、報刊部及政治處、辦公室、行政管理處等。

3月,臺北"中央研究院"歷史語言研究所員工福利委員會影印先生所輯《校輯宋金元人詞》,精裝二册,由臺聯國風出版社發行。

5月,北京圖書館下放咸寧五七幹校的職工陸續分批回京工作。

9月13日,汪慶正來訪。

10月23日,汪慶正來函,告知新發現明成化説唱本概况。

　　汪慶正函:九月十三日趨前告辭後,即赴河南。在鄭州目病大發,於國慶前返申。……館內陶瓷展覽已對外開放,目前正在籌備青銅器陳列。明成化説唱本是一大發現,昔整理乏人。初步接觸,此不僅對研究俗文學史有重大作用,而其中《白兔記傳奇》似爲傳世最早的傳奇刻本;《花關索》一册,上圖下文,與日本藏之元刻《三國志平話》相同,是國內所存此類連環畫的最早版本。亟盼先生早日恢復健康,再度南來,當以全部説唱本並"文化大革命"中徵集之重要版本接待。(原函存趙府)

　　11 月 17 日,汪慶正來函,談針灸注意事項,並請教稱成化《白兔記》爲現存"最早的傳奇刻本"是否妥當。

　　汪慶正函:所云穴位事,晚意目前暫勿更換,此階段重點在於師母用針之進一步講究。㈠注意針陽陵時是否有向下麻脹之感覺,最好能有觸電感。同時針在脚內,不觸及骨頭,説明針在穴位中心矣。(可買二寸針。陽陵穴深針可透陰陵。但勿用透法。可針一寸半以上。是否碰到骨頭。以作試驗。)㈡可以在陽陵及合谷兩處留針,即針插入後留廿分鐘至半小時,如無不適的感覺可更長時間留針,問題是不使着涼。這一階段所用時間要較長,如天寒,血壓有上升現象,可針"曲池"。師母用針技術迅速精進,與先生之很好配合,定能早占勿藥。最近晚在整理成化説唱本,其中一種是《白兔記傳奇》,其餘看來均爲"詞話"。而成化《白兔記》準備提它爲"最早的傳奇刻本"(現存),是否有當,要向先生請教。關於"詞話"的刻本,也以這些成化本爲最早。再進一步説,以唱文爲主的説唱本,除敦煌説唱本外,也以這批説唱本爲最早。這些提法是否妥當,均盼有便示知。(原函存趙府)

　　本年,臺北鼎文書局影印《漢魏南北朝墓誌集釋》,收入"國學名著珍本匯刊"。

1973 年　先生六十九歲

　　4 月,北京圖書館館長劉季平到館。

　　7 月,北京圖書館臨時黨委決定復查"文化大革命"期間被審查對象和該館重要事件。

　　11 月 19 日,國務院任命劉季平爲北京圖書館館長。

1975 年　先生七十一歲

　　4 月 26 日,汪慶正來函,詢問病情,並詢問王國維撰著《戬壽堂所藏殷虛文字》、《戬壽堂所藏殷虛文字考釋》二書時是否僅看到哈同藏甲骨之拓片。

汪慶正函：春節前曾請我館黄仁生同志前來探望，知先生健康的恢復程度很大，我們都很高興。曾遇前文化局的方行同志，他亦很關心你的情況，並主動提出把你的近況向劉季平同志聯繫。最近的進展，盼能請師母寫信告我。有一件事想麻煩你。原來戩壽堂所藏的一批甲骨，現在絕大部分藏上海博物館。王國維先生曾對這批甲骨作了整理、考釋。近年來，我館沈之瑜同志對這批甲骨花了不少功夫，發現王國維《戩壽堂所藏殷虚文字》、《戩壽堂所藏殷虚文字考釋》的錯誤極多（失背拓者四十片，失正拓者四片，正反失聯者六片，失白拓四片，骨白失聯者六片）。所以會產生這些錯誤的原因，有人説，當時哈同藏的實物根本沒有給王國維看到，王所依據的只是拓片而已。先生是否知道這個情況？沈之瑜同志亦認爲，此事恐怕只有問你了。同時 1917 年，這個時期王國維本人是否在上海，亦請能回憶告知我們。（原函存趙府）

1976 年　先生七十二歲

7 月，臺灣大通書局印行《王國維先生全集》，續編第 6 册收先生所著《王静安先生年譜》。

10 月，"文化大革命"結束。

趙芳瑛、趙深《趙萬里先生傳略》：這以後，在"撥亂反正"過程中，退還了被擠佔的房屋，送回了抄去的書籍資料。黨組織宣布"文革"期間一切强加給他的"罪名"和污蔑不實之詞，全部推翻，爲他在政治上和學術上恢復了名譽。（《趙萬里文集》第一卷，第 21 頁）

同月，臺北藝文印書館影印 1959 年《北京圖書館善本書目》。

按：藝文印書館將書名改爲《北平圖書館善本書目》，並刪除序文，竄改編例，改變了原書面貌。

1977 年　先生七十三歲

4 月，北京圖書館開始《全國古籍善本書目》編目試點工作。

1978 年　先生七十四歲

3 月 27 日至 4 月 8 日，《全國古籍善本書目》編輯工作會議在南京召開。

4 月，臺灣商務印書館出版先生所撰《民國王静安先生國維年譜》，列爲該社"新編中國名人年譜集成"之一。

5 月，湖南省圖書館油印先生所撰《中國版刻的發展過程》、《談談印本書籍發展簡史》二文，裝爲一册，用作業務學習資料。

　　9月9日,北京圖書館召開落實政策大會,宣布部分職工的復查和平反結論。

1979 年　先生七十五歲

　　7月9日至16日,中國圖書館學會成立大會在山西太原舉行,通過《學會章程》,選出第一屆理事會。學會聘請名譽理事 13 名,先生位列其中。

1980 年　先生七十六歲

　　1月,陳秉才、王錦貴編選《〈中國歷史書籍目録學〉參考資料選》由北京大學圖書館學系目録學教研室印行,内收先生所著《談談〈永樂大典〉》。

　　5月,中國古籍善本書總目編輯委員會主任委員劉季平致送聘書,先生受聘擔任中國古籍善本書目編輯委員會顧問。

　　　　黄裳《憶趙斐雲》:在會場裏又聽一位朋友説起,斐雲在病中接到一張什麼特約顧問的聘書,興奮得一夜都没有安睡。這大約就是六月二十四日夜裏發生的事。這説明,即使他在病牀上睡了十多年,却依舊没有忘情于畢生從事的工作,没有忘掉他所熱愛的祖國文化典籍。一直到結末,他的心依舊是熾熱的。(《黄裳文集》〔一〕,第 489 頁)

　　　　黄裳《太和正音譜》跋:近國家訂定全國善本書目。聘顧問三人,周叔弢丈外,斐雲亦預焉。得訊大興奮,終夜不能眠,翌日疾作,遂卒。(《來燕榭書跋》〔增訂本〕,第 123 頁;黄裳《太和正音譜》,載《黄裳文集》〔六〕,第 143—144 頁)

　　　　按:黄裳所述“一張什麼特約顧問的聘書”,即中國古籍善本書目編輯委員會顧問聘書。此聘書現存趙府。

　　6月23日,病情急劇惡化。

　　6月25日19時45分,逝世於北京北大醫院。

　　7月2日,先生追悼會在北京八寶山革命公墓舉行,國家文物事業管理局、中國圖書館學會、北京圖書館等單位致送花圈,北京圖書館同人及王冶秋、顧廷龍、夏鼐等友人參加,劉季平主持,丁志剛致悼詞。先生骨灰安放在八寶山革命公墓。

　　　　《我國著名版本目録學家趙萬里先生逝世》:本刊訊:著名版本目録學家,北京圖書館研究員、善本特藏部主任、中國圖書館學會名譽理事、全國古籍善本書總目編委會顧問、著名版本目録學家趙萬里先生因病醫治無效,一九八〇年六月二十五日下午七時十分在北京逝世,終年七十五歲。趙萬里先生追悼會于七月二日上午在北京八寶山革命公墓禮堂舉行。國家文物事業管理局、中國圖書館學會、北京圖書館、中國歷史博物館、故宮博物院、文物出版社、北京大學圖書館、中國科學院圖書館,北京師範大學圖書館、南京圖書館、北京大學圖書館學系、中華書局、中國書店、北京市文物局等單位及其負責人,趙萬里先生的生前友好送了花圈。

王冶秋、齊光、金紫光、彭則放、劉季平、丁志剛、譚祥金、李嘉榮、郭林軍、李長路、胡耀輝、夏鼐、鄧廣銘、周祖謨、謝國楨、顧廷龍、汪長炳、梁思莊、周一良、單士元、徐邦達、王世驤、史樹青、張宗旭等參加了追悼會。出席全國文物工作會議的全體圖書館界代表、中國古籍善本書總目編輯委員會全體同志,北京圖書館及首都有關單位的群衆代表共三百餘人參加了追悼會。追悼會由北京圖書館館長劉季平主持,北京圖書館副館長丁志剛致悼詞。悼詞説:

我們懷着極其沉痛的心情悼念趙萬里先生。

趙萬里先生字斐雲,浙江海寧人,1905 年生,早年肄業于南京東南大學中文系。1925 年來北京任教清華,擔任國學研究所王國維先生的助教,並進行詩詞、戲曲和版本目錄學的研究工作。1928 年至 1948 年歷任北平圖書館善本考訂組組長、中文采訪委員會委員、采訪組組長、北平圖書館編纂、購書委員會委員、北京圖書館館刊編輯、善本部主任,故宮博物院專門委員,並兼任清華大學、北京大學、中國大學、中法大學、輔仁大學等校講師、副教授、教授等職,在上述學校講授中國史料目錄學、版本學、中國戲曲史等課程。

北京解放前夕,國民黨反動派曾企圖將北平圖書館善本書運往臺灣,趙萬里先生在鄭振鐸等同志的幫助下,多次設法,拖延時間,終於使國民黨劫運善本書的企圖未能得逞。

解放後,趙萬里先生在北京圖書館任研究員、善本特藏部主任、及《圖書館》雜誌編委等職。他熱愛圖書館事業,對祖國的文化遺産極爲重視,對古籍善本圖書的采訪、徵集、編目、整理、研究等多方面,盡了很大努力,作出很多的貢獻。爲了采訪古籍,他的足跡遍及大江南北,在江、浙、閩、粵等地收集了不少宋元舊本和明清罕見善本。他還協助和依靠組織搶救了一批已經流散到香港的珍貴碑帖和善本圖書。1965 年有一位居住在香港的藏書家企圖把他收藏多年的善本書籍向國外出售,消息傳來,趙萬里先生當即與有關方面聯繫,以圖制止外流。最後經文化部批准,並得到周總理的支持,他親自南下,終於把這批瀕於散失國外的珍本書及時采購回來。1963 年趙萬里先生曾去澳門鑒定古籍,又購回大批珍本圖書,曾在中南海紫光閣陳列出來,向周總理彙報。他曾精心編輯《北京圖書館善本書目》以及《中國版刻圖錄》,作爲中華人民共和國建國十周年的獻禮,正式出版,在國外發行,得到了中外學者的極大重視和高度評價。另外,他還在善本部同志協助下做了大量的古籍輯佚工作,從《永樂大典》中輯録出來久已失傳的書籍多種,其中《元一統志》等已經出版。尤其應該提出的是,他經過數十年辛勤搜集考證,根據歷代傳留下來的有關墓誌拓片編撰出版了《漢魏南北朝墓銘集釋》這部著作。此外,還編輯了《宋金元詞》《王忠愨公遺書》等書。這些目録、資料、佚文、文集等的編輯整理出版,都爲學術研究工作提供了很多重要資料,對祖國文化遺産的研究工作,作出了貢獻。

趙萬里先生爲了培養圖書館幹部,提高其有關古籍業務知識水平,他時常在館內外舉辦的有關專業訓練班上講課,還在六十年代初期,在北京圖書館黨組織的支持下,先後三次開課,講授文史古籍版本目録學方面的課程,歷時數年,不僅受到本館聽課者的熱烈歡迎,而且得到中國科學院、文物出版社、中國書店等單位派來聽課的專業幹部的一致讚揚,趙萬里先生這種"誨人不倦"的精神至今還給大家留下深刻的印象和影響。

趙萬里先生是一位學有專長,很有成就的版本目録學家,而且擔任了領導職務,但對一般技術性的日常工作,從不放鬆要求,並能身體力行。他以精益求精的精神,整理保管古籍,總結出行之有效的方法。幾十年來他仔細認真地做了大量平凡而細緻的圖書整理加工工作,具體指導了古籍善本的裝修,使許多瀕於損壞的破舊圖書又恢復了完整如初的面貌。

趙萬里先生擁護黨、擁護社會主義,爲了社會主義建設貢獻了他的豐富的學識和畢生的精力,受到黨和人民的信任,曾任北京市政協委員和第三屆全國政協特邀代表,1964 年當選爲第三屆全國人民代表大會代表,並受到毛主席和周總理的親切接見。

"文化大革命"初期,由於林彪、"四人幫"的極左路綫,趙萬里先生被妄加罪名,橫遭批判,身心受到嚴重摧殘,以至癱瘓卧牀。在以華主席爲首的黨中央一舉粉碎了"四人幫"之後,一切强加於趙萬里先生的誣衊不實之詞,已全部推倒,從政治上和學術上都已恢復了名譽。他在病中還一再關懷遵照周總理遺願進行的全國古籍善本書總目的編輯工作。現在正當這個總目接近完成的時候,他的病情急劇惡化,終於奪去了他的生命。

趙萬里先生的逝世使我們失去了一位長期從事於圖書館工作,熱愛圖書館事業的傑出的版本目録學專家,這是圖書館界和學術界的一個重大損失,使我們感到萬分痛惜和無限懷念!

我們悼念趙萬里先生,一定化悲痛爲力量,把古籍善本的編目、保管、研究和利用等方面的工作做得更加出色,一定要把我們圖書館事業在一片大好形勢下努力推向前進,爲我國社會主義現代化建設發揮更大的作用。

趙萬里先生，安息吧！（《圖書館學通訊》1980 年第 3 期）

夏鼐日記：赴八寶山參加趙萬里先生的追悼會（6 月 25 日去世）。（《夏鼐日記》卷八，第 441 頁）

黃裳《憶趙斐雲》：七月二日早晨，我到北海旁邊的北京圖書館去，想看看善本書。這裏還是多年前的老樣子，不過房子顯得更舊了。因爲建築質量好，依舊保留着過去的氣派，看起來還是很親切、溫暖的。庭院裏堆放着一些木料和建築材料，顯得有些凌亂。大樓前面停着兩部大客車，有許多上了年紀的老先生在那裏一面等車，一面三三兩兩地談話。我走進後面的辦公樓，找到了接待的人，纔知道想找的人都不在。今天早晨大家都要到八寶山去參加一個追悼會。再細問，纔知道就是趙萬里先生的追悼會。這真使我感到意外。接待的人好意地接受了我的請求，搭館裏的車一起去參加追悼的儀式。在路上很自然的會想起一些往事，同時又想，人世有些事也真是巧，譬如我在隔了二十多年以後來到北京，碰巧今天纔想起到北京圖書館來，却正好趕上爲斐雲送葬……這些，也真好像有些不可思議。……追悼會有不少人參加。除去北京圖書館的同人以外，還有在京參加全國文物工作和其他會議的人。在會堂裏也掛着周叔弢先生送的花圈。丁志剛所致的悼詞詳細論述了斐雲的平生業跡，對他作了恰切的論定。會後還進行了告別的儀式。從他的遺體旁邊默默的地走過時，我不禁想，我國老一輩版本目録學的代表性人物，已經没有了。（《黃裳文集》〔一〕，第 487—489 頁）

沈津《顧廷龍年譜》：（6 月）是月，先生參加了"趙萬里先生追悼會"和"劉國鈞先生追悼會"。（第 621 頁）

> 按：沈津《顧廷龍年譜》據其本人回憶，將先生追悼會繫於 6 月，時間略有誤差。

7 月 14 日，《光明日報》第 3 版刊登報導《趙萬里先生追悼會在京舉行》。

7 月 19 日，《人民日報》援引新華社北京 7 月 18 日電，報導先生逝世消息。

《著名版本目録學家趙萬里在京逝世》：我國著名的版本目録學家、北京圖書館研究員、善本特藏部主任、中國圖書館學會名譽理事趙萬里先生 6 月 25 日在京逝世。趙萬里先生從 1928 年起一直在北京圖書館工作，歷任中文采訪委員、編纂等職，並兼任清華大學、北京大學等校的講師、副教授、教授。新中國成立以後，趙先生擁護中國共產黨，擁護社會主義，熱愛圖書館事業，對祖國的文化遺産極爲重視，在古籍善本圖書的采訪、徵集、編目、整理、研究以及培養專業幹部等方面，作出了貢獻。（1980

年7月19日《人民日報》第4版）

先生逝世後，生前友好紛紛撰文回憶，或作詩悼念，或於往來書信中表達懷念。

于乃義《望遠行·悼趙萬里同志》：博訪周諮大宇行，善本白眉英。昔因范老識蘭馨，書簡寄嚶鳴。　蕘圃筆，藝風晴，縹緗萬軸充盈。方期聚首，爲神州四化，文獻倚干城。驚悉遠游訊，悵望啓明星。

〔注〕抗戰期間，前北平圖書館遷來雲南，予以范九峰之介，得與趙萬里同志通訊往還。九峰持贈雲南省館以明刻《尋甸縣志》等書曬藍本，實得自萬里嘉惠。解放後，所主持編刊之《北京圖書館善本書目》，較之清代黃丕烈、近人繆荃孫考鏡繹録之功，規模宏遠，有過之無不及。今日者，全國善本書總目正集中審訂，期實現周總理遺願，萬里未及見全書告成，乃爲疾病奪去寶貴生命。東方明矣，啓明星悠然而去，何以釋予悲懷耶！（《文獻》1980年第3期）

曹大鐵《石州慢·悼趙斐雲即書於其手札之末》：滄海之隔，觀潮勝處，偏多宏碩。幾家載籍高標，一幟殷虛間出。雕龍後起，言泉腹笥充盈，一編詞苑咸憑式。博覽曠蟬林，樹丹鉛新格。　身歷、九州離亂，狼藉巾箱，起羅亡佚。抉別精微，繼武劉班鴻烈。訪遍郡國，更求海外遺珠，心事明公跡。逝者辱垂青，展瑶函淒惻。（曹大鐵《梓人韻語》，第354頁）

周叔弢1981年12月致黃裳函：斐雲版本目録之學，既博且精，當代一人，當之無愧。我獨重視斐雲關於北京圖書館善本書庫之建立和發展，厥功甚偉。庫中之書，絶大部分是斐雲親自采訪和收集，可以説無斐雲即無北圖善本書庫，不爲過譽。斐雲在地下室中，一桌一椅未移寸步，數十年如一日，忠於書庫，真不可及。其愛書之篤，不亞於其訪書之勤。嘗謂余曰：我一日不死，必護持庫中書不使受委屈，我死則不遑計及矣。其志甚壯，其言甚哀。今之守庫者，不知尚能繼其遺志否？十年浩劫中我曾兩次探視斐雲，第一次尚有知覺，能進飲食，不能發言。第二次則昏睡不醒矣。迫害之酷，如同目睹，悲憤不能自已，亦只徒喚奈何耳。（《黃裳文集》〔六〕，第146頁；《弢翁藏書題跋·年譜》，第322頁）

按：先生辦公桌置於書庫門口，《中國國家圖書館館史》亦有記載："趙先生特將自己的辦公桌安放在《四庫全書》書庫的東門以裏，旨在終日守護書庫進出的大門，以防不測。"（第453頁）周叔弢與先生交誼甚厚，周一良在爲《史學月刊》登載謝國楨《〈自莊嚴堪善本書目〉序》所撰識語中説："先父與剛主、斐雲兩先生論交近五十年。晚年每來京開會，必訪剛主先生暢談，亦必往探視臥牀多年僅存一息的斐雲先生。"（《謝國楨全集》第七册，第639頁）

又按：有關先生的紀念、回憶、研究之作，參看本書附錄《趙萬里先生紀念與研究文章簡目》。

譜　後

1980 年 10 月，武漢大學圖書館學系古籍整理小組編印《古書整理參考資料》，内收先生所著《談談印本書發展簡史》。

1982 年 2 月，李希泌、張椒華主編《中國古代藏書與近代圖書館史料（春秋至五四前後）》由中華書局出版，收入先生所撰《重整范氏天一閣藏書記略》、《從天一閣説到東方圖書館》。

1983 年 9 月，先生組織輯佚的《析津志輯佚》由北京古籍出版社出版。

《析津志輯佚》出版説明：北京圖書館開始輯録《析津志》佚文，是本世紀三十年代中期的事情。當時因清點核對文津閣《四庫全書》，發現《四庫全書》中的若干種《永樂大典》輯本，與當時存館的《永樂大典》原本有出入。即當年四庫館臣從《永樂大典》中爲某種失傳之書輯佚時，有多寡不同的遺漏。於是善本組根據當時管理《四庫全書》的陳恩惠同志的建議，把《永樂大典》輯本的補遺工作，列入了本組的工作計劃。這項工作由當時的善本組組長趙萬里先生主持領導，由陳恩惠同志核對《四庫全書》，作輯佚和抄寫。全組其他同志也參加做索引和擔任部分抄寫任務（另外僱有兩位抄寫人員）。由館方撥款，展開了輯佚工作。前後花了近六年的工夫，共輯佚文、佚書二百多種，其中就包括有《析津志》輯稿。北京圖書館所輯《析津志》，主要來自四種書。第一種是從《永樂大典》原本中直接采集；第二種是從《日下舊聞考》中轉輯；第三種是從徐維則鑄學齋藏本所謂《憲台通紀》中采集；第四種是從通學齋主人孫殿起收購又轉讓給北京圖書館的《順天府志》殘卷，及北京大學圖書館所藏繆荃孫從《永樂大典》所輯《順天府志》殘卷中輯録。還有一些條目來自其他的書，但主要是這四種。

按：《析津志》爲元末熊夢祥纂修，爲今北京及附近地區最早的方志，約明萬曆間亡佚。由先生主持，北京圖書館善本組自 1930 年代起輯佚此書，從《永樂大典》、《日下舊聞考》、《憲臺通紀》和《順天府志》（殘卷）等多種古籍中輯出約十萬餘字。按城池街市、朝堂公宇、臺諫叙、工局倉廩、額辦錢糧、太廟、祠廟儀祭、寺觀、河閘橋梁、古跡、大都東西館馬步站、人物、名宦、學校、風俗、歲紀、物産、屬縣十八門編次，加以標點、分段，成爲此書最通行版本。

1983 年 9 月，所撰《静安先生遺著選跋》載華東師範大學出版社之《王國維學術研究論集》（一）。

　　　　按：此文收録先生所撰王國維論著提要四十四則，係冀淑英自先生
所撰之《續修四庫全書總目提要》中摘出並整理成文。

1983 年 9 月，日本京都朋友書店影印《中國版刻圖録》。

　　　　按：此影印本版權頁署："原編者北京圖書館，覆刊編者勝村哲也。"

1986 年 7 月，臺北新文豐出版公司影印《石刻史料新編》三編，收入先
生所撰《漢魏南北朝墓誌集釋》。

1990 年 5 月，文物出版社發行《中國版刻圖録》第三次印本。

1995 年 4 月，北京圖書館善本組編《影印善本書序跋集録：一九一一—
一九八四》由中華書局出版，内收先生所撰《宋槧〈周禮鄭注〉跋》、《宋龍舒
本〈王文公文集〉題記》、《元延祐刻〈東坡樂府〉跋》、《宋刻〈淮海居士長短
句〉跋》、《元大德刻〈稼軒長短句〉跋》、《明適適子本〈董解元西廂記〉跋》、
《明鈔本〈録鬼簿〉跋》、《稿本〈今樂考證〉跋》、《明本〈野菜博録〉跋》、《明
萬曆本〈華陽集〉跋》、《影宋鈔本〈默堂先生文集〉跋》、《明嘉靖本〈莆陽黃
仲元四如先生文稿〉跋》、《明永樂本〈蚓竅集〉跋》等十三篇，署名北平圖書
館之《影印〈宋會要輯稿〉緣起》亦出先生之手。

1995 年 10 月，紫禁城出版社出版《故宮博物院七十年論文選》，内收先
生所著《古刻名鈔待訪記》。

1995 年 11 月，中國圖書館學會學術委員會古籍版本研究組編《版本學
研究論文選集》由書目文獻出版社出版，内收先生所著《中國版刻發展過
程》。

1997 年 1 月，三聯書店出版陳平原、王楓編《追憶王國維》，内收先生所
撰《王靜安先生年譜》（節録）。

1998 年 4 月，所撰《兩宋諸史監本存佚考》收入北京大學出版社出版的
《北京大學百年國學文粹·史學卷》。

1998 年 4 月，胡道靜主編《國學大師論國學》由東方出版中心出版，收
入先生所著《中國版刻圖録序》。

2000—2001 年，所撰《明人文集題記》連載於《文史》第 52 至 55 輯。

　　　　按，此文收録先生所撰部分明別集類提要，係冀淑英自先生所撰之
《續修四庫全書總目提要》中摘出並整理成文。

2001 年 12 月，傅傑編《二十世紀中國文史考據文録》由雲南人民出版
社出版，内收先生所著《兩宋諸史監本存佚考》。

2003 年 3 月，虞浩旭選編《風雨天一閣》由香港天馬圖書公司出版，内
收先生所著《重整范氏天一閣藏書記略》。

2005 年 12 月 12 日，浙江省海寧市文聯召開紀念版本目録學家趙萬里
100 週年學術研討會。（《海寧年鑒 2006》，第 307 頁）

2006 年 12 月,北京圖書館出版社出版《晚清名儒年譜》,第 20 册收先生所著《王静安先生年譜》。

2007 年,四川大學出版社出版《儒藏·史部·儒林年譜（五十）》,收先生所著《王静安先生年譜》,係據《國學論叢》第一卷第三號影印。

2008 年 6 月,北京圖書館出版社影印出版《明清以來公藏書目彙刊》,收入先生所編《北平圖書館善本書目》。

2008 年 8 月,廣西師範大學出版社影印重版《漢魏南北朝墓誌集釋》。

2009 年 4 月,國家圖書館出版社出版《民國期刊資料分類彙編·敦煌學研究》,内收先生所著《唐寫本〈文心雕龍〉殘卷校記》。

2009 年 12 月,浙江教育出版社、廣東教育出版社聯合出版《王國維全集》,第二十卷《附録》收先生所撰《王静安先生年譜》、《王静安先生著述目録》、《王静安先生手校手批書目》。

2010 年 7 月,國家圖書館出版社出版《民國期刊資料分類彙編·文心雕龍學》,内收先生所著《唐寫本〈文心雕龍〉殘卷校記》。

2011 年 1 月,人民文學出版社將先生所編《北平圖書館善本書目》與倉石武四郎所編拍之《舊京書影》合璧影印。

　　按:該書前有署名人民文學出版社編輯部的“出版説明”,對先生的版本目録學成就評價頗中肯。

2011 年 12 月,《趙萬里文集》第一卷由國家圖書館出版社出版。

　　按:此卷收録先生關於王國維研究、版本學、《永樂大典》研究、目録學及文史考證論文共三十八篇。前附趙芳瑛、趙深編《趙萬里先生傳略》,後有宿白跋。

2012 年 9 月,《趙萬里文集》第二卷、第三卷由國家圖書館出版社出版。

　　按:第二卷收録先生的詞作、詞學論文、曲學論文、序跋、校勘記、訪書記、書評、史學講義與回憶文章等,共九十餘篇。第三卷收録先生所撰古籍善本提要、經眼録,涉及古籍數百種,其中很多係由先生歷年訪書筆記中整理成文,且爲首次發表。

2013 年 8 月,國家圖書館出版社影印重版先生所輯《校輯宋金元人詞》。

2014 年 9 月,《王國維批校〈水經注箋〉》由中華書局影印出版,全書五册,其底本爲先生臨王國維校本《水經注箋》。

2015 年 1 月,文物出版社印行《中國版刻圖録》修訂本。

　　按:此次重版,重要圖版經重新拍攝、製版;此前各版中縮小、裁切的圖版,此次均原大印出;版面改爲四開,分作四册。

2015 年 8 月,國家圖書館古籍館編《文津學志》第八輯由國家圖書館出版社出版，此輯設有"紀念趙萬里先生誕辰 110 週年專欄"。

2016 年 10 月，付佳選編《趙萬里文存》由江蘇人民出版社出版，列爲"清華國學書系"之一。

2016 年 12 月 17 日，國家圖書館在善本閱覽室舉行先生銅像揭幕儀式。

2016 年 12 月，《版本目録學研究》第七輯由北京大學出版社出版，此輯設有"紀念趙萬里先生誕辰一百十週年"專欄。

2017 年 1 月，趙深編《趙萬里抄校本選編》由中華書局出版。

趙萬里先生紀念與研究文章簡目

白前:《版本目録學家趙萬里的信札》,2013 年 5 月 18 日《海寧日報》第5 版。

陳東輝、嚴一楓:《趙萬里先生研究文獻目録》,載陳東輝主編《民國學者研究論著目録初編》,臺北:經學文化事業有限公司,2013 年;又載《文津學志》第八輯,北京:國家圖書館出版社,2015 年 8 月。

陳麥青:《趙萬里:一生爲書》,2013 年 6 月 2 日《東方早報》B09 版《書評》。

程有慶:《説説一部經典〈中國版刻圖録〉》,2017 年 1 月 23 日《藏書報》第 12 版。

丁延峰:《胡適、趙萬里佚文兩則》,載丁延峰《古籍文獻叢考》,合肥:黄山書社,2012 年 9 月。

丁瑜:《悼念趙萬里先生》,《北圖通訊》1980 年第 3 期;又載丁瑜《延年集》,北京:國家圖書館出版社,2016 年 6 月。

丁瑜:《緬懷趙萬里先生》,載《文津學志》第八輯,北京:國家圖書館出版社,2015 年 8 月;又載丁瑜《延年集》,北京:國家圖書館出版社,2016 年 6 月。

丁瑜:《鄔齋攜港藏書回歸知見雜記》,載丁瑜《延午集》,北京:國家圖書館出版社,2016 年 6 月。

杜潔祥:《評介趙萬里〈漢魏南北朝墓誌集釋〉》,《出版與研究》第 55 期(1979 年)。

樊長遠:《趙萬里先生著述目録》,《文津流觴》2011 年第 4 期。

方竟成:《吴晗致趙萬里信及〈李朝實録〉》,載王宏志、聞立樹主編《懷念吴晗:百年誕辰紀念》,北京:中國社會科學山版社,2009 年 10 月。

馮象:《趙萬里:其志甚壯,其言甚哀》,2010 年 11 月 28 日《東方早報》。

付佳:《趙萬里生平與學術》,載《趙萬里文存》,南京:江蘇人民出版社,2016 年 10 月。

付佳:《趙萬里集外文考述》,載《版本目録學研究》第七輯,北京:北京大學出版社,2016 年 12 月。

谷秀潔:《文明的守望者:趙萬里先生》,《圖書館論壇》2007 年第 6 期。

關國煊編著:《趙萬里(1905—1980)》,《傳記文學》第 51 卷第 2 期
(1987 年)。

郭蕾:《趙萬里先生佚文〈王静安遺著目録〉》,載《版本目録學研究》第
七輯,北京:北京大學出版社,2016 年 12 月。

韓旭:《趙萬里金石學成就述評》,北京:國家圖書館出版社,2015 年
8 月。

黃裳:《憶趙斐雲》,載《黃裳文集》(一),上海:上海書店出版社,1998
年 4 月。

黃潤華:《趙萬里先生二三事》,2017 年 1 月 23 日《藏書報》第 10 版。

冀淑英:《保護古籍,繼往開來——記著名版本目録學家趙萬里先生》,
載《學林往事》,北京:朝華出版社,2000 年;收入《冀淑英文集》,北京:北京
圖書館出版社,2004 年;轉載於《文津學志》第八輯,北京:國家圖書館出版
社,2015 年 8 月。

冀淑英:《憶念趙萬里先生》,《文獻》1982 年第 2 期。

江澄波:《懷念趙萬里先生與我的古籍書緣》,載《文津學志》第八輯,北
京:國家圖書館出版社,2015 年 8 月。

李芳馥:《悼念趙萬里同志》,《圖書館學研究》第 2 期(1980 年 8 月)。

李際寧:《國圖善本組後學追思趙萬里先生》,2017 年 1 月 23 日《藏書
報》第 10—11 版。

李堅:《1959 年版〈北京圖書館善本書目〉趙萬里批注輯録》,載《文津學
志》第八輯,北京:國家圖書館出版社,2015 年 8 月。

梁全水:《當代著名的圖書館學家趙萬里先生》,《江西圖書館學刊》
1992 年第 2 期。

劉波:《趙萬里先生版本目録學思想的特點與實踐》,載《2014 年中文古
籍與版本目録學國際學術研討會論文集》,桂林:廣西師範大學出版社,2015
年 10 月。

柳向春:《趙斐雲先生致徐森玉先生函》,《文津流觴》第 35 期,2011 年。

柳向春:《趙斐雲先生致徐森玉先生函一通詮解》,《中國典籍與文化》
2011 年第 3 期。

柳向春:《趙萬里與徐森玉兩先生交游述略》,載《版本目録學研究》第
七輯,北京:北京大學出版社,2016 年 12 月。

柳向春:《余嘉錫致趙萬里、王重民兩君函一通詮解》,《文獻》2017 年第
3 期。

路璐:《趙萬里版本學校勘學成就研究》,河北大學碩士學位論文,
2015 年。

馬強才:《清華國學院助教的聘用機制及其雙重身份——以趙萬里、浦江清爲重心》,《杭州師範大學學報(社會科學版)》2014 年第 1 期。

馬騰:《中國目録版本學家趙萬里》,《今日浙江》2003 年第 1 期。

毛本棟:《周叔弢與趙萬里》,2016 年 2 月 1 日《今晚報》第 16 版。

南宮恪:《宋雲彬與趙萬里》,2013 年 6 月 9 日《東方早報》。

喬秀岩、葉純芳:《學〈中國版刻圖録〉記》,載《版本目録學研究》第七輯,北京:北京大學出版社,2016 年 12 月。

喬秀岩:《從趙萬里出發,重新審查宋元版本》,2017 年 1 月 23 日《藏書報》第 10—11 版。

饒國慶:《趙萬里與馮孟顓》,載《天一閣文叢》第 11 輯,杭州:浙江古籍出版社,2013 年 12 月。

薩仁高娃:《趙萬里先生遺札一通》,北京:國家圖書館出版社,2015 年 8 月。

沈津:《版本學家趙萬里先生》,載沈津《書城風弦録:沈津學術筆記》,桂林:廣西師範大學出版社,2006 年 1 月。

沈乃乂:《趙萬里先生之版本學》,載《版本目録學研究》第七輯,北京:北京大學出版社,2016 年 12 月。

沈乃文:《從三個階段看趙萬里的版本學研究》,2017 年 1 月 23 日《藏書報》第 11 版。

沈燮元:《深切懷念趙萬里先生》,載《版本目録學研究》第七輯,北京:北京大學出版社,2016 年 12 月。

沈燮元:《〈趙萬里文集〉補遺》,載《版本目録學研究》第七輯,北京:北京大學出版社,2016 年 12 月。

石祥:《"機械法"與"比較版本學":民國時代趙萬里版本學的兩個側面》,載《版本目録學研究》第七輯,北京:北京大學出版社,2016 年 12 月。

孫作雲筆記,張玉範、劉波、張麗娟整理:《趙萬里"應用目録學"授課筆記》,載《版本目録學研究》第七輯,北京:北京大學出版社,2016 年 12 月。

盛巽昌:《趙萬里:當之無愧的善本目録學大師》,《出版人:圖書館與閲讀》2011 年第 7 期。

宋文燕:《趙萬里的版本目録學成就》,《學理論》2013 年第 2 期。

孫洵:《"鄭龍趙虎"的趙萬里》,《東南文化》1986 年第 1 期。

唐圭璋:《讀詞三記·趙萬里對詞學之貢獻》,《南京師院學報》(社會科學版)1982 年第 4 期。

王鷺嘉:《〈中國版刻圖録〉初版、修訂版對照表》,載《版本目録學研究》第五輯,北京:北京大學出版社,2014 年 6 月。

夕羊:《對書關懷備至的趙萬里》,《圖書館界》1997 年第 1 期。

謝國楨:《懷念版本學家趙萬里先生》,《文獻》第 12 輯(1982 年 6 月);收入《謝國楨全集》第七册,北京:北京出版社,2013 年 12 月。

徐銜:《百年風雅見斯文——致趙萬里學人書札小考》,《中國書畫》2012 年第 12 期。

徐鐵猊:《趙萬里和國家圖書館的善本特藏》,2015 年 7 月 23 日《人民政協報》第 11 版。

嚴文郁:《記趙萬里和王重民:兩個被迫害的版本目録學家》,《傳記文學》第 49 卷第 5 期(1986 年)。

楊印民:《趙萬里〈元一統志〉失收條目補輯》,《元史論叢》第十四輯《元代國家與社會國際學術研討會論文集》,天津:天津古籍出版社,2014 年 1 月。

虞浩旭:《趙萬里與天一閣》,載虞浩旭《歷代名人與天一閣》,寧波:寧波出版社,2012 年 12 月。

虞坤林:《趙萬里先生活動簡表》,《出版史料》2006 年第 1 期;又載《版本目録學研究》第七輯,北京:北京大學出版社,2016 年 12 月。

虞坤林:《鄭振鐸致趙萬里遺札一封半》,《出版史料》2004 年第 4 期。

于乃義:《望遠行·悼趙萬里同志》,《文獻》1980 年第 3 期。

臧其猛:《論趙萬里的輯佚學成就》,《徐州師範大學學報》(哲學社會科學版)2009 年第 2 期。

翟艷芳:《趙萬里過録王國維批校之〈湛然居士文集〉》,《圖書館學刊》2014 年第 6 期。

湛廬:《趙萬里跋〈王官谷集〉》,《文學遺産》2006 年第 5 期。

張勁先:《趙萬里》,載海寧縣政協文史資料委員會、海寧縣文學藝術界聯合會編《海寧人物資料》第 1 輯,1985 年。

張勁先:《著名版本目録學家趙萬里小傳》,載《中國當代社會科學家》第九輯,北京:書目文獻出版社,1986 年 12 月。

張守常:《回憶趙萬里先生二三事》,《讀書》1980 年第 12 期。

張志清:《趙萬里與〈永樂大典〉》,2002 年 5 月 10 日《中國文物報》;又載《〈永樂大典〉編纂 600 周年國際研討會論文集》,北京:北京圖書館出版社,2003 年 7 月。

趙芳瑛、趙深:《趙萬里先生傳略》,載《趙萬里文集》第一卷,北京:國家圖書館出版社,2011 年 12 月。

趙深:《著名版本目録學家趙萬里小傳》,《文獻》1985 年第 4 期。

鄭炳純:《憶趙萬里先生》,1993 年 12 月 25 日《文匯讀書周報》第 3 版。

周啓乾:《〈周叔弢日記〉中的祖父及其友人》,2015 年 4 月 10 日《文匯報》第 20—23 版。

朱家濂:《憶趙萬里先生》,《北圖通訊》1982 年第 3 期。

朱正嫻:《趙萬里:發掘中華文化瑰寶的人》,載陳燮君、盛巽昌主編《二十世紀圖書館與文化名人》,上海:上海社會科學院出版社,2004 年 7 月。

《趙萬里》,2009 年 7 月 31 日《海寧日報》第 7 版。

《趙萬里讀書》,載常萬里主編《名人的讀書生活》,北京:中國華僑出版社,2002 年。

《趙萬里與常熟藏書》,載戈炳根主編《常熟國家歷史文化名城詞典》,上海:上海辭書出版社,2003 年 10 月。

參考文獻

説明：

1.前列《趙萬里先生紀念與研究文章簡目》所收文章，概在本書參考文獻之列，爲避重複，此處一般不再列出。

2.檔案與報告，先以機構，再以時間排序；論著以著者姓名音序排列；無著者或著者無考者列於各類之末，以文獻名音序排列。

檔案類

北京大學檔案館所藏檔案

《國立北京大學中國文學系課程指導書（民國二十年九月訂）》，1931年。（檔號 BD1930014）

《國立北京大學史學系課程指導書（民國二十年九月至二十一年六月）》，1931 年。（BD1930014）

《北京大學文理法學院教員全名册》，1932 年。（BD1932004）

《國立北京大學中國文學系課程指導書（民國二十一年九月訂）》，1932年。（BD1932012）

《國立北京大學文學院課程一覽（民國二十一年至二十二年度）》，1933年。（BD1932009）

《國立北京大學文學院課程一覽（民國二十二年至二十三年度）》，1934年。（BD1933014）

《國立北京大學文學院課程一覽（民國二十三年至二十四年度）》，1935年。（BD1934009）

《國立北京大學文學院課程一覽（民國二十四年至二十五年度）》，1936年。（BD1935008）

《國立北京大學文學院課程一覽（民國二十五年至二十六年度）》，1937年。（BD1936015）

《北平臨時大學補習班第二分班各學系課程一覽》,1946 年。(BD1946184)

《國立北京大學文學院三十五年度聘任人員薪額單》,1946 年。(BD1946194)

《國立北京大學現在在職教授名單(卅五年十二月十五日編製)》(BD1946071)

《國立北京大學在校教員名册(截至三十五年十二月底)》,1946 年 12 月。(BD1946071)

《國立北京大學文學院各學系課程一覽》,1947 年 12 月。(BD1947502)

《國立北京大學各院系必修選修科目表(1948 學年度)》,1948 年。(BD19481619)

《1948 年度與 1949 年度文學院各系所開課程對照表》(BD1948582)

《國立北京大學文學院名册》,1949 年。(BD1949113)

北京師範大學檔案館所存輔仁大學檔案

《私立輔仁大學教職員名册》(1949 年 12 月)

《輔仁大學教員名册》(1950 年 12 月)

《教職工評薪辦法、評議結果及向教育部的報告》,1950 年。

《私立輔仁大學教職員名册》,1950 年。

《全校教職員工名册》(1951.7)

《全校教職員名册》(1951.10.11)

《輔仁大學教職工名册》(1951 年 12 月)

國家圖書館檔案室所藏檔案

《劉承幹致趙萬里的信》,1947 年。

《中采股關於趙萬里送善本書補登情况的報告》,1952 年。

《送趙萬里善本書目序文修正本付印事》,1959 年。

《歷史博物館商借敦煌卷子》,1959 年。

《謝冰岩、趙萬里等贈書》,1964 年。

《没收趙萬里圖書簡目》,1977 年。

《趙萬里先生追悼會在京舉行》,1980 年。

海寧市檔案館所藏檔案

《陳乃乾日記》

清華大學檔案館所藏檔案
《推薦趙萬里爲中文系講師》（檔號 1-2:1-108:1-004）
《請續聘中國文學系講師趙萬里、唐蘭》（1-2:1-111:4-011）
《請續聘講師唐蘭先生、趙萬里先生》（1-2:1-111:1-003）

"中研院"傅斯年圖書館藏史語所檔案

《趙萬里致傅先生信》（檔號 Ⅰ:488）
《趙萬里致孟真函》（Ⅲ:843）
《趙萬里致孟真函》（Ⅲ:1113）
　　　（以上出自傅斯年檔案）
《趙萬里致函傅孟真》（元 13-1）
《趙萬里致函傅孟真》（元 13-21）
《〔趙萬里〕致函傅孟真》（元 13-22）
《趙萬里致函傅孟真》（元 116-1）
《趙萬里致函傅孟真》（元 116-2）
《蔣夢麟致函傅孟真》（元 116-3）
《傅斯年致函蔣夢麟》（元 116-4）
《趙萬里致函傅孟真》（元 116-7）
《趙萬里致函傅孟真》（元 116-9）
《趙萬里致函傅孟真》（元 116-10）
《趙萬里致函傅孟真》（元 116-11）
《羅常培致函傅孟真》（元 122-10）
《蕭綸徽致函傅斯年》（元 220-21）
《趙萬里致函傅斯年》（元 328-21）
《□吉羊致函陳鈍》（元 330-1）
《趙萬里致函陳鈍》（元 330-6）
《趙萬里致函傅斯年》（元 393-9）
《趙萬里致函傅斯年》（元 393-15）
《傅斯年致函趙萬里》（元 393-16）
《傅斯年致函趙萬里》（元 465-5）

《名片一張》（元 540-16）

《總辦事處來函》（昆 4-7）

《傅斯年呈蔡元培院長》（雜 23-7-21）

《傅斯年函趙萬里》（雜 36-69-25）

《趙萬里函傅斯年》（雜 36-69-26）

《北平圖書史料整理處函本所出納室》（雜 36-69-27）

《本所函總辦事處》（李 4-1-19）

《總辦事處來函》（李 4-1-20a）

《總辦事處來函》（李 4-1-20b）

《李伯嘉函傅斯年》（李 7-2-7）

《商務印書館總管理處駐港辦事處來函》（李 7-11-2）

《□載萬函趙萬里》（李 7-11-3）

《商務印書館總管理處駐港辦事處來函》（李 7-21-8）

《本院聘書／趙萬里》（李 25-1-4）

《歷史語言所提案》（考 28-54）

《楊時逢函夏鼐》（京 8-18-19）

《楊時逢函夏鼐》（京 8-18-20）

《本所函北平圖書史料整理處》（京 14-30）

《本所函總辦事處》（京 28-10-1）

《總辦事處來函》（京 28-10-2a）

《總辦事處來函》（京 28-10-2b）

《傅斯年致函趙斐雲（萬里）》（元 116-5）

《傅斯年致函趙斐雲（萬里）》（元 116-6）

《傅斯年致函趙斐雲（萬里）》（元 116-8）

《羅常培致函傅孟真》（元 122-26）

《王志維函那廉君》（雜 36-69-22）

《本所函陳鈍》（雜 36-69-29）

《本所函向達》（李 9-5-62）

《向達函那廉君》（李 9-5-63）

《傅斯年函趙元任、李方桂》（考 2-92）

《余遜函傅斯年》（京 4-1-10-8）

《余遜函夏鼐》（京 4-1-11-10）

《余遜函那廉君》（京 8-27-1）

《余遜函夏鼐》（京 8-27-2）

《余遜、勞榦致函傅孟真》（元 6-4）

《余遜致函傅孟真》(元 37-1)

《余遜致函傅孟真》(元 37-2)

《余遜致函傅孟真》(元 37-3)

《余遜致函傅孟真》(元 37-4)

《余遜致函傅孟真》(元 37-5)

《余遜致函傅孟真》(元 37-6)

《余遜致函傅孟真》(元 37-7)

《余遜致函傅孟真》(元 37-8)

《余遜致函傅孟真》(元 37-9)

《余遜致函傅孟真》(元 37-10)

《余遜致函傅孟真》(元 37-11)

《余遜致函傅孟真》(元 37-12)

《余遜致函傅孟真》(元 37-13)

《余遜致函傅孟真》(元 37-14)

《余遜致函傅孟真》(元 37-15)

《余遜致函傅孟真》(元 37-16)

《余遜致函傅孟真》(元 37-18)

《余遜致函傅孟真》(元 37-20)

（以上出自史語所檔案）

報告類

《北京圖書館第二年度報告(十六年七月至十七年六月)》,1928 年。

《北京圖書館大事記:1909—1992》,北京:北京圖書館,1992 年。

《北平北海圖書館第三年度報告(十七年七月至十八年六月)》,
1929 年。

《國立北平圖書館館務報告(民國十八年七月至十九年六月)》,
1930 年。

《國立北平圖書館館務報告(民國十九年七月至二十年六月)》,
1931 年。

《國立北平圖書館館務報告(民國二十年七月至二十一年六月)》,
1932 年。

《國立北平圖書館館務報告(民國二十一年七月至二十二年六月)》,
1933 年。

《國立北平圖書館館務報告（民國二十二年七月至二十三年六月）》，1934 年。

《國立北平圖書館館務報告（民國二十三年七月至二十四年六月）》，1935 年。

《國立北平圖書館館務報告（民國二十四年七月至二十五年六月）》，1936 年。

《國立北平圖書館館務報告（民國二十五年七月至二十六年六月）》，1937 年。

《國立北平圖書館館務報告（民國二十六年七月至二十七年六月）》，1938 年。

《國立北京圖書館館務報告（三十二年度）》，1944 年。

《國立清華大學一覽（民國廿一年十二月）》，1932 年 12 月。

《國立清華大學一覽（二十四年十月）》，1935 年 10 月。

《國立清華大學一覽（民國三十五年度）》，1946 年。

《國立清華大學一覽》，1947 年 6 月。

《國立清華大學二十一年度教職員録》，1932 年。

《國立清華大學教職員録（民國廿二年十月）》，1933 年 10 月。

《國立清華大學教職員録（民國廿三年十月）》，1934 年 10 月。

《國立清華大學教職員録（民國二十五年十月）》，1936 年 10 月。

《國立北京大學民國二十一年畢業同學紀念册》，1932 年 7 月。

《國立北京大學史學系課程指導書（民國二十一年八月至二十二年七月適用）》，1933 年。

《國立北京大學教員支薪表（民國二四年四月份）》，1935 年 4 月。

《國立北京大學職教員録（二十五年十一月編印）》，1936 年 11 月。

《國立北京大學三十六年度教職員録（卅七年五月）》，1948 年 5 月。

《國立北京大學歷届同學録》，國立北京大學出版部，1948 年 12 月。

《輔仁大學文學院中國文學系組織大綱（民國二十一年度）》，1932 年。

《輔仁大學文學院史學系課程組織及説明（民國二十二年度）》，1933 年。

《北平輔仁大學文學院概況（民國二十四年度）》，1935 年。

《北平輔仁大學民二五級畢業紀念刊》，1936 年。

《私立北平輔仁大學一覽（民國二十六年）》，1938 年。

《私立北平輔仁大學一覽（民國二十七年度）》，1939 年。

《私立北平輔仁大學一覽（民國二十八年度）》，1940 年。

《私立輔仁大學一覽（民國三十年度）》，1942 年。

《私立輔仁大學一覽(民國三十一年度)》,1943 年。

《私立輔仁大學一覽（民國三十二年度)》,1944 年。

《私立北平輔仁大學一覽(民國三十六年度)》,1948 年。

《私立北平輔仁大學歷屆畢業生名冊》,1948 年 6 月。

《輔仁大學年刊》,1937 年—1947 年。

《私立中法大學職教員同學錄(中華民國二十三年一月)》,1934 年 1 月。

《中法大學畢業同學錄(中華民國二十三年)》,1934 年。

《私立中法大學教職員同學錄(中華民國二十五年五月)》,1936 年 5 月。

《私立中法大學教職員錄(中華民國二十五年五月)》,1936 年 5 月。

《私立中法大學教職員錄(中華民國二十六年五月)》,1937 年 5 月。

《中法大學一覽(民國三十一年四月)》,1942 年 4 月。

《北平中國大學教職員錄(民國十九年十二月編印)》,1930 年 12 月。

《中國大學概覽》,1944 年。

《江蘇省立國學圖書館第四年刊》,1931 年 10 月。

《中國學會會員錄》,1929 年。

圖書類

安可荇、王書林手稿整理,杜澤遜編校整理:《王獻唐師友書札》,青島:青島出版社,2009 年 1 月。

北京大學圖書館:《北京大學圖書館藏李氏書目》,1956 年。

北京圖書館編:《北京圖書館善本書目》,北京:中華書局,1959 年 9 月。

北京圖書館編:《中國版刻圖錄》,北京:文物出版社,1959 年 10 月、1961 年 3 月、1990 年 5 月、2015 年 1 月。

北京圖書館編著:《西諦書目》,北京:文物出版社,1963 年 10 月。

北京圖書館善本組編:《影印善本書序跋集錄:一九一一—一九八四》,北京:中華書局,1995 年 4 月。

北京圖書館業務研究委員會編:《北京圖書館館史資料彙編:1909—1949》,北京:書目文獻出版社,1992 年 10 月。

北京圖書館業務研究委員會編:《北京圖書館館史資料彙編(二):1949—1966》,北京:北京圖書館出版社,1997 年 8 月。

卜僧慧纂,卜學洛整理:《陳寅恪先生年譜長編》,北京:中華書局,2010

年4月。

（元）孛蘭肹等著，趙萬里校輯：《元一統志》，北京：中華書局，1966年3月。

（日）倉石武四郎著，榮新江、朱玉麒輯注：《倉石武四郎中國留學記》，北京：中華書局，2002年4月。

常任俠著，沈寧整理：《春城紀事（1949—1952）》，鄭州：大象出版社，2006年5月。

曹大鐵：《梓人韻語：曹大鐵先生詩詞殘稿》，南京：南京出版社，1993年7月。

陳福康：《鄭振鐸年譜》，太原：三晋出版社，2008年10月。

陳鴻祥：《王國維年譜》，濟南：齊魯書社，1991年。

陳乃乾著，虞坤林整理：《陳乃乾文集》，北京：國家圖書館出版社，2009年4月。

陳平原、王楓編：《追憶王國維》，北京：中國廣播電視出版社，1997年1月。

陳寅恪：《陳寅恪集·書信集》，北京：生活·讀書·新知三聯書店，2001年6月。

陳垣著，吳澤主編：《陳垣史學論著選》，上海：上海人民出版社，1981年5月。

陳源蒸等編：《中國圖書館百年紀事》，北京：北京圖書館出版社，2004年1月。

陳智超編注：《陳垣來往書信集》，上海：上海古籍出版社，1990年。

陳智超編注：《陳垣來往書信集》（增訂本），北京：生活·讀書·新知三聯書店，2010年。

崔建英：《崔建英版本目錄學文集》，南京：鳳凰出版社，2012年1月。

戴家祥著，王文耀整理：《戴家祥學述》，杭州：浙江人民出版社，1999年3月。

戴家祥：《戴家祥集》，杭州：浙江古籍出版社，2010年12月。

鄧廣銘：《鄧廣銘全集》，石家莊：河北教育出版社，2005年7月。

鄧廣銘：《辛稼軒詩文鈔存》，上海：古典文學出版社，1957年。

鄧雲鄉：《文化古城舊事》，北京：中華書局，2004年3月。

鄧雲鄉：《雲鄉話書》，石家莊：河北教育出版社，2004年11月。

鄧之誠著，鄧瑞整理：《鄧之誠文史札記》，南京：鳳凰出版社，2012年4月。

鄧之誠著，鄧瑞整理：《鄧之誠日記》，北京：北京圖書館出版社，

2007 年。

丁瑜:《延年集》,北京:國家圖書館出版社,2016 年 6 月。

東南大學、南京高師國學研究會編:《國學研究會演講錄》第一集,上海:商務印書館,1923 年 8 月。

敦煌研究院編,樊錦詩、蔡偉堂、黃文昆編著:《敦煌石窟全集》第一卷《莫高窟第 266—275 窟考古報告》第一分冊,北京:文物出版社,2011 年。

馮乃恩主編:《故宮博物院檔案彙編·工作報告(一九二八至一九四九年)》,北京:故宮出版社,2015 年 5 月。

傅斯年:《傅斯年全集》,長沙:湖南教育出版社,2003 年 9 月。

傅增湘:《藏園群書題記》,上海:上海古籍出版社,1989 年 6 月。

傅增湘:《藏園游記》,北京:印刷工業出版社,1995 年 8 月。

傅增湘撰:《藏園群書經眼錄》,北京:中華書局,2009 年 4 月。

傅增湘撰,王菡整理:《藏園群書校勘跋識錄》,北京:中華書局,2012 年 12 月。

顧頡剛:《顧頡剛日記》,臺北:聯經出版事業股份有限公司,2007 年。

顧頡剛著,錢谷融主編:《顧頡剛書話》,杭州:浙江人民出版社,1998 年 11 月。

顧隨:《顧隨全集》,石家莊:河北教育出版社,2000 年。

顧廷龍:《顧廷龍文集》,上海:上海科學技術文獻出版社,2002 年 7 月。

廣東省立中山圖書館編:《廣東省立中山圖書館館藏名人手札選萃》,北京:商務印書館,2002 年 11 月。

國家人事部專家司編,莊毅主編:《中華人民共和國享受政府特殊津貼專家、學者、技術人員名錄(1992 年卷)》第 1 分冊,北京:中國國際廣播出版社,1995 年 12 月。

國家圖書館編:《袁同禮紀念文集》,北京:國家圖書館出版社,2012 年 6 月。

《海寧市教育志》編纂委員會編:《海寧市教育志》,杭州:浙江教育出版社,1995 年 11 月。

胡厚宣:《五十年甲骨文發現的總結》,上海:商務印書館,1951 年 3 月。

胡士瑩:《宛春雜著》(增訂本),杭州:浙江文藝出版社,1984 年 8 月。

胡適:《胡適的日記》,北京:中華書局,1985 年。

胡適著,曹伯言整理:《胡適日記全編》,合肥:安徽教育出版社,2001 年 10 月。

胡適著,曹伯言整理:《胡適日記全集》,臺北:聯經出版事業股份有限公司,2004 年 5 月。

胡適、蔡元培、王雲五編:《張菊生先生七十生日紀念論文集》,上海:商務印書館,1937 年 1 月。

(清)黃丕烈撰,王大隆輯:《蕘圃藏書題識再續錄》,1940 年刻本;上海:上海古籍書店,1962 年。

黃裳:《來燕榭讀書記》,瀋陽:遼寧教育出版社,2001 年 3 月。

黃裳:《來燕榭書跋》(增訂本),北京:中華書局,2011 年 6 月。

黃裳:《來燕榭文存》,北京:生活·讀書·新知三聯書店,2009 年 1 月。

黃裳:《夢雨齋讀書記》,長沙:嶽麓書社,2005 年 3 月。

黃裳:《書之歸去來》,北京:中華書局,2008 年 1 月。

黃裳:《尋找自我》,青島:青島出版社,2009 年 7 月。

黃裳:《黃裳文集》,上海:上海書店出版社,1998 年 4 月。

黃裳:《故人書簡》,北京:海豚出版社,2012 年 8 月。

黃延復:《水木清華:二三十年代的清華校園文化》,桂林:廣西師範大學出版社,2001 年 5 月。

黃永年:《文史存稿》,陝西:三秦出版社,2004 年。

季羨林:《清華園日記》,瀋陽:遼寧美術出版社,2003 年 1 月。

季羨林:《此心安處是吾鄉:季羨林歸國日記 1946—1947》,重慶:重慶出版社,2015 年 6 月。

冀亞平輯:《國家圖書館章鈺藏拓題跋集錄》,北京:國家圖書館出版社,2008 年 11 月。

賈俊學:《衣帶書香:藏書票與版權票收藏》,杭州:浙江大學出版社,2004 年 5 月。

江澄波:《古刻名抄經眼錄》,南京:江蘇人民出版社,1997 年 11 月。

姜亮夫:《姜亮夫全集》,昆明:雲南人民出版社,2003 年 1 月。

姜尋編:《中國古籍文獻拍賣圖錄年鑒》(2004 年卷),北京:中華書局,2005 年 12 月。

蔣復璁等口述、黃克武編撰:《蔣復璁口述回憶錄》,臺北:中研院近代史研究所,2000 年 5 月。

金毓黻:《靜晤室日記》,瀋陽:遼瀋書社,1993 年。

考古學社:《考古學社社刊》第一期,1934 年 12 月。

考古學社:《考古學社社刊》第二期,1935 年 6 月。

考古學社:《考古》第三期,1935 年。

考古學社:《考古》第四期,1936 年 6 月。

考古學社:《考古》第五期,1936 年 12 月。

考古學社:《考古》第六期,1937 年。

雷夢水:《書林瑣記》,北京:人民日報出版社,1988 年 1 月。

李光謨編:《李濟與清華》,北京:清華大學出版社,1994 年 11 月。

李國慶編著,周景良校定:《弢翁藏書題跋·年譜》,北京:紫禁城出版社,2007 年。

(清)李圭修,(清)許傳霈纂;劉蔚仁續修,朱錫恩續纂:[民國]《海寧州志稿》四十一卷首一卷末一卷,民國十一年鉛印本;《中國地方志集成·浙江府縣志輯》第 22 册,上海:上海書店,1993 年 6 月影印本。

李劍亮:《夏承燾年譜》,北京:光明日報出版社,2012 年 4 月。

李娟:《黨化教育、大學自治與人事糾葛——1925 年東南大學易長風潮研究》,華東師範大學碩士論文,2009 年 5 月。

李森編:《民國時期高等教育史料彙編》,北京:國家圖書館出版社,2014 年 12 月。

李希泌、張椒華主編:《中國古代藏書與近代圖書館史料(春秋至五四前後)》,北京:中華書局,1982 年 2 月。

李又寧主編:《回憶胡適之先生文集》,紐約:紐約天外出版社,1997 年 5 月。

李致忠主編:《中國國家圖書館館史:1909—2009》,北京:國家圖書館出版社,2009 年 8 月。

李致忠主編:《中國國家圖書館館史資料長編:1909—2008》,北京:國家圖書館出版社,2009 年 8 月。

劉承幹:《求恕齋日記》,稿本(上海圖書館藏,索書號 862624-862674)。

劉承幹:《求恕齋日記》,北京:國家圖書館出版社,2016 年 8 月。

劉承幹:《求恕齋信稿》,稿本(上海圖書館藏,索書號 862675-862768)。

劉乃和、周少川等著:《陳垣年譜配圖長編》,瀋陽:遼海出版社,2000 年 10 月。

劉師培:《劉申叔遺書》,南京:江蘇古籍出版社,1997 年 11 月。

林呂建主編:《浙江民國人物大辭典》,杭州:浙江大學出版社,2013 年。

盧前:《盧前筆記雜鈔》,北京:中華書局,2006 年 4 月。

盧前:《盧冀野少作》,民國間自印本。

陸維釗:《陸維釗詩詞選》,杭州:西泠印社出版社,2005 年 6 月。

陸昭徽、陸昭懷:《書如其人——回憶父親陸維釗》,上海:上海書畫出版社,2013 年 11 月。

倫明著,雷夢水校補:《辛亥以來藏書紀事詩》,上海:上海古籍出版社,1990 年 9 月。

駱兆平:《天一閣叢談》,寧波:寧波出版社,2012 年 12 月。

馬承源主編:《上海文物博物館志》,上海:上海社會科學院出版社,1997年6月。

馬楚堅主編:《羅香林論學書札》,廣州:廣東人民出版社,2009年。

馬衡著,施安昌、華寧釋注:《馬衡日記——一九四九年前後的故宮》,北京:紫禁城出版社,2006年3月。

梅冷生著,潘國存編:《梅冷生集》,上海:上海社會科學院出版社,2006年12月。

《南大百年實録》編輯組編:《南大百年實録》,南京:南京大學出版社,2002年5月。

潘光旦著,潘乃穆、潘乃和編:《潘光旦文集》,北京:北京大學出版社,2000年12月。

潘亦孚編:《百年文人墨蹟——亦孚藏品》,上海:復旦大學出版社,2001年5月。

浦江清:《浦江清文録》,北京:人民文學出版社,1989年。

浦江清:《清華園日記　西行日記》(增補本),北京:生活·讀書·新知三聯書店,1999年11月。

浦江清:《生命無涯:浦江清隨筆》,北京:北京大學出版社,2009年1月。

浦江清著,浦漢明、彭書麟編選:《無涯集》,天津:百花文藝出版社,2005年。

齊家瑩編撰:《清華人文學科年譜》,北京:清華大學出版社,1999年1月。

錢南揚:《漢上宦文存續編》,北京:中華書局,2009年11月。

錢玄同:《錢玄同文集》,北京:中國人民大學出版社,2000年8月。

錢玄同著,楊天石主編,閻彤等整理:《錢玄同日記》(整理本),北京:北京大學出版社,2014年8月。

秦觀著,王輝曾箋注:《淮海詞箋注》,北京:中國書店,1985年6月。

上海圖書館:《上海圖書館善本題跋真蹟》,上海:上海辭書出版社,2013年11月。

尚小明:《北大史學系早期發展史研究:1899—1937》,北京:北京大學出版社,2010年3月。

沈津編著:《顧廷龍年譜》,上海:上海古籍出版社,2004年10月。

沈曾植箋證,張爾田校補:《蒙古源流箋證》,民國二十一年(1932)姚家埭沈氏刻《海日樓遺書》本。

施蟄存主編:《詞籍序跋萃編》,北京:中國社會科學出版社,1994年。

史春風:《商務印書館與中國近代文化》,北京:北京大學出版社,2006年1月。

(日)水澤利忠:《史記會注考證校補》,日本:史記會注考證校補刊行會,1957—1965年。

宋雲彬著:《紅塵冷眼——一個文化名人筆下的中國三十年》,太原:山西人民出版社,2002年3月。

蘇同炳:《手植楨楠已成蔭——傅斯年與中研院史語所》,臺北:學生書局,2012年10月。

蘇雲峰:《從清華學堂到清華大學:1911—1929》,北京:生活·讀書·新知三聯書店,2001年4月。

蘇雲峰:《從清華學堂到清華大學:1929—1937》,北京:生活·讀書·新知三聯書店,2001年8月。

孫殿起:《販書偶記》,北京:中華書局,1959年8月。

孫殿起輯:《琉璃廠小志》,北京:北京古籍出版社,1982年9月。

孫敦恒:《王國維年譜新編》,北京:中國文史出版社,1991年6月。

譚其驤著,葛劍雄編:《譚其驤日記》,上海:文匯出版社,1998年9月。

唐圭璋編:《全宋詞》,國立編譯館,1940年5月。

唐蘭:《唐蘭全集》,上海:上海古籍出版社,2015年11月。

萬俊人主編:《清華大學文史哲譜系》,北京:清華大學出版社,2012年4月。

王伯祥:《王伯祥日記》,北京:國家圖書館出版社,2011年8月。

王德毅:《王國維年譜》(增訂版),臺北:蘭臺出版社,2013年1月。

王東明著,李秋月整理:《王國維家事》,合肥:安徽人民出版社,2013年3月。

王汎森、潘光哲、吳政上主編:《傅斯年遺札》,臺北:中研院歷史語言研究所,2011年10月。

王謇著,李希泌點注:《續補藏書記事詩》,北京:書目文獻出版社,1987年1月。

王湜華:《王伯祥傳》,北京:中華書局,2008年1月。

王世民:《商周銅器與考古學史論集》,臺北:藝文印書館股份有限公司,2008年3月。

王衛民編:《吳梅和他的世界》,石家莊:河北教育出版社,2002年10月。

王學珍、郭建榮主編:《北京大學史料》第二卷(1912—1937),北京:北京大學出版社,2000年12月。

王學珍、郭建榮主編:《北京大學史料》第四卷(1946—1948),北京:北京大學出版社,2000年12月。

王庸著,趙中亞選編:《王庸文存》,南京:江蘇人民出版社,2014年1月。

王永興編:《紀念陳寅恪先生百年誕辰學術論文集》,南昌:江西教育出版社,1994年。

王雨著,王書燕編纂:《王子霖古籍版本學文集》,上海:上海古籍出版社,2006年10月。

王余光主編,范凡等選輯:《清末民國圖書館史料彙編》,北京:國家圖書館出版社,2014年4月。

王壯弘:《增補校碑隨筆》,上海:上海書畫出版社,1981年6月。

(日)尾崎康著,陳捷譯:《以正史爲中心的宋元版本研究》,北京:北京大學出版社,1993年。

魏橋主編:《浙江省人物志》,杭州:浙江人民出版社,2005年。

聞一多著,孫黨伯、袁謇正主編:《聞一多全集》,武漢:湖北人民出版社,1993年12月。

吳晗著,常君實編:《吳晗全集》第十卷,北京:中國人民大學出版社,2009年3月。

吳湖帆著,吳元京審定,梁穎編校:《吳湖帆文稿》,杭州:中國美術學院出版社,2004年9月。

吳梅著,王衛民編校:《吳梅全集》,石家莊:河北教育出版社,2002年7月。

吳宓:《吳宓日記:1925—1927》,北京:生活·讀書·新知三聯書店,1998年3月。

吳宓:《吳宓日記:1928—1929》,北京:生活·讀書·新知三聯書店,1998年3月。

吳宓:《吳宓日記:1930—1933》,北京:生活·讀書·新知三聯書店,1998年3月。

吳宓:《吳宓日記:1934—1935》,北京:生活·讀書·新知三聯書店,1998年3月。

吳宓:《吳宓日記:1936—1938》,北京:生活·讀書·新知三聯書店,1998年3月。

吳宓著,吳學昭整理:《吳宓詩話》,北京:商務印書館,2005年5月。

吳相湘:《三生有幸》,臺北:東大圖書股份有限公司,1985年8月。

夏承燾:《夏承燾集》,杭州:浙江古籍出版社、浙江教育出版社,

1997 年。

夏承燾校箋,牟家寬注:《龍川詞校箋》,上海:上海古籍出版社,1962 年 4 月。

夏鼐:《夏鼐日記》,上海:華東師範大學出版社,2011 年 8 月。

謝國楨著,謝小彬、楊璐主編:《謝國楨全集》,北京:北京出版社,2013 年 12 月。

許睢寧、張文大、端木美:《歷史上的中法大學(1920—1950)》,北京:華文出版社,2015 年 1 月。

徐乃昌撰,西南大學圖書館整理:《徐乃昌日記》,北京:國家圖書館出版社,2015 年 6 月。

徐乃乾主編:《北京輔仁大學校史(1925—1952)》,北京:中國社會出版社,2005 年 8 月。

許寶蘅著,許恪儒整理:《許寶蘅日記》,北京:中華書局,2010 年 1 月。

許小青:《從東南大學到中央大學:以國家、政黨與社會爲視角的考察(1919—1937)》,華中師範大學博士論文,2004 年 5 月。

楊樹達:《積微翁回憶錄》,上海:上海古籍出版社,2013 年 9 月。

葉嘉瑩:《王國維及其文學批評》,石家莊:河北教育出版社,1997 年。

葉聖陶著,樂齊編:《葉聖陶日記》,太原:山西教育出版社,1997 年 11 月。

葉聖陶著,葉至善、葉至美、葉至誠編:《葉聖陶集》,南京:江蘇教育出版社,2004 年。

葉笑雪:《〈徐森玉年譜〉手稿》,北京:中華書局,2015 年 5 月。

(梁)佚名撰:《慈悲道場懺法》,法成影印,1936 年。

俞平伯:《俞平伯全集》,石家莊:化山文藝出版社,1997 年 11 月。

袁同禮:《袁同禮文集》,北京:國家圖書館出版社,2010 年 6 月。

袁英光、劉寅生:《王國維年譜長編:1877—1927》,天津:天津人民出版社,1996 年 10 月。

袁詠秋、曾季光主編:《中國歷代國家藏書機構及名家藏讀叙傳選》,北京:北京大學出版社,1997 年。

(宋)張邦基:《墨莊漫録》,北京:中華書局,2004 年。

張珩:《張葱玉日記·詩稿》,上海:上海書畫出版社,2011 年 7 月。

張人鳳、柳和城編著:《張元濟年譜長編》,上海:上海交通大學出版社,2011 年 1 月。

張元濟:《張元濟全集》,北京:商務印書館,2007 年 9 月。

張元濟著,張人鳳整理:《張元濟日記》,石家莊:河北教育出版社,2001

年 1 月。

張元濟、傅增湘:《張元濟傅增湘論書尺牘》,北京:商務印書館,1983 年 10 月。

趙建坤:《關漢卿研究學術史》,廣州:中山大學出版社,2008 年 12 月。

趙深編:《趙萬里抄校本選編》,北京:中華書局,2017 年 1 月。

趙萬里輯:《校輯宋金元人詞》,北平:國立中央研究院歷史語言研究所,1931 年 2 月。

趙萬里撰集:《國立北平圖書館善本書目》,北平:國立北平圖書館,1933 年 10 月。

趙萬里撰:《漢魏南北朝墓誌集釋》,北京:科學出版社,1956 年 1 月。

趙萬里編注:《薛仁貴征遼事略》,北京:古典文學出版社,1957 年 12 月。

趙萬里:《趙萬里文集》第一卷,北京:國家圖書館出版社,2011 年 12 月。

趙萬里:《趙萬里文集》第二卷,北京:國家圖書館出版社,2012 年 9 月。

趙萬里:《趙萬里文集》第三卷,北京:國家圖書館出版社,2012 年 9 月。

趙萬里著,付佳選編:《趙萬里文存》,南京:江蘇人民出版社,2016 年 10 月。

趙萬里撰集,(日)倉石武四郎編拍:《舊京書影·(1933 年)北平圖書館善本書目》,北京:人民文學出版社,2011 年 1 月。

趙尊嶽輯:《明詞彙刊》,上海:上海古籍出版社,1992 年 7 月。

鄭小明、鄭造桓主編:《杭州大學教授志》,杭州:杭州大學出版社,1997 年 4 月。

鄭振鐸:《西諦書話》,北京:生活·讀書·新知三聯書店,1983 年 10 月。

鄭振鐸:《鄭振鐸全集》,石家莊:花山文藝出版社,1998 年 11 月。

鄭振鐸著,劉哲民、陳政文編:《搶救祖國文獻的珍貴記錄——鄭振鐸先生書信集》,上海:學林出版社,1992 年 8 月。

鄭振鐸著,陳福康整理:《鄭振鐸日記全編》,太原:山西古籍出版社,2006 年 1 月。

鄭振鐸著,吳曉玲整理:《西諦書跋》,北京:文物出版社,1998 年 12 月。

鄭重:《謝稚柳》,北京:文物出版社,2004 年 12 月。

鄭重:《徐森玉》,北京:文物出版社,2007 年 3 月。

鄭重:《張珩》,北京:文物出版社,2011 年 7 月。

鄭重編著:《謝稚柳繫年錄》,上海:上海書店出版社,1991 年 8 月。

中國第二歷史檔案館編:《中華民國史檔案資料彙編》第五輯第三編《文化》,南京:江蘇古籍出版社,1999 年 9 月。

周景良:《丁亥觀書雜記:回憶我的父親周叔弢》,北京:國家圖書館出版社,2012 年 5 月。

周珏良:《周珏良文集》,北京:外語教學與研究出版社,1994 年 5 月。

周汝昌:《我與胡適先生》,桂林:灕江出版社,2005 年。

周汝昌著,周麗苓、周倫苓編:《周汝昌與胡適》,天津:百花文藝出版社,2013 年。

周叔弢:《周叔弢古書經眼録》,北京:國家圖書館出版社,2009 年 7 月。

周越然:《言言齋古籍叢談》,瀋陽:遼寧教育出版社,2001 年 2 月。

周祖謨:《文字音韻訓詁論集》,北京:北京大學出版社,2000 年。

周作人:《周作人日記(影印本)》,鄭州:大象出版社,1996 年 12 月。

周作人著,鍾叔和編訂:《周作人散文全集》,桂林:廣西師範大學出版社,2009 年 4 月。

朱希祖:《朱希祖日記》,北京:中華書局,2012 年 9 月。

朱掌興主編:《海寧年鑒 2006》,北京:方志出版社,2006 年。

朱自清著,朱喬森編:《朱自清全集》,南京:江蘇教育出版社,1988—1997 年。

竺可楨著,樊洪業主編:《竺可楨全集》第 14 卷,上海:上海科技教育出版社,2008 年 12 月。

鄒文革集輯:《中國國家圖書館百年紀事:1909—2009》,北京:國家圖書館出版社,2009 年 8 月。

《北京大學日刊》,北京:人民出版社,1981 年。

《國立北平圖書館水災籌賑圖書展覽會目録(二十年九月十九日)》,1931 年 9 月。

《國立北平圖書館圖書展覽會陳列目録》,1929 年 10 月。

《國立北平圖書館圖書展覽會目録》,1930 年 10 月。

《國立北平圖書館戲曲音樂展覽會目録》,1934 年 2 月。

《國立北平圖書館輿圖版畫展覽目録》,1933 年 10 月。

文章類

陳福康:《〈鄭振鐸致蔣復璁信札〉整理中的錯誤》,《學術月刊》2002 年第 7 期。

陳福康:《鄭振鐸等人致舊中央圖書館的秘密報告》,《出版史料》2001年第 1 期。

陳福康:《鄭振鐸等人致舊中央圖書館的秘密報告(續)》,《出版史料》2004 年第 1 期。

陳廖安:《魯實先先生論著與徐復觀先生的翰墨緣》,載《徐復觀全集·追懷》,北京:九州出版社,2014 年。

陳乃乾:《關於王靜庵先生逝世的史料》,《文學週報》第五卷第一、二期合刊,1927 年 8 月 7 日;《文學週報》第 5 卷,上海:上海書店,1984 年影印。

陳載陽:《一個訪書團在皖南訪書:瞭解古籍情況和宣傳保護古籍意義》,1957 年 4 月 10 日《光明日報》第 2 版。

戴尊德:《憶第一屆全國考古訓練班》,《文物世界》2004 年第 3 期。

戴逸:《初進北大》,1998 年 2 月 4 日《光明日報》第 7 版。

傅惜華:《平妖堂所藏明代善本戲曲》,《文史雜誌》第六卷第一期(1938)。

傅增湘著,傅熹年整理:《〈藏園日記鈔〉摘錄》,《文獻》2004 年第 2 期。

姜慶剛:《李小緣先生與友人書信數則》,《書品》2007 年第 5 輯。

勁風:《公共圖書館工作人員訓練班首屆學員結業》,1954 年 10 月 23 日《光明日報》第 2 版。

李堅:《1959 年版〈北京圖書館善本書目〉趙萬里批注輯錄》,載《文津學志》第八輯,北京:國家圖書館出版社,2015 年 8 月。

李景文、展鵬飛:《評〈中國版刻圖錄〉》,《河南大學學報》(哲學社會科學版)1991 年第 4 期。

李俊:《巾幗義舉助消防　奇思妙想爲平安(上)》,《安徽消防》2002 年第 8 期。

李雅:《王伯祥與〈二十五史〉及〈二十五史補編〉》,《山東圖書館學刊》2010 年第 1 期。

李永寧:《敦煌文物研究所藏〈説苑·反質篇〉殘卷校勘》,載《敦煌研究文集·敦煌研究院藏敦煌文獻研究篇》,蘭州:甘肅民族出版社,2000 年 9 月。

李宗焜:《容庚與劉體智往來函札》,《古今論衡》第 13 期。

梁穎整理:《藏園遺札題跋二則》,載《歷史研究》第十五輯,上海:上海古籍出版社,2011 年 5 月。

劉半農:《劉半農日記》,載劉小惠著《父親劉半農》,上海:上海人民出版社,2000 年 9 月。

劉明:《鄭振鐸編〈玄覽堂叢書〉的底本及入藏國家圖書館始末探略》,

《新世紀圖書館》2014 年第 7 期。

劉曉立：《趙萬里學術著作受出版者青睞》，2017 年 1 月 23 日《藏書報》第 12 版。

林玫儀：《〈支機集〉完帙之發現及其相關問題》，《中國文哲研究所集刊》第二十期（2002 年 3 月）。

林世田、劉波：《編印〈國藏善本叢刊〉史事勾沉》，載《袁同禮紀念文集》，北京：國家圖書館出版社，2012 年 6 月。

劉浦江：《鄧廣銘與二十世紀的宋代史學》，《歷史研究》1999 年 5 期。

柳向春：《趙斐雲先生致徐森玉先生函》，《文津流觴》第 35 期，2011 年。

柳向春：《趙斐雲先生致徐森玉先生函一通詮解》，《中國典籍與文化》2011 年第 3 期；收入柳向春《箋邊漫語：近現代學人手札研究》，北京：故宮出版社，2016 年 8 月。

柳向春整理：《鄭振鐸致徐森玉函札》，《歷史文獻》第十六輯，上海古籍出版社，2012 年 4 月。

陸揚：《從墓誌的史料分析走向墓誌的史學分析——以〈新出魏晉南北朝墓誌疏證〉為中心》，《中華文史論叢》2006 年第 4 輯。

孟繁之：《可居室藏周叔弢致周一良函箋注》，《中國文化》2016 年第 1 期。

孟繁之整理，周景良審定：《可居室藏周叔弢致周一良函箋注》，2016 年 5 月 22 日《東方早報》A04 版《上海書評》。

孟向榮：《社科院文學所的六位學者》，2016 年 9 月 18 日《中華讀書報》第 5 版。

寧可：《"北京圖書館"是我的習慣語》，2009 年 12 月 29 日《光明日報》第 6 版。

牛建強：《謝國楨先生年譜》，載《明史研究》第十一輯，合肥：黃山書社，2010 年 9 月。

邱曉剛：《張士达與〈蟫室老人文集〉》，《國家圖書館學刊》2007 年第 4 期。

饒國慶：《趙萬里與馮孟顓》，載《天一閣文叢》第 11 輯，杭州：浙江古籍出版社，2013 年。

沈津整理：《鄭振鐸致蔣復璁信札》（上），《文獻》2001 年第 3 期。

沈津整理：《鄭振鐸致蔣復璁信札》（下），《文獻》2002 年第 1 期。

沈津：《關於〈善本組週記〉》，2015 年 9 月 20 日《南方都市報》A09 版。

沈變元：《顧氏過雲樓藏書之過去與現在》，載《2014 年中文古籍與版本目錄學國際學術研討會論文集》，桂林：廣西師範大學出版社，2015 年

10 月。

師有寬:《在北圖學習的回顧——追憶恩師張士達先生》,載《古籍保護研究》第一輯,鄭州:大象出版社,2015 年 11 月。

師有寬:《我的古籍修復生涯》,載《書卷多情似故人:"我與中華古籍"優秀徵文作品選》,北京:國家圖書館出版社,2016 年 1 月。

史言:《1960 年的北京市文教群英會》,《工運博覽》2003 年第 17 期。

宋希於:《也談康生同文化人的交往》,2012 年 4 月 27 日《南方都市報》RB22 版。

蘇曉君、石光明:《鄭振鐸藏"文獻保存同志會"購書單據概述》,《文津學志》第六輯,北京:國家圖書館出版社,2013 年 8 月。

孫世愷:《書海珍寶——訪北京圖書館善本部》,1961 年 8 月 10 日《人民日報》第 4 版。

孫秀麗:《考古的"黄埔四期"——記 1950 年代考古工作人員訓練班》,《中國文化遺産》2005 年第 3 期。

唐圭璋:《讀詞三記》,《南京師院學報》(社會科學版)1982 年第 4 期。

唐弢:《帝城十日》,《萬象》第 4 年第 5 期(1944 年 11 月)。

唐弢:《〈帝城十日〉解》,《新文學史料》1980 年第 3 期。

王慶山:《追憶父親王仲聞》,《博覽群書》2011 年第 5 期。

王世民:《所謂黄文弼先生藏唐寫本〈文心雕龍〉究竟是怎麼一回事》,《文物天地》1990 年第 5 期。

王世偉:《常熟翁氏六世藏書及其文獻學術價值》,《新華文摘》2000 年第 8 期。

王玉良:《也談"善本"以及加强善本書的保護》,載《書卷多情似故人:"我與中華古籍"優秀徵文作品選》,北京:國家圖書館出版社,2016 年 1 月。

王致翔:《國家圖書館早期(1929—1936)舉辦的文獻展覽》,《國家圖書館學刊》2005 年第 2 期。

魏廣洲:《胡適買書》,1993 年 1 月 29 日《光明日報》第 5 版。

文華:《"裝修古舊綫裝書技術人員訓練班"勝利結業》,《圖書館》1963 年第 3 期。

吳格:《東洋文庫藏〈續修四庫全書總目提要〉資料隨錄》,載張本義主編《大連圖書館百年紀念學術論文集》,瀋陽:萬卷出版公司,2007 年 11 月。

吳格:《惜陰堂彙刻明詞跋(附校跋)》(上),《中國文哲研究通訊》第二十二卷第一期(2012 年 3 月)。

吳格:《惜陰堂彙刻明詞跋(附校跋)》(下),《中國文哲研究通訊》第二十二卷第四期(2012 年 12 月)。

吳格:《陳乃乾與中華書局影印本〈永樂大典〉》,載《海峽兩岸古典文獻學學術研討會論文集》,上海:上海古籍出版社,2002年。

夏岩:《關於北大的兩個青年教師》,《大學新聞週報》第2卷第18期,1935年1月14日。

校史編委會:《校史札記》(二),《清華校友通訊》復五期。

徐衙:《百年風雅見斯文——致趙萬里學人書札小考》,《中國書畫》2012年第12期。

徐昕:《國學圖書館住館讀書制度述略》,《圖書館雜誌》2003年第9期。

許小青:《從"國學研究會"到"國學院"——東南大學與20年代早期南北學術的地緣與派分》,《江蘇社會科學》2006年第2期。

泳德:《北京圖書館舉行〈紅樓夢〉研究問題討論會》,1954年11月20日《光明日報》第2版。

于堅:《回憶接管南京國民黨中央政府檔案始末》,《文物天地》2000年第4期。

湛廬:《趙萬里跋〈王官谷集〉》,《文學遺產》2006年第5期。

張貽文:《七十年的情誼 四代人的交往》,2013年5月6日《東方早報》。

趙萬里:《王靜安先生年譜》,《國學論叢》第一卷第三號(1928年4月)。

趙萬里、李家瑞:《兩封討論吳歌的信》,《歌謠》(週刊)二卷第28期,1936年12月12日;收入顧頡剛著、錢小柏編:《顧頡剛民俗學論集》,上海:上海文藝出版社,1998年10月。

張書學、李勇慧輯:《新發現的傅斯年書札輯錄》,載莊建平主編《近代史資料文庫》第9卷,上海:上海書店出版社,2009年1月。

鄭欣淼:《故宮博物院學術史的一條綫索——以民國時期專門委員會爲中心的考察》,載《故宮博物院學術史研討會論文集》,故宮博物院故宮學研究所,2014年編印;《故宮博物院院刊》2015年第4期。

鄭重:《回眸"蘭亭論辨"》,1998年12月3日《光明日報》。

鄭重:《王安石兩種遺作的回歸》,2000年5月18日《文匯報》。

周啓乾:《〈周叔弢日記〉中的祖父及其友人》,載2015年4月10日《文匯報》第20—23版。

周叔弢著,周一良整理:《弢翁遺札》,載張舜徽主編《中國歷史文獻研究》(一),武昌:華中師範大學出版社,1986年。

朱海濤:《北大與北大人——課程與圖書》,《東方雜誌》第40卷第23號,1944年12月。

朱振彬:《妙手修書,丹心護寶——紀念一代古籍修復大家張士達》,2014 年 5 月 23 日《北京青年報》C06 版。

朱自清:《朱自清日記(1932—1934 年)》,《新文學史料》1981 年第 4 期。

《北大二教授遺書之歸宿》,《浙江圖書館館刊》第 4 卷第 2 號(1935 年 4 月)。

《北京圖書館抗議美帝陰謀劫奪我國珍貴文物》,《圖書館工作》1960 年第 3 期;《圖書館學通訊》1960 年第 3 期。

《本館善本書目新舊二目異同表》,《國立北平圖書館館刊》第八卷(1934)第一至第四號。

《悼惜》,《文字同盟》第四號(1927 年 10 月)。

《"敦煌圖録"明年開始出版:"敦煌"編輯委員會通過七年選題計劃》,1959 年 10 月 30 日《光明日報》第 3 版。

《各圖書館代表的發言·倡議書》,《圖書館學通訊》1958 年第 2 期。

《國立北平圖書館工作近況》,《圖書季刊》新第 2 卷(1940 年)第 2 期。

《國學研究會記事》,《國學論叢》第一卷第一期。

《滿足人民的文化需要,趕上世界先進水平:記政協全國委員會全體會議一個文學藝術家小組的座談會》,1956 年 2 月 9 日《光明日報》第 2 版。

《七七事變後平市圖書館狀況調查》,《中華圖書館協會會報》第 16 卷(1941 年)第 1、2 期合刊。

《譴責美國圖謀劫奪我國文物的罪行　首都文化界五百四十多人發表抗議書》,《考古》1960 年第 3 期;《文物》1960 年第 3 期;1960 年 2 月 23 日《人民日報》第 4 版;1960 年 2 月 23 日《光明日報》第 2 版。

《強烈抗議美帝劫奪我文物陰謀》,1960 年 2 月 23 日《光明日報》第 1 版。

《首都文化界譴責美國圖謀劫奪我國文物的抗議書》,《圖書館學通訊》1960 年第 3 期。

《首都文教界著名人士集會　反對美國從臺灣劫奪我國的文物》,1959 年 4 月 8 日《人民日報》第 2 版;1959 年 4 月 8 日《光明日報》第 3 版。

《首都文藝界人士提出大躍進倡議:加速自我改造　力爭又紅又專》,1958 年 3 月 19 日《光明日報》第 2 版。

《〈圖書館〉雜誌編輯委員會、圖書館專業書籍編輯委員會舉行聯席會議》,《圖書館》1963 年第 2 期。

《我國著名版本目録學家趙萬里先生逝世》,《圖書館學通訊》1980 年第 3 期。

《〈趙城金藏〉展覽座談會紀要》,《文津流觴》第 6 期,2002 年 7 月。

《趙萬里先生追悼會在京舉行》,1980 年 7 月 14 日《光明日報》第 3 版;《北圖通訊》1980 年第 3 期。

《〈中國版刻圖録〉增訂本出版》,1961 年 7 月 13 日《人民日報》第 7 版。

《著名版本目録學家趙萬里在京逝世》,1980 年 7 月 19 日《人民日報》第 4 版。

《著名文獻學家趙萬里銅像在國圖安放》,2017 年 1 月 23 日《藏書報》第 10—12 版。

後 記

　　大約在 2010 年，我有幸加入中國國家圖書館副館長張志清先生領銜的《趙萬里文集》編輯團隊，參與文集的整理編輯工作。趙先生是國家圖書館從事善本古籍工作的老前輩，也是二十世紀我國最重要的版本目錄學家之一，在整理編輯文集的過程中，我個人受益頗多。

　　文集整理工作完成之後，我手頭已經積累了一些趙先生的資料。此前已發表的幾種傳略、年表，都較爲簡潔，未能完整展現趙先生的事業歷程與學術思想。因此，最近幾年，我在工作之餘繼續查閱文獻，豐富資料積累，同時加以整理、排比，編成這部《趙萬里先生年譜長編》。

　　本書大量引用、轉錄原始資料，因此名爲"長編"。最初，我打算編一部更爲簡潔的年譜，以轉述方式把所有史料融爲一爐。整個工作進行到一半的時候，發現這種體例存在嚴重的問題：史料一旦經過轉述，內容很容易失真，同時原作者的性格才情往往無從得其仿佛。於是中途改弦更張，重新釐定體例，壓縮譜條的敘述，更多地迻錄史料原文，並注明出處，以便有興趣的讀者進一步核查。這樣一來，行文無可避免地顯得繁冗雜沓，缺乏剪裁。不明史法之譏，實不敢辭。不過，這樣做也不無好處，一則可以避免因我個人學力不足曲解史料，二則似乎便於更直接地認識譜主及其時代。由於種種原因，趙先生的資料留存下來的並不多，即使較多地迻錄史料，年譜的篇幅依然不算太長。因此我覺得，這是值得的，也是可行的。

　　雖然經過多年的資料蒐集、排比整理，本書仍然無法完整地勾勒出趙萬里先生的事業軌跡與學術歷程，現在呈現出來的只是比較零碎且並不系統的資料。很多重要的或研究者頗感興趣的事件，比如歷次南下訪書的經過和收獲，只能從其他人的記載中略窺一二。造成這種情況的原因，一則趙先生沒有完整的、系統的日記，只有已發表的《皖南訪書日記》、《南行日記》等專題日記兩種。二則書信、檔案資料留存不全，無法從其他材料中拼出完整的事件。趙府所存資料，受"文革"期間抄家等衝擊，不少下落不明，有的近年浮現於拍賣會。北京圖書館檔案據說在"文革"期間重新整理，現在存下來的"文革"前檔案數量也不算多。主要是爲了讀到國家圖書館檔案室所存趙萬里先生的人事檔案，我以"趙萬里傳"爲題，申請了國家圖書館"館史資料徵集、整理與研究項目"，但因不符合《幹部檔案工作條例》的規定，始終沒有機會查閱趙先生的人事檔案,這是本書的最大遺憾。希望這個遺憾能在以後某個時候得到彌補。

編寫過程中,我有幸得到很多師友的鼓勵與幫助。趙深先生與夫人不辭辛勞地整理家藏的趙萬里先生遺物,將其中的文獻資料全部交給我使用;沈津先生鼓勵我從事這項工作,並惠示資料;南京圖書館沈燮元先生,中華書局古籍學術出版中心主任俞國林先生,上海博物館柳向春博士,海寧虞坤林先生,上海圖書館郭立暄研究館員,北京大學圖書館鄒新明研究館員,北京大學孟繁之先生,嘉德藝術中心李經國先生,《中國金融家》主編艾俊川先生,復旦大學圖書館王亮博士,清華大學付佳博士,北京大學圖書館呂淑賢女士和國家圖書館汪桂海先生、趙愛學先生、李堅女士、孫俊女士、趙大瑩女士、雷强先生、劉鵬先生、宋凱先生,分別給我提供了一些難得的材料或綫索;同事劉贇先生在書信文字釋讀方面提供了幫助,避免了一些錯誤;國家圖書館辦公室蘇品紅主任,展覽部辛璐主任,檔案室許京生先生、李毅女士,給予我查閱檔案的很多便利;國家圖書館張志清副館長、國家圖書館古籍館陳紅彦副館長、國家古籍保護中心辦公室林世田主任、古籍館薩仁高娃副館長,一直支持這項研究,並代爲聯繫或分享了不少資料。責任編輯劉明先生在體例、行文等方面給予了很多指教,指正了不少疏誤。没有師友們的指教與幫助,這本年譜是不可能編成的,謹在此表示感謝與敬意。徐俊先生惠予題簽,本書爲之生色不少。

本書的初稿,是我 2013 至 2014 年度在美國哈佛大學哈佛燕京圖書館做訪問館員時編成的。哈佛燕京館藏豐富,用書非常便利,研究條件優越,不然我不敢奢望書稿能在較短時間內成型。中國國家圖書館是我查閱資料的另一個主要來源,它不僅爲我提供了大量新出版物,而且作爲譜主畢生事業所在的機構,保存了與之相關的不少檔案。海寧市檔案館、北京師範大學檔案館、北京大學檔案館、清華大學檔案館、中研院史語所傅斯年圖書館爲我查閱檔案資料提供了方便。在此,我也要對這幾家卓越而友好的圖書館、檔案館,以及熱心幫助過我的工作人員們表示感謝。

囿於見聞與學識,書中不免有錯漏疏誤之處,敬請前輩同仁與各界讀者不吝賜教。

劉　波

2016 年 11 月 13 日